Joseph Dürlinger

Von Pinzgau

Joseph Dürlinger

Von Pinzgau

ISBN/EAN: 9783743364806

Hergestellt in Europa, USA, Kanada, Australien, Japan

Cover: Foto ©ninafisch / pixelio.de

Manufactured and distributed by brebook publishing software (www.brebook.com)

Joseph Dürlinger

Von Pinzgau

Von
Pinzgau

1.
Geschichtliche Ueberſichten
2.
Orte- und Kirchenmatrikel.
Mit
chronologiſcher Tabelle.

> In der Geſchichte eines einzelnen
> Gaues ſpiegelt ſich vielfältig die
> der Nachbargaue.

Salzburg 1866.
Im Selbſtverlage des Verfaſſers.

# Vorwort.

Die Schrift verdankt ihre Entstehung und Veröffentlichung zunächst der Affection einiger Söhne des Gaues für den heimatlichen Boden und die Gaugenossen. Meinestheils nahm ich mir schon in den ersten Jahren meiner Quiescenz die Herausgabe eines Buches über Pinzgau vor und arbeitete dann ein Paar Jahre unverdrossen daran. Als es nahe druckreif war, subscribirten sämmtliche aus dem Gau gebürtige Priester auf die erste, leise Einladung zur Deckung der Druckkosten einen mehr als ausreichenden Betrag, worauf es bald zur Presse kam.

Was das Buch bieten will, spricht im Allgemeinen das Titelblatt aus. Zum näheren Bericht darüber wird bemerkt: es wolle nicht als wissenschaftliche Leistung gelten; sondern als einfache, geordnete Sammlung von Nachrichten für das historische Interesse und etwaigen Gebrauch. Daher bleiben weg alle Untersuchungen und Erörterungen unentschiedener geschichtlicher Fragen; thunlichst auch Beschreibungen von Gegenden und Parthien des Gaues, die in manchen Büchern großen Raum einnehmen und ohne Selbstanschauung doch selten ein faßbares Bild geben. — Zu viel Platz mögen die Reihen der Pfleger und Pfarrer ꝛc.

einzunehmen scheinen. Wo man aber aus irgend einer Registratur eine Zusammenstellung von Notizen findet, ist's vor Allem eine solche Reihe, zum Zeichen, daß sie wenigstens für die zu den Verzeichneten in Beziehung Stehenden besonderen Werth hat. Andere, genauere Leser solcher Verzeichnisse mögen darüber Mancherlei zu bemerken finden; über die gesammten, besonders von älterer Zeit, ließe sich eine nicht uninteressante Abhandlung schreiben. Somit kann man ihnen ihren Raum dahier gönnen.

Nachrichten aufzubringen, war ich während der ganzen Arbeit in der günstigsten Lage, nicht nur hinsichtlich völliger Muße; sondern auch bezüglich der literar. Hilfsmittel. Nebst den Vorarbeiten aus den einzelnen Pfarrarchiven fürs Diöcesanhandbuch waren mir hier in Salzburg fast alle Bibliotheken, Archive und Registraturen zugänglich, in denen ich Ausbeute für meine Sammlung zu finden hoffen konnte und sehr habe ich den geehrten Custodien derselben für die Gefälligkeit zu danken, mit der sie mir erwünschte Notizen ausfolgen ließen. Ich will hier nicht, wie man es sonst gerne thut, die benützten Hilfsmittel verzeichnen; man wird beim Durchsehen des Buches ohnedieß finden, daß ich nicht unfleißig gesucht und gesammelt habe.

Für wen die Schrift bestimmt sei? — Zunächst allerdings für die Pinzgauer; aber für die gereifteren; daß sie für die Schuljugend und ihr Nahestehende nicht gemeint sei, dürfte schon die Inhaltsanzeige ihres 1. Theiles weisen. Von den bezeichneten Gaugenossen möchte sie allen dienen, die sich aus histor. Interesse über die Vergangenheit und öff. Verhältnisse des Gaues und die Besonderheiten seiner einzelnen Kirchen und Orte ꝛc. unterrichten wollen;

besonders aber jenen, die in Gemeinde- und Landesangelegenheiten mitzureden berufen sind. Diesen, meine ich, legt sie manche verwendbare Notizen zur Hand; erregt und erhellt vielleicht ihren Sinn für öffentl. Angelegenheiten. — Ausgewanderten Pinzgauern mag sie ein nicht unerwünschtes Vademecum der Erinnerung sein; wem von ihnen noch Pietät für die Heimat innewohnt, der kann solche mittelst des Buches doch am Würdigsten pflegen.

Aber auch die Freunde der salzb. Geschichte überhaupt lassen dasselbe vielleicht schon insoferne nicht ganz unbeachtet, als es Kunde von einem salzb. Gaue giebt; sie finden aber darin mehr, als ausschließlich pinzg. Nachrichten. Da der 1. Theil des Buches eine profan- und kirchengesch. Uebersicht Pinzgaus geben will und kein Gau eine durchaus eigenthümliche Geschichte hat, so mußte da Vieles aus der Landes- und Diöcesangeschichte aufgenommen werden: es wird der nächsten Absicht des Buches gemäß nur von Pinzgau erzählt, was auch von anderen Gauen gilt, daß man von manchem Paragraph der Uebersichten jedem Gaue, zum Theil selbst dem Lande sagen kann: „Nomine mutato narratur fabula de te."

Endlich Reisenden durch Pinzgau kann die „Orte- und Kirchenmatrikel" als Handbuch dienen. Es wird in selber doch wohl auf alle Merkwürdigkeiten aufmerksam gemacht; lange Beschreibungen davon sind für den überflüssig, der auf dem Wege ist, sich die Sachen selbst anzusehen. Jenen Reisenden, welche sich nicht so fast an den Sehenswürdigkeiten unseres Gaues vorübergehend unterhalten, als dasselbe kennen lernen wollen, dann sich hier zeitweilig Aufhaltenden, wie Badegästen 2c., werden die historischen Uebersichten so gut, als die Matrikel, dienen.

Den Gebrauch des Buches durch gehörige Ordnung der Materialien, Vermeidung ermüdender Weitschweifigkeiten, auch durch typograph. Mittel den Lesern so bequem als möglich zu machen, war ich besonders befließen, daß mir hoffentlich Niemand vorwerfen wird: „lectores nimium negligit ille suos".

Möge nun das Buch die zeitlichen und örtlichen Räume des Gaues zu einiger Befriedigung erhellen und den Geschichtsfreunden zu manchmaliger Unterhaltung oder Andern sonst irgendwie dienen, ohne ihnen darneben durch seine Mängel und Verstöße, womit erste Auflagen immer behaftet sind, zuviel Verdruß zu machen.

Salzburg am 7. Jäner 1866.

J. Dürlinger,
freiresign. Vicar.

Inhaltsanzeige.

A.
Geschichtliche Uebersichten.   1

1.
Profangeschichtliche Uebersicht. . . 1

Der Name des Gaues 2

    1) Der pinzg. Boden . . 3
1. Umfang desselben 3
2. Gestalt und Flußgebiete 4
3. Cultur der Höhen und Ebenen . . . 5
    Niedersinken der Culturlinie . . 7
4. Temperatur, Witterung und Vegetation . . 8
5. Production: a. Viehwirthschaft . . . 10
    b. Getraidebau . . 12
    c. Holzproduction . . . 12
    d. Torfstecherei ꝛc. . . 14
    e. Bergbau 14
6. Wasserbau: der früheren Zeiten . . . 18
    der hohen k. k. östr. Regierung . . 19
7. Straßenbau: der früheren Zeiten . . . 23
    der h. k. k. östr. Regierung . . 27

    2) Die gesellschaftlichen Verhältnisse. . 29
I. Zeitraum: vor der f. e. Landeshoheit bis a. 1228 . 29
    1. die Urzeit bis a. 11 vor Christus: Taurister . 30
    Zeichnung der öff. Verhältnisse . . 31

	Seite
2. röm. Herrschaft und Umwälzungsperiode von a. 11 vor bis 538 nach Chr.	32
Ansiblung und Einfluß der Römer	33
Einfall neuer Deutscher	34
Umwälzungsperiode a. 400—538	34
3. bayr. Herrschaft a. 538—1228	35
Die öff. Verhältnisse in Bayern ꝛc. überhaupt	35
1. die Grafen	35
2. die Freien, Vasallen	36
3. die Leibeigenen und Freigelassenen	36
Die öff. Verhältnisse insbesondere in Pinzgau	38
1. Die Grafen, Pinzgau eine ungetheilte Grafschaft	38
Die Herren v. Pinzgowe	38
Theilung der Grafschaft (Plaine und Beilsteine)	39
a) die Grafen v. Saalfelden	40
b) „ „ „ Taxenbach (?)	40
c) „ „ „ Mitterfill	41
d) „ „ „ Sulzau	41
2. die Ministerialen: a) die vorzüglichern	42
b) die minderen Herren	44
3. die Besitzer freier Aigen: die salzb. Bischöfe, Klöster, Kirchen ꝛc.	45, 46
4. die Leibeigenen	46
Allgemeines Bild	46
Einwanderung der Slaven	47
Zeitereignisse	48
II. Zeitraum: während der f. e. Landeshoheit a. 1228—1803	49
Uebergang Pinzgaus ans Erzstift	49
1. Periode: vor und während der Leheneinlösungen a. 1228—1480	50
1. die Grafen	50
2. die Ministerialen, dann Pflegerᶜ	51

	Seite
mindere Herren	54
3. Freieigenbesitzer	54
4. die Leibeigenen, Manumissionen	55
Die öff. Gesellschaft nun und ehemals	56

Das Landthäding	56
Zeitereignisse	58
2. Periode: nach den Leheneinlösungen a. 1480—1803	59
1. die Pfleger und ihre Amtsbezirke	59
2. die Gemeinden, insbesondere Marktgemeinden	62
3. die Haushaltungen	63
4. die Grundherren und Holden	63

Die Landschaft und das Steuerwesen	65
Zeitereignisse: Bauernkriege ꝛc.	68
Goldenes Zeitalter	70
Franzosenkriege	70
Säcularisirung des Erzstiftes	71
III. Zeitraum: seit der Säcularisirung a. 1803—65	72
1) Zeit der Herrenwechslungen a. 1803—16	72
1. kurf. Regierung	72
2. k. k. östr. Regierung	74
3. französ. Herrschaft	74
4. k. bayr. Regierung	76
EB. Hieronymus stirbt	77
2) seit der 2. Vereinigung mit dem Kaiserth. Oestreich a. 1816	78
a) die Friedensjahre von a. 1816—48	78
1) Das Besitzergreifungspatent ꝛc.	78
2) Mißwachs und Wohlfeilheit	79
3) das neue Steuerkataster	80
b) die neueste Zeit von a. 1848—65	82
1. Umgestaltungen	83
2. insbesondere die Grundentlastung	84

II.
Kirchengeschichtliche Uebersicht.

1. **Periode**: von der Anpflanzung des Christenthums bis zur völligen Gestaltung der Pfarren von c. a. 630—1200 . 89
        Anpflanzung des Christenthums: . . 89
1. der Boden hiefür: a) in religiöser Beziehung . . . 90
        b) in polit. Beziehung . . . 91
2) die ersten christlichen Samenkörnlein . . . 91
3. die erste christliche Mission . . . 92

        Kirchliche Gestaltung: . . 93
1. Kirchen und Kirchenbezirke: älteste Kirchen . . . 93
        Gründer derselben . . . 94
        Kirchenfamilien . . . 94
2. die Priesterschaft: Unterschiede derselben . . . 95
        Bildung . . . 96
3. Gottesdienst und Seelsorge 96
    a) Feier- und Fasttäge . . . 96
    b) sonn- und feiertägl. Gottesdienst . . 97
    c) der christl. Unterricht . . . 98
    d) der Wochengottesdienst . . . 98
    e) die h. Sacramente . . . 99
    f) Verschiedenes . . . 99
4. das Kirchengut 99
5. das christliche Volk 100

2. **Periode**: von der völligen Gestaltung der Pfarren bis zum Beginn der sectischen Regungen c. a. 1200—1520 . . 103

1. Kirchen und Seelsorgsbezirke: neue Kirchen . . . 103
        Incorporationen und Commendewesen 104
2. die Seelsorgspriesterschaft: 1. dienstliche Stellung . . 105
        2. Wissenschaft und Sittlichkeit . 106
3. Gottesdienst und Seelsorge: 1. Feier- und Fasttäge . . 107
        2. der nicht gestiftete Gottesdienst . . . 108

a) die h. Messe	108
b) Gottes Wort	109
c) Gemeindegottesdienst	109
d) der Wochengottesdienst	110
3. gottesdienstliche Stiftungen	111
4. die h. Sacramente	112
5. Verschiedenes: Abläße ꝛc.	113
4. das Kirchengut und dessen Verwaltung	113
1. Theilung des ehemals einheitlichen Kirchenfondes	113
2. die Gotteshausfonde	113
3. die Pfarrpfründen und ihre Lasten	114
4. die Kirchengutsverwaltung	115
5. die Pfarrgemeinden: äußere Gestaltung	116
religiös-sittliche Entwicklung	116

3. **Periode: vom Anfange bis zum Ende der sect. Regungen a. 1520—1750** . . . 117

Das Sectenwesen in Pinzgau	118
1. vom 16. und 17. Jahrhundert: a) Stand der Sachen	118
b) Maßregeln dagegen	119
2. vom 18. Jahrh.: a) Sachlagen bis a. 1731	120
b) Maßregeln	121
c) Die letzten Stürme und die Emigration	121
3. Nachturen: Missionen ꝛc.	124
a) Weltpriestermission	125
b) Franciscanermission	126

Uebrige Kirchengeschichte:

1. Seelsorgsbezirke und Kirchen: neue Curatien	127
neue Kirchen	128
Verschiedenes	129
2. die Seelsorgspriesterschaft: 1) dienstliche Stellung:	130
Pfarrer und Pfarrvicare	130
Filialvicare	131
Cooperatoren, Coadjutoren ꝛc.	131

	Seite
2. Wissenschaft und Sittlichkeit	133
a) Berufswissenschaft, neue Bildungsanstalten	133
b) sittliche Haltung	134
c) allgemeine Umwandlung zum Bessern	135
3. Gottesdienst und Seelsorge	135
a) die Feier- und Fasttäge	135
b) der nicht gestiftete Gottesdienst	136
1. der h. Meßritus	136
2. der christliche Unterricht	137
3. der übrige pfarrl. Gottesdienst	137
4. die höchsten Festtäge, Pfarrtäge	138
5. Nachbarschaftsdienste: Kreuzgänge ꝛc.	139
6. der Wochengottesdienst	139
c) der gestiftete Gottesdienst: Bruderschaften ꝛc.	140
d) die h. Sacramente	142
e) Verschiedenes: Glockenzeichen ꝛc.	143
4. die Volksschule	144
1. Auftreten derselben in Pinzgau	145
2. die Schullehrer	146
3. die Schule: Aufgabe, Methode ꝛc.	147
4. Unterhalt derselben	149
5. Haltung der Gemeinden gegen sie	150
6. Verhältniß zur f. e. Regierung	150
5. das Kirchengut und seine Verwaltung	152
1. die Gotteshausfonde	152
2. die Seelsorgspfründen	153
3. Verwaltung des Kirchengutes	154
6. die Kirchengemeinden: 1. kirchliche Gesinnung	155
2. religiöse Kenntniß	156
3. Sittlichkeit	157
7. das pinzg. Decanat, Decanalsynoden	159

4. Periode: seit der Ausrottung des Lutherthums
a. 1750—1865. . . . 159

1. die Decanate: Saalfelden, Piesendorf, Taxenbach ꝛc.	161

	Seite
Stellung der Dechante, Pastoralconferenzen	162
Decanatsklassen	163
2. Kirchen und Seelsorgsbezirke	163
Veränderungen im kanon. Verband	165
3. die Seelsorgspriesterschaft: 1. offic. Unterschiede	166
2. Bildung, verbesserte und neue Anstalten	167
4. Gottesdienst und Seelsorge	168
a) Feiertäge (Reduction) und Fasttäge	168
b) der nicht gestiftete Gottesdienst	170
1. der öff. christl. Unterricht: Predigten, (Hauslehren) 2c.	170
Die Christenlehrbruderschaft	170
2. Sonn- und Feiertagsgottesdienst	172
Reform desselben: Kirchenmusik 2c.	172
3. Festtagsgottesdienst, Restrictionen	172
4. Gemeindeandachten	173
5. der Wochengottesdienst	174
c) gottesdienstl. Stiftungen: 40stünd. Gebete 2c.	174
Zusammenstellung aller Stiftungen	175
d) die h. Sacramente	177
e) Verschiedenes: wieder Missionen 2c.	178
5. Die Volksschule: unter EB. Sigmund III.	178
unter EB. Hieronymus: „Normalschule" 2c.	179
unter der kurf. Regierung	180
unter der k. bayr. Regierung	181
seit der Wiedervereinigung mit Oestreich:	181
Nunmehriger Schulenstand	182
Gesammteinkommen der Lehrer 2c.	183
6. das Kirchengut und seine Verwaltung: 1. Grundentlastung	184
2. die Gotteshausfonde	186
3. die Priesterpfründen	188
4. die Kirchenverwaltung	190
7. die Kirchengemeinden: unter f. e. Regierung	192
Seit derselben a) neue Einwirkungen auf sie:	193

	Seite
1. Zeitereignisse ꝛc.	193
2. Aufhebung der Sonderstellung Salzburgs	193
3. Bücher und Schriften	194
4. freiere Stellung der Gemeinden	194
5. die Volksschule	195
b) Früchte dieser Einwirkungen: Im Besonderen	195
1. bezüglich des christl. Unterrichtes	195
2. „ der christl. Gesinnung	196
3. „ der Sittlichkeit	196
Im Allgemeinen	197
Bemerkung über die Geldziffern des Buches	198

B.
Orte- und Kirchenmatrikel. . 199

1. Amtsbezirk Lofer.	199
Gemeindebezirke und Pfarren: 1. Unken	201
2. Lofer oder St. Martin	207
Kirchenthal	213
3. Weißbach	217
2. Amtsbezirk Saalfelden.	221
Gemeindebezirke und Pfarren: 1. Saalfelden	223
2. Leogang	233
3. Alm	238
4. Hinterthal	242
3. Amtsbezirk Taxenbach.	246
Gemeindebezirke und Pfarren: 1. Lend	248
2. Dienten	251
3. Eschenau	254
4. Taxenbach	257

	Seite
5. St. Georgen . . .	264
6. Embach	267
7. Rauris, Thal . . .	273
Gem.=Bez. a) Rauris .	274
b) Bucheben .	279
4. Amtsbezirk Zell. . . .	282
Gemeindebezirke und Pfarren: 1. Zell	284
Beneficium Kammer und Prielau	293
2. Glemm, Thal . . .	296
Gem.=Bez. a) Saalbach .	297
b) Viehhofen .	301
3. Piesendorf . . .	303
4. Kaprun	314
5. Bruck	320
Franciscanerhospiz Hundsdorf	324
6. Fusch	325
5. Amtsbezirk Mittersill. . .	333
Gemeindebezirke und Pfarren: 1. Niedernsill . . .	336
2. Uttendorf . . .	341
3. Stuhlfelden . . .	346
4. Mittersill . . .	351
5. Hollersbach . . .	358
6. Bramberg . . .	362
7. Neukirchen . . .	369
8. Wald	378
9. Krimmel . . .	383

Chronologische Tabelle.   389—418

Das Buch unterscheidet sich in 2 Haupttheile, wovon der 1. Theil vom gesammten Pinzgau nicht so fast eine ausführliche Geschichte, wozu die Nachrichten fehlten, als vielmehr eine Uebersicht der geschichtlichen Entwicklung bietet. Der 2. Theil führt die einzelnen polit. und kirchl. Bezirke des Gaues mit deren Orten und Kirchen und ihren Denkwürdigkeiten vor; ist also wesentlich eine Orts- und Kirchenmatrikel.

A.
Geschichtliche Uebersicht.

Die Aufgabe einer Uebersicht läßt keine bloß chronologische Aufzählung der Thatsachen zu; sondern fordert die Zusammenstellung des gleichartigen geschichtlichen Stoffes. Somit folgt eine Uebersicht erstlich der profangeschichtl., dann der kirchengeschichtl. Entwicklung.

I.
Profangeschichtliche Uebersicht.

Eine Uebersicht richtet ferners das Auge nur auf die wesentlichsten geschichtl. Gegenstände: auf den Boden und die Gestaltung des öffentl. Lebens, der öffentl. Verhältnisse, von denen also hier die aufbringlichen Nachrichten folgen sollen. Die größern vorübergehenden Ereignisse ꝛc. mögen jedoch nach den einzelnen Abschnitten der Darstellung kurz verzeichnet werden. Eine von den frühern Perioden etwas abweichende Behandlung fordert die Zeit seit der Säcularisirung des Erzstiftes.

Der **Name** des Gaues. In Urkunden und Notizen bis ins 11. Jahrhundert kommen 2 sich seltsam umbildende Namen vor:

1. ein **deutscher**: Pinuzgaoe a. 788; Pinzgov, Pinzcov a. 820; Pinczgov a. 1093; Pinzgovve a. 1100; Pinzgioui a. 1200; Pinisgouuc a. 1134 ꝛc.; dann langefort Pinzgowe; hernach Pinzgew, Pinzgeu, endlich Pinzgau. Die ältern Formen sind sicherlich nicht durchaus Schreibart der Zeit; sondern sehr wahrscheinlich mitunter Willkührlichkeiten der Schreiber. Der Name soll von den „Binsen" herkommen, deren es auf dem sumpfigen Boden des Gaues allerdings von jeher genug gab. Koch=Sternfeld aber meint: er „könne" sich vom tauriskischen Donnergott Pin herschreiben (Salzb. und Berchtesg. II. 359).

2. Lange kehrt auch ein **latein.** Name wieder: Bisonzio (verwälscht für Bisoncium) a. 788; Bisontium a. 820; Bisontia a. 930; Pisontia Pisoncia a. 926, 936, 1030. Nach letzterm Jahr kommt der Name kaum mehr vor; viel später aber die willkührliche Latinisirung Pinzgovia. Nach dem Einfall Einiger rührte dieser Name her von „Bisones" (Buckelochsen), die einst im Gaue zahlreich gewesen wären (salzb. Int.=Bl. a. 1807 p. 357).

Obwohl die „kurzen Nachrichten" (breves noticie Juv. A. p. 39) bemerken: Bisontio werde nun (um a. 820) Pinzgov genannt, sie also den letztern Namen als neuern andeuten, muß man diesen doch für den ältern halten, indem das in erster histor. Zeit von Deutschen bewohnte Gau doch wohl einen deutschen Namen hatte. In Hinsicht darauf haben die beiden Namen kaum nach oben ausgesprochenen Vermuthungen einen verschiedenen Ursprung; sondern der lat. ist vielleicht nur eine willkührliche Verdrehung des deutschen. Koch=Sternfeld sagt, freilich abweichend von obiger Aeußerung: „die ältesten Andeutungen von Pinzgau (Bisoncio, Ambisontes, Pinuzgowe) könnten um so mehr einen Wiesengau bezeichnen, als Pinzgau allen topographischen und etymologischen Denkmälern zufolge von jeher mit Versumpfungen zu kämpfen hatte" (Beitr. I. 327). Ihm sind also der latein. und deutsche Name derselben Bedeutung, somit auch derselben Herkunft.

1. Der Boden des Gaues.

1. Ueber seinen **Umfang** sagt wieder Koch-Sternfeld: „vor 1000 Jahren hatte sich Pinzgau, dem heute noch Rauris und Fusch angehören, darüber bis an die Quellen der beiden Arel (Groß- und Kleinarlbach) und der Fritz (bei Rabstadt) ausgedehnt, indem erst im 10. Jahrhundert ein Pongau als Untergau im Gefolge einer eigenen Cometie und Gerichtsbarkeit hervorging" (Beitr. I. 201 und Tauern p. 3); es hätte somit den größten Theil von Pongau mitbegriffen. Eine spätere und urkundliche Bestimmung enthält das Diplom Königs Heinrich VII. a. 1228, in welchem es von den beiden Grafschaften, in welche Pinzgau damals getheilt war, heißt: „von erst die o b e r e hebt sich an nach der Leng an dem Perig, der genannt ist Hafnär, da das Waßer Salzach entspringet und abfleußt nach der Ebne bis an die Stat genannt Walcherainod; aber nach der Weit als die Perig zebeiderseits die Höch ynnehaltent. Die n y d e r hebt sich an derselben Stat Walcherainod an nach der Leng und nach der Weit, als das Waßer Salzach abfleußet unz an die Stat, da die Tientten in die Salzach rinnet bei dem Pongaw. Und an dem andern Tail für Saluelden und Louer unz da der Stainpach in die Sal fleußet; nach der Weytt aber, als das Albenwaßer ablaufet von der Höch der Perig überall daselbs gelegen" (Samml. salzb. Urk. im Archiv des Stifts St. Peter II. 1). Lateinisch findet sich die Urkunde in Juvav. p. 365.

Die Gränzen des Gaues sind hiemit bestimmt genug angegeben; doch wurde die Zugehörigkeit mancher Bezirke später fraglich. L e n d gehörte nach obiger Bestimmung zu Pongau; in kirchl. Beziehung aber war es immer der Pfarre Tarenbach zugetheilt und ist nun seit a. 1854 auch mit dem gleichen polit. Bezirk vereinigt, somit nun zu Pinzgau zu nehmen. — E m b a c h und R a u r i s wurden von einzelnen Geographen willkührlich zu Pongau gerechnet, da doch beide in geschichtlicher Zeit immer auch zur Pfarre Tarenbach gehörten; Rauris schon in „alter Zeit wahrscheinlich einen Theil der Grafschaft Tarenbach" ausmachte (Juv. p. 439) und nach Aufhebung des dortigen Landgerichtes a. 1802 ans Pfleggericht Tarenbach gewiesen wurde, dem Embach schon viel früher angehörte. — Die nächste Umgebung von Dienten ist zwar durch natürliche Grenzen vom Pinzgau getrennt; war aber einst doch eine Parcelle der Pfarre und des Pfleggerichts Saalfelden. Nun ist zwar der ganze dermalige dientner Bezirk seit a. 1828 mit dem pong. Decanate St. Johann vereinigt; wurde aber a. 1854 dem polit. Bezirk Tarenbach überwiesen. In Hinsicht darauf, besonders auf ihre alten kirchlichen Beziehungen werden nun diese 4 Gebiete füglich zu Pinzgau genommen.

Auffallend ist die zu verschiedener Zeit verschiedene Angabe des Flächemaßes des Gaues (wie des ganzen salzb. Ländchens). „Einer der geschätztesten salzb. Gelehrten" sagt a. 1801: „so lange unser Land nicht astronom. vermessen ist, lasse sich der Flächeninhalt nicht genau angeben"; nach seiner „Schätzung" aber habe Pinzgau 42 Quadratmeilen (Bleul's Beitr. a. 1806 p. 3, 16, 17). Koch-Sternfeld (Salzb. und Berchtesg. a. 1810 p. 6) gibt den Flächeninhalt mit 36½ QM. an, wie es scheint, auch nur nach Schätzung und absehend vom unproductiven Boden. Endlich die Vermessungsarbeiten der k. k. österr. Regierung a. 1827 ic. ergaben das Resultat an productivem und unproduktivem Boden pr. 457.274 Jochen oder 45.7274 QM.; mit den neulich an Tarenbach gekommenen Bezirken Dienten und Lend 46.4455 QM.

2. Die **Gestalt** des Gaues ist jenen, die etwa das Buch in die Hand nehmen, aus eigener Anschauung bekannt; also hiemit nicht so fast Unbekanntes mitzutheilen, als vielmehr nur ein Gesammtbild zu vergegenwärtigen. Im Allgemeinen sagt Koch-Sternfeld: „in den norischen Alpen ist das große von Ost nach West laufende pinzg. Thal unstreitig eine der herrlichsten Gegenden. Auf der Südseite ist es die sich hoch aufthürmende mit weit ausgedehnten Gletschern (Kees) bedeckte Gebirgskette; auf der Nordseite ein sanfteres Alpengebirge, welche dieses Thal bilden". (Str. und Wasserb. p. 89).

Auf den ersten Ueberblick theilt es sich in ein Hauptthal und viele Nebenthäler ab. — Das H a u p t t h a l läuft von Krimmel bis zum zeller See ungetheilt zu beiden Seiten der Salzach eine Strecke von 11 Gehstunden abwärts, oben ein enger Winkel, unten beinahe eine Stunde breit. Am zeller See scheidet es ein Rasengebirge in 2 Schenkel, wovon der eine in östlicher Richtung nach der Salzach sich 4 Stunden gegen Lend dehnt; der andere aber in nördlicher Richtung nach der Saale c. 11 Stunden bis zum genannten Steinbach bei Melleck ausgestreckt ist.

Von größern **Seitenthälern** mit ständigen Menschenwohnungen sind anzuführen — auf der rechten Seite der Salzach Rauris, Fusch, Kaprun, Stubach und Felberthal, alle in südlicher Richtung und die mehrern mit verschiedenen Verzweigungen. Auf der linken Seite sind erhebliche Seitenthäler weniger: vom ungetheilten Haupttheil steigt nur das Ronachthal mit einigen Häusern von Wald gegen Gerlos auf. Vom nördlich ausgestreckten Schenkel aber zieht sich das ansehnliche Glemmerthal von Saalhof westlich bei 5 Stunden gegen Tirol und bei Saalfelden durchkreuzen die 2 nicht minder bedeutenden Thäler Urslau und Leogang, fast in gerader Linie sich erstreckend, das Saalethal, das sich endlich bei Lofer auch gegen Tirol öffnet. Von Unken steigt das Thal Gföll westlich auf.

In Ansehung der Flüsse unterscheidet sich das Gau in 2 Flußgebiete: in das der Salzach und Saale, oder in das Salzach- und Saalethal. Da die Gestalt der beiden in der Hauptsache eben angegeben worden, ist hier nur ihre Neigung oder das Gefälle der Hauptflüsse bis zu ihrem Austritt aus dem Gaue zu bemerken. Das Gefälle der **Salzach** (Ivarus, Viarus, Igonta, Juv. p. 30) ist in ihrem ziemlich geraden Lauf sehr verschieden. Vom Zusammenfluß der Salza und Ache am Falkenstein bei Wald bis zur Hollerspach. Brücke in einer Strecke von 3 Stunden beträgt es nach Angabe des salzb. Professors Schiegg (a. 1799) 52 par. Klafter; von der hollersp. Brücke bis Mittersill (1 St.) 7.9 Kl.; von Mittersill bis Bruck (6 St.) 11.4 Kl.; von Bruck bis Lend (4 St.) 81.8 Kl. (Str. und Wasserb. p. 135). Die Salzach fällt also in einer Strecke von 14 St. um 135 p. Kl. oder 918 alte par. Fuß oder nahe 948 wien. Fuß. — Die **Saale** (Sala a. 788) legt im Pinzgau einen ohngefähr eben so langen, aber bald nach dem Austritt aus dem Glemmersthal fast in einem rechten Winkel gekrümmten Weg zurück und da die hinterste Thalsohle von Glemm etwa 2600' und Unken 1710' Meereshöhe hat, beträgt ihr gesammtes Gefälle 890'.

Uebrigens werden die merkwürdigern chorograph. Einzelheiten des Gaues, namentlich die stattlichsten Berge in der Ortematrikel an ihrer Stelle verzeichnet.

3. Die **Cultur** des Bodens im Allgemeinen. Ueber die Zeit der Ansidlung im Pinzgau läßt sich nichts näher bestimmen; dem Hrn. v. Koch-Sternfeld ist nur „gewiß, daß vor britthalb Tausend Jahren in unseren Gegenden schon ein bedeutender Grad von Cultur

herrschte, der nachmals wieder unterging" (Str.- und Waßerb. p. 4). — Als den Ausgangspunkt der Cultur ist man geneigt Piesendorf anzunehmen. Schon die bloße Ansicht der Gegend ladet zu dieser Annahme ein: die Weite des Thales daselbst, dann das der Sonne besonders offene Berggelände zwischen dem Gütschen und Beilberg, die es gegen den Wind schützen, mußten den ersten Ankömmlingen im Gau als erhebliche Vorzüge erscheinen und sie anziehen. Damit übereinstimmend nennt der „Indiculus Arnonis", das so kostbare Document der salzb. Geschichte, den Ort Piesendorf mit demselben Namen „Bisonzio" (Juv. A. p. 24), der sonst vom Gaue gilt, daß Dr. A. Prinzinger füglich sagen konnte, das Gau habe seinen Namen von Piesendorf (bair.-östr. Volkft. p. 49), somit dieß als der älteste Ort desselben angedeutet wird.

In Thälern wie Pinzgau geschahen die ersten Ansidlungen immer auf den Höhen. Der Boden des Thales „lag in der Urzeit unter großen Seen begraben, die nach und nach Berge niederstürzten und die heutigen Thalwege bildeten, wie Hr. v. Buch und Andre schon früher bemerkt haben" (Str.- und Wasserb. p. 91), was in Hinsicht auf die Engen unter Tarenbach und in den Hohlwegen sehr glaublich erscheint. Auf den See folgte wohl eine mehrhundertjährige Sumpfperiode bezüglich des Salzach- und Saalthales. In den Zeiträumen des See's und Sumpfes nun war in der Ebene keine Cultur zu beginnen, auch nicht zunächst am Rande derselben, indem die verpestete Luft und eine Unzahl von Riesenamphibien davon zurückschreckten. Die Rücken und Abhänge der Berge hingegen hatten damals noch Scholle genug zu jeder Gattung von Cultur und den Geländen besonders des Sonnberges, durch Waldsäume von Winden leicht zu schützen, konnte es auch an der gedeihlichen Sonnenwärme nicht fehlen. Da nun der Mensch den Kampf um den Boden mit den reißenden Thieren des Waldes nicht so sehr scheut, als mit dem gräßlichen Gezüchte des Sumpfes, wurden an den einladensten Punkten der Abhänge oder auf dem Rücken der Berge der Urwald gelichtet und erstlich bewegliche Gezelte hergestellt, später Ackergrund und fire Wohnungen. So hatten sich die Berge allmälig mit blühenden Wirthschaften bedeckt, während in der Tiefe des Thales Alles noch wüst und öde war.

Die Ebene konnte erst urbar werden, als sich die Salzach und Saale, wohl mit Hilfe der Menschenhand, durch die Engen Unterpinzgaues das Bett tief genug ausgewühlt hatten, das Wasser aus der Tiefe des Thalbeckens zu führen und in Folge der Abstockung der

Wälder an den Abhängen der Berge die Scholle von diesen niedergeführt und die freundlichen Schiefebenen vor den nun bereits tief gefurchten „Gräben" gebildet wurden, auf denen wir nun die fruchtbarsten Gründe und die meisten Häuser und Dörfer sehen. Als endlich Aussicht auf Erfolg der Arbeit war, scheint die Ebene sorgfältig gepflegt und viel trockener geworden zu sein, als sie die Geschichte vorführt. Koch-Sternfeld behauptet: „die Verödung Pinzgau's durch Versumpfung und Uebergrüsung scheint vor 500 Jahren begonnen und durch die gewaltsamen Verhaue in den Seitenthälern sowohl, als durch unvorsichtige Anlagen von Triftklausen den wirksamsten Vorschub erhalten zu haben" (Str.- und Wasserb. p. 92). Man hat noch Traditionen und Denkmäler von ehemals besserer Beschaffenheit des pinzg. Thalbodens. Die Straße von Zell gegen Fürth zog einst nicht, wie nun, am Berge dahin, sondern über die Wiesen; so von Lengdorf bis Uggel; unter Walchen an der Galgenbrücke und unter Stuhlfelden in Mitte des Thales waren einst selbstständige Gehöfte und zwischen Mittersill und Hollersbach hat man noch Ruinen des ehemals herrschaftlichen Hauses Raittau knapp an der Salzach ꝛc.

Uebrigens ist im Gange der Cultur das mißliche **Niedersinken der Culturlinie** von den Bergen nach der Thalsohle, besonders von deren steilen Abhängen zu bemerken. Man beachte nur die häufigen Abplaickungen und die Massen von Erde, welche die Bäche bei längerm Regen, besonders im Frühlinge beim Schmelzen des Schnees den Bergen entführen und man wird dieß Niedersinken als eine unabwendbare Naturnothwendigkeit von zwar langsamen, aber eingreifenden Folgen erkennen müssen. Wir haben ja auch wieder eine Reihe von Sagen und Thatsachen vor uns, welche ein bereits weit vorgeschrittenes „Abbehren" der Berge von oben herab belegen. Vom „ewigen Juden" sagt man: er sei auf seiner Wanderung 3 Male über die Alpen gekommen und habe auf denselben das 1. Mal Weingärten, das 2. Mal Wald, das 3. Mal ewigen Schnee gefunden (Tauern p. 89), welcher Gestaltenwechsel allerdings in einem für selbe viel zu kurzen Zeitraum zusammengeschoben wäre. Der beleidigte Almgeist vom Archenkopf sprach über die darunter liegende Alm den Fluch aus: „Grünalm behr ab
Von Wasser und von Gras,
Von Wasser noch viel baß!"

Wieder Koch-Sternfeld: „auf der hohen Docke wurde jährlich

das Vieh aus den umliegenden Alpen zu Tausenden gemarktet; ..
vom Geläute der grasenden Rinder ertönte die nun übergossene Alpe;
... zur Zeit der Sonnwende leuchtete drei Nächte hindurch das h.
Feuer vom Brennkogel" (Tauern p. 88) ꝛc. Das sind allerdings
bloße Sagen, die man nur mit großem Fragezeichen anführen kann.
Aber sieht man den Sonn- und Schattberg des Hauptthales gegeneinander an, so treten an dem steilern letztern schon lange kantige
Zacken, wie die Knochen eines abgemagerten Greises hervor, während
der Sonnberg noch mit Rasen bekleidet ist und viel rundkörperiger
aussieht. Offenbar glichen sich die beiden Bergrücken vor vergangenen
Jahrtausenden viel mehr, als nun und werden sich nach Verlauf von
künftigen Jahrtausenden wieder mehr gleichen. Weiters: manches einst
beständig bewohnte Haus am Berge ist nun zur Almhütte geworden,
mancher Ackergrund zur Halte oder Tratten, manches selbstständige
Berglehen zu einem Zulehen eines niederer gelegenen Anwesens. Es
ließen sich solche Verwandlungen nicht nur dutzendweise aufzählen;
sondern sie gehen auch vor unsern Augen noch von Zeit zu Zeit vor.
Im piesendorf. Bezirk z. B. hatten um a. 1700 noch bei 20 Gütchen
eigene Besitzer, die nun Zulehen sind; 4 Häuser wenigstens sind
seitdem ganz verschwunden: „Madreit" bei Nößling, „Saliter-" und
„Palfenhäusel" ob Fürth, „Singerhäusel" über Hochmaurach. Könnte
man den jetzigen Culturstand mit dem vor 1, 2 Tausend Jahren vergleichen, man würde vor Staunen kaum zur Besinnung kommen. —
Deßhalb aber darf man keineswegs ein allgemeines Abbehren des
Gaues besorgen; sondern es wird nur auf das Herabgleiten der nutz-
baren Scholle von den Bergen nach der Ebene, auf eine Uebersidlung
der Fruchtbarkeit, aufmerksam gemacht. Aemtliche Ausweise bezeugen
vielmehr einen merklichen Fortschritt der Landwirthschaft im Ganzen.

**4. Temperaturs-, Witterungs- und Vegetations-Ver-
hältnisse.** Nach leider nur 4jähr. (a. 1830—33) von den k. bayr.
Forstbeamten zu Lofer um 7 Uhr Morgens, 11 Uhr Mittags und 6
Uhr Abends gemachten und durch den k. Forstadjuncten A. v. Spitzl
zusammengestellten meteorologischen Beobachtungen ergaben sich folgende
T e m p e r a t u r s v e r h ä l t n i s s e :

Mitteltemperatur des Frühlings in jenen 4 Jahren + 7°, 35′ R.
    „   „ Sommers „ „ „ + 13°, 96′ „
    „   „ Herbstes „ „ „ + 7°, 26′ „
    „   „ Winters   „ „ „ − 1°, 21′ „

Mittleres Marimum in jenen 4 Jahren, + 25°, 0' R.
„ Minimum „ „ „ „ — 18°, 0' „
Gesammtmittel „ „ „ „ + 6°, 07' „
Mittel der Vegetationszeit von den erstern
Tägen des Mai's bis Mitte Octobers
(a frondescentia ad defronde-
scentiam) . . . . . + 11°, 5' „

Nach der Meinung der Beobachter hätte „Unterpinzgau der tie-
fern Lage, der Gesteinart der dasselbe bildenden Gebirge (Kalk), der
häufigern Laubwälder und der grössern Entfernung von den Gletschern
halber ein milderes Klima als das Mittel- und Oberpinzgau, so daß
der Vegetationscyclus dort um 8—14 früher beginnt als im übrigen
Pinzgau." Vom untern und mittlern Salzachthale aber, gerade nach
dem Laufe der Sonne sich erstreckend, läßt sich dieser Abstand gegen
Lofer nicht beobachten.

Witterung. Nach Befund derselben Beobachter waren in
jenen 4 Jahren zu Lofer von den Tagen des

Frühlings	42 heiter,	30 trüb,	— neblicht,	15 regnerisch,	5 schneiend,
Sommers	37 „	30 „	— „	25 „	— „
Herbstes	44 „	26 „	4 „	14 „	3 „
Winters	47 „	26 „	4 „	4 „	9 „

Zus. 170 heiter, 112 trüb, 8 neblicht, 58 regnerisch, 17 schneiend.

Donnerwetter waren im Frühlinge 4, im Sommer 13, im
Herbste 1, im Winter keines. — Ein Durchschnitt einer längeren
Reihe von Jahren würde allerdings etwas andere Ziffern geben, ins-
besondere mehr Schneetage und ein Durchschnitt von einer anderen
Parthie des Gaues dürfte von hier bezüglich der Nebeltage abweichen.

Vegetation. Die Pflanzenwelt läßt sich in Beziehung auf
die Höhenverschiedenheit des Vorkommens der Gewächse im Allgemeinen
in folgende Regionen abtheilen:

In die des cultivirten Bodens in den 2 Haupt- und 10 beständig
bewohnten Seitenthälern — bis auf eine Seehöhe der sonnseitigen
Bergabhänge pr. 3500'; auf der Schattseite reicht sie nur auf 3000'.
In die Region der Schwarzwälder und Voralpen von 3500 bis 5500'.
Alpenthäler, Bergabhänge, Vor- und Mittelgebirge ꝛc. machen ihr
Gebiet aus. Mitteltemperatur + 3 bis 14°.

In die Alpenregion von 5500 bis 8000'. Sanfte und steile Bergabhänge, die Höhenzüge der Thonschiefergebirge, Gerölle ꝛc. bilden ihre Physiognomie. Mittlere Temperatur — 2 bis + 2°.

Schnee- und Eisregion von 8000 bis 11.300'. Die Thonschiefergebirge erheben sich nicht mehr zu dieser Höhe; aber die Glimmschiefer-, Gneus- und Granitgebirge bilden einen Gürtel von Gletschern vom Schareck (bei Iweng) bis zum krimmler Achenthal, die sich in den engern Alpenthälern selbst bis 6000' herabsenken. (Dr. Ant. v. Sauter in Mitth. der Gesellsch. für salzb. Landeskunde a. 1863 p. 40).

5. Von der dermaligen **Production** des Bodens gibt die Tabelle der Culturgattungen nach dem Steuerkataster eine allgemeine Anschauung. Laut dieses betragen

die Bauarea	471	Joche,
„ Gärten	144	„
„ Egarten	23.113	„
„ Wiesen	33.571	„
„ Hutweiden	40.391	„
„ Almen	130.139	„
„ Auen	210	„
„ Sümpfe	1.283	„
„ Waldungen	125.994	„
der unprob. Boden	101.958	„
Summe	457.274	Joche.

Die Bezirke Dienten und Lend, zusammen mit 7191 Joch, sind hier nicht inbegriffen.

Bedenkt man, daß die Egarten Wechseläcker und davon jährlich etwa nur die Hälfte, also 11.556 J. mit Saaten bestellt sind: so ergiebt sich ein Verhältniß des jährlich beackerten Bodens zu jenem, der für das Vieh dient (d. h. der Gesammtfläche der halben Egarten, der Wiesen, Hutweiden, Almen, Auen und Sümpfe pr. 217.150 J.) ohngefähr wie 1 : 19.

a) Daraus versteht sich, daß der weit beträchtlichste Betrieb im Gaue die Viehwirthschaft sein müsse. Der Bericht der salzb. Handels- und Gewerbekammer an's h. Ministerium a. 1862 weist (p. 8—10) folgenden Viehstand aus:

Viehzucht.

im Bezirke	Pferde	Rinder		Ziegen	Schafe	Schweine
		Kühe	Andres			
Lofer . .	189	1.031	1.116	709	1.997	60
Saalfelden	1.360	7.188	6.054	2.105	7.559	1.575
Tarenbach	898	6.874	7.733	5.561	10.004	1.318
Zell .	1.088	7.403	7.978	5.170	9.456	1.802
Mittersill	1.279	7.789	8.341	6.794	14.266	1.511
Summen	4.814	30.285	31.222	20.339	43.282	6.266
Ao. 1857	4.639	30.732	30.236	18.991	42.035	5.948
also a. 1861	+175	—447	+986	+1348	+1247	+318

Ueberall, wie man sieht, ist der Stand von a. 1861 höher, als a. 1857. Nur der Stand der Kühe wäre um 447 gesunken; aber da laut Berichts nur Lofer im letztern Jahr um 1184 Kühe weniger zählte muß da wohl ein Verstoß der Kammerberichte vermuthet werden.

Ueber den pinzg. **Pferdeschlag** sagt der Kammerbericht von a. 1858 (p. 23): „Das pinzg. Pferd, heimisch in Pinzgau und Pongau gilt als das ausgezeichnetste schwere Zugpferd des österr. Staates, welches nur das stammverwandte oberösterreichische als Rivalen erkennt. In andern Ländern Oesterreichs werden zwar auch schwere Pferde derselben Größe gezüchtet; sie stehen aber an Ausdauer und Kraft dem Pinzgauer weit nach."

Daß das salzb., mithin auch das pinzg. **Rind** schon sehr frühe einen Namen hatte, zeigt eine Stelle Aurel. Cassiodors (Var. lib. III. §. 50). Laut dieser erlaubte der ostgoth. König Theodorich, um a. 490, damals Herr auch unserer Gegenden, daß die Noriker mit den Alemanen Rindertauschhandel treiben, da die alemanischen Rinder zwar größer, die norischen aber kräftiger seien. Einen vorzüglichen Ruf hat das pinzg. Rind immer noch und sich denselben laut Kammerberichtes a. 1862 (p. 51) in neuester Zeit sogar erhöht: „der schöne pinzg. Rinderschlag verbreitet sich immer mehr im Lande und verdrängt unaufhaltsam das unansehnliche Landvieh so, daß in Kurzem im ganzen Gebirgsland nur mehr Ein Schlag, der edle Pinzgauer, sich finden wird. Ebenso gewinnt die pinzg. Race, seit ihre glänzenden Erfolge auf den pariser und wiener Ausstellungen (um a. 1857) allgemein bekannt wurden, auch in den benachbarten Ländern und Provinzen rasche und große Verbreitung."

 b) Der Getraidebau lohnt sich da allerdings, wo doch Getraideboden ist: es gedeihen im Hauptthale gute Sorten jeder schweren Fruchtgattung unseres Ländchens; in den Seitenthälern gibt es freilich weniger Wintergetraide und die Sommersaaten überfällt manchmal vor der Reife der Schnee. Aber die jährlich bebaute Fläche von c. 11.550 Jochen (cf. p. 10) ist zu gering, um eine namhafte Einfuhr entbehrlich zu machen, der auch die Vermehrung des Ackergrundes durch die Entsumpfungsarbeiten nicht wird abhelfen können. Ein dermaliges Maß der Einfuhr läßt sich nicht angeben, indem an der salzb. Schranne nicht verzeichnet wird, in welches Gau das ins Gebirge abgehende Getraide komme. Nach einer Andeutung des Kammerberichtes a. 1858 (p. 15) müßten wenigstens 2 Drittel des ganzen Bedarfes eingeführt werden, womit doch zu viel behauptet sein dürfte.

 c) Die Holzproduction ist im Pinzgau verhältnißmäßig geringer, als in den andern Gebirgsgauen; wenigstens steht die Waldfläche nahe pr. 126.000 Jochen im kleineren Verhältnisse zum Gesammtboden (Kammerb. a. 1858 p. 17). Doch läßt sie einige Ausfuhr zu: von Oberpinzgau nach Zillerthal, von Glemm nach Pillersee.

 Weit am bedeutendsten ist die Ausfuhr aus den k. bayr. „Saalforsten" in Leogang, Lofer und Unken. Von jeher nämlich wurde für die reichenhall. 2c. Salzpfannen der Holzbedarf aus Pinzgau bezogen. Schon a. 1412 fand dieß bezüglich „Taiding" zwischen dem Erzstift und Bayern statt (Zaun. Chron. II. 27); a. 1507 untersagte EB. Leonhard das Schwendten in den Salinwäldern; a. 1525 und 1555 2c. wurden Recesse über den Holzbezug von dorther gefertigt (unparth. Abh. p. 266). Diese Saalforsten betragen nun zusammen 22.130 Joche. — Zufolge der Convention a. 1829 überkam Bayern auch das Jagdrecht in denselben Forsten.

 Nach dem Eigenthumsrecht theilt sich die pinzg. Waldung, wie folgt:

Holzproduction.

Im Bezirke	Privatwaldung	Gemeindewaldung	Staatswaldung	Summen
Lofer	3670 J. — Kl.	— J. — Kl.	8040 J. — Kl.	11.710 J. — Kl.
Saalfelden . . .	2365 „ 800 „	— „ — „	10.212 „ — „	12.577 „ 800 „
Tarenbach . . .	1090 „ 1086 „	6426 „ 547 „	10.425 „ 1567 „	17.943 „ — „
Zell	2223 „ 1261 „	5842 „ 782 „	18.756 „ — „	26.822 „ 443 „
Mitterfill . . .	3131 „ 1440 „	— „ — „	33.101 „ — „	36.232 „ 1440 „
Zusammen	12.481 J. 1387 Kl.	12.268 J. 1329 Kl.	80.534 J. 1567 Kl.	104.285 J. 1083 Kl.
Dazu die besagten bayr. Saalforsten				22.130 „ — „
Beträgt die ganze pinzg. Waldfläche				127.415 J. 1083 Kl.

Die eben vor sich gehenden Forstregulirungsarbeiten mögen obenstehende Ziffern allerdings nicht unwesentlich ändern; eine allgemeine Uebersicht des Waldbestandes geben aber diese immerhin.

Die nicht unbedeutende Differenz dieser Gesammtsumme gegen die von S. 10 kann eben soviel von berichtigter Vermessung, als vom veränderten Stand herkommen.

d) Die Torfstecherei hat hier nur soviel als begonnen; wurde vielmehr auf dem Paß Thurn nur einige Zeit versucht (Kürsing. Oberpinzg. p. 70); sie dürfte aber in Folge des steigenden Holzpreises bedeutend werden; der Boden hiefür soll vorhanden sein. Die Handels- und Gewerbekammer berichtet wieder a. 1858 (p. 190): „zu bemerken ist, daß . . oberhalb Bruck eine c. 6—8' unter der Oberfläche liegende Torfschichte zum Vorschein gekommen ist, die anscheinlich große Mächtigkeit haben und sich über das ganze Brucker-, Zeller- und Kaprunermoos in einer Ausdehnung von 2000 Jochen erstrecken dürfte."

Andere Betriebe — Obst-, Bienen-, künstliche Fischzucht ꝛc. geben bisher noch wenig Beschäftigung, ob sie gleich gewiß nicht ohne Erfolg wären. Obst insbesondere ließe sich von Tarenbach über Piesendorf hinauf von vorzüglicher Güte produciren; wird aber nur von wenigen Liebhabern gepflegt.

e) Vom Bergbau reichen bestimmte Nachrichten kaum bis zum 13. Jahrhundert hinauf; von früherer und frühester Zeit aber hat man doch Kunde von lebhaftem und vielseitigem Betriebe. Nach Koch-Sternfeld (Str.- und Wasserb. p. 4) gewannen schon die pinzg. Urbewohner so viel Metall, daß sie damit auswärts Handel treiben konnten. Bergverwalter Karl Reißacher von Böckstein sagt: „in Gastein, Rauris und Fusch und zwar an den höchsten Erhebungen der dortigen Tauernkette und zumeist an den südlichen Abhängen gegen Kärnthen ist die Wiege des hiesigen Bergbaues und von dort aus verbreitete er sich weiter" (Museums-Bericht a. 1860 p. 5). Aber diese und auch viel spätere Grubenbaue liegen nun schon tief unter der Oberfläche der Gletscher. „Das Gletschereis des Voglmayrochsenkahrs in Rauris hebt nicht selten Grubenholz, Halden und Ganggestein empor als Zeugen, daß einst ein der Gegenwart unbekannter Bergbau hier vor Umsichgreifen des Gletschers betrieben wurde" (Mus.-Ber. p. 4). Auch in der Ferleiten kamen vor Kurzem Reste eines alten Baues zu Tage, der aber keineswegs so alt zu sein scheint. — Die Römer bauten nach K. Reißacher nicht nur in Gastein, sondern auch „im Hirzbach und auf der Schiederalm in Fusch"; noch wahrscheinlicher wohl auch in

Rauris, daß dießbezüglich zu Gastein von jeher in nächster Beziehung stand. — Von den Slaven, welche ohngefähr mit Beginn des 8. Jahrhunderts auch in unser Gau drangen, sagt wieder Koch-Sternfeld: „sie wuschen Gold in Rauris, gewannen Schwefel und Kupfer am Kolm in Rauris und Seguru, am Weichselbach und in der Pockeney in Fusch, in Kaprun, Stubach, Velberthal, in Schwarzleo in Leogang, am Klucken in Piesendorf, an der Stümmel (ob Stuhlfelden) und Stillup ob Krimmel" (Beitr. I. 194) — Vom Bergbaubetrieb der salzb. Fürsterzbischöfe hat man auffallend spät erst Nachrichten; wie aber davon Meldung geschieht, ist er für sie schon eine große Angelegenheit. Im 14., 15. und 16. Jahrhundert erfolgte eine Reihe zum Theil ausführlicher Bergwerksordnungen; Gebhard v. Velben muß dem EB. Konrad IV. (a. 1291—1312) ausdrücklich geloben, ihn und sein Gotteshaus „in seinen Arztwergen nicht zu irren"; EB. Burchard II. stellte a. 1463 einen eigenen Bergrichter für Pinzgau auf 2c. In den genannten Jahrhunderten blühte im Erzstift eine hochansehnliche Gewerkenschaft, von der als pinzg., meistens auch anderweitige Gewerken noch am Bekanntesten sind die Weitmoser, Zotten, Verner, Rosenberger, Pänichner, Prugbekhen 2c. Im 17. Jahrhundert waren die Gewerkschaften nicht nur in Verfall gerathen, sondern ein Bergbau nach dem andern wurde zur f. e. Kamer gekauft, ohne daß somit die Gewerken ganz aufhörten. — Von den einzelnen pinzg. Bergwerken ist Rauris immerhin das ansehnlichste. Zu verschiedener Zeit wurde auf verschiedenen Punkten gearbeitet: die ältesten Baue geschahen am Neunerhörnl, Windischköpfel, Altenkogel, Voglmayrochsenkahr; in erzstiftl. Zeit arbeitete man viel am hohen Goldbergtauern, wendete sich auch ins Fastnachtrevier 2c. 2c. Da manche Pfade nach jenen hohen Punkten nicht einmal Sampferde passiren konnten, brauchte man sogar Samböcke, den Arbeitern ihre Bedürfnisse zuzubringen, wovon der „Bocksamsteig" vom Kolm den hohen Narren hinan noch ein Erinnerungszeichen ist. EB. Pilgrim II. verlieh a. 1377 die Bergwerke dahier mit dem Land- und Berggericht dem Hansen Goldlein und Consorten. Bekannte Gewerken: die Weitmoser, Strochner, Katzbecken, Ehinger, Rosenberger, Putzer, Zotten, Steinhauser, Krotenmoser, Hundsdorfer 2c. Von a. 1580 an nahm der Bergbau in Rauris zusehends ab; a. 1618 zog der EB. Bergantheile ausgewanderter Gewerken an sich; aber Hans Zott war noch a. 1637 hier Gewerke; a. 1655 kam auch das hohe Goldbergwerk am Tauern zur f. e. Kamer. — Der alte Bergbau in der Fusch erhielt sich länger am Hirzbach als am Weichselbach und auf der Schleberalm in der Schmalzgruben, von welchem letztern jedoch noch Spuren sichtbar sind. Im 15. Jahrhundert stand er an der Knappenleiten im hintersten Theil der Zwing auf der Hochebene des Hirzbachthales in lebhaftem Betrieb; im 16. Jahrhundert betheiligten sich daran bei 30 Gewerken; um a. 1600 findet man hier die Rosenberge und Perner; noch unter den EBen. Sigmund III. und Hieronymus wurden neue Stollen eröffnet; dann aber ging er rasch zu Ende. Das „Herrenhaus" mit Zugehörung, ehemals dem Bergverweser gehörig, ist eine bleibende Erinnerung daran. — In K a p r u n scheint der Bau im 14. Jahrhundert fast aufgehört zu haben. — „Das Eisenerzt in der D i e n t e n ware unter EB. Eberhard III. (a. 1409—27) und glaublich schon lange vor ihm in Gang. Während seiner Regierung aber geriethe die Eisenarbeit daselbst in ziemliche Unordnung. Er berufte daher die Maister und gemainen Arbeiter daselbst nach Salzburg und ertheilte ihnen a. 1415 eine umständliche Ordnung, wie es hinfüro mit Gewicht, Verlegung des Eisens, Plähzeit 2c. zu halten seye (unparth. Abh. p. 346). Die vorzüglichsten Gewerken dahier waren im 15. und 16. Jahrhundert die Zächen, Schrufen, Schrayer, Ainckhaß 2c. A. 1654 erkaufte EB. Guidobald diese Berg- und Hüttenwerke von Joh. Jak. Jud um 15.000 fl. Das Hammerwerk Schwarzenbach ist 1¼ St. vom Orte Dienten entfernt. — Die Werke in L e o g a n g und T h u m m e r s p a ch gab EB. Johann II. a. 1434 einem Hansen Schmelzer und Velten Stockhamer in Bestand; EB. Johann Ernst verlieh das in Leogang a. 1691 den Bürgern Wilh. Kobald, Virgil Hölzl von Salzburg und Joh. Lechner und Bened. Rieder von Saalfelden zu Erbrecht, so lange die Geschlechter katholisch bleiben (Zaun. Chron. VI. 513). EB. Sigmund löste es a. 1760 von J. Prugger von Pruggheim um 16.000 fl. ein, worauf auch die Kupferschliche vom Limberg und Klucken her geschmolzen wurden. Aa. 1809—15 brachte der Betrieb eine Einbuße pr. 8915 fl. mit sich, worauf er bald eingestellt wurde. Mehr theilt über diesen Bergbau Hübner mit (p. 613). — Die Bergbaue von L i e n- und L i m b e r g, durch einen verticalen Schacht miteinander verbunden, bestanden bis Mitte des gegenwärtigen Jahrhunderts. — Vom alten Bau am K l u c k e n über Piesendorf, auch erst in neuerer Zeit eingegangen, sieht man noch 5 alte Stollen, die „Heidenstollen", die durch bloßes „Stufen" ohne Pulver tief in den Berg geführt sind. — Vor den W a l c h e r g r a b e n steht zur Erinnerung eines ehemaligen Bergbaues dahier noch das „Bucherhaus", einst Wohnung des Pochers. — Die Berg- und Hüttenwerke Brennthal-Mühlbach betrieben um a. 1510 pinzg. und tirol. Gewerken; von a. 1525 augspurgische, von denen sie EB. Paris a. 1633 erkaufte (Kürf. Oberpinzg. p. 83). — Von andern oberpinzg. Bergwerken sagt Vierthaler: „a. 1537 und 1539 baute man in Krimml am Schlächter und in der Saurinn auf Gold; am Gamsfogel in Habach auf Silber; in Brennthal auf Kupfer und Vitriol. Veit Scheibler hatte Gruben am Trättenbach und der Bergknappe Palfner auf der Achsel in Hollerspach und Grubthal, wo wenige Jahre vorher Rainer von Schwatz und Hagen von Saalfelden gebaut hatten. In der Stubach fanden sich Bergwerke an der Stuhlrinn und in Untersulzbach am Hochfeld" (Wandbr. II. 236).

Von allen angeführten Werken bestanden nur 4 kk. Aerarialmontanwerke in die neueste Zeit: Dienten, Lend, Rauris und Mühlbach mit sehr mäßigen Ergebnissen. Laut Kammerberichtes von a. 1858 und 1860 lieferten z. B. ab: Das Hüttenwerk Lend a. 1854—60
Rosettenkupfer 1216 Zt.; a. 1858 Gold 61 Mark 10 Loth, Silber 292 M. 13 Lth.; a. 1859 Gold 33.7966 Münzpfunde, Silber 184.18400 Mzpf.; a. 1860 Gold 16 Mzpf., Silber 88 Mzpf.
Das Bergamt Rauris a. 1854—58 Gold 161 Mark 50 Loth, Silber 614 M. 25 Lth.
Das Berg- und Hüttenamt Mühlbach a. 1854—58 Rosettenkupfer 1433 Zt., Schwefel 2689 Zt., Kupfervitriol 3644 Zt.

Endlich a. 1864 wurde das Berg- und Hüttenwerk Mühlbach aufgelassen und was veräußerlich war, verkauft, außer dem Amtshause, das Forstbeamte bezogen. Der Bergbau in Dienten hörte auch schon a. 1864 auf; das Hüttenwerk sollte nur noch die vorhandenen Erze verarbeiten. Bezüglich der Einstellung der Werke in Rauris und Lend ist eine h. Entschließung zu erwarten. Wenn sich nicht Privatindustrie des Bergbaues annimmt, wie die Nickel- und Kobaltgesellschaft in Leogang, wird er in unserm Gau bald zu Ende sein.

In sehr alten Zeiten war er sicherlich auf das gesammte Gau von Einfluß; nicht mehr sehr aber in histor. Zeit; da hatte er vielmehr nur für die Umgebung der im Betriebe stehenden Berg- und Hüttenwerke Bedeutung. Nur in Rauris hat man noch Denkmäler seines allgemeinen Einflusses; namentlich ist die Pfarrkirche ein Beleg vom ehemaligen Flor des Thales durch den Bergbau. Um a. 1520 zählte es noch über 3000 Einwohner; jetzt nur mehr um 1670.

6. Der **Wasserbau** gehört an sich zum Kapitel der Bodencultur; als Werk aber größtentheils der h. Landesregierung mag er hier vor dem nachfolgenden öff. Bau Platz nehmen.

Bauten in taurisk. oder röm. Zeit 2c., wodurch die Trockenlegung der Thalsohle zuerst erzielt wurde, muß man nur voraussetzen: Nachrichten davon aufzufinden ist keine Aussicht. — Im 14. und 15. Jahrhundert scheint man die Salzach bereits völlig sich selbst überlassen zu haben und sie wendete sich unter Einfluß der Elementarereignisse bald wie eine verderbliche Riesenschlange willkührlich auf der Ebene hin und her. Ihren ehemaligen Lauf über die breiteste und schönste Ebene von Niedernsill bis an den zeller See nimmt man auf einem hohen Standpunkt, z. B. dem Nagelköpfel noch leicht aus; besonders wenn im Frühlinge die Wiesen zu grünen anfangen, unterscheidet sich der alte „Achenfurth" durch helleres Grün noch sehr deutlich. Vom Nagelköpfel wendete sich der Fluß gegen Schaumbergen; von da nach der Windbachkapelle bei Friedenspach; dann gegen Kaprun; wieder links gegen Ferchlern unter Fürth; dann nochmals zur Schattseite und endlich geradezu auf den zeller See. Der beträchtlichste Boden des Gaues war somit versumpft und die Flußregulirung zur bringendsten Nothwendigkeit geworden.

Im 16. Jahrhundert endlich wurde Hand an das Werk gelegt, worüber Koch-Sternfeld in seinem Büchchen „Straßen- und Wasserbau (Salzburg 1811) von S. 89 an folgende Nachrichten gesammelt hat. Erstlich wurde auf Anordnung Fürsterzbischofs M a t t h ä u s a. 1520 unter Leitung des Pflegers Hansen Diethers von Kaprun „die Rechtung des Kaprunerpachs" vorgenommen, d. h. die Bereitung eines neuen geraden Furthes für selben. — Fürsterzb. E r n e s t ließ um a. 1546 die Salzach selbst von Kaprun bis Bruck überwerfen, aber gleichwohl noch „einige Krümpen" bestehen. Den alten Furth vertheilte er in Parthien von 2, 3 Tagwerken mit 6jähr. Stift- und Steuerfreiheit an die Anrainer; seine Cultur war aber so wenig lohnend, daß die meisten Empfänger ihren Antheil zurückgaben.

Das Meiste führte EB. J o h a n n J a k o b aus, vorzüglich nach den Entwürfen Casp. Pänichners, Landrichters von Zell und Urbarpropstes in der Fusch, Balthasar.Diethers, Pflegers zu Kaprun und Heimeram Oberndorfers Kellners zu Stuhlfelden. Erstlich wurde von a. 1566—74 „der krumpverderblich Salzachfurth von Lieglerainöd bis Kaprun in die Gerecht geführt" — nach der Linie, der der Fluß noch folgt. Der alte Furth wurde wieder vertheilt; die Anlaiten be-

Wafferbau. 19

trugen 1098 fl. und die jährl. Novalstift 51 fl. 3 ß. 18 dl. —
— Ein neuer Bau begann a. 1582; ein Protokoll d. J. sagt: die
Bäche aus den „Zwerchthälern" haben die Achen mit „Gries und
Wäsen" angefüllt und in Folge dessen „habe es dem Saiger nach sich
fast allerdings ansehen lassen, als wollte die Salzachen in den See
fallen und derselb nach Saalfelden und Lofer hin ausbrechen, welches
unwiderbringlichen Jammer und Verderben gebracht hätte". Diesem
vorzubeugen wurde der Damm zwischen Bruck und dem Beilberg gebaut, gegen letztern in 2 Zweige getheilt. Die Kosten des Baues
unter Johann Jakob pr. 4876 fl., wohl über Schichtenleistung der
Gemeinden, wurden vom Pänichner vorgeschossen und demselben erstattet

vom hochf. Aerar mit . . . . 4176 fl.
von der Gemeinde Kaprun-Zell mit . . . . 300 „
von den Gemeinden Lichtenberg und Tarenbach mit 400 „
zusammen 4876 fl.

Die Gemeinde Mittersill blieb wegen Wasserbaues auf eigene
Kosten von einer Beisteuer frei. Die Innehaltung des Dammes und
der Straße darüber wurde den Gemeinden überwiesen und zwar der
Gemeinde Kaprun-Zell ²/₇ der jedesmaligen Kosten, der Gemeinde
Tarenbach ²/₇, der Gemeinde Lichtenberg und Mittersill zusammen
auch ²/₇.

In Oberpinzgau bauten die Gemeinden selbst: a. 1564
überwarfen die Gem. Mittersill und Stuhlfelden die Ache von Burk
bis Ammerspach und a. 1583 that Bramberg dasselbe zwischen Steining
und Mühlbach.

Damit war keineswegs alles Erforderliche geschehen und wieder
eintretende Ueberschwemmungen hätten neue Bauten verlangt. Aber
die Zeitverhältnisse waren fortan so ungünstig, daß ohngeachtet wiederholter Wasserbaucommissionen und Bauentwürfe unter Wolf Dietrich, Paris a. 1621, M. Gandolph a. 1682, Johann
Ernest a. 1689, Franz Anton a. 1721, Hieronymus a.
1791 2c. nichts Erhebliches geschah. — Die k. bayr. Regierung
bethätigte diesbezüglich durch Entwurf eines ausgedehnten Bauplanes,
zu dessen Ausführung jährlich 24.000 fl. angewiesen wurden, zwar
den besten Willen, bei ihrer kurzen Dauer kam aber nichts zu Stande,
als einige Austeinungsarbeiten bei Gries und ein kurzer Canal bei
Mittersill.

Endlich die k. k. österr. Regierung wurde hierin wahrlich

2*

zum Heiland des Gaues, was kein auf die Angelegenheit Aufmerksamer verkennt.

a) Die **Anregung** der Entsumpfungsarbeiten ist das Verdienst des kk. Kreishauptmannes Grafen Welsperg v. Reichenau: auf seine sehr bewegliche Darstellung der Lage Pinzgau's wurden von Sr. Majestät Kaisers Franz I. dieselben unterm 22. Oct. 1822 versuchsweise bewilligt und dazu jährl. Beiträge aus dem Staatswasserbaufond bewilligt. Auf Bericht guten Erfolges der ersten Arbeiten wurde schon unterm 26. Oct. 1826 ein umfassender Bau in Unterpinzgau genehmigt, der von da an mit mehr und weniger Nachdruck und Aufwand bis jetzt fortgesetzt wird und sich bereits von Gries unter St. Georgen bis Hollersbach eine Strecke von ohngefähr 8 Stunden erstreckt.

b) Die bisher ausgeführten **Arbeiten** sind vielfältig und ausgedehnt und geschahen nicht nur an der Salzach, sondern auch in ihrer weiten sumpfigen Umgegend. — An der **Salzach selbst** wurden erstlich von Gries bis Bruck Aussteinungen des Flußbettes vorgenommen, dabei mit Maschinen Felsenstücke von 40—50 Zt. aus dem Furth gehoben und daraus Ufermauern gebaut. Nach bedeutender Vertiefung des Flußbettes durch die ausgeführten Arbeiten kam bei Bergern unter Bruck ein schief durch den ganzen Furth sich ziehender Thonschieferfelsen zu Tage, auf den einst vielleicht eine Elementarrevolte aus der Fusch den Fluß geworfen hatte, dessen Abstufung nun sogleich begann und noch jährlich fortgesetzt wird, wenn es der Wasserstand zuläßt. Von Bruck bis Uttendorf geschahen zur Regelung und Beschränkung des Rinnsales hauptsächlich Verwerkungen und Verzäunungen am Ufer; hie und da aber auch Aussteinungen, z. B. bei Hummersdorf und Niedernsill; an verschiedenen Strecken wurde der Flußgrund zur leichtern Verschwemmung des feineren Geschiebes durch den „Wasserpflug" aufgelockert. Bei Hummersdorf und Lengdorf geschahen kurze Durchstiche eines neuen Bettes; von Uttendorf aber bis gegen Mittersill, ohngefähr eine Strecke von 1½ St., ist ein ganz neuer Furth theils schon hergestellt, theils in Arbeit begriffen.

Außer diesen Arbeiten an der Salzach wurden gegen Verbreitung des Wassers bei hohem Anschwellen mächtige **Inundationsdämme** aufgeworfen: von Bruck an der linken Seite der Salzach aufwärts über Aufhausen, wo sich der Damm gegen den Sonnberg wendet; von Rothgainoben in schiefer Richtung gegen Piesendorf; endlich von Mittersill längs des rechten Salzachufers bis Hollersbach — in einer Gesammtlänge von nahe 3 Stunden. — Weiters hob man mehrere Entwässerungscanäle aus: 3 durch das Moos zwischen dem Zeller See und der Hochstraße in convergirender Richtung auf die Wagbrücke bei Bischorn und ein 4. ist da im Bau begriffen; dann 3 Canäle von Bischorn gegen Aufhausen mit mehreren Verzweigungen; 2 zwischen Piesendorf und Walchen; 1 von Stuhlfelden bis Burk. Auf der rechten Seite des Flusses 1 von Bruck bis Mayrainöden; von da 1 unter dem Kaprunerbach hindurch bis Kothigainöden; 1 kurzer von der Salzach bis zur aisdorfer Lacke bei Niebernsill; endlich 1 von Mittersill bis gegen Hollerspach. Diese 18 Canäle zusammen betragen wenigstens eine Länge von 8 St. — Zu all diesem kamen noch einige Regulirungen der Seitenbäche, womit die Arbeiten noch keineswegs geschlossen sind.

Während dieser Bauten machte man bald auch das zu bekämpfende Element selbst zur Entsumpfung mitwirken. Man lehrte a. 1836 die Salzach in die lengdorf. Lacke zur Anschwemmung derselben ein und schon in den nächsten Jahren wurde sie auf. Drängen von Stuhlfelden auch in die stuhlfeld. Lacke eingelassen und später in die von Pürten- und Lützeldorf. Damit das in die Niederungen hineingeführte Geschiebe besser hafte, wurden durch selbe kreuz und quer Flechtenzäune gezogen. Die stuhlf. Lacke war a. 1858 so weit angefüllt, daß die Parcellen ihren Eigenthümern zur Nutzung zurückgestellt werden konnten; die Zurückgabe der lengdorf. Lacke ist eingeleitet und die Anschwemmung der pürtend. und lützelb. Lacke dürfte in Bälde genügen.

c) Arbeiten von solchem Umfang laufen begreiflich auf große Kosten. Zum ersten versuchsweisen Bau wurden a. 1822 vorläufig 12.000 fl. aus dem Staatswasserbaufond angewiesen. Der Bau in Unterpinzgau war nach dem Project a. 1826 auf 722.297 fl. angeschlagen worden, wovon ⅓, also 240.766 fl. auf den Kameralfond mit dem übernommen wurden, daß jährlich ohngefähr 24.000 fl., die ganze Summe also in 10 Jahren ausgefolgt werden sollten. Die andern ⅔ sollten die Nachbarschaften durch Schichten abtragen. Da sie sich aber dazu nicht verstanden, wurden jährlich gewisse Beträge vom a. h. Aerar verwendet. Laut der Bauacten gingen von a. 1822—49 in Unterpinzgau auf . . . . 247.755 fl. — kr.

a. 1836 begannen die Arbeiten zwischen Mittersill und Hollerspach und wurden dafür bis a. 1849 ausgegeben . . . . 21.709 „ — „

Fürtrag 269.464 fl. — kr.

22 Wasserbau.

	Uebertrag	269.464 fl.	— kr.
von 1850—62 wurden in Unter- und Oberpinzgau verwendet		139.357 „	54 „
für a. 1864—67 wurden jährlich 18.000 fl. bewilligt, also		72.000 „	— „
von a. 1854—62 für Entsumpfung in Rauris		16.684 „	4 „

Zusammen in CMze. WW. 497.505 fl. 58 kr.

Das ist für eine so kleine Reichsparcelle, wie Pinzgau, gewiß ein namhafter Aufwand und hoffentlich ist von der h. Regierung noch nicht die letzte Summe bewilligt.

d) Der **Erfolg** der großen Unternehmung übertrifft alle Erwartungen, zu desto größerer Befriedigung, je mehr ihn noch während des anfänglichen Baues selbst gewichtige Stimmen in Zweifel zogen; nun aber liegen die Belege des Erfolges vor Augen. An der grieser Brücke unter St. Georgen hatte sich der Flußgrund bis a. 1860 um 12′ 3″ gesenkt; an der stuhler Brücke um 16′; an der Brücke zu Bruck beträgt die Senkung seit den Abstufungen des Felsens bei Bergern 9′; an der Mayrainöbbrücke 6′ 7″; an der fürther Brücke noch nur 2′ 8″ ɾc. Das Erscheinen des Felsens bei Bergern ist ein Beweis, daß der Salzachfurth seit urlanger Zeit nie so tief, als jetzt, war; nicht sein konnte. Ein anderer Beweis von Vertiefung des Furthes ist das Zutagetreten von 2, 3 Reihen von Werkstecken übereinander an den Salzachufern von Bruck bis Mayrainöben, deren unterste Reihe gewiß vor Jahrhunderten gesetzt wurde. — Durch diese Vertiefung des Achenfurthes bekam das Wasser aus den anliegenden Sümpfen augenfälligen Zug nach der Salzach. Der Spiegel des zeller See's stand a. 1856 schon 3′ unter Null; der alte Canal aus demselben gegen Bruck, durch den Schreiber dieses als Student noch bequem zu Schiffe fuhr, kann nun nach längerem heitern Wetter trockenen Fußes überschritten werden; von etwas erhöhten Standpunkten aus bemerkt man bei klarem See den ehemaligen Fußsteig vom „hohen Schrofen zum Jageregg", von dem kaum mehr die Tradition etwas wußte; vor einigen Jahren schon sah ein Schiffer weit vom Ufer des See's einen grünen Erlzweig über das Wasser aufwachsen, den ein früher tief unter demselben gestandener Stock, nun der Einwirkung der Sonne wieder ausgesetzt, getrieben hatte. — In gleichem Maße schreitet auch die Trocknung des sumpfigen Bodens, der Hauptzielpunkt des Unternehmens, vorwärts: in Unterpinzgau sind ehemals nasse

Wiesen zu Ackergründen, ehemalige Streulacken und Schilfgründe zu Wiesen geworden und selbst auf manchen der letztern kann man Ernten geringern Getreides sehen. Der Erfolg in Oberpinzgau wurde schon S. 21 angedeutet. — Zu dem Allen kommt noch die nun viel freundlichere Gestalt der Ebene und die verbesserte Atmosphäre des Gaues.

Diesen erfreulichen Erscheinungen gegenüber tritt Prof. Dr. Lorenz in einem formell anerkennungswerthen Schriftchen: „Untersuchung der Versumpfung in den oberen Flußthälern der Salzach" ꝛc. Wien 1857 — mit den trübseligsten Behauptungen im Namen der „Wissenschaft" auf. Ihm ist der Aufwand auf die Entsumpfung eine „nutzlose Vergeudung von Millionen" (!) (p. 33) und steht die Auswanderung eines Theils der Bevölkerung in Aussicht (p. 42). Seine Ansicht stützt sich vorzüglich auf die „Factoren der Ueberschwemmung und Ueberschüttung (p. 32), sowohl jene, welche in den Nebenthälern ihre Wirksamkeit üben (Beschaffenheit des Gesteins, Entwalbung ꝛc.), als jener, welche unmittelbar im Hauptthale gelegen sind" (geringes Gefälle der Salzach ꝛc.) Wieder eines der nicht seltenen Beispiele, wie die Laterne der bloßen „Wissenschaft" in solchen Fällen blendet! Die Leiter des Baues, Männer der Wissenschaft so gut als der Erfahrung, kennen sicher jene Factoren und alle hieher bezüglichen Umstände genauer, als der Verfasser jenes Schriftchens und glauben doch an die Dauer des Werkes, da sie sonst von dessen Fortsetzung abrathen müßten.

e) Zur Innehaltung der Herstellungen beabsichtigt die h. Regierung, sobald die Entsumpfungsarbeiten in der Hauptsache vollendet sind, für die einzelnen Parthien des entsumpften Bodens aus den Grundbesitzern Vereine zu bilden, welche unter Leitung der bezüglichen Behörden für Erhaltung gewisser Uferwerke, Dämme, Canäle ꝛc. zu sorgen haben, welcherlei Vereine in Gastein schon angeordnet sind und in Südtirol und lomb.-venet. Königreich bereits mehrere Decennien mit Vortheil bestehen. — Diese Innehaltung und etwaige Wiederherstellung der von künftigen Elementarereignissen zerstörten Werke wird allerdings nicht geringe Kosten verursachen; darauf aber auch in Steuerbelastung ꝛc. bezüglich solcher Grundstücke Rücksicht genommen werden, die zum Wasserbau in Beziehung stehen.

7. Die Nachrichten vom **Straßenbau** gehören allerdings nicht zur Bodengeschichte, ob sie gleich damit nicht ohne allen Zusammenhang

sind; sie werden nur hier angefügt, weil in der folgenden polit. Geschichte eben auch kein Raum für sie angezeigt ist.

Die ältern Nachrichten sind größtentheils wieder dem Schriftchen Koch-Sternfelds „Straßen- und Wasserbau" entnommen; auf sie beziehen sich also die unten einfach angegebenen Seitenzahlen. — Wenn die Ambisunter (Pinzgauer), wie die andern Tauriśker „nicht ohne Verkehr waren mit den Völkerschaften Germaniens, Vindeliciens, Panoniens, Rhätiens, Illyriens und Italiens mit Vieh, Wolle, Häuten, Metallen" 2c. (KSt. 4), so sind gebahnte Wege über das Gau hinaus selbstverständlich. „Wie den Inselbewohnern die Schifffahrt, so war den alten Gebirgsvölkern der Straßenbau das erste Bedürfniß. Die Tauriśker verstanden auch schon frühe die Kunst, das Gestein auf der Oberfläche und in der Tiefe zu bezwingen und dadurch Karrenwege durch die steilsten Gebirge zu bahnen (Tauern p. 101).

Hier aber scheint man sich vielfältig, zum Theil den Lokalverhältnissen gemäß, mit „Sämwegen" begnügt zu haben; allerlei Transport selbst im Gaue geschah auf den Sattel, woher noch in Dörfern und Märkten der Stall für die Gastpferde häufig der „Sämerstall" heißt. Sämwege führten früher von Rauris und Fusch über den heiligenblut. Tauern; von Uttendorf über den stubach-kalser Tauern; von Mittersill über den Thurn und selb. Tauern; von Wald über die Gerlos nach Zillerthal und von Krimmel über den gleichnamigen Tauern. Während der Störung des Verkehrs durch die Völkerwanderung verfielen die Samwege; scheinen aber im 9., 10. Jahrhundert schon wieder eröffnet und dann viel benützt worden zu sein, bis im 16. Jahrhundert der Bergbau an den Tauern und der Handelsverkehr über dieselben abnahmen. (Die durchschnittliche Beladung eines Pferdes wog 250 Pfd., woher ein gleiches Gewicht gewisser Frachtgüter auch ein „Sam" hieß.) Der h. Briccius schlug a. 914 den Weg über den Fuscher Tauern ein und erfror auf selbem (KSt. 25); eine Kirche in Krimmel schon a. 1244 erklärt sich vielleicht aus der früheren Frequenz der Samer und anderer Reisender. Die Mauthgefälle am Fuscher-, Felber- und Turentauern scheinen a. 1296 beträchtlich gewesen zu sein, da Kaiser Adolph den EB. Konrad mit denselben für den Verlust der gleichen Gefälle am rabstädt. Tauern entschädigte (p. 27).

Auch die uralten Tauernhäuser und „die weitläufigen Stallungen an diesen, selbst für 100 Hengste, beweisen noch den einstmaligen starken Zug der Sampferde, besonders mit Salz, Tiroler- und

Straßenbau.

Wälschweinen und italien. Waaren" (KSt. 33). Solche Tauernhäuser bestanden einst noch mehrere, als jetzt, dieß- und jenseits aller
genannten Tauern und bezogen aus Landeskassen, hie und da auch
von Stiftungen „Provisionen", d. h. Deputate an Naturalien oder
Geld, wogegen sie gewisse Verpflichtungen hatten. Das mittersill.
Stockurbar von a. 1606 sagt (p. 216): die Empfänger solcher Provisionen „sollen den armen Laiten, die nit Zörung haben, über den
Tauern helffen, durch Gottes und der Pfründen (Provisionen) willen zu
eßen geben und den Tauern bewaren mit Zeigern. Es haben auch
vor Jaren ir Vorfahren etlich in den Abent geschirrn oder auch ein
Horn blasen, ob Niemant an dem Tauern wär und sich verspätt ob.
vergangen hätt." Viele Tauernhäuser bestehen noch und bezogen bis
auf die neueste Zeit ihre Naturalprovisionen fort; nur dem auf dem
Thurn wurde sie in Hinsicht auf die neue Straße entzogen; den andern aber werden sie seit der Grundentlastung in Geld reluirt und
zwar gemäß h. Ministerialerlaß vom 14. Mai 1853 nach den Wochenmarktsdurchschnittspreisen von Martini bis Weihnachten. Die Deputate
sind zum Theil beträchtlich, z. B. für das Vögerltauernhaus in der
Ferleiten 8$^{27}/_{64}$ Metzen Korn, 21$^{62}/_{64}$ M. Hafer. Die des mittersill.
Bezirkes s. in Kürsingers „Oberpinzgau" p. 88.

Von der Entwicklung der **Fahrwege** und **Straßen** in alter
Zeit weiß man wenig Bestimmtes. „Pinzgau durchzog keine röm. Landstraße" (KSt. 11). Die erste Straße, die erwähnt wird, ist die längs
der Saale über Lofer in's Gau. „Man findet schon um a. 700 viele
bahr. und fränk. Geschlechter im Salzburg- und Pinzgau re. zugleich
begütert und daher einer Straße benöthigt; über Lofer waren sie dahin gekommen" (KSt. 21). Diese Straße ertrug einen beträchtlichen
Zoll bei Melleck. In einem zwischen Salzburg und Bayern geschlossenen Vertrag a. 1219 wird der freie Zug auf der Straße von Reichenhall aus und freie Schifffahrt auf dem Saalflusse gegen Hall, wie es
vor Alter war, zugesagt (KSt. 23). Von Lofer bis Zell dürfte diese
Straße ohngefähr ihrer nunmehrigen Linie gesetzt sein; vom zeller See
aber bis Aufhausen lief sie noch a. 1607 nicht am Sonnberg dahin,
sondern über die Wiesen. Von ältern Bauten an dieser Straße kennt
man nur die Herstellung des Passes Steinbach bei Melleck durch Fürsterzbischof Paris, die Erweiterung derselben zwischen Oberrain und
dem Kniepaß durch M. Sittich a. 1614 und von da bis Lofer unter
Johann Jakob nach des unternehmenden Chr. Perner's Vorschlägen.
„Auch unter Hieronymus wurde an der Straße über Lofer viel gear-

bettet" (Pillw. I. 139). In Folge des Waldbrandes in den obern Hohlwegen a. 1865 wurde eine Straßenstrecke c. pr. 300 Klafter etwas entfernt vom Bergabhange neu gebaut.

Von Lend stieg erstlich ein Samweg, bald aber doch wohl ein Sträßchen nach Embach auf; von da nieder um beim tarenb. Gut Ed über die rauriser Ache zu setzen; zog dann über die Schiefebene „Höf" und wie es scheint, größtentheils auf der rechten Seite der Salzach über Bruck und Kaprun gegen Hummersdorf, wo sie sich über die Salzach nach Walchen wendete und zur Straße aus dem Saalethal stieß. Das bezeugen noch Tradition und einzelne Spuren: in der Ortschaft Höf Tarenbach gegenüber sind noch 2 Güter, „Unter- und Oberhengsthof" mit großen gewölbten Stallungen für Frachtpferde; so beim Piffen zu Bruck; dann die Keller in den Häusern Wibm bei Bruck und Kothigainöden Piesendorf gegenüber haben Anzeichen ehemaliger Wirthshäuser daselbst. — Erst Fürsterzb. Leonhard (a. 1495—1519) „legte eine Straße von Hirschfurth (Lend) gegen Rauris und eine andere gegen Tarenbach an" (RSt. 34), welche letztere wohl die bis in die neueste Zeit am Bergabhange zwischen Embach und der Salzach bestandene war. Bald nach Eröffnung dieser Straße dürfte die auf der rechten Seite der Salzach, wenigstens zwischen Tarenbach und Bruck eingegangen sein.

Von Bruck nach Zell war einst die gewöhnlichste Passage über Kalmberg und den See; gegen den Beilberg kamen Fußgänger über aneinander gereihte Steinblöcke und Fuhrwerke durch Wasser und Pfützen. Nach der Herstellung des Dammes von S. 19 wurde über denselben a. 1582 eine ordentliche Straße angelegt und von ihrer Erhöhung über den anliegenden Boden die „Hochstraße" genannt. Von dieser Zeit an mag die Straße am rechten Salzachufer auch zwischen Bruck und Hummersdorf verlassen worden sein.

Die vereinigte Straße aus dem Saale- und untern Salzachthale zog von Walchen in's oberste Pinzgau wohl ohngefähr in der heutigen Linie; nur von Lengdorf bis Uggel ging sie über die Wiesen und wurde erst a. 1768 wegen Versumpfung an den Berg verlegt. — Fürsterzb. Hieronymus bahnte einen Weg über „die Stang" in's Brirenthal; Paris a. 1630 von Wald ins Zillerthal.

Die größte der unter den früheren Regierungen ausgeführten Straßenbauten ist die über den Hirschbühel. Schon a. 1286 war ein Weg über denselben gebahnt; mußte aber zufolge Uebereinkommens zwischen Bayern und Salzburg aufgegeben werden. Als

Straßenbau.

a. 1803 Berchtesgaden mit Salzburg vereinigt worden war, wurde eine Verbindungsstraße wieder nothwendig und a. 1805—7 hergestellt. Die Kosten, inbegriffen einige Erweiterungsarbeiten vom „hangenden Stein" einwärts deckten die sämmtlichen Gerichtsgemeinden des Gebirgs mit . . . . 16.000 fl.
die Märkte Schellenberg und Berchtesgaden und die Salzhändler nur mit . . . . 542 „
die l. f. Kamer mit . . . . 20.000 „

zusammen 36.542 fl.

Nach Wiedertrennung jener Territorien gab es lange Verhandlungen über die Zurückstellung der Baukosten an jene, welche nun von der Straße keinen Vortheil mehr hatten (KSt. p. 74). — Obwohl selbe so gut hergestellt war, daß sie vierspännige Wägen befahren konnten, wurde sie auf der steilern, erbschüssigern pinzg. Seite doch bald schlecht genug, ist aber nun wieder gut.

Erwähnenswerth ist das kühne Project einer Straße von Venedig über Toblach, Lienz, den Kaisertauern, Pinzgau und Pongau nach Salzburg, einer Strecke von 42½ Meilen (c. a. 1770). „Wären auch nicht das Gubernium v. Gratz, die Stände v. Kärnthen und die Kaufleute von Venedig und Villach dagegen aufgetreten, so würde das Unternehmen der natürlichen Hindernisse wegen doch nie oder nur mit einem ungeheuern Aufwand zu Stande gekommen sein (KSt. 56.)

Endlich ist die h. k. Regierung auch in Hinsicht auf Straßenbau für Pinzgau eine Wohlthäterin, wie keine ihrer Vorgängerinnen. Unterm 1. Sept. 1846 wurde die ganze Strecke von Lend bis an die tirol. Gränze auf dem Thurn als Reichsstraße erklärt, somit den Gemeinden die Innehaltung derselben abgenommen. Sofort begannen auch die Umgestaltungen der Strecke in eine Reichsstraße: a) wurde dieselbe a. 1847 und 48 thunlichst verbessert; b) a. 1850—57 eine ganz neue Straße von Lend bis Bruck, bei 9940 Kl. lang, hergestellt; c) a. 1857 der Bau einer ebenfalls neuen Straße von Stuhlfelden bis Thurn c. pr. 6540 Kl. bewilligt, welche Bewilligung aber auf den Antrag der h. Landesregierung unterm 8. April 1865 dahin abgeändert wurde, daß der Bau einer neuen Straße dermalen nicht in Stuhlfelden, sondern zu Burk vor Mittersill zu beginnen habe. Die Strecke vom Schloß Mittersill bis Thurn ist der Vollendung nahe, und die von Burk bis zum Schloß in Angriff genommen.

Straßenbau.

Die Kosten dieser Bauten laufen noch viel höher, als die des Wasserbaues: die erwähnten Correctionsarbeiten von a. 1847 und 1848 betrugen . . . . 25.000 fl. — kr.
von der neuen Strecke Lend-Bruck
die Baukosten . . . . 461.446 fl. 55 kr.
die Grundablösung . 23.657 „ 38½ „
„ Regiekosten . . 4985 „ 3 „
_____
490.089 „ 36½ „
die Strecke Stuhlfelden-Thurn war angeschlagen auf . . . . 320.000 „ — „
_____
mithin Summe des bereits geschehenen und genehmigten Aufwandes . . CMz. WW. 835.089 fl. 36½ kr.

Zufolge des Abgehens vom ursprünglichen Antrag bezüglich der Strecke von Stuhlfelden bis zum Schloß Mittersill mögen sich die Kosten etwas mindern.

Ein Umbau der Strecke von Bruck bis Burk pr. 6 St., durch die Correctionsarbeiten seit a. 1847 mit Ausnahme kurzer Strecken z. B. Lieglerbühel, Kreuzbühel, bereits in leidlichem Zustande, wird einer spätern Zeit vorbehalten.

An den 2 angegebenen neuen Strecken, zusammen 16.480 Kl., also über 8 St. betragend, hat man Prachtwerke vor sich, dergleichen früher Pinzgau nicht sah. Sieht man von der neuen Straße aus den Lauf der alten zwischen Lend und Gries an, steil auf und nieder, glaubt man fast, noch die Ueberreste eines Sämweges längst vergangener Zeiten zu sehen und hätte vordem Jemand eine Straße nach dem Thurn vorausgesagt, die man nöthigen Falls aufwärts im Trapp befahren könne, wäre er gewiß mit großen Augen angesehen worden. — Der Werth der Bescherung ist augenfällig: nicht nur wird hiemit der Verkehr im Gau erleichtert; sondern noch mehr die Ein- und Ausfuhr; sicherlich vermehrt sich auch bald der Fremdenzug. Einige Parthien von Pinzgau sind schon in Ehren: die Ferleiten mit ihrer großartigen Alpennatur, Krimmel mit seinem Wasserfall ꝛc. und die Fahrt auf der neuen Straße vom Schlosse Mittersill bis Thurn, die schönste Aussicht besonders auf das Salzachthal gewährend, wird bald ihren Ruf haben.

Die Telegraphenlinie, das größte Wunder der Zeit, zieht leider ohne Station durch's Gau. Die „tiroler Linie" wurde a. 1849 über Lend, Bruck, Zell, Lofer ꝛc. geführt; a. 1859 die „französische" errichtet, welche jene bei Bruck verläßt und über den Thurn nach Innsbruck und der Schweiz ꝛc. läuft. — Auf eine Eisenbahn darf unser Sachthal, ohne größere Industrie außer der Viehzucht, gleichwohl nicht rechnen, obschon die „salzb. Zeitung" neuerlichst dem Wunsch darnach einige Berechtigung zuerkannte.

2. Die gesellschaftlichen Verhältnisse des Gaues.

Behufs der durchaus angestrebten Uebersichtlichkeit ist die Darstellung hievon nach den vorzüglichsten Wendepunkten der geschichtl. Entwicklung in Zeiträume und Perioden abzutheilen. — Stehen auch diese Wendepunkte keineswegs immer gleiche Zeiten von einander ab, so enthalten die inzwischen liegenden Zeiträume doch ein nicht sehr ungleiches Maß geschichtl. Stoffes.

Vom größten Einfluß auf die Gestaltung der öff. Verhältnisse waren Beginn und Ende der f. e. Landesherrlichkeit über unser Gau. Somit theilt sich die Geschichte in 3 Hauptzeiträume: in den vor, während und nach der f. e. Landesherrlichkeit.

I. Zeitraum:

Vor der f. e. Landesherrlichkeit über Pinzgau bis a. 1228.

In dieser Zeit von unbestimmbarem Anfang machen vorzüglich 2 Ereignisse Epoche: die Unterwerfung unserer Gegenden unter die Römer und der Wiederbeginn einer neuen deutschen Herrschaft, der bayrischen. Sie unterscheidet sich demnach in 3 Perioden: in die Urzeit, in die Zeit der röm. Herrschaft, an die sich eine Reihe verwirrter Jahre knüpft, und in die bayr. Periode.

a) Die Urzeit.

Ueber diese fehlen begreiflich Nachrichten, speciell von Pinzgau zu sagen gänzlich; wir haben nur Nachrichten von den Gegenden an der Nordseite der Tauern und selbst diese sind sparsam und vielfältig fraglich.

Die ältesten Bewohner derselben, die uns die Geschichte vorführt, gehörten zur um die Tauern weit ausgebreiteten Völkerschaft der Taurisker und jene ihrer verschiedenen Genossenschaften, die unser Gau inne hatte, hieß Ambisunter, Ambisontier (Juv. p. 8 und Dr. A. Prinz. bayr.-österr. Volksst. p. 49). Von den Tauriskern sagt nun Koch-Sternfeld: „Es sind keine Götter oder Heroen Griechenlands, die in unserer Sage leben, sondern einfache Jäger, Bergknappen und Hirten, kühn und kräftig, gemüthvoll und herzhaft, genügsam und friedlich, muthig gegen die Anfälle der Natur und äußern Feinde und darum unvertilgbar . . Den Argonauten (um a. 1200 vor Christus) erschienen sie als ein im Bergbau verwildertes Volk, noch fern von griechischer Cultur. Jason mit seinem hochsinnigen Weibe (Medea) aber mußte durch griechische Bräute und durch Einführung des Ackerbaues die Sitten der Gebirgsvölker zu mildern. Wie lebendig die Erinnerung an Herkules, der auch die Alpen zum Schauplatz seiner Thaten machte, bei den Tauriskern war, zeigt die große Anzahl der bereits aufgefundenen, in der Periode der Römer erneuerten Denkmäler . . Es wäre daher ungereimt, sich die Gesammtheit der Taurisker vor 3000 Jahren noch als halbwilde Troglodyten und Cyklopen zu denken, die sich nur in Ochsenhäute kleideten und am Grubenfeuer wärmten" (Tauern p. 96; cf. oben p. 5).

Die Nationalität der Taurisker ist eine noch keineswegs entschiedene Frage, indem sie die einen Geschichtschreiber beharrlich für Kelten, die andern für Deutsche halten. Mag nun aber die eine oder andere Meinung richtig sein: so darf man doch unbedenklich annehmen, daß in unserm Gau, sei's nach Abkunft seiner Ureinwohner oder durch vielfältige Vermischung derselben mit den Germanen, sehr frühe das deutsche Wesen vorherrschend war. Der Name des Volkes, „Taurisker" oder ohne die beigefügte fremde Sylbe „Täurer", ist doch deutsch und bedeutet offenbar Anwohner der Uebergänge (Tauern, Thore) über die norischen Alpen. Weiters sind fast alle andern topographischen Namen des Gaues — die Namen der Berge, Thäler, Gewässer ꝛc. — rein deutsch und die wenigen Ausnahmen leicht aus späteren Einwanderungen, erstlich der Römer, dann Anderer etwa zur Zeit der Völkerwanderung, später der Slaven zu erklären. Wir nehmen also unser Gau füglich und nicht ohne Behagen als alten deutschen Boden.

Das deutsche Leben, wie es sich wenigstens bis zu den nächsten Jahrhunderten vor der röm. Herrschaft über unsere Gegenden gestaltet hatte, beschreibt uns der röm. Geschichtschreiber Tacitus († um a. 130 n. Chr.) in seinem anziehenden Buche „von den Sitten der Deutschen" ꝛc. 1) Mehrere stammverwandte Familien des ausgebreiteten Volkes bildeten zusammen große Sipp- oder Genossenschaften, deren Eine auch die Bevölkerung von Pinzgau ausgemacht haben dürfte. Ueber solche Genossenschaften übten im Frieden Fürsten eine patriarchalische Auctorität aus; für den Krieg wurde von einer oder mehreren Genossenschaften ein Anführer nach bereits erprobter kriegerischer Befähigung gewählt. Unmittelbar vor der Unterwerfung unserer Gegenden durch die Römer bestand da ein Königreich „Noricum" (Nordreich), dem auch Pinzgau angehörte, das aber keineswegs eine Monarchie in unserm Sinn, sondern eben nur eine Verbindung mehrerer Genossenschaften zu einer großen, ebenfalls patriarchalisch geleiteten Gesellschaft war. Weder einem König, noch Fürsten, noch Feldherrn stand ein Strafrecht zu; dieß übten nur die Priester im Namen der Götter. 2) Oeffentliche Angelegenheiten, vielleicht auch größere Partheisachen wurden in allgemeinen Versammlungen verhandelt, wobei die Theilnehmer bewaffnet erschienen. Nachdem durch den Priester Stillschweigen geboten worden, wurde der Vortrag des Königs oder eines Fürsten, je nachdem Ansehen oder Beredsamkeit den einen oder andern zum Sprechen befugten, angehört. Mißfiel er, wurde er mit Lärm und Gebrumm verworfen; entsprach er, schlugen sie den Pfriemen zusammen. 3) Die Hauptleidenschaft der Deutschen war der Krieg. War es in einer Genossenschaft länger friedensstill, zogen die tüchtigsten Jünglinge zu jenen Stämmen, die eben Krieg führten. Sich durch friedliche Thätigkeit Verdienste zu sammeln war nicht ihre Sorge; vielmehr galt es ihnen als Gemeinheit, durch Schweiß zu erwerben, was durch Blut zu gewinnen war. In der Schlacht war es für den Anführer schimpflich, an Tapferkeit übertroffen zu werden und für seine Truppe, ihm an Tapferkeit nicht zu gleichen; entehrend und für das ganze Leben schmachvoll war, in der Schlacht sich mit seinem Fürsten nicht hinzuopfern; als die größte Schändlichkeit aber galt, seinen Schild zu verlieren; ein so Geschänbeter burfte bei keinem Gottesdienſt und in keiner Gemeindeverſammlung mehr erſcheinen. 4) Im Frieden brachten die Männer die Tage mit Jagd, noch mehr in Müſiggang und Schlemmerei zu; gerade die Stärkſten und Muthigſten lagen auf der Bärenhaut, während die Gebrechlichen und Greiſe und Weiber die Geſchäfte der Haushaltung beſorgten. — Zu den größern Häuſern gehörten gewöhnlich auch Sklaven, welche man aber nicht nach röm. Weiſe zu beſtimmten häuslichen Geſchäften gebrauchte; ſondern der Herr verlangte von ihnen nur eine gewiſſe Leiſtung von Getraide, Vieh, auch Kleidung von den ihnen überlaſſenen Feldwirthſchaften; ſie glichen alſo hierin den nachmals ſo genannten „Leibeigenen". Züchtigung eines Sklaven geſchah ſelten; aber die Ermordung eines ſolchen im Jähzorn war ſtraflos. 5) Eine beſondere Beachtung verdient die Stellung der Weiber, ſelbſt im öffentl. Leben. Ihre Rathſchläge und Ausſprüche wurden nie mißachtet; man traute ihnen ſogar eine gewiſſe Verwandtſchaft mit den Göttern und Sehergabe zu. Selbſt in der Schlacht waren ſie die höchſtgeachtetſten Zeugen und den Müttern und Gattinnen wieſen Söhne und Ehemänner die Wunden, welche ſie im Kriege davongetragen. — Damit hängt wohl die Heilighaltung der Ehen unter den Deutſchen zuſammen. Ehliche Untreue war in dem ſo zahlreichen Volke eine Seltenheit und wurde ſtrengſtens beſtraft: nackt und mit abgeſchnittenen Haaren wurde eine Gefallene von der verſammelten Verwandtſchaft aus dem Hauſe und mit Schlägen durch den ganzen Ort getrieben. — So alſo, oder doch ähnlich, war das Leben in der Urzeit unſeres Gaues geſtaltet: naturwüchſig, frei, und ehrenhaft; freilich mitunter auch noch roh und wild, wie damals hie und da auch die Gegend.

b) Die röm. Herrſchaft
mit der darauffolgenden Umwälzungsperiode
von a. 11 vor bis 538 nach Chriſtus.

Nach Zauner (Chr. I. 2) a. 11 vor Chriſtus wurde das Nordreich mit unſerem Gau zur röm. Provinz; die Inſchrift des auguſt. Alpentrophäums führt unter den beſiegten Völkerſchaften ausdrücklich auch die Ambiſunter an („die Deutſch." ꝛc. v. C. Zeuß p. 243). Nicht nur waren nun die Römer Herren auch von Pinzgau geworden und blieben es durch mehr als 4½ Jahrhundert; ſondern ihrer Gewohnheit gemäß, ausgedienten Soldaten und Andern im eroberten Lande

Besitzungen anzuweisen, kamen hieher, wenn gleich nicht in solcher Zahl wie ins Flachland, Lungau ꝛc., immerhin auch röm. Colonisten, wovon es an Spuren nicht fehlt. Die Ortschaft „Walchen, einst Walling", ½ St. von Piesendorf, hat ihren Namen sicherlich von röm. Ansidlern, welche die deutschen Ureinwohner des Gaues „Wallen, Walhen, Walchen", d. h. Fremdlinge hießen. Da der Ort von ihnen sogar den Namen erhielt, mag hier die vorzüglichste röm. Niederlassung gewesen sein. Auf röm. Ansidler deutet demnach vielleicht auch der Name von den 2 Gütern „Walchern" in der Fusch und auf dem Gries; auch das Walknergut zu Fürth wird in älterer Zeit öfter „Walcher" genannt. Lorenz v. Westenrieder sagt: das tirol., salzb., und bayr. Gebirg „war mit zahlreichen röm. Ankömmlingen besetzt, von welchen unter dem Namen Romanisci, Romanenses, Romani im 7. und 8. Jahrh. und noch später ganze Schaaren in den Schankungsurkunden anzutreffen sind, deren Geschlechter theils als freie, dienstpflichtige Freibauern (bare Schalken, Eindiener, Barschalken), theils und zwar sehr häufig als Knechte unter die bayr. Bothmäßigkeit gekommen waren" (sämmtl. Werke X. 13). — Von röm. Alterthümern aber kennt man von Pinzgau nicht viele: in der 2. Hälfte des vorigen Jahrhunderts fand ein Bauer zu Hasenbach bei Tarenbach auf seinem Felde einen „röm. Stein", auch mehrere Schmelztiegel (Juv. p. 52). Auf dem gumpinger Moos bei Lofer wurde a. 1694 ein heidnisches Bildniß von Erz ausgegraben, das Koch-Sternfeld für ein röm. erkannte (Hübn. p. 629). „Ueber der Mitterthüre des Kirchleins zu Velben befand sich ein röm. Leichenstein 20" hoch und 24" breit" (Kürs. Oberpinzg. p. 41). Die Denkmäler sind nun zu Salzburg in Verwahrung.

Da nun die Römer immerhin in nicht unbeträchtlicher Zahl und länger als 450 Jahre als Herren im Gaue waren, muß das öffentl. Leben daselbst nicht unwesentliche Umgestaltungen durch sie erlitten haben; kaum aber geschahen sie gemäß röm. Weise gewaltsam und auf Ein Mal; sondern allmälig und von Innen heraus in Folge des Verkehrs und der Vermischung der Ankömmlinge mit den Eingebornen. Die Römer brachten nämlich ganz neue, entwickeltere Kenntnisse, Ansichten, Sitten und Einrichtungen ins Gau und wirkten auf die Anschauung und Gesinnung der Ureinwohner, wodurch sich nach und nach von selbst eine neue Gestalt auch des äußern Lebens ergab. Ein Bild davon zu entwerfen ist schwer; aber denken läßt sich, daß das alte germanische Wesen mehr und mehr verbleichte; die Zahl der freien deutschen Männer sich verminderte; die der Sklaven sich vermehrte; hingegen aber auch an die Stelle der alten Kampflust und Schlemmerei eine ruhigere, geordnetere bürgerl. Betriebsamkeit trat.

Diese Entwicklung unter röm. Einfluß erfuhr durch einen **gewaltsamen Einfall** neuer deutscher Schaaren eine merkliche Störung. Koch-Sternfeld sagt: „seit der 2. Hälfte des 2. Jahrhunderts vermehrten sich die deutschen Horden von Norden und Westen her auf furchtbare Weise an den norischen Gränzen, welche sie öfters durchbrachen und dann tief ins Gebirge hinein Alles verheerten"; sie suchten Wohnplätze und wurden zu Verwüstern und Räubern, wenn ihnen die einheimische Bevölkerung den begehrten Boden nicht sogleich abtrat. Diese neuen Ankömmlinge sollen mitunter vom Stamme der Vangionen (um Worms gesessen, Casp. Zeuß p. 219) gewesen sein und sich von ihnen der inner- und außerhalb des Gebirges so häufig vorkommende Ortsname „Wang, Weng" mit seinen Zusammensetzungen herschreiben: im Pinzgau „Wengerberg" und Güter „Weng" bei Piesendorf.

Nach einem 400jährigen ziemlich ruhigen Fortbestand unter röm. Herrschaft trat auch das Norbreich in eine ungefähr 150jährige **Umwälzungsperiode** ein. — Gleich anfangs des 5. Jahrhunderts fing die „Völkerwanderung" an, sich über selbes zu bewegen, ohne jedoch damals die röm. Herrschaft sogleich aufzuheben. Pinzgau in seiner Abgeschiedenheit scheint die große Bewegung lange wenig empfunden zu haben; stahlen sich auch etwa kleinere Sippschaften von den großen Zügen weg und in unser Gau, konnten sie doch nichts Weiteres, als die Bevölkerung etwas bunter machen. Als aber a. 475 der Herulerkönig Odoaker mit seinen Haufen über Noricum nach Italien zog und dort das weströmische Reich zerstörte, wurde auch der röm. Herrschaft übers Norbreich, wohl schon ziemlich gelähmt, völlig ein Ende gemacht.

Auf die Völkerwanderung erfolgte für unsere Gegenden ein mehrmaliger **Herrenwechsel**. Von Odoaker ging die Herrschaft über sie a. 493 an den Ostgothenkönig Theodorich über, unter welchem die Bayern (Bojobaren, Bojoaren), ein wenn nicht ursprünglich deutsches, so doch schon lange germanisirtes Volk, in Noricum und Rhätien einwanderten. Nach einer ostgoth. Herrschaft von etwa 3 Decennien kam Noricum wahrscheinlich an die Longobarden; aber a. 538 schon zum großen Frankenreich (Zaun. Chron. I. 9). Nun verloren sich die alten Namen „Rhätien, Noricum" in den neuen von „Bayern", wie auch eine neue Zeit begann, deren Charakter sich Jahrhunderte erhielt.

c) Die bayrische Periode von a. 538 bis 1228.

Warum wir diese Periode lieber die bayrische als fränkische nennen, erhellt aus Folgendem von selbst.

Die Frankenkönige stellten über Bayern, zu dem nun selbstverständlich auch Pinzgau gehörte, eigene Herzoge aus dem fränk. Geschlechte der Agilolfinger auf und trugen nach und nach alle fränk. Einrichtungen auf selbes über, namentlich das Feudalsystem und die Gauverfassung, durch welche letztere wohl die Bezeichnung „Pinzgau, Pongau" 2c. officiell wurde. — Karl d. Gr. zog a. 788 das bayr. Herzogthum ein und ließ es durch Grafen verwalten; a. 914 aber wurde es wieder besetzt. — Durch den verduner Vertrag a. 843 wurde bekanntlich das Frankenreich getheilt, wodurch Bayern von jenem Theil abkam, welcher den alten Namen ferner behauptete.

Die Gestalt des öff. Lebens blieb sich natürlich nicht im ganzen Verlaufe der Periode gleich; besonders war das Lehenwesen bis ins 10. Jahrhundert in Entwicklung begriffen; von einer hierortigen Uebersicht aber wird man nicht mehr als eine Angabe derjenigen Hauptzüge erwarten, welche den meisten Theil der Periode hindurch vor Augen treten. — Die vorzüglichste Geschichtsquelle hievon ist das bekannte alte bayr. Gesetzbuch („leges Bauuariorum"), gesammelt aa. 626—630.

Die Bevölkerung der einzelnen Gaue, abgesehen von den Königen und Herzogen, theilte sich die ganze Periode hindurch wesentlich in Herren und Knechte; genauer unterschieden, gliederte sie sich aber mit der Zeit folgender Maßen:

1. Obenan standen die Grafen (Grauen, Graven, Graviones), welche lange nur zeitliche Beamte der Könige, Herzoge 2c. waren: Richter, Verwalter, Generäle des Gaues. In der Folge erhielten sie das ihnen anvertraute Gau zum Lehen: Land und Leute des Gaues und die Gefälle der Verwaltung; öfters findet man auch die Belehnung eines Gauvorstehers nur mit der Verwaltung (Cometie), ohne die des Gaues selbst.

2. Das eigentliche „Volk" machten die **freien** Grundbesitzer (Edelinge) aus: sie allein hatten bürgerliches Dasein und Stimme in öffentlichen Angelegenheiten. Sie unterschieden sich in Freie, die außer einem Lehensverbande standen und in Vasallen, bei uns später Ministerialen genannt, welche Güter, Bezirke, auch Aemter und Würden von den Königen, Bischöfen, Herzogen 2c. zu Lehen oder Afterlehen hatten. Da diese für die empfangenen Lehen gewisse Dienste, besonders im Kriege, auch bei Hofe 2c. gegen ihre Lehensherren übernahmen; auch in manche andere Abhängigkeit von ihnen kamen, z. B. bezüglich ihrer Verehelichung: so erscheinen die Ministerialen minder frei, als die reinen Grundbesitzer; allein sie standen an Ansehen und Einfluß, auch durch ihren oft ausgedehnten Eigenthums- und Lehensbesitz, ihre Würden und Aemter doch über den meisten der letztern und machten den Adel des Landes aus.

3. Bei Weitem die zahlreichste Klasse war die der **Knechte** (Leibeigenen, Eigenleute, Servi, Mancipia, Homines proprii). Diese hatten kein bürgerliches Dasein, lange auch keinen Schutz der Gesetze; sie waren volles Eigenthum ihres Herrn. Sie durften sich ihm also auf keine Weise entziehen; wohl aber konnte er sie nach Belieben veräußern: verkaufen, vertauschen, verschenken. Selbstverständlich durften sie sich nicht ohne Erlaubniß ihres Herrn verheirathen und wenn Leibeigene verschiedener Herren zusammenheiratheten, wurde voraus bestimmt, wie die erzeugten Kinder zwischen denselben zu theilen seien. Ueberdieß hatte der Herr ein ziemlich freies Zuchtrecht über seine Leibeigenen. Demnach konnte ihre Lage durchaus keine beneidenswerthe sein, besonders unter noch heidnischen Herren. Wenn aber auch das Christenthum ihr Verhältniß milderte, kam doch die einmal gewohnte Behandlung nicht sogleich außer Uebung, daß nicht treffend von ihnen gesagt wäre:

> „Sie geh'n gebückt und welken
>   In Elend und in Müh;
> Die Andern zerr'n und melken
>   Dran, wie am lieben Vieh.
> Das ist doch nicht zu defendiren
>   Und gar ein schlimmer Brauch;
> Sie geh'n doch nicht auf Vieren
>   Und sind doch Menschen auch!"   <small>Claudius.</small>

Der verschiedene Ursprung der Leibeigenen mußte mancherlei

Unterschiede zur Folge haben; der wichtigste Unterschied für unsere Darstellung ist jener der „Behausten" (Casati) und „Nichtbehausten" Noncasati seu Gassendi). — Die Behausten gehörten zu einem gewissen Gute ihres Herrn gleichsam als lebendige Fahrniß und gingen bei Besitzveränderungen mit dem Gute an den neuen Besitzer über. Sie hatten ihre Dienste in der Regel nur von ihrem Gute zu leisten: erstlich ein wandelbares, dann fires Maß von Feldfrüchten, Vieh, verschiedenen Fabrikaten ꝛc. Das Verbleibende war ihr Unterhalt. — Die Unbehausten waren an kein bestimmtes Gut geknüpft und konnten somit keine Naturalien liefern; sondern verrichteten Handschichten, wo und wie es ihr Herr befahl. Manchem wurden die Handschichten in Gelddienste umgewandelt, die man dann Leibsteuer hieß.

In den ersten Zeiten der bayr. Periode waren die Leibeigenen am Zahlreichsten: schon die alten Deutschen hatten ihre Servos; die Römer machten sicherlich auch manchen freien deutschen Mann zum Sklaven und so die Bayern manchen Römer. Immerzu aber geschahen einzelne Manumissionen, die mit Beginn der Kreuzzüge häufiger wurden. Dadurch ergab sich eine weitere Bevölkerungsklasse: der Freigelassenen (Frilazzi, liberti, libertini), die entweder unbedingt, oder gegen Leistung gewisser Dienste und Abgaben von den von ihren Grundherren ihnen überlassenen Gütern der Leibeigenschaft entledigt wurden, in dieser Zeit aber an Zahl, somit auch an Bedeutung weder den Freien noch Leibeigenen gleichkamen. — (Juv. p. 553 ꝛc. Westenrieders sämmtl. Wke. X. 14 ꝛc.

Die so unterschiedene Bevölkerung eines Gaues theilte sich örtlich in mehrere Gruppen, die größere und kleinere Herrschaften mit mehr und weniger herrsch. Befugnissen bildeten. Die Grafen behielten einen ansehnlichen Bezirk um ihre Burg mit den darin befindlichen Eigenleuten für sich; die entferntern Bezirke gaben sie freien Männern immer gegen bestimmte Dienstleistungen zu Afterlehen. Diese bauten sich in ihren Gebieten auch Burgen und hatten somit gesonderte Herrschaften. Daneben bestanden die Herrschaften der Freien außer dem Lehenverbande. Die meiste Bevölkerung dieser Gebiete machten die Leibeigenen aus und waren der Schemmel, auf dem die Gebietsherren mehr und weniger emporragten. — Die niedere Gerichtsbarkeit aber über die Bezirke des Gaues übte der Graf, während die höhere nur dem Landesherrn zustand.

Das war also die Gestalt des öff. Lebens im Bayerlande ꝛc. Da Pinzgau dazu gehörte, versteht es sich von selbst, daß es hier im Wesentlichen nicht anders aussah. Es sind nun dießbezüglich nur die speciellen und individuellen Nachrichten mitzutheilen, die sich zwar in nicht sehr sparsamen Maße vorfinden; aber in Hinsicht auf die so alte Zeit begreiflich doch Vieles zu wünschen übrig lassen. — Bei der Einführung der Gauverfassung im 7. Jahrhundert wurde unser Gebiet gleich als eigenes Gau genommen; Westenrieder (X. 14) zählt 26 der „vornehmsten" bayr. Gaue und darunter auch Pinzgau auf, wovon nach Gesagtem jedes, also auch Pinzgau, seinen eigenen Grafen hatte; P. Roman Zierngiebl, Bibliothekar von St. Emeran bei Regensburg, nennt unter den „Grafschaften des karoling. Bayerns" auch die „Grafschaft Pinzgoe" (n. Abth. d. kurf. bayr. Akad. d. Wissensch. II. 232), deren Bevölkerung gegliedert war, wie oben.

1. Die **Grafschaften** und **Grafen** Pinzgaus. Langefort, wie eben angedeutet wurde, war dieß eine **ungetheilte** Grafschaft. Laut eines Artikels im salzb. Intelligenzblatt a. 1810 (p. 448) hätten solche anfangs die Grafen des Salzburg= und Chiemgaues innegehabt; aber wohl ohne in unserm Gaue zu residiren.

Von einem dieser Geschlechter könnten die „Herren v. Pinzgowe" stammen, welche als die ersten hier seßhaften Herren des Gaues aufgeführt werden dürfen. Koch=Sternfeld (Präb. Pr. p. 159) sagt von ihnen: „die Wisinte v. Pinzgowe (Wisint der Personenname gewöhnlich des Erstgebornen der Generation) reichen ins 7. Jahrhundert bis zur Gründung der Cella in Bisontio (Piesendorf) hinauf." Weiters behauptet er von ihnen, daß sie in Piesendorf saßen, „wo noch ein Wisinthof gezeigt werde". Ein ehemaliger Herrensitz zu Piesendorf ist fast außer Zweifel: den vorspringenden Kegel „Hochbürgel" bekommt man kaum zu Gesicht, als man schon denkt, er müsse einst eine Burg getragen haben. Die Namen des Hauses auf selben „Hochbürgel" und der Nachbarhäuser „Mitter= und Hinterbürgel" und selbst die Tradition sprechen dafür. — Außerdem läßt sich von den ältesten Pinzgowern nichts Weiteres mehr sagen.

Anmerkungsweise dürfen hier von dem für Pinzgau so merkwürdigen Geschlecht die urkundlichen Notizen angefügt werden, die sich von spätern Gliedern desselben vorfinden. Im 11. und 12. Jahrhundert kommt eine Reihe von Pinzgowern vor, die allerdings auf keinen Fall mehr Herren von ganz Pinzgau, vielleicht nur sehr untergeordneter Bedeu=

tung waren: a. 1093 Wisint de Pinczgovv, 1120 Engelram, 1130 Herman Sohn Wisints, a. 1134 Wisint (der jüngere?) f. e. Ministeriale, 1140 Wolfrat, 1160 Crapht v. Pinuscouue, 1180 Tanchrad, 1190 Liutold, Pillunc v. Pinzkowe; ohne Jahreszahlen kommen vor Tytericus, Rudiger, Chuno. Bemerkenswerth ist, was die „Notizenblätter d. Akad. d. Wissensch. zu Wien" (a. 1856, p. 140) von einem „Pertold v. Pinzgoie ministeriali s. Rodberti" von a. 1148 mittheilen: „der besagte Pertold opferte mit Einstimmung seiner Gemahlin, aber nicht seiner Söhne, seine Güter Weng (über Fürth) und Percheimin (bei Saalfelden) auf den Altar des h. Petrus und Paulus zum Besten der Brüder daselbst . . Nachmals wurden er und sein Bruder Wilhelm und Gemahlin Juditta mit den Söhnen in demselben Kloster (St. Peter zu Salzburg) Mönche." Mit obigen Liutolt und Pillunc scheinen die Pinzgower ausgestorben und von den Velbern beerbt zu sein; a. 1194 tritt nämlich auf ein „Haitvolch v. Pinzgiou, alias v. Veluwin."

Auf welchen Anlaß und wann die Grafschaft Pinzgau getheilt wurde, läßt sich nicht angeben. Das erwähnte Intelligenzblatt (p. 449, 495) behauptet zwar: a. 1058 wären die Grafschaften Mitterfill und „Saal, Schall, Schalla" (mit der Burg Saalhof) entstanden, was aber mit anderen ziemlich sicherstehenden Daten zu sehr im Widerspruch steht, als daß es eine Beachtung verdiente. Vielmehr erscheinen schon im 10. Jahrhundert 2 Grafschaften, später 3, 4, am Ende der bayr. Periode wieder 2, wie folgt. — Von den einzelnen Grafschaften läßt sich gleichwohl nicht sehr viel sagen, bis sich die Grafen v. Plain und Beilstein in die pinzg. Lehen theilten, von welchen hochansehnlichen Geschlechtern eine vorläufige Bemerkung nicht unerwünscht sein dürfte. P. Michael Filz v. Michaelbeuern gibt von ihnen folgende, von Andern abweichende Notizen, die wenigstens das Ergebniß einer mühsamen Forschung sind. Die Grafen v. Plain (Bleien, Plaigen, Plagin, Playa) stammten aus Kärnthen; traten unter dem Namen v. Plain (Burg bei Reichenhall) nur von a. 1120 —1260 auf und hatten eine Zeit den größten Theil des pinzg. Hauptthales inne (Chron. v. Michaelb. p. 173 ꝛc. — Die Grafen v. Beilstein (Pilstan, Pilstein, Pilenstein) stammten zunächst von den Grafen v. Tengling, diese von den Grafen v. Burghausen und diese von den Grafen des Salzburg- und Chiemgaues her. Friedrich v. Tengling habe sich zuerst a. 1088 nach seiner östr. Burg Beilstein genannt und der letzte dieses Namens komme a. 1208 vor. Ihre

Hauptburg im Salzburgischen war Karlstein bei Reichenhall (Chr. p. 33 ıc.) Koch-Sternfeld rühmt von ihnen: „So weit die geschriebene Geschichte reicht, sehen wir dieß gewaltige Geschlecht (Plain und Beilstein sind ihm Zweige Eines Geschlechtes) meistens auf röm. Trümmern, an Salz- und Mauthstätten, an Markt- und Stappelplätzen sich setzen; dann von Priestern gleich hoher Abkunft und Gesinnung begleitet, den Flüssen nach aufwärts ins Hochgebirge schreiten, offenbar um da im Südwesten das Vaterland (zumeist Prädial- und Communal-, nur wenig Comercialboden) und im einheimischen Volke die christl. germanische Sitte vor dem Andrang der Slaven zu sichern; dann aber mit der Gesammtkraft der Sipp- und Gefolgschaft, die Blüthe des Stammes immer voraus und das Kreuz, das Schwerdt und den Lehen- und Stiftbrief in der Hand, den Gewässern nach abwärts gen Osten und Süden bis zu den Küsten des Pontus und der Adria sich zuwenden (Beitr. III. 156). — Von den einzelnen Grafschaften findet sich Folgendes vor.

a) An. 888 und 910 kommt schon ein „pagus Salavelda, „Saalfeldgau" vor (topogr. Matr.) und um a. 1000 ein „Diotmar Graf v. Salveldun". Koch-Sternfeld hält ihn für einen Beilstein (Präd. Pr. Tab. zu p. 32), was nach eben Gesagtem höchstens halb richtig wäre. Vor Diotmar und die nächste Zeit nach ihm kennt man keinen Grafen von Saalfelden mehr.

Im 11. Jahrhundert hatten das Gebiet von Saalfelden die Plaine inne und zwar die von der gleichnamigen Burg bei Reichenhall. Von dort aus scheint wenigstens die Cometie verwaltet worden zu sein, während die Gefälle des Gebiets verschiedenen plain. Ministerialen verliehen waren. Man kennt wenigstens keinen einzigen Plain, der hier, etwa auf Lichtenberg, gehaust hätte und der letzte Inhaber der „Grafschaft Unterpinzgau" Leupold saß sicherlich auf Plain. Daher hat man von der untern Grafschaft, die doch den gesegnetsten Theil von Pinzgau begriff, keine Nachrichten von einem solchen Hofleben, wie von Mittersill. Die Grafschaft ging a. 1228 an die Fürstenbischöfe über.

b) Die Gegend um Tarenbach, von Tienten, Rauris und Fusch war nach Koch-Sternfeld Besitzthum der Beilsteine (Präd. Pr. p. 121); ob aber diese Besitzthümer zusammen je in dieser Periode eine eigene Grafschaft ausmachten, ist fraglich; nie findet man hier irgend einen Grafen, noch weniger einen Beilstein seßhaft, im Gegentheil war laut S. J die hiesige Gegend unmittelbar vor ihrem Uebergang an die salzb. Fürsterzbischöfe ein Theil der peilstein. untern Grafschaft Pinzgaus.

c) Die Graffchaft **Mittersill** hatte a. 845 „Grav Albrecht" inne (bayr. Löw. II. 408. Das genannte Intelligenzblatt führt von späterer Zeit eine Reihe von Grafen an, in Folge von Heirathen aus verschiedenen Häusern: einen Silo (Siegehart, Sizo) „Grafen v. Mittersill" 1044, dann einen Konrad, beide aus dem Hause Sempt (p. 448); weiters einen Berengar um a. 1090 und Gebhard a. 1120 aus dem Geschlechte von Sulzbach (p. 463); endlich 3 Engelberte v. Sponheim, deren letzter Mittersill bis a. 1155, natürlich mit andern Besitzungen wie alle Genannten innegehabt hätte.

Bald nach jenem Jahr folgten auch hier Grafen v. **Plain**, eine Seitenlinie jener von Plain-Saalfelden, und nannten sich beständig Grafen von Mittersill. Koch-Sternfeld kennt deren nur 2: Heinrich „Grafen v. Mittersele" a. 1167—80 und seinen Sohn Otto von a. 1180—96, auf welchen wieder der Vater folgte, aber schon a. 1198 starb. Auch der jüngere Sohn Heinrichs, Konrad, nennt sich öfters einen Grafen von Mittersill, aber vielleicht nur, weil er statt seines kränklichen Bruders Otto die Graffchaft verwaltete (Pr. Pr. p. 139 ec.) Um a. 1179 erscheint ein Alwin v. Mittersel, vermuthlich ein herabgekommener Nachkomme eines früheren Herrn v. M. — „Auf der Burg Mittersill bestand eine vollständige fürstl. Hofhaltung: da waren Marschälle, Kämerer, Schenken und Truchseßen näher und ferner mit Gütern dotirt" (Pr. Pr. p. 158). Nach dem Aussterben der hiesigen Plaine fiel Mittersill dem bayr. Herzog heim und kam dann mit Unterpinzgau an den salzb. Fürsterzbischof.

d) In **Sulzau** auf „Burgfried", einem Schloß hoch an der Schattseite, dem Orte Wald gegenüber, trifft man von a. 1180—98 einen „Chunrad Grafen v. Sulzowe", Sohn Heinrichs v. Mittersill, der seinen Söhnen Otto und Konrad die Graffchaft getheilt hatte. Koch-Sternfeld sagt: dieser Konrad sei allerdings der letzte Dynast auf Sulzau gewesen; aber kaum der erste; in viel früherer Zeit habe Sulzau schon seinen eigenen Grafen gehabt (Pr. Pr. p. 105, 145, 163 ec.) Nach dem Tode seines Vaters scheint Konrad nach Mittersill, aber bald ganz aus Pinzgau abgezogen zu sein. Das Gebiet v. Sulzau kam dann in die gleichen Hände, wie das v. Mittersill und Saalfelden.

„Von einem geschlossenen oder ungemischten Bezirke war damals weder bei Mittersill, noch bei Sulzau die Rede; in ganz Pinzgau so wenig wie anderswo. Die Bischöfe und ihre Capitel, die Abteien, die Dynasten v. Falkenstein, die v. Mögling und Frontenhausen, überhaupt die verschiedenen plain. Zweige und ihre Stiftungen hatten da Güter, Urbarrichter und Grundobrigkeiten 1. Instanz. Aber das Landgericht übten unmittelbar die Grafen selbst" (Pr. Pr. 167).

2. Die Grafen, mit der Zeit auch die salzb. Erzbischöfe ꝛc. hatten im Gau zahlreiche **Ministerialen** oder Dienstleute; man findet da schon in früher Zeit so viele größere und kleinere Herrensitze, daß unser Thal mit Recht „das edle Pinzgau" hieß. Es folgt nun ein Verzeichniß der Herrensitze und Namen, die von dieser Periode bekannt sind, wozu aber gleichwohl zu bemerken ist, daß man sich die meistens vergebliche Mühe nicht auferlegt hat, zu bestimmen, wessen Ministerialen die Folgenden, oder ob sie überhaupt Ministerialen und nicht vielmehr angesehene Grundbesitzer, ohne Lehensverband waren. Richtig fast durchaus urkundlich sind aber die Sitze und Namen der Herren und beigefügten Jahreszahlen.

a) als vorzüglichere Herrensitze ꝛc. im Gau sind anzuführen:

Lofer, „turris Louer, Loferstein, Luftenstein", eine kurze Strecke aufwärts von St. Martin an der Straße, wovon nur mehr wenige Spuren vorhanden. Davon ist nur bekannt „Perro v. Louer" c. a. 1190.

Saaleck. Auf einer sehr burghügelmäßigen Höhe in Leogang steht noch ein Haus „Saaleck", vielleicht der Stammsitz der gleichnamigen Herren; die ersten Nachrichten von ihnen aber setzen sie auf das „Lamprechtsschloß im Schlößlwalde" auf der linken Seite der Salzach bei Weißbach (Wänzler Int.-Bl. a. 1837 p. 1579. Hübner p. 635). Kommen vor Gerhoh und Perthold v. Sallekke a. 1180, Gebolf a. 1190, Dietrich und Ebran a. 1192 ꝛc.

Saalfelden. Die hiesigen Herren nannten sich in dieser Zeit vom Orte, nicht von der Burg Lichtenberg, auf der sie doch wohl saßen: Friedrich v. Salveld („ministerialis comitis Luitoldi v. Pelagio") a. 1130; Rudiger und Etich v. Salveldun a. 1160 ꝛc. (cf. p. 40).

Ramseiden. Der „Thurn" zu R. war noch a. 1730 bewohnt. Das hier auftretende Geschlecht dürfte von jener Miltrub stammen, die a. 888 im Saalvelgau, Ortes „Ramsibin", 7 k. Huben erhielt.

(Juv. A. p. 107). Rämseider a. 1196 mit dem abtrünnigen Reichenhall (Pichlers Landesg. p. 107).

Alm. Die Burg stand an der Stelle des nunmehrigen Bauernhauses „Purgstall" in der Ortschaft Schattberg N. 12. Pabo v. Alben, Engilpreht, Luitold c. a. 1160, Otto a. 1213.

Dorfheim. Da nun statt des alten ein neues Schloß. Engelbreht und Wicher v. Dorfheim im 11. Jahrhundert. Marquard Hunt zu Dorfheim a. 1190.

Biberg. Die Burg auf dem auffallenden Bühel am gleichnamigen Bauernhause auf der linken Seite der Saale, wovon erst zur Wiedererbauung des Marktes nach dem Brande a. 1811 die letzten Mauerreste weggeholt wurden. Odelpreht, Eppo v. Piperg a. 1080; Uodalrich a. 1140 ic.

Zell. Ein Thurm steht mitten im Markte und die Monumenta boic. führen eine lange Reihe von „Edelmännern v. Celle" auf; „Zell" aber gibt es mehrere und um das pinzg. gehörte schon um 1100 die Gegend wahrscheinlich großentheils zur damaligen Propstei dahier.

Eschenau. In einem Conf.-Actenstücke a. 1744 kommt da ein „Schloßbühel Goldegg" vor. Pilgrim v. Eschenovve a. 1030; Heinrich und Pabo a. 1135; Otnand a. 1140; Chuno a. 1160 ic. Da jener Hügel „Goldek" hieß und die Herren v. Goldek ohngefähr zur Zeit auftreten, wo die Eschenauer verschwinden, so könnten diese die Ahnen jener sein.

Tarenbach. Die gegenwärtige Burg gehört der folgenden Periode an; aber eine ältere stand auf dem Hügel des pfarrwidthum. „Thurnfeldes". Magens und Arnold v. Taesenpach a. 1140.

Rauris. Es ist eine Burg „Einöd" bekannt; aber nur ein Chrysenth v. Einöd a. 1203.

Niederheim. Da statt der alten Burg nur mehr ein neueres herrschaftl. Haus. Heinrich v. Nidrinheim a. 1109; Ascwin a. 1120; Uuodalschalch a. 1160, Helmwig a. 1170.

Bruck, Vischorn. Die Burg noch augenfällig genug. Von „Prukke" kommen frühe viele Namen vor, z. B. Waltman v. Pr. a. 1040; von Vischorn erst in der folgenden Periode. Gehört von den erstern einer und der andere unserm Bruck an, so dürften sich die hiesigen Herren zuerst v. Bruck, dann v. Vischorn genannt haben.

Kaprun. Das Schloß ist noch vorhanden; überdieß heißt eine freie Bergkuppe ⅜ St. von jenem thaleinwärts die „Burg" und trug einst nach Ueberlieferung auch ein Schloß. Dietmar „von der Familie des h. Ruodbert" zu Chataprunnin; Siboto v. Chatprunne a. 1150; Tanchrad v. Chaprunnen a. 1170; Heinrich und Wernher a. 1181.

Walchen. Die Stelle der Burg auf dem Rücken im Walchergraben noch sehr erkennbar. Herman v. Walhen a. 1160; Liutold c. a. 1170; Chunrad a. 1190; Albero „liber d. Walhen" a. 1220.

Velben. Die Burg anfänglich im Velberthal auf dem Vorfuß des das Thal spaltenden „Mitterberges", dann zu Velm bei Mittersill; „Velberthurm" noch bestehend. Craft v. Velben a. 1150; Chunrat a. 1165; Haitvolch v. Pinzgiou alias v. Veluwin a. 1190. Gibt auch tirol. Velber: Hans v. Velm a. 808 ꝛc. (Staffl. p. 876), von denen vielleicht die pinzg. stammen.

Thurn auf dem Jochberg, jetzt nur mehr mit stattlichem Haus. Winbreht, Perhtold, Richolf a. 1160; Witello a. 1210.

Hollerspach. Vor Kurzem noch Ruinen eines Thurmes im Dorf; Spuren einer Burg auch auf der Höhe rechts vom Hollerspach beim Hause „Burgstall". Fridrich v. Holerpach a. 1120; wieder Friedrich a. 1200.

Wenns auf der Schattseite v. Bramberg; die Burg verschwunden. Auch Wennser a. 1196 mit Reichenhall gegen den Erzbischof Adalbert III.

Waher. Burgruinen noch über dem Gasthaus Weyerhof. Rapoto v. Wiare a. 1130; Chunrad a. 1150; Haimo a. 1160; Berthold v. Weyern a. 1169.

Reukirchen. Burg noch bestehend. Herwich a. 1126; Penno, Meginhart a. 1135; Wolfperht a. 1150; Hartman, Egilolf a. 1180; Hademar a. 1190.

Sulzau. (cf. p. 41). Heinrich v. Sulgowe a. 1050; Herbrand, Walter, Chunrad, Herbord aa. 1100—1200. (Präd. Pr. p. 164).

b) Dazu kommen noch viele mindere Herrensitze und Namen. **Unchen:** Siboto a. 1146; Rainmar a. 1200. — **Reut bei Lofer:** Pabo a. 1208 — **Wißpach** (Weißbach): Haiceman, Deginhart a. 1190. — **Tiespach** in den Hohlwegen: Uodalrich

a. 1160; Gelfrat a. 1180. — **Oberhausen** bei Gerling: Friedrich a. 1160. — **Saalhof** vor Glemm (einst „Saalburg", Int.-Bl. a. 1810 p. 494. 511): Megingoz, Ruben, Walchun v. Sal a. 1170, — **Penningen** (Peninghof über Tarenbach): Reginolt a. 1170; Menhart a. 1150. — **Snabel** in Fusch: Perchtold a. 1190. — **Peilberg** (nun Bruckberg der Pf. Zell): Siboto a. 1190. — **Friedenspach** bei Piesendorf: Rubin a. 1150. — **Nagel** (Nagelköpfel bei Walchen, das genau wie eine alte Burgstätte aussieht): Waltman a. 1170; Perchtold a. 1180. — **Lenginborf** bei Niebernsill: Pilgrim a. 1190. — **Otendorf** (Uttendorf): Poppo a. 1190. — **Schwarzenpach**: Wigand a. 1160. — **Stupach**: Ortolph a. 1130; Poppo a. 1160. — **Lucelendorf** (Lützldorf): Lanfrid a. 1140; Gerung a. 1180. — **Harlanden** auf dem mittersill. Sonnberg: Altman a. 1160. — **Muelpach**: Macellin a. 1140; Chalhoch a. 1195. — Koch=Sternfeld kennt „Schenken v. **Habach**" bei Bramberg (Pr. Pr. p. 163); G. Abb. Pichler aber findet selbe in Steyermark (Landesg. p. 132). — Auf dem Ausgang des Bergrückens zwischen den beiden Sulzbächen soll jener Berengar von S. 41 eine Burg **Sulzbach** gebaut haben. — Von **Krimmel** finden sich nur Spuren eines alten Schlosses auf der Höhe „Burged" (K.s Oberpinzg. p. 144).

3. Die Besitzer „**freier Aigen**", ohne Lehendienste waren zweierlei: Private und Stiftungen (Bisthümer, Kirchen, Klöster rc.) Zu den erstern gehören neben vielen Unbekannten sicherlich auch manche der oben angeführten, besonders niedern Herren.

Unter den letztern erschienen frühe die salzb. **Bischöfe und Erzbischöfe** in Folge reichlicher Opfer „auf den Altar der h. Petrus und Ruodbert" oder geradezu „zum bischöfl. Stuhl". Solche Opfer finden sich schon aus dem 8. und 9. Jahrhundert verzeichnet: die Brüder Buso (Priester) und Johannes geben Orte in Bisonzio (Piesendorf) und Salafelda; die Grafen Ruther und Gerbald ihr ganzes Habe in Pinzgau; der Edelmann Gotabert 5 Mansos (Bauerngüter); Davit und seine Mutter ihr ganzes Eigenthum in Pinzgau rc. In Kaprun und Bergham bei Saalfelden hatten die Erzbischöfe auch schon zu Anfange des 10. Jahrhunderts Besitzungen. Erzb. Friedrich I. traf a. 963 mit der Edelfrau Rosmout und ihrem Gemahl Reginprecht einen Gütertausch zwischen Tassinpah und Stuolvelbun (Juv. A. p. 23, 39, 40, 41, 154, 169, 197, 230). — Koch Sternfeld theilt aus der 2. Hälfte des 12. Jahrhunderts ein merkwürdiges, sonst noch nicht gedrucktes Einkünftebuch („lib. redit. archiep.") mit, laut dessen die Fürsterzbischöfe damals schon ein eigenes Urbaramt im Gaue hatten („offic.. Pinzgowe"). Zu diesem Amte nun gehörten viele f. e. Höfe und Güter in Prentenberch (Bramberg), Walchen, Fridenspach, Puosindorf, Chaprunne, Salvelt und 31 zerstreute Güter (Mansi). Die „Summe" des Dienstes wird also angegeben: Walzen 46½, Mut (modos), Korn 98 M., Hafer 179, Sauerkraut (bratium) 32, Gerste und Hülsenfrüchte 5 M., Schweine 42, Käse (kleine) 4000, Wein 52 „Säume", in Geld 17 Talente 40 Pfge., Gold 15 „Saige", Oel 1 Saum, 1 Hausen (huso), Häute (Rinder=, Bockhäute 2c., auch Gemsdecken) 16, Widder 14, in welcher Summe nicht gerechnet sind Lämmer, Hühner, Eyer, Haarreisten (linihaspe), Weinbütten und Schüßeln (lagene et scutella), Kleider für Bediente 2c. (Präd. Pr. 207 und 210).

Ebenso hatten verschiedene andere Stiftungen frühe schon Besitzungen im Gau. Das Kloster St. Peter zu Salzburg z. B. erhielt a. 1120 „Ramsid" bei Saalfelden; a. 1140 „Tumhereepach" bei Zell; a. 1050 „Laidratewech" (Schaumbergen), a. 1130 Humpreitisdorf; a. 1165 „Viehten" (Fürth), alle 3 bei Piesendorf; a. 1170 ein Gut in Nidrinsel. Das Stift Berchtesgaden a. 1120 einen Hof in Niederheim. Högelwerb das Gut Limberg a. 1219. Dem neuen Bisthum Chiemsee übergab Erzb. Eberhard II. a. 1215 „Willhelmsdorf und Pruck mit andern Besitzungen, die er von der adelichen Frau Machtild gekauft hatte" 2c. 2c. — Dieß war nun die lange Herrenreihe unseres Gaues.

Von **Leibeigenen** ließe sich eine eben so lange Reihe verzeichnen, der man aber hier nicht Raum geben kann.

Die Wirthschaft in den vielen größern und kleinern Gebieten läßt sich nach Gesagtem ohngefähr vorstellen. Den nächsten, meistens ansehnlichsten Hof an der Burg bewirthschafteten auch die größeren Herren, vielleicht sogar Grafen, durch unbehauste Leibeigene selbst, indem der Landbau keineswegs entadelte; die entlegeneren Güter vertrauten sie behausten Eigenleuten an, umsovielmehr als die Güter eines Herrn selten ein ganz zusammenhängendes Gebiet ausmachten, sondern wie oben aus dem f. e. „Amte Pinzgowe" zu ersehen, im Gaue sehr zerstreut waren. Dem behausten Leibeigenen standen in der Wirthschaft seine Kinder, vielleicht auch unbehauste Knechte seines Herrn zur Hilfe. — Statt der heutigen zusammenhängenden polit. Bezirksgemeinden gab es also damals in gewissem Sinne nur Privatherrschaften meistens mit zerrissenem Gebiet und statt der Haushaltungen unserer Bauern zusagen nur Wirthschaften leibeigener Bestandleute. Nur jene Besitzer „freier Aigen" ohne Lehenspflichten, die selbst auf ihren Höfen saßen, glichen einiger Maßen den heutigen Bauern; bearbeiteten aber ihre Güter auch mit Leibeigenen statt mit Dienstboten. — Hätten wir die Wirthschaften in einem solchen Herrengebiete vor Augen, wir würden sie mit erregter, aber sehr gemischter Theilnahme betrachten: die Haushaltungen in den alten Burgen werden uns vielfältig aufs Vergnüglichste beschrieben; mißlich aber stand es außer denselben. Sähen wir die Leibeigenen unter ihren Obdächern nach Art unserer Almhütten, mit Arbeit überladen, von ihrem Herrn als Eigenthum allenthalben aufs Aeußerste ausgenutzt, überdieß manchmal für kleine Versehen mißhandelt ꝛc. — sie müßten den wehmüthigsten Eindruck auf uns machen. Sie selbst aber empfanden ihre Lage nicht nach unsern Begriffen und Gefühlen: in ihrem Verhältnisse geboren und aufgewachsen, ohne Bildung und Vorstellung, wie es anders sein sollte, hingen sie im Allgemeinen ihrem Herrn mit Hundestreue an; fanden in den Mühen ihrer Dienste sogar ein gewisses Behagen, so oft ihnen die Herrschaft dafür nur ein gnädiges Gesicht zeigte. Je nach Gewohnheit und allgemeiner, eingealteter Ansicht fühlt man ja seine Lebenslage ganz verschieden.

Noch mehr sagt Koch-Sternfeld: „Ohne Zwingherrschaft im bessern Sinn lassen sich humane Zwecke in rauhen Zeiten nicht sichern. Im Pinzgau kann man sich überzeugen, daß auch der Bauernstand den Zweck des Adels begriff und selbst seinen Adel und seine Majorate zu bewahren strebte. Wo, wie im Gebirge und längs bedrohten Küsten für Leben und Haushalt Muth und Kraft ungleich mehr in Anspruch genommen werden, da kann nicht der vereinzelte Mensch, sondern nur der Hörige sein Fortkommen finden, nur eine großartige Wirthschaft ausbauern. Föderativ ist das Gemeinde-, aristokratisch das Familienleben, welches in den Bergen am Besten gedeiht — das bleibt ewig wahr" (Präb. Pr. 170). Allerdings hat er eine etwas vorgeschrittnere Zeit, aber doch die der Hörigkeit im Auge.

In diese Ordnung der öff. Dinge brachte die **Slaveneinwanderung** um die Scheide des 7. und 8. Jahrhunderts einige Verschiedenheiten, ohne sie wesentlich zu verkehren. „Sie waren durch die

Hochthäler des Hagengebirges über Dienten, Urslau, Ramseiden längs der Saale bis Lofer und Unken vorgedrungen; eine Horde zog sich aus Unterpinzgau durch Luigang und Glemm das Leucken- und Unterinnthal hinauf" (Koch-Sternfeld Beitr. I. 189). Aber auch ins übrige Pinzgau kamen sie laut S. 15, besonders in die südlichen Seitenthäler des Salzachthales. Sie nahmen ihre Richtung zwar vorzüglich auf Erz; aber auch in andern Absichten siedelte sich das zum verschiedensten Betriebe geschickte Volk an und gelangte bei geringer Köpfezahl zu Reichthum und Einfluß im Gau. Koch-Sternfeld ist geneigt, slav. Bergherren die Gründung mehrerer Kirchen mit orient. oder südeurop. h. Patronen: Laurentius, Margreth, Katharina ꝛc. — zuzuschreiben, wie man die Kirchen unter dem Schutze ritterlicher Heiligen: St. Martin, Georg, Michael, Ulrich ꝛc. von Rittergeschlechtern herleitet.

Vorübergehende **Ereignisse** der Periode. „In das Jahr 786 setzen die Chronisten ein großes Erdbeben, welches die norischen Gebirge erschüttert haben soll. Vielleicht schreiben sich von diesem Zeitraum manche Gebirgsseen, Bergfälle, Zertrümmerungen, Stromwechsel und Ueberschwemmungen her, z. B. in der Stubach" (Str.- und Wasserb. p. 15).

Andere große Ereignisse des Erzstiftes ꝛc.: die so verderblichen ungar. Raubzüge des 10. Jahrhunderts, die Stürme, welche unter den EBen. Gebhard und Thiemo der Gegenbischof Berthold v. Moosburg verursachte ꝛc. berührten unser Gau in seiner Abgeschlossenheit vielleicht nicht sehr empfindlich.

Wohl aber wurde es während des Investiturstreites zwischen Papst und Kaiser, besonders unter K. Friedrich I. ins Mitleid gezogen, indem die plain. Grafen Heinrich v. Mittersill und Leupold v. Unterpinzgau im Dienste K.s Friedrich mit der pinzg. Ritterschaft gegen das Erzstift zu Felde zogen; dasselbe greulich verwüsteten, a. 1167 sogar die Hauptstadt in Brand steckten (Zaun. Chr. I. 171), worüber sie in ihren alten Tagen reumüthig Buße thaten.

Im Kriege EB.s Adalbert III. gegen Reichenhall a. 1196 zogen pinzg. Ritter der Stadt zu Hilfe: von Sulzau, Wenns, Neukirchen, Hollersbach, Walchen, Ramseiden, Saaleck, Alm (Pichlers Landesgeschichte p. 107).

II. Zeitraum:
Während der f. e. Landeshoheit über Pinzgau von a. 1228—1803.

Uebergang des ganzen Pinzgaus an die Fürsterzbischöfe.
Zur Landeshoheit über unser Gau gelangte EB. Eberhard II. in Folge eines Gütertausches mit Herzog Ludwig von Bayern. Eberhard überließ dem Herzoge gewisse eigene und erzstiftl. Güter, worauf dieser die Grafschaften in Pinzgau „vor dem König Heinrich VII. (K.s Friedrich II. Sohn) ordentlich auffendete, der auch die geschlossene Handlung und Tausch bestätigt und beede Comitatus in Pinzgau dem Erzbischof und seinen Nachfolgern jure Regalium ewig zu besitzen verstattet" (Juv. p. 365). Es ist noch eine Abschrift der Bestätigungsurkunde Kaiser Heinrichs vorhanden „geben ze Ulme 18. Aug. 1228". Ihre 1. Hälfte lautet: „Hainrich der Sibent von Gunst göttlicher Gütichait röm. Chunig und alzeit Merer des Reichs Allen ewichleich .. Zw vns ist kommen des Reichs lieber Fürste der durchlaucht. Ludwig Pfalzgrave bei Rein und Hertzog ze Bayern und hat vor vnser vnd den Pesten vnsers Reichs bechendt, daß wir nach Gepot des allerdurchlaucht. vnd vnüberwunden Herrn des Kaisers vnsers Vaters vnd von vnser kunichlichen Wal das Recht haben, kaiserlich Sach ze handeln .. vnd hat uns mit Vleiß gebetten, daß wir die Grafschaften im salzb. Pistumb in der Gegend genannt Pinzaw gelegen .. geruhten aufzenemen und sy ze Hant durch seiner vleißigen Dienst geben dem Erzb. ze Salzburg vnd seiner Chirchen in Name kunichleicher Lehen ewichleichen ze besitzen. Daß daßelbig geschach von vns, hat vns derselb Erzbischof auch andächtichlaich gepetten vnd darumb so haben wir angesehen baider Fürsten Dienst, dy sy vns vnd dem Reiche getan habent vnd noch tun sullen und haben alles, das gepetten ist, günstleich lassen zegeen vnd verleihen vnd geben die Grafschaften, die vns der oft genante Fürst also aufgeben hat, dem Erzbischof ze Salzburch vnd seiner Kirchen mit Gunst kaif. Güt, mit Recht chunigleicher Lehen ewichleich ze besitzen" ꝛc. (Sammt. salzb. Urk. II. 1, im sanctpetr. Archiv). — Die 2. Hälfte gibt die Gränzen der beiden Grafschaften so an, wie sie S. 3 verzeichnet sind. Somit kam alles plain. Besitzthum in Pinzgau förmlich ans Erzstift. — Von den beilstein. Besitzungen sagt

P. Michael Filz: „die Gräfin Eufenia, Wittwe des Grafen Siegfried v. Peilstein verkaufte (um a. 1220) bis peilstein. Güter im Erzstift Salzburg an den Herzog Ludwig von Bayern (Chron. v. Michaelbeuern p. 167). Waren darunter noch Güter in Pinzgau, wurden sie sicherlich vom Herzog zur untern Grafschaft des Gaues geschlagen und gingen a. 1228 auch ans Erzstift über.

Die Entwicklung der öff. Verhältnisse in diesem Zeitraum von beinahe 600 Jahren nahm durch die **Lehenablösungen**, deren letzte bedeutende a. 1480 geschah, die wesentlichste Wendung, wodurch sich der Zeitraum in 2 Perioden theilt: in die vor und während der Lehenablösungen und in die nach denselben.

1. Periode:
Vor und während der Lehenablösungen
von a. 1228—1480.

Nachdem die öff. gesellschaftl. Ordnung dieser Periode ohngefähr 100 Jahre in früherer Weise fortbestanden hatte, begannen die Leheneinlösungen und brachten in die Entwicklung des öff. Lebens eine Bewegung, die seit Beginn der bayr. Herrschaft nicht wahrzunehmen war, daß bis Ende dieser Periode Vieles wesentlich anders und durchaus zum Vortheil umgewandelt wurde. — Dieß ist das Verdienst allerdings auch der Zeit, vorzüglich aber der neuen Landesfürsten, der Fürsterzbischöfe, die unserm Gau näher, als die bayr. Herzoge und mit völliger Landesherrlichkeit ausgestattet (Juv. p. 417) viel nachdrücklicher auf selbes einwirken konnten und dazu im Ganzen auch den besten Willen hatten.

Die behauptete Umgestaltung wollen wir nun erstlich an den verschiedenen Standesklassen des Gaues nachweisen, dann die Gesammtgesellschaft vom Ende der Periode mit jener zu Anfange vergleichen.

1. **Grafen** scheinen anfangs noch einige Zeit bestanden zu haben; aber Grafen fast ursprünglicher Art (cf. p. 37), nicht wie sie im Laufe der früheren Periode gestellt wurden: sie hatten nur das Grafenamt mit den Gefällen desselben (Cometie); dieß aber nicht bloß zeitweilig, sondern zu Lehen auf Lebenszeit. Koch-Sternfeld:

„die Herren v. Guthrath waren" (um a. 1250) mit der Cometie im obern Salzachthale vom Erzstifte belehnt" (Berchtesg. p. 107). Solche Grafen waren sehr wahrscheinlich auch im untern Salzach- und Saalethal; aber schon in der 2. Hälfte des 13. Jahrhunderts findet man sie nicht mehr. Heißt Tarenbach mit Rauris noch später eine Grafschaft (cf. p. 3), als ihm nachweislich keine Grafen mehr vorstanden, so ist daraus zu schließen, daß es einst wirklich eine Grafschaft ausmachte.

2. Von **Ministerialen** kennt man eine lange Reihe, meistens alte pinzg. Geschlechter, aber mehrere auf andern Sitzen. Sie waren nun insgesammt erzstiftl. Dienstleute; verblieben aber übrigens ins 14. und 15. Jahrhundert hinein in ihrer frühern Stellung: hatten ihre Gebiete zu Lehen und nach dem Abgange der Grafen in selben wohl auch die niedere Gerichtsbarkeit. Ihnen folgten allmälig l. f. Burggrafen oder, wie sie später hießen, Pfleger. Folgendes ist, soweit es sich herstellen ließ, das Verzeichniß ihrer Sitze und Namen und der ersten Pfleger, wozu gelegentlich kleine andere Notizen angefügt werden mögen.

Von Lofer kennt man in dieser Periode keine Herren mehr. Die Juvavia sagt: „Von den Inhabern des Thurmes und der Pflege zu Lofer, wie auch des Thurmes an der Strub sind noch Verschreibungen aus dem 15. Jahrhundert vorhanden" (p. 436); waren also damals schon Pfleger hier.

Saaleck: Bertold v. Salekke a. 1230. Otto v. Walhen „bekumbt a. 1267 das Gschloß Saledth in sein Gwalt." Nachher findet man da doch wieder 2 Saalecker: Wernher a. 1268 und Conrad a. 1325; aber im folgenden Jahre ist „Chunrat der Ramseyder Burggraf v. Saledth", also schon l. f. Beamter.

Saalfelden, Lichtenberg nun gleichbedeutend: Grimo v. Salf. a. 1228; Herman und Egeo v. Lichtenperg a. 1235; a. 1283 hat Albero v. Walhen nebst Kaprun auch Lichtenberg; aber 1320 ist Hans Hunt hier Pfleger.

In Dorfheim bestanden die Hunte wohl die ganze Periode; wir finden sie da schon vorher (cf. p. 43) und gleich nachher: a. 1491 einen Adelger H.. ꝛc.

Ramseiden: Walter und Conrad a. 1307; Hans und Martin a. 1403 im Igelbund; Georg, Wolfgang und Wilhelm a. 1473 beim Landtag. Mit Bernhard a. 1578, Wilhelm a. 1579 stirbt das Geschlecht aus.

Alm: Menhart der Almer a. 1252, Friedrich a. 1288, Niclas a. 1322 auf dem Kampfplatz bei Ampfing, Martein a. 1399, Wolfart a. 1403 im Igelbund, Hans a. 1416, Jörg a. 1423, Alban a. 1444, Wolfgang und Sebastian a. 1473 beim Landtag. Letzter des Geschlechtes Eustach † a. 1561. Alm scheint eine Zeit eine Hofmark gebildet zu haben. Seit den „Herren v. Pinzgowe" waren die Almer unter allen pinzg. Geschlechtern allein durch ein erzstiftl. Erbamt ausgezeichnet: hatten von a. 1404 an die Erbtruchseßenwürde.

Tarenbach: Chunrad der Taxenpeckh a. 1292; Friedrich a. 1307. Dann hatten die „Grafschaft" Tarenbach mit Rauris die Goldecker; a. 1323 stellt sie Wulfing v. Goldeck zurück; a. 1395 kommt sie wieder an Haug v. Goldeck, aber schon a. 1400 an den EB. zurück; dann wohl auch hier Pfleger.

Rauris scheint schon lange gemeinsame Herren mit Tarenbach gehabt zu haben; a. 1377 wurde es ein eigenes Land- und Berggericht unt r Hansen Goldlein.

Niederheim. Die Ministerialen dahier wurden durchs Stift Berchtesgaden verdrängt, das sich von seinem Beginne a. 1111 an hier mehr und mehr breit machte.

Bischorn: Ulrich v. Vischarn um a. 1230, Heinrich v. Vischaren a. 1250, Wulfinch a. 1290; dieser war aber der Goldecker Wulfing, der auch Bischorn besaß und sich manchmal davon nannte. Um a. 1300 gehörte es schon den chiemf. Bischöfen. Kommt a. 1366 noch ein „Heinrich v. Bischorn" vor, war er vermuthlich chiemf. Lehensmann, ehe die chiemf. Bischöfe da Burggrafen aufstellten.

Von Fusch kennt man keine Herren mehr; sondern nur f. e. Urbarpröpste: Friedrich Vötter a. 1340, Hainreich der Snabelher a. 1346; gleich nach ihm, scheint es, Pfarrer Friedrich von Zell; Friedrich der Fuscher a. 1381; Hans Hunt a. 1434; Jost der Fuscher a. 1442; Georg v. Ramseyden a. 1479. Der Landeshauptmann und Rath Hans v. der Alm ließ a. 1526 dem Erzbischof 2000 Pf. Pfge. und erhielt dafür „die Propstei Fusch mit allen Rechten und Nutzen in Bestand". Später a. 1565 ec. sind die Landrichter von Zell zugleich

Pröpste in der Fusch; noch später a. 1589 ꝛc., die Pfleger v. Kaprun wie Landrichter in Zell, so Pröpste in der Fusch.

Kaprun war lange in 2 Herrschaften getheilt, welche nebeneinander innehatten um a. 1280 Friedrich v. Velben und Albero v. Wahlen; um a. 1330 Ortlieb v. Wahlen und neben ihm 3 Velber nacheinander: Otto, Eccard und Heinrich; um a. 1350 zwei Velber nebeneinander: Chunrad und Hans. Um a. 1400 hatte Ulrich v. Velben, der letzte des Stammes, das ganze Kaprun und hinterließ es seiner Tochter Praxedis, von der es ihr Gemahl Georg v. Puchhalm a. 1416 erhielt. Von den Söhnen dieses löste es a. 1480 der Fürsterzbischof als das letzte der großen pinzg. Lehen um 11.000 Ducaten zurück (Juv. p. 441). Dann folgten f. e. Burggrafen.

Walchen: Wilhelm c. a. 1240, Vater des großen EB.s Friedrich II.; Otto „liber d. Walhen" der ältere a 1260; Otto der jüngere c. a. 1300; Albero a. 1330; Jans oder Hans a. 1370; mit ihm stirbt das Geschlecht um a. 1410 aus. L. f. Burggrafen hier schon von c. a. 1390 an. Auffallend erscheint a. 1296 „Friedrich der Lopelth Lantrichter zu Walchen", vielleicht Beamter eines der genannten Freiherren v. Walchen.

Velben. Auf dem dasigen Thurm mochten noch gesessen sein: Ulrich a. 1229, Gebhard a. 1240, Andreas a. 1273. Ekk v. Velben überläßt a. 1332 „seinen halben Turn zu Velben sampt Grund und Hausstat" dem EB. Uebrigens trifft man nun Velber auf verschiedenen andern Burgen (cf. Mittersill, Sulzau, Kaprun). Noch a. 1454 wird der „Thurn zu Velben" einem Jörg Fröschl als Rittergut verliehen.

Mittersill. Anfangs der Periode erscheinen da noch Ministerialen, die sich von der Burg nannten: „Rudolph v. Mittersele" a. 1271; noch in demselben Jahrhundert aber findet man Velber damit belehnt: den angesehenen, aber treubrüchigen Gebhard c. a. 1290; Otto a. 1310. Chunrat und Diether auf dem Schlachtfelde von Ampfing a. 1322. A. 1327 Friedrich v. Laybenz, Pfleger zu Mittersill.

Thurn: Hartneid a. 1320; Lienhart a. 1347. A. 1426 Oswald Senkhouer „Pfleger auf den Thurn am Jochperg".

Hollerspach: Niclas „der erber Ritter v. H." a. 1355; Chunrat a. 1380. Dann hier Herren v. Thurn, endlich Pfleger.

Mühlbach: Wolfpech v. Muelpach a. 1288; Ulrich a. 1343; dann nichts mehr davon.

Wenns: Walter a. 1229, Ulrich a. 1322 auch bei Ampfing, Cristan a. 1373, Wilhalm a. 1403 im Igelbund, Ulrich a. 1412, Michael a. 1419, Georg a 1424; dann Geschlecht und Burg verschollen.

Weyern: Gerhoh v. Wiarn, bisch. chiemf. Vasall a. 1271; also da die Herrschaft schon chiemsee'sch.

Neukirchen: Rapoto a. 1241, Walter a. 1290, Carl a. 1300, Albrecht a. 1318, Jacob a. 1337, Conrad a. 1403 ebenfalls im Igelbund, Balthasar a. 1442, Andreas a. 1445, Caspar a. 1473 beim Landtag. Das Geschlecht starb a. 1547 mit Georg aus.

Sulzau: Friedrich v. Velben a. 1297; Heinreich v. Sulzau † a. 1375, kaum mit den alten Sulzauern verwandt; a. 1396 „Hartneid Chuchler zu Friedburg"; endlich a. 1403 Hans Oeder Pfleger dahier.

Hieburg (Heuberg) oder Meyerhouen: Walter v. Neukirchen a. 1290; Friedrich v. Velben a. 1292; dann Herren v. Alm ꝛc.; endlich a. 1393 Ulrich Schnitzer Pfleger.

Ueberdieß trifft man auch jetzt noch mehrere **kleinere Herren**. Von denen S. 44 erscheinen viele nicht wieder; dafür aber neue z. B. zu Thor bei Saalfelden a. 1370; zu Stuhlfelden a. 1350; Lopetken erstlich zu Chalenberg bei Bischorn um a. 1330, dann zu Lapach bei Wilhelmsdorf a. 1454; dann Herren zu Raittaw an der Salzach oberhalb Mittersills; zu Ainödtberg bei Hollerspach, wo auf einem Georg v. Ainödtberg um a. 1470 Hunte gefolgt sein mögen. Also im Pinzgau immerhin noch lange ein zahlreicher Adel.

3. **Freiaigenbesitzer** gab es sicherlich auch in ziemlicher Zahl, wozu vielleicht nebst anderen Privaten wieder einzelne Inhaber der oben angeführten kleineren Sitze gehörten. Besonders gewannen die **geistl. Stiftungen** mehr und mehr an freiaignen Gütern: außer den S. 46 angeführten das Domcapitel besonders in Oberpinzgau, das Stift Michaelbeuern in Unterpinzgau und mehrere andere Klöster. Dann hatten alle alten Pfarrkirchen und Pfarrpfründen größern und kleinern Grundbesitz und Unterthanen und erhielten deren öfters neue durch gottesdienstliche Stiftungen. Ganz besonders breitete der Bischof v. Chiemsee seinen Besitz in Pinzgau aus: er erwarb, wie bemerkt, frühzeitig die Herrschaften Bischorn und Weyer und viel Anderes.

Doch am Allermeisten besaßen bald die Erzbischöfe nicht etwa als Landesfürsten, sondern als Grundherren: zu ihrem alten Besitz an Gütern und Eigenleuten fielen nach und nach Lehen heim oder wurden eingezogen und ganze Strecken von Boden und Schaaren von Knechten wurden dadurch ihr volles Eigenthum.

4. Der **Leibeigenen** gab es etwa bis Mitte der Periode allerdings noch große Massen; ihre Lage aber milderte sich unter der f. e. Regierung wesentlich: nicht nur wurden die Bestimmungen ihres Verhältnisses annehmbarer; sondern unter den Augen der Landesfürsten durften sich auch harte Herren nicht mehr so leicht Verletzungen derselben erlauben. Die Leibeigenschaft besonders gegen geistliche Herren war darum bald so wenig mehr gefürchtet, daß freiwillige Hingaben in selbe nicht selten vorkamen. In der ersten Zeit der Periode waren solche Hingebungen sogar häufig und kamen noch vor, als die Entlassungen aus der Leibeigenschaft sicherlich schon begonnen hatten. Z. B. a. 1340 „habent sich Otto der Arzt und Kathrein sein Hausfrau verkauft an das Gotzhaus ze Salzburch und geben St. Ruprecht ze rechten Aygen erwicfleich." Laut einer stuhlfeld. Kirchenurkunde a. 1360 „versehen Friedreich der Hundseblär, Friedr. der Vertach, Konrad v. d. Wydem, Heinreich v. Veirl, Chunrad der Prueller, Jakob v. Hundsebel und Luitold ob dem Scharren, daz ir Hr. Hr. Seybot der Plumberger, dem Gob genad, sy auf ir Pet ze rechten Aygen geben hab U. Frawengotshaws ze Stuelvelden; .. hat uns allsammt auch geben Hrn. Chunrad ze den Zeyten Pfarrer ze Stuelvelden an U. Frawen statt, da wir all angegen sein gewesen; .. haben auch gemainiklich an Ayden statt verhaizzen, dem genannten Pfarrer und sein Gotshaws ze warten .. alz ander trew aygen Leut irer Herrschaft". — Endlich begannen die Emancipationen oder Manumissionen der Leibeigenen und nahmen mehr und mehr zu; Einzelner auf die verschiedensten Anlässe: braves Verhalten der Leibeigenen, ökonom. Rücksichten, Sterbebett des Herrn ꝛc.; in Massen vielleicht bei Leheneinlösungen; denn die Fürsterzbischöfe zeigten sich gar bald zur Beseitigung der Leibeigenschaft geneigt. Von a. 1450 liest man noch: „der Tumbrobst Burchardt hat gefrayt Wolfen v. Neuhouen, der mit Leib und Gut dem Tumcapitel zugehörbet hat". Am Ende der Periode kann man sie im Pinzgau unter den erzstiftl. Leuten fast als verschwunden betrachten und war das Grundherrschafts- und Grundunterthanenverhältniß allgemein an ihre Stelle getreten, wovon in der folgenden Periode. Klöster ꝛc. hielten ihre Leute noch länger in Leibeigenschaft.

Vergleicht man die öffentl. Ordnung vom Anfange der Periode mit jener am Ende, so zeigt sie sich wirklich als eine wesentlich andere, vorgeschrittene. Die Grafen und andern Gebietsherren der alten Zeit sind dahin und an ihre Stelle l. f. Beamte getreten, von denen die für die größeren Bezirke mit ansehnlichen Burgen (castellis) anfangs Burggrafen dann Pfleger hießen; die für kleinere Bezirke ohne Burgen Landrichter (Salzb. und Berchtesg. p. 133). Soviel man erheben konnte, ergaben sich nach und nach folgende polit. Bezirke: Saaleck a. 1326, Mittersill a. 1327, Lichtenberg a. 1330, Rauris a. 1377, Walchen a. 1390, Hieburg a. 1393, Tarenbach und Hollersbach um a. 1400, Sulzau a. 1403, Thurn a. 1427, Zell a. 1449 „Landgericht mit einem Unterrichter"; Kaprun a. 1480, Lofer auch im 15. Jahrhundert. Darneben bestanden noch 4 Privatherrschaften: die chiemf. Bischorn und Weyer, dann Neukirchen und Alm. Man sieht hieraus: in der Regel wurde jedes ehemalige Herrengebiet zu einem besonderen polit. Bezirk; nur die kleinsten Gebiete wurden mit größeren vereinigt. Die ehemaligen behausten Leibeigenen der verschiedenen Bezirke wurden nun zu Bauern mit meistens erblichen Besitz und bildeten statt der leibeigenen Bevölkerungsgruppen verschiedener Herren l. f. Gemeinden. Dieß ist doch ein namhafter Fortschritt!

Wie auf diese Weise die unterste Bevölkerung, der so lange nur Schuldigkeiten oblagen, zu bürgerlichen Rechten gelangt war: mußten diese auch festgestellt und formulirt werden. Dieß geschah durch das „Ehehaftäbing", von welchem hier die wesentlichsten Notizen gesammelt werden dürfen, indem es eben in dieser Periode von vorzüglicher Bedeutung war, die später mehr und mehr abnahm. — 1) Der Name ist zusammengesetzt aus „Ehe" (altdeutsch Vertrag, Ordnung), aus „Haft" (Zwang) und „Taiding" (öff. Act, Handlung); bedeutet also einen öff. Act bezüglich der gesetzlichen Ordnung, Rechte und Pflichten einer Gemeinde. Hier nannte man den Act auch „Stiftstaiding", weil er gewöhnlich bei Gelegenheit der jährlichen Stifteinnahme vor sich ging; auch „Landöffnung, Landtaiding, weil die in den einzelnen Bezirken verkündete Ordnung im Wesentlichen im ganzen salzb. Lande galt; später nicht selten „Schranne" von den Schranken, welche zu Abhaltung der Taiding aufgerichtet wurden. — 2) Wie schon angedeutet, war der Act im Wesentlichen eine feierliche, regelmäßig wiederkehrende Verlautbarung für die Unterthanen eines Pfleggerichtes, einer Hofmark ꝛc. von allen ihren Rechten und Pflichten

gegenüber dem Landesherren, den Grundherren, Pfarrern ꝛc., mit der Zeit von den verschiedensten Verordnungen. In früherer Zeit wurden auch Rechts- und Criminalsachen von Partheien bei den Landtaidingen verhandelt.
— 3) Die Art und Weise der Verlautbarung war nicht überall und immer dieselbe. Laut des unten erwähnten Instrumentes von a. 1534 geschah sie, wohl der Faßlichkeit halber, in Fragen und Antworten: der l. f. Beamte legte Einem der Aeltesten der Gemeinde oder dem Ortsrichter die einzelnen Rechte und Pflichten fragweise vor und dieser mußte zum Unterricht der Versammelten sagen, wie es im Bezirke bisher in den einzelnen Beziehungen gehalten wurde. Hingegen (um in Ermanglung einheimischer Nachrichten auswärtige zu Hilfe zu nehmen) in Pillersee wurde a. 1446 die Hofmarksordnung vom Stiftsrichter v. Roth der Versammlung vorgetragen und nach jedem Absatz an die herumsitzenden „Geschwornen" die Frage gestellt, ob die Verlautbarung dem alten Herkommen gemäß sei? (Mon. boic. II. 102). Meistens wurden im Freien Schranken im Dreieck aufgerichtet. Nachdem sich die Gemeinde um selbe versammelt hatte, trat der Pfleger mit einem Unterbeamten in das Dreieck hinein und erklärte mit entblößtem Haupte die Bedeutung des Actes, als einer Kundmachung des allerhöchsten l. f. Willens; dann verlas der Unterbeamte die einzelnen Verordnungen.
— 4) Für jeden Bezirk waren diese in ein eigenes Heft zusammengeschrieben, das man so lange es noch klein war, „Landsöffenzettel", dann „Landbotschaft", endlich „Landrecht" nannte. Leider haben sich von diesen merkwürdigen Rechtsdenkmälern für Pinzgau nur zwei erhalten: 1 von Mittersill aus dem 16. Jahrhundert; dann die „Offnung und Artickel der Stiftrecht des Bistumbs zu Kiemsee, so in der Stift gehalten sol werden", welche a. 1487 zu Bischoren und Bischofshofen in gleicher Weise gehalten und „durch die Holden einhelliflich zu recht erkannt wurden" (Notizenbl. der Akad. der Wissensch. in Wien a. 1857 p. 366). Laut eines ämtl. Berichts a. 1794 waren damals „in allen pinzg. Pfleggerichtsregistraturen noch Landrechtsbüchel ohngefähr vom Anfang des 16. Jahrhunderts vorhanden. Aelter ist ein Landrechtsbüchel für die 5 Gerichtsstäbe des Pfleggerichtes Werfen, aus dem 14. Jahrhundert, das Dr. Walch in seinen „Beiträgen zum deutschen Recht" a. 1772 in einer Abschrift von a. 1534 mittheilt (II. 143).
— 5) Die Zeit der Einführung des Ehehafttädings kennt man nicht; sicherlich kam es in Uebung, wie in einem Bezirke die Leibeigenschaft beseitigt war; also in dem einen Gebiete früher, in dem andern später, zu sehr verschiedener Zeit. Schon von a. 1299 kennt man einen Auf-

trag, beim „Stiftstäding" zahlreich zu erscheinen. Von a. 1440 ist die f. e. Verordnung bekannt: „item auch setzen und ordnen Wir, daß in all Unsern Gerichten inner und vor dem Gebirg, enthalb und herdießhalb des Tawern Landtäding, dy man zu etlichen Endten Ehehafttäding nennt, .. gerugt und geoffent werden, als dann bei solchen Landtädingen gewondlich und vorherkhommen ist" (Notizenbl. d. Akad. d. Wissensch. Wien a. 1853 p. 214). Wolf Dietrich schärfte a. 1606 jährlich 2malige Abhaltung des Landtädings ein, zur Frühlings- und Herbstzeit und rügt, „daß das Landrecht bisher etwa 1 Mal im Jar, ja in 3, 4 Jaren den Unterthanen nicht fürgehalten worden seie". Ein Schein des Landtädings bestand, noch unter der kurf. Regierung. — Kleimayern sagt von den Landtädingen im Allgemeinen: „So viele Pfleg- und Landgerichte das Erzstift zählet, soviel alte zerschiedene Land- oder Ehescchaftsrechte sind auch darin anzutreffen, welche insgesammt auf Frag des Richters und gemeinen Urtheil und Oeffnung der Gemeinde zusammen getragen und hierauf von den Erzbischöfen bestätigt worden. Im Uebrigen stimmen sie in den wesentlichen Sachen fast vollkommen überein .. Ueberhaupt sind dieselbe nicht nach röm. Spitzfindigkeit, sondern bloß nach guter, alter deutscher Einfalt und vorzüglich nur auf die Fäll eingericht, welche sich im gemeinen Volk am Meisten ergeben" (unparth. Abh. p. 214).

Ereignisse. Nachdem unser Gau gänzlich mit dem Erzstift war vereinigt worden, mußte es alle größeren Ereignisse mitempfinden, die dieß überhaupt trafen. Oft waren die Fürsterzbischöfe in auswärtige Kriege verwickelt: Eberhard II. in den Kampf zwischen Papst und Kaiser; Friedrich II. in den Krieg zwischen Kaiser Rudolph und Ottokar v. Böhmen a. 1272—84; Rudolph und Konrad IV. mit Albrecht v. Oesterreich a. 1284—97; Friedrich III. in den Krieg zwischen Ludwig b. Bayer und Friedrich v. Oestreich. Nach der Einnahme Konstantinopels durch die Türken a. 1453 begann der durch Jahrhunderte immer wieder aufgeregte Schrecken vor dem „Erbfeind des christlichen Namens" und verursachte auch unserm Gau viele Bedrängnisse durch Kriegsauflagen und Stellung von salzb. „Fähnlein."

Auch im Erzstift selbst gab es Stürme: a. 1266—65 Kampf zwischen den Gegenerzbischöfen Philipp und Ulrich; a. 1403 die Auflehnungen des Igelbundes, an dem viele pinzg. Ritter theilnahmen; a. 1462 gar einen Aufstand im Gau selbst gegen Erzb.

Burchard; a. 1478 ꝛc. Krieg zwischen Erzb. Bernhard und Kaiser Friedrich III.

Dazu kamen noch andere Drangsale: a. 1270 große **Hungersnoth**; dann a. 1310, 1349 pestartige **Krankheiten**, am Aergsten a. 1393 und 1465.

2. Periode:
Seit den Leheneinlösungen
von a. 1480—1803.

Wie sich die öff. gesellschaftl. Ordnung bis zum Beginne dieser Periode allmälig gestaltet hatte, so verharrte sie im Wesentlichen bis zum Ende derselben; entwickelte sich in der genommenen Richtung nur etwas vollständiger und erfuhr einige Modificationen, wie aus nachfolgenden Paragraphen erhellt:

1. Die **Pfleger** und ihre **Amtsbezirke** ꝛc. In den Burgen der ehemaligen Ministerialen finden wir nun meistens die Pfleger als l. f. Beamte, zum Theil aus den alten Ministerialengeschlechtern. Pfleger von ausgedehnteren Bezirken hatten länger fort an größern Orten Unterbeamte; so z. B. war einst der Landrichter v. Zell vom Pfleger in Kaprun abhängig; auch der „Kellner von Stuhlfelden" dürfte dem Pfleger v. Mittersill unterstanden haben. Später aber wurden diese Unterbeamten theils selbstständig, theils aufgehoben. — Eigenthümlich wurden den Beamten ihre Bezirke ins 17. Jahrhundert hinein in der Weise in Pacht gegeben, daß ihnen für ihre Amtsmühen ein angemessener Betrag frei blieb. So z. B. verlieh Wolf Dietrich a. 1606 dem Caspar Vogl „die Pflege Kaprun, das Landgericht Zell und die Propstei Fusch sammt derselben Einkhomben und Nutzen um 3700 fl. in Bestandt." In gleicher Weise überkam diese 3 Bezirke nach jenem Karl Khuen v. Belasy. Gegenstand des Pachtes waren die hofurbarischen Stiften und Dienste, die Jurisdictionsgefälle, meistens auch eine bedeutende Feldwirthschaft ꝛc. Von der Pflege Tarenbach z. B. liegt von a. 1606 folgendes summarische Verzeichniß der Stiften und Dienste vor: in Gelt 215 fl. 2 ß. 1¼ dl., Schmalz 283 Pfund, Khuchelkhür 2, Hennen 44½, Habern 929½ Metzen, 26 Robattäge, dann Willengelder von den Schank- und Kaufrechten, den Gmachmühlen des Bezirkes ꝛc. So begreift man, wie für eine Pflege 3000 fl.

und mehr Pachtgeld gegeben werden konnte. Unter EB. Paris endlich hörten diese Verpachtungen auf, gewiß zum großen Vortheil der Unterthanen. — Aber eine andere Behelligung der Gemeinden durch die Pfleger trifft man noch im 18. Jahrhundert, nämlich Ansprüche dieser auf Spanndienste oder Geldbeiträge der Gemeinden bei ihren Uebersiedlungen von einer Pflege auf die andere. A. 1736 wurden Joh. Raym. Freih. v. Rehling von Lofer nach Zell, Fr. Ant. v. Helmreich von Zell nach Werfen und Fr. Dietr. Freih. v. Motzel von Werfen nach Lofer versetzt. Rehling verlangte von Lofer 44 zweispännige Wägen; Motzel 30 und Helmreich begehrte statt der Robatwägen 55 fl. Jedes Landgericht, das die versetzten Pfleger passirten, mußte Wägen stellen oder dafür 50, 60, 90 fl. erlegen (Zauners Chron. VII. 499).

Von den 13 l. f. Bezirken von S. 56 wurden zu Anfange des 16. Jahrhunderts die kleinern mit größern vereint: Saaleck mit Lofer; mit Tarenbach Rauris erst a. 1802; mit Kaprun Walchen, c. a. 1590 auch Zell und Fusch; mit Mittersill Hollersbach, Thurn, Hieburg und Sulzau. So ergaben sich die 5 nunmehrigen pollt. Bezirke Lofer, Saalfelden, Tarenbach, Zell und Mittersill.

Neben den l. f. Bezirken bestand die chiemf. Herrschaft B i s ch o r n. Diese sammt Zugehörungen wurde „durch Receß von a. 1674 als förmliche Hofmark anerkannt und dem chiemf. Beamten der Titel eines Pflegers beigelegt" (Juv. p. 445), welcher die niedere Gerichtsbarkeit nicht nur über die bischorn., sondern auch über die in Pinzgau zerstreuten chiemf. Unterthanen übte. Die alte Herrschaft Weyer war somit gewissermaßen mit Bischorn vereinigt. — Die Herrschaft A l m wurde ohne Zweifel beim Tode des letzten Almers a. 1561 mit Saalfelden verbunden. Die Herrschaft N e u k i r ch e n kam nach dem Tode des letzten vom gleichnamigen Geschlechte a. 1547 durch Kauf an Erasmus und Christoph v. Khüenburg, hochf. Räthe und Pfleger zu Mosham und Werfen (a. 1558), deren Nachkommen sie lange behaupteten, doch ohne Hofmarksrechte.

Seit Vereinigung dieser Herrschaften mit den l. f. Bezirken enthalten die 5 Bezirksämter nach neuester Vermessung folgendes Flächenmaß. Gelegentheitlich mag auch die Beschaffenheit des Bodens der einzelnen durch Verzeichnung der Culturgattungen bemerkt werden.

Pflegsbezirke.

Bezirke	Bauarea und Gärten	Egarten	Wiesen	Almen und Hutweiden	Waldung	Auen und Sümpfe	unproductiver Boden	Summen
			(Joche à 1600 □Kl.: 10.000 Joche = 1 □M.)					
Lofer . .	40	1813	3660	4837	24603	36	7408	42397
Saalfelden	122	5501	5249	16674	21306	167	18121	67140
Tarenbach	148	4051	6272	36330	18364	—	11405	76570
Zell . .	149	5475	9176	42126	23285	554	19013	99778
Mitterfill	156	6273	9214	70563	38436	736	46011	171389
Summen	615	23113	33571	170530	125994	1493	101958	457274
Dazu kamen a. 1854 die Bezirke Dienten und Lend (cf. p. 3 u. 4) mit							. . . .	7191
						zusammen		464465

2. **Die Gemeinden** wurden allerdings von den l. f. Beamten durchaus bevormundet; doch in wichtigeren Dingen ihre Meinungen gehört; selbst in Landesangelegenheiten, wie unten bemerkt wird, wurden einzelne Male Abgeordnete aus ihrer Mitte vernommen. — A. 1526 erfolgte die Anordnung, es „solle jede Stadt, jeder Markt und jedes Land- und Berggericht, wo diese Einrichtung nicht schon besteht, nach Beschaffenheit der Größe in 2, 3 oder mehrere Viertel, Stäbe oder Zechen eingetheilt und in jedem Viertel ꝛc. durch die Gerichtsobrigkeit 1 oder 2 Viertelmeister aufgestellt und alle Halbjahre abgewechselt werden" (Zaun. Chr. III. 194). In der letzten Zeit der f. e. Landesregierung findet man folgende Eintheilung und Bevölkerungszahlen: in

Lofer: 12 Zechen zusammen mit . . . . 2390 Ew.
Saalfelden: Markt mit 4 Vierteln; Land mit 8 Zechen
  je zu 3—7 Rotten, zusammen mit . . . . 6430 „
Tarenbach mit Rauris: in ersterm 5 Kreuztrachten von
  3—7 Rotten; in letzterm 4 Viertel, zusammen . . . 5970 „
Zell: 5 Zechen von 1—14 Rotten, zusammen mit . . 6100 „
Mitterfill: 10 Kreuztrachten von 2—18 Rotten, mit . 8650 „

Zusammen 29540 Ew.

Schon lange vor Beginn dieser Periode hatten sich von den Bezirksgemeinden **Marktgemeinden** unterschieden. Sehr auffallend ist, daß man vom Ursprung der pinzg. Märkte so wenig weiß. Nur von Zell und Mitterfill ist urkundlich, daß sie a. 1357 schon Märkte waren und dort vom EB. Ortolph Vermehrung ihrer Privilegien erhielten. In Hinsicht auf die Nachrichten der Juvavia (p. 442, 576 ꝛc.) darf man annehmen, daß a. 1473 auch die übrigen Märkte schon vielleicht lange bestanden. Endlich in den Landtagsacten a. 1525 werden 6 pinzg. Märkte aufgezählt, darunter Rauris, welches aber nach a. 1551 nicht mehr als Markt vorkommt. In der Landtafel a. 1620 finden sich die pinzg. Märkte unter den damaligen 23 Märkten des Erzstifts unter folgenden Nummern eingereiht: unter N. 8 Zell, 9 Mitterfill, 10 Saalfelden, 11 Tarenbach 13 Lofer. Geschah die Einreihung etwa nach der Zeit ihrer Erhebung zum Markte, so läge darin einige Andeutung über ihr Alter. — Wie die andern Märkte hatten zwar auch die pinzg. von jeher eine Art von Magistrat; aber an der eigentlichen Gerichtsbarkeit so wenig Antheil, als die Landgemeinden. Uebrigens lauteten ihre Privilegien durchgehends dahin:

„daß Niemant auf dem Gäu Wein schenken, Gewand schneiden, Kaufmannschaft oder andere Gewerbe treiben; sondern solches Alles nur den Bürgern in den Städten und Märkten zustehen, in diesen auch gewisse Wochenmärkte zu halten frei sein sollte" (Juv. p. 451). Wie einige auswärtige hießen Zell und Mittersill „Bannmärkte"; was aber damit gesagt sein will, weiß selbst Kleimayern nicht zu deuten. Da „Bann" soviel ist als Zwang, waren laut Obigen ja alle Märkte Bannmärkte und besondere Privilegien sind von Zell und Mittersill nicht bemerkt; nur weiß man, daß der Markt Zell bis in die bayr. Zeit herab von einigen Bauern der Umgegend ein ziemliches Gewicht „Burgerschmalz" um ermäßigten Preis zu beziehen hatte.

3. Wie der öff. Gesellschaft, so war nun auch die Gliederung der **einzelnen Haushaltungen** eine andere geworden: statt der in Haupt- und Gliedern leibeigenen Familien in den einzelnen Häusern treten nun freie Haus- oder Dienstherren und Dienstboten auf.

Die Haus- und Dienstherren stehen um so viel mehr über den leibeigenen Familienvätern, als sie nicht blos sind, was sie heißen; sondern nicht selten auch namhafte Güter zum wirklichen, wenn auch bis zur Grundentlastung nicht ungetheilten, Eigenthum haben.

Die Dienstboten gingen hervor aus den unbehausten Leibeigenen und den nachgebornen Kindern der behausten, wie die Erstgebornen letzterer sich in Besitzer und Hausherren verwandelten. Sie stehen nun nicht mehr in einem angebornen, gezwungenen Verhältnisse zu ihrem Dienstherrn; sondern in einem freiwillig eingegangenen, vertragsmäßigen und heißen darum nicht selten „Ehhalten", weil sie nach der bei der Dienstannahme verabredeten Ordnung, „Ehe" (cf. p. 56) sich selbst zu richten haben und eben darnach auch von ihren Dienstherren zu halten sind.

4. Ein ausführlicheres Wort verdient das Verhältniß zwischen den **Grundherren** und **Grundholden** — sowohl weil dieß ein an sich geschichtlich merkwürdiger Verband ist, als auch weil es nach seiner Beseitigung durch die Grundentlastung Vielen bald in Vergessenheit kommen dürfte. Die nachfolgende Uebersicht des Verhältnisses hält sich an die Abhandlung des Regierungsrathes v. Meyern (Salzb. und Berchtesg. p. 123), welche zwar erst a. 1810 geschrieben wurde, aber doch sicherlich auch für diese Periode gilt.

a) **Die Grundherren.** Die Grundherrschaft drückte nach der salzb. Verfassung in der Regel nur den Inbegriff der Rechte der Eigenthumsherrschaft (jura domimii directi) aus; sie brachte keine Gerichtsbarkeit mit sich; die Grundherren waren eben nur dieß, keine Obrigkeiten. Bezüglich der Gerichtsbarkeit waren nicht nur ihre Holden in policeilichen, criminellen und bürgerlichen Sachen den l. f. Beamten unterworfen; sondern auch die Grundherren selbst standen unter den Gerichten, namentlich in Uebung ihrer grundherrl. Rechte.

Doch hatte diese Regel ihre Ausnahmen. Man unterscheidet „unbefreite" Grundherren („Schildherren"), die in der Regel gänzlich unter den l. f. Beamten standen, und „befreite", die einigen Antheil an der Gerichtsbarkeit hatten. War diese zu einem größeren Gute gehörig und für ein geschlossenes Territorium giltig, so hieß ein solches eine „Hofmark", dergleichen letzlich in Pinzgau, wie erwähnt, nur Bischorn war.

b) Die **Grundholden** oder Besitzer von Urbargütern theilten sich in „hofurbare", deren der Landesfürst zugleich Grundherr war, und in „fremdherrliche", die einen andern Grundherrn hatten. — Die Güter aber unterscheidet man nach der Weise, in der sie überlassen wurden, in „Erbrecht" (emphitheusis), wo den Besitzern volles „nutzbares" Eigenthum, (ohne dom. direct.) zustand; in „Freistift" (precarium), wo der Grundherr das Gut jederzeit zurücknehmen konnte; „Leibgeding" (vitalitium), wo der Besitz auf Lebenszeit verliehen war; „Beutellehen" (feuda bursatica), welche als Lehen ohne jährl. Stift überlassen waren. Diese ursprünglichen Verschiedenheiten verloren sich mit der Zeit mehr und mehr, namentlich haben Freistift und Leibgeding die Natur des Erbrechtes angenommen.

Die Verpflichtungen der Grundholden bestanden wesentlich in Folgendem: beim Besitzantritt hatten sie dem Grundherrn die „Anlait"
  (laudemium) zu leisten, gewöhnlich 5 Procente des Gutswerthes, abgesehen von den Fahrnissen, aber auch von den Schulden; dann gewisse Taxen für Ausstellung der Uebergabsurkunden 2c.;
bei Veränderung in der Person des Grundherrn trat der „Herrenfall"
  ein, meistens die halbe Anlait betragend;
jährlich waren gewisse Abgaben zu reichen oft von namhaften Beträgen:
  Geld- oder Naturalstiften oder Beides zugleich; Frohnen (Hand- und Spannschichten) waren in Pinzgau letzlich zusagen keine;
bei allen Veränderungen der Urbargüter: Verstückungen, Belastungen,

Pfandverschreibungen derselben, Wechsel in der Culturgattung ꝛc. mußte der grundherrliche Consens eingeholt werden.

Dagegen hatten die Grundholden den Anspruch an ihre Grundherren, von ihnen im Besitz geschützt, nöthigen Falls mit Samengetraide versehen zu werden ꝛc.

Nicht als vom grundherrl. Verbande herstammend, sondern nur wegen Verwandtschaft mit demselben mögen hier auch andere Giebigkeiten angeführt werden. Erstlich die „Zehente", welche fast von allen Aeckern zu geben waren und oft mehr betrugen, als alle grundherrlichen Gaben zusammen. — Die „Burgrechte" um Städte, Märkte und Burgen vorkommend und sich herschreibend vom Schutze, welchen diese einst den Besitzern gewisser Güter zu leisten hatten. — Die „Vogts- oder Volksdienste", die man vom gerichtlichen Schutze herleitet, weßhalb sie meistens an Obrigkeiten entrichtet wurden. — Die „Ewiggelder" oder „Gilten" (census) von Darlehen, Stiftungen ꝛc. kommend. — „Willengelder, Recognitionen", bedungen für gewisse Befugnisse und Bewilligungen.

Eine Ueberſicht der öff. Verhältniſſe darf doch auch die Landſchaft und das Steuerweſen nicht außer Acht laſſen.

a) Die Landschaft. Die salzb. Fürsten übten von jeher keine unumschränkte Herrschaft; sondern erledigten größere Angelegenheiten nach dem Rath, mit Zustimmung ꝛc. ihrer Getreuen geistl. und weltl. Standes. Die vielen Gütertauschhandlungen z. B. der EBe. Adalbert II., Friedrich I., Dietmars II., Balduins geschahen schon auf diese Weise („consilio, consultu, consensu fidelium suorum, clericorum et laicorum; conlaudantibus clericis et laicis" ꝛc. Juv. A. p. 122, 190, 223, 225, 248 ꝛc.) Dem EB. Friedrich III. bewilligten die Stände a. 1324 eine allgemeine „Schatzsteuer"; Friedrich IV. a. 1446 auch eine allgemeine Steuer, wogegen er ausdrücklich erklärte: daß er sie als „iren guten Willen" ansehe und künftig „on gemainen Rath und Wißen" von der Landschaft keine Steuer nehmen wolle; weiters dem Erzb. Sigmund I. a. 1458 eine „Vichsteuer" ꝛc. In welcher Weise solche Bewilligungen abgegeben wurden, ist unbekannt.

Endlich a. 1473 trat unter EB. Bernhard zufolge namentlicher Berufung ein förmlicher Landtag zusammen, zu dem aus Pinzgau, nebst Gemeindabgeordneten, eigens aus dem Abel eingerufen wurden die Hunte, Ramseider, Almer, Penninger, Stuhlfelder, Neukircher ꝛc. Bald darnach erfolgten solche Berufungen zwar nicht regelmäßig, aber öfter: a. 1480, 81, 89, 94, 1514, am Oeftesten unter EB. Matthäus. Thatsächlich also ist die Landschaft in Salzburg sehr alt.

Aber durch ein förmliches S t a t u t geregelt war sie noch im 16. Jahrhundert nicht. Wolf Dietrich berief sie a. 1594 in der Absicht, sie völlig zu constituiren; konnte sich aber mit der Versammlung nicht vereinigen, worauf er und sein Nachfolger sie nie mehr versammelten. — Endlich EB. Paris stellte die Landschaft zufolge der Wahlcapitulation wieder her und ordnete sie durch die Fundationsurkunde vom 24. Juli 1620 ohngefähr in der Weise, wie sie dann bis a. 1811, zeitweise freilich ohne viel Einfluß, fortbestand. Laut jener Urkunde hatte sie aus 3 Ständen zu bestehen: dem Prälaten-, Ritter- und Bürgerstand, wovon die einzelnen Mitglieder in der „Landtafel" (Landschaftsmatrikel) verzeichnet waren; vom Bürgerstand namentlich 6 Städte und 23 Märkte mit je 1 Virilstimme. — Die Landschaft versammelte sich nach Umständen insgesammt (in pleno) oder in einem „größern Ausschuß": 4 Deputirte vom Prälaten-, 8 vom Ritterstande und 4 von den Städten und Märkten; oder in einem „kleinern Ausschuß": 2 vom Prälaten-, 4 vom Ritterstande und 2 von den Städten und Märkten; doch Plenarversammlungen fanden nach a. 1637 während der f. e. Regierung kaum mehr statt. — Die gewöhnlichste Aufgabe der Landschaft war nur, Besteuerungsvorschläge abzugeben; öfters aber hatten sie auch in andern Angelegenheiten ihre Meinung auszusprechen; nie aber eine entscheidende Stimme (Juv. p. 478, 488, 564, 576 ꝛc.)

Demnach hatte die Masse der pinzg. Bevölkerung, die Bauernschaft, in der Regel an der Landschaft keinen Antheil; in außerordentlichen Fällen aber wurden auch von den Landgemeinden Deputirte einberufen. Schon a. 1473 z. B. hatten die Pfleger aus jeder Gemeinde 2 Gerichtsmänner zum Landtage abzusenden; wieder unter EB. Matthäus a. 1526; unter EB. Johann Jakob a. 1565; auch noch a. 1810.

b) Das S t e u e r w e s e n. Mehrere Jahrhunderte fort wurden allgemeine Steuern nicht alljährlich eingeholt; sondern nur in a u ß e r o r d e n t l. F ä l l e n, meistens natürlich in Kriegsjahren. Gewöhnlicher Weise deckten die Fürsterzbischöfe die Landesbedürfnisse mit ihren Kamergefällen: mit den Erträgnissen der Domainalgüter, den Urbarbezügen, Jurisdictionsgefällen, den Gefällen des Berg-, Forst-, Post- und Mauthregals ꝛc. Gleichwohl trat die Steuernothwendigkeit frühe und nicht selten ein: schon unter Erzb. Rudolph finden wir sie, dann wie eben S. 65 bemerkt, unter den EBen. Friedrich III. u. IV. und Sigmund I. ꝛc. Noch öfter wiederholten sich die Steuerausschreibungen, als a. 1453 die Türkenstürme in Europa begonnen hatten. In der 2. Hälfte des 16. Jahrhunderts waren bald a l l j ä h r l i ch Steuern zu leisten.

Das S t e u e r m a ß stieg und fiel selbstverständlich nach Umständen. Bis a. 1594 waren von 100 fl. reinen Vermögens 3 Schillinge (à 7½ kr.) zu geben; von dort an 6 Sch.; a. 1620 wurden auf 6 Jahre 9 Sch. verlangt ꝛc.; später rechnete man nach „Terminen." — Das Vermögen der Steuerpflichtigen zu erheben wurden von Zeit zu Zeit eigene Commissäre in die Pflegsbezirke gesandt, vor denen jene ihren steuerbaren Besitz, soweit er nicht evident war, unter einem Eide angeben mußten, weßhalb man die Hauptsteuer auch „Eidsteuer" hieß. Als endlich unter EB. Hieronymus auf einen sichern, stabilen Steuerfuß gedrungen wurde, erfolgte nach vielerlei Vorschlägen und langen Berathungen a. 1778 ein n e u e s S t e u e r p a t e n t, dem gemäß, um nur von der beträchtlichsten Steuer unseres Gaues zu reden, der Werth eines Bauerngutes durch Gegeneinanderhaltung des letzten ämtl. Anschlages und der Winterfütterung geschätzt wurde. Von dem so ermittelten Gutswerth nahm man 1 Drittel als Steuerkapital, von dem ab 100 fl. für 1 Termin 30 kr. zu reichen waren. Da damals 4, von a. 1797 an 6 Termine gefordert wurden, betrug die Steuer von 100 fl. Steuerkapital 2 und 3 fl. oder von 100 fl. des Anschlags 40 kr. und 1 fl. — Zur „Ordinaristeuer" kamen vorübergehend gar verschiedene Steuern: Kopf-, Häuser-, Fenster-, Herd-, Rauchfangsteuer ꝛc.

Gar bald verfiel man auch auf „A u f s ch l ä g e" von allerlei Kaufs- und Verzehrungsgegenständen; den Aufschlag. vom Getränke nannte man mit der Zeit „Umgeld". Schon dem EB. Johann III. bewilligte der Landtag a. 1489 ein „Umgeld von den verschiedenen Feilschaften" auf 5 Jahre. So wurden die Aufschläge auch später gewöhnlich auf eine bestimmte Zeit ausgeschrieben; fehlten aber selten lange Perioden.

Die S t e u e r p f l i ch t war einst nicht allgemein: die Geistlichkeit vermöge ihrer Immunitätsprivilegien und die Ritterschaft wegen ihrer Verbindlichkeit zu Kriegsdiensten waren ihr lange nicht unterworfen; die Zeit aber hob allmälig auch diese Eremtionen auf, so sehr man sich von beiden Seiten dagegen stemmte. Wie die Geistlichkeit schon frühe zum Besten der Kirche besteuert wurde, ist unten in der kirchengesch. Uebersicht verzeichnet. Die Ritterschaft konnte sich mit der Zeit noch weniger der Besteuerung entziehen, nachdem sie durch völlige Umwandlung des Militärwesens der Kriegsdienste enthoben war, auf die sich eben ihre Steuerfreiheit stützte. Man findet darum bereits unter EB. Matthäus und in den spätern Decennien des 16. Jahrhunderts sowohl die Prälaten als Ritter öfters gewisser Maßen besteuert; aber erst beim Landtag 1620 wurde die „Decimation" nicht bloß des Prälaten- und Ritterstandes, sondern auch des Erzbischofes selbst, der Pfarrgeistlichkeit und aller geistlichen und milden Fonde zum förmlich angenommenen Beschluß. Noch zwar war die Decimation nur als Nothsteuer angesehen, die so bald als thunlich aufhören sollte; es wurde auch einzelne Jahre nichts und andere Jahre dafür ein „freiwilliger Beitrag, don gratuit" gegeben und so oft etwas gereicht wurde, immer auf die alten Immunitäten und Freiheiten hingedeutet; aber aus den zeitweiligen, freiwilligen Beiträgen wurden begreiflich mit der Zeit gleich wohl alljährliche, bestimmt zugemessene Steuern.

Die Landschaft sammelte die Steuern durch ihre Generaleinnehmer, denen natürlich die pfleggerichtlichen Beamten verhilflich waren, in eine eigene Kasse. Demnach gab es 2 Hauptkassen der erzstiftl. Einkünfte, deren jede ihre bestimmten Ausgaben hatte. In die L a n d s c h a f t s - k a s s e flossen die Steuern (mit der Decimation) und die in außerordentlichen Fällen bewilligten Aufschläge. „Das Umgeld und alle übrige Nutzung aus den vorbemerkten Regalien gingen der h o c h f. K a m e r ein und was nach Abzug der Ausgaben dabei überschoß, als fructus feudi dem Erzbischof, als vom Kaiser und Reich belehnten Vasallen und Domino utili". — (Juv. 476, 574 ꝛc. Zaun. Chron. V. 305 ꝛc. Salzb. und Berchtesg. p. 202, 250 ꝛc.)

Zeitereignisse. Darunter treten erstlich die ewig denkwürdigen B a u e r n k r i e g e von a. 1525 und 1526 hervor. — Der von a. 1525 entzündete sich in Pongau, vorzüglich in der Gastein, wurde aber von allen Gauen beschickt. Am Pfingstmontag d. J. rückten die Bauernhaufen unter Anführung Casp. Praßlers v. Gastein und Math. Stöckls v. Bramberg in Salzburg ein, vom Erzbischof, der sich in Hohensalzburg eingeschlossen hatte, die Abhilfe ihrer Beschwerden zu erzwingen, die wie sie vorgebracht wurden, keineswegs zu einer solchen Erhebung berechtigten. Dem Erzbischof kamen erstlich östr. Truppen unter Sigm. v. Dietrichstein von Steyermark her zu Hilfe; wurden aber anfangs Juli's von den Bauern unter Mich. Gruber v. Bramberg bei Schladming gänzlich geschlagen, welchen darauf der „Bauernbund" statt Praßler zum Obersten wählte. Nach langen Verhandlungen kam endlich auch Herzog Ludwig v. Bayern mit eigenen und schwäb. Truppen und einigen treuen salzb. Rittern, zusammen bei 10.000 Mann, über Laufen heran; aber nicht um die Rebellen zu züchtigen, wodurch wahrscheinlich der Aufstand des folgenden Jahres unterblieben wäre; sondern zwischen den Partheien einen Frieden zu vermitteln, der endlich am 31. Aug. d. J. mitunter durch Einfluß des edeln chiemf. Bischofs Berthold Pürstinger zu Stande kam.

Der Krieg a. 1526 begann in Pinzgau, wurde im Gebirge ausgefochten und war darum für selbes verderblicher als der vorjährige. Schon im Winter ließ man verlauten: es werde wieder losgehen, „sobald die Stauden rauch werden". Dem zuvorzukommen, schickte der Erzbischof Truppen unter seinem Hofmarsch. Biguleus v. Thurn nach Saalfelden und unter dem rabstabt. Pfleger Christoph Graf nach Pongau. Die Bauern ließen sich dadurch gar nicht schrecken; sondern erhoben sich unter Christoph Setzenwein, Marr Neufang und Math. Stöckl so kräftig, daß wieder fremde Truppen kommen mußten: schwäb. Bundestruppen unter Burchard v. Embs nach Pinzgau und östr. unter Nik. v. Salm nach Pongau. Nach einem gräßlichen Metzeln und Sengen und Brennen, wodurch nebst Ortschaften und vielen Häusern auch die Burgen Mittersill, Walchen, Kaprun, Bischorn, Tarenbach und Lichtenberg eingeäschert wurden, mußten sich die Bauern endlich ergeben, dem Erzbischof aufs neue Gehorsam schwören und dabei nicht nur schreckliche Strafreden hören; sondern hie und da, besonders in Rabstadt auch schauderhafte Executionen ansehen. Von den Anführern hatten sich die meisten bei guter Zeit geflüchtet. Mehr als 15.000 Menschenleben sollen beide Kriege gekostet haben.

Ein Nachspiel dieser großen Aufstände gab es noch a. 1606. Wolf Dietrich ließ ein neues „Stockurbar" (Urbarkataster) anlegen und hie und da die Grundgiebigkeiten steigern. Sogleich griffen die Gebirgsbewohner, besonders im Bezirke Kaprun-Zell, wieder zu den Waffen; wurden aber durch f. e. Militär unterworfen. Der Pfleger Casp. Vogl v. Kaprun und etliche Bauern büßten dafür mit dem Leben. — Arge Unbotmäßigkeiten erlaubten sich auch die Lutherischen, besonders vor ihrem Abzuge a. 1731, wovon mehr in der Kirchengeschichte.

Von den auswärtigen Kriegen waren immer noch die Türkenstürme auch unserm Gau sehr fühlbar, besonders a. 1529 und 1683, wo die Türken Wien belagerten. Nebst Andachten um Waffenglück gegen sie waren Geldhilfen und Fähnlein fast die ständige Forderung bis zu den Siegen Prinzen Eugens über sie, deren ersten er a. 1697 bei Zenta erfocht. — Noch drückender war der nähere 30jährige Krieg (a. 1618—48). Schützeneinübungen an den Waffenplätzen Mittersill, Kaprun, Tarenbach und Lichtenberg, Auszüge der Schützen an die Landespäße, Contingente zur Reichsarmee, Kriegssteuern ꝛc. dauerten fast in Einem fort.

Zu den kriegerischen Ereignissen kamen noch andere Heimsuchungen: verderbliche Seuchen a. 1494, 1529, 1553, 1571, 1625, 1636, 1671, an welche noch manche traditionelle Stellen von ehemaligen Pestfriedhöfen erinnern. Dann Ueberschwemmungen a. 1501, 1567, 1572, 1598, 1661, 1736, 1761 ꝛc. ꝛc.

Endlich — vom Ende der luth. Unruhen an bis zum Beginne der französ. Kriege, ohngefähr von aa. 1740—90, folgte des salzb. Erzstiftes goldenes Zeitalter, wenigstens für die pinzg. Bauern. Ihren damaligen Wohlstand zu ermessen, denke man nur an die Ausstattungen „weichender Kinder" von größern Bauernhäusern. Nicht nur erhielten die Töchter schwere Tausende zum Heirathsgut; sondern es wurden auch den nachgebornen Söhnen manchmal Anwesen gekauft von kaum geringerem Werth als das heimathliche Gut, während dem Nachfolger des Vaters auf diesem nur Brauchs halber einige Schulden dictirt wurden. Keine frühere Periode der f. e. Regierung, obgleich der „Krumstab" unserm Gau in der Regel immer wohlthuend war, läßt sich mit dieser vergleichen.

Dieser behäbigen Zeit setzten ein Ziel — die allen alten Bestand unter und über kehrenden französ. Kriege. Hier hatte man sie zuerst zu empfinden durch Kriegsauflagen und Contingente zur Reichsarmee; a. 1797 schon im Ausrücken von Schützen an die Landespäße. Das volle Kriegsdrangsal begann man endlich im December 1800 zu leiden. Nach dem Einrücken der Franzosen unter Moreau in Salzburg eilten nebst öftr. Militär und tiroler Schützen auch pinzg. Schützencompagnien v. Lofer, Saalfelden und Zell unter dem Pfleger Fr. Ant. v. Berchtold-Sonnenburg v. Lofer an die dortigen Päße, den Franzosen das Eindringen ins Gebirge zu verwehren. Am 18 Dec. geschah am Rüstfeichtbühel vor Melleck der erste Angriff, bei dem die Franzosen bald wichen. Am h. Vorabend stürmten sie unter Jardinier nachdrücklicher heran und mußten sich nach einem fürchterlichen Kampf abermals zurückziehen. Der bald darauf erfolgte Waffenstillstand v. Steyer bahnte ihnen den Weg ins Gau, wo sie dann vom Ende d. J.s bis Mitte März's a. 1801 in Standquartier verblieben. Das Aergste der französ. Invasionen waren immer die rücksichtslosen Forderungen an Kriegscontribution, Kriegsbedürfnissen, selbst von Ehrungen für ihre Marschälle und Generäle. Die Requisitionen vom ganzen Ländchen bei dieser Invasion berechneten sich auf 11,045.455 Fr. und als Contribution wurden 6,000.000 Fr. verlangt, wovon aber 1,400.000 Fr. unbezahlt blieben. Zur Deckung dieser Kosten wurde schon Kirchensilber eingefordert und allen Vermöglichen angesonnen, „dem gemeinen Wesen ihre entbehrliche Barschaft an die Hand zu geben."

Das epochenmachende Verhängniß, wie für Salzburg keines seit mehr als 1000 Jahren, war die

Säcularisirung des Erzstiftes.

Dem Frieden von Luneville vom 1. Febr. 1801 gemäß mußten mehrere weltl. Fürsten ihre Gebiete an Frankreich abtreten und durch geistl. Territorien entschädigt werden. Ein Reichstagsausschuß verhandelte die Entschädigungsfrage und gab das Resultat unter dem Namen „Reichsdeputationshauptschluß" v. 25. Februar 1801 bekannt, dem zufolge Salzburg mit Berchtesgaden und Theilen von Paßau und Eichstält als Fürstenthum an Erzherzog Ferdinand v. Oestreich übergehen mußte.

Fürsterzb. Hieronymus war bereits am 10. Dec. 1800 nach der unglücklichen Schlacht bei Hohenlinden v. 3. Dec. nach Einsetzung einer Statthalterschaft von 6 geistl. und weltl. Gliedern nach Wien geflohen, dort den Ausgang der Dinge abzuwarten. Da die Bestimmungen der Reichsdeputation unabwendbar verblieben, erklärte er unterm 11. Febr. 1803 seinen Abtritt von der weltl. Regierung Salzburgs und sprach in seinem Abdankungsdocumente die beweglichen Worte: „die Empfindungen, die Uns in der feierlichen Stunde der Trennung bewegen, bedürfen gewiß keiner Schilderung. Alle Unsere Gefühle drängen sich nur einzig in den warmen Dank zusammen, den Wir hier nochmal Unsern lieben getreuen Unterthanen laut für den Wetteifer ausdrücken, womit jeder Stand und jede Klasse derselben während Unserer 30jähr. Regierung seinen Pflichten so redlich nachzukommen und Unsre mühevolle Arbeit zu erleichtern bemüht war" ꝛc. In der gewaltigen Aufregung über den allgemeinen Gang der Dinge schien selbst die salzb. Bevölkerung auf das große Ereigniß unseres Ländchens die geziemende Aufmerksamkeit nicht zu haben und der Nachruf an die dahingeschiedene geistl. Landesregierung war keineswegs ein so wehmüthiger, als man von der salzb. Unterthanentreue erwarten konnte. Das Landvolk allerdings hochachtete den geistl. Charakter seines bisherigen Landesfürsten; die meisten andern Klassen aber, besonders die Hauptstadt, sahen der Neuheit eines weltl. Fürsten mit unverhülltem Behagen entgegen.

III. Zeitraum:
Seit der Säcularisirung des Erzstiftes
von a. 1803—1865.

Es ist dieser Zeitraum gegen die frühern zwar unverhältnißmäßig klein; aber an Ereignissen und Umgestaltungen so reich als sie; die geschichtliche Entwicklung hat in dieser kurzen Zeit sozusagen einen Weg zurückgelegt, den sie früher manchmal in Jahrhunderten nicht machte.

Da nun die Ereignisse nicht so fast neben der Umgestaltung der öff. Verhältnisse herlaufen; sondern vielmehr diese mit sich brachten, so lassen sich beide nicht mehr so, wie früher, voneinander scheiden; sondern sind nach ihrer Zeitfolge vorzuführen. Die öff. Entwicklung wird eben dadurch am Besten hervortreten.

Im Laufe der Dinge dieser Zeit liegt, daß unser Gau während selber noch weniger besondere Geschichte hat als früher; sondern die Geschichte Salzburgs auch die Pinzgau's ist.

Der Zeitraum theilt sich in die Periode der Landesherrenwechslungen und in die seit der bleibenden Vereinigung mit Oestreich.

1. Die Zeit der Landesherrenwechslungen
von a. 1803—1816.

1) An demselben 11. Febr., an dem Hieronymus von der Landesregierung abtrat, erließ Erzh. Ferdinand sein Besitzergreifungspatent und am 18. d. M. fand die feierliche Erbhuldigung in die

Hände des Hofcommissärs Freih. v. Crumplpen statt. Die Ankunft des neuen Landesfürsten erfolgte erst am 29. April d. J. um 12 Uhr mittags — „unter unerhörtem Jubel", an demselben Tage, an dem Hieronymus vor 31 Jahren als antretender Fürsterzbischof seinen Einzug in die Stadt gefeiert hatte. Am 10. Juli d. J. wurde die Erhebung des Reichsfürstenthums zu einem **Kurfürstenthum** feierlich proclamirt.

Salzburg hieß nun nicht nur, sondern war ein weltliches Fürstenthum, war eben säcularisirt. Schon in den ersten Regierungshandlungen waren eine andere Hand und andere leitende Grundsätze wahrzunehmen und allmälig erfolgte eine Reihe von neuen Institutionen oder Modificationen der alten. Unter den erstern sind vorzüglich zu bemerken der „geistl. Administrationsrath", der vom f. e. Consistorium die Verwaltung der geistlichen und milden Fonde und des Unterrichtswesens übernahm; doch meistens aus Consistorialräthen bestand; dann die „oberste Justizstelle", die als 3. Instanz nach dem Ende der Reichsgerichte nothwendig wurde. Zur völligen Umgestaltung der öff. Verhältnisse fehlte es aber der kurf. Regierung an Zeit.

Als im Herbste 1805 die Franzosen wieder heranrückten, floh der Kurfürst am 18. Oct., die Landesregierung seinem Minister Manfredini anvertrauend, der sich jedoch nach Umständen mit dem Staatsrath zu benehmen hatte. Am 30. Oct. zogen die Franzosen unter Bernadotte mit Bayern unter Deroy und Wrede in Salzburg und mit ihnen Sturm und Bedrängnisse aller Art ein. Abgesehen von den Kämpfen in den übrigen Landestheilen, fanden im untersten Pinzgau hitzige Gefechte zwischen den Bayern unter Deroy und Oestreichern statt, welchen letztern tiroler und loferer Schützen beistanden. Am 1. Nov. griff Deroy hinter Schneitzlreit die Oestreicher unter Marziani und die Schützen an und trieb sie an die Strubpäße zurück; im Kampfe daselbst aber vom 2.—5. Nov., wo Graf St. Julien die östr. Truppen und Schützen commandirte, mußte Deroy zurückweichen, ehe die von Marziani organisirten übrigen pinzg. Schützen- und Landstürmercompagnien eintreffen konnten. Drang so der Feind dieß Mal nicht ins innere Gau ein; hatte es doch seinen Antheil an den wieder schauerlichen Kriegskosten zu tragen. Bernadotte verlangte für sich 40.000 Fr. und eben so viel für seine „braven Officiere" zum Präsente; die sämmtlichen Requisitionen wurden auf 13,130.816 Fr. angeschlagen und abermal sollte eine allgemeine Contribution von 6,000.000 Fr. in

3 Fristen (22. Nov., 6. Dec. und 1. Jänner) erlegt werden; wovon jedoch nur 2,000.000 Fr. entrichtet wurden.

 2) Am 26. Dec. 1805 erfolgte der presburger Friede, ratificirt am 6. Jän. 1806. Diesem zufolge kam Salzburg an den Kaiser von Oestreich, in dessen Namen ihm Graf Bißingen am 17. März die Erbhuldigung abnahm. So war denn unser Ländchen dem alten Erzstift wieder um ein Namhaftes unähnlicher geworden: das selbstständige Fürstenthum ward unter dem Namen eines Herzogthumes eine **Provinz des östr. Kaiserreiches**; behielt jedoch noch einen eigenen Landeschef, erstlich Grafen Bißingen, dann Grafen Aicholt; auch die Landschaft wurde belassen; nur verlor der Prälatenstand sein wichtigstes Glied, das Domcapitel, das am 2. Dec. 1806 aufgehoben wurde. Selbstverständlich begannen wieder mancherlei Neugestaltungen; vor deren Vollendung aber auch die k. östr. Regierung abtrat.

 Denn ringsum war bald wieder Alles in Aufregung und vorauszusehen, daß nächstens wieder ein Sturm kommen werde. Unterm 9. Juni 1808 erfolgte darum der kais. Befehl der Errichtung von 4 Landwehrbataillonen in Salzburg, deren letztes die Pinzgauer, Ziller- und Brixenthaler bildeten. Sofort begannen auch die Befestigungsarbeiten und Truppenaufstellungen zu Salzburg unter Jellachich und schon am 9. Apr. 1809 wurde an Napoleon der Krieg erklärt. Sogleich setzten sich Rheinbundstruppen unter Lefebvre gegen Salzburg in Bewegung und Wrede nahm es am 29. April.

 3) Nun begann hier eine noch ärgere **Franzosenherrschaft**, als nach den frühern Invasionen, die zum Zeichen einer längern Dauer auch förmlich bestellt wurde. Gleich nach seiner Ankunft in Salzburg stellte nämlich Lefebvre den chiemf. Bischof Christoph Sigmund, die Regierungsräthe Felner und Pichler, den Landrath Baron v. Auer und den Stadtrath v. Metzger mit Secretären als „Landesadministration" auf, welche im Grunde freilich fast nur die Handlangerinn franz. Militärgouverneure und Intendanten abzugeben hatte.

 Verzeichnen wir zuerst den K r i e g s l a u f wenigstens so weit, als er in unserm Gaue vorging. Gleich nach Wiederbeginn des Krieges hatte sich Tirol erhoben, das bayr. Joch abzuschütteln; Lefebvre und Wrede sollten es zurückerobern. Dieß zu verhindern erschienen wiederholt tirol. Agenten, auch der kk. Intendant Roschmann im salzb. Gebirge, dasselbe zur Verbindung mit Tirol und zur Besetzung der Landespäße zu ermuntern, was gar nicht schwer gelang. Anfangs

May's hatte der kk. Landwehr-Oberlieutenant H. A. v. Rauchenpichler pinzg. Schützenhaufen an den Hirschbühel und den Paß Luftenstein geführt und die Plätze tapfer vertheidigt. Als aber am 11. Mai Strub übergeben werden mußte, verließen die pinzg. Schützen freilich auch den Luftenstein und Hirschbühel und kehrten heim. Doch schon im nächsten Monat zogen die Pinzgauer unter dem Obercommandanten Ant. Wallner, aichberg. Wirth v. Matrey geb. in Krimmel und dem Hauptmann Johann Panzl geb. in Mühlbach, wieder an die genannten Plätze und behaupteten sie über 1 Monat. Allein am 27. Juli mußten die Tiroler die Strubpäße abermal übergeben und in Folge dessen gleichwohl auch die pinzg. Päße geöffnet werden. Am Tage der Uebergabe v. Strub bestand Wallner mit 400 Pinzgauern gegen 7000 Bayern unter Deroy einen Angriff auf die nun verschwundene „Halbstundenbrücke" unter Tarenbach durch 7 Stunden; mußte aber endlich der Uebermacht weichen. Im Auftrage der Landesadministration vom 31. Juli erschien nun eine Commission mit milit. Assistenz unter dem laufn. Pfleger A. Seethaler zur allgemeinen Entwaffnung des Gebirges, die in Lungau und Pongau vor sich ging; aber nicht mehr völlig im Pinzgau. Denn während der Commission wußten Speckbacher und andere tiroler Agenten das salzb. Gebirge zu einer nochmaligen Erhebung zu bereden, wofür ihm der Sandwirth durch Erlaß vom 9. Sept. die Einverleibung ins Tirol „dem Begehren gemäß" (!) versprach. Wallner und Panzl zogen also mit c. 1000 Pinzgauern wieder nach Weißbach und besetzten den Hirschbühel und Luftenstein, während die Tiroler sich an den Strubpäßen festsetzten und Speckbacher bis Melleck vorrückte. Aber mit Gewalt drangen die Bayern nicht mehr bloß nach der Straße, sondern auch auf den mühsamsten Steigen im Dunkel der Nacht und beim rauhsten Wetter gegen Unken und den Hirschbühel; schlugen den Speckbacher am 17. Oct. bei Melleck gänzlich, worauf am 18. und 19. Oct. nach den letzten Kämpfen am Hirschbühel die Capitulationen am Strub und zu Weißbach erfolgten und die Bayern ungehindert durch Pinzgau und das Leuckenthal nach Innsbruck zogen.

Was dann das Walten der Franzosen in unserm Lande betrifft, war es für selbes eine wahre Folter: unausgesetzte Forderungen von Geld und allen ersinnlichen Dingen, ohne Maß und Ziel; dann wenn das Begehrte nicht sogleich entrichtet wurde, die schonungslosesten Erpressungen durch Executionen, Beschlagnahmen, Drohungen ꝛc. schien die einzige Aufgabe der Militärgouverneure und Intendanten Kister,

Anglè, Menjeau, Fouron, Thomas und des ärgsten unter Allen Camille Perier's zu sein. An Requisitionen aller Art wurde während der Dauer der franz. Abministration ein Gesammtbetrag v. 16,024.704 Fr. eingeheischt, und eine Generalcontribution von 11,440.000 Fr. auferlegt (Landesg. von Pichler p. 921) — unsinnige Summen! Nur in Hinsicht auf den Wohlstand des Ländchens vor den franz. Kriegen (cf. p. 70) und auf die sparsame, rührige Wirthschaft der Landbevölkerung ist's begreiflich, wie man nach den 2 früheren Invasionen noch zu solchen Leistungen im Stande war. Freilich folgte ein Anlehen aufs andere und kehrte drückende Noth in sonst wohlversorgte Häuser ein, während die franz. Gouverneure, Intendanten, Directoren 2c. in den occupirten Palästen praßten. — Obgleich der wiener Friede vom 14. Oct. 1809 den Krieg d. J. geschlossen hatte, behielten die Franzosen Salzburg doch 17 Monate, es gehörig auszupressen. Am Napoleonsfeste (15. Aug.) a. 1810 theilte endlich der Milit.-Gouv. Thomas der Landesabministration vorläufig mit, daß Salzburg nächstens an die Krone Bayern übergehen solle, welche Nachricht gewiß mit viel mehr Freude wäre aufgenommen worden, hätte nicht eben Bayern unserm Lande so große Drangsale zu bereiten mitgeholfen.

4) Am 26. Sept. 1810 endlich erschien der bayr. Gen.-Commissär des Unterdonaukreises Graf v. Preysing mit dem Legationsrath Hörman zur Uebernahme Salzburgs an Bayern, welche am 30. d. M. zwischen ihm und dem französischen Gouverneur Chevalier Thomas feierlich vor sich ging; am 10. Oct. d. J. wurde die bisherige Landesabministration aufgelöst. Unser Ländchen wurde sofort einfach zum „**Salzachkreis des Königreichs Bayern**"; Zillerthal dem Innkreise zugetheilt; hingegen die Bezirke Reichenhall, Traunstein, Burghausen, Simpach, Theile vom In- und Hausruckviertel und der tirol. Bezirk Kitzbühel wurden mit dem Salzachkreis vereinigt. Das altgeschichtliche Ländchen, vermengt mit andern Gebieten, war nun eben ein „Kreis" des bayr. Königreiches, der überdieß seinen Namen nicht vom alten Lande oder von seiner Hauptstadt, sondern von seinem Wasser empfing. So gemeinhin wurde es sonst nicht charakterisirt.

Selbstverständlich folgte nun eine neue Einrichtung auf die andere, die aber als von kurzer Dauer keine genauere Beschreibung verlangen. Die oberste Kreisbehörde war das „Generalcommissariat", dem genannten Grafen v. Preysing anvertraut; die alten Pflegen hießen nun Landgerichte, an denen sich vielleicht mehr bezüglich der Gränzen als im Geschäftskreis änderte 2c. Am Auffallendsten waren die Umgestaltungen im Kirchen- und Schulwesen, wovon mehr in der kirchengesch. Uebersicht. — Wie neue Einrichtungen entstanden, so verschwanden alte Institute. Schon im ersten Monat der bayr. Regierung kündete Graf Preysing (24. Oct. 1810) im akad. Saale die Aufhebung der Universität an, was nicht nur für die Stadt ein Schlag, sondern fürs ganze Land von Bedeutung war, unter Anderm insoferne, als nun viele salzb. Studirende ihre letzte Ausbildung nicht mehr hier, sondern an entfernten Universitäten erhielten und von dort nicht selten als sehr umgewandelte Leute zurückkamen. — Am 4. Oct. 1811 erfolgte die Auflösung der Landschaft 2c. — Uebrigens schien der König an Salzburg Gefallen zu haben und nicht will man verkennen, daß es ihm manchen Dank schuldig ist.

Hier kann eine Einschaltung nicht unterlassen werden. Am 20. Mai 1812 starb in Wien der letzte geistl. Fürst v. Salzburg EB. Hieronymus, wovon man in Salzburg die Nachricht „ohne weitere Theilnahme, wie einen andern Zeitungsartikel vernahm". Er war allerdings schon lange von Salzburg abwesend und stand mit der hiesigen Bevölkerung in keinem persönlichen Verkehre mehr. Doch nicht davon schrieb sich die Gleichgültigkeit her, sondern sie bestand vom Anfange seiner Regierung an. Bei der wenig anziehenden Gemüthsart und dem haushälterischen Rufe Hieronymus, hatte wenigstens die salzb. Stadtbevölkerung schon seine Wahl zum Fürsterzbischofe nicht gerne gesehen und manche seiner Regierungshandlungen, namentlich die etwas rücksichtslosen Reformen waren wieder nicht darnach, ihm die Herzen zu gewinnen, obgleich das verständige Urtheil seinen Charakter sehr schätzt und das Maß seiner Verdienste um das Land in den 30 Regierungsjahren hoch hinanrechnet. So ist's einmal: Massen und gemeine Individuen achten angenehme, rücksichtsvolle, sich einschmeichelnde Persönlichkeiten immer höher, als ehrenhafte, tüchtige und nachdrückliche.

Wieder empfindliche Bedrängnisse kamen über Salzburg während der „Befreiungskriege" (a. 1812—15). Nicht nur hatte es die ganze Zeit hindurch Soldaten, so viel nur möglich zu stellen; sondern auch große Kriegsbeiträge an Geld und Naturalien zu leisten. Ueber unser Land selbst drohte sich der Krieg zu wälzen, als im Februar 1813 Oestreich eine Armee unter dem Fürsten Reuß gegen Bayern aufstellte und dieß dagegen eine unter Wrede. Ob es gleich zwischen Beiden zu keiner Schlacht kam, forderte doch das Gegenüberstehen 2 gerüsteter

Armeen durch ohngefähr ein halbes Jahr große Kosten. In Salzburg waren indessen viele Hände mit der Befestigung der Hauptstadt beschäftigt, die am 14. August sogar in Belagerungszustand erklärt wurde. Endlich kam unterm 8. Oct. (ratif. am 12.) die Convention zu Ried zu Stande, der gemäß Bayern den Rheinbund verließ und sich an Oesterreich anschloß. Dadurch entging auch die salzb. Mannschaft in der bayr. Armee gerade noch zur rechten Zeit der peinlichen Nothwendigkeit, die große Völkerschlacht bei Leipzig am 16., 17., 18. und 19. October d. J. im Dienste des Mörders des deutschen Reiches mitkämpfen und für ihn Blut und Leben hinopfern zu müssen.

Nach dem Ende dieser allgemeinen Stürme drohte unserm Ländchen noch ein besonderer. Dem wien. Frieden vom 3. Nov. 1815 gemäß sollte Salzburg an Oesterreich kommen; Bayern aber wollte sich dazu, wenigstens in der begehrten Weise, nicht verstehen; sondern griff zum Schwerdt, worauf bei Wels und Lambach auch östr. Truppen aufgestellt wurden. Doch wurde der Krieg abgewendet durch den Vertrag von München am 14. April 1816, dem zufolge Salzburg wirklich an Oestreich überging.

B. Seit der zweiten Vereinigung Salzburgs mit dem Kaiserthum Oestreich
von a. 1816—65.

a) Die Friedensjahre von a. 1816—48. — 1) Das **Besitzergreifungspatent** ddo. Conegliano 22. April 1816 lautet: „Wir Franz I. von Gottes Gnaden Kaiser v. Oesterreich ꝛc. bekennen hiemit und thun kund: nachdem in Folge des 1. Artikels des in München am 14. April d. J. mit des Königs v. Bayern Majestät durch die gegenseitig Bevollmächtigten abgeschlossenen Vertrages . . das Herzogthum Salzburg sowie es a. 1809 von Oesterreich abgetreten worden, mit Ausnahme der Pfleggerichte und Aemter Waging, Tittmoning, Teisendorf und Laufen, soweit diese auf dem linken Ufer der Salzach und Saale gelegen sind . . unter Unsre Herrschaft zurückgekehrt sind: so nehmen Wir hiemit von diesen Districten und Gebieten für Uns, Unsre Thronfolger und Erben auf ewige Zeiten Besitz" ꝛc. Pichler (Landesg. p. 1018) bemerkt dazu: „so viele Mißgeschicke Salzburg seit 1400 Jahren getroffen, ein solches, eine Zerreißung des Landes, eine gänzliche Abtrennung der fruchtbarsten und bevölkertsten Theile, war ihm noch nie widerfahren. Hatte auch Salzburg in Kärnten, Steyermark, sowie im Isengau 2c. über dortige Besitzungen die Souveränetätsrechte verloren, so waren ihm diese doch als herrschaftliche Besitzungen geblieben". Brixenthal, Zillerthal und Windischmatrey wurden auch von Salzburg getrennt und mit der Provinz Tirol vereinigt. — Am 1. Mai d. J. fand die Uebergabe zwischen dem kk. Commissär Bernhard Freyh. v. Hingenau, Regierungspräsidenten v. Oberöstreich und dem bayr. Commissär Grafen v. Preysing statt und am 27. Juni unter lautem Jubel die Erbhuldigung vor Sr. Majestät Kaisers Franz selbst.

Obgleich Salzburg im Besitzergreifungspatente wieder als Herzogthum war bezeichnet worden, erhielt es doch keine eigene Landesregierung; sondern man ließ ihm die Wahl, entweder unter das Gubernium von Innsbruck oder Linz gestellt zu werden, wovon es gegen das angebliche Begehren von a. 1809 (cf. p. 75) letzteres vorzog und dann ein kk. Kreisamt bekam. Das Land bewarb sich allerdings sogleich nicht nur um eine eigene Regierung; sondern auch um Wiederherstellung der Landschaft und Universität; aber die eigene Regierung wurde schon mit Hofkanzleidecret vom 10. August bestimmt abgeschlagen; von der Universität nur geschwiegen. Hingegen über die Landschaft wurde wiederholt verhandelt, wobei die erste Frage war: ob die salzb. Stände für sich bestehen oder mit den obberennsischen vereinigt werden sollten. Unterm 22. Nov. 1822 erklärte sich ein salzb. Ausschuß gegen die Vereinigung mit den östr. Ständen und der Regierungspräsident Hingenau sprach sich für diese Erklärung aus. Nach einer langen Pause erschien unterm 14. Oct. 1826 ein a. h. Erlaß, der erstlich die Grundzüge der fraglichen Ständeverfassung gab, dann den größern Ausschuß sich versammeln und nochmal. berathen hieß: ob man sich nicht doch mit den östr. Ständen vereinigen wolle? Am 26. Apr. 1827 versammelte sich der Ausschuß und sprach sich wieder gegen die Vereinigung aus 2c. Auf die Vorlage dieser Erklärung am h. Ort erfolgte kein Bescheid und die Stände erstanden nicht wieder. — Daß Salzburg übrigens in Conformität mit den andern deutschen Provinzen des Kaiserreiches verschiedene neue Einrichtungen erhielt, versteht sich von selbst.

2) Vom wiederhergestellten Frieden nach langer qualvoller Kriegsperiode erwartete man die Bescherung besserer Jahre. Aber a. 1816 war ein Mißjahr und a. 1817 ließ der Frühling so lange auf sich

warten, daß zu Georgi im Gebirge der Schnee noch alle Zäune überragte. Eine außerordentliche Theuerung und Noth war die Folge: der Metzen Walzen z. B. stieg auf 18 fl: und das Futter fehlte so sehr, daß hie und da der Viehstand durch Umfälle namhafte Lücken bekam.

Die Ernte a. 1817 war ungemein gesegnet und das Drangsal der Theuerung schlug nach der entgegengesetzten Seite in eine mißliche W o h l f e i l h e i t um, die um soviel verderblicher wurde als sie über ein Jahrzehent dauerte. Von nun an bis a. 1830 standen nämlich die Preise aller pinzg. Ausfuhrartikel, besonders des Viehes, ungemein tief. Der geschickteste Oekonom wußte keine Erhausung zu erzielen und sich nur vor Einschrumpfung zu bewahren machte besonders größere Bauern nachdenklich die Köpfe hängen und manches stattliche Anwesen zerfiel.

Von a. 1830 an b e s s e r t e sich die Lage der Bauern; besonders stiegen die Viehpreise mehr und mehr und gelangten mit der Zeit auf eine frühere kaum dagewesene Höhe.

3) Da vom Wasser- und Straßenbau schon die Rede war (p. 19 und 27) ist hier von großen Werken der h. Regierung noch die Herstellung eines neuen S t e u e r k a t a s t e r s anzuführen. — Nachdem zufolge a. h. Patentes vom 23. Dec. 1817 zur Bereitung eines neuen G r u n d s t e u e r k a t a s t e r s erstlich nur einige Probearbeiten der Vermessung und Schätzung des Bodens geschehen waren, ging man ernstlich an die geometrischen Arbeiten in Salzburg, die in Pinzgau ohngefähr a. 1827—32 vollführt wurden. Darauf folgten die Bewerthungen der Bodenerzeugnisse in der Weise, daß vorerst das Maß des Erzeugnisses der einzelnen Grundparcellen, dann der Bruttowerth dieses, endlich das Reinererträgniß von Gemeinde zu Gemeinde nach besondern Maßstäben ermittelt wurde; allenthalben aber „nach einem auch in den ungünstigsten Verhältnissen haltbaren Geldanschlag". Nach der Bekanntgebung der Resultate der Vermessung befugte ein h. Regierungsdecret vom 1. Juli 1836 die Parcellenbesitzer zu Reclamationen gegen die eine oder andere; deren aber wenige einliefen. Endlich mit h. Decret v. 13. Aug. 1844 wurde die Einführung des neuen „stabilen Grundsteuer- und Gebäudesteuerkatasters" auf den 1. Nov. d. J. festgesetzt.

Die G r u n d s t e u e r q u o t e mußte sich seitdem zufolge der Kriegsjahre und der Grundentlastung begreiflich sehr steigern: a. 1845

Steuerkataster.

wurden ab 100 fl. Reinertrag 7 fl. 55³/₁₀ kr. eingehoben; a. 1849 8 fl. 41 kr.; a. 1850 ꝛc. mit Zuschlägen 16 fl.; a. 1859 21 fl. 20 kr.; a. 1860 24 fl.; a. 1863 26 fl. 40 kr. CMze. WW. — Folgende Tabelle soll nicht nur die Reinerträge und Steuersummen der einzelnen Bezirke; sondern behufs der Vergleichung auch das Flächenmaß und die Bevölkerungszahl derselben weisen.

Gerichts- und Steuerbezirke	Flächen- maß in Jochen	Bevöl- kerungs- zahl	Orts- Gemeinden	Steuer- Gemeinden	Rein- ertrag CMze.	Steuer a. 1859 WW.	Anmerkung
					fl.	fl.	
Lofer · · · ·	42.397	2.294	3	11	23.125	4.933	Die Bevölkerungs- zahl begreift die Ein- heimischen von a. 1850; mit dem con- scrib. Fremden be- trug sie 27.031.
Saalfelden · ·	67.140	5.630	4	20	56.097	11.967	
Tarenbach · ·	76.570	4.489	8	13	45.035	9.608	
Zell · · · ·	99.778	5.826	10	19	67.775	14.459	
Mitterfill · ·	171.389	8.272	10	28	66.297	14.143	
Summe	457.274	26.511	35	91	258.329	55.110	

Lehn und Dienten sind wieder nicht inbegriffen.

In den Augen aller Verständigen ist das neue Kataster von großem Werth: nicht nur wurden durch selbes viele Mißverhältnisse der Steuervertheilung beseitigt; sondern auch Notizen vom Boden in Evidenz gestellt, die dem Parcellenbesitzer soviel mehr an sich erwünscht und im Kaufe und Verkaufe von Grundstücken dienlich sein müssen, als bisher eine durchgängige geometrische Erhebung des Flächenmaßes der Gründe 2c. gar nicht vorlag.

Sobald das Grundsteuerkataster in der Hauptsache fertig war, begann man die Bereitung eines neuen Dominicalsteuerkatasters. Zu diesem Ende wurden erstlich den Dominicalisten Fassionen der Erträgnisse ihrer Zehente und der grund-, berg- und vogtherrlichen Rechte abgefordert. Zur Anfertigung der Zehentfassionen wurde unterm 23. Juli 1843 von der h. ff. Regierung eine ausführliche Instruction für Oberöstreich und Salzburg erlassen und in selber der Patent angewiesen, sich vorzüglich an das Grundsteuerkataster zu halten, da ja Grund- und Dominicalsteuer dieselbe Quote des Reinertrags sein sollten. Der §. 31 jener Instruction sagt z. B. bezüglich des Feldzehents: „die Katastralschätzungscommission wird nach dem Geldanschlage des bei den Katastralschätzungen ausgemittelten Natural-Ertrages der 10. Früchte bekannt geben, welcher Geldanschlag für den ganzen, halben 2c. Zehent für das niederöstr. Joch jeder Culturgattung entfalle. Nach dieser Bekanntgebung ist dann das jährliche Zehentertrügniß für jede einzelne Parcelle zu berechnen." — Unterm 28. Dec. 1844 erschien die h. Instruction für die Urbarial- 2c. Fassionen auch großentheils auf Grund des Bodenparcellenkatasters. Bezüglich der „Anlaiten" bestimmte §. 60: als Jahresrente sei anzunehmen der 15. Theil des Durchschnitts der Anlaitenbeträge der 3 letzten Besitzveränderungen, weil solche ohngefähr von 15 zu 15 Jahren erfolgen. — Die beiden verlangten Fassionen waren demnach nicht eigentlich solche; sondern vielmehr nur Berechnungen nach gegebenen Ziffern. Sie liefen so langsam ein, daß ein neues Dominicalsteuerkataster vor a. 1848 nicht mehr eingeführt werden konnte. Kamen sie somit für ihre eigentliche Absicht zu spät, so dienten sie doch bald als Unterlage der Grundentlastung.

b) Die Zeit von a. 1848—65. Kaum waren 3 friedliche Jahrzehnte zurückgelegt, in denen sich Salzburg und namentlich unser Gau sichtbar erholt hatten, als das Revoltejahr 1848 mit seinen Folgen hereinbrach. Nachdem der Sturm im Februar b. J. auswärts losgebrochen war, brauste er schon im März auch über Oestreich: am 13. März Aufruhr in Wien und dann in diesem und dem folgenden Jahr ein Sturm nach dem andern, nicht nur dort, sondern auch in Italien und Ungarn.

1) Unter diesen aufrührer'schen Bewegungen begannen sofort gewaltige **Umgestaltungen** der Monarchie und der einzelnen Länder derselben, wovon hier ein Verzeichniß genügt, da die neuen Einrichtungen zum Theil noch vor Augen, zum Theil wohl in Erinnerung sind. — Für das gesammte **Kaiserreich** erfolgte am 25. März die Verheißung einer „Constitution des Vaterlandes", welche Verheißung in Salzburg durch einen feierlichen Umzug proclamirt und hie und da auch auf dem Lande gefeiert wurde. Am 25. April Kundmachung der „Reichsverfassung". Am 9. Mai prov. Wahlgesetz für den bevorstehenden Reichstag, der am 22. Juli in Wien feierlich eröffnet wurde; sich am 7. Nov. als constituirend erklärte; in Mitte d. M.s nach Kremsier wanderte. Am 4. März 1849 Auflösung des Reichstages und Erlaß einer neuen Verfassung, welche unt. 31. Dec. 1851 auch wieder außer Kraft gesetzt wurde. Nach langen Stocken der Neugestaltungen am 20. Oct. 1860 a. h. Diplom „zur Regulirung der staatsrechtl. Verhältnisse", namentlich Zusicherung, daß „die Gesetzgebung nur unter Mitwirkung der Landtäge, respective des Reichstages ausgeübt werde". Am 26. Febr. 1861 Erlaß der „Verfassung der österreich. Monarchie"; dann Grundgesetz über die Reichsvertretung durch den Reichsrath, bestehend aus einem „Herrenhause und Hause der Abgeordneten"; weiters Statut für den Reichsrath; endlich Einberufung des Reichsrathes auf den 29. April d. J.s. Seitdem bereits wiederholte Reichstäge. — Nebenhin erfolgten verschiedene andere Erlässe, z. B. unterm 10. April 1848 Grundzüge zur Organisirung der Nationalgarden, die aber schon gemäß Decrete v. 22. Aug. 1851 durch Bürger- und Schützencorps ersetzt werden sollten. — Preßfreiheit war natürlich das erste Begehren der Revolutionsmänner; am 27. Mai 1852 wurde ein Preßgesetz erlassen :c. :c.

Diese allgemeinen neuen Einrichtungen mußten entsprechende auch in den einzelnen Provinzen der Monarchie von oben bis unten zur Folge haben. **Salzburg** wurde nun aus einem Kreisamtsbezirke auch zu einem besonderen „Kronlande". Vom 15. Juni 1848 an beriethen Abgeordnete desselben eine Landesverfassung, welche dann unterm 30. Dec. 1849 erlassen wurde. Vom 4. Aug. 1849 Anordnung einer eigenen Statthalterei, welche mit dem 1. Jänner 1850 ins Leben trat; 29. Mai 1854 für die Statthalterei ein Landespräsidium; 1. Mai 1860 dafür eine Landeshauptmannschaft; 15. Mai 1861 wieder Statthalterei. Am 6. April 1861 Beginn des 1. förmlichen Landtages; darauf ständiger Landesausschuß. A. 1850 Einsetzung eines eigenen Landesgerichts für Salzburg. Gleich bei Beginn der Bewegung wurde die Trennung der polit. Verwaltung und der Justizpflege auch in den untersten kk. Behörden ausgesprochen. Dem gemäß traten mit 1. Jän. 1850 als unterste polit. Behörden die kk. Bezirkshauptmannschaften ein; die für Pinzgau in Saalfelden mit einem exponirten Commissär in Mittersill. Zugleich mit diesen die Bezirkscollegialgerichte, für Pinzgau ein solches in Zell. Nach der Wiedervereinigung der Justiz und Administration verschwanden schon a. 1854 die Bezirkshauptmannschaften und Collegiatgerichte und folgten die kk. „Bezirksämter", deren oberste Beamte nicht mehr den alten historischen Namen „Pfleger" erhielten, sondern einfach „Bezirksvorsteher" heißen. Die Gemeinden endlich wurden erstlich durch das prov. Gemeindegesetz vom 17. März 1849 neuconstituirt. Durch Gesetz vom 5. März 1862 wurden „mit Zustimmung beider Häuser des Reichsrathes zur (allgemeinen) Regelung des Gemeindewesens die grundsätzlichen Bestimmungen vorgezeichnet" und unterm 2. März 1864 „mit Zustimmung des Landtages" auf Grundlage obigen Gesetzes eine definitive Gemeindeordnung und dazu gehörige Gemeinde-Wahlordnung für das Herzogthum Salzburg erlassen.

2) Wenn gleich manche der angeführten neuen Einrichtungen als Reichsverfassung, Reichs- und Landtag ꝛc. einen größern Namen haben, so ist darneben die Grundentlastung für den Kern auch der pinzg. Bevölkerung doch von solcher Bedeutung, daß hier ein ausführlicher Bericht darüber niedergelegt zu werden verdient.

Nachdem die Entlastung des Bodens gleich beim Beginn der Stürme in Aussicht gestellt worden, wurde sie durch die a. h. Patente vom 7. Sept. 1848 und vom 4. und 7. Mai 1849 definitiv angeordnet und zugleich eine allgemeine Norm der Grundentlastung gegeben. Eine h. Ministerialverordnung für's Kronland Salzburg vom 4. Oct. 1849 paßte die allgemeinen Patente den besondern diesbezüglichen Verhältnissen unseres Ländchens an. Die 1. Abtheilung nun der h. Ministerialverordnung 1) verzeichnet die ohne Entschädigung aufgehobenen Leistungen: Willengelder, Voitsdienste, Burgrechte ꝛc.

(§. 1—3). 2) unterscheidet (§. 4) die gegen Entgeld aufhörenden a) in solche, welche gegen sofort zu ermittelnde „billige Entschädigung" durch das Gesetz vom 7. Sept. 1848 aufgehoben wurden: Zehente und alle eigentlichen Urbarialgaben (§. 8) und b) in solche, die gegen „Ablösung" aufhören konnten, worunter hier solche Naturalleistungen begriffen waren, die nicht in Folge eines Zehentrechtes als ein aliquoter Theil von den Bodenerzeugnissen, sondern als eine unveränderliche Giebigkeit an Kirchen, Schulen, Seelsorger und Kirchendiener ɾc. entrichtet werden (§. 18). 3) Bezüglich der Werthbestimmung der gegen billige Entschädigung aufgehobenen Leistungen wurden als Maßstab die Zehent- und Urbarialfassionen (cf. oben p. 82) an die Hand gegeben (§. 8, 9, 12, 13, 14). Von den Preisen der Naturalien nach diesem Maßstab sagt die Grundentlastungslandescommission unt. 23. Nov. 1849: „sie seien jene von a. 1824, welche sich in einer Reihe von 50 Jahren als die niedersten herausgestellt haben". Sie waren nach Verschiedenheit der Ortschaften bestimmt, z. B. für den Metzen Waizen 2 fl. — 2 fl. 30 kr.; Korn 1 fl. 16 kr. — 1 fl. 28 kr.; Hafer 45—48 kr.; 1 Pfund gehechelten Flachses 14¾ kr.; 1 Kuh 17—27 fl.; 1 Pfund Schmalz 16—19 kr.; 1 Pfund Käse 2½—3 kr. ɾc. — Die jährl. Geldleistungen und der Durchschnitt der Anlaiten wurde nach den Ziffern der genannten Fassionen zu einem Kapital à 5% erhoben und darnach vergütet. 4) Endlich über die Abtragung der Entschädigungskapitalien und Renten bestimmt §. 31: von dem ausgemittelten Entschädigungswerthanschlage jener Schuldigkeiten, die durch §. 3 und 6 des Gesetzes vom 7. Sept. 1848 gegen billige Entschädigung aufgehoben sind, ist 1 Drittel von den Verpflichteten zu übernehmen und das andere Drittel als eine Last des Kronlandes von Landesmitteln aufzubringen; das letzte Drittel ist als ein Aequivalent der ehemaligen Dominicalsteuern und Abgaben anzusehen und dem Berechtigten nicht zu vergüten. Die Schuld an diese aus den aufgehobenen Anlaiten übernimmt das a. h. Aerar und bezieht dafür von sämmtlichen Besitzern die „Veränderungsgebühren".

Die 2. Abtheilung der h. Ministerialverordnung bestimmt erstlich die Organe der Durchführung des Grundentlastungsgeschäftes. Die oberste Leitung behielten die h. Ministerien des Innern, der Justiz und der Finanzen (§. 43). Unter ihnen stand die Grundentlastungs-Landescommission, bestehend aus einem leitenden Ministerialcommissär, einem polit. Beamten, Gerichtsbeamten, einem Vertreter des a. h. Aerars, einem Mitgliede des Fiskalamtes, einem Katastralbeamten, endlich aus

2 Vertretern der Verpflichteten und 2 der Berechtigten (p. 45). Unter der Landescommission arbeiteten ebensoviele Bezirkscommissionen, als damals polit. Bezirke im Lande waren. Leiter der Bezirkscommissionen waren die Pfleger; ihnen beigegeben 1 im Rent- und Rechnungswesen erfahrener Beamter, 3 Vertreter der Berechtigten und 2 der Verpflichteten. Weiters schrieb die h. Ministerialverordnung den Organen das ganze Verfahren genau vor.

Ueber den Umfang, Verlauf und die Resultate des großen Geschäftes vom ganzen Kronlande Salzburg sind folgende Ausweise veröffentlicht: erstlich die „Grundentlastung in Oesterreich, 1 Theil Wien 1857". Bezüglich Salzburgs enthält sie vorzüglich eine Nachweisung der hauptsächlichsten vor a. 1848 bestandenen und zur Grundentlastung angemeldeten Lasten 1) Fuhr- und Handroboten 1017. 2) Zugroboten: einspännige 108, zweispännige 40. 3) eigentl. Zehent in bei der Grundentlastung ermitteltem Jahreswerth 71.203 fl. 4) Naturalgaben in niederösterr. Metzen: Waizen 977; Korn 8.033; Hafer 34.393; Gerste 580. 5) Geldleistungen 36.935 fl.; 6) Geldwerth der Anlaiten 78.782 fl. (?). Laut derselben Schrift wurde die Grundentlastung vom 25. Oct. 1849 bis zum 1. Nov. 1853 durchgeführt und haben die Kosten der Liquidationsoperation 48.925 fl. betragen. — Dann 2 andere Schriften: „die Grundentlastung im Herzogthume Salzburg" von a. 1854 von Ab. von Steinhauser und das „Landtagsbudget" a. 1863 verzeichnen: Gesammtzahl der Berechtigten 816, der Verpflichteten 22.690, der entlasteten Güter 20.229, und der walzenden Stücke 29.627, zusammen 49.856 entlastete Itemen. Kapital der gegen billige Entschädigung aufgehobenen Lasten 2,217.269 fl. 41³/₄ kr., wovon die Verpflichteten 1,105.643 fl. 38¹/₄ kr., das Land 1,111.626 fl. übernahmen; letzteres einen Ueberschuß über die Hälfte vorzüglich zu Gunsten der durch Versumpfung gedrückten Mitterfiller. Von obigen Kapitalien kamen zu: dem a. h. Domänenärar resp. den

23 salzb. Staatsherrschaften	1,047.444 fl. 23 kr.
den geistl. Körperschaften und Fonden . .	764.150 „ 17 „
Gemeinden, Privaten ꝛc.	405.675 „ 1¾ „
	2,217.269 fl. 41³/₄ kr.
Ablösungskapitalien	9.276 „ — „
Anlaitenkapitalien ohne die auf das a. h. Aerar entfallen den 633.801 fl., mithin im Ganzen etwa	1,206.000 „ — „
also Summe der Entlastungskapitalien . . .	3,432.545 fl. 41³/₄ kr.

Grundentlastung.

Bezüglich **Pinzgau's** insbesondere liegen leider sonst keine Ziffern vor als in der „Grundentlastung des Herzogthumes Salzburg" die Kapitalienbeträge von den aufgehobenen und abgelösten Lasten der 4 Bezirke Saalfelden, Tarenbach, Zell und Mitterfill. Um aber doch wenigstens eine ohngefähre Anschauung von der ehemaligen Bodenbelastung unseres Gaues und seiner einzelnen Bezirke zu haben, sind in nachstehender Tabelle die fehlenden Ziffern nach dem Verhältnisse der Landessummen zu den bekannten Ziffern der 4 Bezirke berechnet. Da aber von Loser auch die Entschädigungskapitaliensumme fehlt, wurde selbe nach dem Verhältnisse seines Flächenmaßes zu dem der übrigen Bezirke angenommen. Somit enthält die Tabelle zum Theil nicht einen thatsächlichen Ausweis; sondern nur eine ohngefähre Berechnung.

Bezirke	Zahl der Berechtigten	Zahl der Verpflichteten	entlast. Steim.	Kapitalien für aufgehobene Lasten (fl.)	Kapitalien für abgelöste Lasten (fl.)	Kapitalien für Anstalten (fl.)	Summen (fl.)
Loser . . .	13	546	850	37.600	—	20.510	58.110
Saalfelden	27	764	1706	73.905	33	40.312	114.250
Tarenbach	27	773	1684	75.337	—	41.093	116.430
Zell . . .	38	918	2275	101.396	320	55.306	157.022
Mitterfill	57	1589	3462	154.460	212	84.251	238.923
Zusammen	162	4590	9977	442.698	565	241.472	684.735

Der **Gewinn** aus der großen auf ein Mal erfolgten Bescherung der Zeit ist für die ehemals **Verpflichteten** in dreifacher Beziehung ein sehr zu beglückwünschender. Erstlich der Entschädigungsmaßstab für die aufgehobenen Naturalleistungen, die ohngefähr die Hälfte der grundherrschaftl. Giebigkeiten betrugen, war doch für sie ein sehr günstiger. Wer noch sein ehemaliges Stift- und Zehentbüchel zur Hand hat, kann sich daraus und aus der S. 85 angegebenen Bewerthung seinen Vortheil genau berechnen und wird allenthalben ein sehr behagliches Resultat finden. Weiters ist sehr zu ihren Gunsten, daß sie nur die eine Hälfte ihrer gesammten Schuld an die ehemals Berechtigten allein zu tragen haben und zur Tilgung der anderen Hälfte die gesammten Besitzer, selbst die ehemaligen Grund- und Zehentherren mitverpflichtet sind. Endlich der Grundbesitz der Holden lag in einem Netz von Beziehungen, Verpflichtungen und Verbindungen (cf. Grundherren und Holden p. 63), welche sie vielfältig sehr beklemmten. Ein Grundholde von nur mäßigem Besitz hatte 2, 3 Grundherrschaften und einer mit größerem Besitz 6, 7 ꝛc. Bei Besitzveränderungen, Käufen oder Verkäufen ꝛc. von grunduntertänigen Gütern und Grundstücken waren jener Beziehungen halber oft Gedulproben zum Zähnknirschen zu bestehen. Die Befreiung aus diesem Netz mag Manchem fast soviel werth sein, als der materielle Gewinn aus der Grundentlastung. — Die **Berechtigten** freilich können zur Grundentlastung kein gutes Gesicht machen. Manches Haus mit Dominicalrechten hat durch sie viel an Stattlichkeit verloren und mit Grund klagen die ehemaligen Grund- und Zehentherren über das Mißverhältniß zwischen ihren ehemaligen Naturalbezügen und den erfolgten Entschädigungscapitalien; über ein erlittenes Unrecht können sie sich aber keineswegs beschweren. Die h. Regierung hat vor der Operation den Entschädigungsmaßstab offen bekannt gemacht; von einer gehörigen Einsprache dagegen liegt aber nirgends etwas vor. Uebrigens werden die Berechtigten nicht verkennen, daß auch sie durch die Grundentlastung vieler Arbeiten, Streitigkeiten und anderer Unannehmlichkeiten sind enthoben worden.

II.
Kirchengeschichtliche Ueberficht.

Ueberfieht man die kirchengefchichtl. Entwicklung des Gaues, so theilt fie fich nach ihren bemerkbarften Wendepunkten in **4 Perioden** ab: 1. Periode von der erften Anpflanzung des Chriftenthums im Gau bis zur völligen Geftaltung der Pfarren, von c. a. 630—1200; 2. P. vom erften allgemeinen Beftand völlig organifirter Pfarren bis zu den fectifchen Regungen, von c. a. 1200—1520; 3. P. vom Beginn bis zum Ende der fectifchen, befonders lutherifchen Regungen, von a. 1520—1750; 4. P. von der Ausreutung des Lutherthums bis nun, von a. 1750—1865.

Behufs der allenthalben beabfichtigten Ueberfichtlichkeit ift der gleichartige gefchichtl. Stoff in befondere **Paragraphen** zufammenzuftellen. Es wird alfo in jeder Periode, foweit die gefchichtl. Gegenftände vorhanden find, geredet 1) von den Kirchen und Kirchenbezirken; 2) von der Priefterfchaft; 3) von dem Gottesdienft und der Seelforge; 4) von der Schule; 5) vom Kirchengut; 6) von der Kirchengemeinde. In der 3. und 4. Periode kommen hiezu die Nachrichten vom Decanat.

Wie in der profangefchichtl. Ueberficht Vieles von der gleichen erzftiftl. Gefchichte, fo muß auch hier natürlich gar Manches von der Diöcefangefchichte aufgenommen werden; größerntheils aber enthalten die Paragraphe doch fpeciell pinzg. Nachrichten.

1. Periode:
Von der Anpflanzung des Chriftenthums im Gau bis zur völligen Geftaltung der Pfarren von c. a. 630—1200.

Anpflanzung des Chriftenthums.

1. Vorerft ift der **Boden** zu betrachten, den das Chriftenthum bei feinem Eintritt ins Gau vorfand.

a) **In religiöser Beziehung** war hier gemäß S. 30, 32 und 47 ein Gemisch von Heidenthum. Die Urbewohner pflegten **deutschen Götzendienst.** Ihre Hauptgötzen werden uns durch eine wirklich seltsame Fügung in unsern Namen der Wochentage in fortwährender Erinnerung erhalten: Der Sonn- und Montag erinnern an die Götzen, die sie in Sonne und Mond anbeteten; der Diens- oder Erchtag an ihren Kriegsgott „Dies, Thles, bayr. Er oder Ir"; der Donnerstag an den Götzen „Donar, Thunar"; der Freytag an die Göttin „Friga, Freya" ꝛc., welche Namen sich im Kalender neben den kath. Heiligennamen doch sonderbar ausnehmen. Bezüglich der gottesdienstlichen Uebungen sagt wieder Tacitus, die deutschen Götzen mit den Namen jener römischen bezeichnend, womit sie die meiste Aehnlichkeit haben: „Sie halten für recht, dem Mercur an gewissen Tagen sogar Menschenopfer darzubringen; den Hercules und Mars versöhnen sie mit Thieropfern. Uebrigens glauben sie, die Götter lassen sich ihrer Erhabenheit halber weder in Tempelmauern einschließen, noch sich von ihnen Bildnisse in Menschengestalt machen; sie weihen ihnen Haine und Wälder und bezeichnen das Geheimnißvolle mit Götternamen, was sie nur in ihrer Ehrfurcht sehen." In Gebirgsgegenden, wie Pinzgau, waren wohl freie, schöne Bergeskuppen für den Gottesdienst die entsprechendsten Stätten.

Koch-Sternfeld und Schlachtner unterscheiden vom deutschen ein **tauriskisches** Heidenthum; das aber kaum etwas anderes, als eine örtliche Ausprägung jenes war. Die Beiden finden in noch allerdings üblichen Namen Erinnerungen an taurisk. Götter und Halbgötter, z. B. in „Beilberg", (Bruckberg der Pf. Zell) an den Hauptgötzen Belenus, Bell, Beil (hell, strahlend); in „Pfinztag" an den Donnergott „Pin"; in den bekannten Namen der Rinderwirthschaft „Rumel, Kusel" an die säugende Ruma und fruchtbare Kuslan; in „Donanabel, Ganggal, Putz, Dusel" an die von den Tauriskern gefürchteten Alm-, Erd- und Waldgeister (Tauern p. 115).

Durch die Ansiedlung der Römer kam auch **röm.** Heidenthum ins Gau, wodurch aber damals, wo das Christenthum noch ferne war, nicht viel verdorben wurde: es mischte sich nur ein Heidenthum zum andern, wovon das röm. mit seinem Gemisch von Gottheiten aller Nationen allerdings nicht das bessere war.

Als das Christenthum mit dem deutschen und röm. Heidenthum unseres Gaues bereits im Kampfe stand, brachten die Slaven in ihrem guten Geist „Bielbog, Swantewit"; in ihren bösen Geist „Czernebog" und ihrem Kriegsgott „Radegast" ꝛc. auch noch slavisches Heidenthum herein (Tauern p. 167).

Dieses allerdings dreifache Heidenthum konnte aber der Verbreitung des Christenthums die unüberwindlichen Hindernisse nicht entgegenstellen, als man sich etwa vorstellt. Das deutsch-heidnische Wesen hatte keine so zusammenhaltende Priesterkaste zur Vertheidigung, wie andere heidnische Religionen; das röm. Heidenthum war ohnehin im Absterben und das slav. hatte bei der Zerstreuung und geringen Zahl der Ankömmlinge der Nation im Gau wohl nie sehr gewuchert.

b) Die öff. Verhältnisse des Gaues, so mißlich sie auch in anderer Beziehung erscheinen, waren der Ausbreitung des Christenthums fast nur günstig. Die großen und kleinen Herren dahier waren entweder mittelbar oder unmittelbar Vasallen der bereits christl. bayr. Herzoge; durften sich also dem Christenthum nicht mehr ernstlich widersetzen und manche von ihnen bekannten sich vielleicht schon aufrichtig zu selbem. War nun einmal der Herr eines Gebietes für den christl. Glauben gewonnen, war es zum Theil auch seine Unterthanenschaft: denn bei der gänzlichen Abhängigkeit der leibeigenen Maßen von ihrem Herrn mußten sie sich wenigstens christlich gebärden, sobald es dieser wollte; ihnen aber aus der fortgesetzten Gebärdung mit der Zeit auch Ernst werden.

Ließ sich nun unter solchen Umständen ein äußerliches Christenthum gleich ohne große Schwierigkeiten einführen; so war es, wie wir sehen werden, doch eine Arbeit von Jahrhunderten, das heidnische Volk in ein innerlich christliches umzuschaffen.

2. Die **ersten christlichen Samenkörnlein** auf unserm Boden wurden ohne Zweifel vor einem allgemeinen Bekehrungsversuch nur gelegenheitlich durch Laien oder vorüberziehende Priester ausgestreut. Sehr möglich brachten solche schon röm. Ankömmlinge der spätern Zeit der röm. Periode hieher. In den ersten Jahrzehnten des 5. Jahrh. zog laut Sage der h. Wanderbischof Valentin durch Pinzgau und ritt auf einem Eber über den Krimmlertauern und um Mitte desselben Jahrhunderts fanden sich ja in unserem Ländchen schon christliche Gemeinden, z. B. zu Salzburg und Kuchl (Jaun. Chron I. 5); somit konnten alle Kenntniß des Christenthums, selbst einzelne Anhänger desselben im Gau nicht mehr fehlen. Noch mehr wurde es sicherlich durch die allmälig einwandernden bayr. Familien bekannt. Dennoch waren vor dem 7. Jahrhundert glaublich nur einzelne Christen im Gau ohne

alle kirchl. Institutionen, verlorene Schafe, die ringsum von Heiden umgeben, wieder dem Aberglauben hätten anheimfallen müssen.

3. **Die 1. chriſtliche Miſſion** iſt bekanntlich das Verdienſt des h. Vitals, 2. Biſchofs v. Salzburg und Jüngers des h. Rupert, welcher Vital „wahrſcheinlich ein Pinzgauer war" (Tauern p. 148). Quellenſchriften der ſalzb. Geſchichte melden zwar von dieſer frommen Wirkſamkeit Vitals nicht ausdrücklich; ſie iſt aber doch eine uralte, allgemein angenommene Ueberlieferung und ſpätere Chroniken und Hiſtorien, wie die P. Joſeph Metzgers (hist. salisb. a. 1692 p. 168) geben nach dem Geſchmacke damaliger Geſchichtſchreibung ſchöne Erzählungen davon. Mehr als wahrſcheinlich iſt, daß der h. „Apoſtel der Pinzgauer", ob er gleich im Gaue auf und ab zog, doch zum Stützpunkt ſeiner Miſſion Pieſendorf gewählt hatte. Dieß war damals ſicherlich noch ein ſehr hervorragender Ort; hier ſaßen die wahrſcheinlich ſchon chriſtlichen „Herren v. Pinzgowe" (cf. p. 38); Koch-Sternfeld ſagt ſogar ausdrücklich: der h. Vital habe das Chriſtenthum „unter Beiſtand eines Wiſint v. Pinzgowe" im Gaue verbreitet. Die 1. Mönchszelle in Pinzgau fand ſich ja auch zu Pieſendorf, wie unten bemerkt wird.

Die zwei gewöhnlichſten Zeitangaben des apoſtoliſchen Werkes Vitals ſtehen leider um ein ganzes Jahrhundert von einander ab, indem nach den einen Chronologen Vital den biſch. Stuhl von Salzburg von a. 723—36; nach den andern von a. 623—46 innehatte, welche letztere Angabe P. Michael Filz v. Michaelbeuern („wahres Zeitalter .. des h. Rupert," a. 1831) und ſeitdem Andere ziemlich erhärtet haben.

Auffallend iſt bem h. Apoſtel des Gaues nicht eine einzige Kirche, kaum ein Altar in ſelbem gewidmet. Zu einiger Entſchuldigung dient, daß Vital, obwohl vom Volke ſchon längſt als Heiliger verehrt, doch erſt auf Betreiben EBs. Burchard II. um a. 1463 heilig geſprochen wurde, wo alſo die meiſten Kirchen ſchon lange beſtanden. Aber gar manche Kirchen wurden doch auch ſeitdem erbaut oder erneuert und viele neue Altäre errichtet. Am Wenigſten läßt ſich der Vorwurf unziemlicher Außerachtlaſſung der Verdienſte des h. Vital von Pieſendorf zurückweiſen, das ſo vorzüglich der Boden ſeiner apoſtoliſchen Wirkſamkeit war, deſſen Kirche a. 1517 neu geweiht und wo erſt in allerneueſter Zeit neue Altäre hergeſtellt wurden.

Die kirchliche Gestaltung.

Hiezu thaten allerdings die salzb. Bischöfe und Erzbischöfe, was ihnen möglich war; lange aber besaßen sie ja selbst zu geringe Mittel, um nur das Allernothwendigste in ihrem bisch. Sitze und in der Diöcese zu schaffen. Aber die mehr und mehr sich im neuen Hochstifte ansiedelnden Edelgeschlechter unterstützten die Bischöfe bei ihrem bald hochgesteigerten, frommen Sinn kräftigst und setzten Ehre und Verdienst in kirchliche Schöpfungen.

1. Das erste Erforderniß zur bleibenden, völligen Einpflanzung des Christenthumes in einem Lande sind **Kirchen**. Gewiß entstand deren auch in unserm Gau schon in dieser Periode eine ziemliche Zahl; urkundlich angeführt oder doch angedeutet werden nur 6. Die schon bekannte Urkunde Bischofs Arno (Indiculus, congestum Arnonis) von a. 788 verzeichnet im Orte Piesendorf („in loco Bisonzio") eine nach Gesagtem schon alte Mönchszelle, welche nicht ohne Kirchlein sein konnte, das füglich als Mutterkirche des Gaues betrachtet wird. Im Orte Zell („in loco Cella in Pisoncia") kommt a. 926 ebenfalls eine Mönchszelle vor, also auch mit Kirche, aus welcher Zelle sich vermuthlich die Weltpriesterkanonie entwickelte, die a. 1129 ans Licht tritt. Der Graf Dietmar v. Salveldun (cf. p. 40) übergibt um a. 1000 seine Kirche zu Saalfelden dem EB. Hartwik; a. 1140 erscheint zu Stuhlfelden schon ein Pfarrer Heinrich; um a. 1150 zu Bramberg („Prentenberch") ein Priester, nicht Pfarrer; a. 1190 in Lover (St. Martin) ebenfalls ein Pfarrer Heinrich. — Von anderen Kirchen waren am Ende der Periode in Hinsicht auf gewisse historische und locale Umstände sicherlich vorhanden, obgleich von ihnen keine Erwähnung geschieht: Unken, urkundlich erst a. 1383; Alm, urk. a. 1430; Tarenbach, urk. a. 1208; Eschenau, urk. a. 1394; St. Georgen urk. erst a. 1416; Bruck, urk. a. 1407; Glemm urk. a. 1410; Kaprun, urk. a. 1409; Mittersill, urk. 1256; Neukirchen, urk. a. 1243, und Wald urk. a. 1469: darüber gewiß noch mehrere andere, die man nur nicht so zuversichtlich nennen kann. — Die so späte Urkundlichkeit der meisten dieser Kirchen fällt zwar auf; erklärt sich aber aus der vielmaligen Verwüstung der Localarchive, besonders in den Bauernkriegen, und aus der von jeher geringen Sorgfalt für Sammlung von Specialnotizen; kann somit auch dem behaupteten Alter jener Kirchen nichts anhaben.

Die Gründer dieser Kirchen kennt man zwar nicht; hat aber gute Gründe zu Muthmaßungen. Die Zellen in Piesendorf und Zell mit ihren Kirchlein dürften von den salzb. Bischöfen herstammen; die andern Kirchen hingegen, besonders die an in dieser Periode urkundlichen Herrensitzen sind wohl meistens das Werk der größern und kleinern Herren des Gaues, so z. B. Alm, Eschenau, St. Georgen, Kaprun, Mittersill, Neukirchen, Wald. Kirchen mit morgenländischen oder römischen Schutzheiligen wurden nach Koch-Sternfelds Meinung zum Theil von slav. Bergherren oder doch mit ihrer wesentlichen Beihilfe hergestellt; so vielleicht Leogang, wo in alter Zeit St. Aegyd Hauptpatron war, dann Glemm, Bramberg ꝛc. (Beitr. I. 202).

Mit der fortschreitenden Entwicklung der kirchl. Ordnung erhoben sich die ältesten oder wohlgelegenen Kirchen zu vorzugsweisen Seelsorgs- oder Pfarrkirchen (ecclie plebisane, parochiales) mit allmälig festgestellten, immer sehr ausgedehnten Sprengeln; andere wurden diesen untergeordnet und zu Nebenkirchen jener. So entstanden bis Ende der Periode Kirchenfamilien oder Gruppen, deren kanon. Verband allerdings noch sehr ungleich war und sich erst nach und nach regelte. Mehrere kleinere Kirchen waren damals sicherlich noch nur Burgkapellen oder sonst Privateigenthum und standen mit einer Pfarrkirche sonst wenig in Zusammenhang, als daß sie in ihrem Bezirk lagen, gleichsam seelsorgliche Enclaven oder Hofseelsorgen der Burgherren. Zuverlässig kann man am Ende der Periode als bereits bestehende Gruppen annehmen, ohne deßhalb, wie gesagt, den Bestand anderer Kirchen in Abrede zu stellen:

die Pfarre Lofer mit Unken . . . . 2 Kirchen;
„ „ Saalfelden mit Leogang und Alm 3 „
„ „ Tarenbach mit Eschenau . . . 2 „
„ „ Zell mit St. Georgen, Bruck und Glemm . . . . 4 „
„ „ Piesendorf mit Kaprun . . . . 2 „
„ „ Stuhlfelden mit Mittersill, Bramberg, Neukirchen und Wald . 5 „

zusammen wenigstens 18 Kirchen.

Unter allen diesen Kirchen ragte wenigstens in der späteren Zeit der Periode die St. Hippolytuskirche zu Zell hervor, indem sie nicht allein Pfarrkirche, sondern auch Stiftskirche war, mit einer nicht nur der ausgedehntesten Seelsorge; sondern auch dem Chordienste angemessenen Zahl von Priestern unter einem Propste und mit entsprechender Dotation.

2. Von den **Priestern** der Periode läßt sich nicht mehr, als von den Kirchen sagen. Von den 19 Kirchenversammlungen der Zeit, von denen man Nachrichten hierüber erwartet, haben sich die einen mit speciellen Dingen befaßt; von den andern sind die Beschlüsse verloren gegangen.

Die ältesten Priester des Gaues waren wohl die **Mönche** erstlich zu Piesendorf, dann zu Zell. Ihre Wirksamkeit umfaßte anfangs sicherlich das ganze Gau, in dem sie etwa als Missionäre hin und wider zogen.

Nach Winklhofer (hierarch. Verf. p. 2) waren in den ersten Jahrhunderten des salzb. Bisthums **Privatpriester** eigener Art nicht selten. „Freie Männer mit den nöthigen Eigenschaften versehen, bauten sich Kirchen, wurden vom Bischof zum Priester geweiht und lebten.. von den kirchl. Gefällen ihrer selbst geworbenen Gemeinden". Ob diese oder ähnliche Priester auch in unserm Gaue waren, läßt sich weder behaupten, noch widersprechen.

An den Burgkapellen waren die „**Burgpfaffen**" ganz im Dienste und in Abhängigkeit von ihrer Herrschaft, welche Priester selbst den Gottesdienst für die Angehörigen des Burgbezirks nicht so fast nach der kirchl. Ordnung, als nach der Weisung der Burgherren zu üben hatten. Von solchen Priestern spricht die Kirchenversammlung von Altheim a. 916 (can. 13): „Wenn Jemand Einen von seinen Leibeigenen unterrichtet und mit der Freiheit beschenkt und durch Fürsprache beim Bischof zum Priester befördert; .. dieser aber hernach, stolz sich erhebend, seinem Herrn die h. Messe und kan. Tagzeiten nicht mehr singen will; .. so verurtheilt ihn die h. Synode zur Zurückweisung von der h. Gemeinschaft, bis er sich bessert und seinem Herrn den kanon. Gesetzen gemäß gehorsamt".

Nachdem sich die Seelsorge einiger Maßen organisirt hatte, traten neben den Pröpsten von Zell und ihren Kanonikern die **Pfarrer** auf, bald auch mit Hilfspriestern. Die Pfarrer (erstlich „parochiani", dann langefort „plebani") hatten am Ende der Periode schon ein ziemliches Ansehen und erschienen in Kauf- und Tauschhandlungen, in Streitsachen ꝛc. neben den Adelichen als Zeugen und Schiedsrichter. Die **Hilfspriester**, „Gesellen" (socii, socii divinorum) wurden vom Pfarrer auf Vorweis ihrer Weiheformaten um pactirten Lohn, wie Dienstboten, angestellt und entlassen. Sie wohnten im Pfarrorte, aber bis auf ausdrückliche f. e. Verordnung in Folge von Unfügen gewöhnlich nicht im Pfarrhofe. Während sie allerdings den Pfarrer beim Gottesdienst der Pfarrkirche und in der Seelsorge der Mutterkreuztracht zu unterstützen hatten, lagen ihnen doch vorzüglich die Filialkirchen und Kreuztrachten ob. — Nach Andeutung im Stiftbrief des Bisthums Chiemsee, wovon unten, dürfte die ge sammte Seelsorgsgeistlichkeit des Gaues am Ende der Periode 24 Priester gezählt haben, wogegen nun 62 Curatpriester angestellt sind.

Für gehörige Tauglichkeit der Priester zu sorgen, waren allerdings schon frühe Verordnungen erfolgt, z. B. die Synode von Reispach a. 799 bestimmt: „man sol Keinen vor 30 Jaren zum Priester weichen". Aber ihre Berufsbildung konnte nur sehr nothdürftig, sein, indem damals in Salzburg keine anderen Studienanstalten bestanden, als die Dom= und St. Peterschule, in denen man für den geistlichen Beruf noch kaum viel mehr lernte, als Latein, Kirchengesang und priesterliche Functionen. Manche Priester hatten nicht einmal diese Schulen besucht, sondern wurden nur von irgend einem Landpriester praktisch im Seelsorgsdienst unterrichtet und darauf geweiht. — Bei dieser mangelhaften Bildung konnte auch der Wandel der Priester nicht immer ohne Anstöße sein und manche Klagen wurden bald darüber laut (cf. Zaun. Chron. I. 71, 182). Bedenkt man ferners, daß die Priester auf dem Lande noch durch f. e. Officialen und kanon. Visitationen ꝛc. wenig beaufsichtigt waren, so läßt sich ihre Amtsführung und Lebensweise ohngefähr vorstellen.

Daß aber dieser Umstände ohngeachtet sich würdige Persönlichkeiten unter den Geistlichen fanden, beweist die hohe Achtung, welche der Priesterstand bereits beim Volke genoß. Freilich beförderten auch Gesetze das Ansehen desselben; das erwähnte Concil von a. 799 stellt schon die Immunität der Priester gegenüber den weltl. Gerichten fest (Mon. German. p. 77).

3. Ueber **Gottesdienst** und **Seelsorge** lassen sich wieder noch keine speciellen Nachrichten von unserm Gau; sondern nur allgemeine der Diöcese geben.

a) Die h. Täge. — Betreffend die Feiertäge enthalten die ältesten Bestimmungen das Capitulare P. Gregors II. a. 715 und das Prov.-Concil von Reispach a. 799. Diesen gemäß waren zu feiern als Täge des Herrn die Sonntäge des Jahres, dann die Feste

der Geburt, Erscheinung, Ostern, Pfingsten und Himmelfahrt 55 Tage,
der göttlichen Mutter: Lichtmeß, Himmelfahrt und Geburt 3 „
die Feste der h. Apostel, des h. Johann Bapt., Martin,
Laurentius und Allerheiligen . . . . 15 „
dann das Michaels= und Kirchweihfest . . . . . . 2 „
also Feiertage des Jahres . . . . 75 Tage.

Laut Kanon 3 der Synode von a. 799 waren dazu 4 Tage der Oster= und Pfingstwoche noch Halbfeiertäge: „Vor der Messe soll erlaubt sein zu ackern, säen, den Garten oder Weinberg zu pflegen und zu zäunen; von andrer Arbeit aber soll man frei sein".

Von eigentlichen Fasttägen zu reden war das Capitulare P. Gregors II. nicht veranlaßt; sondern will nur, „daß im Gebrauche der Speisen nichts für unrein gehalten werde, außer was den Götzen geopfert worden" und P. Gregor III. verbietet a. 740 den Genuß des Pferdefleisches. Das Concil a. 799 hingegen bestimmt: „am Mittwoch und Freitag sollen die Geistlichen nit Fleisch eßen, noch Wein trinken (ausgenommen gewisse Zeiten), außer wann einem ein guter Freund kombt. Denen aber im Krieg, aufm Land oder den Kranken wird kein Maß nit geben; .. doch solt sich jeder hüeten, damit er sich nit voll sauff oder fräß".

b) Vom Sonn= und feiertägl. Gottesdienst war natürlich von jeher die h. Messe der Mittelpunkt. Sie war nie vor Sonnenaufgang zu halten; scheint vielmehr damals zu einer spätern Tagesstunde, als nun, stattgefunden zu haben, da laut oben vor selber Raum zu Feldarbeiten war. Nicht nur wurde sie selbst öfters gesungen, sondern damit auch anderer Gesang verbunden; überhaupt der latein. Kirchengesang sehr hoch gehalten, daß Karl d. Gr. zu rügen befand: „man sehe oft mehr darauf, wie gut ein Priester singe, als wie gut er lebe."

Sehr begreiflich kommt beim feiertäglichen Gottesdienst frühe auch das h. Vaterunser vor, welches nach der Uebersetzung, die das Concil v. Mainz a. 813 davon gibt, also lautete: „Vatere unsir, du in Himmele bist; bin Namo werde geheiliget; din Riche chome; din Wille gesche in Erba vone den Menigesgen, also in Himmele vone den Engelin; unsir tageleich Prot gib uns hiuto; unde unsre Sculde belaß uns, also auch wir fürlaßen unsärn Sculdenären; unde in die Choringa ne leitis du; sontir irlose uns von demo Ubile" (Abth. d. k. f. bayr. Aka emie der Wissensch. II. 360). Statt des apostol. Glaubensbekenntnisses, das nun auch beim öff. Gottesdienst gesprochen wird, wurde in der Zeit, als die Neubekehrten noch zwischen Christenthum und Heidenthum schwankten, eine **Abschwörung** „der heidnischen Teufelswerke" nach einer vorgeschriebenen Formel beim jedesmaligen Hauptgottesdienst wiederholt.

In besondern Fällen wurden auch schon öffentliche **Processionen** entweder mit dem Hauptgottesdienste verbunden od. sonst gehalten. Darüber sagt wieder der Kirchenrath v. Reispach a. 799: „Das Volk solle dabei bemüthig und ehrerbietig unter Litaneigebet ausziehen ohne Schmuck, kostbare Kleider oder reizenden Gesang oder weltliches Spiel und solle Kyrieleyson rufen lernen; nicht so gröblich als bisher, sondern besser."

Im **Allgemeinen** trägt das Capitulare v. Aachen a. 801 auf: „daß jeder Priester zu den gehörigen Stunden des Tages und der Nacht die Glocken (signa) seiner Kirche läute; Gott den h. Dienst ausrichte und das Volk lehre, wie und zu welchen Stunden Gott anzubeten sei."

c) Der **christliche** Unterricht wurde allerdings schon frühe aufgetragen. P. Gregor II. befiehlt den Kirchenvorstehern a. 715 noch nur einfach, die Priester anzuweisen, „wie sie die ordnungsmäßigen Predigten (ordinabilia predicamenta) zu halten beflißen sein sollten". Das Capitulare v. Aachen a. 801 aber verordnet schon bestimmter: „daß jeder Priester an allen Sonn- u. Feiertägen das Evangelium Gottes dem Volke predigen, ihm das Gebet des Herrn und das Glaubensbekenntniß sorgfältig beibringen und die Kenntniß der ganzen Religion und die christl. Gebräuche vortragen solle" (Mon. Germ. p. 87). Dagegen aber kommen gar viele Anzeichen vor, daß in Landkirchen weit über diese Periode hinaus noch wenig geprediget wurde. Die hohen Kirchenvorstehungen scheinen in Anbetracht der Ungelehrtheit der meisten Seelsorger und der Ungelehrigkeit des noch rohen Volkes sogar den Grundsatz gehegt zu haben, dasselbe vorerst durch gottesdienstliche Uebungen nur zu äußerlichen Christen zu machen und die innre Bildung einer spätern Zeit zu überlassen so, wie auch die häusliche Erziehung mit der Angewöhnung der Kleinen an äußere Zucht und Sitte beginnt und den Unterricht erst mit der eingetretenen Fassungskraft der Kinder folgen läßt.

d) Der **Wochengottesdienst** war während dieser Periode in den Seelsorgskirchen sicherlich noch eine seltene Uebung; die meistens leibeigne Bevölkerung um sie herum durfte sich an Werktägen kaum erlauben, von den Geschäften weg in die Kirche zu gehen. Oefter dürften h. Messen in den Burgkapellen an oder in der Nähe größrer Herrensitze stattgefunden haben z. B. in Saalfelden, in der Kapelle „auf dem Stein" zu Kaprun, in der alten Michaelskapelle zu Pichendorf, zu Mittersill, Sulzau; so lange sich nämlich die Herren daselbst eigne Burgpriester hielten. Die ersten h. Werktagsmessen in Pfarrkirchen mögen die Seelenmessen gewesen sein, worüber P. Gregor III. a. 740 bestimmt: sie seien nur für jene zu lesen, welche in der christl. Gemeinschaft verschieden sind. — Jahrtäge für Verstorbene waren einst allerdings so ordnungsmäßig als der „Dritte, Siebente und Dreißigste" und in den größten Kirchen, Dom, St. Peter c., schon in dieser Zeit sogar gestiftet; aber in Landkirchen waren sie gewiß noch selten und gestiftete kamen gar nicht vor.

e) Bezüglich der h. Sacramente enthält das mehrerwähnte Capitulare P. Gregor's II. a. 715 ein Paar Denkwürdigkeiten. „Das h. Sacrament der Taufe, soll der Bischof wissen, ist nur zu Ostern und Pfingsten zu ertheilen". Weiters: „Niemand darf glauben, er bedürfe der Heilsmittel der Buße nicht, gemäß der täglichen Vergehungen der menschlichen Schwachheit, ohne die wir einmal nicht sein können." In einem pergam. Manuscripte des Stiftes St. Peter aus der 2. Hälfte des 12. Jahrhs. mit der Aufschrift „Buch der Benedictionen und Exorcismen" kommt ein auffallender Beichtritus vor, der aber seiner Weitläufigkeit wegen bei den gewöhnlichen Beichten wohl nicht in Anwendung kommen konnte. Betreffend die h. Communion bestimmte wieder P. Gregor II. a. 726: Der Priester dürfe des Tags nur 1 Kelch des h. Blutes für das Volk consecriren. Die Weise die h. Oelung zu ertheilen, enthält wieder jenes Manuscript v. St. Peter, wenigstens die Weise, wie das h. Sacrament im Stifte ertheilt wurde.

f) Verschiednes: In derselben Schrift kommt eine Reihe eigenthümlicher Benedictionen vor: eines Baumes, Brunnens, Reisestabes c. Daselbst findet sich auch ein Ritus der Glockenweihe, worin es unter Anderm heißt: „wo immer die Glocke erschallt, soll weit zurückweichen die Macht der Feinde, der Schatten der Gespenster, der Anlauf des Sturmes, der Blitzstrahl und Gewitterschaden" c.

4. Das Kirchengut. „Wo eine Pfarre errichtet wurde, da mußte die Kirche mit liegenden Gütern ausgestattet werden, wie der Beisatz: cum manso dotali, manso 1 vel pluribus (behausten

Leibeigenen) in den ältesten Urkunden deutlich anzeigt. Nicht bloß für die Pfarrkirchen allein, sondern auch für Filialen wurde auf die nämliche Weise gesorgt" (hierarch. Verf. p. 8). Dazu kam frühzeitig der Zehent, allerdings nicht gleich ausschließlich für die Seelsorgskirchen, sondern das Prov.-Concil a. 799 bestimmt: „Zehenden sollen getailt werden: der 1. Tail dem Bischof; der 2. den Priestern; der 3. den Armen; von dem 4. Tail soll man die Kirchen erhalten". Die Zehentleistung an die Kirche scheint aber lange große Schwierigkeiten gemacht zu haben; erst EB. Konrad I. (a. 1106—47) „brachte es durch seine Thätigkeit dahin, daß sich die Laien in seinem Kirchensprengel endlich allgemein zur Entrichtung des Pfarrzehents bequemten" (Zaun. Chron. I. 48, 152). — Selbstverständlich gab es bei Seelsorgskirchen gleich auch v e r s c h i e d e n e G e f ä l l e: Geld- und Naturalopfer, Functionsgebühren (Stolgefälle) 2c.

Die vom Adel des Gaues gestifteten Kirchen blieben mit den meisten Einkünften länger Eigenthum i h r e r G r ü n d e r, gehörten gleichsam zur völligen Ausstattung ihres Hofes (curtis). Jener Dietmar von S. 93 z. B. nennt die Kirche Saalfelden ausdrücklich „seine Kirche". In der Folge aber gingen sie durch fromme Schenkung bei Lebzeiten, zufolge Vermächtnisses auf dem Sterbebette 2c. an den Bischof, oder vielmehr mit allen ihren Zugehörungen völlig an ihren Zweck über. Am Ende der Periode waren Saalfelden, Tarenbach, Zell und Stuhlfelden, zum Theil mit ihren Nebenkirchen, nachweislich schon bischöfliche Kirchen.

Das ganze Eigenthum einer Pfarre an Gebäuden, Grundstücken, Holden, Zehenten 2c. (das „Pfarrwidthum"), nachdem sie es von ihrem Gründer überkommen hatte, machte in dieser Periode noch einen u n g e t h e i l t e n F o n d a u s, von dessen Renten die Seelsorgspriester über die Stolgebühren bald einen gewissen Theil zu Ergänzung ihres Unterhaltes bekamen. Von den Mönchen an der Zelle zu Piesendorf aber wird ausdrücklich bemerkt: „sie leben von der Arbeit ihrer Hände" (Juv. A. p. 24). Die Ausscheidung einer Priesterpfründe vom Gotteshausfond scheint erst zu Anfange der folgenden Periode allgemein geworden zu sein.

Die V e r w a l t u n g des Kirchenvermögens, so lange die Kirchen Privateigenthum ihrer Gründer waren, versteht sich von selbst. Salzb. Kanonen hierüber von dieser Periode sind keine bekannt; wahrscheinlich noch gar nicht festgestellt worden.

5. **Das christliche Volk.** — „Kirchengemeinden" im eigentlichen Sinne bestanden gar lange nicht: von einer förmlichen Zuständigkeit bestimmter Bezirke zu einer Kirche, der gemäß ein Priester die Leute desselben seine Pfarrkinder, oder diese einen bestimmten Priester ihren Seelsorger hätten nennen können, wußte man die ersten Jahrhunderte des salzb. Bisthums nichts. Die wenigen Priester des Gaues konnten darum ihre Wirksamkeit soweit ausdehnen, als ihre Kräfte reichten; so auch die Christen sich zu jener Kirche oder jenem Priester wenden, die ihnen eben am Besten gefielen. Am Frühesten stellten wohl die Genossen einer Herrschaft oder Hofmark auch eine Kirchengemeinde vor; eigentliche Pfarrgemeinden aber bildeten sich kaum viel vor Ende der Periode.

Nicht nur die Gesinnung des Volkes, sondern auch die äußere kirchl. Haltung war in den ersten Jahrhunderten fast noch mehr heidnisch als christlich; besonders in Districten und Häusern, die den Augen der Priester mehr entrückt und noch mit erklärten Heiden gemischt waren. Der h. Bonifaz übergab a. 743 der Kirchenversammlung zu Leptina im Kamerrichtergebiete der Niederlande ein Verzeichniß von 30 heidnischen Uebungen (paganie), welche damals die bayr. Christen noch trieben: nicht selten schlichen sie in die Götzenhaine hin; opferten und aßen dort mit ihren heidnischen Brüdern. In den christl. Gotteshäusern machten sie heidnischen Lärm: brachten ihre Trinkhörner mit; tranken und schmausten da und sangen christl. und heidn. Lieder durcheinander. Die Leichen bestatteten sie noch völlig auf heidn. Weise mit Tanz und Waffengeklirr und unter Schmausereien (Dabiskat von Dab, Tab und Aß, Eß, Essen). Unverholen übten sie den crassesten Aberglauben: sprangen über das „Nodfiur" und kochten sich bei selbem Wurzeln und Kräuter, durch deren Genuß sie ihre Gesundheit zu sichern meinten. Ihr Vertrauen oder ihre Furcht gegen Heren, Zauberer, Wahrsager, besonders die Alrunnen (alte Weiber, die „all runnen", alles wissen sollten) war unbegränzt 2c. 2c. (Abh. der kurf. bayr. Akad. d. Wissensch. II. 322. Westenrieders sämmtl. Werke X. 21). Sagt ja selbst das Concil a. 799: „Zauberer, Senger und Wahrsager sollen sich entschuldigen mit ainem glüenden Eysen und brennhaißen Waßer. So die das mit bloßen Henden anrüren und darain greiffen, wenns inen nit schadet, sollen sie entschuldigt sein" (Zaun. Chr. I. 49). Wie langsam die damalige schwach bestellte Seelsorge einen solchen Wust von Heidenthum und Aberglauben bewältigte, ist leicht zu denken; die Gesammtheit der Bevölkerung brachte sie in dieser ganzen Periode wohl nicht weiter als zur dunklen Gläubigkeit, gewiß nicht zu richtigen, klaren christl. Begriffen.

Der Gesinnung mußten die Sitten entsprechen und waren in den 2 Hauptklassen der Bevölkerung gewiß sehr verschieden. Die Leibeigenen waren vor gewissen Ausschweifungen schon durch ihre gebundene Stellung gesichert: zur Trunkenheit fehlte ihnen Geld und Freiheit; Schlägereien und Raufereien unter Knechten desselben Herrn wurden als Beschädigung dessen Eigenthums hart bestraft; zwischen Leibeigenen verschiedener Herren mochten sie vor lauter Ergebenheit gegen sie allerdings nicht selten sein. Im Grunde aber galten die Leibeigenen damals noch gar nicht als eigentliche Bevölkerungsklasse; sondern die Freien allein machten das „Volk" aus. Somit konnte man von ihnen nicht einmal irgend eine Bildung erwarten, sondern war mit ihrer Verwendbarkeit zum Herrendienste, wie bezüglich anderer lebendiger Fahrnisse, zufrieden. — Die Sitten der Freien zeigten neben einigen schönen Zügen nicht selten arge Schattenseiten. Während man viel Rühmliches von der reinen Minne der alten Ritter hört, waren sie doch im Ganzen wilde Gesellen: Trinkgelage gehörten zu den „nobeln Paßionen" und bezüglich des Raufens und Raubens hegten sie weit über die Periode hinaus den Grundsatz:

„Reiten und Rauben ist keine Schande:
Es thuns die Besten im Lande" ꝛc. ꝛc.

Im Ganzen sagt Westenrieder: „Man hat lange die Meinung genährt, daß unsere Voreltern ungleich einfacher, aufrichtiger, gerechter, mäßiger, mit Einem Worte ungleich besser gewesen seien, als wir Jetztlebende sind. Diese Meinung ist höchst irrig nicht nur, sondern auch höchst gefährlich und schädlich, weil durch sie eine andere, die verabscheuungswürdigste Meinung fortgepflanzt wird, daß eine grobe Unwissenheit und Rohheit mit dem Bestreben nach sittlicher Vollkommenheit bestehen und ein Volk dumm und gefühllos und doch zu gleicher Zeit gut und edel seine könne" (sämmtl. Werke X. 19).

Doch an nicht Wenigen dieser rohen Zeit, selbst aus den angesehensten Häusern, legte der junge Glaube eine Kraft an den Tag, wie nachher in einer gleichen Zahl wohl nicht immer. Die Heiligenlegenden erzählen uns Wunder der Frömmigkeit und Selbstverläugnung und selbst unser Gau hat an den nicht wenigen Kirchen der Periode schöne Denkmäler des frommen Sinnes seiner Edelgeschlechter.

2. Periode:
Von der völligen Gestaltung der Pfarren bis zum Beginne der sect. Regungen von c. a. 1200 1520.

Nicht viel mehrere, als in der frühern Periode, hat man leider auch in dieser, ausdrücklich auf Pinzgau bezügliche Nachrichten. Die Bauernkriege von a. 1525 und 1526 verstreuten nicht nur manche Pfarrarchive, sondern zerstörten mit den pfleggerichtlichen Burgen auch deren Registraturen. Vieles, weiß man, geht im langen Laufe der Zeit auch sonst mit oder ohne Schuld der Wächter der Archive verloren. Aeltere geschichtliche Notizensammlungen von den Kirchen sind fast nicht vorhanden.

1. Kirchen und Seelsorgsbezirke.

Die **Pfarrbezirke** blieben sonst unverrückt, wie sie am Ende der frühern Periode bestanden; nur Stuhlfelden erlitt durch die Errichtung der Pfarre Bramberg in der 1. Hälfte des 13. Jahrhunderts eine Schmälerung fast um die Hälfte der Seelenzahl. Von dort an ist also das Gau in 7 Pfarrbezirke getheilt. Rauris war nicht unglaublich anfangs ein selbstständiges Gebiet; urkundlich aber tritt es nur als Filiale von Tarenbach auf.

In diesen 7 Bezirken kommen nun verschiedene Nebenkirchen ans Licht, manche nachdem sie sicherlich schon lange, vielleicht sogar in der frühern Periode bestanden hatten. Sie folgen hier mit dem Jahre ihres ersten Erscheinens, also keineswegs nach ihrem wirklichen Alter:

1203 Rauris, angeblich St. Michaelskirche.
1244 Krimmel im Pfarrbez. Bramberg.
1320 Uttendorf im Bez. Stuhlfelden.
1340 im Markte Zell die Waldkapelle.
1344 Embach in Bez. Tarenbach.
1355 in Rauris eine 2., St. Jakobskirche.
1359 Hollersbach im Bez. Bramberg.
1390 Michaelskapelle in Stuhlfelden.
1409 Niedernsill im Pfarrb. Piesendorf.
1410 Dienten im Pfarrb. Saalfelden.
1414 Fusch im Bezirke Zell.

1417 St. Wolfang in Fusch.
1418 Marktkirche von Lofer.
1510 Pfarrhofkapelle zu St. Martin.
1512 Walchen im Bezirke Piesendorf.

Ohne urkundlich zu sein, waren am Ende der Periode gewiß vorhanden Gerling, Aufhausen, Schwarzenbach bei Uttendorf, die Schloßkapellen in Mittersill und Velben.

Im Rang und in der Verwendung der sämmtlichen Kirchen bestanden schon zu Anfang der Periode und ergaben sich im Laufe derselben noch mehr wesentliche Unterschiede. Neben den Pfarrkirchen gab es Filialen, wie man die Kirchen mit regelmäßigen pfarrlichen Gottesdienst nennen kann, und einfache Nebenkirchen, welche von den Pfarrpriestern nur einzelne Male im Jahr, am Patrociniums-, Kirchweihfeste 2c., wie man sagte, zu „besingen" waren. Vier Filialen erhielten sogar eigene Priester: Bruck, Mittersill und Hollersbach Meßkapläne ohne Seelsorge; Rauris einen erponirten Curaten, tritt somit als das 1. Vicariat des Gaues auf. Wir haben also am Ende der Periode folgende Kirchentabelle:

Pfarre		mit	Vf.		Ff.		Nf.	zusammen	Kirchen
„	Lofer	mit	—	„	1	„	2	„	4
„	Saalfelden	„	—	„	3	„	1	„	5
„	Tarenbach	„	1	„	2	„	1	„	5
„	Zell	„	—	„	4	„	2	„	7
„	Piesendorf	„	—	„	2	„	1	„	4
„	Stuhlfelden	„	—	„	2	„	4	„	7
„	Bramberg	„	—	„	2	„	2	„	5

also 7 Pfk., 1 Vf., 16 Ff., 13 Nf. zusammen 37 Kirchen.

Schon in der frühern Periode waren alle pinzg. Pfarrkirchen aus dem Privateigenthum in die Botmäßigkeit der Erzbischöfe übergangen, mit Ausnahme etwa Piesendorfs, von welcher die Herren v. Walchen lange noch wenigstens ein Patronat behauptet zu haben scheinen. Im Laufe der Periode aber erfolgten Incorporationen aller Pfarren, nur Piesendorf wohl wegen des genannten Umstandes ausgenommen. Tarenbach, Zell und Stuhlfelden mit Bramberg wurden a. 1215 bei Errichtung des Bisthums Chiemsee „mit allen ihren Einkünften und Besitzungen, welche diese Kirchen nach allgemeinem und besonderm Recht bisher an Zehenten und andern Dingen besaßen", der bisch. chiemf. Tafel einverleibt. Tarenbach wurde ihr später entzogen und der Domcustodie incorporirt; aber a. 1299 Saalfelden jener zugesprochen. Die Pfarre Lofer findet man a. 1303 bereits dem

Stifte St. Zeno bei Reichenhall einverleibt. — Die Einverleibung nun war nur insoferne besser, als das ehemalige Eigenthumsrecht der Privaten auf die Kirchen, daß der Diöcesanbischof dabei doch freieren Einfluß auf sie behielt; übrigens aber hatte eben die Einverleibung manche Schmälerung der Realdotationen der Pfarren zur Folge. Die hohen Inhaber derselben rißen mehr und mehr vom alten Pfarrwidthum ab und eigneten es sich zu, was dann bei Aufhebung des Bisthums Chiemsee und Stiftes St. Zeno natürlich infamerirt wurde. — Die nicht incorporirte Pfarre Piesendorf (manchmal sogar incorporirte Pfarren) wurde öfters höhern Priestern, die durch ein anderwärtiges Amt von der Pfarre ferngehalten werden, zur „Commende" verliehen. Dem Wortlaute nach, vielleicht auch der ursprünglichen Absicht gemäß sollte diese Uebergabe eine Empfehlung der Pfarre in den Schutz einflußreicher Priester sein; in der Wirklichkeit aber war die Commende immer nur ein Titel zum Mitgenuß der pfarrl. Einkünfte von Seite dessen, der sie erhielt.

2. Die Seelsorgspriester.

1. Nach **dienstlicher Stellung** entwickelten sich nun noch mehr Unterschiede, als früher, obwohl die Kanonifer v. Zell mit ihrem Propste gleich anfangs der Periode verschwunden waren, indem da Collegiatstift und Pfarre der chiemf. Tafel einverleibt wurden.

Die Seelsorgsvorsteher unterschieden sich nun a) in eigentliche Pfarrer (lat. durch die ganze Periode noch „plebani", wie freilich öfters auch die Vicare), welche auf ihre Pfarren investirt waren und die vollen Pfarreinkünfte genossen. Im Hinblick auf's Gesagte fanden sich solche im ganzen Pinzgau nur zu Piesendorf. — b) Die Incorporation brachte die „geewigten Vicare" (vicar. perpet.) mit sich, die zwar investirt waren, aber nur auf einen gewissen Theil des Pfarrerträgnisses (portio congrua), indem der habituelle Pfarrer (Bischof v. Chiemsee, Stift St. Zeno 2c.) auch seinen Antheil an selbem haben wollte. — c) War eine Pfarre zur Commende verliehen, wurde gewöhnlich nur ein zeitweiliger Vicar (vicar. temporan., manualis) aufgestellt, der also jederzeit entfernt werden konnte und vom Pfarreinkommen nur erhielt, was bei Antritt des Vicariats zwischen ihm und dem Kirchherrn war ausgemacht worden. Das „Diöcesanhandbuch" weist in seinen Seelsorgerreihen viele solcher Kirchherren und Vicare. — d) Am Ende der Periode erscheint auch schon ein Vicar

(Filialcurat) der Art, wie nachmals viele; wovon aber in der 3. Periode.

Ueber die **Hilfspriester** der Seelsorge findet man die erste Andeutung im Stiftbrief des Bisthums Chiemsee a. 1215, in welchem EB. Eberhard II. bezüglich der incorporirten Pfarren sagt: „Die Zahl der Priester ordnen („moderamur") wir also: in Stuolvelden (mit Bamberg) 5, Celle 5, Tarenpach 2" ꝛc., in welcher Zahl wohl die Pfarrvicare inbegriffen sind. Spätere Notizen weichen davon mehr und weniger ab; man findet z. B. a. 1383 in Lofer 1 Hilfspriester; a. 1473 in Saalfelden 6, aber kaum alle für die gänzliche Seelsorge verwendbar; a. 1445 in Zell 2; a. 1323 in Piesendorf 2; a. 1377 u. 1437 in Stuhlfelden 2; a. 1302 in Bramberg 1. — Sie hießen noch immer „Gesellen, Gesellpriester"; auch ihre Stellung zum Pfarrer blieb ohngefähr so, wie wir sie am Ende der vorigen Periode gefunden haben.

Eine neue Priesterklasse tritt sowohl an den Pfarrkirchen, als Filialen in den **Meßkaplänen** auf, gestiftet theils von den Kreuztrachten, theils von Herrschaften. Es sind solche Stiftungen bekannt a. 1465 von Mittersill; a. 1470 v. Hollerspach; gen Ende des 15. Jahrhs. 3 an der Pfarrkirche Saalfelden; 1490 von Stuhlfelden; a. 1505 in Zell; a. 1514 in Dienten; a. 1515 in Bruck; a. 1518 in Rauris. Die Verpflichtung solcher Kapläne bestand vorzüglich in der Feier einer tägl. h. Messe, gewöhnlich mit Ausnahme eines wöchentl. „Feiertags von Würdigkeit wegen des h. Sacraments", weil nämlich ein Priester manchen Tag zum Messelesen unwürdig sein könne. Sie hatten zwar an „hochzeitlichen Tägen" (Festen) den Pfarrpriestern beim Gottesdienste beizustehen; sich aber in die eigentliche Seelsorge durchaus nicht einzumischen — nach dem Grundsatze der Unantastbarkeit der pfarrl. Rechte, den nicht nur die Pfarrer selbst; sondern auch das geistl. Officialat zu Salzburg heilig hielten.

2. **Wissenschaft** und **Sittlichkeit** der Seelsorgspriester erhoben sich in dieser Periode gleichwohl nicht viel über den frühern Bestand. Bildungsanstalten bestanden in Salzburg selbst ja keine andern, als vorher (cf. p. 96); konnten sich allerdings etwas vervollkommnet haben und Zeitverhältnisse, die auf die Haltung der Priester nachtheilig einwirkten, erfolgten in dieser eben so, wie in der frühern Periode: Kämpfe zwischen Papst- und Kaiserthum; zwischen den EB. Philipp und Ulrich; die große Kirchenspaltung aa. 1378—1417 ꝛc. Kein

Wunder also, wenn die Geschichte abermal Klagen über mancherlei Gebrechen der Priesterschaft erhebt (cf. Zaun.s Chron. I. 298, 303, 320. II. 221 ꝛc.; besond. Dalham p. 282). Es wurde zwar den Gebrechen ernstlich entgegengewirkt: um a. 1260 durch den päpstl. Visitator Thomas v. Squillace; a. 1267 durch den päpstl. Gesandten Cardinal Guido; dann durch viele Provincial- und Diöcesansynoden a. 1274, 1386, 1420, 1490 ꝛc.; die Zeitumstände waren aber gewöhnlich mächtiger als Beschlüsse und Decrete.

Uebrigens wird man so klug sein, aus solchen Klagen nicht eine allgemeine Verdorbenheit der Priesterschaft anzunehmen und sich nicht wundern, daß die Geschichte von ihr überhaupt mehr Tadel als Lob aufbewahrt. Daß sich ein Priester wohl verhalte, findet man in der Ordnung und schweigt davon; dann Concilien und kanon. Visitationen müssen ihrer Aufgabe nach vorzüglich die Gebrechen ins Auge fassen und ihre Acten sind gerade das meiste diesbezügliche Material der Geschichte. Daß es neben den entarteten immerhin auch würdige Priester gab, die durch Beispiel und Lehre wohlthätig auf das Volk wirkten, nimmt man wieder aus dem frommen Sinne Vieler im Volke wahr, aus welchem auch in dieser Periode viele bedeutende kirchl. Stiftungen hervorgingen. Einzelne Priester in besonders günstigen Verhältnissen konnten sich nun selbst auch eine völlige wissenschaftl. Bildung angeeignet haben, da bereits Universitäten in nicht sehr großer Entfernung ins Leben getreten waren: a. 1348 in Prag, a. 1365 zu Wien, a. 1409 in Leipzig.

3. Gegenüber dem Laienthum wurden die geistlichen Personen und ihre Angehörungen in ihren F r e y h e i t e n (Immunitäten) nicht nur durch kanon. und Reichsgesetze mehr und mehr befestigt; sondern nachdem die Erzbischöfe zu ansehnlichen Fürsten geworden waren, konnten auch sie selbst die Rechte der Geistlichkeit nachdrücklicher schützen. In der Landordnung EB.s Friedrich III. a. 1328 heißt es: „Des ersten setzen und wellen wir, daß Pfaffheit und Klöster ihr altes Recht haben" (unparth. Abh. p. 214). A. 1419 schlossen der Erzbischof und seine Suffraganbischöfe zum Schutze der Immunität einen förmlichen Bund gegen die weltlichen Fürsten, Herren, Ritter und ihre Amtsleute (Zaun. Chron. II. 37).

2. Gottesdienst und Seelsorge.

Der Gottesdienst entfaltete sich im Laufe der Periode über die Maßen; weniger die Seelsorge im engern Sinn. Vom Ende der Zeit sind darüber vorhanden ein gedrucktes Agendenbüchlein (Rituale) EB.s Leonhard a. 1497 und ein auf Pergament geschriebener Pfarrkirchen= kalender von Saalfelden von a. 1515, der im Wesentlichen sicherlich auch für die andern pinzg. Pfarren galt.

1. Die **Feiertäge** vermehrten sich frühe so, daß man a. 1456 den Wunsch aussprach, das Concil d. J. möge „die sehr vielen Feste unbekannter Heiligen beschränken; . . welche viele Laien und Weiblein mehr als die Sonntäge und andre von der Kirche eingeführte Feste, meistens in abergläubischer Weise, feiern". (Dalh. p. 239). — Von den neu eingeführten Festen sind hervorzuheben das Frohnleichnamsfest, das EB. Ulrich a. 1264 für die ganze Diöcese anordnete und die Feste „unsrer h. Väter" Rupert, Virgil und Augustin, Patrons des Dom= stiftes, die EB. Friedrich II. durch das Concil a. 1274 vorschrieb. Der saalf. Kirchenkalender verzeichnet außer denen von S. 96 als Feste des Herrn: Beschneidung, Gründonnerstag, Charfreitag, Char= samstag, Oster= und Pfingst=Mond= und Erchtag, Frohnleichnam und Kreuzerfindung — zusammen . . . . 65 Täge, zu den 3 frühern Frauenfesten bereits auch Mariä Ver= kündung, Heimsuchung, Opferung und Empfängniß . .   7 " zu den frühern 15 Heiligenfesten noch: St. Vincenz, Papst Gregor d. Gr.,. Georg, Ulrich, Veit, Margareth, Katharina, Magdalena, Nikola, Stephan und Kind= leintag. . . . . 26 " dann die Patrocinienfeste der Diöcese: St. Ruperts und Virgils Sterbtag und Uebertragung und St. Augustins, das Kirchweihfest der Domkirche, dazu die Patrocinienfeste der einzelnen Landkirchen (deren Kirchweihfeste gewöhnlich an Sonntägen) und das St. Michaelsfest . . . . .   8 "

zusammen Feiertäge des Jahres . . 106 Täge.

Obige Feiertäge sind in jenem Kalender roth verzeichnet; 119 Täge haben schwarze Heiligennamen; 139 Täge gar keine.

Die **Fasttäge** mögen in dieser Zeit unverbrüchlich beobachtet worden sein, da so wenig davon die Rede ist; auffallend enthalten die Concilienbeschlüsse derselben kaum 1 Kanon darüber. Daß sie aber strenge zu halten waren, ist ein Beweis, daß erst unter EB. Sigmund I. (a. 1452—61) Milchspeisen („lacticinia") an Fasttägen erlaubt wurden.

2. **Der nicht gestiftete Gottesdienst.** a) Bezüglich des gottesdienstl. Hauptactes, der h. **Messe**, fällt auf, daß in der Diöcese

so lange keine Gleichförmigkeit bestand. In den „friesach. Statuten" a. 1337 heißt es: „Wir wollen, daß alle Geistlichen der Pfarrkirchen Unsrer Diöcese dieselbe Ordnung (der Messe) beobachten, welche die Domkirche beobachtet". Ebenda liest man auch: „es sollen in derselben Kirche nicht mehrere Messen mit Melodie zugleich gehalten werden"; und: „Wir verbieten, daß ein Priester an 1 Tag 2 Messen halte, außer in bringendem Nothfall und dann nicht mehr als 2" (Dalh. p. 154, 156).

b) Gottes Wort — wurde die ganze Periode hindurch noch sparsam verkündet; selbst die Concilienbeschlüsse enthalten wenig Aneiferung dazu, vielleicht immer noch dem Grundsatze von S. 98 gemäß. Die erwähnten friesach. Statuten verlangen nur: „die Vorsteher der Kirchen sollen die sich in der Kirche Versammelnden, die Alten wie die Jungen, an Sonntagen das Glaubensbekenntniß und das Gebet des Herrn in der Muttersprache (volgariter) lehren und einige Worte der Ermahnung hinzufügen, um den Verstand des einfältigen Volkes zur Erkenntniß des Glaubens und Heiles zu erhellen" (Dalh. p. 153). Wurde aber auch gepredigt, so geschah es von manchen Priestern nicht in einem freien, für die Versammlung bemessenen Vortrag; sondern aus einem Predigtbuche, „Homilar", das den Seelsorgern selbst von der Diöcesenvorstehung an die Hand gegeben wurde. — Bemerkenswerth ist, daß gen Ende der Periode die Priester zum Predigen eine specielle Ermächtigung bedurften, wohl in Hinsicht auf die sich ausbreitenden hussitischen Irrlehren: das Concil a. 1490 bestimmt: kein Priester „solle zur Verkündung des göttl. Wortes zugelassen werden, ohne daß er dazu berufen wird und seine Berufung hinreichend ausgewiesen hat" (Dalh. p. 259).

c) Gemeindegottesdienst. — Zum gewöhnlichen Sonn- und Feiertagsgottesdienst ordnet das Concil von a. 1490 an: alle Pfarrer sollen an den Sonntagen Wasser und Salz weihen und vor der Meßfeier mit der ganzen Clerisei persönlich um die Kirche gehen. Dem Volke war für die Theilnahme an diesem Umgange Ablaß von 40 Tagen verheißen (Dalh. p. 249). — Auch das sonntägliche „Gedenken" von der Kanzel für Abgeschiedene kommt bereits vor. „Albrecht der Räwtawer" verlangt in einem stuhlfeld. Stiftsbriefe a. 1399: daß sein und der Ehfrau Namen ins Todtenregister geschrieben werden, „daz irer, der Chinter und Voruordern mit andern geschribenen Toten auf der Cantzel gedacht werde".

Insbesondere war eine seltsame Feierlichkeit in Uebung gekommen, deren Abstellung man von der Synode a. 1456 verlangte, nämlich „die wahrhaft unsinnige Gewohnheit, nach der am Morgen des **Auf-erstehungstages** des Herrn von einem gehenden oder reitenden Priester mit nachfolgendem Volke das hochw. Sacrament ohne Ehrerbietung und Andacht unter Geschrei und seltsamen Gesängen im Pfarrbezirk herumgetragen wird" (Dalh. p. 239).

Obwohl schon mehrere Tochterkreuztrachten an Sonn- und Feiertagen pfarrl. Gottesdienst in ihren Kirchen hatten, mußten sie doch an gewissen höhern Festen, „**Pfarrtägen**", zur Mutterkirche kommen. Der saalf. Kirchenkalender a. 1515 verzeichnet z. B. bezüglich Saalfeldens 16 Pfarr- oder „Dulttage"; an solchen Tagen fanden nämlich auch Krämmerwaarenausstellungen statt. Nicht weniger Pfarrtage waren wohl auch in den andern Pfarrbezirken.

Eine sehr beliebte Gemeindeandacht waren fortwährend die **Kreuzgänge** von einer Kirche zur andern; dem „Gebet unter freiem Himmel" legte man immer besondern Werth bei. Nähere Nachrichten davon sind nicht vorhanden, außer denen im Kirchenkalender a. 1515, laut dessen von der saalf. Pfarrkirche aus durchs Jahr 15 solche Kreuzgänge gehalten wurden; doch nur 1 über den alten Pfarrbezirk hinaus: am Bittmittwoch nach Zell. — Sehr alt sind auch die jährl. Kreuzzüge zur **Domkirche** und ein schöner Beleg des Bewußtseins des Zusammenhanges der Pfarren mit der Kathedrale. Laut eines Verzeichnisses vom Stifte St. Peter a. 1376, dessen Kirche, wie Nonnberg gelegentlich auch besucht wurde, kamen aus Pinzgau am Pfingstdienstag die Kreuzfahnen von Lover, Salvelden, Tachsenpach, Zell und Puesendorf. Stuhlfelden und Bramberg sind nicht verzeichnet; schickten aber doch wohl auch ihre Contingente, etwa mit Plesendorf.

d) Der **Wochengottesdienst** bestand wesentlich in h. Messen — bereits in nicht wenigen: Stiftmessen (wovon unten), Seelenmessen und Currentmessen. Die h. **Seelenmessen** scheinen in Mitte der Periode zahlreicher gewesen zu sein, als am Ende; für jeden Verstorbenen wurden sie noch nicht gehalten. Die Synode a. 1420 verbietet wieder strenge, eine solche für einen in der Excommunication oder im Interdict Verstorbenen zu lesen (can. 29) und die Synode a. 1490 untersagt sie auch für alle notorisch großen Sünder und solche jäh Verstorbene (praeventos), „die in diesem Jahre nicht gebeichtet hatten" (can. 10). — Die sogenannten **Currentmessen** („Frümbmessen") waren verschiedenen Anzeichen nach in den 2 ersten Jahrhunderten der Periode ebenfalls minder selten, als nachmals.

Der Kirchenversammlung a. 1456 werden gewisse Mißbräuche beim **Wettersegnen** berichtet, welche sie abstellen sollte. Wenn auch weit von der Kirche sich Donner, Blitz oder Wind ꝛc. wahrnehmen laße, werde das hochw. Sacrament ohne Ehrerbietung auf den Frythof hinausgetragen, obgleich kaum ein Meßner oder Knabe mit einem Glöcklein vorhanden sei und das Volk ohne Achtsamkeit darauf seiner Arbeit nachhänge ꝛc. Dafür wurde beantragt, vom Christhimmelfahrtsfeste bis Jakobi- oder Laurenzitag nach dem gewöhnlichen Gottesdienst (doch wohl nur an Feiertägen) ohngefähr so den Wettersegen zu halten, wie er noch dermalen stattfindet (Dalh. p. 239).

3. Gottesdienstl. **Stiftungen** — begannen bald in dieser Periode, die größern früher, als die kleinern und sind in Pinzgau so alt und zahlreich, als an den Landkirchen irgend eines Theiles der Diöcese, obgleich gewiß nicht wenige in Vergessenheit geriethen. Sie werden hier nur so weit verzeichnet, daß man eine Uebersicht derselben bekommt; das Nähere s. in der Kirchenmatrikel. 1) Die **Meßkaplaneien** s. S. 106. — 2) **Tägliche Messen** ohne eigenen Priester: in Piesendorf von unbekanntem Jahr; in Alm a. 1511. — 3) **Feiertagsgottesdienste** bei Filialen: in Unken a. 1383; Dienten und Glemm a. 1410; St. Georgen a. 1416 und 1518; Fusch a. 1417; Eschenau a. 1445. — 4) **Bruderschaften** kennt man 3 aus dem 14. oder 15. Jahrhundert: die Wolfgangi- und Sebastianibruderschaft in Saalfelden; die Frauenbruderschaft der Bergknappen in Zell und die Frauenbruderschaft zu Tarenbach. In Piesendorf kommt im 16. Jahrh. auch eine Frauenbruderschaft vor, die leicht ins 15. Jahrhundert hinaufreichen konnte. — 5) **Wochenmessen**: zu Neukirchen a. 1243, älteste bekannte Stiftung des Gaues; in Leogang a. 1323; Stuhlfelden 1329, 1368, 1438; Zell a. 1340, 1378, 1383, 1427, 1516; Hollersbach a. 1359; Uttendorf a. 1360, 1398; Mitterfill a. 1382; Embach und Eschenau a. 1400; St. Georgen a. 1416; Marktkirche Lofer a. 1418, 1487; Fusch a. 1445; Rauris 2 a. 1497; Piesendorf a. 1510. — 6) **Quatembermessen**: in Stuhlfelden a. 1410; Zell a. 1414 und da auch 4 „alte Besingnußen" von unbekannter Zeit; Piesendorf a. 1510; St. Georgen a. 1515. — 7) **Jahrtäge und Jahrmessen** kennt man von Lofer keine mehr; von Saalfelden nur 4, 5 etwa aus dem 14. oder 15. Jahrhundert. Aber von Tarenbach solche von a. 1330, 1351, 1384 ꝛc.; von Rauris a. 1423, 1483, 1501, 1507, 1508 ꝛc.; Zell

a. 1350, 1400, 1420, 1445, 1449, 1505 ꝛc.; Piesendorf a. 1421, 1446 ꝛc.; Uttendorf a. 1320; Stuhlfelden a. 1312, 1349, 1360, 1399, 1418, 1437, 1440, 1465 ꝛc.; Bramberg a. 1490. Von Mitterfill kamen die ältesten Stiftungen nur nach Stuhlfelden. — 8) Ber schiedenes an verschiedenen Orten: ewiges Licht a. 1335, 1354, 1481; Salve in der Fastenzeit a. 1515; Angst und Schiedungsläuten am Donners- und Freitag a. 1518; in dem letzten Jahr endlich auch Predigten. Hie und da kommt unter den Stiftungen das sonntägliche Gedenken, „memoria dominicalis", vor (cf. p. 109).

Von diesen Stiftungen mußten allerdings manche aufgelassen werden, da sie in den Stürmen der Zeit ihre Dotation verloren; andere wurden reducirt; immerhin aber bestehen noch viele uralte fort.

4. Ueber die h. Sacramente kommen in den Beschlüssen der Kirchenversammlungen zwar verschiedene Kanonen vor; aber nicht sehr eigenthümliche. Bezüglich der h. Taufe fällt auf, daß die Getauften in den frühesten Jahren der Periode noch oft ihre heidnischen Namen behielten, z. B. Gerhoh, Gerung, Jeding, Einwich, Rapoto, oder Diemut, Alhalda, Gerbirge, Linharbe ꝛc. Man hatte jedoch damals noch nicht sehr viele förmlich kanonisirte Heilige und diese waren noch nicht genug bekannt. Der saalf. Kirchenkalender a. 1515, wie gesagt, enthält noch 139 Tage ohne beigesetzten Heiligennamen.

Betreffend die h. Beicht und Communion ging aus dem 4. Lateranconcil a. 1215 die hochwichtige Bestimmung hervor, daß kein Gläubiger bei Strafe der Ausschließung aus der Kirche und der Versagung des christlichen Begräbnisses unterlassen dürfe, jährlich 1 Mal zu beichten und zu Ostern zu communiciren. Solche Unterlassung wurde als faktischer Selbstaustritt aus der kath. Kirche angesehen und darnach ohne Weiters gegen den Sünder verfahren. Am Ende der Periode und dann lange fort findet man die „Zwiepeicht" (2malige Beicht im Jahr) vorschriftmäßig, worüber aber ein Näheres nicht zu erheben war.

Von der h. Firmung und Oelung kommen wenige Bestimmungen vor; sie scheinen auch von den Gläubigen nicht gehörig gewürdigt worden zu sein.

Was in den Kirchenversammlungen über die h. Ehe gesagt wird, gehört meistens zum Capitel der Volkssittlichkeit. Hier mag nur bemerkt werden, daß gemäß Concil a. 1420 die bevorstehenden Ehlichungen in der Kirche zu verkünden und Ehestreitigkeiten gemäß Concil a. 1490 von den Pfarrern nur an die geistlichen Gerichte zu leiten waren.

5. **Verschiedenes.** Frühe in der Periode erhielten auch schon pinzg. Kirchen Ablaßbriefe, welche selbst Hauptkirchen der Diöcese von nicht viel früherer Zeit aufweisen können; die Stiftskirche St. Peter z. B. soll keinen älteren besitzen als von der Regierungsperiode EBs. Eberhard II. (aa. 1200—46). Solche Urkunden haben Rauris (angeblich) von a. 1251; Tarenbach von a. 1286, 1394, 1402, 1411; Leogang von a. 1325, 1452; Piesendorf von a. 1409, 1451, 1512, 1517; Uttendorf von a. 1395; Alm von a. 1430 ꝛc. Diese Ablaßbriefe sind aus den verschiedensten Händen: von den Diöcesanbischöfen, von auswärtigen Bischöfen, von einem oder mehrern Cardinälen; nur der von a. 1430 für Alm ist vom Papste selbst. — Betreffend die allgemeine Bestimmung über die Ablaßertheilung sagt der Jesuit P. Maurel: „Seit dem 4. Lateranconcil a. 1215 können die Bischöfe nur 1 Jahr Ablaß ertheilen und zwar am Tage der Einweihung einer Kirche; zu anderer Zeit nur 40 Täge und bloß in ihren Diöcesen" („die Ablässe, ꝛc., übersetzt a. 1860 p. 33).

A. 1395 kommen die Gebetsformel des **englischen Grußes** und das **Avemariageläut** (pulsus B. M. V.) als schon bestehende Uebungen vor. — Das **Schiedungsläuten** Freitags um 9 Uhr, auch mit Ablaß für's Gebet, führte EB. Eberhard III. a. 1418 ein.

4. Das Kirchengut und dessen Verwaltung.

1. Die **Theilung** des früher einheitlichen Kirchenfondes zwischen dem Gotteshause und dem Pfarrer wurde erst in dieser Periode völlig durchgeführt. Bei dieser Theilung gingen alle einträglichern Kircheninventaregegenstände an den Pfarrer über und dem Gotteshause blieb nur wenig mehr. In Folge der leidigen Incorporationen wurde sogar manches pfarrliche Gut so mit der Dotation des habituellen Pfarrers vereinigt, daß man am Ende von dessen ehemaliger Angehörigkeit an die Pfarre gar nichts mehr wußte.

2. Die **Gotteshäuser** hatten demnach gleich nach der Theilung fast nichts als die Gebäude und einen Theil des Opfers der Gläubigen. Mit dem Beginn der gottesdienstl. Stiftungen, deren Dotationen

meistens ihnen übergeben wurden, gelangten sie allerdings allmälig zu einem rentirenden Fond, der aber eben nicht unbelastet war. Manche der Dotationen solcher Stiftungen wurden aber statt dem Gotteshausgute der Pfarrpfründe einverleibt, daß die eigentlichen Kirchenfonde in dieser Periode und tief in die folgende hinein ohne Bedeutung waren. — Im 15. Jahrhundert kommen unter dem Besitzthum der Gotteshäuser als bereits bestehend „die Kirchen- und Heiligenkühe" vor, d. h. der Bezug gewisser Pfunde Schmalzes von solchen Kühen, das gewöhnlich zur Unterhaltung des ewigen Lichtes vor dem Hochwürdigsten oder einem Heiligenbilde zu verwenden war. Laut Tradition hätten diese Kühe ihren Ursprung von Vorschüssen der Kirchen an arme Bauern zur Anschaffung des durch Seuchen verlornen Milchviehes; aber wenigstens manche Kirchenkühe sind nachweislich freies Opfer von Gläubigen an Kirchen oder von ihnen besonders verehrte Heilige.

3. Zur **Pfarrpfründe** gehörten nun die Zehente, Grundstücke und Grundholden ꝛc. und da diese eben den größten Theil des ganzen Pfarrfondes ausmachten, verstand man von da an unter „Pfarrwidthum" vorzüglich diese Dotation der Priesterpfründe. Zu den Renten aus obigen Dotationsposten kamen die Stolgefälle und pfarrl. Rechte. Ein Pfarrer war somit in der guten alten Zeit schon seiner materiellen Stellung nach ein ansehnlicher Herr und behauptete deßhalb und überdieß als Priester und Kirchenvorsteher seinen Rang neben den Herren und Rittern des Gaues.

Bald fielen auf die Pfründerenten verschiedene Lasten, bleibend oder vorübergehend. Als bleibende Lasten finden wir die „Absentgelder" (abscencie), bestimmte Abgaben, die jedoch perobienweise anders firirt worden zu sein scheinen, wohl an den Diöcesanbischof, oder einen Priester ꝛc., dem sie der Bischof zusprach. Ein Kirchenverzeichniß, das nach des Archivars J. Chmel Urtheil aus der 1. Hälfte des 15. Jahrhunderts stammt, enthält folgende Absenzen der pingg. Pfarren: Saalvelden 50 Pfd. Pfge., Cſell 60 Ducatengulden, Puesendorf 44 Pf. Pfge., Stuolvelden 60, Prämberg 40, Dächsenpach 80 Pf. Pfge. (Notizenbl. d. Akad. d. Wissensch. in Wien a. 1852 p. 265, 279). — Vorübergehend erfolgten schon in dieser Periode in Nöthen der allgemeinen oder salzb. Kirche, oder der Erzbischöfe, wiederholt Steuerauflagen von Concilien, dem Papst oder Erzbischof in verschiedenen Formen und Beträgen. Als erste ist bekannt die

Forderung vom Prov.-Concil a. 1216 des 20. Theils der Jahreseinkünfte zur Beisteuer eines Kreuzzugs nach Palästina („in subsidium terrae sanctae"). Beim Concil von Lyon a. 1274 wurde eine Decimation der geistl. Pfründen auf 6 Jahre ebenfalls zu einem Kreuzzug ins h. Land beschlossen; ähnliche Forderungen zu gleichem Zweck von den Prov.-Concilien a. 1310, 1335 ꝛc. EB. Pilgrim II. (aa. 1365—96) verlangte mit päpstlicher Bewilligung von der Geistlichkeit eine Beisteuer zur Wiederherstellung des abgebrannten Domes; EB. Johann III. unter Androhung des Bannes a. 1487 eine solche zu ungenanntem Zweck; EB. Sigmund II. eine Liebessteuer („subsidium charität."), wie es scheint mit bestimmten Ziffern ꝛc. — Dem EB. Johann III. hatte der Papst a. 1484 „die ersten Jahresfrüchte" von neu besetzten Pfründen auf 4 Jahre bewilligt.

4. Ueber die **Kirchenverwaltung** sind noch nicht sehr viele salzb. Bestimmungen bekannt. Die Oberaufsicht über das Kirchengut übte hier die h. Diöcesanstelle selbst. Von Vogteien in Pinzgau, welche über andere größere Landkirchen z. B. Gastein, Seekirchen, St. Georgen bei Laufen verliehen waren oder beansprucht wurden, weiß man nichts. Ein Patronat, wie gesagt, mögen nur die Herren v. Walchen über Piesendorf noch einige Zeit in dieser Periode behauptet haben.

Die Localverwaltung des Pfründegutes besorgte zunächst wohl der jeweilige Inhaber desselben, also in Piesendorf mit der Zeit der Pfarrer, an den andern Kirchen der habituelle Pfarrer mit seinem Vicar. Die Statuten v. Friesach a. 1337 verbieten dem Pfarrer strenge, vom Widthum ohne Erlaubniß des Bischofs etwas zu veräußern oder auch nur auf kurze Zeit zu verpfänden oder über 1 Jahr in Pacht zu geben.

Bezüglich der Verwaltung des Gotteshausfondes bestimmt Kanon 13 des Prov.-Concils a. 1490: es solle sie der Pfarrer mit den Kirchpröpsten und 2 andern ehrsamen Pfarrmännern, welche die Gemeinde erwählt, besorgen; jeder Kirchpropst einen Kassenschlüssel bewahren; die Kirchpröpste und Gemeindemänner sollen ohne Wissen des Pfarrers nichts über das Kirchengut verfügen und die Pfarrer und Mitverwalter bei Strafe der Excommunication dem Archidiakon und der Gemeinde jährliche Rechnung legen. Die Uebung, wie man sie in alten Kirchenacten wahrnimmt, stimmte mit dem Kanon freilich nicht immer überein; namentlich wurde die Rechnungslegung nicht selten versäumt. Man hat von dieser Periode von pinzg. Kirchen noch nicht einmal Verzeichnisse der Einnahmen und Ausgaben.

5. Die Pfarrgemeinden.

1. Die Gestaltung förmlicher **Kirchengemeinden** hatte allerdings schon in der frühern Periode begonnen; zur Vollendung aber gelangte sie in dieser, wo die Verhältnisse hiefür auch günstiger geworden waren. Die Fürsterzbischöfe nämlich hatten schon bald anfangs dieser Zeit die Landesherrlichkeit auch über Pinzgau und dadurch freiere Hand erhalten, auch in kirchlicher Beziehung dahier bessere Ordnung zu schaffen. Die alten Herren des Gaues verloren somit erstlich viel an etwa beirrendem Einfluß; und verschwanden allmälig gänzlich. Die Pfarrer waren durch die Investitur in eine festere ämtliche Stellung gegenüber den Gemeinden getreten und hiedurch bestimmt und berechtigt, sich um definitive Feststellung aller pfarrl. Beziehungen, namentlich der Pfarrgränzen zu bewerben. So entstanden nun um die S. 104 verzeichneten Hauptkirchen 7 große Pfarrgemeinden, die sich, wie ebendort angedeutet, in Mutter- und Filialkreuztrachten unterschieden.

2. Der **religiös-sittlichen Entwicklung** des Volkes war die Feststellung des Verhältnisses zwischen dem Seelsorger und der Gemeinde allerdings sehr förderlich; aber Zeitumstände und die immerhin noch mangelhafte seelsorgl. Pflege ließen selbe soweit lange nicht kommen, als einem Zeitraum von 300 Jahren angemessen wäre.

Die religiöse Denk- und Gesinnungsweise reinigte sich zwar mehr und mehr von den heidnischen Anschauungen und Neigungen und die ehemaligen Zeichen hellen Heidenthums verschwanden; daß aber dennoch gar viel abergläubisches Wesen haften blieb, ist nicht nur selbstverständlich; sondern auch aus Vorkommnissen noch in der folgenden Periode wahrnehmbar, wo die Geschichte auch dießbezüglich klarer wird. Die schönste Eigenschaft der Volksreligiösität war eine Innigkeit des Glaubens, die in gleichem Grade nun kaum mehr so allgemein ist. Belege vorzüglich frommer Gesinnung, nun nicht mehr bloß von einzelnen Gebildetern, sondern von ganzen Kreuztrachten haben wir an den oben verzeichneten Stiftungen, die für die damalige Zeit große Opfer erforderten. Auch in den S. 55 angeführten Beispielen von freiwilliger Hingabe in die Leibeigenschaft an Kirchen muß man einen sehr sprechenden Ausdruck frommen Sinnes erkennen.

Weniger Verdienst findet man am Volke in sittlicher Beziehung, was sich zunächst aus seinem Mangel an christlichen Unterricht erklären läßt, bei dem es die Pflichten nicht einmal erkannte, die aus dem Glauben für den Wandel hervorgehen. In Gemeinden unter vorzüglichen geistl. und weltl. Obrigkeiten blühte gewiß auch eine entsprechende sittliche Ordnung; daß es aber im Allgemeinen hierin nicht besonders erfreulich aussah, entnimmt man leicht aus den vielfältigen Rügen der Kirchenversammlungen und den häufigen Androhungen von Kirchenstrafen für die verschiedensten Vergehungen. Darunter trat besonders eine hervor, die sich die gegenwärtigen Bewohner des Gaues sicherlich am Wenigsten zu Schulden kommen lassen, nämlich die Unbotmäßigkeit gegen die h. Obrigkeiten, selbst gegen den Landesfürsten. Kaum der Leibeigenschaft entlassen, streckten die dortmaligen Pinzgauer, freilich nicht minder auch die andern Gebirgsbewohner, den Nacken und begegneten mit Widerspenstigkeiten den Bescherern des bessern Looses. In Folge einer a. 1458 ausgeschriebenen Viehsteuer erlaubten sie sich sogleich „Rottirungen" und a. 1462 erhoben sie sich, ebenfalls wegen einer Steuerforderung, so ernstlich, daß nur mit Hilfe des bayr. Herzogs Ruhe hergestellt wurde und lange hing ihnen die Neigung zu solchen Widerspenstigkeiten an. — Eine vorzügliche Quelle vieler unsittlicher Ausschweifungen mochte wohl sein, daß es lange noch zu sehr am Herbe der Sittlichkeit, in den Ehen, fehlte. Sie wurden in in der ersten Hälfte der Periode noch häufig hinter dem Rücken der Seelsorger eingegangen und so oft zwischen Leuten geschlossen, die zu nichts weniger, als zu Familienvorständen taugten. Auffallend bestimmt das salzb. Concil a. 1291: bei Schließungen von Ehen sollen nicht weniger als 6 ehrsame Personen gegenwärtig sein und darauf die Contrahenten selbst oder Andere im ausdrücklichen Auftrag jener den Ehevertrag dem Pfarrer in Gegenwart 2 oder 3 annehmbarer Zeugen bekanntmachen. Die Verkündung bevorstehender Heirathen in der Kirche, wie gesagt, wurde erst a. 1420 angeordnet. Wie wenig die Ehen oft taugten, kann man wieder aus den Klagen und Satzungen der salzb. Synoden entnehmen, z. B. aus Kanon 10 des Concils a. 1420.

3. Periode:
Vom Anfange bis Ende der sert. Regnungen a. 1520—1750.

Diese Regungen, besonders das Anbringen des Lutherthums, verursachten nun weit die ärgsten Unruhen und machten diese Zeit auch für unser Gau zu einer sehr peinlichen Periode, obgleich sich das Lutherthum nur im untern Pinzgau recht breit zu machen vermochte. — Da die meisten Um- und Neugestaltungen der Periode durch das Sectenwesen veranlaßt wurden, muß hier eine Uebersicht desselben voranstehen.

Das Sectenwesen in Pinzgau.

Es werden hier erstlich die Sachlage und die Maßregeln dagegen im 16. und 17. Jahrhundert; dann dieselben mit den Stürmen des Auszugs im 18. Jahrhundert; endlich die Nachkuren des Lutherthums kurz vorgeführt. Die Verzeichnung, wie gesagt, beschränkt sich nur auf Pinzgau; in Pongau war das Uebel viel ärger, somit auch die Maßregeln mannigfaltiger und ernster.

1. Vom **16. und 17. Jahrhundert** kennt man mehr die Haltung der Regierung dem bösen Wesen gegenüber, als die wirkliche Sachlage, indem die Abtrünnigen zu sehr der Verhüllung beflissen waren.

a) Ueber den Stand der Sachen mögen hier die Berichte der Generalvisitationen von a. 1528, 1555, 1613 und 1673 mit einigen andern Notizen genügen. Die Gen.-Visitation a. 1528 hatte noch viele Sorge der Wiedertäufer halber, die auf dem Flachlande so schwärmerisch aufgetreten und vereinzelnt auch in Pongau waren; von Pinzgau aber versicherten sie die Seelsorger und Gemeindemänner, daß hier „Niemand mit dem setz. Wiedertauff vergifft sei; man ihm aber doch Vorsichts halber scharf widerfechte". Uebrigens aber fehlte es schon damals nicht mehr an Spuren sonst verdächtiger Gesinnung, die sich mit der Zeit mehr und mehr als Lutherthum erkennen ließ. Von den einzelnen Kreuztrachten liegt nun Folgendes vor. Saalfelden: a. 1528 „haben viel Mensch hewer nur ainsten gepeicht (nur 1 Mal; cf. p. 112), sind doch des Sacraments rähig gewesen" (haben communicirt); a. 1555: Wolfg. Pichler und sein Eheweib „suspect mit dem, daß sie zu der Meß wenig kommen und von den Seelengottesdiensten nichts halten"; a. 1688 3 Verdächtige. — Leogang: a. 1673 1 verdächtige Sennin. — Dienten: a. 1555 verlangt Math. Portenkirchner die h. Communion unter beiden Gestalten; a. 1613 6 ungehorsam, darunter 4 Bergknappen. — Tarenbach a. 1528: „das wenigst Volk hat Zwiepeicht verricht; der Einsetzung der Hochzeiten (Festtäge) wollen sich Etlich unnot widerspennig setzen";

a. 1555 nur 1 Verdächtiger; a. 1613 5; a. 1673 1. — Embach: a. 1613 15 Verdächtige außer den Knappen, die gar nichts mehr von der kath. Seelsorge wissen wollten. — Rauris a. 1528: „die Landschaft ist 2 Mal, wie vor Altem, zu Beicht kommen;. , aber mer Knappen haben nur ainige Peicht tan; man lest nyemer soviel luth. Pücher, als verschiener Jar"; a. 1555 verlangten 15 Personen die h. Communion unter beiden Gestalten; a. 1613 über 60 Verdächtige. —Bruck: a. 1528 haben 10 Personen heuer nicht gebeichtet und Martin Jakobl seit dem Krieg (a. 1526) nicht; a. 1673 3 ungehorsam. — Zell: a. 1613 16 verdächtig, lauter Bergknappen; a. 1673 verdächtig Peter Wieser v. Mayrhofen. — Glemm: a. 1613 2 verdächtig. — Piesendorf: a. 1580 schon 60 Beichtversäumnisse; von a. 1618—37 deren jährlich um 10. — Stuhlfelden: a. 1613 1 verdächtig; a. 1624 22; a. 1637 26. — Bramberg: a. 1580 schon Ungehorsame; a. 1613 deren 6, darunter Bergverwalter Spiegel; a. 1625 8. — Der Verdacht und Ungehorsam hatten meistens den Besitz luth. Bücher und das Versäumniß der Osterbeicht zum Grunde.

Uebersieht man nun diese Notizen, so scheint es in Pinzgau im 16. und 17. Jahrhundert noch nicht sehr arg gewesen zu sein und am Ende fast besser als früher; aber offenbar sind diese Berichte sehr lückenhaft und war der wirkliche Sachverhalt viel ärger im Geheim, als er am Tage lag. Weiters entnimmt man daraus, daß die Bergknappen viel Schuld am Uebel hatten. Der Bergrichter Tob. Knoblach von Zell verzeichnet um a. 1615 aus der Knappschaft 11 gefährliche Lutheraner, darunter den rosenberg, Handelsfactor Hansen Dürnpacher v. Zell und den Georg Straßer, Hüttenschreiber in der Fusch.

b) Die hochf. Regierung selbst nahm die Sache vom Anfange an viel ernsthafter, als sie in obigen Mittheilungen erscheint und ergriff darum strenge Maßregeln dagegen. — Erstlich wurde das Auslaufen in fremde Länder schon a. 1563 strengstens verboten; war das Verbot 4 Mal im Jahre zu verkünden und wurde später öfters aufs Neue eingeschärft.

Auf Fremde im Lande, besonders auf „gartirende Soldaten, Zigeuner, Spielgrafen, benambste Prenner, Pilgrambe und Krarenträger" war die schärfste Obsicht zu tragen. Gemäß Erlaß a. 1687 mußte jeder Auswärtige, der hier ansäßig werden wollte, einen „Glaubenseid" ablegen.

Die größte Strenge übte man gegen luth. Bücher, die um soviel nothwendiger war, als man damals für Bücher einen völligen

Aberglauben hegte und ein gedrucktes Wort für untrüglich hielt. M. Sittich setzte Geld- und Leibesstrafen auf den Besitz eines luth. Buches; Paris befahl, jedes Buch in der Gemeinde müsse ein eigenhändiges Zeichen der Zulässigkeit vom Pfarrer haben und wer ein Buch ohne solches Zeichen besitze, solle sofort gerichtlich behandelt werden; Joh. Ernest verordnete, wer schlechte Bücher ins Erzstift einschwärzt, ist auf ewig aus dem Lande zu weisen 2c.

Bezüglich der Osterbeicht 2c. ordnet M. Sittich die Beichtzettel an; Paris a. 1620 auf Grund des Concils a. 1569 die Einsendung jährlicher Beichtregister, in welche alle Beichtpflichtigen, nicht nur die Renitenten, namentlich einzutragen waren. In demselben Jahr erschien ein h. Conf.-Erlaß: „gemäß a. h. Aufträge werden künftig in ganz Pinzgau die PP. Franciscaner mit den Pfarrern die Osterbeicht aufnehmen". Natürlich hatten sie auch Bericht über ihren Befund zu erstatten. Noch in den Bezirksrechnungen a. 1732 kommen diesbezügliche Auslagen vor.

Um a. 1583 wurden sogar schon „etliche Personen" namentlich aus Saalfelden zur Auswanderung verurtheilt, welche Andern ketz. Bücher vorgelesen hatten (Zaun. Chron. III. 443).

So befand sich nun das Kirchenwesen auch in Pinzgau langefort in einem sehr gespannten Zustand: Spähereien, Zuträgereien, Inquisitionen, Geld-, Wachs- und Keuchenstrafen 2c. waren zeitweise an der Tagesordnung; mußten Unfrieden in die Häuser und Gemeinden bringen und waren in Ansehung der Sachlage doch nicht zu vermeiden.

2. Die 3 ersten Jahrzehente des **18. Jahrhunderts** und der **„große lutherische Auszug".** — a) In Hinsicht auf den Gen.-Visitationsbericht a. 1673, die verzeichneten Regierungsmaßregeln und noch mehr auf die sorgfältige seelsorgl. Pflege der Gemeinden durch eine ohngefähr seit Mitte des 17. Jahrhunderts sehr gehobene Priesterschaft möchte man nun ein gänzliches Erlöschen des Unwesens erwarten. Im Gegentheil aber regte es sich schon im 2. Jahrzehent, zwar noch nur im Geheim, ärger als zuvor und trat dann im 3. im untern Pinzgau, Tarenbach und Saalfelden, mit einer Keckheit und Gewalt hervor, welche den Ernst der Gefahr nicht mehr verkennen ließen. Nicht nur erlaubten sich die Abtrünnigen gegen die f. e. Regierung durch aufrührerische Reden, Versammlungen und Winkelgottesdienste 2c. allerlei Unbotmäßigkeiten; sondern schmähten und bedrohten und quälten auch ihre kath. Nachbarn auf die kläglichste Weise. Kam es aber zu

behördlichen Untersuchungen, wurde noch Alles verdeckt, verdreht oder gar widersprochen und eine ganz annehmbare Gesinnung geheuchelt.

b) Bei solcher Wendung der Dinge ließ die f. e. Regierung nicht nur die früheren Verordnungen bestehen; sondern verschärfte sie noch und traf neue Vorkehrungen. — Die „Spech und Obsicht" auf die Abtrünnigen, die sich unter den lange schon bestehenden Verhältnissen von selbst ergab, wurde nun zusagen völlig organisirt und da hiezu Hausvorgesetzte oder sonst ehrenhafte Männer nicht in hinreichender Zahl zu haben waren, mußte man auch die gemeinsten Leute bestellen: Handwerker, Taglöhner, Näherinnen, welche der Störren und Tagwerke halber von Haus zu Haus herumkamen.

Für die „Constitute" (individuellen Untersuchungen), welche sich unter solchen Umständen sehr vermehrten, erging a. 1728 eine neue Instruction, welche das Verfahren gegen die Angeschuldigten viel umständlicher als früher machte. Der Pfarrer und Pfleger hatten sie mitsammen in Gegenwart von Zeugen, später von Missionären vorzunehmen. Erhebungen von einigem Belang mußten erstlich dem Consistorium, später der „geheimen Religionscommission oder Deputation" vorgelegt werden, woher dann Strafbestimmungen der verschiedensten Art erfolgten: außer Geld- und Leibesstrafen auch öff. Abschwörungen des Irrthums in der Kirche, gesonderter Stand beim feierlichen Gottesdienst mit dem Rosenkranz in der Hand oder dem h. Scapulier über die Schultern, Erscheinen bei den nachmittägigen Christenlehren an einem augenfälligen Platz 2c. 2c.

Um auch das angezeigteste Mittel nochmal zu versuchen, veranstaltete man in den letzten Jahren vor der Emigration wieder Missionen. Anfangs a. 1728 trat man deßhalb mit den Jesuiten zu Burghausen in Verkehr, welche, früher nie nach Salzburg berufen, das als einen „großen Beweis der hochfürstlichen Gnade" ansahen. Es erschien dann P. Andrä Prösl als Rector der Mission mit 2 andern Jesuiten und begann das apost. Werk am 11. April zu Lofer, von wo die Mission von Kirche zu Kirche durchs ganze Pinzgau hinauf schritt, und dann sich nach Pongau kehrte. Im folgenden Jahre kamen P. Joachim Ernst und 2 Andere; scheinen sich aber schon von Saalfelden nach Pongau gewendet zu haben. Die Weise der Mission war in der Hauptsache dieselbe, welche die Jesuiten noch beobachten, nur wurden den Umständen gemäß mehr Inquisitionen und Ceremonien vorgenommen; feierliche Processionen z. B. fehlten nie, wofür gerne ein Weg in Form des Namens Jesu auf einer entsprechenden Wiese ausgemäht wurde. — Weil die Jesuiten die ihnen eigenthümliche Weise der Mission nach dem Willen des Consistoriums nicht modificiren, auch keine ausführlichen Missionsberichte vorlegen wollten, dachte man bald an Missionen der Petriner oder Weltpriester. Die „geheime Deputation" unterbreitete darum dem EB. a. 1729 „ein Project, wie das gnädigst approbirte Missionswerk am Füglichsten im Gebürg möchte zu halten sein". Diesem zufolge sollten die weltpr. Missionäre mit der sorgfältigsten Discretion und in gutem Einvernehmen mit den Ortsseelsorgern in der Kirche Christenlehren für die Kinder und Erwachsenen halten und wenn sie es für gut finden „unter dem Prätext einer freundlichen Heimsuchung" in verdächtige Häuser gehen; sich aber gleichwohl von Ort zu Ort die Begleitung eines Beamten erbitten ꝛc. So erscheinen im October 1730 die 2 Cooperatoren Math. Lohartinger und Joh. Wendlinger als Missionäre in Pinzgau und Pongau. Auch Franciscaner von Salzburg hielten schon in dieser Zeit Missionen, vorzüglich in den Pfarrbezirken Zell und Tarenbach. — Von den Weltpriestern liegen noch Missionsberichte vor, kurze auch von den Jesuiten, welche insgesammt von den pinzg. Gemeinden alles Gute sagen. P. Pröfl „konnte sich sogar nicht genug wundern über ihren Eifer, womit sie sich zum göttlichen Worte drängten, es mit ganzer Brust aufzunehmen".

In unermüdlicher Langmuth sandte der Fürsterzbischof im Juli 1731 noch eine Hofcommission ins Gebirg (den Vicehofmarschall Ferd. Freih. v. Rehlingen und den Hoffkanzler Hieronym. Cristani v. Rallo mit dem Secretär Meichelbeck), welche nochmal die Beschwerden der Bauern vernehmen und überhaupt die Sachlage erheben sollte. Nachdem die Hofcommission in Pongau größtentheils allerdings eine sehr üble Haltung der Lutherischen, ganz nach den Beschlüssen der berüchtigten, auch von Pinzgau beschickten Versammlung zu Schwarzach (13. Juli) erfahren hatte, kam sie am 27. Juli nach Tarenbach, wo sich auch Abgeordnete von den Gerichtsbezirken Zell und Mitterfill eingefunden hatten. Hier erklärten Alle, katholisch und fügsam sein zu wollen; dieselbe Erklärung erfolgte am 28. Juli auch in Saalfelden, worauf die Commission nach Salzburg zurückkehrte. — Demnach wäre in Pinzgau die Hoffnung auf endliche Bekehrung der Verirrten gar nicht aufzugeben gewesen.

c) Aber gleich im nächsten Monat warf man, besonders in Saalfelden, die Maske auf ein Mal gänzlich ab, welche schnelle Veränderung des Verhaltens sich fast nur aus neuen Aufhetzungen von

Außen erklären läßt. Am 12. Aug. 1731 erschien eine Schaar Bauern unter Anführung des Hansen und Barth. Hoyer von Leogang im Dechantshofe von Saalfelden, ihre und vieler Anderer Abtrünnigkeit zu erklären, wobei es zwischen ihnen und dem Dechant Grafen Gaisruck nicht nur zu argem Wortwechsel kam; sondern Barth. Hoyer den Dechant selbst mit den Fäusten bedrohte. Nicht nur dieß berichtete der Dechant nach Salzburg, sondern am 19. Aug. auch: „daß Wolf Millinger, Hans und Barth. Hoyer mit täglicher Vermehrung der Schwärmer offne Predigen und Versammlungen halten"; am 20. Aug.: „am gestrigen Sonntag haben die Schwärmer nicht nur in Leogang, sondern leider auch ½ Stunde vom Markt Predig und Zusammenkunft gehabt"; am 28. Aug.: „die Lutherischen wollen alle Katholiken bis auf die Kinder unter 7 Jahren erschlagen" ꝛc. Jn. Tarenbach und Rauris trieben es die Abtrünnigen kaum besser. Somit war die Lage der Geistlichen, Beamten und redlichen Katholiken in den verderbteren Bezirken völlig unerträglich geworden. Berichte über Berichte liefen deßhalb ein und die kath. Bevölkerung klagte laut über die unzeitige Nachsicht der Regierung und wollte wissen, wozu sie denn Steuern zahle, wenn ihr in solcher Noth keine Hilfe geschehe.

Nachdem die Abtrünnigkeit so ans Licht getreten war, mußte endlich unten und oben die Ueberzeugung reifen: es helfe nichts mehr als Austreibung der Luthrischen und es erfolgte unterm 31. Oct. 1731 das weltbekannte „Emigrationsedict", veröffentlicht am 11. Nov. — zur Erschütterung der Betroffenen, die immer nicht glauben konnten, daß der Fürsterzbischof eine solche Zahl von Unterthanen werde ziehen lassen. Das Edict bestimmte den Besitzlosen einen Abzugstermin von nur 8 Tagen, den Besitzern nach Maß ihrer Güter von 1, 2, 3 Monaten; auf Bitten aber von 3 Gerichtsgemeinden, darunter Saalfelden, wurde der Termin für die Besitzenden insgesammt auf Georgi 1732 verlängert. Die Besitzlosen trachteten gar nicht, bis zum bestimmten Tag reisefertig zu werden; mußten also durch Soldaten zusammengeholt werden und großentheils wirklich noch a. 1731 abziehen; die Besitzer gingen a. 1732 von Georgi an in größern und kleinern Zügen ab. — Bekanntlich rechnet man die Gesammtzahl der Auswanderer aus Salzburg auf 30.000; die von Pinzgau läßt sich nicht genau bestimmen. Pastor Göcking gibt in seiner Emigrationsgeschichte (II. 657) Namenverzeichnisse von 77 Truppen, die a. 1732 nach Preußen kamen. Darin finden sich vom Pfleggerichte Lofer Keiner;

vom Pfleggericht Saalfelden 646
„ „ Tarenbach 587
„ „ Rauris 167
„ „ Zell am See 47
„ „ Mittersill 3
Nimmt man die Zahl der a. 1731 und 1732 anderswohin oder
  früher und nachher einzeln Ausgewanderten an mit . . . 550
so betrüge die Zahl der Auswanderer aus Pinzgau 2000,
welche Summe wahrscheinlich zu nieder angenommen ist. — Die meisten Besitzer, wie angedeutet, kamen nach Preußen in das vor Kurzem durch Pest entvölkerte Gebiet von Lithauen, wo ihre und anderer Salzburger Nachkommen noch in landsmannschaftl. Beziehung zusammen leben und zu Gumbinnen ein eigenes ansehnliches Spital mit einer Kirche haben. Die zuerst ausgewanderten Besitzlosen zerstreuten sich im westlichern Deutschland.

Allerdings war das Emigrationsedict eine schreckliche Maßregel; die Hinsicht aber auf die Sachlage, besonders zunächst vor dem Auszuge drängt die Ueberzeugung auf, daß ohne sie das Lutherthum mit der Zeit das ganze salzb. Gebirge erobert und wenn nicht das geistl. Fürstenthum gestürzt, doch ein ganz unnatürliches Verhältniß zwischen den kath. geistl. Fürsten und den protestant. Unterthanen herbeigeführt haben würde. — Der große Verlust an Menschen und Geld war anfangs freilich empfindlich; bald aber Beides ersetzt; Geld war nicht lange nach der Emigration in dem Maße vorhanden, daß die bisher beständigen 5 Procente von ausgeliehenen Kapitalien auf 4, später noch tiefer fielen.

3. Durch den großen Auszug war allerdings das erklärte Lutherthum weggeschafft; man wußte aber recht gut, daß in den Herzen der Verbliebenen noch viele unkath. Gesinnung stecke und ordnete darum noch langefort Nachkuren an, welche wie alle Maßnahmen gegen das Sectenwesen vorzüglich die erwähnte „geheime Deputation" (activ c. aa. 1727—47) zu leiten hatte. Natürlich wurde vor Allem die Obsicht auf die Haltung der Gemeinden, besonders verdächtiger Personen und auf die Bücher fortgesetzt. Da man am 24. Juli 1732 eine Einschmugglung schlechter Bücher entdeckte, erfolgte a. 1734 der scharfe Erlaß: „Wer ein luthr. oder sonst nicht behörig unterschriebenes Buch bei Jemandten dermalen wüßte oder künfftig in Erfahrung bringete und inner 14 Tagen nit anzaigete, soll sofort des Landes ohne verhoffende

Gnad auf ewig verwiesen, dann mit 50 fl. Straff ohne Nachlaß belegt werden". — Auch der Gottesdienst erhielt manche Zuthaten, welche den kathol. Sinn des Volkes kräftigen sollten, namentlich wurden viele neue Bruderschaften errichtet.

Dieß Alles aber hielt man nicht für hinreichend, sondern glaubte zur gänzlichen Beseitigung des Lutherthums bleibende **Missions-anstalten** zu bedürfen. Zuerst dachte die f. e. Regierung an Errichtung von petriner Missionshäusern in Alm für 4, in Stuhlfelden für 2 Missionäre; auch eines Franciscanermissionshauses irgendwo in der Pfarre Tarenbach. Dechant Gaisruck v. Saalfelden hingegen wollte ein „Jesuitenhaus im Markt, das den Gemeinden und Priestern gleich förderlich sein könnte." Es wurde die Sache bis a. 1736 verhandelt und lief endlich auf eine petriner Missionsanstalt im salzb. Priesterhaus und eine Franciscanermission hinaus. — Obgleich diese beiden Anstalten weit über die Periode hinaus reichen, dürfen hier doch die Nachrichten bis zu deren Ende oder Umwandlung mitgetheilt werden, um ihre Geschichten nicht zu zerreißen.

a) die Weltpriestermission des salzb. Priesterhauses, das die Missionäre zu unterhalten und dessen Regens die Anstalt theilweise zu leiten hatte, war für die ganze Diöcese bestimmt; hier aber wird davon nur bezüglich Pinzgaus geredet. Laut eines noch vorhandenen Instructionsentwurfes bestand ihre Aufgabe vorzüglich im Unterricht des Volkes durch Hauslehren, weßhalb sie auch die „katechet. Mission" hieß; nur vor Beginn und am Ende der Mission sollten die Missionäre in der Regel eine Predigt halten; öfter nur dann, wenn sie es besonders für nothwendig finden und es ohne Störung der pfarrl. Functionen geschehen könne. Aus der Weisung aber, den Unterricht von Haus zu Haus zu ertheilen, merkt man, daß gewissermaßen auch eine Inquisition zu ihrem Amte gehörte; doch scheinen später statt der Hauslehren Kirchenkatechesen und Predigten gehalten worden zu sein. Der jährliche Missionsbericht durfte selbstverständlich nicht fehlen. — Begreiflich wurden zur Mission nur jüngere Priester aus den Cooperatoren und Coadjutoren berufen und mit den erforderlichen Facultäten, namentlich absolvendi ab haeresi, ausgestattet. Nach Pinzgau kamen außer dem schon genannten Lohartinger und Wendlinger die Missionäre Georg Stabler und Math. Tieffenpacher a. 1732; Mich. Egger a. 37; Johann Ant. Ferstl. a. 43; Joh. Chr. Aichriedler a. 45; Franz Sal. Hofer a. 49; Jos. Gaßmayr a. 52; Johann Andrä Deder

a. 55; Franz Jos. Fieberer a. 59; Math. Oberholzner a. 60; Ernest Raacher a. 66; Franz Xav. Kämbl a. 69; Joh. Rieger a. 72; Jos. Wenger a. 73; Jos. Stabler a. 74; Math. Wallner a. 78. — Im October 1781 wurde das Institut förmlich aufgehoben, nachdem es nach Dechants Stipler v. Zell im Zillerthal Angabe „52 Jahre gedauert und 31.200—36.400 fl. gekostet hatte."

b) Die Franciscanermissionsanstalt zu Hundsdorf. Schon a. 1732 war eine solche in Antrag und Dechant Veldinger von Saalfelden schlug vor, sie nach Eschenau zu setzen, „wo sich beim Aufstand (a. 1731) Alle haben lutherisch schreiben lassen; bei der Emigration aber fast alle dort geblieben"; oder zum neuen Frauenkirchlein zu Tarenbach. Andere dagegen, darunter der Vicar v. Bruck, stimmten für Hundsdorf und drangen durch. Zur Errichtung der Anstalt trugen Mehrere bei: Anna Theresia Glückhinn, geb. Laimpruckherinn, salzb. Hofkamersecretärsgattin, schenkte zum Bau für Kirche und Haus und Unterhalt von 4 Missionären 12.600 fl.; die Gemeinde Bruck überließ dazu ein Sammlungsergebniß zur beabsichtigten Wiederherstellung eines zerfallenen Dreifaltigkeitskirchleins daselbst pr. 1600 fl.; der Wirth Ant. Trauner gab den nöthigen Grund für Gebäude und Garten und viel that sicherlich auch Fürsterzbischof Firmian aus öff. Mitteln. Den Bau leitete mit vorzüglichem Geschick der Francisc. P. Benedict Pauer; schon a. 1736 war er so weit, daß die Missionäre einziehen konnten; die Kirchweihe nahm Oswald Graf v. Attems, Bischof v. Lavant, a. 1741 vor.

Die Aufgabe der Missionäre bestimmte der Stiftbrief a. 1736 hiemit: „Sie sollen von Rott zu Rott, in Bedürfnißfall von Haus zu Haus hin und wieder gehen und dem apost. Amte solcher Gestalt nachgehen, daß die Unwissenden belehrt, die Zweifelhaften auf den rechten Weg gebracht und die Guten in der christl. Vollkommenheit auferbaut werden". Als Wirkungskreis waren ihnen vorzüglich die Gerichtsbezirke Rauris, Tarenbach und Zell angewiesen. — Die Weise ihrer Missionen war ohngefähr die der andern Missionäre; nur die Inquisitionen hatten sie etwas genauer vorzunehmen. Nach der öff. Katechese eines Hauses folgte ein geheimes Examen der Einzelnen über bedenkliche Personen, Zucht und Sittlichkeit in der Gemeinde und einzelnen Häusern; auch über die Stimmung gegen geistl. und weltl. Obrigkeiten 2c. 2c. — Ein derartiges Amt mußte, auch bei aller Discretion der Missionäre, bald Reibungen mit sich bringen. Dem Volke that

Missionsanstalten.

die alljährliche Maßregelung sowenig wohl, als einem verwahrlosten Kopf das Kämmen und geringe Herbheiten der Missionäre waren Anlaß, vom „Patergrant" zu reden. Auch mit den Seelsorgern hatten sie wiederholte Anstände; a. 1745 mußten sich nicht nur die von Hundsdorf, sondern auch andere Ordensmissionäre über 8 förmliche Klagepunkte vor dem Consistorium rechtfertigen.

Durch veränderte Zeitumstände kam das Missionshaus allmälig zu ganz anderer Verwendung. Die eigentliche Missionsthätigkeit hörte schon unter EB. Hieronymus auf; doch hielten die PP. Franciscaner noch lange Hauslehren in der Weise der Seelsorgspriester; in der bayr. Periode wurden auch diese eingestellt, daß seitdem von ihnen nichts mehr als seelsorgl. Aushilfe verlangt wird. — A. 1788 war ernstlich der Antrag, das Missionshaus zu Hundsdorf aufzuheben; aber auf Entgegenhaltung des Stiftbriefes ging man sogleich davon ab. Bei der Säcularisirung des Erzstiftes wurde mit den andern salzb. Klöstern dem neuen Landesfürsten auch das Hospitium Hundsdorf zur Verfügung gestellt; aber auch diese Gefahr ging glücklich vorüber.

Den Erfolg der Missionsanstalten und aller Nachkuren des Lutherthums kann man unten an der Gesinnung und Sittlichkeit des Volkes wahrnehmen.

Die übrige Kirchengeschichte.

Sie bietet in dieser Periode zum Theil rasche und eigenthümliche Umgestaltungen, deren Zusammenhang mit den luth. Wirren nicht zu verkennen ist und die einigen Ersatz gewähren für die vielen Beeinträchtigungen durch selbe.

1. Kirchen und Seelsorgsbezirke.

Obgleich die pinzg. Pfarrbezirke nicht größer waren, als die anderer salzb. Gaue, wurden doch in dieser Periode mehrere Filialkirchen und früher als anderwärts mit eigenen Priestern versehen und zwar nicht mehr bloß mit Meßkaplänen, sondern mit Seelsorgern; so **Vicariate** errichtet und dadurch der Seelsorge nicht wenig Vorschub gethan. Sie sind in chronologischer Ordnung folgende:

1528 Bruck und Glemm factisch schon Vicariate; erstres förmlich a. 1572 durch Vertrag der Kreuztracht mit dem Pfarrer v. Zell; von letzterm ist über förmliche Errichtung nichts bekannt.
1536 Dienten Vicariat durch Bischof Berthold v. Chiemsee.
1539 Alm Vicariat durch denselben.
1550 Leogang Vicariat, dazu durch denselben wenigstens vorbereitet.
1555 Hollersbach und Neukirchen Vicariate durch die Kreuztrachten; letzteres noch Wald und Krimmel begreifend.
1556 Unken Vicariat auf Befehl des Fürsterzbischofs.
1558 Embach und St. Georgen Vicariate, erstres durch den Fürsterzbischof und die Kreuztracht; letzteres in Folge Vertrags zwischen der Kreuztracht und dem Pfarrer v. Zell.
1560 Kaprun Vicariat, bleibend von a. 1624 an auch in Folge Vertrags zwischen dem piesend. Pfarrer und der Kreuztracht.
1564 Mittersill aus Kaplanei Vicariat, meistens auf Kosten der Kreuztracht.
1567 Fusch mit St. Wolfgang Vicariat durch die Kreuztracht, wozu nachmals fürsterzb. Hilfe kam.
1621 Lend Kaplanei, a. 1711 Vicariat durch den Fürsterzbischof.
1665 Uttendorf Vicariat, nachdem es früher zeitweise Expositos gehabt, vorzüglich auf Betreiben des Pfarrers v. Stuhlfelden.
1675 Wald mit Krimmel Vicariat durch den Fürsterzbischof. So auch Wörth in Rauris, doch nur von a. 1675—79.
1744 Eschenau durch den Fürsterzbischof und Gutthäter.

Diese Vicariate waren zwar ausgesteckte Seelsorgsbezirke; blieben aber dennoch im nächsten Zusammenhange mit der Pfarre: der Pfarrer behauptete über den Vicar, die Vicariatskirche, deren Vermögen und Gottesdienst und selbst über die Kreuztracht noch gar mancherlei Rechte (s. unt.) — Gränzveränderungen der Pfarren erfolgten sonst keine andern, als die, welche die Errichtung der Vicariate mit sich brachte; nur Aufhausen gehörte laut Visitationsberichts a. 1555 da noch zur Pfarre Zell, bald darauf aber findet man es Piesendorf zugetheilt.

Kirchen entstanden manche neue, manche wurden umgebaut, eine und die andere verschwanden aber auch, wie in nachstehendem Verzeichnisse zu sehen.

1523 Kapelle Weyer geweiht, sicher aber schon lange vorhanden.
1545 Gasteggkapelle bei Alm urkundlich.
1550 Elendkapelle in Embach neu.
1556 St. Jakobskapelle in Kaprun urk.

1590 St. Sigmundskapelle in Thummersbach vorhanden, erne uerta. 1685 von Grund auf.
1599 Sirtuskapelle bei Wald gemauert statt einer hölzernen.
1613 Heubergkapelle in Niederheim erscheinend.
1615 Palfenkapelle über Saalfelden schon gerne besucht.
1617 zu Kammer auf dem Zellerboden Kapelle mit eigenem Priester.
1622 Lapachkapelle bei Stuhlfelden zuerst erwähnt.
1650 Antonikapelle in Au bei Lofer entstehend.
1660 so Kapellen in Weißbach und Ferleiten.
1668 Schloßkapelle in Dorfheim erneuert.
1670 Heinrichskapelle zu Reut bei Lofer neu.
1673 Lenzingkapelle auf dem Gerstboden urkundlich.
1675 hölzernes Kirchlein zu Wörth, a. 1679 wieder abgebrochen.
1680 h. Dreifaltigkeitskapelle in Hundsdorf, a. 1736 verschwunden.
1682 Antonikapelle zu Stuhlfelden und
1684 Antonikapelle zu Piesendorf erbaut.
1693 der Kirchenbau in Kirchenthal begonnen, geweiht a. 1701.
1696 Gregorikapelle zu Dorf bei Bramberg neu.
1710 die Frauenkapelle bei Larenbach neu.
1717 Kirche Saalbach wegen Baufälligkeit außer Thurm umgebaut.
1719 Kapelle Almdorf bei Saalfelden erneuert.
1730 Kapellen zu Prielau und am Paß Thurn neu.
1735 Marktkirche Lofer in Folge Brandes fast neu.
1736 Missionskirche zu Hundsdorf neu.
1745 Kirche Leogang wegen Baufälligkeit umgebaut.
1748 die Seelsorgskirche Mittersill nach Brand neu, selbst auf neuer Stelle.

Aus dem Verzeichnisse sieht man: außer Kirchenthal, Kammer und der Missionskirche zu Hundsdorf entstanden fast nur ganz einfache Kapellen. Als vorzügliche Wohlthäter zu den Bauten sind zu nennen: A. Th. Glückhin für Hundsdorf (cf. p. 126); Dietrich Khuen v. Belasy für Kammer. Fürsterzb. Johann Ernest that gewiß viel zum Bau von Kirchenthal und Fürsterzb. Leopold Anton stellte laut Inschrift die Marktkirche Lofer her. Die kleinen Nebenkirchlein bauten entweder Private oder Nachbarschaften aus freiem Antrieb. Die 3 Umbauten der Seelsorgskirchen wurden schon größtentheils mit weitherum zusammengeholten Kirchenmitteln bestritten; immerhin auch mit Gemeindehilfen.

Mit Berücksichtigung des Vicariats Rauris aus der frühern

Periode, aber Außerachtlassung des vorübergegangenen Wörths hat man am Ende der Periode folgende Kirchengruppen:

Pfarre	Pf.	Fr.	Nf.	zusammen	Kirchen
Lofer	1	—	4	zusammen	6
Saalfelden	3	1	6	„	11
Tarenbach	4	—	3	„	8
Zell	4	—	7	„	12
Piesendorf	1	1	4	„	7
Stuhlfelden	2	—	7	„	10
Bramberg	3	—	4	„	8

also 7 Pff., 18 Vf., 2 Ff., 35 Nf. zusammen 62 Kirchen.

Dazu die großentheils außer dem Pfarrverband stehenden Kirchen: Marktlofer, Kirchenthal, Kammer und Hundsdorf mit eigenen Priestern . . . . . . 4 „

bestanden a. 1750 im Gaue . . . . 66 Kirchen.

Aus dem Vergleich dieser Tabelle mit jener der vorigen Periode (cf. p. 104) tritt ein erfreulicher Fortschritt der kirchlichen Entwicklung hervor: nicht nur entstanden 29 neue Kirchen, darunter die ansehnlichen Kirchenthal und Hundsdorf; sondern, was noch mehr bedeutet, es wurden auch 17 neue Curatien errichtet.

An den Incorporationsverhältnissen änderte sich sonst nichts, als daß Tarenbach vielleicht schon im 15. Jahrhundert auf unbekanntem Wege zur Selbstständigkeit gelangte und die Pfarre Saalfelden a. 1642 aus der Incorporation zur bisch. Tafel v. Chiemsee in jene zum f. e. Priesterhause in Salzburg überging.

B. Die Seelsorgspriesterschaft.

Diese gestaltete sich im Laufe der Periode in vielen Beziehungen wesentlich anders, als man sie am Ende der vorigen Periode findet.

1. Nach **dienstlicher Stellung** bestanden noch länger die Unterschiede der Pfarrvorsteher von S. 105 ꝛc. An den incorporirten Pfarren fanden sich selbstverständlich die investirten Pfarrvicare; an der selbstständigen Pfarre Piesendorf aber auch noch die amovibeln Vicare (cf. unt. Matr.) Der Vicar Bilser v. Piesendorf verwandelte sich endlich um a. 1564 in einen Pfarrer und damit hörte in Pinzgau das widerwärtige Commendenwesen auf, das an andern Pfarren der Erzbiöcese noch ins 17. Jahrh. hinein reichte (cf. Reihenf. der Pf. im Diöces.-Handb.)

Dagegen begann schon in der 1. Hälfte des 16. Jahrhunderts eine neue Art von Vicaren: nicht von neuen Pfarr-, sondern Filialvicaren für Filialkirchen und Kreuztrachten, deren man bis Ende der Periode 18 zählt. — Das Verhältniß dieser Vicare war anfangs ganz das eines exponirten Hilfspriesters; sie hießen darum mitunter auch nur „Cooperatoren". a) Der Pfarrer stellte sie an und ab; hie und da aber auf Vorschlag der Filialkreuztracht, die bei Errichtung ihres Vicariats manchmal das Recht erworben hatte, sich selbst den Priester zu wählen und zu dingen, woher das in einzelnen Vicariatsfassionen noch vorkommende „Hartgelt" stammt. Der Pfarrvicar v. Zell z. B. erhielt zwar a. 1618 auf Ersuchen vom hochf. Consistorium einen Priester, aber mit dem Bemerken: „er werde ihn an Ort und Endt, wo die Seelsorg unter seinen Vicariaten am Rothwendigsten ist, selbst zu accomodiren wissen; .. nit weniger ins Khünfftig sich selbst um einen taugsamben Priester umbsehen und das Consistorium dessen unmolestirt lassen". Der vom Pfarrer oder der Kreuztracht geworbene Priester war aber der Diöcesanstelle zur Approbation für die Seelsorge vorzustellen. b) Der Vicar hatte seine Dienste an der Filiale im Namen und nach Weisung des Pfarrers zu üben; aber langefort nicht alle pfarrl. Functionen: Seelengottesdienste, Taufen ꝛc. standen dem Pfarrer oder seinem Cooperator zu; noch a. 1672 z. B. bemerkt der piesend. Cooperator Fr. Müller im dortigen Taufbuch: „am 8. Februar getauft Apolonia von Kaprun in meiner Abwesenheit vom hochw. Hrn. Vicar J. Gruber". Auch mußte der Vicar öfters in der Pfarrkirche aushelfen und stand wie in ämtlicher Beziehung, so auch in seinem Privatwandel unter Aufsicht des Pfarrers. Etwas loser wurde das Band durch Errichtung des Decanates Saalfelden a. 1618 und noch mehr, als das hochf. Consistorium in der 2. Hälfte des 17. Jahrhunderts die Vicare selbst aufzustellen anfing; keineswegs aber wurde dadurch die Beziehung ganz aufgehoben. Im Stiftbriefe des Vicariats Wald a. 1679 wird noch ausdrücklich bemerkt: „Ainen Pfarrer zu Prämberg solle der Vicarius jederzeit gebührend respectiren und ihme, doch ohne Präjudiz des Dechants, unterworfen sein." — Das Einkommen wie der Vicare, so der Pfarrer s. im Paragraph vom Kirchengut.

Die ständigen Hilfspriester erhielten bald nach Beginn der Periode statt „Gesellen" den schicklichern Namen „Cooperatoren"; ihre Stellung zum Pfarrer war aber dabei gleichwohl noch länger die alte und besserte sich erst, als auch sie von der Diöcesanstelle angestellt wurden; am Ende der Periode war das schon allgemeine Uebung, die sich wahrscheinlich ohne eigene Cons.-Verordnung von selbst ergab. — Die Cooperatoren hatten auf Bezüge vom eigentl. Pfarrwidtthum keinen Anspruch; sondern Visitator Trauttmannsdorf berichtet a. 1555: „die Cooperatoren sein nit auf ein gewiß Einkhommen; sondern auf Sambung, Accidentalia, Besingnußen, Opfer, Peichtgelt ꝛc. gericht, welche an merern Orten allain nach dem guten Willen der Nachparschaft geraicht werden; will geschwaigen, daß die Besingnußen gar unterlaßen werden. Wann nun die Cooperatoren ihr Sach von den Gemeinden nit bekhumen, wellen sie selbe vom Pfarrer haben, welcher dann jener Begeren schier in Allweg stattun muß, wo er anders des Aufsagens und Abzugs nit stündlich gewärtig sein will. Wär vonneten, daß gemelter Cooperatoren Unterhaltung nach Weil und Gelegenheit jeder Gemain in ein gewiß Maß gepracht wurdt". Von einer allgemeinen Regelung der Sache liegt aber nichts vor.

Eine andere Klasse von Hilfspriestern, zum Theil aus der früheren Periode stammend, sind die Handkapläne der Pfarrer, welche von diesen nur zu ihrer Erleichterung angestellt und aus Eigenem salarirt wurden; beim eintretenden Priestermangel im 16. und 17. Jahrhundert aber nicht mehr zu bekommen waren. — Dafür aber begannen zur Zeit der Emigration oder bald darauf, als die Priester wieder zahlreicher geworden, die „Coadjutoren", anfangs auch nur Kapläne zu Diensten des Pfarrers und vor Ende der Periode kaum irgendwo systemisirt.

Von den gestifteten Meßkaplänen der vorigen Periode (cf. p. 106) verwandelten sich die an den Filialkirchen in Vicare und die an den Pfarren gingen theils ein und wurden theils zu Hilfspriestern; nur in Saalfelden bestehen noch ein „Frühmeßer" und ein „ramseid.-hunt. Kaplan" fort; aber auch mit mehr und weniger Verpflichtung zur Seelsorge. — Dagegen wurden 2 investirte Beneficiaten gestiftet: a. 1617 für Kammer und a. 1696 für Kirchenthal und im Markte Lofer ein „Frühmeßer" zugelassen.

Die Admission zu Seelsorgsdiensten ertheilten bis Anfang der Periode die Erzpriester häufig nur kurzweg und ohne Weiters. Aber das mühldorf. Mandat EB.s Matthäus a. 1522 bestimmt: „Künftighin soll die Seelsorge von Uns und Unsern Vicaren oder Officialen nur tauglichen, durch Unsre Vicare geprüften Priestern gestattet werden" (Dalh. p. 284). Die Prüfung scheinen hierauf nicht allein die angehenden Pfarrer, sondern auch die Hilfspriester bestehen gesollt zu

Priesterschaft.

haben. — War eine Pfarre zu besetzen, wurde die Vacatur und Citation der Aspiranten zum f. e. Officium an die Kirchenthüren angeheftet und nach Verlauf des Concurstermins von letzterm die Prüfung der Competenten und die Verleihung der Pfarre nach Befund und im Namen des Erzbischofs vorgenommen.

Ueber die Zahl und Vertheilung der Priester enthalten Verzeichnisse von a. 1528, 1630 und 1750 folgende Ziffern:

	a. 1528		a. 1630		a. 1750	
	Slf.	Hpr.	Slf.	Hpr.	Slf.	Hpr.
in der Pf. Lofer und ihrem Vicariate	1	1	2	—	2	3
„ „ „ Saalfelden mit Vicariaten	1	7	4	2	4	8
„ „ „ Tarenbach „ „	2	2	4	—	5	7
„ „ „ Zell „ „	3	3	5	—	5	7
„ „ „ Piesendorf mit Vicariat	1	1	2	2	2	2
„ „ „ Stuhlfelden mit Vicariaten	1	4	2	1	3	4
„ „ „ Bramberg „ „	1	1	3	—	4	3
zusammen	10	19	22	5	25	34
	29		27		59	

Dazu 11 Wallfahrtspriester in Kirchenthal, 4 Missionäre zu Hundsdorf und die Priester von Marktlofer und Kammer zusammen 17

also a. 1750 Priester in Pinzgau 76

2. Nach **innerem Gehalt** und **äußerem Wandel** reformirte sich die Priesterschaft in der 2. Hälfte der Periode aufs Erfreulichste, so schlimm es noch in der 1. Hälfte um sie großentheils stand.

a) Berufswissenschaft. Anfangs dieser Zeit bestanden in Salzburg noch immer nur die 2 Bildungsanstalten, die von den früheren Perioden her bekannt sind (cf. p. 96 und 106). Diese konnten nicht nur gehörig gebildete Priester nicht liefern, sondern nicht einmal in gehöriger Zahl. Im 16. Jahrhundert und in den ersten Decennien des 17. trifft man darum gar viele ausländische Priester in der hiesigen Seelsorge und eingewanderte sind in der Regel nicht die besten, da ja jedes Land seine vorzüglicheren Söhne sich zu erhalten trachtet.

Zufolge Beschlusses des berühmten salzb. Concils a. 1569 (const. 60, c. 1) endlich errichtete EB. Johann Jakob ein Theologenconvict im „sekauer Hof", welchem allmälig erweiterte Institute der Art folgten: unter EB. Wolf Dietrich im Magdalenaspital im Kai (nachmals Theatinerkloster); unter Paris in dem von den barmherzigen Brüdern verlassenen Hause bei der Marcuskirche; unter M. Gandolph in Folge des Bergsturzes in der Gstätten im Religiosenconvict der Universität, bis der wohlthätige, geldkräftige Fürsterzb. Johann Ernest das nunmehrige stattliche Priesterhaus baute und dotirte. Aber auch dieß Priesterhaus, ob man ihm gleich auf verschiedene Weise Geldmittel zuwendete, gab noch am Ende der Periode kaum mehr als die Hälfte der erforderlichen jungen Priester und bekam bis zur Activirung der hiesigen Universität auch zu mangelhaft vorgebildete Zöglinge, als daß es aus ihnen in 2, 3 Jahren hätte qualificirte Seelsorger machen können.

Endlich a. 1623 erweiterte EB. Paris das von seinem Vorfahrer geschaffene Gymnasium zur Universität und nun erst war für die Bildung auch der angehenden Priester gehörig gesorgt. Bis aber die erweiterten oder neuen Anstalten ihre Zöglinge zur Verwendung in der Seelsorge reif machten und Mehrere für den priesterlichen Beruf anzogen, schritt man doch schon über die Mitte des 17. Jahrhunderts. Der Decanatsprovisor Ph. Wierl von Saalfelden erhielt a. 1630 den Auftrag zu erheben, „wie weit seine Priester in studiis gekommen", worauf er berichtet: „Die Meisten haben etwas von den schönen Wissenschaften, auch Logik, Physik und $1/2$—4 Jahre „Casus" studirt; nur Einer den philos. Curs mit Theologie".

b) Nicht weniger als an Wissenschaft gebrach es in der 1. Hälfte der Periode auch noch an der sittlichen Haltung der Priester. Wie damals überhaupt den Klassen in behäbigeren Verhältnissen, so wurden auch ihnen Uebermaß im Trunke und Aufbrausen („Ueberweinen und Rumoren") vorgeworfen; noch mehr aber ihre unerlaubten häuslichen Verbindungen. Obschon diese laut wiederholter, ernster Kirchengesetze seit P. Gregor VII. nur als hochsträfliche Verhältnisse erscheinen konnten, so fand doch noch die Gen.-Visitation a. 1613 unter den Landgeistlichen eine Reihe hierin Schuldiger. Wollte man aber dieß als pure sittliche Verkommenheit der Geistlichen ansehen, würde man doch sehr irren. Durch jahrhundertelanges, allgemeines, gesetzwidriges Verhalten hierin und künstliche Beschönigung desselben war vielmehr die öff. Meinung völlig irre geworden. Es ließen sich darum nicht nur sonst ehrenhafte Priester in solche Verbindungen ein, sondern auch die Gemeinden nahmen daran wenig Aergerniß. Der verführten Meinung aber trat die f. e. Regierung immer ernstlich entgegen: auf den Bericht der erwähnten Gen.-Visitation erließ sie nicht mehr bloß scharfe Decrete, sondern ergriff gegen jeden einzelnen Schuldigen die strengsten Maßregeln, freilich ohne dadurch sogleich zum Ziele zu kommen.

c) Eine allgemeine Umwandlung der Priesterschaft zum Bessern wird endlich seit der Mitte des 17. Jahrhunderts nachweislich. Schon a. 1653 berichtet der Dechant v. Pinzgau: „anbelangent die mir anvertraute Priesterschaft hab ich dermalen wider derselben Leben und Verrichtungen ainige Clag nit gehört; sondern aller Orten Mäniglich mit ihnen wohl zufrieden befundten". Aehnlich spricht sich der Dechant a. 1662 und die Gen.-Visitation a. 1673 aus. Im 18 Jahrhundert wird der Seelsorgsgeistlichkeit endlich nicht mehr bloß das Zeugniß der Tadellosigkeit, sondern großes Lob gespendet. Der Jesuit P. Pröfl sagt in seinem Missionsbericht an den Fürsterzbischof a. 1728: „auch kann ich die vortrefflichen Leistungen des ehrw. Clerus nicht übergehen, damit Ew. hochw. Hoheit sehen könne, wie unermüdete und heilige Seelsorger Sie in Ihrer hochansehnlichen Erzdiöcese habe, zumalen selbe jedem Religiosen, auch dem eifrigsten, durch ihr Beispiel vorleuchten und zur Erbauung sein könnten".

Unwidersprechlich also: das Priesterhaus und die Universität haben die Diöcesanpriesterschaft zu geziemenden Ehren gebracht und namentlich der Seelsorge tüchtige Arbeiter zugesendet.

8. Gottesdienst und Seelsorge.

Nicht nur erfolgten hierüber viele neue Verordnungen, sondern auch 5 Ritualien (Agenden): 2 von a. 1557 und 1575 nach altsalzb. Brauch; 3 von a. 1614, 1623 und 1640 nach röm. Ritus.

a) Bezüglich der Feiertäge sind 4 Verzeichnisse vorhanden, die nicht sehr wesentlich von einander abweichen: a. 1524 vom päpstl. Legaten Compegi; a. 1575 im Agendenbuch d. J.; a. 1620 eine „Designatio der Feiertäge für die ganze Kirchenprovinz" vom EB. Paris und a. 1642 ein Feiertägeverzeichniß für die allgemeine Kirche vom P. Urban VIII. Dieß letzte, sofort in der Diöcese verkündet, blieb lange Zeit maßgebend und waren nach selbem gebotene Feiertäge:

3. Periode aa. 1520—1750:

nebst den Sonntagen noch 10 andere Feste des Herrn . 62 Täge.
Frauenfeste, wovon Mariäempfängniß von a. 1575—1642
nur Halbfeiertag war . . . . 6 "
Feste der Heiligen und des Erzengels Michael . . . . 22 "
Dazu kamen die Feste des h. Diöcesanpatrons St. Rupert
(seit a. 1642 feierlich nur dessen Uebertragung), dann
des h. Patrons und der Weihe jeder Seelsorgskirche . 3 "
Seit a. 1642 eingeführte Feste: das Schutzengelfest a. 1668;
Schutzfest des h. Joseph in der Türkennoth a. 1676; des
des h. Sebastian im Pestjahr a. 1677; das Rosen=
kranzfest a. 1717; da 2 auf Sonntäge gesetzt wurden,
zusammen nur . . . . 2 "

also Zahl der gesammten Feiertäge . . . . 95 Täge.

Gewiß kamen dazu noch verlobte Feiertage, indem die Designatio EB's. Paris die Feier der Täge freistellt, welche „bisher aus besonderer Gewohnheit und Andacht" beobachtet wurden. — Die knechtliche Arbeit an gebotenen Feiertägen war strengstens untersagt; mit Decreten a. 1654, 1714 ꝛc. aber den Pfarrern die Erlaubniß ertheilt, sie in Nothfällen zu bewilligen.

Hinsichtlich der Fasttäge trägt die Synode a. 1537 auf: „die Prediger sollen das Volk lehren, die 40täg. Fasten und die andern Fasttäge zu halten". Unter Wolf Dietrich scheint das Fastengebot minder streng gehandhabt worden zu sein; hingegen M. Sittich erließ gleich in seinem 1. Regierungsjahr ein strenges Gebot unter Androhung von Geld= und Leibesstrafen. Im Ganzen hatte man in dieser Periode viele Aufmerksamkeit auf die Beobachtung des Fastengebotes, da man darin ein vorzügliches Zeichen kirchlicher Gesinnung fand.

b) Der **nicht gestiftete Gottesdienst**. — 1) Der h. Meß= ritus war noch immer nicht ganz gleichförmig in der Diöcese. EB. Wolf Dietrich ließ darum a. 1603 ein „salzb. Mißale" drucken und alle andern, selbst das röm. verbieten; aber bald eines Andern belehrt, gab er schon a. 1605 ein „salzb. Mißale nach dem Ritus und Brauche der h. röm. Kirche eingerichtet und mit päpstl. Approbation" heraus, von welchem sogleich 1228 Exemplare à 5 fl. 30 kr. versendet wurden. Hiemit war zwar die Weise der h. Meßfeier festgestellt; die Uebung aber hielt sich noch nicht sogleich allenthalben darnach. Die Visitations= berichte rügen noch hie und da, daß die Pfarrer die h. Messen z. B.

„nicht allwegen nüchtern oder sie ohne Ministranten und Lichter halten". In der letztern Zeit der Periode kommen solche Rügen nicht mehr vor.

2. **Den christl. Unterricht** fleißiger als bisher zu pflegen, drängte zwar vorzüglich das Lutherthum; er ging aber den darin ungeübten Seelsorgern lange nicht recht von Statten. Die Kapruner z. B. beklagten sich a. 1564 wider ihren Kaplan „Hrn. Hansen": sie hätten immer gehofft, „er werde inen zu Zeiten im Jar ein Evangely auswendig zu sagen lernen, was aber ain ganz Jar nit geschicht; noch wollten sie dessen gar geschwiegen, wenn er die Pröbigen, die er ime selber schreibt, ungesäumt und ausdrucklich lesen khundt". — Predigten für alle Sonn= und Feiertäge verlangte schon das Prov.=Concil a. 1569 nach Vorschrift des allgemeinen Concils v. Trient; dazu in der h. Advent= und Fastenzeit sogar tägliche oder doch wöchentlich 3malige Predigten. Die Geistlichen aber hatten dazu noch viel später, wie nicht viel Geschick, so auch wenig Willen. Dechant Tauscher v. Saalfelden berichtet a. 1621: „mein Klag ist fast wieder alle Pfarrer, Vicarios und Cooperatores, daß sie an den Sonn= und Feiertägen, besonders an den neu introducirten, die Predig nit halten".

Auch Christenlehren wurden schon vom Concil a. 1569 aufgetragen; aber erst in den Angarialberichten a. 1614 melden mehrere Seelsorger, daß sie damit den Anfang gemacht haben. A. 1641 und 1660 erschienen darüber ausführliche Instructionen, denen gemäß sie alle Sonntäge stattfinden; besonders fleißig aber zur österl. Zeit über die h. Sacramente der Buße und Communion gehalten werden sollten. Sie waren zuerst mit der Predigt zu verbinden; später mit dem Nachmittagsgottesdienst und durften im Winter auch in warmen Stuben gehalten werden. Zunächst waren sie zwar für die heranwachsende Jugend bestimmt; aber auch die Erwachsenen sollten dabei erscheinen; in größeren Seelsorgsbezirken wurden Jung und Alt districtweise dazu berufen. Als Leitfaden wurden den Seelsorgern vorgeschrieben der röm. Katechismus, oder der Bellarmins, Canisius, Voglers.

3. **Am sonn= und feiertägl. Gottesdienst** wurde auch sonst Manches anders. Beim pfarrl. Hauptgottesdienst trat an die Stelle des lat. Choralgesangs frühe deutscher Volksgesang. Das Concil a. 1569 sagt: „wir billigen die alte Gewohnheit, nach der in den Kirchen nach Verschiedenheit der Zeit verschiedene vom Prediger ange-

hebte Lieder vom gläubigen Volke vor und nach der Predigt gesungen werden"; und das Agendenbuch a. 1575 enthält eine Reihe solcher Lieder. Letzteres ordnet auch an, nach der Predigt jedes Mal das h. Vaterunser, den engl. Gruß, die 10 Gepot, das gemain Gepet und die offne Beicht zu sprechen. Ein Consf.-Decret v. 10. Jänner 1628 befiehlt „Sonntags vor den Oßoarien oder Peinhäusern die Psalmen Miserere und de Profundis" für die Abgeschiedenen zu beten; a. 1734 wurde die „Uebung der göttl. Tugenden" nach der Predigt eingeführt.

Der feiertägl. Vorabends- und Nachmittagsgottesdienst wurde in dieser Periode allgemeiner. Er bestand erstlich in Vespern, dann auch in Litaneien, später im Rosenkranzgebet. Dieß wurde zwar schon a. 1641 als „ein vornehmes Zeichen eines kath. Christenmenschen" erklärt; aber als Nachmittagsgottesdienst erst a. 1728 förmlich angeordnet. Auf den Nachmittagsgottesdienst an gebotenen Feiertägen wurde strenge gehalten; minder auf den Vorabendgottesdienst. Auf eine Beschwerde Pfarrers Gruber v. Piesendorf über geringe Theilnahme an letzterm erhielt er zum Bescheid: „man könne die Pfarrmenig zu strenger Observanz desselben in Sunderheit, da erhebliche Ursachen mit der Pauersarbeit vorhanden, nit verhalten".

4. Die **höchsten Festtage** des Jahres hatten mancherlei Eigenheiten. In der h. Weihnachtszeit findet man auch hier um a. 1650 die h. Krippen und die Hirtenspiele, beide vielleicht viel älter. — Die Auferstehungsfeier des Herrn scheint noch in der ganzen Periode in der Nacht vor dem Ostertage stattgefunden zu haben. — Am Christihimmelfahrtsfeste wurde allenthalben eine Statue des göttl. Heilandes unter Musik und Gebet aus der Mitte der Kirche durch die Gewölböffnung emporgezogen und dann aus selber das „Himmelbrot" (gefärbte Oblaten ꝛc.) herabgespendet. — Durch dieselbe Oeffnung schwebte am Pfingstfeste der h. Geist nieder. — Das Frohnleichnamsfest, besonders die Procession, wurde auf alle ersinnliche Weise verherrlicht: mit bekränzten, selbst lebenden Figuren, Spalieren, Prangstangen, Pößern und Paraden von Schützen ꝛc. ꝛc.

Nicht nur diese, sondern auch viele andere Feste waren noch „Pfarrtäge", an denen die Vicariatsgemeinden mit ihren Priestern in der Mutterkirche erscheinen mußten. Die Zahl der Pfarrtäge stieg für manche Filialkreuztracht über 20 im Jahr.

5. Außer den Feiertägen wurden noch manche **Gemeinde-** oder **Nachbarschaftsgottesdienste** gehalten. Schon im 16. Jahrhundert kommen im Frühlinge Bittandachten um „die lieben Feldfrüchte" vor und im Herbst das Erntedanksagungsfest. Dann Bitt- und Dankgebete in öff. Drangsalen, als der „laibigen Sucht, des Viehumbfalls"; am Oeftesten lange Zeit beim Andringen des „Erbfeindes des christl. Namens", der Türken. Die meisten Almnachbarschaften ließen vor der Auffahrt eine „Almmeß" und die Nachbarschaften gefährlicher Bäche eine jährl. „Bachmesse" halten 2c. 2c.

Mit allem Eifer hielt das Volk immer auf die Kreuzgänge von einer Kirche zur andern und wurde von der f. e. Regierung darin noch bestärkt: das Religionsmandat a. 1565 befiehlt: „die gewöhnlichen Kirchgäng auch mit dem Kreuz zu besuchen und verächtlich nit daruon zu reden". Darum wurden zu den altkirchlichen Kreuzgängen bald viele andere üblich. Ein Verzeichniß der jährl. Kirchfahrten zu auswärtigen Kirchen a. 1704 zählt z. B. auf: von Saalfelden und Zell je 11; von Tarenbach 16; von Piesendorf 14; von Bramberg 19. Sie hatten oft sehr entfernte Zielpunkte; der Pfarrer v. Lofer z. B. beklagte sich a. 1623: er müsse mit dem Kreuze ziehen nach St. Zeno, St. Adalaiy in Pillersee, Dürrenberg, Ramsau, Alm, Traunstein. A. 1703 wurden die Kreuzfahrten über den Großpfarrbezirk hinaus, abgesehen von dem zur Domkirche, untersagt; aber deßhalb keineswegs sofort überall unterlassen.

6. Am **Wochengottesdienst** nimmt man die Verkehrung der kirchl. Gesinnung des Volkes durch luth. Einflüsse am Deutlichsten wahr. Bezüglich der Seelengottesdienste bei Begräbnissen („Besingnußen, peractiones, Totenperactiones") sagen zwar die Pfarrer v. Piesendorf und Bramberg der Gen.-Visitation a. 1528: sie haben keine Ursache, dießbezüglich über ihre Gemeinden zu klagen. Hingegen der Vicar v. Rauris hatte in selbem Jahr nur 6 Seelengottesdienste zu halten; der Pfarrer v. Zell auch sehr wenige; der v. Tarenbach gar keinen. Später stand es noch schlimmer: das Concil a. 1569 klagt sogar über Leichenbestattungen in Dörfern und Märkten „ohne Begleitung eines Priesters, ohne Licht und Kreuz" 2c.; und der Gen.-Visitation a. 1623 erklären mehrere pinzg. Pfarrer: „sie halten keinen Gottesdienst für die Abgestorbenen, weil die Verwandten dabei zu sein sich weigern". Als endlich die Seelengottesdienste wieder allgemein geworden waren, findet man die Abhaltung des „Dritten, Siebenten

und Dreißigsten" an 3 verschiedenen Tagen; an die Stelle aber des ehemals auch üblichen Jahrtags traten allmälig Jahrtagsstiftungen.

Ebenso waren die Currentmessen („Frümb-, Lonmessen, Botiven") zu Seltenheiten geworden. A. 1528 sagen die Pfarrer von Tarenbach und Bramberg: solche Messen seien „gar verdort und abgestandten"; in Rauris waren dieß Jahr nur 3 Frümbmessen; in Zell betrugen sie nur 2 fl. Noch am 15. Nov. 1710 berichtet der Regens v. Kirchenthal ans hochf. Consistorium: „die Hrn. Pfarrer v. Piesendorf, Stuhlfelden und Bramberg, auch die Vicary v. Kaprun, Prug, St. Georgen und Fusch haben ein ganzes Monat kaum 1 Votivmeß zu lesen, wie mir schon oft erzählt worden". Da aus Mangel der Seelengottesdienste und Currentmessen manche ganze Woche selbst in Pfarrkirchen kein Werktagsgottesdienst war, ordnete die Gen.-Visitation a. 1613 an „zur Beförderung der Andacht des Volkes" wochentlich doch ein Paar Male eine h. Messe zu halten. Erst nach der Emigration und durch Vermehrung der Bruderschaften kamen die Currentmessen wieder in Uebung.

c) Auch der **gestiftete Gottesdienst** vermehrte sich bei der irregeleiteten Gesinnung, anfangs auch wegen Verstimmung und Verarmung des Volkes durch die „Bauernkriege", lange sehr wenig; aber desto schneller nach dem luth. Auszug.

Abgesehen von den Vicariatserrichtungen, dem Wallfahrtspriesterhaus in Kirchenthal und der Missionsanstalt zu Hundsdorf, geschahen noch 2 **Priesterstiftungen**: a. 1523 eines Meßkaplans in Tarenbach, der sich aber bald in einen Seelsorgsgehilfen verwandelte; dann a. 1617 des Beneficiaten zu Kammer. — A. 1556 stifteten sich die Kreuztrachten Kaprun und Niedernsill aufs Neue sonn- und feiertäglichen Filialgottesdienst, da etwa eine frühere Stiftung nicht mehr genügte.

Sehr vermehrten sich die Bruderschaften: alte Pfarrkirchen erhielten 2, 3; die Vicariatskirchen wenigstens 1; so auch die 3 Filialen Marktlofer, Eschenau und Niedernsill. Am Ende der Periode zählte man, Kirchenthal inbegriffen,

 6 h. Dreifaltigkeits- und Frohnleichnamsbruderschaften von a. 1679, 1722, 1725, 1726, 1726, 1737;

 13 Frauenbruderschaften, mit den bestimmteren Titeln meistens vom h. Rosenkranz und Scapulier, von a. 1636, 1642, 1674, 1676, 1677, 1682, 1685, 1712, 1716, 1731, 1732, 1732, 1732;

---

19 Fürtrag.

19 Uebertrag.

12 Seelen-, Schutzengelbruderschaften und von verschiedenen Heiligen von a. 1572, 1687, 1701, 1705, 1721, 1732, 1737, 1738, 1740, 1742, 1744, 1747; also zusammen

31 Bruderschaften. In der früheren Periode finden wir nur 3, von denen nur 1 in diese überging.

Von größern Meßstiftungen erfolgten in dieser Periode (Kirchenthal immer inbegriffen) 9 Wochenmessen, wovon die ältesten nun freilich reducirt sind; 3 Monat- und 30 Quatembermeßstiftungen.

Jahrämter und Jahrmessen. wurden auf verschiedene Meinung gestiftet, meistens aber Requiem zum Seelentrost des Stifters. Fast bei allen ist das Gedenken des Stifters beim Gottesdienste bedungen; nicht mehr aber das sonntägl. Gedenken, weil dieß wahrscheinlich schon eigens durch eine beliebige Zahl von Jahren bestellt zu werden pflegte. Zu den Jahrtägen in Pfarrkirchen kamen gewöhnlich auch Vigil und Libera nach alter Weise; auch in den Vicariatskirchen, sobald sie Orgeln und somit zum Choralgesange befähigte Cantoren erhalten hatten. Es entstanden

von a. 1520—1600 etwa 10 Jahrämter oder Messen,
" " 1601—1650 " 20 " " "
" " 1651—1700 " 250 " " "
" " 1701—1750 " 800 " " "

zusammen 1080 Jahrämter und Messen.

Dazu kamen noch Stiftungen der verschiedensten Art: Angst- und Schiebungsgeläut am Donners- und Freitag; Litaneien, später Rosenkränze. an Samstägen, Sonntägen oder in gewissen Octaven; Segengebungen mit dem Hochwürdigsten bei den h. Messen oder Rosenkränzen; „goldne Samstäge" ic. ic.; aber auffallend wenige Predigten.

Wie in früherer Zeit die Stiftungen durch Grundholden oder Gilten und Ewiggelder zur Kirche oder Priesterpfründe dotirt wurden; so geschahen in dieser Periode die Dotationen meistens durch Kapitalien, die dem Kirchenfonde einverleibt wurden.

Beim Verluste vieler Stiftungsurkunden durch allerlei mißliche Umstände können die Zahlenangaben der einzelnen Klassen der Stiftungen zwar nicht auf Einheiten genau sein; sind es aber immerhin so weit, daß sie im Allgemeinen den Stand der Stiftungen am Ende

der Periode zeigen und ermessen lassen, wie stattlich sich der Gottesdienst und das Kirchenvermögen durch sie vermehrt hat.

d) Ueber die **h. Sacramente** finden sich in den Agenden der
Periode und in den Kanonen des Prov.-Concils a. 1569 ꝛc. ausführliche Bestimmungen; von denen aber hier nur die Eigenthümlich-
keiten der Zeit verzeichnet werden. — Bezüglich der h. Taufe trägt
jenes Concil (const. 43, c. 1) schon auf, sie über 8 Tage nach der
Geburt nicht zu verschieben. EB. Ernst schreibt a. 1553 an die
Pfarrer: er vernehme, „wie in etlichen großen Pfarren Unseres Stifts
gar wenig Kindlein zur Empfahung des h. Tauffs gebracht werden,
daraus nichts anders zu vermueten, denn Unsre Unterthanen laßen
ire neugebornen Khinder entweder von andern Pfarrern tauffen oder
es taufs Einer dem Andern". In 3 Tagen von der Geburt an
solle das Kind getaufft sein.

Ueber die h. Firmung bestimmt dasselbe Concil (const. 44, c. 1):
sie solle in ausgedehntern Diöcesen in 4, in kleinern in 2 Jahren
durchwegs ertheilt werden und nicht Kindern unter 7 Jahren. Von
Salzburg aber sind noch im 17. Jahrhundert nicht viele Firmungs-
reisen bekannt.

Die h. Communion wurde den Gläubigen a. 1565 unter
beiden Gestalten erlaubt. In der merkwürdigen Verordnung vom
28. Febr. d. J. heißt es: „es wird denjenigen, so dem hochw. Sa-
krament unbter baiderley Gestalten irem geängstigten Gewißen nach so
hoch nachsechten, solches auf ordentliche Zuelaßung bewilligt, dergestalt,
daß solches mit vorausgeender ordentl. Beicht . . allein unter dem
Amt der h. Messe geschehe" (Zaun. Chron. III. 390). Aber schon
unterm 15. März 1571 wurde dagegen erlassen: „daß dem Volkhe
künftighin die Communion nur allein unter der Gestalt des Brods
und zwar während der h. Meß dargereicht; derjenige aber, der das
Abendmahl auf solche Art zu empfangen sich weigern wurde, nach
Gestalt der Umstände entweder mit der Landesverweisung oder mit
Verlust eines kirchlichen Begräbnisses bestraft werden sollte". (III. 409).

Die h. Beicht betreffend ist noch immer die „Zwiepeicht" vorschriftmäßig; aber a. 1528 wird schon über Unterlassung der 2. Beicht
geklagt (cf. p. 118). Das mehrerwähnte Concil a. 1569 bringt
wieder ernstlich darauf: die Beichtväter „sollen alle ihnen Beichtenden
sowohl bei der ersten, als zweiten Beicht jedes Jahr fleißig in ein
Register zusammenschreiben" (const. 45, c. 6). Hierauf ist von dieser

unaufgeklärten Vorschrift keine Erwähnung mehr. — Im 16. und 17. Jahrhundert mußten sich die Pfarrer zur österlichen Zeit die Lossprechungsvollmacht (facultatem absolvendi), wie die h. Oele, von Salzburg erholen. — Die Beichtverordnungen in Absicht auf die Inclinanten s. S. 120.

Von der h. Oelung bemerkt wieder jenes Concil a. 1569: durch Nachlässigkeit der Seelsorger sei sie nicht blos auf dem Lande, sondern auch in Städten fast in Vergessenheit gekommen. Obwohl sie dann ausdrücklich eingeschärft wurde, berichtet doch die Gen.-Visitation a. 1613 von 11 pinzg. Seelsorgsbezirken kurzweg: „die letzte Oelung ist nicht im Brauch" und schweigt bezüglich anderer 8 Orte gänzlich davon. Nur von Piesendorf wird gesagt: sie sei manchmal ertheilt worden und von Mittersill: man wolle sie einführen. Hingegen a. 1673 war sie bereits allenthalben wieder in Uebung. — Lauter Spuren der Ansteckung der Gemeinden vom Sectenwesen!

Bezüglich der h. Ehe wird im Concil a. 1537 nachdrücklich wiederholt, daß künftig Ehesachen nicht mehr wie bisher vor weltl., sondern nur vor geistl. Richtern sollen verhandelt werden.

e) **Verschiedenes.** — Von den Kirchenceremonien überhaupt spricht das Concil a. 1569 (const. 4, c. 1) die schöne Ansicht aus: nicht im Mindesten wollen Wir daran etwas ändern, „indem sie von den Vätern in der Kirche eingeführt wurden, um den Herzen der Schwachsinnigen zur Erkenntniß Gottes emporzuhelfen und alle Christen zur Erinnerung an die göttlichen Wohlthaten und hiemit zu frommen und heilsamen Gedanken zu führen". — Unter den Fragen, welche die Angarialseelsorgsberichte zu beantworten hatten, findet man a. 1713 auch die: „ob das Volk den Rosenkranz und andere Sacramentalien gebrauche?" — A. 1733 wurde das bekannte „Schutz- und Schirmgebet" nach den h. Messen eingeführt.

Im Laufe der Periode wurden theils neue Glockenzeichen angeordnet, theils die alten eingeschärft. Wolf Dietrich befahl a. 1589, daß in allen Kirchen täglich zu Mittagszeit eine Glocke geläutet werde, und dann Jedermann, wo er sich immer befinde, niederknien und um Waffenglück gegen die Türken beten solle; wer das nicht thue, dem mag der Gerichtsdiener den Hut nehmen. Das ist wohl das noch übliche Eilfuhrgeläut, selbes somit ein Erinnerungszeichen an den einstigen mehr als 200jährigen Türkenschrecken. — Die EBe. M. Sittich und Paris bestimmten das Aveläuten ungefähr so, wie es noch üblich ist, und ersterer befahl, daß beim abendlichen Geläute mit einem kleineren Glöcklein auch zum Gebet für die armen Seelen gemahnt werden solle, was noch geschieht.

Ganz eigenthümlich ist eine Anordnung EBs. Paris a. 1623 für die St. Johannsnacht zu Sonnwenden. Es mußte da „vom Eingang des Feierabends bis morgens frue zu Anfang des Tags" in Einem fort mit allen Glocken geläutet werden — in der Stadt von Stunde zu Stunde in einer anderen Kirche; an Orten mit 1 Kirche die ganze Nacht mit deren Glocken. „Es sei nämlich'" sagt die Verordnung, „mehr als zuviel bekannt, daß an dem Feierabend und in der Nacht des h. Johannes allerhand abergläubische und teuflische Handlungen, Zaubereien, Incantationes, daraus zuweilen auch hochschädliche Ungewitter und anderes Uebel erfolgt, verübt zu werden pflegen. Diesem solle nun durch christl. Mittel begegnet und der Effect solchen durch Mitwirkung des laidigen Satans gefährlichen Beginnens verhindert werden, zumalen die Gloggen zu solchem End geweiht sind". Einige Zeit fortan findet man in Kirchenrechnungen Deputate der Meßner für dieses Geläute; sehr lange bestand es aber wohl nicht.

4. Die Volksschule.

Endlich tritt auch dieß, wie man glauben möchte, schon für die früheste Zeit angezeigte Institut allmälig auf; in dieser Periode aber gleichwohl fast überall noch in sehr unvollkommener Gestalt, so frühe es auch war angeregt worden. Schon a. 813 „geschieht zuerst Erwähnung solcher Schulen in den Klöstern und Pfarreien, in welche die Eltern ihre Kinder schicken sollten, um in dem kath. Glauben und im Gebet des Herrn unterrichtet zu werden" (Gesch. d. salzb. Schulw. v. Hochmuth p. 11). Hernach aber ist in ganz Deutschland ins 16. Jahrhundert hinein keine Rede von solchen Anstalten mehr, die als Volksschulen könnten angesehen werden.

In **Salzburg** werden zwar z. B in Jahrtagsstiftbriefen größerer Pfarren des 15. Jahrhunderts „Schulmaister und Schueler" erwähnt; die aber wohl nur Lehrer des Chorgesanges und Chorsingknaben waren. Der mehrerwähnte trauttmannsd. Visitationsbericht a. 1555 führt auch Lehrer und Schüler an, von denen man das Gleiche halten muß (cf. Diöc.-Handb. I. 479). EB. Johann Jakob erlaubt zwar a. 1565 den geiſtl. und weltl. Obrigkeiten, „teutſche Schulmaiſter" in den Städten und Märkten aufzuſtellen; „aber in den Gerichten ſoll die teutſche Schule durchaus abgeſtellt ſein bei ſchwerer Straff" (Zaun. Chron III. 393); günſtiger iſt das Concil a. 1569 für die deutſchen Schulen geſinnt (const. 59, c. 11). Als Anfang endlich der Volksſchule in Salzburg kann man den Erlaß EBs. Wolf Dietrich annehmen: „Vnderweiſung für teutſche Schulmaiſter der Stadt und des Erzſtiffts die Auferziehung der Jugend betreffent" vom 15. Febr. 1594. Man ſieht darin, daß man eigentliche Volksſchulen wollte und wie man ſie wollte. Auch M. Sittich erließ a. 1613 eine gedruckte Schulordnung und befahl a. 1616: „der Dechant und Pfarrer mit der weltl. Obrigkeit ſollen ſorgen, daß, wo die Jugend anwächst, eine Schule errichtet werde und an das Conſiſtorium berichten, wie das geſchehen möge". Hernach aber ſcheint das hochf. Conſiſtorium die Sache wieder mehr außer Acht gelaſſen zu haben.

Pinzgau blieb auch bezüglich des Schulweſens gegen die andern Gaue keineswegs zurück.

1. Das **Erſcheinen** der pinzg. Schulen früher oder ſpäter hing nicht nur von der Bedeutung der Seelſorgsſtationen, ſondern natürlich auch von der Gunſt oder Ungunſt anderer Umſtände ab. Folgende Reihe iſt keineswegs die chronologiſche ihrer Entſtehung, ſondern vielmehr der vorfindigen Nachrichten von ihnen.

Mitterſill: a. 1454 erſcheint ein Sigel als „Schulmaiſter in Velm"; a. 1561 und 1579 ein Schulmaiſter im Markte Mitterſill; a. 1613 hält der Meßner Schule.

Zell: a. 1505 und 1555 erſcheinen Schulmaiſter; aber, wie geſagt, noch vorzüglich nur Chorgeſangslehrer; a. 1590 ein deutſcher Schulmaiſter; a. 1613 iſt der Organiſt Schullehrer; a. 1673 der Schul-, Organiſten- und Meßnerdienſt in 1 Hand.

Saalfelden: a. 1555 2 lat. Schulmaiſter, a. 1567 Auftrag an den Pfarrer, einen Schullehrer anzuſtellen; a. 1613 der Choraliſt Schullehrer; a. 1673 der Organiſt; hernach von den 3 Kirchendienern (Organiſt, Meßner und Cantor) bald der eine, bald der andere, bald 2 zugleich.

Rauris: a. 1555 ein latein. Schulmaiſter; a. 1613 der latein. auch deutſcher Lehrer; a. 1673 der Lehrer zugleich Organiſt und Meßner.

Stuhlfelden: a. 1579 ist ein Schulmaister da; a. 1613 derselbe zugleich Meßner und Organist; a. 1673 die Dienste wieder getrennt und dann lange fort.
Tarenbach: um a. 1600 zwar Schule, aber nachher länger unterbrochen; nicht mehr von a. 1671 an; bald die Dienste vereint.
St. Georgen: a. 1613 zwar Schule, aber später öfters wieder keine.
Piesendorf: a. 1617 Beginn der Schule; dann bis 1700 manchmal Unterlassung; von a. 1721 der Schulmaister immer auch Meßner.
Markt Lofer: a. 1617 Schule; a. 1673 damit die Meßnerei verbunden.
St. Martin: a. 1670 eine ambulante Schul; a. 1683 bei der Pfarrkirche bleibend; a. 1724 der Meßner bereits auch Schulmaister.
Alm, Embach, Bruck und Bramberg haben a. 1673 Schulen durch die Meßner; in Embach und Bruck sind sie später unterbrochen.
Glemm: a. 1673 Schule durch Vicar; a. 1712 durch Meßner.
Hollersbach: a. 1683 Schule durch Meßner.
Uttendorf: a. 1687 der Meßner auch Schullehrer; erst von a. 1740 ununterbrochen.
Dienten: a. 1690 Schule durch Vicar; von a. 1702 durch den Meßner.
Wald: a. 1702 der Meßner auch Schulmaister und so fortan.
Lend: a. 1714 Schule durch Meßner und Bader.
Fusch: a. 1719 Schule durch Meßner und kaum mehr unterbrochen.
Neukirchen: a. 1720 die Schule wahrscheinlich schon länger im Gang.
Prielau: a. 1728 vom Consistorium eine Schule erlaubt; später in Maishofen.
Unken: a. 1734 auch der Meßner bereits Schulmeister.
Kaprun: a. 1738 Schule beginnend und fortgesetzt durch die Meßner.
Leogang: a. 1741 durch den Meßner die Schule bereits im Gang.
Eschenau: Schule mit dem Vicarlat a. 1744; eine vorübergehende Winkelschule im Dientnergraben schon a. 1674.
Weißbach: a. 1750 eine Schule schon im Gang, vielleicht hernach auch nicht mehr unterbrochen.

Man zählte also am Ende der Periode bereits 28 Schulen, deren freilich vielleicht mehrere als von denen es oben bemerkt ist, nach ihrem ersten Erscheinen zeitweilig unterbrochen waren.

2. Die **Schullehrer** wurden lange nur von den Pfarrern oder gesammter Hand von diesen und den Pflegern angestellt. Der Anstellung sollte eine Prüfung vorausgehen: a. 1713 wird den Seel-

sorgern der Auftrag erneuert, „keinen Lehrer aufzunehmen, der nicht gemäß Synodo salisb. a. 1569 (const. 59, c. 4) von ihnen oder dem Dechant hinsichtlich seiner Religion, seines Wandels und seiner Tauglichkeit examinirt werden". Zur Tauglichkeit mußten in der Regel gleichwohl bloße natürliche Anlagen für die Schule und die Kenntniß zu lesen und zu schreiben genügen. In Märkten fanden sich möglicher Weise allerdings manchmal Lehrer mit einiger weitern Vorbildung fürs Fach; meistens aber gab man ja die Schulen in die Hände der Meßner, bei denen man solche nicht voraussetzen kann. Die meisten Schullehrer trieben demnach ihr Geschäft, wie es ihnen der eigene Sinn, mit der Zeit die Erfahrung oder etwa auch ein schulfreundlicher Seelsorger eingab. Männer von Talent und Eifer für die Schule erzielten durch ihre originelle Weise allerdings vielleicht bessere Erfolge, als nun mancher Lehrer mit seiner angelernten Methode; da aber natürliche Begabung in dem Maß, daß sie den Unterricht ersetzt, allenthalben eine Seltenheit ist, darf man im Allgemeinen vorzügliche Leistungen nicht annehmen. Zudem konnten sich die Lehrer von der Schule und dem Meßnerdienst allein selten erhalten; mußten also nebenher auch andere Geschäfte treiben, selbst eigentliche Handwerke, wodurch ihre Verwendung für die Schule nicht wenig beeinträchtigt wurde.

3. Von der **Schule selbst** kann man sich schon eine Vorstellung machen im Hinblick auf die Lehrer; übrigens belehren uns darüber die „Vnderweisung" ꝛc. von a. 1594 und die Tradition. — Betreffend die Aufgabe der Schule heißt es in jener Unterweisung: „vor allen Dingen wollen Wir, daß die Jugent in den fürnembsten Puncten unsers christl. kath. Glaubens fleißig vnderricht und auferzogen werdt. Darum befehlen Wir, daß die Schulmaister ihrer anbefohlnen Jugent den kleinen Catechismum B. Petri Canisii .. in der Schul fürtragen und alle Wochen aufs Wenigst 2 Mal mit den Khindern üben und repetiren sollen". An Vortägen von Sonn- und Festtägen sollte nicht allein das bezügliche Evangelium gelesen; sondern von den größern Kindern auch auswendig gelernt werden. Auch das Ausfragen über die angehörten Predigten war aufgetragen und dem vorherrschend religiösen Zielpunkte der Schule gemäß, mußten vor und nach derselben gewisse heilige Gesänge und Gebete verrichtet werden. — Bezüglich der profanen Schulgegenstände befiehlt die Unterweisung a. 1594: „ein jeder teutscher Schulmaister soll die ihme anvertraute Jugent im Buchstabiren, Lesen, Schreiben und Rechnen

zu unterweisen khain Müh und Arbeit sparen". — Großes Gewicht legte man verständiger Weise auf die nun oft so vernachläßigte Schulzucht. Nicht nur mußte der Schulmaister die Kinder zum und vom öff. Gottesdienst und „umb die österl. Zeit und zu andern von der christl. Kirch vorgeschriebenen Tägen" zur h. Beicht und Communion begleiten und ihr Benehmen dabei beobachten, sondern „weil die Jugent zu aller Yppigkeit, zum Lügen, Betrügen rc. vast genaigt, sollen die Lehrmeister dieselbn mit höchstem Fleiß von solchem . . abmahnen und zu der Forcht Gottes, guten Tugenden und Sitten weisen und anfüren . . Wir wollen auch, daß füro die Schulmaister umb mehrer Zucht und Scham willen ire Zimmer unterschlagen laßen und die Dirnlein von den Knaben absonderlich halten".

Die Lehrmethode wurde durch das Schulgesetz a. 1594 den Schulmaistern ausdrücklich freigestellt: „sie werden der Jugent das Lernen und die Kunst aufs Leichtest fürzugeben ohne frembde Maßgebung selbst wissen". Durch Erfahrung aber, Verkehr der Schulmeister untereinander und die Zeitumstände ergab sich mit der Zeit doch eine gewisse Uebereinstimmung in der Schulhaltung, deren Weise, wie sie am Ende der Periode und weit über sie hinaus üblich war, wir von der Tradition nicht ohne Heiterkeit vernehmen. Im Schulzimmer war an der Wand eine große Schreibtafel zu Vorschriften und zum Rechnen; in der Mitte des Zimmers ein langer Tisch mit Bänken, um den herum die Kinder der damals schulgeneigten Eltern gewöhnlich leicht Platz fanden. Die Schulbücher waren bunt: A, B, C-Tafeln, Katechismen, Evangelien- und Gebetbücher, deren Lesung behufs balbigen Gebrauchs in der Kirche während der Schulzeit eingeübt wurde rc. Der Lehrer saß entweder am Ende des Tisches oder spazirte mit seinem Stäbchen, gleichsam dem Szepter des Scholarchen, um denselben herum. Trieb er etwa ein Nebengeschäft, legte er es während der Schule gar nicht immer bei Seite; sondern hieß am Tische arbeitend die Kinder zum „Aufsagen" nacheinander um denselben herum und an sich vorüberrücken, wie die Korallen eines Rosenkranzes an der Schnur und persolvirte solchen Rosenkranz in einer Schulzeit nach Umständen ein oder mehrere Male.

Als ein die alte Schulweise charakterisirender Act ist das „Ausschlagen" nicht zu übergehen, das schon in der Schulordnung a. 1613 vorkommt und selbst ans laufende Jahrhunderte heranreichte. Es war das gleichsam die Freysagung eines Schülers am Ende seiner Schulcurse, scheint manchmal auch am Ende eines Schuljahres als Luftspiel aufgeführt worden zu sein und war immer darnach angethan, daß Lehrer und Schüler beim Scheiden noch die Passionen ausgleichen konnten, die sie etwa während der Schulzeit gegeneinander gefaßt hatten. Der Lehrer setzte sich da vor der versammelten Schuljugend mit dem „Batzenferl" in der Hand auf einen langen Stuhl, die Beine etwas auseinander und der Abiturient sollte dann zwischen den Beinen des Schulmeisters unter dem Stuhl durchfahren. Da war es denn ein Erzspaß, wenn derselbe zwischen den zusammengestemmten Schenkeln des Lehrers hengen blieb wie die Maus in der Falle und das Batzenferl nach dem Maß seiner Flegelverdienste gröber oder gelinder auf den Hintern bekam; oder wenn etwa ein kräftigeres Bürschchen mit dem Maister auf dem Stuhl in der Stube dahinfuhr oder ihn gar unter und über warf; oder das Batzenferl auf ein unter den Hosen mit Brett gepanzertes Hintertheil klapperte.

4. Der **Unterhalt** der Schule auf dem Lande war überall beinahe derselbe. Die f. e. Regierung beförderte sie zwar von Zeit zu Zeit durch Decrete; aber wenig durch materielle Mittel. Nur hie und da wurde auf Bitten des Lehrers oder der Gemeinde das Schulgeld für arme Kinder aus der Pfleggerichtskasse bezahlt; aber nicht als ordentlicher Beitrag, sondern als zeitweiliges Almosen.

Die Gemeinden im Gesammten thaten auch nichts; die Naturaliensammlungen nämlich gehörten schon lange zum Unterhalt der Meßner, ehe sich diese noch mit der Schule befaßten. Aber die Eltern der Schulkinder hatten ein Schulgeld zu entrichten; öfters auch Holz und Licht. Die Schulordnung a. 1594 bestimmt außer diesen Naturalien das Schulgeld von einem Bürgerskind, das nur lesen lernt, mit 20 kr. quatemberlich; für eines das auch schreiben lernt, mit 30 kr.; für eines, das überdieß auch raitten lernt, mit 1 fl.; „doch mit der Bescheidenheit, daß die Schulmaister gegen armen Burgern sich mitleidentlich erweisen; .. doch soll ihnen unverwehrt sein, daß sie von reichen Burgern oder deren von Adels Khindern ein Mereres begeren". Weiters findet man in den Visitationsberichten folgende Ansätze: a. 1613 in Rauris von jedem Kind wochentlich 2 kr.; in Zell 6 bl.; in Stuhlfelden quatemb. 15 kr.; so auch in Saalfelden; a. 1673 in Tarenbach, Rauris und Piesendorf wochentlich 2 kr. 2c. Bei diesen geringen Ansätzen und der kleinen Schülerzahl war das Schulgeld noch allenthalben sehr unbedeutend.

Demnach wurden die Schulen schon insofern größtentheils von

Kirchenmitteln unterhalten, als sie meistens von der Kirche wenigstens zum Theil gebröbeten Leuten übergeben waren. In der frühern Zeit der Periode mußten Pfarrer den Schulmaistern, freilich nicht gerade der Schule halber, namhafte Beiträge leisten, z. B. a. 1555 der Pfarrer v. Saalfelden den 2 Schulmaistern „die Tafel"; a. 1613 Einem 26 fl.; der von Zell seinem Schulmaister a. 1590 20 fl., a. 1613 46 fl.; der v. Stuhlfelden bedeutende Naturalien 2c. Wie aber die Pfründeeinkünfte ab- und die Kirchenfonde zunahmen, wurden jene Beiträge auch diesen überbürdet; endlich ausdrücklich den Lehrern „Abbitionen" aus selben angewiesen, daß also die Kirchenmittel mehr und mehr für die Schule beansprucht wurden. — Ueberdieß war das Schullocale fast überall in den Meßnerwohnungen oder sonst in kirchlichen Häusern.

5. Die **Haltung der Gemeinden** gegenüber der Schule war noch im 17. Jahrhundert eine ziemlich laue, wie man schon aus ihrer Kargheit gegen sie entnimmt, da doch für rein kirchliche Zwecke viel früher schon große Opfer von Kreuztrachten waren gebracht worden. Man scheint die Schule als eine Modesache angesehen zu haben, an der man bald den Geschmack verlieren werde. Nur wenige, klügere Eltern wußten das so einflußreiche Institut zu schätzen und beschickten die Schule. Von einzelnen Schulen und Jahren hat man noch Verzeichnisse der Schülerzahlen: in Saalfelden z. B. waren a. 1623 38 Schüler; in Tarenbach a. 1673 im Winter 26, im Sommer 16; in Rauris a. 1613 25, a. 1673 24; in Zell a. 1590 30, a. 1613 12; a. 1673 im Winter 50, im Sommer „wenige"; von Bramberg wird a. 1673 bemerkt: „sind gar wenige Schulkinder und man schätzt hierorts die Schulkenntnisse nicht". Um die Zeit der Emigration hegten Manche, selbst Behörden, den Wahn, daß die Schule nur dem Lutherthum in die Hände arbeite, welcher natürlich dem Fortschritt derselben nur nachtheilig war.

6. Das **Verhältniß der Schule zur f. e. Regierung** läßt sich nicht so leicht bestimmt darlegen, indem ein eigentliches Schulgesetz nicht nur jetzt noch nicht; sondern auch nachmals von der f. e. Regierung gar nicht erlassen wurde. Anfangs erscheint das Verhältniß in der Wirklichkeit anders als in den einzelnen noch vorhandenen ämtlichen Schulacten. An Landkirchen, besonders an kleineren Orten, tritt die Schule nur wie eine Privatanstalt auf: ohne Verkehr mit den Oberbehörden wurde sie gewöhnlich begonnen; eine beliebige Zeit fortgesetzt: dann öfters ohne Weiters wieder aufgelassen; eben so ein-

fach wurden die Lehrer an- und abgestellt und manche Schule entstand und verschwand, ohne daß sich die h. Regierung um sie bekümmert oder ihr einen Kreuzer irgendwie zugewendet hatte. Im Allgemeinen aber, besonders in späterer Zeit der Periode, sah die f. e. Regierung die Schulen doch als öff. Anstalten an, die nur ihr unterstehen: erließ Normen für sie, beaufsichtigte sie durch ihre Organe, forderte Berichte über sie ein ꝛc. Außer den bereits angeführten Schulordnungen von a. 1594 und 1613 erfolgte eine solche auch von M. Gandolph a. 1672, die aber nicht mehr vorhanden ist. In jener von a. 1594 befiehlt der Fürsterzbischof: „die geistliche und weltl. Obrigkeit eines jeden Ortes sollen aufs Wenigst in jedem Vierteljahr alle und jede teutsche Schulen etwan zu unversehener Zeit visitiren". Die Gen.-Visitationen von a. 1555, 1613, 1673 ꝛc. geben kürzere und längere Berichte über die Schulen und a. 1730 wird von den Pfarrern Bericht verlangt, „ob die Schulen den ergangenen Generalien gemäß quatemberlich besucht und welche Lehrmethode und Früchte gefunden werden" ꝛc. Daraus ist klar, daß die h. Regierung die Schulen als ihre Angelegenheit betrachtete, sobald sie zu Bestand und Bedeutung gelangt waren.

Aber nicht so fast als Sache der weltl., als vielmehr der geistl. Regierung wurden sie angesehen; sie galten wesentlich als kirchl. Anstalten — sowohl den kan. Gesetzen gemäß, als auch der Weise nach, in der sie in Salzburg bestanden: wie schon angedeutet, war ihre Hauptaufgabe und Einrichtung, wie sie Wolf Dietrich a. 1594 bestimmte (cf. p. 147), durchaus christlich; dann wurden hier die Schulen meistens von Kirchendienern besorgt, größtentheils von Kirchenmitteln erhalten und wie die nächste Leitung derselben vorzüglich Geistlichen empfohlen war, so führte die völlige Oberleitung das hochf. Consistorium. Uebrigens ist auch schon bemerkt worden, daß die weltl. Obrigkeiten von allem Einfluß auf die Schulen nicht ausgeschlossen waren.

An sich und besonders in Hinsicht auf den kirchl. Charakter der Schule ist auffallend, daß sich die Pfarrgeistlichkeit außer der Aufsicht mit ihr gar nicht zu befassen hatte. Selbst der Religionsunterricht in den Schulen war den Schulmaistern überlassen: die Seelsorger hielten nur die Kirchenkatechesen; die Schule als eigentlichen Zweig der Seelsorge zu betrachten, scheint noch Niemand eingefallen zu sein.

5. Das Kirchengut und seine Verwaltung.

1. Die **Gotteshausfonde.** — Die Gen.-Visitation a. 1528 fand es noch gar nicht der Mühe werth, sich um dieselben zu kümmern; sie waren noch zu unbedeutend. Die von a. 1555 erkundigte sich zwar darum; fand aber nur bei einzelnen Kirchen unbeträchtliche Beträge: in Saalfelden bei der Pfarrkirche 25 fl. jährl. Stiften; von den Beneficien 72 fl. Stiften; in Tarenbach an Stiften 32 fl. und „khain sunder Barschaft"; in Raurie 65 fl. Stiften; in Piesendorf 8 fl. Stiften und „khain fürgeundts Gelt"; in Kaprun etliche Stiften und 40 fl. Kapital; in Aufhausen 80 fl. Barschaft; die Kirchen von Oberpinzgau besuchte diese Visitation gar nicht. Lange darnach wollten die Fonde noch nicht zunehmen, bis endlich die gottesdienstl. Stiftungen namhaft angewachsen waren und das f. e. Consistorium die Oberverwaltung mehr in die Hand nahm. Von a. 1690 gibt Dechant Gretzinger folgenden Vermögensstand der pinzg. Kirchen an:

von den 21 damaligen Seelsorgskirchen . . 68.133 fl. 2 ß. — dl.
„ „ 14 „ Nebenkirchen . . . 26.320 „ 5 „ 6 „
„ 7 Bruderschaften mit eigenem Fond . . 9.157 „ 7 „ 26 „

zusammen in RW. 103.611 fl. 7 ß. 2 dl.

Die jährl. Gültenbezüge sind vielleicht nicht überall kapitalisirt; auch manche kleinere Fonde außer Acht gelassen. Im folgenden halben Jahrhundert der Periode haben sich die Stiftungen nach Zahl verdreifacht; somit jedenfalls auch die Kirchenfonde sich sehr erhöht.

Nun aber nahmen auch die Lasten der Gotteshausfonde allmälig zu: viele Auslagen verursachten schon die Stiftungen selbst an gottesdienstl. Requisiten und Deputaten; sobald dann eine Kirche einige Rentenüberschüsse hatte, mußte sie damit andere Kirchen ringsherum in Nothfällen aushelfen und noch vor Ende der Periode war zum Grundsatz geworden, daß die Kirchen desselben Decanates, also hier alle pinzg. Kirchen, einander in Nöthen beizustehen haben. Auch an Priesterpfründen und Schulen mußten sie mehr und mehr ständige Beiträge übernehmen. Endlich beim Landtage a. 1620 wurde, gegen die bisherigen Immunitätsprivilegien, beschlossen: daß zu den Landesbedürfnissen „auch vom Vermögen der Kirchen, Bruderschaften und milden Stiftungen die Decimation entrichtet werden solle" (Zaun. Chron. V. 119), welche Forderung sich dann fast regelmäßig wiederholte.

2. Zwischen den alten und neuen **Seelsorgspfründen** war ein nicht unwesentlicher Unterschied. Die alten Pfarrpfründen hatten, wie S. 114 gesagt, ihr rentirendes Widthum an Grundstücken, Zehenten, Grundholden ꝛc. Leider wurde den incorporirten Pfarren auch in dieser Periode wieder Manches entzogen und mit den bisch. chiemf. Tafelgütern ꝛc. vermengt. Ohne diese Entfremdungen müßten die Pfarren Saalfelden, Zell ꝛc. zu den stattlichsten Pfründen der Diöcese gehören. — Unter den Lasten der Pfarrpfründen trifft man in einem Beneficienverzeichnisse von a. 1540 noch die bekannten „Absenzen" (cf. p. 114) nur mit etwas veränderten Ziffern: Zell mit 50 Pf. Pfge.; Piesendorf auch mit 50 Pf. Pfg.; später findet man nichts mehr von Absenzen. Eine bedeutende Last war auch die Reparaturpflicht der Widthumsgebäude. Wie den Kirchen wurde a. 1620 auch den Pfarrern die Decimation auferlegt.

Die Vicariatspfründen hatten kein so solides Widthum. Die ältern erhielten zwar meistens eine kleine Feldwirthschaft, entweder von Wohlthätern oder von der Gemeinde oder von Kirchenmitteln angekauft, welche aber gewöhnlich dem Vicariatskirchenfonde einverleibt wurde, ob sie gleich der Vicar zu nutzen hatte. — Uebrigens bestand ihre Dotation erstlich in einer Naturaliensammlung, welche bei Errichtung von Vicariaten hie und da zugesichert; meistens aber schon lange vorher dem Pfarrcooperator gereicht und nicht überall dem Vicare völlig überwiesen wurde. Dann in baren Geldbeträgen von der Pfleggerichtskasse oder Gemeinde oder von Kirchenfonden, meistens aus der einen und andern Quelle zugleich. Anerkennenswerth sind die namhaften „Priestergelder", welche pinzg. Kreuztrachten bei Errichtung ihrer Seelsorgen übernahmen. — Lasten wurden den Vicariatspfründen in Anschung ihrer Magerheit nicht aufgebürdet, außer hie und da kleinen „Willengeldern" an den Pfarrer zum Zeichen der Unterwürfigkeit des Vicars gegen diesen. Nur der Vicar v. Rauris hatte a. 1528 dem „Hrn. Pastor v. Taxenbach" noch 22 fl. Absenz zu entrichten.

Gemeinsame Bezüge der Pfarrer und Vicare waren die **Stolgefälle und Seelrechte** („Remedien, Selgeräte, Büfalle, Pönfalle"), welche letztere aber bei Errichtung der jüngern Vicariate der Periode meistens dem Pfarrer reservirt blieben. Begreiflich gab es der Seelrechts- und Stolgefälle halber oft Irrungen zwischen den Seelsorgern und Gemeinden, zu deren Beilegung oder Vermeidung wiederholte Verordnungen und Commissionen erfolgten. Schon a. 1527 reiste eine Stolcommission herum, welche besonders bezüglich der Seelrechte hie und da neue Vereinbarungen zwischen den Partheien vermittelte; übrigens aber „Leib- und Kreuzpfennige, Priestergelt und all andern pfarrl. Rechten, so eh und völlig gewest, bei altem löplichem, christl. Brauch beließ". Die EBe. Ernest, Wolf Dietrich und M. Sittich erließen Stolordnungen oder modificirten die alten; ausführlichere erfolgten a. 1642 und 1658; aber immer kehrten Zwistigkeiten wieder. Endlich a. 1729 wurde wieder eine Stolcommission aus 6 weltl. und 3 geistl. Gliedern unter Leitung des Hofkanzlers Christani v. Rallo zusammengesetzt, deren Ergebniß die Stolordnung v. 5. Dec. 1731 ist, die im Wesentlichen noch besteht, somit allenthalben bekannt ist.

Die Hilfspriester wurden auf die S. 132 bemerkte Weise unterhalten; gehörige Dotationen derselben waren noch am Ende der Periode eine Seltenheit. — Die Zuflucht der Hilfspriester im Falle eintretender Dienstunfähigkeit war schon lange der „Tischtitel", d. h. ein jährl. Sustentationsgeld, in der letztern Zeit von 150—200 fl. RW. Von den a. 1750 angestellten Priestern hatten den Tischtitel 27 vom Fürsterzbischof oder vielmehr vom Priesterseminare; 19 von Gemeinden, 16 von verschiedenen Herrschaften, 13 von einfachen Privaten, deren natürlich gewöhnlich mehrere mitsammen sich für einen gewissen Priester zu „Titelborgen" herbeiließen. Erst im 19. Jahrhundert, vorläufig bemerkt, hörten in unserer Diöcese die Privattischtitel auf, indem nun das Priesterhaus allen unbepfründeten Diöcesanpriestern den Titel gewährt.

3. Die **Verwaltung** des Kirchengutes war in der erstern Zeit dieser Periode vielleicht mangelhafter, als in der frühern, indem sie nach dem fast völligen Verschrumpfen der Archidiakonalgewalt lange ohne gehörige Oberaufsicht geführt wurde und über sie nur wenige neue Verordnungen erfolgten. — Bezüglich des Pfründevermögens übten der Bischof v. Chiemsee und Propst v. St. Zeno öfters sehr störenden Einfluß, worüber es manchmal zu verdrüßlichen Verhandlungen kam. In Saalfelden gab es weniger Anstände, als selbes ans salzb. Priesterhaus gekommen war.

Die Gotteshausfonde hatten die Pfarrer und Kirchpröpste lange völlig allein zu verwalten, welche letztere sich manchmal ziemlich eigenmächtig benahmen. Den Vicaren stand nirgends ein Mitverwaltungsrecht zu; sondern der Pfarrer übte die Obmannschaft in der Verwaltung auch des Vicariatsvermögens. Die Weise der Verwaltung sieht man ohngefähr in einzelnen noch vorhandenen Jahresrechnungen aus der 2. Hälfte des 16. Jahrhunderts, die weiter nichts sind als formlose Einnahmen- und Ausgabenjournale, ohne Belege, ohne Fertigung. Solche Fahrlässigkeit mag den EB. Wolf Dietrich bestimmt haben, a. 1597 zu verordnen, „daß künftig die weltl. Oberkalten den Kirchenraittungen fleißig beiwonen, aber nichts davon nemen sollen". Von nun an findet man eine fortwährende Theilnahme der untern polit. Behörden an der Localkirchenverwaltung. Endlich um die Mitte des 17. Jahrhunderts, wo die Kirchenfonde durch gottesdienstliche Stiftungen ꝛc. bereits namhafter geworden waren, fing das hochf. Consistorium an, sich an ihrer Verwaltung regelmäßig zu betheiligen: ließ sich die Jahresrechnungen auch der Landkirchen vorlegen, prüfte, berichtigte und ratificirte sie ꝛc. Hiemit erst bekam die Kirchenverwaltung eine gehörige Norm und gediehen auch die Fonde besser.

6. Die Kirchengemeinden.

Ihre äußere Gestaltung erfuhr im Laufe der Periode keine andern Veränderungen als die, welche die Errichtung von 17 Vicariaten mit sich brachte, wodurch die alten Pfarren keineswegs völlig zerstückelt, sondern nur in Mutter- und Tochterseelsorgen unterschieden wurden, die zusammen immer noch nur Eine Pfarre bildeten (cf. p. 116, 128, 131).

Die Zeitverhältnisse der Periode übten auf die Religiösität und Sittlichkeit des Volkes nach Gesagtem allerdings einen zum Theil sich entgegengesetzten Einfluß; dennoch darf man behaupten, daß die Gemeinden bis Ende der Periode zu einem religiösen und moralischen Stand befördert wurden, der im Ganzen früher nie vorhanden war.

1. **Die kirchl. Gesinnung** war allerdings nicht nur in den offenbaren Inclinanten des Lutherthums, sondern langefort im Allgemeinen bedenklich genug. Eine ausgebreitete Unkirchlichkeit verrieth sich nicht nur durch die gröbsten Unbotmäßigkeiten gegen den geistl. Landesfürsten, sondern auch vielfältig durch mißtrauisches Verhalten gegen die Seelsorgspriesterschaft, durch mancherlei unnöthige Zwiste und Beschwerden gegen sie; durch Versäumnisse kirchl. Vorschriften und Gleichgültigkeit gegen kirchl. Zwecke ꝛc. Trat die üble Gesinnung, geschreckt durch ernstere Regierungsmaßregeln, auch periodenweise zurück,

kam sie doch immer wieder ans Licht und erschien vor der Emigration besonders in Unterpinzgau als völlige Abtrünnigkeit. Dagegen aber fehlten auch Bethätigungen der besten Gesinnung keineswegs: die Zeller hielten sich in den Bauernkriegen mit einer Ehrenhaftigkeit, daß sie sich das Prädicat „die getreuen Knechte St. Ruprechts" erwarben und später bestanden Viele gegen die mit den peinlichsten Quälereien und Drohungen verbundenen Versuchungen zum Abfall von der kath. Kirche ein wahres Martertum. Nach dem Ausscheiden des offenbaren Lutherthums durch die Emigration erhob sich der geprüfte kath. Sinn der Getreuen mit neuer Kraft und von den zurückgebliebenen Bedenklichen wurden die Einen, den verführerischen Einflüssen entrückt, zu aufrichtigen Katholiken; die Andern starben allmälig aus.

2. Die religiösen **Kenntnisse und Ansichten** mußten sich gegen die frühere Zeit viel erweitern und aufhellen. Es wurde ja nun nicht nur viel mehr gepredigt und gelehrt, sondern mit der Zeit von besser gebildeten Seelsorgern auch mit viel mehr Geschick und Eifer; der christl. Schulunterricht, den Lehrern allein überlassen, kommt noch weniger in Betracht. Selbst das Sectenwesen machte viel von Religion reden und beförderte in gewisser Weise den religiösen Unterricht; kühlte aber freilich durch sein häufiges Streiten und Schmähen die Innigkeit des Glaubens ab. Daß es bei all dem noch taube Ohren gab, in die kein Unterricht einzubringen vermochte, ist in Hinsicht auf die frühere Weise der Seelsorge begreiflich. Göcking sagt darum von den salzb. Emigranten: „was ihre Kenntniß der Wahrheit betrifft, so findet sich unter ihnen ein großer Unterschied: Einige haben gottlob eine vortreffliche Kenntniß von Gott und der Religion; Einige aber sind sehr unwissend. Von Manchen kann man mit Wahrheit sagen, daß sie Viele, welche sich studiosos Theologiae nennen, weit übertreffen (Emigr.-Gesch. II. 333).

Neben den bessern Kenntnissen gab es noch reichlichen Aberglauben der buntesten und crassesten Art: Gespensterseherei, Hexereien, Wahrsagereien, Schatzgräbereien, allerlei Mißbrauch geweihter Dinge. Im loferer Bezirk legte man am „Bacheltag" (Weinachtvorabend) dem Winde zum Opfer einen Löffel voll Speise auf einen Zaunpfahl oder sonst erhabenen Punkt ꝛc. ꝛc. Uebrigens wird solche Sachen die Aufklärung keiner Zeit gänzlich beseitigen können. Am Häufigsten waren wohl Gespensterseherei und Hexerei. Fast kein Bezirk war ohne einheimischen Spuk; bekannt sind z. B. die Fee auf dem Pechhorn in

Lofer; die Frau im Lambrechtsofenloch bei Weißbach; der Teufel auf dem steinernen Meere mit seiner Thalermühle; der „Mußbachbock" zu Aufhausen; der „Neumayr=Almgeist" in Kaprun; die „Keesschieber" von Moosen im Wasserfallthal; das „Achenlichtel" im Mitterpinzgau; die Frau in den Ruinen der Weyerburg bei Bramberg; der „Putz" in der Dürrenbachau bei Neukirchen; die Jungfrauen und schwarzen Hunde auf der Friedburg in der Sulzau ꝛc. ꝛc. Von „Bannungen, Erlösungen, Beschwörungen (Citationen) der Geister" konnte man breit ausgesponnene Geschichten hören. Das „Todtenbahrziehen" in der Mitternachtstunde um Kirchen mit Friedhöfen war ein oft wiederholter Versuch ꝛc. ꝛc. — Noch ärger war der Herenglaube. Im Pinzgau hatten sie ihren Versammlungsplatz zum Wettermachen, Tanzen und in allerlei Absichten auf der „hohen Kammer" am Kitzsteinhorn. Bei gefährlichen Gewittern ging man ihnen mit eigenen „Wetterbüchsen" von Gestalt eines Brodlaibes aufs Leben, welche mit verschiedenen geheimnißvollen Dingen geladen wurden; in großen „Riseln" fand man oft Weiberhaare ꝛc. Am Allerauffallendsten ist die Haltung der f. e. Regierung (natürlich nicht unserer Regierung allein) den Herereien gegenüber. Man denke an das Geläute in der Johannisnacht (p. 144); a. 1574 wurden eine Pfarrerköchinn von Bramberg als Here verbrannt; a. 1678 in Salzburg „114 Zauberleith von 11—20 Jahren justificirt", alle verführt durch den „Zaubrerjäggl"; auch den Eltern befohlen „ihre Khinder mit einem Behäng von geweihten Sachen zu versehen, damit sie nicht dem verruchten Zaubrerjäggl ins Garn kommen" ꝛc.

3. Die **Sittlichkeit** des Volkes hatte begreiflich ihre Licht= und Schattenseiten. Göcking wieder (Em.=Gesch. II. 305) rühmt an den Salzburgern „ihre Gottesfurcht, Erkäntlichkeit, Offenherzigkeit und Redlichkeit, ihr mitleidiges und freygebiges Gemüth, ihre Geduld und Gelaßenheit, Folgsamkeit, Willigkeit und Dienstfertigkeit" und erzählt von allen diesen Tugenden schöne Beispiele. Ob er gleich an ihnen auch Untugenden findet, hatten er und die andern preuß. Pastoren an den Salzburgern doch ein großes Wohlgefallen, und glaubten „Preußen werde durch sie gesegnet sein". Die Emigranten waren aber doch wohl gewiß nicht die bessern als die im Lande gebliebenen treuen Katholiken.

Gleichwohl zeigen die Geschichte, besonders vielerlei Verordnungen an der Bevölkerung auch manche schlimme Züge. In den Bauern= kriegen a. 1525 und 1526 und im Aufstand a. 1606 legte sie großen=

theils einen sehr unzuverläßigen Charakter an den Tag. — In der Zeit des span. Erbfolgekrieges (a. 1701—13) „nahmen Räubereien und Plündereien also überhand, daß zuvörderst in Einöden fast kein Haus mehr Ruhe und Sicherheit hatte". Das raubsüchtige Gesindel war aber meistens ausländisches und wurde aufs Aeußerste verfolgt: Gerichtsdiener und Jäger durften nach Umständen darauf schießen, wie auf das Wild. — A. 1617, 20, 21 ꝛc. erschienen scharfe Verbote gegen das „übermäßige Bankettiren und Praßen" bei Hochzeiten, Kindstaufen, Meistermalen ꝛc. EB. Johann Ernst fand den Aufwand bei Todtenzehrungen zu beschränken: bei einem Steuerkapitale des Verstorbenen pr. 1000 fl. auf 20; pr. 900—500 fl. auf 12, pr. 300 fl. auf 6 fl. ꝛc.

Am Meisten aber machte immer die Unzucht zu schaffen, die zum Theil aus dem Unwesen ganz unförmlicher Eheversprechen entsprang. EB. M. Sittich sagt a. 1618: es sei erschrecklich, „was Unwesen, Unhail, Sünd und Laster aus den haimblichen Eheversprechungen, Winkelverhaißungen zwischen dem löbigen Manns- und Weibsgesind entstehe, bei denen der Concubinat, verbotene Vermischung und Blutschand also eingerißen .. Von Vielen werde obgesagte Ungebühr etliche Jahr continuirt und das unzüchtige Leben vor khain Sünd gehalten .. Da zuleßt in solcher Gemeinschaft Ains des Andern Unlust genommen, komen sie vor Gericht, leugnen die Verhaißungen und machen sich der Verlobnißen frei". Man hatte also Grund genug, den fleischlichen Ausschweifungen mit den schärfsten Verordnungen zu Leibe zu gehen, z. B. von a. 1672, 77, 79, 86 und 1710, welche die Ausschweifenden nach Maß des Vergehens mit Geld-, Geigen-, Keuchenstrafen belegten, auch mit Soldatendienst oder Verweisung aus dem Gericht oder Lande auf ein oder mehrere Jahre. — Aber auch die näheren oder entfernteren Gelegenheiten der Sünde wurden ernstlich verpönt: das Gaßeln und Nachtschwärmen, die Ungebührlichkeiten beim Baden in den Anstalten der Bader und in den Bauernbadstuben, das Zusammenkommen zum Rötteln, Hosenrecken und anderen Spielen an unbeaufsichtigten Orten; sehr sorgfältig auch jede ungebührliche Kleidung. Ein Hofrathsbefehl a. 1734 trägt auf: Der Dechant solle „alles Ernstes darob sein, daß die Sendinen ab- und statt derselben Melcher aufgestellt werden, bei 50 Reichsthaler Straf".
— Besonders viele Verordnungen erfloßen über den Tanz, die ihn zwar nie ganz verboten; sondern sorgfältig regelten und manchmal ziemlich beschränkten. Mehr als die Verordnungen fruchtete vielleicht

die Anstalt der „Tanzlauben". Sie waren Bühnen auf der Erde mit einem Obdach auf mehreren Säulen, aber ohne Seitenwände und nur mit einem brusthohen Geländer umgeben, damit nicht etwa ein gar zu schwunghaftes Paar beim Tanze über die Bühne hinausgerathe. Sie standen nur in den Kirchdörfern, nicht in den Weilern und gewöhnlich am offensten Platz, z. B. in Zell war die Tanzlaube unweit der Linde vor der Kirche; in Glemm zunächst am Friedhof; in Piesendorf auf der Stelle des heutigen Schulhauses. Sie waren der einzige befugte Tanzplatz in der Gemeinde, keiner in den Wirthshäusern und wurden auf Gemeindekosten hergestellt und erhalten. Gewiß war eine solche Anstalt klug berechnet: die Hunderte von Augen des Dorfes oder Marktes übten eine gescheitere Aufsicht gegen Ungebührlichkeiten auf dem Platze selbst oder verdächtiges Wegschleichen von selben, als der Gerichtsdiener, der gewöhnlich in kameradlichen Beziehungen zu den Tänzern stand.

7. Das Decanat von Pinzgau.

Ins 17. Jahrhundert hinein waren die 7 Pfarrer des Gaues die ersten Hierarchen desselben und standen unmittelbar unter der h. Diöcesanstelle. Wohl die damalige theilweise Verkommenheit der Seelsorgspriesterschaft, auch die luth. Regungen bestimmten den EB. M. Sittich zur Einführung der Ruraldecanate, die bisher im engern Salzburg noch nirgends bestanden. Nach längern Verhandlungen der Angelegenheit erfolgte am 7. März 1618 der gewöhnliche Vortrag hierüber an den Fürsterzbischof und gleich darauf die „Austhailung der Ruraldecanate, wozu alle künftigen Dechante zum Consistorium berufen wurden, gehorsam erschienen und das auferlegte Amt mit gebührender Ehrerbietung empfingen". — Allen Dechanten wurde eine gleichlautende Amtsinstruction („patentes decanales") zugestellt, wodurch der Dechant als „Oberhaupt seines Districtes" aufgestellt wurde und als solches 1) Aufsicht über die Districtspriesterschaft, die Kirchenfonde, den Vollzug der ergangenen Generalien ꝛc. üben; 2) speciell übertragene Geschäfte getreulich besorgen; 3) halbjährig schriftlichen Bericht ans Consistorium einsenden sollte über den Zustand und die Vorkommnisse des Decanates; in dringenden Fällen aber sogleich berichten und Bescheid darüber abwarten. Von der alten Archidiaconaljurisdiction überkamen also die Dechante nichts; auch wurden sie von jeher einfach vom Fürsterzbischof aufgestellt, nicht etwa von Rural-capiteln gewählt, die bei uns nie bestanden.

Für **Pinzgau** wurde nur 1 Decanat und zwar etwas auffallend in Saalfelden errichtet, das doch gar nicht der Mittelpunkt des Gaues ist und dessen Seelsorger nur chiemf. Pfarrvicar war, somit vom salzb. Ordinariate nicht einmal frei angestellt werden konnte, bis die Pfarre ans salzb. Priesterhaus überging. — So angezeigt das Institut an sich ist, war es den Priestern anfänglich doch gar nicht genehm: den Pfarrern nicht wegen Einbuße an Herrlichkeit und den gesammten Priestern nicht vielleicht wegen Bewußtsein von mancherlei persönlichen und dienstlichen Gebrechen. Der 1. Dechant G. Tauscher, ein allerdings etwas schroffer und reizbarer, aber sonst durchaus ehrenhafter Mann, beklagte sich vorzüglich über die Geistlichen des Pfarrbezirkes Zell, mit denen er decanalämtlich gar nichts mehr zu thun haben wolle; der Vicar v. Fusch „habe das Decanat gar einem Schergenämtl assimilirt". Hernach aber kommen durchaus keine Spuren von Widerwillen gegen das Decanat mehr vor.

An **Decanalconferenzen** dachte man schon vor Activirung der Decanate und fragte a. 1617, unter Hindeutung auf die alten Archidiakonalsynoden: „wann, wo und wie oft sie stattfinden sollen?" A. 1631 und 1635 wurde den Dechanten bestimmt aufgetragen, „die gebührlichen Synodos zwischen ihrer Clerisei" zu halten und a. 1657 erlaubt, dieselben bei Gelegenheit der jährlichen Decanalvisitation zu veranstalten, welchem nach in verschiedenen Theilen des Decanates besondere Conferenzen gehalten werden konnten. Von wirklicher Abhaltung aber hat man weder Acten noch andere Spuren.

4. Periode:
Seit der Bewältigung des Lutherthums bis zur Gegenwart a. 1750—1865.

In der kirchlichen Entwicklung dieser kurzen Zeit sind mehrmalige Wendungen wahrzunehmen. Nach ruhigem Fortgang der kirchl. Restaurationsbestrebungen seit der Emigration folgte mit Beginn der Regierung Fürsterzbs. Hieronymus a. 1772 die bekannte Reform in aufklärender und epurirender Richtung bis zu seinem Abgange von

Salzburg. Vom Beginn der weltl. Regierungen in Salzburg an bis zur Wiederbesetzung des f. e. Stuhles (a. 1803—24) erfuhr das Kirchenwesen eine Reihe von Hin- und Hergestaltungen, welche mit den Stürmen der Zeit nicht ohne tiefen Eindruck auf den religiösen Sinn des Volkes waren. Seit der Wiederankunft eines eigenen Oberhirten bis zum unseligen Sturmjahr (a. 1824—48) hob sich die kirchliche Gesinnung aufs Erfreulichste und unstreitig gehören diese 24 Jahre zu den schönsten der salzb. Kirche. Seit dem Jahre 1848 hat sich zwar im kirchlichen Leben äußerlich soviel nicht geändert; aber von einer allmäligen, stillen innern Umwandlung lassen sich Spuren fast nicht verkennen.

1. Die Decanate.

Von a. 1618—1764 stand das ganze Pinzgau unter dem Decanate **Saalfelden**, wozu auch der pong. Bezirk v. Lend und der halbpong. v. Dienten wegen ihres kanon. Verbandes mit pinzg. Pfarren gehörten. Am Ende jener Zeit zählte das Decanat 25 Seelsorgsbezirke. A. 1764 verlor es 9 Bezirke von Oberpinzgau ans neue Decanat Piesendorf; doch a. 1783 und 85 entstanden in seinem Gebiet 3 neue Vicariate: Weißbach, Hinterthal und Bucheben. Durch Errichtung des Decanates Tarenbach a. 1792 wurde es wieder um 9 Seelsorgen geschmälert; erhielt aber a. 1800 ein neues Vicariat in Viehhofen. Zufolge der Decanateeintheilung durch die k. bayr. Regierung a. 1812 gingen Zell, Viehhofen und Saalbach ans Decanat Piesendorf über und St. Martin und Unken ans Decanat Reichenhall; letztere 2 kamen a. 1816 und Zell mit den 2 glemmer Vicariaten a. 1850 zurück; aber Dienten war a. 1828 an St. Johann überwiesen worden.

Das Decanat **Piesendorf** für Oberpinzgau entstand a. 1764 und erhielt die 9 Seelsorgsbezirke von Piesendorf bis Wald; a. 1784 2 neue Vicariate Niedernsill und Krimmel. In der bayr. Periode a. 1812 wurden 8 Bezirke des k. Landgerichts Mittersill abgetrennt; hingegen vom Landgerichte Zell 4 Bezirke zugewiesen: Zell, die 2 glemmer Vicariate und Fusch. Mit 6 Curatien bestand es von nun an fort bis zu seiner Aufhebung a. 1850, die zusagen mit einem Federstrich geschah.

Bei der Errichtung des Decanates **Tarenbach** a. 1792 wurde zum ersten Mal der kanon. Verband der Kirchen nicht mehr beachtet, war im Grunde wohl auch schon gelöst: es kamen zum neuen Decanate außer den 6 Seelsorgern des alten tarenb. Pfarrbezirks die Vicariate St. Georgen, Bruck und Fusch vom Pfarrbez. Zell; Fusch wurde a. 1812 Piesendorf zugetheilt, kam aber a. 1850 hieher zurück. — Die pong. Pfarren, welche dem Decanate anfangs zugewiesen wurden und zum Theil noch dazu gehören, sind hier außer Acht zu lassen.

Das Decanat **Mittersill** war eine Schöpfung der bayr. Regierung a. 1812, nach dem Grundsatze: soviel Decanate als Landgerichte und, wie thunlich, beide Behörden an demselben Ort. — Doch schon a. 1820 befand man das Decanat nach **Stuhlfelden** zu übersetzen. Wie jenes begriff dieß die 9 Seelsorgsbezirke des polit. Gebietes v. Mittersill; a. 1850 kamen die Bezirke Piesendorf und Kaprun hinzu.

Demnach hat nun Pinzgau 3 Decanate:

Saalfelden	mit 10 Seelsorgen und	12.470 Seelen,
Tarenbach (abgesehen von Gastein mit 4 Seelsorgen und 3750 Seelen) . .	„ 9 „ „	6.210 „
Stuhlfelden	„ 11 „ „	10.340 „

zusammen mit 30 Seelsorgen und 29.020 Seelen.
Dazu noch das abgetrennte Dienten mit . . . . 510 „
daß also nach kirchlicher Zählung das Gau enthält 29.530 Seelen.

Die **Stellung der Dechante** ist wesentlich noch die ursprüngliche: sie sind noch hauptsächlich Inspectoren und Berichterstatter („oculi inspectores et relatores"). Ihre Geschäfte bezüglich der einzelnen Bezirke haben sich zwar vervielfältigt; ihre Bezirke aber beschränkt. — Die Schulaufsicht kam ihnen ohne besonderes Conf.-Decret selbstverständlich zu, so bald man die Schulen einiger Aufmerksamkeit werth fand. Während der Regierungswechslungen führten sie dieselbe gewöhnlich mit den polit. Bezirksvorstehern im Auftrage der Regierung. Seit Einführung der östr. Schulverfassung in Salzburg a. 1819 sind sie k. k. Schuldistrictsinspectoren; stehen aber als solche doch zunächst unter dem f. e. Consistorium.

Die **Decanalconferenzen** waren längst völlig in Vergessenheit gerathen, als ein eben so wohl geformter, als dem guten Willen im Ganzen practicabler Conf.-Erlaß vom 31. Jänner 1854 „Pastoralconferenzen" anordnete (Verordn.-Bl. II. 95). Zeigt sich dafür nicht allenthalben der gehörige Eifer, so läßt sich das in Hinsicht auf einzelne Bestimmungen des h. Erlasses begreifen; ist aber zu bedauern.

Die **Decanatskassen** stellte zuerst §. 16 des merkwürdigen Hirtenbriefes a. 1782 in Aussicht und ein Conf.-Decret v. a. 1786 befahl, die Kassen alsogleich zu errichten und 1 Drittel der jährl. reinen Ueberschüsse von allen Kirchen und Bruderschaften des Decanates für die Kasse einzuholen. Zu selber sollte einen Schlüssel der Dechant, den andern der Pfleger bewahren und sie darüber jährlich Rechnung legen. Bezüglich der Verwendung der Kassemittel sollte besonders §. 15 jenes Hirtenbriefes maßgebend sein, dem gemäß sie nicht allein kirchlichen, sondern auch Wohlthätigkeitszwecken zu Nutzen kommen mußten. Die Kassen bestanden von a. 1786—1830 unter Modificationen fort. Unterm 24. Dec. 1821 erfolgte auf Rücksprache mit dem f. e. Consistorium und k. k. Kreisamte die a. h. Entschließung: die Kassen seien aufzuheben, die Einzahlungen also einzustellen; die Ausgaben aber fortzuentrichten, bis eine weitere Verfügung erfolgen werde. Das Gesammtvermögen dieser Kassen in der Diöcese betrug damals 37.759 fl. 10³⁄₄ kr. CMze. WW.; das jener

von Saalfelden . . . . 4058 fl. 20 kr.
„ Piesendorf . . . . 5191 „ 40 „
„ Tarenbach, jünger als die 2 andern . . . . 2741 „ 40 „

zusammen 11.991 fl. 40 kr.

Stuhlfelden, erst in der Zeit entstanden, als die Kassen schon nicht mehr ordnungsmäßig waren, hatte keine. — Nach vielfältigen, langen Verhandlungen bestimmte endlich ein a. h. Erlaß v. 14. Nov. 1830, „das Vermögen der Decanatskassen ist denjenigen Kirchen und Bruderschaften, aus deren Beiträgen es entstanden ist und zwar nach der strengsten Gerechtigkeit zurückzustellen"; was auch sofort geschah.

9. Kirchen und Seelsorgsbezirke.

Zum Zeichen, daß unser Gau diesbezüglich schon zu Anfange der Periode ziemlich wohl bestellt war, vermehrten sich weder die einen noch die andern sehr namhaft; wohl aber veränderten sich die Beziehungen der einzelnen Kirchen zueinander ꝛc. bedeutend. Folgendes ist das Verzeichniß der neuen Kirchen und der Veränderungen an den alten:

1751 die Annakapelle in Mittersill wieder hergestellt.

1756 in Unken die Kirche durch Brand zerstört und darauf ganz neu hergestellt.

1768 in Viehhofen Kapelle, a. 1797 neue Kirche und Filiale von Zell, a. 1800 Vicariat.

1770 die Waldkapelle zu Zell abgebrannt und nicht wieder für die h. Meßfeier hergestellt. — In Leogang die Hüttenkapelle ohne Meßlicenz.

1775 Calvarikapelle bei Zell.

1783 Weißbach und Hinterthal Vicariate; in Weißbach a. 1790 neue Kirche.

1784 Niedernsill und Krimmel Vicariate.

1785 in Bucheben neue Kirche und Vicariat. — Das Elendkirchlein in Embach abgebrochen; doch a. 1840 wieder erbaut.

1803 St. Martin und Unken durch Aufhebung des Stiftes St. Zeno aus der Incorporation.

1807 Zell, Stuhlfelden und Bramberg mit ihren Nebenkirchen durch Aufhebung des Bisthums Chiemsee aus der Incorporation.

1812 Unken zur Pfarre erhoben.

1813 Embach und Mittersill auch Pfarren.

1857 Niedernsill Pfarre. — Einödkapelle in Rauris mit Meßlicenz.

1858 Alm, Rauris, St. Georgen, Bruck, Uttendorf und Leogang Pfarren.

1859 Neukirchen Pfarre.

1860 Kirche Kammer aufgehoben; aber dafür eine neue in Maishofen.

1862 Fusch und Kaprun Pfarren.

In mehreren Kapellen z. B. in der Schloßkapelle zu Dorfheim, Antonikapelle in Piesendorf unterbleibt nun die h. Messe.

Seelsorgsbezirke entstanden demnach zwar 6 neue; aber außer Bucheben hatten dieselben schon früher mehr und weniger Filialgottesdienst. — Durch Errichtung neuer Curatien veränderten sich auch die Gränzen der Seelsorgsbezirke; überdieß löste sich Dienten mehr und mehr von der Pfarre Saalfelden ab und wurde a. 1828 sogar vom Decanate Saalfelden an jenes von St. Johann im Pongau überwiesen.

Kirchen entstanden 6 neue; dagegen von 9 Kirchen die einen förmlich erſecrit, in den andern die Feier der h. Meſſe aufgegeben, daß am Ende dieſer Periode gegen die frühere um 3 Kirchen mit Meßfeier weniger beſtehen.

Wie früher die **Kanon. Beziehungen** der Kirchen zu einander für heilige, unzertrennliche Bande angeſehen wurden : ſo zerſchnitt ſie nun die Zeit faſt alle. Die Pfarren Lofer, Zell, Stuhlfelden und Bramberg wurden, wie geſagt, durch Aufhebung des Stiftes St. Zeno und Bisthums Chiemſee a. 1803 und 7 auf ein Mal der Incorporation los; tragen aber in ihrer verhältnißmäßigen Kahlheit gleichwohl noch merkliche Erinnerungszeichen ihres ehemaligen Verbandes an ſich. Nur Saalfelden verharrt noch in ſeinem von jeher mildern Incorporationsverhältniſſe zum ſalzb. Prieſterhauſe. — Die Kirche Prielau, anfangs weſentlich eine Nebenkirche v. Zell, ging an das Beneficium Kammer über. — Die Vicariate traten mehr und mehr aus ihrem Verhältniſſe zu den Mutterkirchen: Fürſterzb. Hieronymus beſchränkte die ehemals pflichtmäßigen Beſuche der Pfarrkirchen von Seite der Vicariatsgemeinden und die Dienſtleiſtungen der Vicare in jenen; in der kurf. und 1. k. k. Periode (a. 1803—9) erhielten die Vicare die völlige pfarrl. Amtsgewalt, auch in Verwaltung des Kirchenvermögens, ſoweit ſich damals die Seelſorger damit zu befaſſen hatten. Seitdem alſo beſtehen zwiſchen Pfarre und Vicariat in ämtl. Beziehung keine Unterſchiede mehr; ſondern nur noch Erinnerungszeichen des ehemaligen Verbandes, z. B. Empfang des Taufwaſſers von der Mutterkirche, Antheil des Pfarrers an den Funeralien der Vicariate. In neuerer und neueſter Zeit wurden laut obigen Kirchenverzeichniſſes 13 Vicariate ſogar zu förmlichen **Pfarren** erhoben: Unken, Embach und Mitterſill a. 1812 und 1813 auf den Wink der k. bayr. Regierung und 10 andere von a. 1857—62 mit Zuſtimmung des h. Miniſteriums vom hochw. Ordinariate, um welche Beförderung der Vicariate ſich beſonders der Conſ.-Rath K. Stolz verdient machte. Uebrigens konnte ſich nach Geſagtem dadurch in der Beziehung der Kirchen zueinander wenig mehr ändern; nur die Seelſorgerpfründen gewannen.

Die **Kirchenklaſſen** haben demnach jetzt ganz andere Ziffern als früher und die Namen der Klaſſen zum Theil andere Bedeutung. Es ſind nun, um die Kirchen der Vergleichung halber nach ihrer ehemaligen Zuſammengehörigkeit zu verzeichnen, im alten Pfarrbezirke

Lofer	2	Pff.,	1	Vf.,	—	Ff.,	3	Nf.,	zusammen	6	Kirchen,
Saalfelden	3	"	2	"	1	"	4	"	"	10	"
Tarenbach	3	"	3	"	—	"	4	"	"	10	"
Zell	4	"	2	"	—	"	4	"	"	10	"
Piesendorf	3	"	—	"	—	"	3	"	"	6	"
Stuhlfelden	3	"	—	"	—	"	5	"	"	8	"
Bramberg	2	"	3	"	—	"	3	"	",	8	"

also 20 Pff., 11 Vf., 1 Ff., 26 Nf. zusammen 58 Kirchen.

Dazu die andern Kirchen mit eigenen Priestern: Marktlofer, Kirchenthal, Maishofen mit Prielau und Hundsdorf . . . . 5 "

also a. 1865 im Gaue . . . . 63 Kirchen.

3. Die Seelsorgspriesterschaft.

1. Die **officiellen Unterschiede** der Seelsorgsvorsteher vereinfachten sich mehr der Sache, als der Bezeichnung nach. Durch die schon erwähnte Aufhebung der Incorporation verwandelten sich die 4 Pfarrvicare v. Lofer, Zell, Stuhlfelden und Bramberg in Pfarrer. Wenn der Pfarrvorsteher v. Saalfelden noch als Pfarrvicar bezeichnet wird, so hat das bei den Umständen, daß er auch investirt und der habituelle Pfarrer das s. e. Priesterhaus nicht irgend ein persönlicher Kirchherr ist, wenig Bedeutung. Wie gesagt, 13 Filialvicare wurden zu Pfarrern erhoben; denen gegenüber für die Altpfarrer nur mißlich ist, daß ihnen gar kein anderer Unterschied mehr blieb, als eine Congrua von 300 fl. CMze. WW. gegen jene der neuen Pfarrer pr. 400 fl. — Den noch bestehenden „Vicaren" kommt, wie bereits angedeutet, ihr Name nur mehr sehr uneigentlich zu, und hat nur noch als histor. Reminiscenz an ein völlig gelöstes Verhältniß einen Sinn. Nicht nur hat nun der Vicar denselben Umfang der Amtsbefugnisse, wie der Pfarrer; sondern er gelangt auch unter denselben Bedingungen zum Amte: nicht mehr bloß auf eine Curaprüfung beim Decanate, wie noch in der Hieronymusperiode, sondern nach bestandenem Pfarrconcurs 2c. Die Investitur, die nach bisheriger Gewohnheit unserer Diöcese nur dem Pfarrer ertheilt wird, bringt bekanntlich keine Amtserweiterung mit sich; sondern nur den Vortheil beliebiger Stabilität an seinem Posten, welcher Vortheil, seitdem auch

der Vicar nur auf Präsentation der h. Regierung vom hochw. Ordinariate angestellt wird, auch ihm zukommt; nur von ihm etwas leichter verscherzt werden kann.

Von eigentlichen Seelsorgsgehilfen bestehen noch die 2 Klassen vom Ende der frühern Periode; ihre Verhältnisse aber sind nicht mehr ganz dieselben. Von Cooperatoren der alten Art, die sich gewöhnlich durch Befugniß zu gewissen Functionen und Bezug der Gefälle davon, dann zum Selbstbezug der Naturaliensammlung rc. von den Coadjutoren unterscheiden, besteht nur mehr der in Saalfelden. In Alm und Tarenbach wurden zwar a. 1706 und 1714 die eingegangenen Cooperaturen wieder hergestellt; aber nicht mehr völlig in alter Weise. — Die Coadjutoren, ehemals, wie erwähnt, nur im Dienste der Pfarrer, sind nun so gut als die Cooperatoren systemisirte Hilfspriester; werden somit auch nur vom f. e. Consistorium angestellt und sind nach den Bestimmungen dieses vom Pfarrer zu halten. — A. 1791 wurde vom f. e. Consistorium eine Wanderungskasse für Hilfspriester angeordnet, welche sonderbarer Weise die Pfarrer und Vicare, denen Hilfspriester beigegeben waren, zusammenschießen sollten; a. 1810 geschieht der Kasse noch Erwähnung.

Außer diesen Seelsorgspriestern sind im Gaue nur noch 2 Beneficiaten: der Regens v. Kirchenthal und der Beneficiat v. Kammer; dann Kapläne oder Frühmesser in Lofer und Saalfelden, ersterer nicht völlig gesichert; die Wallfahrtspriester in Kirchenthal und die PP. Franciscaner in Hundsdorf — alle mehr und weniger zur Mithilfe in der Seelsorge verpflichtet. — Weltpriestermissionäre wirkten hier noch bis a. 1781; gehörten aber der Gaupriesterschaft nicht an (cf. p. 125).

Stand der Priester a. 1865: Pfarrer 20
Vicare, inbegriffen der von Dienten 11
Cooperatoren 3
statusmäßige Coadjutoren 23
Beneficiaten, Kapläne und Wallfahrtspriester 7
PP. Franciscaner zu Hundsdorf 3
zusammen . . 67;
also gegen die frühere Periode um 9 weniger; aber ohngeachtet der sehr gesteigerten Seelsorgsdienste doch eben ausreichend.

2. Die **Bildung** der Geistlichen hatte während der f. e. Landesregierung fast nur das Priesterseminar zu besorgen und ließ an

selber wesentlich nichts ermangeln. Nur kehrte um die Scheide des vorigen und laufenden Jahrhunderts der Geist der „Aufklärung", damals die verbreitetste Atmosphäre in den höhern Schulen, auch ins Priesterhaus ein und gewann in manchen Alumnen die Oberhand über die kirchliche Anschauungsweise. Da dann solche als Priester auf dem Lande wenig Hehl aus ihren Ansichten machten, gaben sie dem strengkirchlichen Theil der Bevölkerung wirklich einiges Aergerniß und die „Fingerlosianer" waren bei demselben nicht nur in unserer, sondern auch auswärtigen Diöcesen allenthalben nicht im besten Ruf.

Die Universität besuchten bis zum Beginn der weltl. Landesregierung nur einzelne Alumnen des Priesterhauses; hernach aber mußten sämmtliche angehende Theologen die theolog. Vorlesungen erstlich an der Universität, nach deren Aufhebung am l. f. Lyceum hören. Deßhalb aber wurden im Seminar die Hausvorträge nie eingestellt, gewiß zum Besten der seelsorglichen Bildung, wenn sie von Männern gehalten werden, die nicht nur Wissenschaft besitzen; sondern auch das kirchliche Leben der Gemeinden aus eigener Anschauung und den Seelsorgsdienst durch Uebung in allen seinen Zweigen kennen.

Ein neues Institut ist das f. e. „Collegium borromaeum", a. 1845 klein angefangen; nun aber bereits zu ansehnlichem Stand erweitert und von unverkennbarem Einfluß auf die Bildung der Priester.

Der Erfolg der nunmehrigen Bildungsanstalten liegt in den Leistungen und dem Wandel der Priester vor aller Augen und ist darüber jedes Wort überflüssig. — So auch die Stellung derselben im öff. Leben.

4. Gottesdienst und Seelsorge.

Bezüglich des Gottesdienstes machten sich in dieser Periode nach Verlauf von kaum 2 Decennien andere Ansichten geltend als früher: man glaubte, er habe sich zu sehr vervielfältigt und angehäuft und vereinfachende Reform desselben wäre somit an der Zeit.

a) Vor Allem ging man an Reduction der **Feiertäge**. Auf Betreiben der Kaiserin Maria Theresia hatte schon P. Benedict XIV a. 1754 für mehrere Feiertäge die knechtliche Arbeit nach Anhörung der h. Messe erlaubt. Auf die Bitte des bayr. Kurfürsten Max Joseph dehnte P. Clemens XIV nicht nur dieselbe Erlaubniß auch auf Bayern aus; sondern erließ auch die Verpflichtung, an den ab-

Gottesdienst ꝛc.

gewürdigten Feiertägen die h. Messe zu hören. Da somit die salzb. Diöcesanen in den östr. und bayr. Gebieten von gewissen Feiertägen schon dispensirt waren, bat Fürsterzb. Hieronymus unterm 10. August 1772 auch für das Erzstift um Dispense und erhielt sie noch in demselben Jahr. Der päpstl. Dispense zufolge waren von nun an zu feiern: außer den Sonntägen noch 7 andere Feste des Herrn . 59
Frauenfeste 5
Feste der Heiligen 5
dazu das Diöcesan- und Pfarrpatrociniumsfest 2
zusammen also Feiertäge des Jahres 71.

Alle andern, wie immer aufgebrachten Feiertäge sollten abgestellt sein. — Im Vergleiche dieser päpstlichen Bestimmung mit jener von a. 1642 zeigen sich nun die Feiertäge um 24 vermindert.

Unterm 4. Dec. 1772 wurde das päpstl. Breve mit einem „Unterricht" vom hochf. Consistorium an alle Decanate geschickt mit dem Auftrage, beides an drei aufeinanderfolgenden Feiertägen in allen Kirchen auf der Kanzel zu verkünden und darüber Vollzugsberichte einzusenden. Mit Beginn des Jahres 1773 sollte die Dispense in Wirksamkeit treten.

Darüber ärgerten sich aber nicht nur die Gemeinden höchlich; sondern auch manche Geistliche. Der Franciscaner P. Clarentius Pschaiber schrieb a. 1773 dagegen sogar ein Büchel, in welchem er nach behördlichem Urtheil „offenbaren Aufruhr." anrieth. Von den Gemeinden folgten zuerst Bitten über Bitten um Zurücknahme der Dispense; als aber diese nichts halfen, setzten sie sich wenigstens soweit darüber hinaus, daß man an den abgebrachten Feiertägen durchaus nicht arbeitete und obgleich die f. e. Regierung und alle ihre Nachfolgerinnen mit allem Nachdruck besonders auf die Arbeit drangen, unterbleibt sie auf dem Lande mit geringen Ausnahmen doch bis auf den heutigen Tag. Lieber macht man vom andern Theil der Dispense Gebrauch, nämlich des Kirchenbesuches, daß die abgewürdigten Feiertäge für Manche Täge völligen Müßiggangs und zum Verderben vorzüglich der jungen Dienstboten sind.

Bezüglich der **Fasttäge** verlegte das päpstl. Breve a. 1772 das Fasten an den Vorabenden der aufgehobenen Feiertäge auf die Mittwoche und Freytäge des Advents. Dann a. 1785 wurden die Seelsorger durch das Fastenpatent zum 1. Male zu Specialdispensen befugt; a. 1790 die Mittwoche in der Fastenzeit; a. 1803 die Samstäge des

Jahres dispensirt. EB. Augustin verpflichtete die Geistlichen an Samstägen wieder zur Abstinenz; welche seit a. 1848 abermal erlassen ist.

b) Der **nicht gestiftete Gottesdienst**. 1) Bezüglich des öff. christl. Unterrichts erfolgten manche neue Anordnungen. In Betreff der Predigten gab das aufgeklärte f. e. Consistorium um a. 1780 eine Weisung, wie man sie von ihm kaum erwartet: „sie sollen nicht nur zur Belehrung des Verstandes; sondern vörderst zum Antrieb des Herzens und zur Beförderung reiner Tugend angelegentlich und rührend vorgetragen werden". — Die Frühlehren bei der sonntägl. Frühmesse wurden zwar bereits a. 1669 angeregt; aber hernach völlig vergessen, bis ein neues Dekret von a. 1768 bestimmte: „es solle (beim sonntägl. Frühgottesdienst) eine christl. Glaubens- oder Sittenlehre ganz kurz und länger nit als ¼ Stund, jedoch wohl abgefaßt vorgetragen werden". Nach Erfahrung sind sie weder den Seelsorgern, noch Gemeinden sehr genehm und bestehen darum nicht mehr an vielen Orten. — Obwohl die nachmittägigen Christenlehren an den Sonntagen lange schon fleißig gehalten werden und sich nun auch der christl. Schulunterricht sehr vervollständigt hat, wurden von a. 1783 an bis jetzt doch wiederholt „Christenlehrpredigten" nach dem Leitfaden des Katechismus auch für den sonntägl. Hauptgottesdienst aufgetragen.

Hier mögen auch die Hauslehren, obwohl kein Theil des öff. Gottesdienstes, angeführt werden. Schon a. 1754 wurden Hauslehren der Seelsorgspriester neben den Missionslehren empfohlen; wieder a. 1776 ꝛc. Endlich ein Decret a. 1790 ordnet sie bestimmt und allgemein an: „Zu desto wirksamerer Zerstreuung der Unwissenheit des Volkes sollen künftighin in jenen Curatien, wo mehrere Priester sind, Hauslehren gehalten; in jenen Orten aber, wo nur 1 Priester ist, die Leute rottenweise in das Haus des Seelsorgers eingerufen werden". Mit einigen Modificationen bestehen sie seitdem nicht ohne Frucht fort und wurden durch eine Instruction a. 1838 aufs Neue geregelt.

Ein neues Institut zur Beförderung des Volksunterrichts war die „**Christenlehrbruderschaft**" (confraternitas doctrinae christ.). Der Jesuit P. Ignaz Parhamer empfahl sie dem Fürsterzb. Sigmund so angelegentlich, daß ihm dieser sofort die Zusicherung der Einführung gab, worüber P. Ignaz so erfreut war, daß er „die trostreichen Patentes hierüber mit aller Ehrerbietigkeit küßte". Ihre Einführung begann a. 1758 in Lungau durch die PP. Jesuiten selbst und verbreitete sich dann über die andern Theile der Diöcese. Im Pinzgau wurde sie zuletzt eingeführt, vermuthlich weil Dechant Göschl am Institute Manches auszustellen fand und sich sogar zu bemerken erlaubte: in seinem Decanate wünsche es kein Priester; was ihm freilich sehr übel genommen wurde. Endlich a. 1761 wurde die Bruderschaft doch auch hier durch 2 Jesuiten Alois Steinkellner und Anton Wieser und 2 petriner Missionäre in Gang gebracht und dann vorzüglich durch die Missionäre gefördert. — Nach Maßgabe der Bullen der PP. Pius V. und Paul V beruhte das Institut vorzüglich auf Unterricht der Pfarrkinder untereinander, welcher theils öffentlich, theils privatim, selbstverständlich unter pfarrl. Leitung, gepflogen wurde. Zu dem Ende war die Einrichtung der Lehrbruderschaft im Wesentlichen folgende:

Die Gesammtheit der Mitglieder einer Curatie wurde in „Schaaren" getheilt, deren jede ihren h. Patron, von ihm den Namen und ihren eigenen „Ausfrager" und „Ansteller" hatte; 10—12 Schaaren standen unter einem besondern „Vorsteher".

Monatlich war „Conventgottesdienst" mit Amt, katechet. Predigt und Procession. Wie sonst in bestimmten Tagen und Häusern privatim, übten an Conventtägen die Ausfrager ihr Amt öffentlich in der Kirche, mit dem barham. Missionsbüchlein in der Hand und ihrem Amtszeichen an der Brust, nämlich einem Täfelchen, auf dem ihr und des h. Patrons der Schaar Namen standen.

Zur Bestreitung der Bruderschaftsbedürfnisse wurde in jeder Seelsorge eine eigene Kasse angelegt, aus der vermuthlich auch die Missionsbüchel bestritten wurden, für deren 3652 (à 9 kr.) Dechant Göschl a. 1664 schon 547 fl. 48 kr. eingesandt hatte.

Kurze Zeit war die Bruderschaft eine ernste Angelegenheit: gemäß Decrete a. 1767 „wurde Niemand ohne Urkund, daß er an der christl. Lehrbruderschaft theilnehme und die davon ihm aufgetragenen Fragestück hinreichend beantwortet habe, zu einem Handwerk oder einer Dienststelle noch Heirath zugelassen". Für immerwährenden Bestand war sie aber wirklich nicht eingerichtet; gar bald gerieth sie in Verfall, daß man a. 1777 schon ihre Aufhebung beantragte. Nach Einholung der Gesinnung der Dechante, die sich allerdings nicht übereinstimmend aussprachen und nach Berathung des Antrags im hochf. Consistorium erfolgte unterm 22. Mai 1778 wirklich ein allgemeines Aufhebungsdecret. Ihr Vermögen, a. 1776 im Gesammtbetrage der Diöcese pr. 10.256 fl. 51¾ kr. mußte zur einen Hälfte den bezüglichen Kirchen, zur andern dem salzb. Normalschulfond zugestellt werden. Die 2 damaligen Decanate von Pinzgau wiesen in Summe von ihren Kirchen aus:

das Decanat Saalfelden . . . . 1091 fl. 9 kr.
„   „   Piesendorf . . . . 1324 „ 35 „
zusammen 2415 fl. 44 kr.

Für den öff. christl. Unterricht war laut Gesagten auch nach Aufhebung der Lehrbruderschaft gewiß hinreichend gesorgt.

2. Der gewöhnliche **Sonn- und Feiertagsgottesdienst** behielt wesentlich seine alten Bestandtheile; nur der Umgang auf dem Friedhof verwandelte sich in ein sonntägl. „Asperges" in der Kirche und die alten „Jahrbitten" (cf. p. 109), welche in der vorigen Periode außer Uebung gekommen zu sein scheinen, wurden wieder allgemeiner und mit 5 Vater unser und Ave nach der Predigt für eine Zahl in den letzten Jahren verstorbener, namentlich abgelesener Gemeindeglieder oder Verwandter derselben entrichtet, wie mit erbaulicher Pietät noch gegenwärtig. — Die feiertägl. Frühmesse an Orten mit mehrern Priestern galt bald ohne Decret allenthalben als Regel. — Der feiertägl. Vorabends- und Nachmittagsgottesdienst, früher hie und da in der Willkühr des Seelsorgers gelegen, ist nun allgemein zur Pflicht geworden und besteht an höhern Festen in Vespern; sonst in Rosenkränzen, Litaneien, Kreuzweganbachten ꝛc.

Wurde aber gleich kein bisheriger Bestandtheil des pfarrl. Gottesdienstes abgestellt, so sollte er doch übrigens vereinfacht werden. Die „lärmende, besonders lateinische Kirchenmusik" sollte gemäß Decreten a. 1783, 85, 86 ꝛc. aufhören und dafür deutscher Gesang, endlich gar Volksgesang eingeführt werden, allein mit Orgelbegleitung. Aber nicht nur brachte man einen allgemeinen Volksgesang, der doch einst üblich war (cf. p. 137), nicht mehr zu Stande, sondern die mehr und mehr sich verbreitenden Orgeln, oder vielmehr producirlustige Organisten verdrängten sogar die alten „Kirchensinger", welche, gehörig geschult und geleitet, der Erfahrung nach im Allgemeinen besser zur Erbauung dienten, als der nunmehrige „Chor", dessen gehörige Bestellung von sovielen Zufälligkeiten abhängt. — Weiters erfolgten Decrete gegen die „ausschweifende Menge der Segnungen mit dem Hochwürdigsten"; gegen die langen „Vaterunserketten" auf der Kanzel an gewissen Festen; selbst die Jahrbitten mißfielen.

3. So wurden auch die **hohen Feste und h. Zeiten** einer ziemlich rücksichtslosen Beschneidung unterworfen. Die h. **Weihnachtskrippen** wurden a. 1778 gänzlich verboten; aber bald wieder soviel

erlaubt, als sich zur Darstellung der Geburt, Beschneidung und Erscheinung des Herrn erfordert. Die k. bayr. Regierung verbot sogar die Nachtfeier der Geburt Christi. Gemäß Decrete a. 1783 und 85 sollten „die h. Grabtheater" in der Charwoche unterbleiben und dafür nur ein ganz einfaches h. Grab bereitet werden. — Die Auferstehungsfeier, einst wie gesagt in der Nacht vor dem Ostersonntage ceremoniös begangen, sollte nun einfach am Charsamstag nach dem Amte stattfinden; wurde aber bald wieder Abends gehalten. — A. 1785 wurden die S. 138 erwähnten Ceremonien der Himmelfahrt Christi und der Sendung des h. Geistes untersagt. — Am Allermeisten Einschränkungen erfuhr die h. Frohnleichnamsprocession: gemäß Decreten a. 1782, 85, 87 sollten wegbleiben die Prangstangen, Spalieren, Pöller, Schützenparaden und besonders die vielen bisher mitgetragenen Figuren.

Ebenso war man gegen die großen Concurse an den Bruderschaftsfesten, am Portiuncula- und an anderen Ablaßtägen: beschränkte nicht nur die Zahl der Aushilfspriester an solchen Tagen und die Deputate aus Kirchenmitteln für selbe; sondern bewirkte sogar ein päpstl. Breve, dem gemäß die Portiuncula- und Bruderschaftsablässe ꝛc. in der eigenen Seelsorgskirche von jedem Gläubigen genommen werden können. — Demnach hörten auch die meisten „Pfarrtage" mit oder ohne förmliche Bewilligung auf.

4. **Gemeindeandachten** an Werktägen — waren der h. geistl. Stelle d. Z. besonders mißfällig. Sie untersagte darum die Feier so vieler Octaven von Patrocinien und andern Festen und alle Kreuzgänge außer den 4 altkirchlichen und dem zur Domkirche. Man ließ sich dieselben allerdings wieder nicht sogleich allenthalben nehmen; aber allmälig verminderten sie sich; selbst der Kreuzgang zur Domkirche hörte gänzlich auf, bezüglich dessen doch eine Reform viel erwünschter wäre, als die völlige Unterlassung. Gewisse Wetteranbachten ließ man zwar noch zu; aber gegen das übermäßige Wetterläuten und Schießen ergingen scharfe Verbote. Das Schießen untersagte schon ein Decret a. 1771 und a. 1785 wurden sogar alle „Schußböller" der Gemeinden zur Verarbeitung in den f. e. Hüttenwerken eingefordert. Bezüglich des Läutens bestimmte ein Decret a. 1783, daß zu Anfange und Ende des Gewitters und, wenn es länger bauert, auch inzwischen ein Glockenzeichen gegeben werden könne; „alle Mal nur so, wie man zum Avemaria läutet"; die Uebung aber richtete sich eben wieder wenig darnach.

5. Der nicht gestiftete **Wochengottesdienst** besteht noch so fort, wie er schon am Ende der vorigen Periode geworden war. Nur die 3 gewöhnlichen Seelengottesdienste bei Begräbnissen wurden bald nicht mehr wie früher, an 3 verschiedenen Tagen; sondern der Dritte und Siebente an demselben und der Dreißigste an einem spätern Tag gehalten; finden aber nun schon lange am nämlichen Tage statt. — H. Messen, Current- oder Stiftmessen, sind seit den nächsten Decennien nach dem luth. Auszug in jeder Curatie täglich so viele, als sie Priester hat. Bald schlich der Mißbrauch ein, sie zu gleicher Stunde zu halten nnd besteht noch an vielen Orten fort, ob er gleich wiederholt z. B. unter EB. Augustin a. 1827 gerügt wurde.

Zum Theil waren die angeführten Reformen, vielmehr Beschränkungen, des Gottesdienstes unbestreitbar begründet; zum Theil aber auch unnöthig und die Weise der Reduction wenig schonend: ohne allen vorausgehenden Verkehr mit erprobten Seelsorgern wurde ein beschränkendes Decret nach dem andern größtentheils nach den Anträgen des Ausländers Bönike im f. e. Consistorium kategorisch erlassen und dagegen keine Vorstellung angenommen. Man darf sich also nicht wundern, wenn Seelsorger und Gemeinden über die Decrete gleichen Verdruß hatten und wenn nun manche verpönte Uebung wieder im besten Schwunge ist.

c) Gottesd. **Stiftungen** — erfolgten zahlreich in der 2. Hälfte des vorigen Jahrhunderts und in den 3 letzten Decennien dieses; aber ohngefähr von a. 1800—30 wurden sie auffallend selten. Das Volk wurde in dieser Zeit erstlich durch die gewaltigen Kriege völlig betäubt und ausgesaugt und dann durch Mißjahre der Art bedrückt, daß es beim besten Willen zu Stiftungen nicht im Stande war. Viel trug zur Abnahme dieser sicherlich auch die Verstimmung bei, welche die erwähnten gottesdienstlichen Reformen mit sich brachten.

1) Mit Bruderschaften waren am Ende der vorigen Periode schon alle damaligen Seelsorgskirchen versehen. Außer Kirchenthal, wo a. 1849 noch eine Herz-Mariäbruderschaft eingeführt wurde, entstanden also neue Bruderschaften nur bei neuen Vicariatskirchen: a. 1797 in Krimml; a. 1802 in Weißbach und eine Quasibruderschaft in Hinterthal. Die Vicariate Bucheben und Viehhofen sind allein ohne Bruderschaft.

2) Neu bei Landkirchen erscheinen in dieser Periode die Feierlichkeiten des 40stünd. Gebets. Die Andacht wurde durch das

bekannte Generale a. 1753 für die Marktkirchen 2c. ohne Weiters aufgetragen und in Saalfelden und Zell auch in demselben Jahr begonnen; in Tarenbach, Rauris und Mittersill aber erst auf ein wiederholtes Decret a. 1755; um dieselbe Zeit auch in St. Martin bei Lofer. Fast zu jedem dieser mit Anweisung kleiner Deputate für die Priester und Meßner 2c. aus Kirchenmitteln angeordneten Stundgebete geschahen nach und nach mehr und weniger Stiftungen von h. Aemtern und Predigten; auch freie Geschenke und Legate, daß sie in Hinsicht darauf und ihre Anordnung auf Immer als Stiftungen zu betrachten sind. An andern Orten wurden sie von Wohlthätern wirklich und förmlich gestiftet: in Piesendorf a. 1799; in Alm und Glemm a. 1805; in Leogang a. 1821; in Stuhlfelden allmälig von a. 1840 an, ratificirt a. 1849. In Uttendorf und Bramberg ist die Stiftung im Werden.

3) Dann erfolgten verschiedene, mitunter namhafte Stiftungen: eine tägl. Frühmesse in Zell a. 1782; 3 Monatmeßstiftungen insgesammt a. 1784; Quatembermeßstiftungen durch die Periode 40; goldene Samstäge a. 1766, 78, 97; kleinere Stundgebete a. 1793, 1837, 1849, 1864; Aloisiandacht a. 1782; dann eine Reihe von Rosenkranzstiftungen meistens für Octaven.

4) Endlich zahlreiche Jahrämter oder Messen, besonders Jahrtäge mit Vigil und Libera und andern Zuthaten. Kaum in einer Gemeinde ist nun mehr ein ansehnlicheres Haus, das nicht seine Jahrtagsstiftung hat. Nicht nur Hausväter und Hausmütter sorgten oft schon bei guten Lebzeiten für solche gemeinsame oder gesonderte Stiftungen; sondern auch ledige Söhne und Töchter größerer Häuser; selbst einfache Dienstboten. Somit erfolgten

von a. 1751—1800 . . . . 1360 St.M.
„   „ 1801—1862 . . . .   770 „
                                    zusammen 2130 St.M.

Zusammenstellung

der Stiftungen der 3 letzteren Perioden, welche die dießbezügliche Bethätigung des frommen Sinnes ersichtlich machen soll. Allerdings sind sicherlich manche alte Stiftungen, z. B. von den alten Herren des Gaues im 13. und 14. Jahrhundert, in Vergessenheit gerathen und liegen selbst von den noch bestehenden nicht von allen Kirchen genaue Verzeichnisse vor; eine ohngefähre Uebersicht der Sache kann aber nachstehende Tabelle immerhin gewähren.

4. Periode aa. 1750—1865:

Gegenstand der Stiftungen	Zahl der geschehenen			Zahl der noch bestehenden			Summe
	bis a. 1520	aa. 1521—1750	aa. 1751—1862	von a. 1520	aa. 1521—1750	aa. 1751—1862	
1) Meßstiftungen mit Angabe der Zahl ihrer gesammten h. Messen:							
tägl. Messen mit oder ohne Kaplan	3600	700	360	626	400	360	1386
feiertägl. Gottesdienst an Filialen	229	100	—	229	100	—	329
Wochen-, Monat-, Quatember-Messen	1120	600	196	130	550	196	876
Jahrtäge und Jahrmessen	70	1080	2130	40	1020	2130	3190
2) Bruderschaften	3	32	4	—	32	4	36
3) 40stündige Gebete	—	—	13	—	—	13	13
4) verschiedene Stiftungen: von älterer Zeit ewiges Licht, Salve an Samstagen und in der h. Fastenzeit ꝛc.; später Angst- und Scheidungs-Christi-Geläut an den Donners- und Freitagen, Litaneien ꝛc.; endlich Rosenkränze, „goldene Samstäge", kleine Stundgebete ꝛc.						zusammen etwa	60

Von den tägl. h. Messen bestehen noch 4 fort, die andern wurden reducirt oder gingen in den Vicariatsstiftungen auf. — Die sonn- und feiertägl. Gottesdienste an den ehemaligen Filialen können insoferne als fortbestehend betrachtet werden, als nun in denselben Kirchen alle Feiertage für die Gemeinde applicirt wird, welche eben meistens die Stifterin derselben ist.

d) In Ausspendung und Empfang der h. **Sacramente** wendete sich Vieles zum Bessern. — Die h. Firmung wurde wohl in keiner früheren Periode so oft und regelmäßig ertheilt, als nun. Der Mißbrauch, Windelkinder zur h. Firmung zu bringen oder sie erst in Mannesjahren zu empfangen, den ehemals die seltenere Ausspendung gegen die Kanonen mit sich brachte, ist somit von selbst gehoben; ersterer überdies durch die Verordnung abgestellt, daß kein Kind ohne pfarrl. Zeugniß genügenden Unterrichts und vor seiner Zulassung zum h. Bußsacrament gefirmt werde.

Der so zahlreiche und wiederholte Zutritt zur h. Beicht und Communion, wie wir ihn nun sehen, läßt sich von keiner früheren Zeit nachweisen und wurde nicht nur durch die allgemeinen Restaurationsbestrebungen, sondern auch durch besonderes Dahinwerken seit der Emigration erzielt. Durch Cons.-Decret v. 26. Jänner 1842 wird, wohl auch zum Fingerzeig für die Erwachsenen, angeordnet, „daß künftig die Schuljugend jährlich 6 Male gemeinschaftlich das h. Sacrament der Buße und des Altars empfangen soll". — Die so fleißige Wiederholung der h. Beicht hatte auf dem Lande das allerdings etwas mißliche Beichthören im Pfarrhause, statt in der Kirche, zur Folge, das schon a. 1773, wieder a. 1789, am Strengsten a. 1809 untersagt wurde; aber in Anbetracht sehr erheblicher Umstände gleichwohl nicht gänzlich abzustellen ist.

Die so lange zu wenig gewürdigte h. Oelung wird nun von den Kranken ebenso angelegentlich begehrt, als von den Seelsorgern eifrig ausgespendet.

Bezüglich der h. Ehe ist bekannt, daß seit dem Beginne der weltl. Regierungen in Salzburg Ehefragen bis zum Erscheinen des a. h. Concordats a. 1855 größtentheils von weltlichen Richtern verhandelt wurden. Dieß aber bestimmt (§. 10): „auch in Ehesachen spricht der geistliche Richter nach den Kirchensatzungen Recht, mit Ueberlassung nur der bürgerl. Folgen der Ehe an den weltl. Richter". In Folge dessen erließ erstlich Se. Maj. der Kaiser unterm 8. Oct. 1856 ein neues Ehegesetz; dann gaben Se. hochf. Gnaden EB. Max Joseph unt. 12. Dec. bekannt eine „Anweisung für die geistl. Gerichte des Kaiserthums Oesterreich in Ehesachen", welche in Rom geprüft und vom in Wien versammelten östr. Episcopat angenommen worden war; endlich unt. 13. Dec. 1856 den „Personalstand des neu errichteten Diöcesanebgerichtes und des Metropolitangerichtes". Mit Beginn a. 1857 traten die Gesetze und Gerichte in Wirksamkeit. (Verordn.-Bl. IV. 111, 117, 169, 189).

 c) **Verschiedenes.** — A. 1772 päpstl. Erlaubniß für die Seelsorger, den Sterbenden die „**Generalabsolution**" zu ertheilen. — Mehrere Seelsorgskirchen hatten schon lange Septennalablässe für gewisse Feste des Jahres. P. Pius VII. bevollmächtigte das hochw. Ordinariat, beliebigen Kirchen der Diöcese unter gewissen Bedingungen, besonders der Abhaltung eines Stundgebetes vor dem Hochwürdigsten von 2, 3 Stunden, Ablässe auf immer zu ertheilen. Auf Kundmachung dessen bewarben sich die meisten Seelsorgskirchen um solche „**Stundgebetsablässe**" und erhielten sie mit h. Ordinariatserlässen a. 1819 für 2 oder 3 Tage des Jahres, worunter meistens das Patrociniumsfest ist.

 Seit der Aufhebung der Weltpriestermissionsanstalt a. 1781 schien Niemand mehr an Missionen zu denken, bis sie im 5. Decennium des laufenden Jahrhunderts wieder begehrt wurden. In Pinzgau machte damit Stuhlfeden a. 1847 den Anfang, in welchem Jahr dahin Jesuiten und a. 1850 Redemtoristen kamen. Dann folgten a. 1850 Redemtoristen in Krimmel, wieder a. 1852; dieselben in Mittersill a. 1852; dann Jesuiten in Piesendorf a. 1853 und 57; dieselben in Glemm a. 1853; später Jesuiten in Leogang, Unken, Rauris, Saalfelden 2c. Die Missionäre wurden nicht überall ohne alles ungünstige Vorurtheil empfangen; im Laufe der Mission aber machte dasselbe überall der regsten Theilnahme Platz.

 Von den Missionären besonders empfohlen, entstanden hie und da „**Standesbündnisse**": a. 1857 in Piesendorf, Tarenbach, Embach, Bucheben 2c.

5. Die Volksschule.

 Die Schule, gleichsam eine Herbstsaat der Fürsterzbischöfe Wolf Dietrich und M. Sittich, auf welcher dann lange ein theilweiser Winter lag, erreichte in dieser Periode bald ihren Frühling und giebt nun bereits schöne Ernten. — EB. Sigmund erließ a. 1755 eine neue gedruckte „Zucht- und Schulordnung" zwar zunächst für die Hauptstadt; die aber zufolge Auftrages vom 24. Oct. d. J. doch der gesammten Seelsorgsgeistlichkeit mit dem mitzutheilen war, daß selbe vermöge ihres seels. Amtes („ex officio curae animarum") über deren Beobachtung wachen und nach Umständen rathsame Modificationen treffen solle. Unt. 4. Nov. 1757 erfolgte das Cons.-Decret, „daß die Dechante und Pfarrer selbst und in Person katechetisiren und hiedurch den jungen Priestern Anlaitung geben sollen". Diese 2 Aufträge an die Seelsorgspriesterschaft: die Schule endlich als Zweig der Seelsorge anzusehen und die Schulkatechesen, welche bisher nur dem Lehrer oblagen, selbst zu halten, waren gewiß den Fortschritt der Schulen sehr fördernde Verordnungen.

Zur vollen Würdigung endlich gelangte die Schule unter Fürsterzbischof Hieronymus, welcher die ganze Zeit seiner Regierung alle Aufmerksamkeit für sie hatte und that, was unter den damaligen Umständen möglich war. Das Nothwendigste erschien ihm die Einführung einer bestimmten Lehrmethode (der hahn-felbiger'schen), die man hier „Normalschule" nannte und nach welcher die Kinder vor Allem aus gleichen Büchern gemeinsam zu unterrichten waren. Nachdem selbe in der Hauptstadt ein Paar Jahre geübt worden war, wurden vom Lande etliche junge Priester und Lehrer zur Erlernung derselben einberufen, welche sie dann auch auf dem Lande einführen sollten. Von a. 1784 an wirkten zu dem Ende im Decanate Saalfelden der Priester Franz Medard Steffler und im Decanate Piesendorf Pr. Cajetan Schmid. Die neue Lehrmethode wollte aber durchaus nicht gefallen: vielen Geistlichen erschien sie zu mechanisch und dem Volke war sie als eine Neuerung widerwärtig, die aus dem gleichen Geiste stamme, wie die erwähnten gottesdienstl. Reformen. Dechant Altenberger v. Piesendorf erlaubte sich darum schon a. 1784 zu äußern: „auf dem Gäu werde sie nie zur Vollkommenheit gelangen; denn die Bauern tragen dazu schlechten Lust". Pr. Steffler berichtet zwar a. 1785 vom Decanate Saalfelden: „es sind bereits 9 Schulmaister in der neuen Schulmethode unterrichtet: die zu Saalfelden, Zell, Brugg, Fusch, St. Georgen, Rauris, Lend, Eschenau und Alm; wirklich ausgeübt und hoffnungsvoll blüht die neue Methode in Saalfelden, Brugg, Alm und Zell". Aber Dechant Hofer v. Saalfelden sagt noch a. 1793: „es sei zwar die Normalschule a. 1784 durch den vom Pr. Steffler unterrichteten Lehrer Anton Aglaßinger zu Saalfelden wirklich eingeführt, auch sogar eine öff. Schulprüfung gehalten worden; es dauerte dieselbe aber nicht viel länger als 2, 3 Monate; denn die Bürger und Bauern wurden so überdrüßig, daß sie ihre Kinder gar nicht mehr schickten; daher der Schullehrer, um sein Brod nicht geschmälert zu sehen, sich gezwungen sahe, die alte Lehrart wieder fortzusetzen". Solche Haltung des Volkes beirrte natürlich das f. e. Consistorium in seinen Bestrebungen gar nicht; vielmehr dachte es an Einführung des Schulzwanges, die aber auf Abrathen der Dechante unterblieb. — Ein anderes, unbestreitbar sehr förderliches Mittel zur Hebung der Schule war die Errichtung eines Lehrerseminars, das a. 1790 begann und anfangs vom aufgeklärten Michael Vierthaler, den um das salzb. Volksschulwesen Hochverdienten, mit glücklichem Erfolg geleitet wurde und noch seitdem immer ersprießlich wirkt. — Außer den vielfältigen Berichten, die sich der hochf. Hofrath und das Consistorium über den Fortgang der Schule einholen mußten, waren eine weitere Anordnung des Fürsterzbischofs pädagog. Vorlesungen an der Universität, welche von M. Vierthaler von a. 1792—99 zu halten und von allen Aspiranten auf Staatsdienste zu besuchen waren.

Während der f. e. Landesregierung entstanden noch 6 neue Schulen: in Gerling und Krimmel a. 1760, in der Gunggau in Glemm a. 1764 und 4 an den neuen Vicariaten Hinterthal, Bucheben, Viehhofen und Niedernsill. — Gen Ende des vorigen Jahrhunderts wurden auch bereits Versuche mit Feiertagschulen gemacht, meistens von den Ortscoadjutoren und nur für freiwillige Theilnehmer. Von vorzüglich populären Priestern ließ sich wirklich eine Schaar anziehen, darunter auch völlig erwachsene Leute, die vorzüglich noch lesen lernen wollten; aber allgemeinen Bestand hatte die Feiertagschule noch keineswegs.

Mit dem Beginn der weltl. Regierungen in Salzburg ging die Oberleitung der Volksschulen sogleich vom f. e. Consistorium an sie über. Durch Rescript der kurf. Regierung vom 22. Nov. 1803 schon „wurden alle Schul- und Erziehungsgegenstände ganz von den geistl. Behörden weg und zur privativen Regierungsadministration gezogen" und sofort M. Vierthaler als Landesschuldirector aufgestellt. Den Seelsorgern wurde damit allerdings ihre Verwendung für die Ortsschulen nicht erlassen; sie standen aber nun dießbezüglich nicht allein unter der h. Landesregierung, sondern zunächst unter den kurf. Pfleggerichten.

Die k. k. östr. Regierung (a. 1806—9) dauerte zu kurz, als daß sie im Schulwesen viel hätte umgestalten können. — Die franz. Landesadministration konnte dahin gar keine Absicht haben.

Desto nachdrücklicher hingegen griff gar bald die k. bayr. Regierung (a. 1810—16) ein und brachte auch wirklich neues Leben in die Volksschulen. Unter dem k. Kreiscommissariate hatten die Dechante und Seelsorger als k. Districts- und Lokalschulinspectoren die Schulen zunächst zu leiten, natürlich nicht ohne Einfluß der Landrichter und selbst der Gemeindevorsteher. A. 1811 wurde der bayr. Lehrplan mit einer Instruction für die Inspectoren erlassen; dann für den ersten Leseunterricht die „Lautirmethode" (hier mitunter „Schnarchschule" genannt) empfohlen; der Besuch der Wochen- und Sonntagsschule zur allgemeinen Pflicht gemacht und allenthalben viel für die Schule gethan. — Die Gemeinden aber hegten gegen die „bayr. Schul" soviele Bedenken, als ehemals gegen die „Normalschule" und aus demselben Grunde: denn die bayr. Kirchenreformen verletzten ihren frommen Sinn fast noch mehr, als die frühern. Manche ehrenwerthe Priester und Lehrer, welche sich entschieden für die bayr. Anordnungen aussprachen, büßten damit ihr Vertrauen bei den Gemeinden gänzlich ein. — Unter der k. bayr. Regierung entstand nur 1 neue Schule, a. 1812 in Thummerspach.

Nach dem Wiederantritt der h. kk. östr. Regierung a. 1816 ging das Schulwesen noch in bayr. Weise fort bis a. 1819. Zufolge a. h. Entschließung aber v. 28. Juli d. J. wurde die östr. Schulverfassung auch für Salzburg vorgeschrieben und dieß durch ein 3faches Conf.-Decret v. 3. Nov. „an die sämmtl. kk. Schuldistrictsinspectionen, die Seelsorgsgeistlichkeit und das gesammte Lehrpersonale" kundgemacht (Verordn.-Samml. I. 128). Damit erhielt Salzburg zum 1. Male ein eigentliches Schulgesetz, das laut obiger Conf.-Kundmachung „ganz nach dem Wunsche Sr. fürstl. Gnaden des hochw. Hrn. Erzbischofs und Administrators" war. Die kk. östr. Schulverfassung ist den Interessenten der Schule ohne Weiters bekannt. — Eben a. 1819 wurde auch in Salzburg das hier früher nicht bekannte Schulpatronat eingeführt. — Unverkennbar hoben sich unter der kk. Regierung, bei viel vertrauenderer Stimmung der Gemeinden gegen sie, die Schulen allmälig zu einem Stande, der früher ohngeachtet der ernstesten Bemühungen der Behörden nicht erzielt wurde.

Das Jahr 1848 drohte der Schule mit gänzlicher Reform; dennoch besteht sie noch wesentlich in der alten Ordnung fort. Mit h.

Ministerialerlaß vom 3. Juli 1850 wurde nun eine Landesschulbehörde geschaffen, zufolge h. Erlasses aber v. 29. Mai 1859 hatten „die Functionen der Landesschulbehörde an die Landesregierung überzugehen," welcher nur 1 Schulrath beigegeben ist. — Eine neue Einführung sind die Lehrerconferenzen (h. Ministerialerlässe vom 2. Sept. 1848 und 26. Mai 1851), welche bei verständiger Leitung gewiß nicht ohne Erfolg sind. — Bezüglich der Schulpatronate war beantragt, sie den Gemeinden zuzuwenden; aber ein a. h. Gesetz vom 24. Nov. 1863 bestimmt für Salzburg: jene Privatpatronate, die zufolge gewisser h. Verordnungen übernommen wurden, entfallen; hingegen bleiben die andern Privatpatronate und die l. f. Patronate aufrecht. Dann modificirt das Gesetz die bisherige Beitragsleistung für die Schule zu einiger Erleichterung der Patronate.

Neue Schulen wurden nur errichtet bei den Hütten in Leogang a. 1819 und zu Wörth in Rauris a. 1849, wo schon nach a. 1756 kurze Zeit eine bestand.

Wir haben nun in Pinzgau dermalen folgenden **Schulenstand**:

Schuldistricte	Werktags-		Sonntags-		Lehrer
	Schulen	Schüler	Schulen	Schüler	
Saalfelden (m. Dienten)	17	1210	15	510	19
Tarenb. (ohne Gastein)	10	600	9	250	11
Stuhlfelden	11	990	11	400	14
zusammen	38	2800	35	1160	44

Dotirte, behördlich bestellte **Industrieschulen** bestehen hier nicht.

Die Mittel zum **Unterhalt der Schulen** sind den Quellen nach fast noch die anfänglichen, obschon die öff. Stellung der Schulen nun eine andere geworden ist. Eigenes Vermögen, abgesehen vom allgemeinen Schulfond, besitzen sie sehr wenig; insbesondere ist in Pinzgau noch die Hälfte der Schulen ohne allen Localfond und die

Volksschule.

bestehenden Localschulfonde zusammen betragen nicht mehr als c. 6400 fl., wovon die Renten zum Theil nur mittelbar zu Schulzwecken bestimmt sind. — Von den Schulhäusern gehören 23 den Kirchen, 4 der Concurrenz, 7 den Schulgemeinden und ein Paar Schulen sind noch in Privathäusern zur Miethe.

Das Gesammteinkommen der **Lehrer und Gehilfen** beziffert sich nach staatsbuchhalt. „Ausweis sämmtlicher Schuldiensterträgnisse im Kronlande Salzburg auf Grund der Fassionen vom Jahre 1862", wie folgt:

Schuldistricte	Bezüge von					Summen
	Schul-geld	Stol-gefällen	Ge-meinden	Kirchen	Schul-fonden	
	fl.	fl.	fl.	fl.	fl.	fl.
Saalfelden (mit Tienten)	2132	275	352	2094	298	5151
Tarenbach (ohne Gastein)	932	154	215	715	144	2160
Stuhlfelden	1553	369	462	995	67	3446
zusammen	4617	798	1029	3804	509	10757

Bemerkungen hiezu: 1) Eigentliche Schulbezüge sind nur das Schulgeld, die Empfänge aus den Schulfonden und einzelne Geld-beiträge von den Gemeinden, mehrere von den Kirchen; das Uebrige ist Meßner- und Organisteneinkommen, das ohngefähr die Hälfte der Endsumme pr. 10.757 fl. ausmacht. 2) Die Stolbezüge sind in dem staatsbuchh. Ausweis gegeneinander sehr unverhältnißmäßig angesetzt, da doch fürs ganze Pinzgau im Wesentlichen dieselbe Stolordnnng gilt; offenbar haben die einen Fatenten die Currentenmeßsechser in ihren Erträgnißausweis aufgenommen, die andere nicht, da selbe wirk-lich mehr für Zufälligkeiten anzusehen sind als für immer gesicherte Bezüge. 3) Die Leistungen der Gemeinden pr. 1029 fl. bestehen größ-tentheils in Naturaliensammlungen, die bekanntlich Meßnerbezüge sind, daß also die Gemeinden als solche für Lehrerbesoldungen wahrlich keine sehr großen Auslagen zu tragen haben. Ein für die Schullehrer kaum sehr klug berechnetes Wohlwollen beantragte schon wiederholt die Umwandlung jener Sammlungen in fire Geldreluitionen. Nicht nur fiele dadurch für viele Eltern ein Anlaß weg, die Lehrer für etwa vorzügliche Dienste an ihren Kindern auf eine angezeigte Weise zu betreuen, sondern manchen Lehrern, besonders den Nutznießern von Kirchengründen, ist mit gewissen Artikeln der Sammlung gerade vorzüglich gedient; weßhalb kaum ein Lehrer dieselbe bei der Grundentlastung zur Ablösung angemeldet hat. 4) Die Schulfondsbeiträge kommen meistens aus dem allgemeinen Schulfond; fast nichts aus den Localfonden, welche namhafte Beiträge entweder wegen Schwachheit oder stiftungsmäßigen Bestimmungen nicht leisten können.

Hält man nun die Lehrer- und Gehilfenzahl und ihre Gesammteinkommenssumme gegeneinander, ruft das Verhältniß, da ihre zufälligen Einnahmen an den meisten Orten nicht von Belang sind, allerdings um Hilfe; leider aber hat die Frage, wo Hilfe zu finden, große Schwierigkeiten. Die namhaftern Kirchenfonde sind schon mit Additionen zu Lehrerbesoldungen mehr oder weniger bebürdet und nach den modernen Ansichten dazu nicht einmal dazu berufen; manche Gemeinden unter gegenwärtigen Zeitverhältnissen für Besoldungszulagen wirklich nicht in der Lage und den Lehrern ihre Subsistenz durch Zuwendung von Nebenverdiensten zu erleichtern, macht in Hinsicht aufs Beste der Schulen Bedenken und läßt sich am Ende doch nicht vermeiden.

4. Das Kirchengut und seine Verwaltung.

1. Eine für die Kirchenfonde, wie schon gesagt, mißliche Verfügung war im Allgemeinen die **Grundentlastung**; weniger aber für Pinzgau, dessen Pfarren, Piesendorf ausgenommen, den größern Theil ihres alten Widthums an Zehenten, Grundholden ꝛc. schon durch die Incorporation verloren hatten. Da von der Grundentlastung selbst schon S. 84 ausführlicher Bericht gegeben wurde, sind hier nur die für die Gotteshäuser und Pfarrpfründen entfallenen Entschädigungskapitalien summarisch zu verzeichnen. — Von den in nachstehender Tabelle summirten Grundentlastungsobligationen besitzen die Kirchen und Pfründen nun nicht mehr alle, indem mehrere zur Verloosung angemeldet, bei selber gezogen und dann dafür andere Obligationen gekauftwurden.

Kirchengut.

Für die alten Pfarr-bezirke	Ausgestellte Obligationen							Anmerkung.
	für die Gotteshäuser ꝛc.				für die Priesterpfründen				
	v. Urbarien und Zehenten		von Anlaiten		für Urbarien und Zehent		von Anlaiten		
	fl.	kr.	fl.	kr.	fl.	kr.	fl.	kr.	
Lofer (Kirchenthal nichts)	150	—	230	—	6970	—	—	—	Außer dem Beneficium Kammer, das Grundholden im Brixenthal hatte, besaßen alle andern Fonds Deminalien nur in Pinzgau.
Saalfelden mit Dienten	6103	2⁷/₈	14144	5	800	10	1500	—	
Tarenbach	2752	50	3830	48	2370	—	1370	—	
Zell mit Kammer	1820	—	4490	—	2570	—	2320	—	
Wiesendorf	450	—	530	—	7520	—	1420	—	
Stuhlfelden	2332	10	3201	55	1690	—	2650	—	
Bramberg	647	—	1312	55	850	—	780	—	
zusammen CMze. WW.	14255	2⁷/₈	27739	43	22770	10	10040	—	
			14255	2⁷/₈			22770	10	
			41994	45⁷/₈			32810	10	
							41994	45⁷/₈	
							74804	55⁷/₈	
							1224	⁷/₈	
							73580	55	

Zur Abrundung der Kapitalienbeträge wurden, meistens von Kirchen, aufgezahlt also reine Entschädigungskapitaliensumme in CMze. WW. 73580 55

Bemerkungen: 1) Die Dominicalien der Gotteshäuser stammten bekanntlich größtentheils von gottesdienstl. Stiftungen her und die überwiegenden der Kirchen Tarenbach, Zell, Stuhlfelden und besonders Saalfelden von den dortigen Kaplaneistiftungen. Die geringen Beträge der Pfarrkirche Lofer lassen vermuthen, daß die ältesten Stiftungen für die Pfarre zum Stifte St. Zeno gemacht wurden und in Folge dessen außer Acht geriethen. 2) Vergleicht man die Rubriken Urbarien-Zehent und Anlaiten der Priesterpfründen, zeigt sich ein sehr auffallendes Verhältniß: In Lofer und Piesendorf stehen die Entschädigungskapitalien von Urbarien und Zehent gehörig über jenen der Anlaiten; sonst aber keineswegs, sind in Saalfelden und Stuhlfelden sogar geringer als letztere. Darin sieht man wieder die Wegnahme des Zehents von letztern Pfarren in Folge ihrer Incorporation. Welche ansehnliche Grundentlastungskapitalien müßten sonst namentlich die Pfarren Saalfelden und Zell besitzen!

Ist die Einbuße der Kirchen und Pfründen, auch schon die Umwandlung der Naturalien in Geldbezüge in Folge der Grundentlastung für sie ein Mißgeschick: so dürfte andererseits gerade den Verwaltern geistl. Fonde die Aufhebung des Grundherren- und Holdenverhältnisses und die damit erfolgte Vereinfachung der Verwaltung besonders genehm sein; somit selbst den Pfarrern, nachdem ihnen nun die gesammte Localverwaltung vorzüglich obliegt. Sieht man in Archiven alter Pfarren die „Notelbücher" und Massen anderer Acten über Zehent- und Urbarialsachen ꝛc. an, springt in die Augen, wie viele Arbeiten und Anlässe zu Verdrüßlichkeiten durch die Grundentlastung den Kirchenverwaltern wegfielen. Ein Pfarrer, meistens ohne ihn im Schreibgeschäfte unterstützende fremde Hand, hat nun besonders an einer grössern Kirche wahrlich ohne jene noch Kanzleiarbeiten genug, selbst manchmal zum Nachtheil der Seelsorge, die doch immerhin seine und der Gemeinde erste Angelegenheit bleibt.

2. Die **Gotteshausfonde** stiegen im Laufe der Periode sehr, vorzüglich wie gesagt durch zahlreich zufließende Stiftungen in der 2. Hälfte des vorigen und den letztern Decennien des laufenden Jahrhunderts. Der gläubige Sinn der Gemeinden hat also mancher der noch im 16. Jahrhundert fast durchaus armen Kirchen (cf. p. 152) allmälig zu einem ansehnlichen Fond verholfen, der aber der Gemeinde insoferne wieder zu Guten kommt, als sie zur Deckung von Kirchenbedürfnissen weniger in Anspruch genommen wird ꝛc.

Kirchengut.

Kapitalienstand a. 1860:

Alte Pfarrbezirke	Seelsorgs-kirchen		Neben-kirchen		Andere Fonde		Kapitalien bei		
	Zahl	Kapi-talien	Zahl	Kapi-talien	Zahl	Kapi-talien	öffentl. Fonds	Privaten	Summen
		fl.		fl.		fl.	fl.	fl.	fl.
Lofer mit Kirchenthal als Wallfahrter-seelsorgskirche	4	58.309	3	7.812	4	7.578	48.914	24.785	73.699
Saalfelden	5	204.670	3	44.210	6	75.009	100.147	223.742	323.889
Tarenbach	6	56.270	—	—	7	25.454	22.766	58.958	81.724
Zell mit Kammer, ohne Hundsdorf	6	65.176	5	15.259	8	39.930	65.637	54.708	120.365
Wiesendorf	3	62.444	3	73.780	4	20.324	85.781	70.767	156.548
Stuhlfelden	3	54.859	4	13.351	5	36.743	38.902	66.051	104.953
Bramberg	5	48.275	1	2.912	6	16.388	33.038	34.537	67.575
Zusammen östr. Währ.	32	550.003	19	157.324	40	221.426	395.205	533.548	928.753

Außer diesen Kapitalien haben die pinzg. Kirchen seit der Grundentlastung fast kein rentirendes Vermögen mehr; die Zuflüsse von einigen „Kirchenkühen", an Stuhlgeld und Opfer ꝛc. sind meistens nicht beträchtlich.

Obige sind allerdings schöne Summen, größer als die der meisten Landkirchen anderer Gaue; es sind aber hier auch die Ausgaben größer, als anderwärts. Erstlich begreift jede, besonders ältere Pfarrkirche, sozusagen eine zahlreiche Familie von Stiftungen in sich, für welche sie alle zu sorgen hat. Weiters sind fast allen wohlhabenden Kirchen Pinzgaus immerwährende Beiträge zum Unterhalt von Priestern oder Schulen auferlegt. Wieder werden von ihnen fort und fort reelle Beiträge oder verzinsliche und unverzinsliche Vorschüsse zu Kirchen-, Pfarrhof-, Schulhausbauten ꝛc. verlangt; nicht nur zu solchen Bauten im Gau, sondern auch außer demselben. In Hinsicht auf all dieß ist das „belastete Kirchenvermögen" besonders in Pinzgau viel größer, als sich in den officiellen Rechnungen ausgewiesen findet, in denen überhaupt nur die Kapitalien als belastet angesetzt werden, die man noch als Dotationen besonderer Stiftungen kennt.

Sieht man obige Tabelle genauer an, treten Einem auch sonst manche Beachtungswürdigkeiten entgegen.

3. Von den **Priesterpfründen** erlitten die alten Pfarren durch die Grundentlastung insgesammt Einbuße an altpfarrherrlichem Schein; außer Piesendorf und Lofer aber weniger materiellen Verlust. Hingegen gewannen 13 ehemalige Vicariatspfründen durch ihre Erhebung zu Pfarren.

Folgende Tabelle giebt die Summen der faffionspflichtigen Einkünfte nach ihren Quellen von den 7 alten Pfarrbezirken und wird dazu bemerkt: 1) es sind hier nicht nur die Einkünfte der eigentlichen Seelsorgspfründen berücksichtigt; sondern auch der andern Beneficien: Kirchenthal, Saalfelden und Kammer. 2) Renten von Realitäten oder Kapitalien, die ursprünglich zum Unterhalt eines Priesters zur Kirche gegeben wurden, werden als Widthumsrenten angesehen, wenn die Realitäten nicht etwa die Kirche selbst kaufte. 3) Die Lasten sind von den bezüglichen Rubriken abgezogen. 4) Grundlage der Tabelle sind die neuesten adjustirten Pfründefassionen und Inventarien, gleichwohl nicht insgesammt vom gleichen Jahr.

Kirchengut.

Einkünfte von	Lofer mit 4 Pfründen 12 Priestern	Saalfelden mit 8 Pfründen 11 Priestern	Tarenbach mit 6 Pfründen 10 Priestern	Zell mit 7 Pfründen 11 Priestern	Piesendorf mit 3 Pfründen 6 Priestern	Stuhlfelden mit 3 Pfründen 7 Priestern	Bramberg mit 5 Pfründen 7 Priestern	Summen
	fl.	fl.	fl.	fl.	fl.	fl.	fl.	fl.
Widthum ..	572	1044	337	293	460	213	186	3105
Kirchenfonden	816	2292	1221	1602	945	999	964	8839
Staatskassen	486	462	763	655	187	152	324	3029
Stolgefällen .	77	365	317	317	122	284	203	1685
Gemeinden .	129	270	255	490	178	341	303	1966
Zusammen	2080	4433	2893	3357	1892	1989	1980	18624

4. Periode aa. 1750—1865:

Zu Jedermanns Befriedigung ist hieraus zu ersehen, daß die hiesige Seelsorgspriesterschaft den größern Theil ihres Unterhaltes aus kirchlichen Fonden bezieht; auch die Beiträge von Staatskassen kommen ja meistens aus dem Religionsfonde; nur die EWe. Paris und M. Gandolph wiesen einzelnen Seelsorgern Sustentationshilfen aus Pfleggerichtskassen an, die noch entrichtet werden.

Mit dem ausgewiesenen gesicherten Einkommen pr. 18.624 fl. kommen die 64 Seelsorgspriester des Gaues (abgesehen von den 3 PP. Franciscanern) allerdings nicht aus; sondern bedürfen zu ihrem Unterhalte auch sehr der Zufälligkeiten, die noch immer nicht unbeträchtlich sind. Dieser Umstand ist aber gar nicht so schlimm, als er Vielen erscheint. Erstlich ist er in der Kirche altherkömmlich: zu keiner Zeit haben die Seelsorger von den Renten der kirchl. Fonde allein gelebt; sondern auch von den Gaben der Gläubigen, welche nicht so fast als Geschenke, sondern als fromme Opfer gereicht werden. Weiters sind diese Gaben ein unverkennbares Bindungsmittel zwischen den Seelsorgern und Gemeinden. Genössen jene so reichliche Dotationen, daß sie davon allein behäbig bestünden, es würde sich zwischen beiden bald ein kühleres Verhältniß ergeben, das selbst der Seelsorge nicht zuträglich wäre.

Die Besteuerung der Kirchenfonde ist lange nichts Neues mehr (cf. p. 114, 153); neu sind nur Maß und Gattung der Steuern und öff. Abgaben: „Einkommensteuer, Gebührenäquivalent" 2c.

4. Die **Kirchenverwaltung** erlitt in dieser Periode gar viele Umgestaltungen. — Als die Gotteshausfonde auf namhaften Stand gestiegen waren, wurden um a. 1760 von der f. e. Regierung für einen oder mehrere Pfarrbezirke eigene Verwalter aufgestellt, meistens irgend ein Urbarverwalter oder untergeordneter Pfleggerichtsbeamter; der unter der nächsten Aufsicht des Pfarrers die Verwaltungsfunctionen zu üben hatte. Unter EB. Hieronymus beschränkte man den Einfluß der Kirchpröpste mehr und mehr, am Ende fast nur auf die Manipulation mit der Sammeltafel.

Die kurf. Regierung setzte bald nach ihrem Beginne den „geistl. Verwaltungsrath" ein, bestehend aus Geistlichen und Weltlichen, der die Oberverwaltung besorgte, während die Localverwaltung mehr der weltliche Districtsbeamte, als der Pfarrer zu üben hatte. — Die 1. k. Regierung ließ den Verwaltungsrath mit Modification fortbestehen; nahm übrigens alle Kirchen und geistl. Pfründen, welche bisher der Erzbischof frei verlieh, unter l. f. Patronat.

Die k. bayr. Regierung zog die Kirchenverwaltung ausschlüßlich an sich und stellte im Salzachkreise 4 „k. Kirchenadministrationen", nicht sehr gesegneten Andenkens, auf; für Pinzgau ꝛc. eine solche in Tarenbach. Diese übte nun sämmtliche Verwaltungsgeschäfte und die Pfarrer und Kirchpröpste wurden, so weit es unumgänglich war, nur als Handlanger gebraucht. Schlimm war die grundsätzliche „Consolidirung" der Fonde und Renten desselben Verwaltungsbezirkes, welche manche Confusionen und mißliebige Verwendung der Kirchengelder zur Folge hatte.

Nach der Wiederkehr der h. kk. Regierung bestanden die Kirchenverwaltungen noch eine Zeit provisorisch fort. Endlich mit Consf-Intimation vom 13. Oct. 1821 wurde die kk. „Instruction zur Verwaltung des Kirchenvermögens für die geistl. und weltl. Vogteien im Herzogthume Salzburg" bekannt gemacht (Verordn.-Samml. I. 200), wodurch „die Verwaltungsart der Stiftungsfonde im Herzogthume Salzburg ganz derjenigen gleichgestellt wurde, welche in Alt-Oesterreich gesetzlich ist". Hiemit traten als Localverwaltungen die Cumalativ-Vogteien ins Leben, in Pinzgau, mit Ausnahme Kirchenthals, überall bestehend aus den Seelsorgern und Kirchenpröpsten als geistl. und den Pfleggerichten als weltl. Vogteien. Bis a. 1830 hatten die Geschäftsführung, also auch Registraturen und Kassen, die geistl. Vogteien vorzüglich in Händen. Da aber die Seelsorger, von solchen Geschäften zu lange entfernt, dazu weder Lust noch Geschick zeigten, wurden selbe in jenem Jahre den Pfleggerichten überwiesen. Die Oberverwaltung übten das kk. Kreisamt und die h. Landesregierung; das hochw. Consistorium wurde jedoch in wichtigern Dingen um seine Meinung befrägt und erhielt statt der Jahresrechnungen nur Extracte aus selben.

Nach dem Jahre 1848 folgten als Brücke zu einer neuen Verwaltungsweise „die prov. Kirchenverwaltungen", bestehend aus dem Ortsseelsorger und 3 Gemeindemännern: 1 Vertrauensmann und 2 Kirchpröpsten, deren Oberbehörde noch die h. kk. Regierung blieb.

Das a. h. Concordat endlich vom 25. Sept. 1855 führte die Kirchenverwaltung wieder jenen zu, „welchen sie nach den Kirchengesetzen obliegt" (§. 30) und machte somit der angestrebten völlig kan. Verwaltungsweise Raum. Nachdem mit a. h. Entschließung vom 3. Oct. 1858 die Durchführung des Concordates zugesagt war, wurde vom hochw. Ordinariate der Entwurf einer Verwaltungsinstruction zur h. Genehmigung vorgelegt, welche das bezügliche h. Ministerium unterm 8. Jänner 1860 ertheilte. Sofort erließ nun das hochw. Ordinariat unterm 24. d. M. „Vorschriften über die Verwaltung des Vermögens einzelner Kirchen und Pfründen" ꝛc. und es begannen die „f. e. Diöcesanbuchhaltung" und die „f. e. Kirchenverwaltungen". Das Nähere hierüber ist aus der Uebung bekannt oder im Verordnungsblatt (VI. 5) zu lesen. — Die h. k. k. Regierung behält zufolge §. 30 des a. h. Concordats noch ein Mitaufsichtsrecht über das Kirchengut. Das l. f. Patronat sieht einer besonderen Verhandlung entgegen.

7. Die Kirchengemeinden.

Die **äußeren** Veränderungen an ihnen sind aus den §§. 2 und 3 dieser Periode zu entnehmen. Laut derselben hat sich ihre Zahl um 6 vermehrt, daß nun in Pinzgau 31 Seelsorgsgemeinden bestehen, welche insgesammt gleich selbstständig sind, indem selbst die noch so genannten Vicariatsgemeinden in seelsorgl. Beziehung so völlig an ihren Vicar gewiesen sind, als die ältesten Pfarrgemeinden an ihre Pfarrer (cf. p. 165, 166 ꝛc.).

Auf die **innere** Entwicklung der Gemeinden geschahen im Laufe der Zeit theils absichtlich, theils durch die Zeitverhältnisse von selbst sehr verschiedene Einwirkungen. — Die f. e. Regierung wirkte anfangs der Periode unter Fürsterzb. Sigmund noch in der Richtung fort, welche man seit der Emigration eingeschlagen hatte. Fürsterzb. Hieronymus aber, vom Geiste seiner Zeit beherrscht, glaubte gleich bei Regierungsantritt einen andern Zielpunkt nehmen zu sollen: er war vorzüglich bestrebt, „das Volk aufzuklären, den Aberglauben zu zerstreuen und das reine Christenthum zu pflegen." Aber die zu schnelle Schwenkung und die zu geringe Schonung für den altfrommen Sinn des Volkes vereitelten seine Absichten auf Umstimmung der Gesinnung desselben großentheils; hatten statt des beabsichtigten reinen Christenthums meistens nur Verstimmung und Erkältung der Frommen zur Folge. Wirksamer waren seine Verordnungen zu Gunsten der Sittlichkeit, deren er viele erließ, besonders gegen die Unzucht und ihre nächsten Anlässe z. B. a. 1772, 1792. In diesen Verordnungen wurde besonders Gewicht auf die „Hauszucht" gelegt, gewiß den besten Damm gegen Ausschweifungen des ledigen Volkes und dieselbe den

Hausvorstehungen zur heiligsten Pflicht gemacht. Wiederholt erfolgten Tanzordnungen, die ausführlichste a. 1772, welche den Tanz von Kreuzerfindung bis Erhöhung gänzlich verbot; „Freitänze" durchaus abstellte; für die Tänze bei Hochzeiten, Abralten, Dinzeln, Kirchweihen ꝛc., soferne sie an Feiertagen stattfanden, nur die Stunden vom Nachmittagsgottesdienst je nach Winter oder Sommer bis 8 und 9 Uhr einräumte ꝛc. — Die sittliche Haltung des Volkes dürfte nie gesetzter und anständiger als unter Fürsterzb. Hieronymus gewesen sein.

Mit Beginn des laufenden Jahrhunderts nahm wie anderwärts für Salzburg, so auch hinsichtlich der Religiösität und Sittlichkeit der Gemeinden gewisser Maßen eine **neue Zeit** ihren Anfang und die neuen Verhältnisse und Einflüsse hatten lange um soviel freieren Spielraum, als dem Kirchenregiment zeitweise das Oberhaupt fehlte.

a) Es sollen hier die augenfälligern neuen **Einwirkungen** nur namhaft gemacht und ihre Tragweite angedeutet werden. — 1) Einen nicht bloß vorübergehenden Eindruck auch in religiöser und sittlicher Beziehung übten schon die **Zeitverhältnisse** und **Ereignisse**: erstlich die Kriegsstürme und Umwälzungen, besonders in den ersten Decennien des laufenden Jahrhunderts. Eine allgemeine Aufgeregtheit der Gemüther mußte sich in dieser Zeit auch in unserer Bevölkerung verbreiten, wobei die Gesinnung Mancher ganz aus ihrem bisherigen Geleise gerieth; Andere Eindrücke empfingen, die ihnen lebenslänglich nicht mehr aus dem Sinn kamen. Wie es damals in den Köpfen und Herzen gährte, kann man sich ohngefähr vorstellen, wenn man sich an die Sprache und Gebärdung Vieler a. 1848 erinnert. Zudem brachte die Zeit vielfältigen Verkehr unserer Bevölkerung mit Auswärtigen mit sich: in den Contingenten zur Reichsarmee mußten viele Salzburger ins Ausland ziehen; fremdes Militär kam hieher; vom Dec. 1800 an war gar französisches Militär ein Paar Monate selbst in abgelegenen Thälern im Standquartier, was Alles nicht ohne Eindruck sein konnte. — Endlich waren die Apostel des „philosoph. Jahrhunderts" eifrigst bemüht, die Zeitideen zu verbreiten und ihnen Weihe und Halt zu geben.

2) Von ganz vorzüglichem Einfluß in der fraglichen Beziehung ist die **Aufhebung der Sonderstellung** unseres Ländchens und seine Verbindung mit größern Staaten, nun mit dem östr. Kaiserreiche.

Damit sind auf einmal die Schranken gefallen, die früher das salzb. Wesen bewahrten und selbst unsere hintersten Thäler sind dem geistigem Strome des großen Reiches geöffnet, der auch von verschiedenen Seiten fortwährend eindringt. — Die neuen Gesetze gestalteten etwa nicht nur das äußere öffentliche Leben um, sondern wirken directe und indirecte auch nach Innen. — Wie im ganzen Kronlande, so sind nun auch in unserm Gaue Beamte aus den verschiedensten Provinzen des Reiches und verbreiten im ämtlichen und noch mehr im Privatverkehr die Ideen und Sitten ihrer Heimat oder ihrer Studienorte; an allen Beamtensitzen kann man das wahrnehmen. — Unsere Jünglinge kommen nun als Soldaten viel häufiger als früher in die fremdesten Länder und bringen als Urlauber oder Verabschiedete neue Ansichten und Gewohnheiten in die Heimat zurück und wirken damit auf ihre Umgebung. Man nimmt dieß wahr, so oft man Gelegenheit hat zu beobachten, mit welcher Aufmerksamkeit man auf die Erzählungen Solcher von einiger persönlicher Bedeutung und Mittheilungsgabe allenthalben horcht.

3) Nicht geringer, als solche persönliche Einflüsse, sind nun auch die verschiedenartigsten **Bücher** und **Schriften**, die man bereits in den Gemeinden findet. Vor nicht sehr langer Zeit traf man in manchen Gemeinden fast nur Erbauungsbücher an; Zeitungen etwa in den Händen einzelner Marktbewohner. Besonders seit a. 1848 aber sieht man Bücher religiösen, polit. und sogenannten philosoph. Inhalts bei den gewöhnlichsten Leuten, die man sich früher kaum mit einem Finger anzurühren getraut hätte. Zeitungen sind nun in allen Kirchdörfern und selbst in einzelnen Häusern. Der Einfluß davon ist um so viel tiefer, als noch Viele vorm gedruckten Wort einen völlig blinden Respect haben und man die Lectüre viel öfter und geheimer pflegen kann, als ähnlich wirkenden persönlichen Umgang.

4) Die nunmehr freiere **Stellung der Gemeinden** ist zwar noch zu neu, als daß ihre Folgen schon augenfällig sein könnten; in nicht ferner Zeit aber wird man den innern Einfluß sehr wohl fühlen den sie auf die Gemeinden übt. Die Betrauung von Gemeindemännern mit öff. Geschäften und ihr häufiger Verkehr hierüber mit Andern, besonders während der Landtagsversammlungen, vermehrt ihre Einsicht und der vermehrten Einsicht folgt von selbst Vertrauen auf sich und Selbstständigkeit der Gesinnung und was einmal geistiges

Kirchengemeinden:

Eigenthum der Vormänner geworden ist, geht mehr und mehr auch in die Gesammtheit über.

5) Endlich am Verborgensten zwar, aber am Tiefsten und Nachhaltigsten wirkt unstreitig die **Volksschule,** seitdem sie die Gesammtheit der Gemeinden durchdringt. Ihre Wirksamkeit ist eine zweifache. — Sie vermittelt erstlich Kenntnisse, die, so sparsam sie auch manche Dorfschule gewähren kann, schon an sich nicht unwerth und auch vortreffliche Anfangsfäden sind, an die sich in der Folge nach Umständen weitere Kenntnisse knüpfen lassen. Insbesondere die Lesekenntniß ist eine folgenreiche Befähigung zum Selbstunterricht durch Bücher. — Von viel größerm Belang als der Lehrstoff, den die Schule übermittelt, ist wohl die frühe Anregung und Uebung der geistigen Kräfte der Jugend, die der Schulunterricht mit sich bringt und welche selbst der vielfältige Verkehr vermehrt, den die Kinder unter sich und mit Andern beim Schulbesuche pflegen. Dadurch werden die jungen Seelen ein mehr und mehr aufgelockertes Erdreich, auf dem jeder Same, freilich des Schlechten wie des Guten, leicht Wurzel faßt und emporkommt. Somit ist der Schulunterricht nicht bloß an sich von Bedeutung; sondern auch die gedeihlichste Vorarbeit aller nachmaligen Einwirkungen, die absichtlich oder unabsichtlich auf die Entwicklung der Gemeinden geschehen.

b) Was sind nun und werden noch **die Früchte** der verzeichneten Verhältnisse und Einflüsse bezüglich der innern Bildung des Volkes sein? — Im Besondern 1) läßt sich nicht verkennen, daß die **christl. Kenntniß** desselben bereits zu einem Grade und einer Allgemeinheit gediehen ist, die früher keineswegs jemals da waren und gerade dieß muß man wesentlich als Verdienst der Schule anerkennen. Man darf fast behaupten: schon der christl. Unterricht, mit dem nun fähige Kinder aus der Schule ins Leben eintreten, ist vollständiger als der, womit einst die mehrern Leute aus dem Leben austraten. Dann der in der Schule gesammelte Unterricht, die dort erlangte Uebung der geistigen Kräfte, selbst die frühe Gewöhnung an den Verkehr mit dem Seelsorger bereiten die Jugend vortrefflich für die nachmalige seelsorgliche Einwirkung vor: öffnen den Predigten, den Zusprüchen im Beichtstuhl ꝛc. den Eingang ins Innerste des Herzens. Die Seelsorger des vorigen Jahrhunderts hielten ihre christl. Vorträge in der Kirche ohngefähr in demselben Maße und mit demselben Geschick und lagen sonst der Seelsorge ob, wie die nunmehrigen; beförderten aber doch das gesammte Volk nicht zu dem Grade des Unterrichts, den es nun innehat, eben weil dortmals noch zu Vielen die gehörige Vorbildung durch die Schule fehlte. — Jeder aufrichtige Theilnehmer am geistigen Heil des Volkes wird nun mit Befriedigung erkennen, daß diesem zu einem würdigen, ächt frommen, sittlichen Wandel an christl. Unterricht nichts mehr ermangle.

Wie die religiöse Einsicht zu-, so hat der Aberglaube ohne viele Verfolgung abgenommen. Die fabelhaften Erzählungen, an deren Wahrheit man ehemals nicht laut zweifeln durfte, ohne in den Verruf verdächtiger Aufklärung zu kommen, gelten nun ziemlich allgemein als Mährchen und die alten Geschichten von Gespenstern, Zauberern, verborgenen Schätzen ꝛc. werden so selten mehr erzählt, daß bereits an viele derselben das Gedächtniß erloschen ist. Ist nicht aller Aberglaube verschwunden, im Gegentheil selbst in Kreisen, die über der Volksbildung zu stehen glauben, sogar mancher neuer aufgetreten, z. B. das „Tischrücken", so sieht man daraus nur, daß dem Menschen das Gefallen an Wunderdingen angeboren ist.

2) **Die christliche Gesinnung** der Gesammtheit ist gewiß auch aller Ehren werth und tritt in gleichem Maße, wie in den Jahren der kirchl. Restaurationsperiode durch fortwährend fleißigen Besuch der Kirchen, Gebrauch der h. Sacramente und in den ungeheuchelten Zeichen der Ehrerbietung gegen den Oberhirten der Diöcese bei kanon. Visitationen ꝛc. in unzweideutiger, erfreulicher Weise an den Tag. Die frommen Stiftungen und Opfer zu kirchl. Zwecken, die in den ersten Decennien des laufenden Jahrhunderts, wie bemerkt, seltener geworden waren, stiegen in neuester Zeit wieder zum höchsten je dagewesenen Maße. — Daß aber die kath. Gesinnung nicht durchaus der Versuchung unzugänglich sei, haben leider die Jahre um die Scheide des vorigen und gegenwärtigen Jahrhunderts und die Jahre seit a. 1848 gezeigt.

3) **In sittlicher Beziehung** will man der Gegenwart keinen Spiegel vorhalten; die gegenwärtige Volkssittlichkeit liegt ja vor Aller Augen und Jedermann kann sie selbst mit den Andeutungen über die Sittlichkeit der früheren Perioden zusammen halten. Nur muß man bedauern, daß die Sittenvorschriften der f. e. Landesregierung nun zum Theil außer Kraft sind und die Hauszucht hie und da wie aus den Pflichten der Hausvorstehungen gestrichen erscheint; somit die Sittlichkeit der 2 besten äußern Stützen fast entbehren muß.

Im Allgemeinen machen sich unter den Folgen der genannten und übrigen modernen Einflüsse vorzüglich 2 bemerkbar. — Erstlich eine erhöhte, freilich nur in wenigen Persönlichkeiten berechtigte, Selbstständigkeit, wie anderwärts, so auch im innern, religiösen Leben. Während früher die kirchliche Auctorität sozusagen nur den Mund zu öffnen brauchte, um vorkommende rein religiöse, seelsorgliche ꝛc. Fragen zu erledigen, hat sie nun nicht selten einen ziemlichen Aufwand von Ueberzeugungs- und Bestimmungsgründen zu machen und kommt selbst damit vielleicht nicht allenthalben zum Ziele. — Nicht minder wahrnehmbar ist eine lebhaftere Bewegung der Ansichten und Gesinnungen, als sie selbst in der unruhigen Periode der sectischen Regungen unseres Ländchens bemerkbar war. Wer die Jahre hat, das innere Leben des Volkes, wie es sich noch in den ersten Jahrzehenten unseres Jahrhunderts kund gab, aus eigener Anschauung zu kennen und es mit dem gegenwärtigen vergleicht, wird nicht nur einen merkbaren, sondern auffallenden Unterschied anerkennen müssen. Besonders will man die Bewegung in der neuesten Zeit auffallend finden; oft hört man wiederholen: seit a. 1848 seien die Leute unverkennbar anders geworden und kaum wird ein Aufmerksamer die Wahrnehmung widersprechen. Allerdings stellen sich dem Fortschritt die natürliche geistige Trägheit der Massen und die liebe Gewohnheit des Alten ꝛc. in gewöhnlichen Zeiten als hemmende Mächte entgegen und werden die dermalige Bewegung zum zeitweisen Stillstand bringen; aber unfehlbar wird die Zeit früher oder später für neue Stöße sorgen. Ob dann die Bewegung immer den geraden Weg zum Heile verfolgen werde, ist gleichwohl fraglich; den religiösen Glauben jedoch an eine hohe, überirdische Bestimmung der Menschheit wird die Hoffnung auf jedesmaliges Wiedereinlenken derselben nach dem ihm gesteckten Ziele auch nach den ärgsten Verirrungen — nie und nimmer verlassen.

Bemerkung

zu den im Buche vorkommenden Geldziffern.

Sie werden nach Benennung und Ziffer so angeführt, wie sie in Urkunden, Acten und Notizen verschiedener Zeit vorkommen, also ohne Reduction auf eine bestimmte Währung.

Demnach erscheinen vom 13. Jahrhundert an (von früherer Zeit sind im Buche keine Geldziffern) ins 17. Jahrhundert hinein die Pfunde (pondera, librae, lb., ℔, schon im 16. Jahrhundert manchmal Gulden genannt); dann die Schillinge (solidi, ß) und Pfenninge (denarii, dl.). Bald im 17. Jahrhundert wurde für „Pfund" die Bezeichnung „Gulden" (fl. oder f.) gewöhnlich und am Ende desselben verschwanden die Schillinge aus ämtlichen Acten und fanden sich dafür die Kreuzer, welche aber auch schon viel früher manchmal vorkommen. Das Verhältniß dieser Münzen zueinander ist folgendes:

1 Gulden = 8 Schillingen. Mithin 1 Schilling = $\frac{1}{8}$ Gulden.
      = 60 Kreuzern   = $7\frac{1}{2}$ Kreuzer.
      = 240 Pfenningen   = 30 Pfenningen.

Wer hierüber oder vom alten salzb. Münzwesen überhaupt genauere Nachrichten bedarf, findet sie in der „unparth. Abhandlung" ec. 7. Abschnitt: „vom Münzrecht des h. Erzstiftes Salzburg" p. 356.

An die Stelle obiger Währung („Reichswährung") kam im ämtl. Verkehr mit Beginn der k.k. östr. Regierung in Salzburg die „Conventionsmünze wiener Währung", bis dieser a. 1859 die „neue östr. Währung" folgte. Diese Währungen sind Jedermann aus Uebung bekannt.

B.
Orte- und Kirchenmatrikel.

Wie die profan- und kirchengeschichtlichen Uebersichten die Entwicklung des Gaues im Ganzen nach dieser zweifachen Beziehung darlegen wollen: so ist die Absicht der Matrikel von den einzelnen Bezirken, Orten und Kirchen die vorfindigen Nachrichten zu geben.

Die Einzelnen werden nach geograph. Ordnung von Unten nach Oben vorgeführt, abgetheilt erstlich nach den 5 dermaligen polit. Amtsbezirken des Gaues; dann nach den Gemeindebezirken. Die Gemeindebezirke sind nach den Seelsorgsgränzen zu nehmen, indem die Seelsorgsbezirke älter, bekannter und weniger veränderlich sind, als die nunmehrigen Ortsgemeinden, die nur in der Uebersicht jedes Amtsbezirkes verzeichnet werden. Die Kirchen sollten sich allerdings nach ihrer geschichtlichen Zusammengehörigkeit folgen: voraus die Mutter-, dann die Tochterkirchen; doch der geographischen Ordnung zu Liebe, wodurch sich die Matrikel auch zu einem Reisebuch des Gaues qualificirt, kann man insoferne davon abgehen, als der ehemalige kanon. Verband zwischen den Kirchen in der kirchengeschichtl. Uebersicht wiederholt angegeben worden und auch hier daran erinnert werden kann.

I. Amtsbezirk Lofer.

Er hat seinen **Namen**, wie der Markt, vom Bache Lofer (Louera a. 1190, von Loua Flußrinne — nach Förstemann), welcher aus dem kleinen See Warming in Pillersee kommt, durch den Pillersee fließt und beim Markte Lofer in die Saale geht.

A.B. Lofer.

Das Gebiet dehnt sich vom alten Paß Steinbach bei Melleck nach der Saale bis Weißbach ohngefähr eine Strecke von 4½ St.; hat ebenen Boden fast nur zwischen dem Markte Lofer und Kirchdorfe St. Martin und ist von hohen Bergen eingeengt, die nur in der Richtung der Saale und des Loferbaches durchbrochen sind. Oestlich gränzt es an Bayern (Berchtesgaden), südlich an Saalfelden, westlich an Tirol, nördlich und nordwestlich wieder an Bayern.

Der Bezirk umfaßt die Pfarren Unken, St. Martin und einen Theil des Vicariates Weißbach (Unterweißbach). — In polit. Beziehung die alten Ministerialiengebiete, nachmals Pfleggerichte, Loferstein und Saalecke. Der salzb. Thurm an der Strub scheint nur eine Burghut ohne weiteres Jurisdictionsgebiet gewesen zu sein, wie z. B. Ramingstein und Klauseck in Lungau.

Dermalige Ortsgemeinden:

1) Unken
mit 955 Bewohnern und 3 Steuergemeinden:
Unken pr. . . . 3.044 Joche,
Gföll „ . . . 12.294 „
Reut „ . . . 3.701 „
⎯⎯⎯⎯⎯⎯⎯⎯
19.039 Joche.

2) Lofer
mit 394 Bewohnern und 1606 Jochen.

3) St. Martin
mit 945 Bew. und 7 Steuergem.
Hallenstein pr. . . 1.938 Joch,
Au „ . . 3.098 „
St. Martin „ . . 3.476 „
Schöffsnoth „ . . 1.295 „
Obsthurn „ . . 6.282 „
Wildenthal „ . . 2.997 „
Unterweißbach pr. . 2.908 „
⎯⎯⎯⎯⎯⎯⎯⎯
21.994 Joche.

Also zus. 2.294 Einw. und 42.639 Joche oder 4.2639 □M.

Note. Die Summen der Joche der einzelnen Amtsbezirke weichen in der Matrikel von jener S. 61 durchaus etwas ab. Die Gesammtsumme der 5 A.-Bezirke beträgt nach der Matrikel 465.108 J. jene S. 61 aber . . . . 464.465 „
also Unterschied im Ganzen . . . . 643 J.
Beide Zifferreihen sind aus guter Quelle; neuer und vielleicht berichtigt ist die der Matrikel.

Reihe der Pfleger, Richter, Bezirksvorsteher ꝛc.

1254 N. „Richter v. Louer", vermuthlich Beamter des Gebietsherrn v. Lofer.

1348 Heinrich der Schenhouer, Richter.

1412 Lorenz Hunt Pfleger.

1512 Andrä Penninger, Landr.
1556 Geörig Perger, Landrichter.
1610 c. Elias Eggenfellner.
1612 Hans v. Gutrath.
1614 Casp. v. Greiffensee, Landrichter.
1619 Soschian Norwolf.
1627 Wolf Streicher.
1628 Hans Sigm. Teufl.
1644 Chr. Mart. Schaumberger.
1645 Michael Kopeindl.
1650 Wilhelm Fachner.
1657 Sigm. Hans Söll v. Aichberg, Landrichter.
1661 Christ. Khern, Landrichter.
1670 Joh. St. Eggmüller, Landr.
1681 Franz Guidobald v. Hegi, Pfleger und Hauptmann zu Lofer und hochf. Kriegsrath.
1683 Ludw. Frz. Auer v. Winkhel auf Geßenberg und Gastag, Landman und Truchseß ꝛc.
1700 Franz Roman v. Moll, Pfleger.
1704 Franz Dietrich v. Moßel.
1729 Franz Joach. Paumgarten.
1733 Joh. Raym. v. Rehlingen, Pfleger.
1737 Franz Dietrich Freiherr v. Moßel, Pfleger.
1738 Jof. Jak. v. Mayrau, Pfleger.
1749 Alexander Braun.
1753 Joh. Wenzel Helmreich zu Brunnfeld.
1770 Math. Jof. Kaiser.
1787 Franz Caj. Hitzl.
1789 Karl Ernbert Freih. v. Moll.
1790 Franz Ant. v. Berchtold-Sonnenburg, Pfleger, Umgelter, Mauth- und Hofbräuhausinspector, Rath und Truchseß (cf. p. 70).
1805—7 Amtsverweser Al. Schrott und Ignaz Brobmann.
1807 Anton Wernspacher, Pfleger.
1811—16 Lofer zum Landgericht Reichenhall gehörig, hier exponirter Actuar Lorenz Mösl.
1816 Lorenz Mösl, Landrichter.
1823 Thaddä Susan, Pfleger.
1824 Aler. Schaltauer, Pfleger.
1830 c. Amtsverweser Karl Charment, Joseph Gerhard, Franz Scharinger.
1835 Joh. v. Anthoine, Pfleger.
1838 Jof. Kriechhamer, Amtsverweser.
1838 Franz Steininger, Pfleger.
1841 Wilh. Steinböck, Pfleger.
1845 Jof. Petermandl, Amtsverweser.
1847 Anton Saringer, Pfleger.
1850 Joh. Freih. v. Ueblagger, Bez.-Richter.
1854 Anton Eigl, Bez.-Vorst.

1. Gemeindebezirk Unken.

a) Der Bezirk — hat seinen Namen (Unchine a. 1144, Vnchen a. 1383) vom Unkenbache und dieser nach Koch-Sternfeld von „Unke, Unde", keltisch Wasser, Welle (?). — Begreift die freundliche Strecke des Saalethales zwischen den Pässen Steinbach und

Kniepaß ohngefähr pr. 1 St. und das Thal Gföll, Alles zwischen hohen, vielgestaltigen Bergen. 1) Mitten im Thale erhebt sich gegen Norden der bewaldete Wendel; an den beiden langen Seiten westlich der „Hochgseng", richtiger vielleicht „Hochg'senk", da sich der ziemlich hohe, lange Berg steil gegen die Thalsohle senkt; ihm gegenüber der Aberg, in Schrift öfters „Achberg", aber sicher irrig, indem sonst in Pinzgau und Tirol Aberge vorkommen, deren Name nach Forstemann (altd. Namenb. II. 148) einen Schafberg bedeuten könne, vom ahd. Awi, Schaf (nach Gausprache „Ah" ein Mutterschaf). — 2) Südlich schließt das Revier v. Unken die Pfannhauswand, deren Name ein Denkmal eines einst hier bestandenen Salzbaues ist. Koch-Sternfeld redet von Salzpfannen dahier im 11. Jahrhundert (Str.- und Wasserb. p. 22); EB. Adalbert schenkte a. 1186 eine Pfannstätte dem Stift St. Peter, welche Schankung ihm a. 1210 bestätigt wurde. Hernach ist zwar von einem Sudbetrieb keine Rede mehr; aber die Salzquelle ist nicht versigt. Unterm 8. Juni 1666 wurde der salzb. Hoflkamer berichtet: Thomas Pfannhauser am Pfannhausgut „habe einen sauern Brunn entdeckt und bei der ämtl. Erhebung der Sache bestätigten 6 alte Männer die Aussage Seb. Haizmann's: die gemeine Sag sei schon lange herumgegangen und gar von Alten für eine Prophezeiung gehalten worden, wenn man zu Reichenhall den Arbeitern zu hart mitfahre, so werde in Unken ein Salzbrunnen aufstehen und auf der Khrametau eine Salzpfanne aufkommen". Die f. e. Regierung erlaubte die Benützung der Quelle ohne Verkochung gegen jährl. Erlag kleiner Geldbeträge (Hübn. p. 645); später aber wurde sie strenge untersagt. Noch fließt eine Quelle auf dem Grundstücke des Mäuslbauerngutes, vielleicht einem Ausbruch des Pfannhausanwesens. — 3) Nahe an der Pfannhauswand erhebt sich über einen grünen Rücken das Unkner- oder Dietrichhörnl, in dessen Höhle laut Sage von einem gespenstigen Männlein ein Schatz bewacht wird. — 4) Die Zierde des unkner Gebietes ist das Sonntagshorn, hinter dem Hochgseng 6040' in Pyramideform sich erhebend, selbst von Salzburg sichtbar. Dr. A. Prinzinger sagt davon: „Sein Name hängt zweifelsohne mit der vorchristlichen, heidnischen Feier des Tages der Sonne in unsern Thälern bei Feuerschein und Sang und öff. Spielen zusammen und für einen Riesenaltar der Sonne konnte kein Berg in der Runde passender gewählt werden, als das Sonntagshorn" (salzb. Landesk. 2c. a. 1860 p. 49).

Orte 2c. nach dem Lauf der Saale aufwärts: 1) Der Steinbach bei Melleck, die alte Landesgränze gegen Bayern (cf. p. 3). Der Paß daselbst, nur ein Bogenthor und darüber ein Blockhaus, wurde vom EB. Paris hergestellt. — 2) Der Pfarrort Unken 4 St. von Reichenhall, 1710′ über dem Meere, mit 32 sehr zerstreuten Häusern am Unkenbache, in freundlicher Lage. Im alten, ehemals Unterrain genannten Gasthause ist Postpaqueten-Auf- und Abgabe. Die Salzpfannen s. S. 202; die Kriegsvorfälle S. 73, 74). — 3) Oberrain ein stattliches Wirthshaus, „gleich einem Edelsitze" auf einer Erhöhung zwischen dem „Unterland", Unkenbach und der Saale. — Das „Schieberbad" von 2 Quellen jenseits der Saale, Trink- und Badequelle, wurde schon längst besucht. Im Stockurbar des lofrer Bezirkes a. 1606 ist verzeichnet: „Thomas Batsch und Christina Schütterinn haben ain Behausung und Wildpat enthalb der Achen gegen Unkhenrain." Aber erst a. 1842 wurde vom Oberrainerwirth auf Benehmen mit dem Besitzer der Schiedersache die Quellen über die Saale an sein Haus geleitet und da eine entsprechende Badeanstalt errichtet; später von selbem die l. f. Freie jenseits der Ache, somit auch die 2 Quellen förmlich angekauft. Das Bad wird nun jährlich zahlreich, auch von angesehenen Gästen besucht. — 4) Etliche 100 Schritte von Oberrain hat sich EB. Marx Sittich durch Erweiterung der Straße ein Denkmal gesetzt: „viam hanc ad perpetuam firmitatem publicae commoditati e durissimo silice aperuit" a. 1614. — An der Felsenwand jenseits der Saale, dem Denkmal gegenüber nimmt man zur Verwunderung hoch hinauf Ausspühlungen wahr, die kaum nur auf ehemalige außerordentliche Anschwellungen der Saale deuten; sondern auch auf eine einst viel höhere Lage des Achenfurthes. — 5) Eine Strecke von hier blickt rechts über der Straße der Kniepaß zwischen Fichten herab, ein altes zerfallendes Blockhaus, das laut Inschrift auch EB. Paris a. 1621 restaurirte und erweiterte. — 6) Das Thal Gföll, das sich hinter Oberrain westlich abscheidet, wird nicht umsonst oft genannt: nicht nur theilt es sich rückwärts in manche interessante Parthien mit verschiedenen Namen (Heuthal, Fischbach, Finsterbach, Wildalm und andere Almen, die bayr. Saalforsten Ruderspach, Brunnbach, Altflußthal, Konismais ꝛc.); sondern hat auch andere Verzeichnungswürdigkeiten. Ohngefähr 2½ Stunden von Oberrain ist die Schwarzbachklamm, eine lange, tiefe Schlucht mit sehenswerthen Ausspühlungen durch das Wildwasser, von Fremden viel besucht. König Ludwig von Bayern machte sie zugänglicher laut Inschrift: „L. — Gutta cavat lapidem non vi, sed saepe cadendo a. 1833". — Einen großartigen Wasserfall bildet der Staubbach, „der über Felsen, als käme er unmittelbar aus den Wolken in einer Höhe von wenigstens 100 Klaftern herabfällt und die Gegend weit herum mit Wasserstaub und Wind erfüllt". — In Mitte des Finsterbachs eine von Holz gezimmerte „Leutstube" mit Stallung für 18—20 Pferde, von hiesigen Holzmeistern a. 1762 aufgeführt. — Die schöne marmorne Klause wurde a. 1792 mit einem Kosten pr. 2200 fl. erbaut. — Auf dem Scheibelberg steht „das Landmarch", an dem die Grenzlinien von Salzburg, Bayern und Tirol zusammenlaufen. — Auf demselben Berge fand sich im bayr. Erbfolgekrieg a. 1778 ꝛc. noch ein Blockhaus und um selbes herum und auf dem Thurmbacheck waren Verschanzungen und Verhaue, wovon die Spuren noch auffallen. Auch das Thurmbacheck muß seinem Namen nach einen Thurm getragen haben. Die unfner Tradition läßt diese Festungswerke vom Schwedenkrieg stammen, wo die Feinde, die Pässe an der Landstraße zu umgehen über diese Höhen gekommen wären und bringt damit eine steinerne Säule am Rain zunächst dem Pfarrhause in Verbindung, die aber vermuthlich Ueberbleibsel eines Pestfriedhofes ist. — In der Gsöll findet man auch gemeinen Marmor; daher die marmorne Klause. — A. 1861 fuhr eine Strecke des Weges in der hintern Gsöll ab, deren Wiederherstellung bei 2000 fl. kostete.

b) Die Pfarre zum h. Ap. Jakob dem Jüngern. — 1) Entwicklung. Außer der Ortslage beißen verschiedene geschichtl. Thatsachen: die alte Straße, die Salzpfannen, die hier seßhaften Herren (cf. p. 25, 44) ꝛc. — den Bestand einer Kirche hier frühe annehmen; urkundlich aber ist sie bisher erst von a. 1383 und zwar als Filiale v. Lofer, somit auch dem Stifte St. Zeno incorporirt. In diesem Jahr stiftete sich die Kreuztracht einen eigenen Priester nach St. Martin, der von dort aus „all hochzeitl. Täg, auch Sunn= und Feiertäg ze Vnfhen ain Meß habm soll ungeuer, ausgenommen die Täg, daran sy zur Pfarrkhürcheu ze Lofer geen sollen, ... als von alter Gewohnheit halben ist". Ein Vicariat begann hier schon in der 1. Hälfte des 16. Jahrhunderts; war aber anfangs nicht immer besetzt; denn EB. Michael erläßt a. 1556 an den Propst Pius: „ist Unser Befelch, daß du gedachtes Gotteshaus wiederumb mit einem tauglichen Priester, wie von Altem her, versehen lassest". Durch Vertrag zwischen dem Propst Bernhard und der Kreuztracht a. 1635 wurde das Vicariat neu geregelt und bekräftigt. Dem h. Willen des bayr. Königs gemäß mußte es a. 1812 für unabhängig von St. Martin erklärt und einfach zur Pfarre erhoben werden.

Zum obigen salzb. Gemeindebezirk kommen dermalen 13 Häuser mit c. 120 Seelen vom anstoßenden bayr. Gebiet. Somit zählt die Pfarre 140 Häuser und 1030 Seelen.

2) Die Reihe der **Seelsorger** enthält bis a. 1812 meistens Stiftspriester von St. Zeno.

1564 Johann Mayr, Cooperator.	1700 P. Virgil Frech.
1596 Fr. Stephan Hofbauer.	1701 „ Franz Lochner.
1613 „ Johann Rom.	1704 „ Sigm. v. Laßer.
1617 Joh. Märkhl Weltpr.	1705 „ Gaudenz Hilger.
1618 P. Joh. Nebelmayr.	1713 „ Virgil Frech.
1636 „ Richard Plankh.	1724 „ Joseph Holzner.
1639 „ Balth. Haisermann.	1737 „ Rupert Fur.
1650 „ Zeno Mülhuber.	1738 „ Franz Unglehrt.
1659 „ Heinrich Pernegger.	1747 „ Gelas. Trauner.
1660 „ Ubald Raither.	1750 „ Floridus Kaltenhauser.
1661 „ Zeno Mülhuber.	1757 „ Johann Stainl.
1670 „ Ambros Reisner.	1782 „ Gaudenz Feuchtner.
1678 „ Konrad Hölbling.	1794 „ Gelas. Puchinger.
1679 J. Chr. Welser Weltpr.	1802 „ Peter Keilhofer.
1681 P. Jos. Ertl.	1812 Chuno Riggl, 1. Pfarrer.
1683 Ferd. Rothenwalder, Weltpr.	1813 Patriz Rußegger.
1683 Stephan Strobl, Weltpr.	1817 Rupert Lintschinger.
1684 P. Anton Schenauer.	1821 Adam Jesacher.
1696 „ Virgil Frech.	1827 Caspar Egger.
1699 „ Leonhard Häpitsch.	1857 Joseph Tscharpf.

Hilfspriester, theils aus dem Stifte, theils aus dem Säcularclerus, bestehen hier nach Vicar Stainls Bericht von a. 1685 an; lange aber nur als Votivisten, somit nicht dotirt. Erst die k. bayr. Regierung wies zur Ergänzung der pfarrl. Congrua und Haltung eines Coadjutors 500 fl. RW. aus dem Landes-Aerar an.

Das alte ärmliche Pfarrhaus stand im „Kirchgraben": a. 1820 wurde das gegenwärtige vom a. h. Aerar mit Gemeindehilfe, zusammen pr. 5251 fl. gebaut. Zur Pfarrpfründe gehören Grundstücke nur pr. 1300 Okl.; dazu aber hat der Pfarrer einen Kirchengrund pr. 1172 Okl. zu benützen. Die salzb. Grundentlastungs- und bayr. Bodenzins-

Kapitalien betragen zusammen 2634 fl. CMze. WW. Nach Fassion a. 1857 sicheres Pfründenerträgniß 788 fl.

3) **Pfarrkirche und Gottesdienst.** Die gegenwärtige ansehnliche Pfarrkirche wurde in Folge des Brandes a. 1756 vom Meister Phil. Maurer von Saalfelden auf Kosten des Stiftes St. Zeno, der geistl. Fonde des Decanates Saalfelden und der Gemeinde zusammen pr. 10.732 fl. RW. neu hergestellt. Auf den Altären sind annehmbare Bilder. Eine Orgel wurde a. 1760 errichtet; früher bestand aber schon ein Positiv. Glocken 3: a) pr. 387 ℔ a. 1758; b) pr. 857 ℔ a. 1759; c) pr. 1568 ℔ mit: „Nuntio festa, preces populis et nubila findo, fata canens lethi plebe reposco preces." — A. 1860 Stand der Kirchenkapitalien 10.405 fl. — Im Friedhofe sind einige ansehnliche marmorne Grabsteine; an der Kirche ein marmornes Denkmal von 16 aa. 1848—50 in Italien und Ungarn gefallenen Soldaten aus der Gemeinde.

Zufolge eines alten Gelübdes (schon vor a. 1555) wird jeden Freitag eine h. Messe zu Ehren des h. Pestpatrons Sebastian gelesen, wofür der Kirchpropst monatlich die Stipendien einholt und behändigt. Noch vor wenigen Jahren wurden am Ostersonntage morgens h. Lieder vom Kirchthum herab gesungen. — Stiftungen: 1) sehr alte bestehen hier nicht, außer den h. Messen von a. 1383, die nun durch den feiertägl. Gemeindegottesdienst persolvirt werden, und einer Monatmesse, ursprünglich Wochenmesse, von a. 1487, deren Abhaltung der hiesige Pfarrer in der Marktkirche Lofer zu besorgen hat. 2) Zur h. Frohnleichnamsbruderschaft, a. 1726 eingeführt, gehören 16 Stiftmessen. A. 1860 Kapitalien 2074 fl. — 3) Kleinere Stiftungen: von a. 1702 eigenthümlicher Jahrtag Hansen Flätschers, Wirth (in Unterrain) wobei „die 37 Hausgesessenen im niederländer Gey" gegen ein Präsenzgeld je pr. 15 kr. erscheinen sollten; a. 1823 vom Pf. Lintschinger und Andern ein 10stünd. Gebet am Christihimmelfahrtstag; Jahrtäge und Messen bei der Pfarrkirche um 120.

Die **Schule** scheint der Meßner Paul Ilbmauer um a. 1730 begonnen zu haben; sie war aber lange sehr nothdürftig bestellt. Ihr Locale hatte sie immer im Meßnerhause, das a. 1646 die Gemeinde erbaute, Seb. Ilbmauer a. 1746 erweiterte und a. 1758 die Kirche ankaufte. Wochen- und Feiertagschüler um 90 und 40. Der Lehrer ꝛc.

hat kein Grundstück zu benützen; aber Läutgarben zu beziehen. Das gesicherte Gesammteinkommen wurde a. 1858 auf 260 fl. CMze. WW. fatirt.

2. Gemeindebezirk St. Martin oder Lofer.

a) Der Bezirk — bildet eine mit Ausnahme der hübschen Ebene zwischen Lofer und St. Martin, ziemlich schmale Thalsohle an der Saale, ohngefähr 3 St. lang, mit Almrevieren. Von Bergen sehen auf die Ebene herab 1) von Nordwesten der Faistauberg, Lerchberg und das Bräugfäll, wo vor Zeiten sich Wildschweine gefunden haben sollen. Von Süden der zackige waibringer Steinberg, das Breithorn, Mannl, die Ochsenhörner. Von Osten und Nordosten die Mühlsturzhörner, der Reutersteinberg, die 3 steinernen Brüder, von denen eine ähnliche Sage verlautet, wie von den „steinernen Jägern" am Staufen (cf. Volkss. v. Salzb. I. 92). — 2) Das Pechhorn, im Volksmunde Perhorn (Bärhorn?), ein bewaldeter Berg vor den 3 Brüdern, auch sagenhaft.

„Es beherrscht' im grauen Alterthume
    Milla eine Fee das Lofrerthal;
Rings das Thal war voll von ihrem Ruhme
    Und gesegnet war sie überall.
Denn sie brachte Glück in alle Hütten
    Noth und Elend floh'n vor ihren Schritten." Von ihrem Todfeinde Harrion in ihrem Schloß auf dem Pechhorn bekriegt, floh sie, worauf zwar: „Harrion schwand auf Immer;
Doch auch Milla kam nicht mehr zurück
Und die trauernden Bewohner nimmer
    Sahen ihre Herrscherinn, ihr Glück.
Ihre Schätze auf dem Pechhorn oben
Hat zur Stunde Niemand noch erhoben".
                       (A. Abfalter Volkss. IV. 87.)

Orte, Reviere ꝛc. rechts von der Saale 1) Ohngefähr ½ St. von Unken steigt man links in die Reutalm auf, ein hohes Thal mit der Abtheilung: Reuterträtt, Rabenthal, Bodenrain und Hirschwiese, bei 3 St. lang, zum Theil für das Vieh schwer zugänglich. Es wird die Alm von c. 70 salzb. und bayr. Bauern 4—6 Wochen benutzt, wofür sie dem Landesfürsten 1 Tagesnutzen zu stiften hatten, d. h. was sie an 1 Tag an Butter, Käse und Schotten gewannen. Die Einhebung dieser Stift anfangs Augusts geschah unter charakteristischen Lustbarkeiten. Am Vorabend des Sammlungstages kamen 5—6 junge Burschen ins Pfleghaus und machten da nach Empfang ihrer Butten den Reutalmtanz; zogen dann ins Wirthshaus, wo tief in die Nacht hinein Spiel und Tanz folgte. Am frühen Morgen des andern Tages machten sie sich in Begleitung einer Gerichtsperson auf den Weg; nahmen in den vordersten Hütten das Frühstück, in der Hirschwiese das Mittagsmal. Nach Mal und Tanz wurde da die Sammlung begonnen und bis 6—7 Uhr abends in Reuterträtt beendet, wo übernachtet und wieder getanzt wurde. Am andern Morgen kam man mit den vollen Butten ins Dörfchen Reut herab, wo diese auf Wägen geladen und unter Jauchzen und Gesang zum Pfleghause begleitet wurden. Spiel und Tanz im Wirthshaus beschlossen den Tag. — Nach dem Abzug der Senninnen von der Reutalm kehrt der „Abwäschel", ein polternder Almgeist, wie hie und da anderwärts, in den Hütten ein und schreckt durch geräuschvolles Scheuern der Stötze, Söchter und andere Kasernarbeiten die Vorübergehenden von der Einkehr ab. — 2) Das erwähnte Oertchen Reut war einst ein Rittergut; es kommen vor Pabo v. Reut a. 1208, Chunrad Ritter (miles) v. Reut a. 1285. — Von Reut aufwärts liegen die Ortschaften Au, Scheffnoth, Wildenthal :c., ohne Merkwürdigkeiten. — Auf der linken Seite der Saale kommt man über die Ortschaft Hallenstein von Unken in 2 St. — 3) in den Markt Lofer, 1790' über dem Meere, mit 60 Häusern. Sehr wahrscheinlich zählte der Ort schon a. 1473 zu den erzstiftl. Märkten (cf. p. 62). Wappen des Marktes: die Gottesmutter mit dem h. Kinde, Krone und Szepter auf silbernem Halbmonde stehend, in reichgefaltetem, blauem Mantel. Zwar schon lange hat der Markt ein Bruderhaus, das aber bisher nie zu namhaften Mitteln gelangte. Auch eine privilegirte Schießstätte ist da, wozu vom a. h. Aerar jährlich 12 fl. gegeben werden. Um a. 1526 war eine Tuchfabrik in Betrieb und unter der f. e. Regierung hatten die Bürger nicht unbedeutenden Erwerb mit Versendung von hallein. Salz nach Tirol. Das hochf. Bräuhaus wurde a. 1694 vom EB. Johann Ernest dem Bräuer Chr. Zulechner um 2630 fl. und 12 Th. Leykauf abgekauft und versendete sein Bier durchs ganze Pinzgau. Die k. bayr. Regierung verkaufte es a. 1810 mit der l. f. Meyerei v. Luftenstein um 7500 fl. Die Gebäude der Hauptmauth dahier und der Beimauth am Luftenstein wurden ebenfalls von der bayr. Regierung verkauft. Für die hiesige alte Käseniederlage wurde a. 1766 ein eigenes Haus von der f. e. Regierung angekauft; dabei waren ein Oberschreiber, Niedertagschreiber und Käseknecht angestellt. Das Pflegamt war schon zu Anfange des vorigen Jahrhunderts vom Luftenstein in den Markt verlegt. — Am Fußwege durch den Markt nach der pinzg. Straße steht eine beachtungswerthe steinerne Säule: auf einem neuern marmornen Block eine alte auf 3 Seiten offene Nische mit Bildern aus dem Leben Jesu; die schwerlich, wie die Tradition vorgiebt, nur Denkmal an einen ermordeten Lederer ist. — A. 1475 und 1731 trafen den Markt große Brandunglücke. — In den Kriegen a. 1800 ꝛc. zeichneten sich der Pfleger Berchtold-Sonnenburg als Commandant und Jak. Strucker von hier als Hauptmann der Schützen aus. Am 5. April 1849 starb Jak. Weinseisen, ein ebenso geachteter Bürger, als Arzt; begann in Pinzgau die homöopathische Heilmethode. — 4) Die Lofereralm über dem Faistauerberge, 2 St. vom Markt hat 3 St. im Umfang und nährt vom Peterstag bis c. Mariägeburt bei 1200 Rinder und zählt 46 Hütten, in 6 Tretten geschaart. Das Revier wurde a. 1405 den kirchner und sanctmartiner Zechen förmlich verliehen und a. 1444 vom salzb. Hofmaister Hansen Rauchenpacher für selbes ein Almbrief ausgestellt. — 5) Am obern Ende des Marktes theilt sich die Straße in die nach Pinzgau und Tirol und nach einigen hundert Schritten kommt man auf der letztern an den ehemaligen salzb. Paß Strub, wohl bekannt aus den französ. Kriegen (cf. p. 70, 74). Er bestand nach Erweiterung durch EB. Paris aus 2 gewölbten Durchfahrten, die mit Seitenmauern ein Viereck einschlossen, war in erzstiftl. Zeit meistens mit 1 Officier und etlichen Gemeinen besetzt; wurde aber a. 1809 mit Hilfe der Gemeinde abgebrochen. — 6) Gumping, ein Dörfchen an einem tiefen Torfmoorgrund, der sich immer mehr und mehr erhöht. Da fand a. 1694 der Hufschmied Lorenz Weigl „ein $4\frac{1}{2}$ ℔ schweres heidnisches Bildniß von Erz, das sogleich nach Salzburg ins hochf. Cabinet gebracht wurde". Koch-Sternfeld erkannte es als ein röm. Götzenbild. — 7) Der Grubhof, „ein schönes Landhaus, die Zierde des Thales", ehemals im Besitze der Herren v. Motzel, Waltenhofen ꝛc., wurde a. 1830 sammt Zugehörung von der k. bayr. Regierung zum Sitze des hiesigen k. Forstamtes angekauft. — 8) Das Pfarrdorf St. Martin, kaum $\frac{1}{2}$ St. von Lofer mit 20 Häusern am Moosbache, an der Straße nach Pinzgau, mit einer alten Tafern. — 9) Der ehemalige Paß Luftenstein (richtiger Loferstein,

a. 1190 turris Louer), eine kleine Strecke von St. Martin; einst Sitz der Ministerialen, dann Pfleger v. Lofer (cf. p. 42, 51.). Hübner erzählt davon, was er a. 1796 noch selbst sah: „Auf einer kleinen Anhöhe erhebt sich von Wasser und Bergen umgeben der salzb. Zwischenpaß Thurn oder Luftenstein. Die Feste besteht aus einem hohen viereckigen Thurm nebst beiderseitigen Befestigungen, die aber großentheils zerfallen sind. Ueber dem großen Eingangsthor ist das Wappen EBs. Paris, der diesen Paß a. 1621 von Neuem befestigen ließ. Hier war vor Zeiten die Wohnung des Landrichters, weßhalb dieses Gebäude auch der Richterthurm heißt. Ein großes düsteres Gefängniß ist noch in dessen Tiefe zu sehen. Ueber dem Hinterthor wohnt der Corporal als Commandant des Platzes. Unweit davon liegen das Mayrhaus und die dazu gehörigen Stallungen des Pflegers" ꝛc. (p. 634). Jetzt erkennt man nur mehr die Stelle des alten Thurmes. Die Kriegsereignisse s. S. 70 und 74.

b) Die **Pfarre** zum h. Martin, ehemals nicht von ihrem h. Patron; sondern durchaus vom Hauptorte des Bezirkes „Lofer" genannt. — 1) **Entwicklung.** Das erste Kirchlein dahier dürften die alten Herren v. Lover (cf. p. 42) gegründet haben; der h. Kirchenpatron St. Martin deutet wenigstens auf Abkunft desselben von einem Rittergeschlechte. In frühester Zeit soll das Gebiet v. Lofer zur tirol. Pfarre Kirchdorf gehört haben; aber um a. 1190 findet man dahier schon eine selbstständige Pfarre, die jedoch a. 1303 bereits dem Stifte St. Zeno bei Reichenhall incorporirt war. A. 1695 war der Austausch der Pfarre gegen die von Piesendorf beschlossen; wurde aber rückgängig, daß sie mit dem Stifte St. Zeno bis zu dessen Aufhebung a. 1803 in Verbindung blieb. Diese Einverleibung, das Verhältniß zwischen der Pfarre und Marktkirche Lofer, auch die Wallfahrt Kirchenthal hatten für die Pfarre manche Behelligungen zur Folge.

Der alte Pfarrbezirk begriff das ganze loferer Gebiet; aber noch vor a. 1550 erlitt er eine namhafte Schmälerung durch Errichtung des Vicariates Unken und a. 1783 verlor er einige Häuser an das neue Vicariat Weißbach. Seitdem zählt er 210 zum Theil weit zerstreute Häuser und um 1500 Seelen.

2) Die **Seelsorgsvorsteher** waren bis a. 1803 bald investirte, bald nicht investirte Pfarrvicare von St. Zeno, nur kurze Zeit aus dem Stifte selbst.

Gb. St. Martin.

1190 Heinrich „Pfarrer v. Louer".	1643 Johann Steichelin mag.
1303 Wilhalm „geewigter Vicar".	1653 Georg Prounberger.
1496 Sebastian Kolb.	1659 Balth. Casp. Hofer.
1510 Fr. Michael Oestreicher.	1664 Christoph Mayr.
1517 Cristan Swär.	1677 Simon Wurzenberger.
1555 Wolfgang Wurtzer.	1683 Ferd. Rothenwalder.
1556 Wolfg. Khenblinger.	1685 Jos. Pirkhamer.
1596 Fr. Gregor Wasner.	1709 Georg Wimpacher.
1613 „ Johann Hatzenpech.	1729 Jos. Ignaz Jub.
1614 „ Georg Mourath, a.	1762 J. G. Gras v. Grasegg.
1615 Propst.	1788 Caspar Dreithaler.
1616 Fr. Johann Sailer.	1801 Nikolaus Huber.
1621 Peter Spiegele.	1819 Wolfg. Höbenberger, bisch.
1624 J. Mart. Wurzgart.	chiemf. Rath.
1628 Matth. Rammersperger.	1827 Johann Rumberger.
1638 Georg Stockher.	1854 J. G. Lindenmayr.

Von Hilfspriestern hat man die erste Nachricht a. 1383, wo ein Cooperator für Unken gestiftet wurde (cf. p. 204). Vom Beginn des dortigen Vicariates bis zum „luth. Auszug" fehlten sie oft lange gänzlich; hernach aber finden sich hier 2, 3 Coadjutoren; manchmal dazu noch Votivisten. Jetzt sind 2 systemmäßig, gewöhnlich aber nur 1 angestellt.

Vom alten Pfarrwidthum gingen, wie gewöhnlich bei incorporirten Pfarren, beträchtliche Bestandtheile ans Stift über, namentlich Grundholden und wurden a. 1803 inkamerirt. Bezüglich der Congruabestimmung für den Pfarrvicar gab es zwischen ihm und dem Stifte oft Irrungen; bezüglich größerer Baulichkeiten sogar ernstliche Conflicte zwischen letzterm und dem f. e. Consistorium z. B. bei Wiederherstellung des a. 1764 abgebrannten Pfarrhofes. Jetzt besteht das Widthum, abgesehen von den gewöhnlichen pfarrl. Gefällen, in einem ansehnlichen Pfarrhof, 10 Minuten von der Kirche, in Grundstücken pr. 7 Joch 1491 Qll. und einem Grundentlastungskapitale pr. 6970 fl. Die für die Tarbemessung adjustirte Fassion a. 1854 berechnet das reine Pfründnererträgniß etwas über 800 fl. CMze. WB.

3) Kirchen mit Meßlicenz und Gottesdienst. — a) Die anfangs kleine Pfarrkirche wurde wahrscheinlich im 15. Jahrh. wiederum neu erbaut; a. 1650, 1674 und 1730 erweitert; ist einschiffig mit

einem Netzgewölbe und eingezogenen Pfeilern; a. 1839 wurde sie auf Kosten von Wohlthätern renovirt. Hochaltarblatt vom tirol. Maler Faistenauer a. 1670; Fresken von Rattensperger a. 1839. Orgel a. 1678. Glocken 4: 1) c. pr. 3000 ℔ a. 1710. 2) pr. 843½ ℔ a. 1845. 3) pr. 365 ℔ a. 1845. 4) pr. 200 ℔. — A. 1860 Kapitalienstand 11.257 fl. — Kirche und Friedhof haben ältere Grabmäler seit den Umbauten nur mehr von Beamtenfamiliengliedern.

Wegen Frühmessen in Kirchenthal und Lofer ist hier an Sonn- und Feiertägen eine solche nicht. — Von Stiftungen sind hier keine sehr alten mehr, deren Dotationen wahrscheinlich nach St. Zeno kamen und in Vergessenheit geriethen. Es bestehen 1) eine Seelenbruderschaft, eingeführt a. 1701, mit 7 gestifteten Jahrmessen, a. 1860 mit einem Fonde pr. 2144 fl. 2) das 40stünd. Gebet zu Weihnachten begann zufolge des bekannten Generale a. 1753 und wird noch größtentheils durch Sammlung bestritten. 3) Von kleinern Stiftungen bestehen 247 Jahrtäge und Messen, deren a. 1613 noch nur 3 vorhanden waren.

b) Die Marktkirche Lofer zu U. L. Frau und zum h. Leonhard ist von a. 1418 urkundlich, aber gewiß viel älter. Seit dem Bau nach dem Brande a. 1731 ist sie eine freundliche Kirche von 3 Schiffen, deren mittleres mit einem hübschen Netzgewölbe spätgothisch ist; die 2 Seitenschiffe, gleich hoch mit dem mittlern mögen eben damals hinzugekommen sein. Hochaltar von Marmor, übrigens aber wie die andere Einrichtung ohne Kunstwerth. Eine Orgel wurde auch a. 1678 aufgestellt. 4 Glocken wurden nach dem Brande größtentheils auf Kosten der Bürgerschaft gegossen. — A. 1860 Kapitaliensumme 7567 fl. — In der Kirche einzelne Grabmäler; der Friedhof aber fehlt.

Auf Bitten der Bürgerschaft wurde a. 1677 dahier ein eigener Priester, Frühmesser, angestellt, welcher wie anfangs immer noch seinen Unterhalt von andern Titeln, von hier nur gewisse Deputate und Emolumente hat und sich zur seelsorglichen Aushilfe im Markte verwenden soll.

Zur Kirche geschahen namhafte Stiftungen, die aber insgesammt dem Pfarrer v. St. Martin obliegen. 1) Wochenmessen a. 1418 und 1487, nun reducirt und letztere dem Pfarrer v. Unken überwiesen. 2) Die Rosenkranzbruderschaft wurde a. 1677 eingeführt und erhielt nach und nach 32 Jahrmeßstiftungen. Nebst einem Fonde a. 1860 pr. 2892 fl. hat sie ein eigenes Haus und ein Freigelaß. 3) Kleinere Stiftungen: Schiebungs-Christigeläut a. 1686, goldene Samstäge a. 1736, Jahrmessen mehrere ꝛc.

c) Weiters hat die Pfarre 3 Kapellen mit Meßlicenz: 1) Die St. Barbarakapelle im Pfarrhof, vor a. 1510 vom P. Michael Oestreicher erbaut, wird öfters von Kreuzfahnen besucht; hat kein eigenes Vermögen. 2) Die St. Antonikapelle in Au, 1 St. von der Pfarrkirche wurde vom Pulvermacher Seb. Zehntmayr um a. 1650 erbaut und von der Nachbarschaft allmälig ausgestattet; a. 1860 Fond 800 fl. Am Antonifest Amt und Predigt, 6 gestiftete Jahrmessen und einige Currentmessen. 3) Die St. Heinrichskapelle zu Reut, 1¾ Stunden von St. Martin, entstand um a. 1670 durch die Nachbarschaft; a. 1860 Kapitalienbetrag 445 fl. Am Heinrichstag Amt und Predigt und Frühmesse; im Sommer etliche Wettermessen.

1. Die **Pfarrschule**. Um a. 1670 findet man im obern Pfarrbezirk einen wandernden Schulmaister, Simon Kholbm; a. 1684 einen ständigen in St. Martin, der aber die nächste Zeit darauf manchmal fehlte. Ein neues Schulhaus wurde a. 1839 von der Concurrenz gebaut. Wochen- und Sonntagsschüler um 50 und 20. Das Einkommen des Lehrers ꝛc. besteht nur in Geld, laut Fassion a. 1858 c. pr. 240 fl.

2) Die **Marktschule**. ist älter: a. 1617 ist da Schulmaister Chr. Schnegg, a. 1646 Michael Clainmann, a. 1673 Michael Schopper und dann sind durch c. 130 Jahre Schopper zugleich Schulmaister, Meßner und Krämmer. Das Schullocale war lange im Krämmerhause und ist nun im Hause der Bruderschaft. Wochen- und Sonntagsschüler um 100 und 40. Der Lehrer ꝛc. genießt einen Kirchengrund und eine Garbensammlung. Fassion a. 1859 auf 270 fl. gesicherten Erträgnisses. — Schulfond wohl für beide Schulen a. 1861 pr. 762 fl. 43 kr.

Im Pfarrbezirke liegt der berühmte **Wallfahrtsort Kirchenthal** zu U. L. Frau. — 1) **Entwicklung.** Der Bauer J. Schmuck erbaute a. 1670 eine hölzerne Kapelle mit einem Crucifix am „Kirchberge"; die Nachbarschaft dafür a. 1688 eine gemauerte, in die a. 1689 das Muttergottesbild feierlich übertragen wurde, welches 200 Jahre auf dem Frauenaltar der Pfarrkirche gestanden und zufolge einer Renovation war beseitigt worden. Begreiflich wurde das so alte Andachtsvehikel von der Pfarrgemeinde häufig besucht; aber am 8. Sept. 1690 geschahen am Bilde auch schon Wunder und Zeichen und wiederholten sich dann fortan, welche Pfarrer Pirkhamer nach Salzburg berichtete. Das f. e. Consistorium ließ darüber Protokolle aufnehmen und sandte sie unterm 22. December d. J. nach Rom, woher dann, unter Hindeutung auf gleiche Vorkommnisse in Padua a. 1617, im Wesentlichen die Antwort erfolgte: es seien die Zeichen weder mit Stillschweigen zu übergehen, noch sofort als Wunder zu feiern; sondern dem freien Urtheil der Gläubigen zu überlassen. Die Zahl der Wallfahrter nahm hierauf dergestalt zu, daß die Kapelle, in welcher Dechant Grezinger von Saalfelden am 14. Mai 1791 die 1. h. Messe gelesen hatte, viel zu klein erschien. Fürsterzb. Johann Ernest beschloß darum a. 1693 über der Kapelle eine Kirche zu bauen; aber 3 im Winter aus tiefem Schnee emporwachsende Kornhalme mit Aehren deuteten die Stelle an, wo die allerseligste Gottesmutter das Gotteshaus haben wolle. Sofort entstand auf dem bezeichneten Punkte die gegenwärtige Kirche, welche Jos. Rud. Graf v. Thun, Bischof v. Seckau am 8. Sept. 1701 feierlich einweihte. — Eine Priesterwohnung zu bauen hatte der Fürsterzbischof schon a. 1691 begonnen und dazu a. 1696 ein Beneficium mit 10.000 fl. gestiftet.

Seitdem ist Kirchenthal nicht nur die weit hervorragendste Wallfahrtskirche Pinzgaus; sondern steht den ersten Wallfahrtsorten der Erzdiöcese gleich. Lückenhafte, aber amtliche Berichte geben von verschiedenen Zeiten folgende jährliche Wallfahrtersummen an: von aa. 1691—1700 zwischen 15.000 und 22.000; aa. 1701—50 um 27.000; um a. 1760 bei 50.000; aa. 1764—94 zwischen 31.000 und 47.000. Nachdem sich in den Kriegsjahren die Zahl bedeutend gemindert hatte, erschienen aa. 1820—40 wieder zwischen 30.000 und 40.000; jetzt bewegt sich die jährliche Zahl zwischen 20.000 und 25.000. Oefters erfolgten in außerordentlichen Anliegen große, feierliche Processionen hieher z. B. a. 1705 eine Danksagungsfahrt für endlich beendetem Krieg aus dem tirol. Decanate St. Johann mit 5.000 Theilnehmern, darunter 14 Priester, welchen Zug Bischof Sigm. Karl v. Chiemsee vom Passe Strub selbst anführte. Jetzt kommen, außer den Kreuzgängen der Pfarre St. Martin hieher alljährlich die Fahnen von Unken, Waidring, Fieberbrunn, Sirdorf, Schönau, Rupolding, Reichenhall und aus dem Attergau; die mehrern Jahre auch von Inzell, Reut im Winkel, Reischach, Hallein und Dürrenberg.

Obgleich der Wallfahrtsort im Pfarrbezirke St. Martin liegt, ist die Wallfahrterseelsorge doch vom hiesigen Pfarramte wesentlich unabhängig, hat nur auf die Pfarrkirche geziemende Rücksicht zu nehmen. Dem Decanate hingegen sind zufolge Conf.-Decretes vom 12. Sept. 1857 „der Regens und die Priesterschaft in seelsorgl. Beziehung untergeordnet und steht demselben das Recht der jährl. Kirchenvisitation zu".

b) Die Priesterschaft. Als Regens der Wallfahrtsgeistlichen und Kirche stiftete Johann Ernest, wie gesagt einen Beneficiaten, welcher dem Stiftbriefe gemäß abwechselnd vom h. Ordinariate frei oder auf Präsentation des gräfl. thun. Majorates Teschen angestellt wurde; nun aber auf abwechselnde Präsentation des letztern und der h. k. k. Regierung investirt wird. — Reihe der Beneficiaten-Regenten:

1698 Barth. Rauchenpichler.
1701 Thomas Gell.
1706 Valentin Sartori.
1714 Willibald Polz.
1730 Jos. Scheiblprandtner.
1747 Anton Strobl.
1750 Thomas Swoboda.
1755 Johann Altenberger.
1767 Jos. Gaßmayr.
1768 Math. Karl Kayser.
1777 J. G. Meilinger.
1781 J. G. Winklhofer.
1784 Alexander Schwarz.

1787 Sim. E. Mittenwallner.
1792 Joseph Mayr.
1795 Michael Perger.
1795 Johann Wimpacher.
1800 Mathias Wallner.
1805 Phil. Metzger, f. e. Rath.
1825 Joseph Eder, f. e. Rath.
1845 Mathias Mayr, f. e. Rath.
1854 Jos. Brugger, f. e. Rath und emerit. Dechant.
1856 Jos. Rehm Prov., 59. Regens.
1862 Michael Reiter.

Das Einkommen des Regens besteht in Bezügen aus dem Beneficiumsfonde (a. 1860 pr. 50.135 fl.), für gottesdienstliche Stiftungen von Kirchengründen und Deputaten und salirte sich a. 1862 auf 610 fl. — Er hat sämmtliche Wallfahrtspriester gegen entsprechende Vergütung zu verpflegen.

Von aa. 1841—58, wo sich noch die Priestercorrectionsanstalt hier fand, waren auch Subregenten angestellt: Math. Lienbacher, Wenzel Wurzinger, Matth. Hörfarter, Sim. Eberstrasser und Jos. Rehm.

Die Zahl der Wallfahrtspriester war sehr verschieden: anfangs fanden sich davon 4; in der 2. Hälfte des 18. Jahrhunderts sogar 11—13, darunter aber auch Votivisten; nun sind deren wieder 4 ordnungsmäßig; im Winter aber meistens nur 3 vorhanden. Ihr Einkommen besteht, über Verpflegung im Priesterhause, in Meßstipendien, Deputaten und Zufälligkeiten im Betrage ungefähr von je 210 fl.; der erste Wallfahrtskaplan genießt überdieß eine Remuneration pr. 42 fl.

c) **Wallfahrtskirche und Gottesdienst.** Der Bau der Kirche „in erhabenem Styl nach italienischem Geschmack" aufgeführt, 108′ lang, 72′ breit und 60′ hoch und hat 2 Kuppelthürme. Von a. 1856—60 völlige Renovation des Innern in damaliger Manier. Von den 3 Altären wurden die Seitenaltäre größtentheils von den Grafen Max und Franz v. Thun aus Marmor gebaut. Schönes marmornes Speisgitter von a. 1767. Das „Gnadenbild", Holzstatuette, Maria mit dem göttlichen Kinde in sitzender Stellung, wurde a. 1856 neu gefaßt. Die merkwürdigern und wohlerhaltenen Votivtafeln z. B. der Städte Kufstein a. 1705, Kitzbühel a. 1747, vom Markte Zell a. 1729, Lofer a. 1800 rc. wurden eben damals in Rahmen gefügt; die übrigen aber beseitigt. Mit h. Gefäßen und Paramenten ist die Wallfahrtskirche selbstverständlich wohl versehen, ob sie gleich a. 1800 Vieles zur Kriegscontribution abgeben mußte. Eine Orgel wurde zuerst a. 1714 aufgestellt. Von den 4 Glocken, zusammen bei 40 Zt., wurden eine a. 1707, eine a. 1747 und 2 a. 1840 gegossen. — A. 1860 Kapitalienstand 30.680 fl. Dazu gehören der Kirche das Priester- und Meßnerhaus, kleine Grundstücke rc. — An der hohen Fronte der Kirche ist eine „merkwürdige Sonnenuhr, welche zugleich mit hier die Stunden von Rom und Jerusalem und Constantinopel anzeigt". — A. 1861 wurde in dem einen Thurm eine Begräbnißstätte für die Wallfahrtspriester bereitet.

Der Gottesdienst beginnt an Sonn- und Feiertägen um 5 Uhr; um 6 Uhr wird gewöhnlich Amt mit Sermon gehalten. An Wochentägen fangen die h. Messen um $^1\!/_2$6 Uhr an; abends wird täglich von einem Priester die lauret. Litanei rc. gebetet. — Die **Stiftungen** sind beträchtlich: 1) 3 Wochenmessen vom Fürsterzb. Johann Ernest „umb Aufnamb des Erzstiftes und für die thun. Familie." 2) Die Scapulierbruderschaft wurde a. 1712 errichtet und der hiesige Meßner Paul Gartner stiftete dazu Quat.-Aemter und 1 Jahrmesse. A. 1860 Kapitalien 2.369 fl. 3) Die Herz-Mariä-Bruderschaft begann a. 1849 ohne Dotation; bei der Segenmesse und abendlichen Litanei Bruderschaftsgebet; ist der Erzbruderschaft in Paris affilirt. 4) Tägl. Rosenkranz unter der Segenmesse durch einen Kirchendiener, gestiftet a. 1707 vom Handelsmann Barth. Mayr zu Salzburg. 5) Gold-Samstäge mit levitirten Aemtern und Predigten rc. vom Bürgermeister Casp. Wilhelmseder zu Salzburg a. 1750. 6) Feierliche Aemter zum Theil mit Predigten, Jahrtäge und Jahrmessen zusammen 113.

Der Meßner-Organist bezieht an Besoldung und Deputaten, zum Theil für Nebengeschäfte, um 470 fl.; muß aber einen Meßnerknecht halten.

3. Gemeindebezirk Weissbach.

Der Vicariatsbezirk Weißbach (a. 1190 Wizzpah) liegt zwar zur Hälfte und selbst die Kirche im saalfelder Amtsbezirk; in kanon. Beziehung aber war er einst mehr mit St. Martin verbunden. Die Notizen hievon nicht zu theilen, mögen beide Hälften hier mitsammen folgen.

a) Der **Bezirk** — besteht aus einer engen Thalsohle an der Saale, ohngefähr 1 St. lang und den Geländen gegen die Hirschbühel und am Weißbach. Seine Düsterheit in der Tiefe wird durch die immerhin belebte Straße gemildert. Unter seinen Bergen treten hervor der Gerhartstein pr. 4853' nördlich von Weißbach, das Kammerlinghorn pr. 7869' und der Kranz, über der Kaltbrunneralm emporsteigend und ins loferer und saalfeldner Gebiet hinausschauend.

Ohngefähr beim Eintritt in den weißb. Bezirk von Lofer her 1) öffnet der „Schiebergraben", ein zwar sehr holperiger, aber nicht steiler Durchgang nach Tirol, der nächste Weg der Wallfahrter von Hochfilzen nach Kirchenthal. — 2) Nach einer kurzen Strecke Weges hat man rechts den „Schlößlwald", in dem noch Ruinen der Burg der Saalekker zu sehen sind. Hübner berichtet wieder davon a. 1796: „noch sieht man das von Kalksteinquadern überaus tief aufgeführte Gebäude, worauf ein hoher viereckiger Thurm mit vielen Außenwerken emporragt und das ganze Thal beherrscht haben muß" (p. 635). Dem Wanderer auf der Straße wird die Ruine vom Walde verdeckt. — 3) Wohl aber sieht man vom Wege aus das „Lambrechtsofenloch", eine mächtige Höhle, unweit der Ruine und der Straße. Sie wurde schon mehrmals untersucht, am Genauesten vielleicht den 6. März 1845. Um 12 Uhr mittags gingen 10 Personen, darunter mehrere Beamte, mit Führern und den nöthigen Requisiten versehen in die Höhle ein und kamen um $^1/_2$4 wieder ans Tageslicht zurück. Als die ganze Gesellschaft bald gehend, bald kriechend, bald kletternd und schliefend bei 4800 (?) eingedrungen war, kam sie an einen Abhang. Ueber diesen wagten sich nur die 2 Kühnsten mit den Führern hinab und fanden zu ihrem Erstaunen in einiger Entfernung vom Abhange im

Sande Fußspuren eines Mädchens und Mannes. Sonst wird von außerordentlichen Entdeckungen nichts erzählt (Amts- und Int.-Bl. a. 1845 p. 319. — Die Sage bringt die Höhle mit der Saalekkerburg in Verbindung. Lambrecht v. Saalekke, der letzte des Geschlechtes, hinterließ 2 Töchter, wovon die eine blind war. Die Sehende ließ nicht nur die frommen Vermächtnisse des Vaters nicht ausfolgen, sondern übervortheilte auch grob ihre Schwester bei Theilung der Erbschaft und, wie folgende künstliche Verse sagen,

„mit des Geizes frevelnden Sinn
Verscharrt sie des Unrechtes Gewinn
   In mitternächtlicher Stunde,
Daß ihn nicht erspäh eines Auges Blick,
Nicht Räuberhand ihn entrück',
   In des Schlößlwalds tiefstem Grunde.
Und einen hohlen, mächtigen Schlund
Gewahrt hier das Auge noch zur Stund
   Und sieht ihn mit ängstlichem Grauen.
Hier soll man die Jungfrau um Mitternacht
Mit schwarzem Hund, der die Schätze bewacht,
   In weißem Kleide erschauen. (Volkssagen IV. 90).

Die Sage lockte öfters Schatzgräber in die Höhle hinein und nach darin angeblich gefundenen Menschengebeinen dürfte Einer und der Andere seinen Versuch mit dem Leben gebüßt haben. Schon a. 1701, wieder a. 1723 wurde darum die Oeffnung vermauert; aber immer wieder erbrochen. — 4) Etwas aufwärts von der Höhle führt eine Brücke auf die rechte Seite der Saale, welche ehemals von den Pfleggerichtsgemeinden Lofer, Saalfelden und Zell unterhalten und gewöhnlich „Landbrücke" genannt wurde, wie man die äußersten Brücken z. B. von Rauris und Großarl den Landsteg nennt, etwa weil sie aus den engern Thälern ins offene Land führen. — 5) Der Kirchort Weißbach 2 St. von Lofer, mit 10 Häusern. Die Kriegsereignisse s. S. 70, 74. Zum Orte gehört das stattliche Wirthshaus Frohnwies (Frauenwies) einst vielleicht Sitz der edeln Wizzpacher, wie das entferntere Diesbach der Tiespacher (cf. p. 44). — 6) Unweit von Weißbach am Wege nach dem Hirschbüchel ist die „Seisenbergklamm" sehenswerth, zwar mit mindern Höhlungen als die Schwarzbachklamm, aber einem schönern Wasserfall. Die bayr. Holz- und Triftarbeiter bahnten den Zutritt in selbe und selbst die h. Regierungen halfen hiezu. Unter dem k. k. österr. und k. bayr. Wappen liest man:

"Vos saxa loquuntur, a. 1831."— 7) Auf dem in der salzburgischen Geschichte, besonders während der französischen Invasionen, nicht selten genannten Hirschbühel, 2 Stunden von Weißbach, stehen ein Wirthshaus und eine Gefällenwache; in erzstiftl. Zeit war da auch ein hölzernes Blockhaus. Frühe zog darüber eine Straße, die aber a. 1286 gesperrt werden mußte und erst a. 1805 wieder eröffnet wurde (cf. p. 26). — 8) Das „Alpl", Gemeinalm der Hirschbüchler, soll so fette Weide geben, daß das entkräftete Vieh davon bald erstarkt, das kranke umfällt. — 9) Von den 5 Bauern der Ortschaft Pürzelbach erzählt man: sie hätten a. 1569 ihre Anwesen um einen lodernen Rock feilgeboten, als ihnen die f. e. Regierung wegen grassirender Pest das Branntweinbrennen verbot. — 10) Unter dem Kammerlinghorn steht auf salzb. Boden das k. bayr. Försterhaus Fallegg. Wegen des Wechsels des Wildes über die Landesgränze her und hin wurde nämlich schon frühe dem Stift Berchtesgaden die Jagdbarkeit der Gegend überlassen und stand seitdem immer dem Herrn v. Berchtesgaden zu. — 11) Die nahe Alm Kaltenbrunn wird von Weißbachern und Berchtesgadnern in der eigenthümlichen Weise benützt, daß erstere sie anfangs bis 25. Mai besetzen; letztere von da bis 17. August; dann wieder erstere.

b) Das **Vicariat** zur a. h. Dreifaltigkeit. — 1) Entwicklung. Zur Zeit der Ministerialen v. Saalekke fehlte ein Kirchlein gewiß nicht; ist aber gänzlich verschollen. Die Kapellen, aus denen sich das Vicariat entwickelte, sind viel spätere Werke der Nachbarschaften: a. 1663 erbauten sie eine Kapelle zu Oberweißbach, a. 1696 eine größere an der Landstraße, zu der bald Stiftungen geschahen: bis a. 1750 pfarrl. Gottesdienst an 16 Sonntagen des Jahres, der 12 Mal von St. Martin und 4 Mal von Saalfelden aus gehalten wurde. A. 1757 und 1758 baten sie vergeblich um einen eigenen Priester; aber mit h. Erlaß vom 10. Sept. 1783 wurde er ihnen zugesichert. Ohngeachtet der sehr löblichen Opferwilligkeit der kleinen Gemeinde fielen die Vicariatsstiftungskosten natürlich doch größtentheils auf die geistl. Fonde der Pfarren St. Martin und Saalfelden.

Der oben angedeutete Seelsorgsbezirk mit den 2 Ortschaften Unterweißbach im loferer und Oberweißbach im saalf. Bezirk zählt um 38 Häuser und 220 Seelen.

2) Die kurze Reihe der Vicare deutet fast an, daß hier ein Priester sehr leiblich bestehe.

1783 Jakob Kendler.	1828 Joh. Gebh. Mathis.
1797 Ant. Med. Pirgler.	1839 Caspar Obmascher.
1804 Prosper Haizmann.	1857 Franz Blenkmüller.
1815 Franz Krenn.	1865 Joseph Eßl.

Das entsprechende Vicariatshaus wurde a. 1785 mit Kirchenmitteln pr. 1110 fl. und Gemeindehilfe gebaut. Die Dotation des Vicars ist dieselbe, wie bei den meisten neuern Vicariaten, hauptsächlich bestehend aus jährlichen, firen Geldbeiträgen von Kirchenfonden. Aber auch die Gemeinde übernahm unentgeltliche Naturalleistungen und bringt überdies dem Vicar stiftungsmäßig ein bestimmtes Maß von Milch und Butter für billigen Preis ins Haus. A. 1858 wurde das gesicherte Gesammteinkommen auf 335 fl. ausgewiesen.

3) Kirche und Gottesdienst. Die Kapelle von a. 1696 war als Vicariatskirche zu klein, auch baufällig geworden; wurde also a. 1790 vom Meister Joh. Graspeuntner v. Saalfelden nach Wolfg. Hagenauers Plan zusagen ganz neu hergestellt. Zur Kostendeckung pr. 6875 fl. gaben EB. Hieronymus 500 fl., die Gemeinde über Schichten in Geld 631 fl., das Meiste aber die Decanatskassen. — Statt eines alten Positives wurde a. 1858 eine Orgel aufgestellt. Von den 3 Glocken, zusammen pr. 10 Zt., ist die älteste von a. 1667 und die größte von a. 1801 Opfer Chr. Haizmanns v. Pürzelbach. Der h. Leib des Martirers Felix, den der Bauer Franz Schieder aus Rom brachte, wurde a. 1854 zur öff. Verehrung auf den St. Josephialtar gesetzt. — A. 1860 Kapitalienbetrag 5967 fl. — Der Friedhof wurde a. 1819 bewilligt, von der Gemeinde hergestellt und a. 1822 benedicirt.

Stiftungen: 1) Die h. Dreifaltigkeitsbruderschaft begann a. 1802 und wurden ihre Auslagen zuerst von der Gemeinde bestritten; a. 1860 Fond pr. 991 fl. — 2) Die Nachbarschaften stiften a. 1776 mit 750 fl. ein ewiges Licht zum Allerheiligsten. — 3) Jahrtäge und Jahrmessen vor dem Vicariat 36; seit dessen Beginn 61. — Die oben erwähnten Stiftungen werden durch den pfarrl. Gottesdienst entrichtet.

Schon vor a. 1750 hielt der Meßner Anton Guggenthaler Schule; a. 1777 der Meßner Lorenz Kirchner; doch a. 1797 noch gab der Aubauer nur vom Neujahr bis Ostern Unterricht. In gehörigen Gang kam sie kaum vor der bayr. Periode. Sie fand lange im alten

AB. Saalfelden.

Meßnerhause Statt, zu deßen Bau der wohlthätige Archib.-Commißär Schalhamer v. Lungau der Gemeinde 300 fl. geschenkt hatte. A. 1862 endlich wurde ein neues zweckmäßiges Schulhaus von der Concurrenz mit einem Kosten pr. 3592 fl. gebaut. Wochen- und Sonntagsschüler um 30 und 12. Die Faßion a. 1858 beziffert das Lehrereinkommen mit 202 fl. CMze. WW.

II. Amtsbezirk Saalfelden.

Saalfelden (a. 788 Salafelda, a. 830 Salvelt, a. 888 pagus Saluelda b. h. Saalfeldgau, um a. 1000 Saleueldon, Saleueldun) hat seinen Namen offenbar von seiner Ebene und dem Saalfluß.

Der Bezirk begreift nun vom Saalethal eine Strecke von etwa 4 St., unten eine düstere Thalenge (Hohlwege), oben ein offenes freundliches Gebiet; dann die 2 ansehnlichen, je bei 3 St. langen Seitenthäler Leogang und Urslau. Ehemals gehörte auch ein Stück jenseits der urslauer Filzen, an der Abdachung gegen Pongau, die Dienten, über die erzstiftl. Zeit hinaus hieher; nun aber ist Dienten dem Amtsbezirke Tarenbach zugetheilt; kommt somit dort zu beschreiben.

Er gränzt östlich an Berchtesgaden und Werfen, südlich an Tarenbach und Zell, westlich an Tirol und nördlich an Lofer.

Die Seelsorgsbezirke, die er umfaßt, sind Saalfelden, Leogang, Alm, Hinterthal und ein Theil von Weißbach, über welches Vicariat aber bereits berichtet wurde (cf. p. 217). — Anderwärts theilte sich der Bezirk einst in die Ministerialengebiete v. Lichtenberg, Dorfheim, Biberg, Ramseiden und Alm. Die andern, jüngern Herren des Bezirkes kennt man nur als Herrschaftsbesitzer ohne Jurisdiction.

Dermalige Ortsgemeinden:

1) **Markt Saalfelden** mit 975 Bew. und 390 Jochen.

2) **Land Saalfelden** mit 2398 Einwohnern und 9 Steuergemeinden:
Oberweißbach pr. . 9.166 Joche.
Hohlwege „ . 3.565 „
Fürtrag 12.731 Joche.

Uebertrag 12.731 Joche.
Lenzing pr. . 1.715 „
Uttenhofen „ . 1.188 „
Lichtenberg „ . 6.058 „
Farmach „ . 2.033 „
Bergham „ . 1.159 „
Haid „ . 1.935 „
Gerling „ . 2.616 „
29.435 Joche.

3) Leogang
mit 1.162 Bew. und 6 Steuergem.

Eding pr.	1476	Joche,
Leogang pr.	1.135	"
Pürzbühel "	3.700	"
Sonnberg "	2.001	"
Schwarzleo "	3.661	"
Grießen "	3.846	"
	15.819 Joche.	

4) Alm
mit 1.095 Einwohnern und 4 Steuergemeinden:

Alm pr.	1.422	Joche,
Aberg "	6.829	"
Winkel "	6.120	"
Hinterthal "	7.246	"
	21.617 Joche.	

Also zuf. 5.630 Bewohner und 67.261 Joche oder 6.7261 □M.

Reihe der **Pfleger, Landrichter, Urbarpröpste, Bezirksvorsteher** ꝛc. — Die Urbarpröpste oder Urbarrichter waren keine eigentlichen Gerichtspersonen, sondern Verwalter der Urbargefälle.

1320 Hans Hunt, Pfleger.
1376 Hans Sundtinger Lantricht.
1380 † Hans Hunt, Pfleger.
Ihm folgt jener Hans Hunt, der a. 1392 mit Jak. Kainspieß zu Hall siegreich turnirte.
1404 N. Heydel, Richter.
1414 Hans Ramseider, Pfleger.
Hans Hunt, Landrichter.
1428 Hans der Hunt, Pfleger.
1453 erhält Konrad Schirmer vom EB. für ein Darlehen pr. 200 ungr. Ducaten „auf 6 Jar die Veste und Pflege zu Lichtenperg mitsambt Gericht und Burghut".
1460 Georg Hackhel, Pfleger.
1475 Wolf Ramsaiber v. Grub, Pfleger.
1525 Sigm. v. Thurn, Pfleger, dem seine Brüder Jak. v. Thurn und Neubeuern und Georg folgen.
1538 Hans Triegler, Landrichter.
Peter Lehenauer, Urbarrichter.
1582 Casp. Pänichner (?).

1585 Dietrich Khuen, Pfleger, Hans Stöcklsteiner sein Verwalter.
1587 Raym. v. Lamberg, Freih. v. Ortenegg und Ottenstein, Pfleger und Rath.
1598 Wilhelm Thanner, Pfleger und Rath.
Hans Stöcklsteiner, Urbarrichter.
1601 Dietrich Khuen Freiherr v. Belasy, Pfleger.
1608 August. Prand, Urbarrichter
1612 Joseph Hunt, Pfleger.
1621 Aug. Thurner, Pflegsverwalter, Markt- und Urbarrichter. Von nun an die Stellen gewöhnlich vereint.
1623 Christoph Zehentner v. Reicherstorff, Hauptm., Pfleger ꝛc.
1645 Hans Jak. Rost, Pfleger.
1646 Friedrich Gottlieb v. Rehlingen zu Goldenstein und Rabegg, Pfleger.
1660 Aug. Prank, Urbarrichter.
1675 Ferd. Paris v. Rehlingen, Pflg.

1683 Andrä Moser, Pfleger.
1707 Benedict Haßler, Pfleger.
1726 Balth. Jak. v. Praun, Pflg.
1751 Georg Ludwig v. Waltenhofen, Pfleger.
1752 Franz Christoph v. Fichtl.
1768 Rochus v. Braun.
1793 Andrä Lottersperger, Pfleger und Bergrichter.
1812 Cornel Schwarz, k. b. Landr.
1824 Joseph Rendl, Pfleger.
1835 Martin Zehrer, Pfleger, a. 1854 Bezirksrichter, 1857 Bezirksvorsteher.
1857 Joh. Mich. Strnadt, Bezirks-Vorsteher.
1860 Friedrich Wallner, Bezirksvorsteher.

1. Gemeindebezirk Saalfelden.

a) Unstreitig ist der **Bezirk** eine der schönsten Gegenden Pinzgaus und würde auch an Klima den mildern mitterpinzg. Orten näher stehen, wäre er nicht nach 4 Seiten offen, somit dem Winde sehr zugänglich. Die Berge stehen hier weiter auseinander als anderwärts und umschließen einen weiten, zum Theil fruchtbaren, allerdings nicht durchaus ebenen Boden. Im obern saalf. Saalethal stehen sich 2 beraste, darum doch nicht sehr fruchtbare Bergrücken gegenüber, zwischen denen die fusch-kapruner Gletscher herabblicken; im untern aber hohe, nackte Kalkgebirge, darunter das Persei- und Breithorn pr. 8000, ziemlich herrisch auf den Markt und Umgegend niedersehend; weiter abwärts auf der rechten Seite der Saale das Grünhorn, auf der linken Markend ꝛc. — Das einstige Lutherthum im Bezirk s. S. 118 ꝛc.).

Reviere, Orte, Schlösser ꝛc. 1) Die Hohlwege, 2 St. lang, eine düstere Thalenge, durch Lavinen und Felsenstürze gefährlich, woran ungeheure am Wege liegende Bergstücke nur zu laut mahnen. Im Winter und Frühlinge ist die Gefahr am Größten. „Da wagt es selbst der kalte, gefühllose Fuhrmann nicht zu pfeifen oder mit der Peitsche zu knallen; denn oft braucht es mehr nicht, als eine zitternde Bewegung der Luft, so löst sich eine Lavine und begräbt unter Schnee und Felsen Menschen und Vieh." Martersäulen bezeichnen die Unglücksstellen. „Tief schlummert hier unter dem Trümmergestein
Und einsamen Kreuz der Erschlagenen Gebeln;
Der Wanderer fliehet mit Schauer
Die Stätte der Trauer". (Vierth.s Wandr. II. 80).
Die Straße zieht sich an der gefährlichern südöstl. Bergwand dahin, die sich bald senkrecht bald fast überhängend 3—4000' über sel e erhebt.

In Folge des Waldbrandes a. 1865 in den obern Hohlwegen wurde eine Strecke der Straße von etwa 300 Klaftern vom Bergabhange weggerückt. — Im Nov. 1827 zerriß ein Bär in den Hohlwegen dem Labäckbauer 22 Schafe. — 2) Vom steinernen Meer gehört nur ein schmaler Streifen zum saalf. Gebiet. Es ist das ein wunderbarer Felsengrund von 2, 3 St. in Länge und Breite, 7000' über dem Meere, nur von einigen nackten Köpfen überragt. „Der ganze Boden, sowie jedes Geklüfte, jede emporragende Klippe erscheint ausgespühlt, ausgeschwemmt und von den Gewässern in den verschiedenartigsten Formen zernagt. Die ungebildetsten Menschen sprechen da von der Sündfluth, auch wohl von einer Zeit, da das hohe Becken ein großer See gewesen, dessen Ufer durch die Stöße eines Erdbebens zerrissen wurde. Führte das ungeheure Steinfeld nicht schon seit undenklichen Zeiten den Namen des steinernen Meeres; so würde es ihn jetzt noch erhalten" (Bierth.s Wandr. II. 73). Betrachtet man aber beim Ueberschreiten der Fläche das Gestein aufmerksam, so findet man daran auffallende Abstufungen der Ausspühlung. Während die Flächen und Blöcke in Mitte des steinernen Feldes allerdings sehr ausgewaschen sind, trifft man am Fuße der überragenden Berge, von denen sich von Zeit zu Zeit Stücke lostrennen, diese noch mehr und weniger kantig, daß die Wirkung der hier natürlich oft gewaltigen Wetterstürme auf das weiche Kalkgestein unverkennbar ist. Diese Beobachtung und die traditionelle Bezeichnung der Fläche als „verlorne Weide" stimmen nun nicht zu obigem Glauben. — 3) Uebrigens erzählt man sich vom stein. Meere mancherlei Jäger- und Schwärzergeschichten, auch Sagen z. B. von der Teufelsmühle am Funtensee. Ein Jäger spähte da auf „Mangerl" (Murmelthiere), deren es hier noch giebt; hörte jenseits des See's die Teufelsmühle, die goldene Thaler mahlt und sieht gleich einen solchen vor sich im Sande.

„Was fangt jetzt gen der Jäger an?
Ist gwest ein frommer Mann;
Er bet't und nimmt den Thaler mit.
Aber ein' Jäger foppt kein Teufel nit:
Er tragt ihn hinab ins Thal
Auf Bertlsgaden zue;
Dort in der Kirchen taucht er'n fein
In Weihbrunkessel wolter ein.
Und — das berleidt kein Teufelsgeld;
So spürts auch der Thaler g'schwind

Und ist ein Stein wahrhaftig wor'n,
Ein Stein, wie s' sind am Teufelshorn.
Das hat der Böse nit verseh'n
Und wird fuchsteufelswild." v. Kobell (Volksf. II. 64).
— 4) Markt Saalfelden, 3 St. von Weißbach, 2022' über dem Meere in der schönsten Lage; Markt hier sicherlich schon vor a. 1473 (cf. p. 62); Wappen desselben: 3 kleine Hügel mit je 1 Baum im goldenen Felde. — Bezirksamtssitz von a. 1601—1811; derselbe früher in Lichtenberg, nun in Farmach. — Hier ein Bruder- und Leprosenhaus, wovon das eine vom Bischof Pürstinger herstammt; das andere von ihm mit 1000 fl. beschenkt wurde. Dechant Hofer legirte a. 1794 einen Armenfond pr. 700 fl. — Verheerende Brände a. 1734 und 1811, bei welchem letztern 108 Häuser verbrannt und ein Schade von 307.821 fl. verursacht wurden. — Hier starb am 19. Juli 1543 der hochachtungswürdige Fürstbischof Berthold Pürstinger v. Chiemsee, nicht nur ein großer Wohlthäter des Bezirkes, sondern auch in der salzb. Geschichte mehrfach hervorragend. — Von da war gebürtig der Apostat und luth. Prediger Georg Scherer. Erstlich Weltpriester, dann Franciscaner begann er öffentlich lutherisch zu predigen, bis er ergriffen und a. 1528 hingerichtet wurde. „Durch seine auf dem Richtplatze bewiesene Standhaftigkeit hat er sich bei protestantischen Kirchenschriftstellern den Ruhm eines evang. Martyrers erworben" (Zaun. Chron. III. 123). — Ebenfalls hier wurde a. 1765 Jof. Kurz geboren, ein nicht unbedeutender Maler, der unter Anderem mehrere Altarblätter verfertigte. — 5) Die Umgebung des Marktes zierte ein Kranz von Burgen und Edelsitzen, von denen nun freilich die einen ihren Glanz verloren haben; die andern ganz verschwunden sind. Die merkwürdigste ist Lichtenberg, ¾ St. hoch über dem Markt, einst Sitz der Ministerialen v. Saalfelden (cf. p. 42 und 51). Im Bauernkriege a. 1526 zerstört, mußte sie von der Gerichtsgemeinde wieder hergestellt werden; ist nun ziemlich verfallen und nur mehr Wohnung des kk. Revierförsters. In gefährlichen Zeiten wurden in die Burg, wie auch in andere Burgen, Soldaten gelegt, zum letzten Mal a. 1731 um einen Aufstand in Folge des Emigrationsedicts vorzubeugen. Nach Kleimayern, Koch-Sternfeld ꝛc. hätte EB. Eberhard II. die Burg mit Zugehörung a. 1243 um 400 Mark Silber und 10 Mark Gold von den pinzg. Schenken v. Habach gekauft; nach G. A. Pichler aber wäre da nicht das hiesige; sondern das Lichtenberg bei Stainz in Steyermark den steyr. Schenken v. Habespach abgekauft worden

(Landesg. p. 132) — sehr glaublich. — Ueber den Thurm zu Ramseiden, ¼ St. vom Markt und die Ramseider s. S. 42 und 51. Nach dem Aussterben des Geschlechtes a. 1579 kam der Thurm ꝛc. an verschiedene Edelleute der Gegend, namentlich die Ritzen; am Ende des vorigen Jahrhunderts wurden ihre meisten Dominalien an die Kirche Alm verkauft. — Röttenwerth zu Letting ½ St. vom Markt baute der durch seinen Unternehmungsgeist unter EB. Johann Jakob (a. 1860—86) berühmte Edelmann Christoph Perner, dessen Geschlecht sich schon a. 791 hervorgethan haben und mit Aegyd Perner a. 1655 ausgestorben sein soll. Den Sitz verließen die Perner schon im 16. Jahrhundert und das Schloß mit einigem Grund kaufte a. 1597 Jos. Hunt v. Dorfheim; Anderes die Gold v. Lampoting. Der Thurm ist nun verschwunden. — Farmach an der Straße nach Alm ¼ St. v. Markt, einst ein freieigener Edelsitz. Als Besitzer desselben kennt man die Freiherren v. Törring zu Seefeld, Zehendtner, eine Freiin v. Sedmirazki, geb. Eiselsperg und Raym. v. Rehlingen. Dieser baute das Schloß in seiner dermaligen Gestalt und kaufte Grundstücke und Zehente dazu. Mar. Sybilla v. Negri verkaufte a. 1782 den Complex stückweise, die Mayerei des Schlosses an den Bauern Barth. Schwaiger. Das Schloß, wie gesagt, ist nun Bezirksamtssitz. — Im Schloß Grub, später Ritz, nahe am Markt gen Zell, fand Hübner a. 1796 noch Alterthümer, denen nach hier einst eine völlige Ritterburg gewesen sein mußte (p. 611). Vielleicht saßen hier die alten Herren v. Tor, von denen ein Konrad a. 1380 dahier als Pfarrer stirbt und etwas später ein anderer Konrad v. Tor als Propst v. Berchtesgaden auftritt. Bekannte Besitzer: Ramseider, Weitmoser, Ritzen, Pauernfeind v. Eiß und Waltenhofen, welche letztere das neue Gebäude am verfallenen Thurm aufführten. Franz Wilhelm v. Ritz hatte laut Inventars a. 1666 einen Besitz verlassen von Grub pr. 58½ Tagwerke Grund; von Ramseiden pr. 27 Tagwerke mit andern Mayrschaften und Unterthanen, zusammen im Anschlage pr. 121.138 fl. Aber bald hernach machten mißliche Umstände, mitunter Schlemmerei das herrschaftl. Gut zerfallen. Bei der Hochzeit Emeram's v. Ritz mit einem Fräulein Paurnfeindt v. Eyß wurden auf die Gesundheit des Brautpaares 262 Viertel Wein und 184 W. Bier getrunken und solche Gastmale mit den benachbarten Edelleuten zu oft wiederholt. Nun ist das Schloß mit den nächsten Grundstücken in den Händen eines Bauers. — Ueber Biberg, ¼ St. vom Markt über der Saalbrücke gen Zell s. S. 43. — Dorf oder Dorfheim ¼ St. vom

Markt gen Leogang. Als Besitzer um a. 887 nennt man einen Isenbart v. Altdorf, von dessen böser Gemahlinn Irmentrut die Sage von den „12 Hündlein" verlautet, welche J. A. Kaltner in den Volkssagen von Salzburg (II. 25) ausführlich erzählt. Uebrigens f. die alten Herren v. Dorfheim S. 43 und 51. Jos. Hunt, der letzte Sprosse der hiesigen Hunte hinterließ 2 Töchter und durch Verheirathung und Erbschaft folgten von a. 1620 an im Besitze der Herrschaft: Saviole v. Roveredo, Anna geb. Pagein, welche den Hofrath Konrad Stablmahr ehelichte; hernach dieses 2. Ehefrau Kath. v. Kühebach zu Haselsperg; dann ihre Nichte Anna v. Kühebach, welche Ignaz Lürzer v. Zehenthal heirathete. Seitdem behaupten sich hier Lürzer. — 6) Weiters mögen erwähnt werden: das Bad Fieberbrunn bei ³/₄ St. vom Markt, hinter Ramseiden, lange schon besucht, nun ziemlich mit Localitäten versehen. — Bergham (Percheim in Pisontia), wo EB. Dietmar II. a. 1025 durch Tausch 195 Jauche erwarb. — Dann Rugaßing unter Gerling, das seinen Namen vermuthlich vom Edelmann Ruodgozzo hat, welcher dem EB. Adalbert II. a. 928 Güter im Saalfeldgau überließ. — Harham von hara, haracium, ein Gestüttort, Stallung für Pferde und Schweine („Salzb. u. Berchtesg." p. 365). Hier übernachtete a. 1858 die Leiche P. Joachim Haspinger's auf ihrer Wanderung vom Friedhofe St. Peter in Salzburg nach der Gruft der tirol. Helden von a. 1809 in der Franciscanerkirche zu Innsbruck.

b) Die **Pfarre** zu den h. Johannes Bapt. und Evang. — 1) Entwicklung. Ein Edelmann Dietmar, auch Graf genannt, übergab „seine Kirche Salvedun" dem EB. Hartwik (an. 991—1023) und a. 1208 wird eine „Pfarre Salvelden" erwähnt. A. 1299 wurde diese der bisch. Tafel v. Chiemsee einverleibt; aber a. 1642 gegen die Pfarre Brixen zurückgenommen und dem salzb. Priesterhause incorporirt. Der frühen Incorporation ohngeachtet gedieh sie durch ihre günstigen localen Verhältnisse doch zur ansehnlichsten Pfarre Pinzgau's. Im 15. Jahrhundert erfolgten große Stiftungen; a. 1618 kam hieher der Decanalsitz für ganz Pinzgau und besteht noch für das Saalethal; ihre Fonde vermehrten sich mit vorzüglichem Segen. Beabsichtigten andern Ausstattungen traten Hindernisse in den Weg: vergeblich bewarb sich die Pfleggerichtsgemeinde a. 1710 um ein Franciscaner- oder Capucinerhospiz; Dechant Gaisruck betrieb a. 1730 die Errichtung eines Jesuitenmissionshauses; a. 1710 war sogar die Gründung eines Collegiatstiftes im Antrage.

Wie andere pinzg. Altpfarren früher, als manche der übrigen Diöcese, Ausscheidungen erfuhren, so auch Saalfelden. Bischof Berthold v. Chiemsee, dem gehörige Bestellung der Seelsorge sehr anlag, errichtete während seines Hierseins (aa. 1530—43) die Vicariate Alm, Dienten und Leogang oder bereitete doch deren Errichtung vor. Wieder wurden a. 1783 einige saalf. Häuser dem neuen Vicariate Weißbach zugewiesen. Dennoch zählt die Pfarre noch um 490 Häuser und 3470 Seelen.

2) **Seelsorgsvorsteher**: Pfarrer, Pfarrvicare, auch Dechante ꝛc.

Pfarrer.

Das domcapitl. Nekrologium führt 2 Namen an: am 14. April „Chunrad Pfarrer", wahrscheinlich um a. 1210.
17. April „Hartwik Priester v. Saalvelden."
1270 ein Pfarrer Ulrich.

Pfarrvicare.

? Martin Rorhart.
1306 Ulrich.
1323 Symon.
1380 † Konrad v. Tor.
1410 Nik. Hunt, Domherr.
1465 Ernest Rataga eingedrungen, wofür bald Johann Perger mag.
1490 Ulrich Arnpekh.
1493 Konrad Wolf.
1528 Erasm. Anthon mag.
1530—43 Bischof Berthold Pürstinger, Oberpfarrer. Vicar: a. 1537 Georg Alpicander (Abgeordneter der pinzg. Clerisei zur Kirchenversammlung d. J.), 1540 Wolfg. Rothmayr.
1549 Wolfgang Riedtmann, auch Abgeordneter ꝛc.
1550 Birgil Grundner.
1567 Ulrich Widmayr.
1569 Thom. Nobilis, Abgeordn. ꝛc.
1600 Johann Imbsteter.
1601 Georg Menger.
1607 Georg Palmy.
1614 Georg Tauscher.

Zugleich Dechante und f. e. Räthe.
1618 Georg Tauscher.
1627 Nik. Airnschmalz.
1629 Konrad Neyninger.
1630 Ferdinand Rau.
1634 Johann Drerel, Dr. theol.
1646 Johann Dietmayr, theol. licentus.
1649 Johann Lang.
1653 Franz Locher.
1676 Wolfg. Gretzinger.
1681 Johann Kopp mag.
1683 W. Gretzinger wieder.
1692 Ferd. Kirchhofer.
1696 Wolfg. Paßauer, theol. cand.
1712 Jakob Zäller.
1727 Joh. Franz Graf v. Gaisruck, Dr. theol.
1734 Martin Velbinger.
1750 Fr. J. K. Egger.
1758 Jos. Caj. Göschl.
1764 Franz Sal. Hofer.
1784 Joseph Mayr.
1828 Johann Müllauer.
1857 Georg Hasenauer, Ehrenkanonicus v. Mattsee.

Gb. Saalfelden.

Die untergeordneten Priester sind seit alter Zeit entweder eigentliche Seelsorgsgehilfen oder gestiftete Meßkapläne (cf. p. 106) und waren einst deren mehrere als nun z. B. a. 1473, also vor der 1. bekannten Kaplanstiftung, fanden' sich „6 Briester im Pfarhoff": Gesellen und Kapläne. — 1) Von Seelsorgsgehilfen werden a. 1528 erstlich 2 „Cooperatoren" namentlich aufgeführt, die auch nach Errichtung der 3 Vicariate noch eine Weile bestanden. Nun ist lange nur mehr 1 Cooperator, der ein faſſionsmäßiges Einkommen pr. 391 fl. über die Verpflegung im Pfarrhofe bezieht, worauf aber einige Lasten haften. — Nicht gestiftete Hauskapläne werden a. 1528 noch 3 aufgezählt, wofür später ein „Supernumerär" erscheint, für welchen der Pfarrer a. 1689 einen Sustentationsbeitrag pr. 250 fl. aus verschiedenen Kirchenfonden erhielt. Nach der Emigration fanden sich 2, 3 Coadjutoren. Nun ist neben dem Cooperator 1 Coadjutor statusmäßig; aber auch der ramſ.-hunt. Kaplan zu völligen Coadjutorsdiensten verpflichtet. — 2) Von mehrern zur Pfarrkirche gestifteten Kaplänen bestehen noch der Frühmesser und der ramſ.-hunt. Kaplan. a) Den Frühmesser stiftete a. 1485 die Wolfgangi- und Sebastiani-bruderschaft mit jährl. Geldstiften pr. 30 ₰ Pf. nebst Anlaiten und bewahrte Vogtei und Patronat den Bruderschaftpröpsten. Frühmesser Jg. Dießenbacher (aa. 1814—29) gab zur Stiftung ein Haus und Grundstück pr. 1 J. 1013 Okl.; wovon aber neulich der größere Theil als Pfarrfriedhofstätte verkauft wurde. Der Frühmeßfond betrug a. 1860 an Kapitalien 51.343 fl. Die Verpflichtungen des Frühmessers bestehen nun in Persolvirung von wochentl. 6 Stiftmessen, sonntägl. Frühlehren, Beichthören, Assistenz beim Gottesdienst ꝛc. und sein Einkommen über Quartier in besagtem Hause in 482 fl. aus dem Frühmeßfonde. — b) Der ramſ.-hunt. Kaplan entwickelte sich aus 2 ursprünglich voneinander unabhängigen Stiftungen. Ritter Georg Ramseider zu Grub und seine Vettern Wolfgang und Wilhelm Ramseider stifteten a. 1473 einen Meßkaplan mit jährl. Stiften pr. 33 ₰ Pfge. nebst Anlaiten und incorporirten die Dotation der Pfarrkirche. Ebenfalls zur Pfarrkirche dotirten a. 1491 Abalgar und Wolf. Hunt zu Dorfheim und ihr Vetter Albrecht Hunt v. Lauterbach einen 3. Kaplan mit jährl. Geldstiften pr. 32 ₰ Pfge. und Anlaiten. Schon um Mitte des 16. Jahrhunderts vereinigte der Bischof v. Chiemsee „als Lehensherr der Kirche Saalfelden" die beiden Kaplaneien und bald wurden sie noch mehr verkehrt. Auf gründliche Untersuchung der Stiftungen stellte endlich ein Conſ.-Decret v. 26. April 1718 mit päpstlicher Bewilligung die ramsfeib. Messen jährlich auf 123 und die hunt. auf 76, zusammen 199 fest. Nachdem in demselben Jahr 2 Wochenmessen der Spitalkirche mit jenen Stiftungen waren vereinigt worden, stellte man wieder einen ramseib.-hunt. Kaplan auf, vereinigte aber später die Kaplanei mit der Pfarrpfründe. Endlich a. 1858 wurden die Stiftungen wieder geordnet und aufs Neue ein ramf.-hunt. Kaplan aufgestellt, der jährlich 303 Stiftmessen zu lesen und gemäß der Bestimmung von a. 1718 völlige Hilfspriesterdienste zu leisten hat, wogegen er über Verpflegung im Pfarrhof von diesem und der Pfarrkirche fire 187 fl. bezieht.

Das Pfarrwidthum bestand in ansehnlichen Zehenten, Unterthanen und Grundstücken, wovon erstere von jeher dem f. e. Priesterhause incorporirt waren. Der Pfarrhof war einst in Pfaffing; im 16. Jahrhundert aber findet man ihn schon lange im Markt im heutigen Meßnerhaus; bald nach a. 1621 scheint er auf seine dermalige Stelle versetzt worden zu sein. Nach dem Brande a. 1811 wurde er größtentheils von Kirchenmitteln neuhergestellt. — Die Grundstücke pr. 23 J. 1445 Dkl., die der Pfarrvicar nutzt, sind Eigenthum der Kirche, welche darum einen Pachtschilling von ihm empfängt; aber die Abgaben entrichtet. — Die Grundentlastungskapitalien fielen selbstverständlich dem Priesterhause zu', wogegen es dem Pfarrvicar an Besoldung und Sustentationsbeitrag für den ramf.-hunt. Kaplan 638 fl. ausfolgen läßt. — Reines Pfründeeinkommen laut der neuesten Fassionen 1370 fl., wovon jedoch der Cooperator kein Wochengeld und der r.-h. Kaplan nur ein halbes empfängt.

3) **Kirchen und Gottesdienst.** a) Die Pfarrkirche ist, so lange man Nachrichten von ihr hat, ein stattlicher Bau, einst mit mehreren Kapellen und 10—12 Altären. Durch den Brand a. 1811 verlor sie ihr Ziegelgewölbe. A. 1858—61 geschah ein großer Restaurations- und Umbau mit einem Kosten pr. 78.755 fl. aus Kirchenmitteln. Seitdem bestehen 5 Altäre, deren Blätter N. Palme, J. Frank von München und J. Müller von Wien schufen; dann Fresken zum Theil auf Goldgrund von Seb. Stief von Salzburg. „Die künstlerische Ausführung sämmtlicher Bilder wird sehr belobt". Die Orgel mit 18 Registern wurde eben damals restaurirt. Die Glocken von entsprechendem Gewicht, im ansehnlichen Quaderthurm, „dessen Stockwerke durch starke Gesimse mit geschweiften Halbbogenfriesen getrennt sind", wurden alle nach dem Brande a. 1811 gegossen. A. 1860 Kapitalien-

stand 65.969 fl. — Unter dem Chor ist eine große Krypta, vom südl. Seitenschiff der Kirche zugänglich. „Sie zeigt, obwohl wie alle Krypten röm. Ursprungs, ein gedrücktes goth. Gewölbe ohne Säulen mit Kreuzrippen und dreiseitigem Schlusse, ohne Zweifel den Abschlußwänden des einstigen gothischen Chores entsprechend. Man dürfte kaum fehlen, wenn man die Krypta und den Thurm dem 14. Jahrhundert zurechnet" (A. St.) Bernhard M. Lengauer, resign. Pfarrer v. Rattenkirchen, ein emsiger Verzeichner von kirchl. Alterthümern fand um a. 1770 in der Krypta und Kirche noch viele alte Grabmäler: von den Pfarrern Konrad v. Thor a. 1380, Nik. Hunt a. 1448, Perger a. 1484, Widmayr a. 1595 und das merkwürdigste Bischofs Berthold v. Chiemsee a. 1543. Dann von 5 Ramselbern, 4 Hunt; endlich von mehrern jüngern Edelleuten der Gegend und von Pflegern auf Lichtenberg und ihren Frauen 2c. Jetzt finden sich nur noch neuere in der Krypta und an den Umfangsmauern der Kirche. — Der Friedhof wurde a. 1860 von der Kirche weg auf das Frühmesserfeld verlegt. In Mitte desselben wird eben eine hübsche Kapelle größtentheils von Wohlthätern gebaut.

Außer den Stiftungen von S. 229 ist vor Allem die Wolfgangi- und Sebastianibruderschaft zu erwähnen. Sie muß eine sehr alte Bruderschaft mit vielen Mitgliedern gewesen sein, da sie a. 1485 schon einen eigenen Kaplan zu stiften vermochte. Im 16. Jahrh. scheint sie in der Frühmeßstiftung aufgegangen zu sein. - Noch bestehen 1) die Rosenkranzbruderschaft, die a. 1630 Pfleger Zehentner v. Reicherstorff dotirte, Dechant Dietmayr zum Universalerben einsetzte und nach und nach viele Stiftmessen erhielt; a. 1860 Fond 14.912 fl. — Mit ihr steht die „Predigerkasse" in Verbindung, aus der Predigten und andere Bruderschaftsgottesdienste bestritten werden; a. 1860 Betrag 1926 fl. — 2) Die Johann v. Nep.-Bruderschaft, a. 1741 von „sonderbaren Clienten des großen Heiligen" gestiftet; a. 1860 Kapitalien 3973 fl. — 3) Das 40stünd. Gebet an den Faschingstägen begann zufolge des schon genannten Generale v. 30. Juni 1753 (cf. p. 174). Es erfolgten dazu namhafte Legate und Stiftungen, welche aber dem Pfarrkirchenfonde einverleibt wurden. — 4) Außer einer Reihe von größern Meßstiftungen, Rosenkränzen 2c. werden noch 300 Jahrtäge und Messen gehalten, von denen nur 10 vor a. 1600 gestiftet wurden; die Unbild der Zeit muß also hier manche alte Stiftung in Vergessenheit gebracht haben. Im Ganzen haben die 5 Priester in der Pfarrkirche 1158 Stiftmessen zu lesen.

b) **Nebenkirchen** mit Meßlicenz bestehen noch 5. — 1) Ger=
ling (a. 1500 Gerlang) zum h. Gotthard, 1 St. von der Pfarrkirche,
eine alte Filiale, hat 3 Altäre, kleine Orgel und 3 Glocken, die größte
pr. 855 ℔ von a. 1850. Schon a. 1515 hatte der „tüentner Coo=
perator" hier vielfachen Gottesdienst zu halten. Nun sind in der Regel
hier wochentlich 2 h. Messen: an den einfachen Sonntägen Amt und
Predigt, dann Freitagsmessen, worunter 28 Stiftmessen. Dazu kommen
mehrere Festgottesdienste, auch Roraten. A. 1860 Kapitalien 24.053 fl.
— 2) Die Annakapelle in Almdorf scheint schon im 16. Jahrh. in
Folge eines Gelübdes nach überstandener Wassergefahr hergestellt
worden zu sein. Sie erhielt a. 1719 die Meßlicenz, hernach 2 Jahr=
meßstiftungen, deren Kapitalien dem Pfarrkirchenfonde beigelegt wurden,
dem auch das Kapelleopfer zukommt, wogegen sie von ihm unterhalten
wird. Außer jenen 2 h. Messen findet hier in der Regel kein Gottes=
dienst Statt. — 3) Die Schloßkapelle Dorfheim erscheint zuerst a.
1668; erlangte aber die Meßlicenz erst a. 1766. Nun wird da schon
lange nicht mehr celebrirt. — 4) Die Kapelle zu Lenzing, 1 St.
von der Pfarrkirche, wird zuerst a. 1675 als Kapelle des h. Benno
genannt; dem Namen aber der hiesigen Ortschaft nach dürfte da schon
längst ein Lorenzenkirchlein gestanden und vergessen worden sein. Sie
hat ein gutes Altarblatt, 1 Glöcklein von a. 1760 und einen Fond
pr. 7140 fl. Am Heinrichs=, Benno=, Laurenzi= und Thomastag sind
gestiftete Aemter. — 5) Die Palfenkapelle zum h. Georg über dem
Schlosse Lichtenberg, 1 St. von der Pfarre, bestand zwar schon im
16. Jahrhundert; erhielt aber die Erlaubniß der h. Messe erst a. 1677.
Es werden hier im Sommer mehrere „Palfenmessen" gehalten; am
Georgitag Amt und Predigt. Die Pfarrkirche gibt gegen Empfang des
Opfers zum jedesmaligen Gottesdienst die Requisiten und die Gemeinde
hält die Kapelle inne. — Von a. 1677—1802 lebten hier Eremiten
im Habit des 3. Franciscordens; noch ist ein Kapellenwächter hier.

Abgekommene Kirchen: die h. Geistkapelle im Spitale wurde
in Folge des Brandes a. 1811 gänzlich abgebrochen; die letzlich noch
bestandenen Stiftmessen übernahm das Priesterhaus in Salzburg.
Diese war die Kapelle der merkwürdigen **Priester= und Laienbruder=
schaft**, die Bischof Pürstinger stiftete und nicht nur mit einem „Spital
und Pfründthaus", sondern auch mit einem ansehnlichen Fonde aus=
stattete. Dieser wurde a. 1655 großentheils mit dem salzb. Priester=
haus vereinigt. — In der Schloßkapelle zu Lichtenberg wurde noch

Gb. Saalfelden. 233

a. 1682 celebrirt; jetzt ist sie profanirt. Die andern herrschaftl. Sitze hatten in ihrer Blüthezeit sicherlich auch ihre Kapellen.

---

1. Die **Pfarrschule**. Die erste Meldung von einer Schule a. 1555 führt sie gerade in der Art vor, wie an andern alten Pfarren: als Latein- und Chorschule. Erst a. 1623 findet man den Anfang einer Volksschule: der damalige Schulmaister J. Gruber „hatte 38 Schueler und von deren jedem quatemberlich 15 kr." Als im 18. Jahrhundert die Schule zu einiger Würdigung gelangte, hatten sich von den hiesigen 3 Kirchendienern — Meßner, Organist und Cantor — erstlich 2, dann alle 3 für sie zu verwenden. Dermalen ist in der Regel der 1. Lehrer zugleich Chorregent, der 2. Pfarrmeßner und für den Cantor ein Schulgehilfe. Wochen- und Sonntagsschüler um 290 und 120. Nachdem man sich von a. 1811 bis 1848 mit einem gemietheten Schullocale ꝛc. im Simerlwirthshause beholfen hatte, wurde im letztern Jahr von Kirchenmitteln das gegenwärtige Schulhaus hergestellt, weßhalb die Kirche einigen Miethzins empfängt. Laut Ausweises des Staatsbuchhaltungsrechnungsdepartementes a. 1863 beträgt das reine Einkommen des 1. Lehrers 751 fl., des 2. Lehrers 402 fl., des Schulgehilfen 108 fl.

2) Die **Nebenschule** Gerling tritt a. 1760 auf und besteht seitdem ununterbrochen. Das Schullocale bietet das Meßnerhaus. Schülerzahlen um 40 und 18. Einkommen des Lehrers an Schulgeld, Kirchenbezügen und Grundstücken ꝛc. 180 fl.

Hier bestehen 3 kleine Schulfonde: einer aus verschiedenen Quellen a. 1860 pr. 158 fl.; der vom Dechant Mayr pr. 253 fl.; der vom Regierungsrath Fellner pr. 131 fl.

2. Gemeindebezirk Leogang.

a) Der Bezirk. — Der Name. Um a. 930 kommt zuerst vor „Bach Liuganga"; a. 1208 und lange fort „Leugange"; etwa um Beginn des 17. Jahrhunderts durch ganz willkührliche Verdrehung erst „Leogang"; das Volk spricht noch immer „Loigam, Loigang". Der Name gehörte also anfangs dem Bache des Thales an und ging von ihm auf dieß über. Offenbar besteht er aus 2 Wörtern: aus „Liu, Leu, Loi" und „Gang". Ersteres kommt öfter als Bezeichnung von Bächen vor z. B. „Loibach" in Krimmel und mag eine Eigenschaft des damit bezeichneten Baches andeuten Das 2. Wort „Gang" wurde einst nach Forstemann (altd. Namenb. II. 551) für Lauf oder Furth von Gewässern gebraucht, daß also „Leogang" soviel wäre als Lauf des Loibaches. — Der Bezirk besteht aus dem gleichnamigen, nicht unfreundlichem Thale, das in einiger Entfernung links von der Saale beginnt und sich 3 Stunden gegen Tirol erstreckt. Oestlich öffnet es sich ziemlich weit gen Saalfelden; enger westlich über eine Anhöhe, „Hochfilzen", gen Tirol; südlich ziehen sich Wald- und Rasengebirge, durch Gräben gefurcht, hin; nördlich wilde Kalkgebirge. Unter seinen Bergen zeichnen sich aus das kahle Birnhorn mit dem Melcherloch, pr. 8330', der Kirche gegenüber, das nach Koch-Sternfeld „Pyrnhorn" zu schreiben wäre, vom kelt. Pyr, hohes Gebirg (Salzb. u. Berchtesg. p. 376); dann der Spielberg pr. 6460', eine hübsche, großentheils grüne Pyramide, die nach Dr. Prinzinger ihren Namen von da in altdeutscher Zeit gepflogenen Kampfspielen hat. — Den Bergbau v. Leogang s. S. 15 und 16. Die Saalforsten S. 12.

 Orte ꝛc. ꝛc. 1) An der Grenze gen Saalfelden ist das Bauerngut Gries, dessen Besitzer vor vielen Jahren bei einem Schießen in Salzburg mit aus untern von seinem Hause ausgebrochenen Erz gegossenen Kugeln schoß, die man in Salzburg als halbsilbern erkannte. Die Sage gab noch in neuester Zeit Anlaß, da nach Silbererz zu suchen; wurde aber nichts gefunden. — 2) Das Kirchdorf Leogang, 1½ St. von Saalfelden, zählt zunächst an der Kirche nur 5 Häuser, darunter eine alte Tafern. — 3) Jenseits des Loibaches die Ortschaft „Sinning" angeblich vom slav. Seno, Heu; demnach eine Reminiscenz an hier gesessene Slaven. — 4) Auf dem Gute Mühlrain saß jener Hans Hoyer, der von protest. Emigrationsschriften so hoch gerühmt wird; hier fast die Rolle spielte, wie der bekannte Schmied Rup. Stuelebner in Hüttau und mit seinem Bruder Barth. in der nächsten Zeit vor der Emigration Leogang zum ärgsten Ketzerherd des Pflegbezirkes Saalfelden machte (cf. p 123). — 5) Thaleinwärts ½ St. von der Kirche in einem gen das Birnhorn aufsteigenden Thälchen ein Gesundbrunnen, der laut Inschrift am Badhause schon a. 1559 bekannt war und noch gerne besucht wird. — 6) Im Orte Hütten sind noch Reste der Schmelzhütte für die hier eroberten Erze; später auch für die Kupferschliche v. Limberg und Klucken (cf. p. 16). — 7) Der Confinpaß Grießen, 2 St. von Leogang an der tir. Gränze war gerade so ein Thurm, wie am Steinbach, den auch EB. Paris herstellte. Rechts vom Thurm stieg eine lange Mauer den Berg hinan; links sperrte den Durchgang der Grießensee. Nun wird der Paß bald verschwunden sein. — 8) Der **Grießensee** ist vielleicht jener „See in der Werung im Pintzgew", den EB. Eberhard III. a. 1424 den Gebrüdern Hansen und Merten den Ramseibern und iren 6 recht elichen Sunen mit dem zu Leibgeding verlieh, daß die Fürsterzbischöfe, wenn sie 'nach Pinzgau kommen, darin wohl sollten fischen können ꝛc.

b) Die **Pfarre** zum h. Leonhard, ehemals zu den h. Aegyd und Leonhard. — 1) Entwicklung. Der alte Bergbau im Thale, der anfängliche Kirchenpatron St. Aegyd ꝛc. deuten auf ein hohes Alter der Kirche; urkundlich tritt sie a. 1323 als Filiale von Saalfelden auf. An Stiftung einer eigenen Curatie dahier scheint man schon a. 1534 gearbeitet zu haben: es wird da nämlich das „Prüelgut" für einen Priester gekauft, der „allba sunderlich der Seelsorge wartin sul". Von a. 1549 ist noch vorhanden „Khürchenordnung bei St. Lienhart in der Leugang", die wie ein Entwurf eines Vicariatsstiftbriefs aussieht und vielleicht eine Abschrift d. J. vom Original ist, daß die Curatie bald nach a. 1534 begonnen haben kann. Als Stifter erscheint darin der hocheble Bischof Berthold v. Chiemsee. Nach allmäliger Fortgestaltung des Vicariates in gewöhnlicher Weise zur selbstständigen Seelsorge wurde es zufolge h. Ministerialerlasses a. 1858 förmlich zur Pfarre erhoben.

Den Seelsorgsbezirk bestimmt die Schrift a. 1549 hiemit: „in des Leuganger Priesters Seelsorg gehört die ganz Leugang, was hinter St. Lienharts Khürchen ligt, vnd herauß piß ze den Casparn aufm Grieß; desgleichen aufm Gerstpoden piß an Weißpach". So besteht er noch und hat um 200 Häuser und 1300 Seelen.

2) Wie gewöhnlich an alten Filialcuratien hießen die Seelsorger auch hier ins 17. Jahrhundert hinein oft nur Cooperatoren; dann erst beständig Vicare. Reihe derselben:

1555 „Mang Goldhouer".
1567 Ulrich Haunperger.
1570 Christoph Rämbsauer.
1590 c. Georg Münichdorffer.
1603 Caspar Kreidenhuber.
1626 Leonhard Ziberlein.
1633 Christoph Boß.
1638 Andrä Schmelz.
1639 Martin Seidl.
1643 Lorenz Att.
1646 Johann Danner.
1647 Johann Posch.

1653 Matthäus Rieger.
1654 Melchior Pruggmüller.
1656 Christoph Lügger.
1658 Peter Fenninger.
1666 Michael Penz.
1668 Ludwig Rirstätter.
1670 Johann Zeiß.
1673 Christoph Scherzhauser.
1678 Wolfang Paßauer.
1684 Michael Plähusch.
1692 Adam Pichler.
1694 Wolfg. Rup. Mayr.
1697 Georg Schlögl.
1698 Barth. Hauser.
1700 Joh. Jak. Stainperger.
1706 Georg Graßmayr.
1711 Franz Andrä Dar.
1714 Balth. Mayrlechner.
1720 Georg Haimbuchner.
1725 Georg Lepedinger.
1738 J. G. Casimir Paitler.
1741 J. Ign. Friedr. Seitlinger.
1757 Franz Anton Höpflinger.
1785 Mathias Häusler.
1796 Seb. Abligstatter.
1808 Johann Hintner.
1830 Barth. Hutter.
1838 Joh. Gebhard Mathis.
1858 Vincenz Lasser v. Zollheim.

Laut pfarrämtl. Mittheilung bestehen hier Hilfspriester von a. 1698 an fast ununterbrochen; ein Unterhaltsbeitrag wurde aber erst a. 1858 ausgemittelt.

Anfangs wohnten die Seelsorger in einem „Hawß an dem Freythoff"; von a. 1617 an im Hause des Prielgutes, fast ¼ St. von der Kirche. Wahrscheinlich während des Kirchenbaues übersiedelten sie wieder zur Kirche und waren im „Oberhaus", Zuhaus des Wirthes, zur Miethe, bis a. 1751 dieß Haus von der Kirche angekauft und zum Vicarshause adaptirt wurde, mit einem Kosten pr. 1395 fl. aus der Hinterlassenschaft des saalf. Frühmessers Stainperger. — Das Prielgut wurde von Kirchenmitteln angekauft und hält sammt Garten am Pfarrhause 13 J. 466 Qkl. — Die Schrift von a. 1549 weist dem Seelsorger zu die Naturaliensammlung, die Stolgefälle, Leibpfennige und selbst einige Dominicalien, Zehente ꝛc. — Laut Fassion a. 1858 und Pfründeinventar a. 1862 beträgt das reine Pfründeeinkommen um 690 fl.

3) **Kirche und Gottesdienst.** Die Kirche wurde in Folge von Umbauten a. 1513 wieder geweiht. Um a. 1740 fand man sie so „enge, schlupfwinklig und finster", daß wieder ein Umbau beschlossen wurde. Da man sich darüber lange nicht einigen konnte, übergaben ihn der Dechant und Pfleger v. Saalfelden und die Kirchpröpste von hier dem Maister Jak. Singer v. Schwaz, der ihn a. 1745 großentheils ausführte. Die Gemeinde leistete Hand- und Fuhrschichten; die übrigen

Kosten pr. 6.922 fl. wurden auf pinzg. Kirchenfonde repartirt. — Von h. Bildern sind zu erwähnen „Maria vom guten Rath", das a. 1764 auf den Hochaltar gestellt wurde; dann eine schöne Statue der Unbefleckten vom Pichler in Kufstein, a. 1857 von den Jungfrauen der Pfarre bestritten; ein gutes Crucifix vom Nißl. — Orgel mit 11 Registern. — Glocken 4: a) pr. 2498 Pf. a. 1859 von Wohlthätern. b) pr. 800 Pf. von a. 1482. c) 2 kleinere von a. 1752. — A. 1860 Kapitalien 12.009 fl. — Wie mehrere St. Leonhardskirche umgiebt auch diese eine eiserne Kette, wovon die Sage meldet: „die Weiber des Thales vieler in den Krieg ausgezogener Männer sollen sie als Dankopfer verlobt haben, wenn die Männer lebendig zurückkommen. Alle kamen zurück bis auf Einen, dessen Weib das Gelübde nicht gethan hatte" (Hübn. p. 609). — Der Friedhof scheint schon vor dem Vicariate bestanden zu haben. Merkwürdige Grabmäler weder hier, noch in der Kirche.

Am h. Frohnleichnamsfeste geht die Gemeinde noch nach altem Brauch zur Mutterkirche. Vom Frohnleichnams- bis Rupertifest am Donnerstage bestellte Wetterämter. Durchs Jahr verschiedene Votivämter der Dienstboten, Holzknechte, Gewerken ꝛc. — Stiftungen: 1) Die h. Frohnleichnamsbruderschaft a. 1739 eingeführt; a. 1860 Fond 2445 fl. — 2) Das 40stündige Gebet zu Ostern mit 4 Predigten ist eine Stiftung von Wohlthätern a. 1821 und ihr Fond der Pfarrkirche incorporirt. — 3) Die goldenen Samstäge mit Amt und Predigt wurden a. 1766 ebenfalls von Wohlthätern gestiftet. — 4) Nebst verschiedenen anderen kleinern Stiftungen sind hier 107 Jahrtäge und Messen, deren älteste von a. 1620.

Das Kirchlein bei den Hütten wurde vom EB. Sigmund III. kurz vor seinem Ende erbaut; aber nicht mehr ausgestattet, weßhalb darin auch nie eine h. Messe stattfand.

---

1. Die Pfarrschule wird zuerst erwähnt um a. 1740 und entwickelte sich dann, wie an andern solchen Orten, langsam genug. Das Meßner- und Schulhaus übernahm a. 1859 die Gemeinde von der Kirche als Eigenthum. Wochen- und Sonntagsschüler um 90 und 60, indem die hiesige Feiertagschule auch die Kinder der Nebenschule besuchen. Das Einkommen des Lehrers beträgt nach dem Fassionsmaßstab 220 fl., fast nur in Geld.

2. Die **Nebenschule bei den Hütten** begann a. 1819 und zählt um 40 Wochenschüler. Die Gemeinde baute a. 1848 ein neues Schulhaus. Der Lehrer bezieht an Schulgeld und aus verschiedenen Fonden 183 fl.

3. Gemeindebezirk Alm.

a) Der Bezirk. Der Name des Thales Urslau, worin das Gebiet liegt, stammt nach Pillwein (p. 533) „entweder von den Bären (ursis), welche in ältester Zeit dort hausten oder von der Familie der Verner (Bärner), welche schon zu St. Ruperts Zeiten unter dem Namen Ursi Besitzungen im Lande hatten" und laut S. 226 noch im 16. Jahrhundert um Saalfelden seßhaft waren. Eine annehmbare Ableitung des Namens „Alm" (Alben, Albm, Almb) liegt noch nirgends vor. — Der Bezirk Alm dehnt sich von der Oeffnung des Thales etwa 1½ St. einwärts und hat fast dieselbe Gestalt, wie die vordere Leogang. Unter den Bergen ist hier wieder ein „Aberg" (cf. p. 202) auf der Südseite. Auf dem steinernen Meer der „Hochzink oder Schönfeldspitz" pr. 8385', auch von Salzburg aus sichtbar.

Orte ꝛc. 1) Das **Pfarrdorf Alm**, 1 St. von Saalfelden, mit 31 Häusern, in angenehmer Lage. — 2) In der Ortschaft Schattberg steht ⅓ St. von der Kirche das Haus „Burgstall" auf der Stelle der längstverschwundenen Burg der alten Herren v. Alm (cf. p. 43 und 51). Laut Urkunde a. 1404 hatte EB. Eberhard III. das erledigte „Truchsenampt von sundern Gnaden dem Wolfarten v. der Alben und seinen Erben verliehen". Noch lange hernach scheinen die Herren v. Alm hier eine Art von Hofmarksrechten geübt zu haben. Von Wolfgang v. d. Alm und Leonhard v. Keutschach (EB. aa. 1495—1519) erzählt man sich folgende Anekdote. Keutschach sei als Student, seinen Onkel Wolf zu besuchen nach Alm gekommen. Auf einem Spaziergang habe ihm der Oheim ernste Vorwürfe über seine schlechte Verwendung des letzten Schuljahres gemacht und da der Student dieselben etwa nicht geziemend hinnahm, ihn von sich gejagt, von einem Rübenacker, an den sie eben gekommen, ihm eine Rübe nachwerfend mit dem Beisatz: nach einem so hingebrachten Jahr dürfe er ihm nicht mehr zu Gesichte kommen. In Folge dieser mündlich-thätlichen Rüge sei Keutschach erstlich zum braven Studenten und dann zum wackern Manne geworden und habe als EB. aus Dankbarkeit die Rübe in sein Wappen aufgenommen. Etwas, wie eine Rübe, hatten aber die Keutschacher schon früher in ihrem Wappen. — 3) Auf der Sonnseite ½ St. von der Kirche ist das Ebengut, Besitzthum Johann Ebers, oder, nach dem unter seinen Bekannten gebräuchigen Charitativum, „Ebnerhansfeld", dessen Name durch seine Pilgerreisen a. 1856 in gemischter Gesellschaft nach Jerusalem und Rom, a. 1857 nach Mariazell und durch deren gedruckte gemüthliche Beschreibung, „nach dessen Erzählungen und Aufschreibungen zusammengestellt" (Salzb. 1862) weit über die Urslau hinaus guten Klang bekommen hat. Er verfertigte eine plast. Darstellung vom h. Lande, bei 2° lang 4' breit, welche im Eingang zu seiner Hauskapelle aufgestellt ist, von Vielen besucht und von Kennern des h. Landes als sehr getreu anerkannt wird. — 4) Am Bauernhause Viehhof fand man vor einiger Zeit ein angeblich altdeutsches Schwerdt, das der Oberbräuer v. Saalfelden erwarb und um 10 fl. an einen Antiquitätensammler verkaufte. — 5) Ein vor mehreren Jahren zum „Handlerhause" herabgegleiteter Fichtenstamm brachte in seiner Zwiesel einen Klumpen Bleierz mit; aber alles Suchen nach einer Erzader war vergeblich. — 6) Vom Krallerwinkel, ¾ St. vom Pfarrort führt ein mühsamer Steig durch die Buchauscharte über das steinerne Meer nach St. Barthlmä am Königssee. — 7) In der Ortschaft Sonnberg finden sich nahe am Bauernhause Hochjufen Ruinen eines Wachthurms („Wachtjufen"), der einst (gewiß nicht der einzige im Thal) zum Schutze der Samzüge aus Pongau nach Pinzgau, Leuchenthal ꝛc. gedient haben soll, von deren Wege man über die urslauer Almen „noch gut kennbare Spuren hat" (cf. Klemm).

b) Die **Pfarre** zu U. L. Frau. 1) Entwicklung. Frägt es sich um Herkunft und Alter der hiesigen Kirche, so findet man außer dem Herrensitz des 12. Jahrhunderts (cf. p. 43) keinerlei Anhalt zu Vermuthungen. Sehr alt ist sie sicher; aber erst ein Ablaßbrief P. Martins V. a. 1430 nennt sie und geradezu als Pfarrkirche, da sie doch in Urkunden desselben Jahrhunderts als Filiale v. Saalfelden erscheint. Die Stiftung einer eigenen Seelsorge ist wieder das Verdienst Bischofs Berthold v. Chiemsee, welcher a. 1539 einen eigenen Priester hieher setzte, der „daselbs die tägl. Meß lesen, darneben die h. Sacrament raichen und andere pfarrl. Recht ausrichten sul, als einem Seelsorger gebührt". Die erstern genauern Nachrichten von der Kirche melden auch schon von der Wallfahrt hieher, die lange sehr lebhaft war und das materielle Gedeihen der Kirche sehr beförderte. Auf Grund h. Ministerialerlasses a. 1858 wurde das Vicariat zur Pfarre erhoben.

Anfangs bildete den Seelsorgsbezirk „die ganz Urslau und was hinter U. Frawenkhürch leit"; a. 1783 wurde die hintere Urslau ans neue Vicariat Hinterthal überwiesen. Seitdem zählt man um 140 Häuser und 1050 Seelen.

2) Die Seelsorger und ihr Unterhalt.

1542 Ruprecht Quitinus.
1546 Virgil Grundtner.
1552 Leopold (Hippolyt?) Reff.
1554 Ruprecht Ulmayr.
1559 Wilhelm Prugmoser.
1568 Augustin Pänzing.
1572 Wolfgang Lay.
1575 Georg Perger.
1583 Georg Dorfschmid.
1603 Hans Pachmayr.
1608 Georg Diemer.
1610 Balth. Trinkhl.
1614 Hans Narholz.
1632 Jakob Pröstlin.
1646 G. Sigm. Walter.
1650 Georg Stainpöckh.
1655 Johann Walch.
1663 Thomas Huber.
1673 Simon Wurzenberger.
1678 Ludw. Rirstätter.
1680 Tobias Winkhler.
1684 Wolfg. Passauer.

1690 J. G. Marstaller.
1710 Martin Herzog.
1713 Stephan Sundt.
1714 Franz Khasnik.
1715 Thomas Huber, theol. cand.
1722 Martin Veldinger.
1734 Martin Weißbacher.
1742 Andrä Stameseder.
1751 Jak. Probinger.
1765 Barth. Bannholzer.
1787 Wolfg. Waldherr.
1787 Johann Scheffer.
1789 J. M. Reisinger.
1795 J. M. Kagerer.
1812 Georg Winklhofer.
1816 Caspar Götz.
1828 Franz Krenn.
1833 Johann Empl.
1830 Leopold Kravogl.
1865 Joseph Wernspacher, f. e. Rath und emeritirter Dechant.

Hilfspriester findet man erst von a. 1704 an; a. 1706 wurde eine Cooperatur förmlich dotirt, aber nicht mehr in alter Weise durch Zutheilung gewisser seelf. Functionen und der entsprechenden Gebühren. Um die Zeit des luth. Auszuges trifft man bald 1 bald 2 Coadjutoren neben dem Cooperator; nun ist wieder der Cooperator allein systemmäßig. Anfangs wurde dem Vicar „der Khirchen Hawß", das nunmehrige Meßnerhaus zur Wohnung angewiesen; a. 1588 aber kaufte die Kirche für ihn das „Pfründlingut" und dessen Haus wurde zur

Priesterwohnung umgeschaffen. — Die **Grundstücke** eines ältern Kirchengütels und des Pfründlinggutes, zusammen pr. 11 J. 1591 Kl., benützt der Pfarrer unentgeltlich; gegen Pachtzins aber auch das kirchl. „Archenfeld" pr. 3 J. 513 □Kl. — Seit Stiftung der Curatie hatte der Seelsorger zu beziehen einen Besoldungsbeitrag von der Kirche, die Naturaliensammlung, das Selgrät und den Leibpfenning von seinem District, auch das Altaropfer und $^1/_3$ des Stock- und Tafelopfers. Laut Fassion a. 1858 reines Pfründeerträgniß 637 fl.

3) **Kirchen und Gottesdienst.** — a) Die **Pfarrkirche** wurde a. 1508 in Folge von Umbauten neu geweiht. Vielleicht entstand damals das nördliche Seitenschiff; das südliche kam erst a. 1635 hinzu. Die neuern Bauten sollen von Steinen der Burg Alm aufgeführt sein. Sie ist nun „eine der hübschesten Landkirchen, ursprünglich in goth. Style, der jedoch im Innern durch Modernisirung gründlich beseitigt wurde.. Von Außen ziehen sich Strebepfeiler mit zweifacher Verjüngung um Langhaus und Chor.. Im Chore zeigen die Fenster, spitzbogig und hoch, doch ohne Maßwerk, eine hierzulande selten vorkommende Profilirung mit Hohlkehle und Rundstab.. Unter dem Thurm befindet sich das Hauptportale in einfachem Spitzbogen, leider übertüncht. Vor demselben läuft um den Thurm eine sehr zweckmäßige Vorhalle mit Spitzbogenarkaden zwischen massiven Vierecksfeilern und bemalter Holzdecke. Ein zweites vermauertes Portal an der Nordseite zeigt lebhaftere Profilirung, leider ebenfalls übertüncht" (A. St.) — Die 5 Altäre sind splendid ausgestattet, besonders der Hochaltar. Das „Gnadenbild" ruht auf einem hölzernen Thron. Die Fresken am Gewölbe schuf a. 1757 A. Mayr v. Schwaz. Auf dem nörbl. Seitenaltar die Geburt Christi, ein großes Altarblatt „mit entschiedenem Kunstwerth", angeblich aus der f. e. Residenz. Eine Orgel kommt bereits a. 1621 vor. Im Thurm, 282' hoch, einfach quadratisch mit Gesimsen und Mauergiebeln, rundbogigen, einfach gekuppelten Schallöffnungen, darunter 3 Wappen, angeblich das teutsch., bunt. und ein unbekanntes — befinden sich 4 Glocken: a) pr. 18 Zt. a. 1560, b) pr. 11 Zt. a. 1406, c) pr. 6 Zt. a. 1776, d) die kleinste soll aus der Burgkapelle der Almer stammen. — A. 1860, wie bei keiner andern salzburgischen Landkirche, ein Fond pr. 111.041 fl. — Der **Friedhof** ist älter als das Vicariat; wurde a. 1540 zum Theil durch die Ache zerstört. In ihm sind keine sehr bedeutenden Grabmäler; in der Kirche aber die Wolfgangs v. d. Alm und seiner Hausfrau Magdalena geb.

Volkenstorf a. 1481 und der Ursula Maria Khuenin, Gemahlin Dietrichs v. Khuen zu Kammer ꝛc. a. 1604.

Stiftungen finden sich hier keine sehr alten mehr. 1) Die Seelenbruderschaft erhielt a. 1685 die päpstl. Breven; ihr Fond ist mit dem der Gasteggkapelle vereint. — 2) Die Scapulierbruderschaft wurde a. 1732, wie an manchen andern Orten, einfach angeordnet; a. 1860 Fond 410 fl. — 3) Das 40stündige Gebet zu Pfingsten ist eine Stiftung mehrerer Gutthäter von a. 1805; der Fond dem Kirchen= fonde einverleibt. — 4) Die goldenen Samstäge begannen a. 1740 und sind nun zum Theil dotirt. — 5) Unter den kleinern Stiftungen sind 85 Jahrtäge und Messen, der älteste von a. 1603; 1 von a. 1688 für 20 im Barthlmäsee ertrunkene hiesige Pfarrkinder.

b) Die Gasteggkapelle, ¼ St. von der Pfarrkirche, über einer Quelle stehend, ist bereits a. 1545 urkundlich und entstand in Folge einer Erscheinung der Gottesmutter an jener Quelle. Erst seit a. 1835 erhält sie periodenweise Meßlicenzen für die Fasten= und Sommerzeit. A. 1860 ihr und der Seelenbruderschaft Fond 13.020 fl.

Die Schule erscheint zuerst a. 1673, befindet sich immer im kirchl. Meßnerhaus und zählt mit etlichen saalf. Kindern um 110 und 40 Wochen= und Sonntagsschüler, für die nur 1 Lehrer angestellt ist. Einkommen dieses 390 fl.; darunter der Ertrag eines Kirchen= grundes pr. 3 J. 616 Kl. — Von einem Schulfond ist nur ein Anfang pr. 33 fl. vorhanden.

4. Gemeindebezirk Hinterthal.

a) Der Bezirk. Dieser Seelsorgsbezirk wird politisch zur Ortsgemeinde Alm gerechnet (cf. p. 222). — Er begreift die hinterste Urslau und ist ein ziemlich abgelegenes Gebiet, ringsum von hohen Bergen eingeschlossen, außer in der Richtung nach Alm und Dienten, nach welchen letztern Ort der Weg über eine mäßige Anhöhe, „die Filzen", führt. Durchreisende aber sehen das Thälchen nicht ohne Gefallen und selbst den Einheimischen bekommt es nicht übel, da sie als Makrobioten (Langleber) gelten. „Die hohe Alpengegend, die sie bewohnen; die frische Luft, die sie einathmen; das köstliche Wasser, das sie trinken und ihre einfache Lebensart rücken das Ziel ihres Lebens weit hinaus. Die Hinterthaler sind die Bewohner v. Homers Syria: sie sterben nicht; sondern hören auf zu leben, wenn das Lämpchen erlischt" (Vierth. Wandr. II. 118). — Von den Bergen sind durch Höhe oder Sagen 2c. bekannt: Die **Wetterwand** pr. 8900' mit ihrem teuflischen „Melcherloch, ähnlich einem ausgebrannten Fenster", wovon die Sage vorzüglich der Grubalm in Kaprun angehören soll. — Die Scheidewand zwischen hier und dem Blünbachthal, über die ein Steig durch die **Blünbachscharte** führt. — Die „**wilde oder übergoßne Alm**" am steinernen Meer war laut Sage einst ein fetter Weideplatz für Hunderte von Rindern 2c., über den Senninnen, durch den außerordentlichen Almsegen übermüthig geworden, den Fluch brachten.

„Einmal in ihrem Uebermuth
Haben s' gar ein' Stiegen g'macht
Von lauter Butter übern Berg
Und hab'n drauf g'hupft und g'lacht.
Und daß der Teufl auch was hat,
Haben s' g'meint, so soll er's haben;
Die Stiegen frißt er über Nacht
Mit seinen Brüderln z'samm.
Das haben s' g'jurt und g'rufen laut
Hin gen das Teufelshorn,
Und g'schrien: Du los' auf da brent

Mit deinen langen Ohr'n" (v. Kobell). Als sie überdieß eines kalten Abends einen um Nachtherberge bittenden armen Greis hart abgewiesen hatten, erfolgte in der Nacht ein unnatürlicher Wettersturm, welcher Hütten, Senninnen, Vieh und Alm mit ewigem Schnee bedeckte, wie man ihn noch weit vom Flachlande her sehen kann. — Auf dem „**Hochkönig**" über der übergoßnen Alm wurde a. 1865 eine **Kapelle** gemauert, angeblich in 1 Tag (5. Sept.) von 138 Arbeitern.

Das Thälchen hat natürlich keine ansehnlichen Orte; aber andere Verzeichnungswürdigkeiten. — 1) Auf der **Kirchstätte**, 2 St. von Alm, stehen nur das Vicars- und Meßnerhaus 2c.; die wenigen andern Häuser sind im kleinen Bezirk zerstreut. — 2) Näher und ferner sind köstliche Quellen: erstlich die „**Triefe**", ¼ St. von der Kirche unter der Blünbachscharte, so genannt, weil das Wasser von einem hangenden Felsen aus vielen Aederchen niedertropft und sich dann erst in ein Bächlein sammelt. Der „Mühlbach" mit so reichlichem Wasser, daß es eine Mühle treiben kann. Eine 3. Quelle entspringt nahe am Vicarshaus und eine 4. auf der Filzen, die zwar auch vortrefflich munbet, aber Ausschlag erregen soll. — 3) Laut Ueberlieferung haben am Bühelgebirg unter der Wetterwand und anderwärts schon die Noriker Bergbau betrieben und das gewonnene Erz zu den röm. Schmelzhütten in Radstadt geliefert. Vor Kurzem fand man auf der Filzen einen verschütteten Stollen und darin eine „uralt geformte Leiter mit Eisenklammern", natürlich keineswegs aus der norischen Zeit, in welchen Stollen man nun wieder auf Kupfer gräbt. — 4) Weitere Sagen: am Bühelgebirg ist eine rothe Wand, „Riesengries", in welcher eine Kanne von Gold überfließt. — Im Bühelmahd hat man noch deutliche Spuren eines ziemlich breiten „Heidenweges", der zu einem Heidenschloß über dem Mahde führte; wahrscheinlicher aber zum einstigen Bergbaue gehörte. — Ueber der Untermußbachalm ist der „Zweierstein", unter dem ein Kessel voll mit Halbkreuzern verborgen liegt. — 5) Von der „Filzen", etwa 1 Stunde von der Kirche, berichtet Vierthaler: „hier fanden wir einen geräumigen Platz, gehölzlos, mosicht, unfruchtbar, nur von niedrigem Genieste und filzigem Geflechte bewachsen. Hier ist ein Plätzchen, das wächst kein Gras,

Das wird vom Thau und Regen nicht naß

Da wehen die Lüfte so schaurig! — In jenen Tagen, da physische Kraft für die höchste Ehre des Mannes galt, war hier ein berühmter Kampfplatz. Die Athleten von Pongau und Pinzgau traten jährlich am Tage des h. Laurent zusammen, um die Händel zu schlichten, welche Leichtsinn, Uebermuth, Zorn und Rachgefühl während des Jahres unter ihnen erregt hatten" (Wandr. II. 120).

b) Das **Vicariat** zur a. h. Dreifaltigkeit. 1) **Entwicklung.** Um a. 1610 baute „ain gut alter Nachpar v. Hinterursflau" eine hölzerne Kapelle; a. 1678 die gesammte Nachbarschaft dafür eine gemauerte und erhielt für sie eine beschränkte Meßlicenz, worauf bald Stiftungen, selbst für Feiertage, erfolgten. Später traten für die dürftige Kapelle und Kreuztracht großmüthige Gönner hervor: der Bräuer M. Voglsanger v. St. Johann in Tirol erbot sich a. 1729 einen Priester zu dotiren; Vicar Weißbacher v. Alm (aa. 1734—42) erweiterte die Kapelle und setzte sie zum Universalerben ein und wiederholt gab man darauf der Kreuztracht zu verstehen, daß ihr die h. g. Stelle einen eigenen Curaten sehr wohl gönnte. Aber vor lauter Scheue der Kosten ꝛc.

konnte sie sich zu keiner Handreichung verstehen bis zum bekannten Vicariategenerale a. 1783, wo ihr auf eine nur leise Bitte das Vicariat zugesichert und ohne Weiteres auf Kosten der Nachbarkirchenfonde errichtet wurde.

Der Seelsorgsbezirk ist noch der anfängliche und zählt 12 Bauern, 22 Häuser und um 200 Seelen.

2) Reihe der Vicare und ihr Unterhalt:

1783 Sebastian Kurz.	1837 Alois Aglassinger.
1789 Max Piberger.	1840 Johann Pichler.
1802 Raymund Weinzettel.	1844 Vincenz Lasser v. Zollheim.
1805 Andrä Bucher.	1858 Johann Höllbacher.
1813 Bernhard Eder.	1860 Karl Leiter.
1816 Johann Georg Dandl.	1862 Johann Haunsperger mit
1820 Georg Reindl.	Pfarrerscharakter.
1831 Leopold Kravogl.	

Das Vicarshaus wurde a. 1785 gebaut, dessen Kosten saalf. Kirchenfonds mit 1200 fl. und die Gemeinde durch Naturalleistungen pr. 1168 fl. deckten. Den Gartenraum gab auch die Gemeinde und verpflichtete sich überdieß zur unentgeltlichen Lieferung des Brennholzes und um billigen Preis auch von Milch und Butter. Die Besoldung erhält der Vicar größtentheils von den Kirchenfonden Alm und Gastegg. Laut Fassion von a. 1862 gesichertes Einkommen 330 fl.

3) Kirche und Gottesdienst. Die Kirche wurde a. 1846 auf Kosten von Wohlthätern durch J. Huber v. Saalfelden mit Fresken geziert. Den einzigen Seitenaltar spendete a. 1839 Pfarrer Wolf v. Fieberbrun. Eine Orgel wurde a. 1805 aufgestellt. Von den 3 kleinen Glocken pr. 239, 124 ꝛc. Pfund ist die kleinste aus der ehemaligen Kapelle Wörth in Rauris. — A. 1860 Fond 1436 fl. — Der Friedhof wurde von der Gemeinde hergestellt und a. 1790 benedicirt.

Stiftungen. Von einer a. h. Dreifaltigkeits-Bruderschaft begannen die gewöhnlichen Uebungen ohne Dotation und Weiteres schon a. 1799. Auf Anfrage über die Zulässigkeit solcher Uebungen wurde durch Cons.-Decret vom 28. Dec. 1858 ihre Fortsetzung zwar erlaubt; aber bemerkt, daß da eine förmliche Bruderschaft nicht bestehe. — Uebrigens wurden schon vor dem Vicariate 11 h. Aemter und Messen, 4 davon mit Christenlehren auf Feiertäge gestiftet, welche letztere nun im pfarrl. Gottesdienst inbegriffen sind. Seit Beginn des Vicariates geschahen Stiftungen von 23 Jahrtägen und Messen und 2 Roraten, daß also der Vicar 32 Stiftmessen zu persolviren hat.

Die Schule sollte zwar mit dem Vicariate beginnen, fing aber erst a. 1794 durch den zum Schulfach ganz unvorbereiteten Meßner an. Fast der Art Lehrer folgten bis a. 1802, wo endlich einer aus dem Seminare kam. Im Abgange eines kirchl. Meßnerhauses war die Schule in einem Privathause, bis die Gemeinde a. 1818 ein Schulhäuschen herstellte. Wochen= und Sonntagsschüler um 20 und 10. Einkommen des Lehrers 180 fl.

III. Amtsbezirk Taxenbach.

Der **Name** wurde zu verschiedener Zeit verschieden geschrieben: a. 963 Tassinpah, a. 1140 Taesenpach, a. 1208 Dachsenpach, a. 1330 Taechsenpach, a. 1437 Taexenpach, a. 1528 Daechsenpach, a. 1613 Taxenbach, welche letzte Schreibart dann verblieb. Das Bestimmungsort im zusammengesetzten Namen war also bald „Tare" (Fichte), bald „Dachs". Nicht unwahrscheinlich würde richtiger „Dachsenbach" geschrieben, da 2 nahe Orte — Hasenbach, Wolfbach — auch den Namen von wilden Thieren haben.

Der Bezirk begreift erstlich eine Strecke von ohngefähr $3\frac{1}{2}$ St. vom untersten pinzg. schmalen Salzachthal, dann das Thal Rauris. Durch dieß Gletscherthal und die hoch hinauf bewohnten Gelände des Sonnberges unterscheidet er sich an Gestalt wesentlich von den 2 bisher beschriebenen Amtsbezirken und stellt sich mehr den übrigen pinzg. Bezirken gleich. Das Thal Rauris mit seinen 2 Kirchengemeinden Rauris und Bucheben wurde a. 1802 hieher zugetheilt. Bei der neuen Eintheilung der Amtsbezirke a. 1850 verlor Taxenbach Theile von Bruck und Fusch; erhielt aber a. 1854 nach Aufhebung des Bezirksamtes Goldegg die Gebiete von Dienten und Lend, welches letztere der Pfarre Taxenbach schon früher angehörte. Der Bezirk gränzt nun östlich an St. Johann und Gastein, südlich an Kärnthen, westlich an Zell, nördlich an dieß und Saalfelden.

In diesen Gränzen umfaßt der Amtsbezirk die Kirchengemeinden Lend, Dienten, Eschenau, Embach, Rauris, Bucheben, Taxenbach und

AB. Tarenbach.

St. Georgen. — Als besondere Herrengebiete unterschieden sich in ältester Zeit Tarenbach unter den Täßenpechen, Eschenau (mit Embach?) unter den Eschenawern, Rauris unter den Einödern (?), alle vielleicht beilstein. Afterministerialen. Später machten diese Bezirke einen Theil der plain. Grafschaft Unterpinzgau aus; noch später finden wir sie als f. e. Lehen unter der Bezeichnung „Grafschaft Tarenbach" in den Händen der Golbecker (cf. p. 52). In St. Georgen machte sich das Stift Berchtesgaden breit (cf. p. 52). Dienten scheint nie ein besonderes Gebiet gewesen zu sein; sondern Parcelle beilstein. und plain. Herrschaften, dann der Pflege und Pfarre Saalfelden.

Dermalige Ortsgemeinden:

1) Lend
mit 198 Einwohnern und 81 J.

2) Dienten
mit 550 Bew. und 2 Steuergem.
Dienten pr. . . . 3215 Joche,
Dientengraben pr. . 3895 „
                    7110 Joche.

3) Eschenau
mit 306 Einw. und 2040 Jochen.

4) Tarenbach
mit 515 Bew. und 3445 Jochen.

5) Sonnberg
mit 486 Bew. und 2412 Jochen.

6) Wolfbachthal
mit 402 Bew. und 7444 Jochen.

7) St. Georgen
mit 630 Bew. und 2 Steuergem.
St. Georgen pr. . 2422 Joche.
Reit pr. . . . . 2737 „
                    5159 Joche.

8) Embach
mit 570 Bew. und 4909 Jochen.

9) Rauris
mit 1427 Bew. und 5 Steuergem.:
Rauris pr. . . . 3119 Joche,
Vorstandrevier pr. . 3786 „
Unterland pr. . . 3590 „
Wörtherberg pr. . 1640 „
Seidelwinkel pr. . 13680 „
                    25815 Joche.

10) Bucheben
mit 153 Bew. und 18157 Jochen.

Also zusammen mit 5237 Einwohnern und 76.572 Jochen oder 7.6572 □M.

Reihe der Pfleger, Landrichter, Bezirksvorsteher:
1380 Martein v. b. Albm.
1414 Hans Straßer, Lantrichter.
1430 c. Hans Straßer, Pfleger.
1450 Oswald Fränkinger, Landr.
1455 erhält Wilhelm Penninger die „Veste und Pflege Dachsenpach mitsammt dem Landgericht" auf Lebenszeit zu Bestand.

1518 Sigm. Graf v. Schernberg, Pfleger.
1527 Christoph Graf v. Schernberg d. J. „Hauptmann des Bundes im Gepirg und Pfleger zu Tachsenpach".
1529 Virgil Diether v. Schedling, Pfleger.
1560 Hans Vischmaister, Pfleger und Hauptmann.
1573 David Hackhel, Pfleger und Hauptmann.
1580 Hans Höß, Pfleger und Hauptmann.
1581 Hans Albrecht Hunt, Pfleger und Hauptmann.
1592 Christoff v. Hirschau, Hauptmann und Truchseß.
1609 Blasius Schütter, Hauptm.
1612 Christoph Aman v. Judenborf zu Saal, Truchseß.
1613 Jos. Wilpenhofer.
1623 Hans Sigm. Aman v. Judenborf ꝛc.
1630 Blasius Schaidter, Hauptm.
1637 Seb. Mistruzzi, Hauptmann und Truchseß.
1645 Wolfgang Haregger, Hauptmann und Truchseß.
1649 Gervas Fabrizi, Hauptm. und Truchseß.
1658 Hans G. Freysinger, Hauptmann und Truchseß.
1672 Felix zu Elshaimb, Hauptmann und Pfleger.
1677 Franz Khobalt v. Dampach, f. e. Rath.
1694 Joh. Ainkhaß v. Ainkhaßhofen und Petershausen, Verw.
1698 Johann Vogl, Landrichter.
1699 Ant. Christian v. Aman, Hauptmann.
1708 Johann Martin Löckher v. Cronenkreuz.
1728 Joseph Martin Ernest v. Kronenkreuz f. e. Rath.
1730 Paris Ign. Gottl. Staubacher v. Wispach, Rath, Truchseß und Landmann.
1747 Franz Jos. v. Koflern, f. e. Rath.
1752 Joseph Ernest Berhandky v. Adlersperg, Rath und Truchs.
1768 Johann Anton Pirkher.
1777 Jos. Chr. v. Rothmayer, Rath.
1797 Sigm. v. Lospichl, Rath.
1810 Anton Wernspacher, Landrichter.
1816 Joseph Ferdinand Herman, Amtsverweser.
1823 Joseph Mobl, Amtsverweser.
1824 Thaddä Susan, Pfleger.
1828 Franz Brameshuber, Pfleger.
1831 Johann Zehetner, Pfleger.
1847 Franz v. Ney, Pfleger.
1850 Johann Prischl, Bezirksvorsteher.
1854 Johann Vinc. Ratzenbeck, BV. und Landesgerichtsrath.

1. **Gemeindebezirk Lend.**

a) Den kleinen **Bezirk** bildet eine nur kurze Strecke des hier so engen Salzachthales, daß seine Sohle der Fluß einnimmt; begreift auch wenig Berggelände. Ist er für das Auge nicht gefällig, überdieß öfters vom Hüttenrauch belästigt, so erheitert ihn doch während der bessern Jahreszeit eine vorzügliche Lebhaftigkeit in Folge des Hin- und Herzuges der Badegäste und Besucher von Gastein.

Das Dörfchen Lend, dessen Stelle einst Hirschfurt hieß, 1998' über dem Meere, 3 St. v. St. Johann mit 16 Häusern, k. k. Poststation, verdankt seinen Ursprung und Namen dem Bergbau von Gastein und Rauris. Von Holzmangel in diesen Thälern gedrängt, bauten die Gewerken, namentlich die Weitmoser und Zotten, im 16. Jahrhundert hier eine Schmelzhütte und einen Rechen, das Holz aus Pinzgau da zu „lenden", welche Werke durch EB. Ernest a. 1553 erweitert, allmälig zur „größten Schmelzhütte Salzburgs" wurden und mehr und mehr Häuser veranlaßten. — Einige Zeit von a. 1746 an bestand hier eine f. e. Berghauptmannschaft (cf. p. 35). — Am östl. Ende des Ortes „stürzt sich die Gasteinerache über die Felsen der Klamm herab und bildet einen Wasserfall, der den Pinsel der Maler schon oft beschäftigt hat."

h) Das **Vicariat** zum h. Rupert. 1) Entwicklung. Nachdem sich der ehemals öde Ort Hirschfurt bevölkert hatte, erhielt er wohl schon im 16. Jahrhundert eine hölzerne Kapelle am Handelswirthshause, in der Priester v. Tarenbach und Embach manchmal h. Messen hielten. Schon a. 1621 aber wurde dabei ein eigener Kaplan angestellt, der anfangs nur die h. Messe zu lesen; später aushilfsweise auch einige Seelsorge zu üben hatte. Auf wiederholtes Bitten der „Schmelzwerks- und Handelsverwohnten" wurde endlich a. 1712 eine förmliche Curatie errichtet.

Anfangs wurden dem Vicariatsbezirk nur 19 Häuser der Hüttenverwandten definitiv zugewiesen und 7 andere Häusel am Gigerach ꝛc. nur so lange, als sie von Hüttenverwandten bewohnt würden. Bei der Gränzregulirung von a. 1784 aber wurden ihm auch etliche Bauernhäuser zugetheilt. Nun zählt er um 50 Häuser und 270 Seelen.

2) Reihe der Kapläne, Vicare und ihr Unterhalt:

1621 Wolfgang Pröbstl.	1659 Wilhelm Sutor.
1628 Peter Obinger.	1661 Caspar Sprißler.
1634 Johann Gelter.	1670 Melchior Pruggmüller mag.
1655 Thomas Khaltenhofer.	1675 G. Ad. Schörgenstätter.
1658 Christoph Stainpöck.	1678 Christoph Mayr.

1680 Mathias Neuner.
1681 J. Jak. Stainperger.
1683 Gl. Ad. Warmbschlager mag.
1685 Paul Holzner.
1686 Johann Treiber mag.
1687 Jakob Weiß.
1689 Johann Wukaviz.
1692 Michael Melzer.
1693 Stephan Gruber.
1694 J. G. Stainlechner.
1695 M. Neuner wieder.
1698 Ferd. Stainlechner.
1702 Mathias Ramponi.
1707 A. Benno Kemetinger.
1707 Franz Furhofer.
1709 Fr. A. Khaltprunner mag.
1712 J. Chr. Riernsankh, Vicar wie die Folgenden.
1715 Abrah. Hohenwarter mag.
1718 Fr. A. Forstbauer.
1719 Johann Fur.
1719 Anton Paumann.
1725 J. G. Stainlechner.
1726 Johann Gläsl.
1729 Paul Jos. Laurer.
1833 Ferd. Jos. Sigelli.
1737 Fr. Jak. Mitterhuber.
1741 Peter Frischeisen.
1745 J. N. Buchauer.
1748 Franz Jos. Sulzer.
1753 Franz Felix Wenzl.
1756 Joh. Veit Ritter.
1761 J. Bernh. Wannerstorfer.
1762 A. Bened. Aichriedler.
1762 Fr. J. Oswald.
1766 Joh. Jos. Schmid.
1767 Mathias Lederer.
1768 Joseph Frankh.
1777 Joh. Ad. Rieger.
1782 Johann Hölzl.
1790 J. G. Hasenehrl.
1791 Joseph Forschner.
1795 Thomas Meister.
1797 Jakob Walter.
1804 Jos. Wagenberger.
1816 Joh. Seefeldner.
1831 Mathias Englmayr.
1834 Joh. Goldberger.
1843 Johann Feilmoser.
1852 Franz Lindenmayr.
1860 Anton Kaßewalder.

Das Vicarshaus baute Erzb. Max Gandolph a. 1671; ist Eigenthum des Montanärars. Ein Getraide- und Kerzendeputat wurde dem Vicar a. 1733 bewilligt, wozu a. 1784 eine kleine Naturaliensammlung kam. Sehr wird hier ein Grundstück vermißt. An firem Geld wurden dem Priester anfangs monatl. 16 fl. beim Handel angewiesen, wozu später kleine Besserungen kamen. Laut Ausweises a. 1858 fassionsmäßiges Pfründeeinkommen 298 fl. CMze. WW.

3) Kirche und Gottesdienst. Statt der hölzernen Kapelle baute M. Gandolph a. 1674 eine hübsche Kirche „im italien. Styl in Kreuzform". Sie hat gute Bilder, Fresken am Plafond; eine Monstranze mit dem Wappen EBs. Firmian; eine Orgel vom EB. Sigmund a. 1759. Von den 3 Glocken gehörte die kleinste von a.

1658 noch der alten Kapelle an; die 2 andern, zusammen pr. 8 Zt., haben die Schrift: „Ff. et benedixit M. Gandolphus a. 1674". — A. 1860 Fond 3233 fl. — Der Friedhof wurde mit dem Vicariate bewilligt; ist wie die Kirche ohne bedeutende Denkmäler.

Stiftungen: 1) Die Mariatrost= oder Gürtel= oder Monica= bruderschaft wurde a. 1746 eingeführt, wozu der Berghauptmann und Hoflamerrath Thabbà Anselm v. Lürzer 100 fl. gab. Hat 3 gestiftete Jahrmessen und a. 1860 einen Fond pr. 1395 fl. — Nebst Quatembermessen, Rosenkränzen 2c. bestehen 30 Jahrtäge und Messen, die älteste von a. 1680.

Die Schule begann schon vor dem Vicariate durch einen Handelsverwandten, dem ein Schultag, wie eine Handelsschicht bezahlt wurde. Nach Beginn des Vicariates versahen nacheinander 3 Chirurgen den Schul= und Meßnerdienst; nach Errichtung der Orgel kam Virgil Fellacher als der erste vorgebildete Schullehrer 2c. hieher. Ihr Locale fand die Schule gewöhnlich in einem Handelshause. Mit einigen Kindern der Nachbarpfarren zählt man um 60 Wochen= und 20 Sonntagsschüler. Einkommen des Lehrers 2c. nach staatsbuchh. Ausweis a. 1863 um 200 fl. — A. 1861 Schulfond pr. 212 fl.

2. Gemeindebezirk Dienten.

a) Der Bezirk. — Den Namen hat er offenbar von seinem Bach (rivulus, torrens Tuontina a. 890, 963, 1051; Tuenta a. 1228), der unter der Wetterwand in der „Dientenalm" entspringt und als alte Gränzlinie zwischen Pinzgau und Pongau bemerkenswerth ist. Koch=Sternfeld aber leitet den Namen ab von Tu, Seite, und tynen, umschließen (keltisch); also Dienten ein vom Gebirge eingeschlossener Ort (Salzb. und Berchtesg. II. 356). Noch im 16. Jahrhundert schrieb man durchaus „Tuenten". Vierthaler sagt von der Gegend: „Dienten, eine Felsenschlucht, gehört zu den höchsten Thälern unseres Landes; es liegt ohngefähr 3500' über dem Meere. Daher, wie auf allen Alpengegenden, die reine, gesunde Luft und wie in Hinterthal das lange Leben der guten Bewohner. Die Zahl der Gebornen ist hier fast immer um 1 Fünftel größer, als die der Verstorbenen. Die gesunde Gegend unterliegt aber einem rauhen Klima.

Der Winter übt hier seine Gewalt über den größten Theil des Jahres aus und drängt die Ernte bis zum Herbst hinaus; er herrscht hier doppelt strenge: die Tiefe des Schnees und der heulende Sturm machen den Bewohnern den Gang zur nahen Kirche oft zu einer langen, gefährlichen Reise" (Wandr. II. 127).

Das Kirchdorf Dienten ist das einzige Dorf des Bezirkes. Diese „Eisenstadt, auf deren Ringmauern 500 Kühe weiden" (Vierth.) liegt 2920' über dem Meere, 1½ St. von Hinterthal, 2½ St. von Lend und zählt um 30 Häuser. Ehemals war es zwischen den 3 Gerichten Saalfelden, Tarenbach und St. Veit getheilt. — Den Bergbau ꝛc. s. S. 16 und 17. Die ergiebigsten Gruben waren auf der Sommerhalbe und Kolmanseck (5500'). Letztere bietet eine vortreffliche Aussicht auf Berge und Thäler.

b) Das **Vicariat** zum h. Nikolaus. — 1) Entwicklung. Sicherlich brachte ein Kirchlein der Bergbau mit sich, dessen „Entdeckung eine alte Sage in das 11. Jahrhundert zurücksetzt" (Wandr. II. 124). Vom 13. Jahrhundert ist die Kirche traditionell; urkundlich aber erst von a. 1410, als Filiale von Saalfelden. A. 1514 stifteten die Gewerken Schrufe und Schrayer einen Meßkaplan, der unvermeidlich bald auch an der Seelsorge theilnahm. Laut einer öfters angezogenen, nun aber nicht mehr vorhandenen Urkunde von a. 1536 gründete auch das hiesige Vicariat in demselben Jahr der so oft genannte Bisch. Berthold v. Chiemsee.

Der Seelsorgsbezirk, anfangs fast nur die Bergverwandten begreifend, erfuhr mehrere Gränzregulirungen, wodurch zum saalf. Filialbezirk auch Parcellen der Pfarren Tarenbach und St. Veit kamen, daß er nun um 100 Häuser und 500 Seelen zählt.

2) Reihe der Vicare und ihr Unterhalt:

1550 c. Caspar Bonn.	1620 Leonhard Ziberlein.
1554 Georg Zehentmayr.	1628 Isaak Hueber.
1564 Valentin R.	1631 Hans Wilh. Rau.
1565 Mathias Schmid.	1631 Bernhard Schlaich.
1566 Ferdinand Seitz.	1633 Johann Haimb.
1576 Joh. Rosenecker.	1638 Peter Uschnitz.
1579 Joh. Ebersperger.	1638 Paul Plenkh.
1598 Georg Dorfschmidt.	1652 Zacharias Spändl.
1610 Cristoff Heußler.	1655 J. Ad. Khumperger.

Gb. Dienten:

1668 Johann Monte.
1673 Christ. Hintermayr.
1680 Simon Widhölzl, mag.
1683 Georg Riedl.
1685 Thomas Junger.
1689 Lorenz Riedl.
1692 Gotth. Sev. Friedrich.
1695 Christ. Hintergrießer.
1698 Virgil Kurzumb.
1699 Aegyd Schrotthofer.
1703 Ignaz Pirkhamer.
1709 Ambros Eberhartinger.
1710 Johann Jak. Giß.
1714 Simon Gugg, mag.
1717 Abraham Pockh.
1724 J. G. Stainlechner.
1725 J. Ant. Paumann.
1729 Andrä Eberhartinger.
1731 Georg Haigerer, mag.
1736 Georg Langwieder.
1740 Matthäus Mayr.
1753 Joh. Jak. Lutz.
1758 Barth. Bannholzer.
1765 Aegyd Graff.
1784 Johann Meilinger.
1791 Corbinian Rotl.
1794 Ignaz Weirlbamer.
1802 J. Sim. Prugger.
1820 Joh. Müllauer.
1828 Karl Kohberger.
1830 Jof. Reitlechner.
1838 Alois Bock.
1846 Nik. Lienbacher, Abm.
1849 Jof. Kaltner.
1853 Martin Schanda.
1859 Jof. Gschwendtner.
1864 Peter Verklairer.

Das **Vicarshaus** wurde a. 1786 neu gebaut und ist Eigenthum der Kirche. Vom saalf. Bezirk hatten der Vicar einen Getraide- und Heuzehent, für den sich bei der Grundentlastung ein Entschädigungskapital pr. 262 fl. ergab. Um a. 1613 gehörte das Gütchen „Höfl" pr. 2 Jauch zur Pfründe, von dem hernach nichts mehr vorkommt. Eine **Hafersammlung** hat der Vicar nur von 15 Bauern der Ortschaft Sonnberg zu beziehen: je „1 goldegger Söchter", zus. c. 10 bayr. Metzen. Laut Fassion a. 1859 reines Pfründs-Erträgniß 343 fl.

3) **Kirche und Gottesdienst.** Die Kirche, auf einer bedeutenden, windigen Anhöhe, wurde a. 1506 vom EB. Leonhard selbst geweiht. Hat „schön gearbeitete Statuen in goth. Styl"; eine kleine Orgel und 3 Glocken, zusammen c. pr. 9 Zt. von a. 1597, 1691 und 1802. — A. 1860 Kapitalien 11.625 fl. — Der **Friedhof** ist wieder älter als das Vicariat. Ein schönes Denkmal des Kirchenwohlthäters Wolfg. Zäch a. 1619 findet sich in der Kirche.

Die **Stiftungen** von a. 1410 und 1514 sind in der Vicariatsstiftung inbegriffen. Uebrigens bestehen 1) Die Rosenkranzbruderschaft, a. 1732 eingeführt, ohne Fond. — 2) Nebst Angst- und Schiedungsläuten vom genannten Zach, Samstagslitaneien ꝛc. 40 Jahrtäge und Messen, die ältesten von den Gewerken Erhard Schrufe a. 1471, W. Schuster a. 1497 und L. Laiminger a. 1505.

Im Vicarshaus ist ein Kapellezimmer, in dem an stürmischen Werktagen des Winters celebrirt wird.

Schule hielten schon um a. 1670 die Meßner, a. 1681 der Vicar, dann wieder die Meßner; lange aber wurde sie nur lässig betrieben. Ihr Locale hatte sie von jeher im kirchl. Meßnerhause; zählt um 60 und 30 Wochen- und Sonntagsschüler. Einkommen des Lehrers ꝛc. nach normaler Fassion 210 fl.

3. Gemeindebezirk Eschenau.

a) **Der Bezirk.** — Den Namen betreffend sagt Koch-Sternfeld: „Der Alemane nennt die ursprünglichen Reugereute .. Eschen" (Beitr. I. 297), daß also die Gegend ihren Namen vom Beginne der Cultur daselbst erhalten haben könnte. Quizmann hingegen findet im Bestimmungswort des zusammengesetzten Namens gar seinen „Ask" (Ask und Embla die ersten Menschen der deutschen Mythologie (Religion der Baiwaren p. 195). — Eschenau ist ein sonniges und heiteres Revier, das aber von der linken Seite der Salzach in einem etwa ½ St. breiten Streifen sich meistens sehr steil 3 St. bis zum „Hocheck" (5596') erhebt. — Die Herren v. Eschenau s. S. 43.

Orte ꝛc. 1) Der Kirchort, 1 St. von Lend, 1¼ von Tarenbach zählt 19 zerstreute Häuser. Die Bayern führten a. 1809 den Vicar Michl von hier als Gefangenen mit sich nach Innsbruck. — 3) Vom Pirchlhaus sollen a. 1731 allein 25 Lutherische ausgewandert sein. — 3) Das einzige Haus von Eschenau in der Thalsohle ist das neue Wirthshaus Unterstein an der Salzach und neuen Straße. Der Erbauer desselben, J. Linsinger, ein zwar nicht außerordentlich hochgewachsener, aber ungemein stämmiger, muskulöser Mann, kam a. 1846 mit 2 Kameraden nach Salzburg, mit dem da sich producirenden franz. Athleten Herkules Tobis zu ringen. Dieser unverschämte Prahler hatte nämlich einen Preis pr. 500 Fr. für den ausgeschrieben, der ihm Meister würde, obschon er vor Kurzem vom Bräuknecht Sim. Meusinger im münchner Theater war geworfen worden. Wie aber der

Athlet den eichernen Burschen sah, wagte er nicht sich mit ihm zu messen; zahlte aber doch das Geld nicht und Linsinger mußte ohne Ruhm und Preis, selbst ohne irgend eine Reisevergütung heimziehen.

b) Das **Vicariat** zur h. Margareth. — 1) Entwicklung. Da die Herren v. Eschenau des 12. Jahrhunderts doch wohl hier saßen, muß man den Bestand wenigstens einer Burgkapelle zur selben Zeit annehmen, obgleich sich ein Kirchlein erst im Ablaßbrief a. 1394 und zwar als Filiale von Tarenbach beurkundet. Bei der Aufstellung eines Curaten in Embach a. 1558 wurde demselben Eschenau als 2. Gemeinde zugewiesen; kam aber nach erneuerter Cooperaturstiftung in Tarenbach a. 1714 wieder an dieß als Filiale zurück. Die Errichtung eines Vicariates dahier, a. 1744, regten die PP. Missionäre v. Hundsdorf an und die Kosten deckten die Missionskasse und der fromme Riemermeister Jakob Mayr v. Salzburg.

Der Vicariatsbezirk begriff anfangs den alten Filialbezirk; aber 17 Häuser davon hatten die einen Seelsorgsdienste hier, die andern in Dienten anzusprechen, bis a. 1786 deren 10 gänzlich Dienten, die andern hieher zugetheilt wurden. Somit zählt er nun 74 Häuser und 310 Seelen.

2) Die Vicare und ihre Dotation.

1744 Bernh. Maria Jos. Lengauer.
1756 Fr. Warmund Resch.
1759 Joh. Jos. Schmid.
1766 Joseph Sartori.
1771 Jud. Thadd. Lact. Prer.
1773 Sev. Leonh. Hochwimmer.
1780 J. Vict. v. Eisenhut.
1782 Joh. Phil. Bernhard.
1787 Franz Steinwender.
1789 Leonhard Lechner.
1791 Johann Mußbacher.
1792 J. Fel. Kendlbacher.
1797 Joh. B. Eder.
1803 Gottfried Pichler.
1805 Leopold Michl.
1811 Michael Nitsch.
1815 Balth. Raneburger.
1821 Andrä Schmuck.
1827 Leopold Michl wieder.
1835 Franz Taferner.
1840 Mathias Fürschnaller, nur präsentirt.
1840 Jos. Jud.
1863 Anton Straubinger.

Das Vicarshaus baute die Missionskasse auf der Brandstätte des ehemaligen Wirthshauses; die Gemeinde leistete Hand- und Fuhrschichten. Mit der Brandstätte wurden auch erkauft „ein Grundstückl, der Blumbsuch und einiger Schaftrieb"; Flächenmaß 2 Joch 1465 □Kl. Die Gemeinde sicherte dem Vicare gleich anfangs 24 Kl.

Scheiterholz zu und die Naturaliensammlung, wie sie früher der tarenbach. Cooperator bezog. Die fire Geldeinnahme bestand anfangs in den Zinsen des Dotationskapitals pr. 4000 fl. à 5% (3000 fl. vom edeln Jakob Mayr und 1000 fl. von der Missionskasse), welches dem Kirchenfonde einverleibt wurde. Als die Procente zu sinken begannen, trug a. 1769 EB. Sigmund 1000 fl. nach, wovon dem Vicar jährlich 30 fl. zugelegt werden sollen. — Laut Ausweises a. 1863 fassionsmäßiges Einkommen 308 fl.

3) **Kirche und Gottesdienst.** — Die Kirche, „im goth. Styl mit einem schönen Kreuzgewölbe erbaut und einem Sattelthurm von massivem Mauerwerk" trägt außer den Rundbögen der Fenster noch ziemlich ihre ursprüngliche Gestalt. An einer Fensterscheibe ist „die Abbildung eines geharnischten Mannes, welcher der Stifter der Kirche gewesen sein soll." Orgel a. 1835. Glocken 3: a) von a. 1823 mit der Schrift: „Durch meinen weiten Mund
    Läßt sich die Kirche hören
    Und macht die Zeiten kund,
    Wann man soll Gott verehren". b) mit: „a. 1486, renovirt a. 1744". c) die kleinste ohne Jahreszahl. — A. 1860 Kapitalien 6694 fl.; Passiven 965 fl. — Der Friedhof ist uralt; merkwürdige Grabmäler fehlen.

Vom Gottesdienst ist eigenthümlich ein alter Kreuzzug am Vorabend v. St. Johann B. mit „4 Wetterevangelien von der Hubwieskapelle aus hoch auf den Wildstein". — Stiftungen: 1) alte: a. 1400 stiftete Hans v. Goldekke eine Pfinztagsmesse, welche a. 1555 zum letzten Mal erwähnt wird. A. 1445 erneuerte die Kreuztracht mit dem Pfarrer v. Tarenbach einen Vertrag bezüglich feiertägl. Gottesdienstes, welcher nun im pfarrl. Gottesdienst inbegriffen ist. — 2) Die St. Margrethbruderschaft begann a. 1738; a. 1860 Fond 1930 fl. — 3) Für den jeweiligen Fürsterzbischof, für EB. Sigmund und Jak. Mayr sind Quat.-Messen zu lesen; für letzten auch eine Wochenmesse. — 4) Jahrtäge und Jahrmessen 37, die älteste von a. 1737. — 5) Eine Stundgebetsstiftung für den 1. und 2. Mai ist im Werden und dafür bereits ein Kapital pr. 1368 fl. beisammen.

Die Schule. Ein Wolf Sunpichler hielt a. 1674 eine Winkelschule im Dientengraben, die aber strenge untersagt wurde. Vicar Lengauer spricht gelegenheitlich von „Katechesen Winters in der Schuel".

Wie es scheint, nach längerer Unterbrechung wurde a. 1764 M. Schafgütl als Meßner angestellt, ausdrücklich auch „zur künftigen Haltung der Schul von Georgi bis Martini", worauf sie sich doch wohl nothdürftig erhielt. Sie hat ihre Stätte im Meßnerhaus und um 30 Wochen- und 12 Sonntagsschüler. Fassionsmäßiges Einkommen des Lehrers ꝛc. 160 fl. — Ein S c h u l f o n d stammt mit 50 fl. vom Vicar Michl her.

4. Gemeindebezirk Tarenbach.

a) Der **Bezirk** — begreift von der Salzachthalsohle ungefähr eine Länge von 3 St., welche zwar keine besonders gefällige Gegend ist, aber ein milderes Klima hat, als andere schönere Gebiete des Gaues; dann einem hoch hinauf bevölkerten Sonnberg; auf der Schattseite das Wolfbachthal und die Schiefebene Höf. Die neue Straße durch das Pfarrgebiet ist nicht nur eine Zierde desselben, sondern auch sonst ein gesegnetes Werk (cf. p. 27). Unter seinen Bergen sind vorzüglich bekannt erstlich der H u n d s t e i n pr. 6700', auf dem die Amtsbezirke Tarenbach, Zell und Saalfelden zusammenstoßen. Da war in der rüstigen alten Zeit der besuchteste Ring- und Hosenreckplatz von ganz Pinzgau und wird nun aufs Neue wieder zahlreich besucht: am Jakobitag a. 1865 sollen sich da bei 3000 Menschen zusammengefunden haben. Dr. Oberlechner beschreibt das Kampfspiel, ähnlich den schweiz. „Schwingfesten", also: „Einer faßt den Andern bei der Hose,
    Macht sich dann gewaltig schwer,
    Als wenn er ein Erdglobus wär.
    So wird dann beiderseits geschoben
    Und mit Riesenkraft gehoben,
    Bis der Schwäch're hingestreckt,
    Händ' und Füße aufwärts reckt,
    Indem Felsenwand und Wald
    Vom Geschrei der Schauer wiederhallt.
    Ein Prämensch heißt, der immer wirft und steht,
    Alle nach und nach zu Boden dreht.
    Ist das Hosenrecken aus,
    Eilt man flugs hinab nach Haus.
    Wer den Prämann hat, der jauchzet viel;
    Bei der Schandparthei ist Alles still". — Obgleich dem

Spiele ein kurzes Gebet von 5 Vaterunser in der dasigen Kapelle vorausgeht und die zum Zweikampfe Vortretenden sich zuerst auf Ehrenhaftigkeit die Hand reichen; die Zuschauer bei eintretender Zornmüthigkeit vermitteln wollen; oft auch Gerichtspersonen anwesend waren: ließen sich einst doch Schlägereien, gefährliche Verwundungen, selbst Todtschläge nicht immer vermeiden. In Voraussicht dessen wurden manchmal sogar Schlitten auf den Berg mitgenommen, schwere Verwundete oder Todte damit herabzuschleppen. Von den Vorfällen und Hergängen und Siegern 2c. dieses Ehrenfeldes zu erzählen, ist natürlich eine sehr beliebte Unterhaltung für die junge Welt und manche alten Geschichten haben sich davon noch erhalten. — Dann der Roßkopf, ein Berg mit Almen auf der Schattseite über der „March", von dem Hübner (p. 685) ein gutes Lied, „die Hüterbeicht", aufbewahrt. Bei der bedeutenden Höhe des Berges dünkte dem Hüter in jenem Liede, wenn er auf den Gipfel kam:

„Wenn i mein' hohen Hut aufhan,
Steh' i schier am Himmel an;
D' Engl han i oft g'hört schrei'n,
Muß ien halt recht lustig sein.
Die schwarzen Pfoaben sind betrog'n,
Sonst wär' i längst schon ob'n!"

Auch übrigens fehlt es dem Bezirke nicht an Denkwürdigkeiten 2c. — 1) Die „Halbstundenbrücke" etwas unter dem Markte über die Salzach, in Folge des neuen Straßenbaues abgebrochen, wurde durch den Kampf zwischen den Pinzgauern unter Wallner und den Bayern a. 1809 merkwürdig (cf. p. 75). — 2) Auf einer freien Anhöhe, deren Fuß die Salzach bespühlt, ¼ St. von dem Markt liegt das Schloß Tarenbach, das EB. Friedrich III. um a. 1330 erbaut soll haben. Im Bauernkriege a. 1526 wurde es zerstört; aber bis a. 1564 wieder hergestellt. Bis a. 1788, wo ein neues Pfleghaus in kleiner Entfernung vom Markte gebaut wurde, war es der Sitz des Pflegers. — Von den 2 alten Burgstallen, welche EB. Friedrich III. von Wulfing v. Goldeffe erkaufte, soll das eine vom EB. Friedrich II. a. 1275 auf dem Bühel des pfarrwidthum. „Turnfeldes" erbaut oder restaurirt worden sein; das andere kleinere auf dem Platze des heutigen Dechantshofes gestanden haben. Die Herren derselben s. S. 43 und 52. — 3) Der Pfarrort Tarenbach, beinahe 2 St. von Lend, 2404' über dem Meere, mit 36 meistens hölzernen Häusern. Dem „Markte" Tarenbach wurde von EB. Johann III. (aa. 1485 bis 89) ein neuer Wochenmarkt bewilligt, nachdem jener sicherlich schon lange bestanden hatte; a. 1558 erhielt er die Befugniß zu Monatmärkten, die a. 1634 aufhörten. Wappen des Marktes: der h. Andreas im lichtblauen Felde. Hier ist ein ff. Bezirksamts- und f. e. Decanatssitz; kein dotirtes Armenhaus, nur ein Dienstbotenfond pr. 500 fl. vom Dechant Reinisch. — Hübner (p. 552) fand am Wirths- und Metzgerhause des Thomas Lechner (nun Rüplwirthshaus) auf einem hölzernen Block über der Thüre ohngefähr folgenden Reim:

„Vermörkt: in der Nacht vor St. Veitstag im 1622 Jar
War der Markt verbrunnen gar
Aus der Ehr'n (aus der Erden).
So helff uns Gott und sein rosenfarbes Blut,
Daß das Feuer uns nimmer Schaden duet
Durch unsern Herrn!" Bei der letzten Renovation des Hauses wurde das Denkmal an das große Unglück des Marktes schonungslos beseitigt. — Nach dem Bauernkriege a. 1526 fand hier am 1. Juli die 1. Huldigung der Rebellen vor dem schwäb. Bundeshauptmann Burchard v. Embs statt; später auch in Saalfelden, Zell und Mittersill, wobei die Bauern fast nur mit scharfen Strafreden abkamen, wogegen am 20. Juli zu Radstadt eine schauerliche Execution vor sich ging (Zaun. Chron. III. 82, 96); — Unter EB. Sigmund (aa. 1753—71) zündeten 2 Bürger des Marktes die hochf. Klause im Trättenbach an, weil durch die Holztriftung ihre Gründe Beschädigung erlitten. Durch ihre plauderhaften Weiber verrathen, wurden beide hingerichtet. — Vom 15.—19. April 1823 vernahm man in Tarenbach und Umgegend zu verschiedenen Tageszeiten ein unterird. Getöse (Piller p. 547). — 4) Ueber dem Markte am Sonnberg besteht noch der Penninghof, a. 1460 erneuert, mit Obkirchen. Die Penninger s. S. 45. Beide kamen a. 1613 an den Pfleger Jos. Wilpenhofer und sind nun Eigenthum des Tarwirthes. — 5) Im Dörfchen Hasenbach wurden im vorigen Jahrhundert röm. Alterthümer gefunden (cf. p. 33). — 6) Bei Eröffnung einer Tafern im Högmoos gab es a. 1435 arge Streitigkeiten zwischen dem tarenb. Pfleger Straßer und dem berchtesg. Amtmann v. Heuberg (Pichl.s Landesg. p. 248). — 7) In der Ortschaft „Höf" auf der rechten Seite der Salzach sind 2 Güter, „Unter- und Oberhengsthof", wovon nicht nur der Name, sondern auch der Bau ihrer Häuser Denkmäler des einstigen Straßenzuges über die Ortschaft sind. Aehnliche Spuren hat man am Bauernhause „Eb" rechts von der rauriser Ache (cf. p. 26). —

8) Der „**Kitzlochwasserfall**", auch rechts von jener Ache, ½ St. vom Markt, auf den erst Pfleger Zehntner um a. 1833 aufmerksam machte und wovon beim Tarwirth ein eigenhändiges Besucherverzeichniß mit bunten Reimen vorliegt, „gehört zu den merkwürdigen Naturschönheiten des Gebirges". Durch einen Stollen (das Kitzloch, von hier in heißen Sommertägen gerne sich aufhaltenden jungem Gaißvieh) kommt man in einer düstern Schlucht zu einem tiefen Kessel, in den sich die rauriser Ache von bedeutender Höhe unter Donner und Staubwolken hinab stürzt.

b) Die **Pfarre** zum h. Ap. Andreas. — 1) Entwicklung. Die Kirche mag im 10. Jahrhundert durch die Edelfrau Rosmout und ihrem Gemahl Regimbert, angeblich Ahnen der Grafen v. Beilstein, entstanden sein, welche damals hier Besitzungen hatten (Juv. A. p. 197). Anfangs des 13. Jahrhunderts war da schon eine ansehnlich dotirte Pfarrkirche, die a. 1215 der bischöflich chiemf. Tafel incorporirt wurde (cf. p. 104). Ein Kirchenverzeichniß hingegen von a. 1450 führt sie als eine der salzb. Domcustodie einverleibte Pfarre auf; aber in Acten vom 16. Jahrhundert, welche diese Verbindung zu erwähnen Anlaß hätten, ist davon gar keine Rede mehr, daß die Pfarre, freilich nicht ohne Einbuße an Widthum, noch im 15. Jahrhundert wieder selbstständig geworden sein mochte. Von ihrer weiteren Entwicklung sind keine auffallenden Besonderheiten bekannt.

Der Pfarrbezirk soll anfangs nur den oben bezeichneten Theil des Salzachthales begriffen haben; aber spätestens im 14. Jahrhundert gehörte ihm auch schon das Thal Rauris an. Nach mehrmaligen Auspfarrungen — am Ende des 15. Jahrhunderts von Rauris; a. 1558 von Embach und Eschenau, welches letztere a. 1714 zurückkam und erst a. 1744 bleibend getrennt wurde; a. 1712 von Lend — zählt die Pfarre 190 Häuser und um 1460 Seelen.

2) **Pfarrer**, Hilfspriester und ihr Unterhalt.

1208 Walter, Pfarrer.
1306 Bartholomä, Dechant.
1330 Hainreich, Pfarrer.
1351 Virgil, Pfarrer.
1366 Friedrich Hengsperger.
1384 Friedrich Regeldorffer.
1393 Friedrich Roschel.
1397 Ulrich Helfensweyle.
1410 Gabriel Krätzel.
1424 Erasmus Murauer.
1437 Jakob.
1470 Georg Egger.
1480 Georg Hoffhyrcher.
1495 Joh. Waginger, Kirchherr;

Leonhard Hofkircher und Paul, Vicare.
1513 Sebastian Widtmann, welcher dem Domherrn Sigm. v. Ortenburg zufolge päpstl. Briefs eine Pension von 18 fl. geben mußte ꝛc.
1551 Joh. v. Khuenburg, Domherr und Kirchherr dahier; Vicare N. Schwenkhler und Ferd. Seepüchler.
1560 Georg Stromayr.
1565 Balth. Trächsel.
1581 Heinrich Pockstaller.
1585 Georg Faber.
1595 Mathias Gobel.
1601 Johann Curtius J. U. Dr.
1610 Georg Tauscher.
1614 Seb. Ponemayr.
1636 Johann Steybl.
1670 Thomas Eder.
1681 Thomas Hirschalbmer.
1690 Wolfg. Paßauer.
1696 Joh. Steinmetz, mag.
1702 Mathias Eberhartinger.
1717 Johann Arringer.
1730 Fr. Ant. Khaltprunner.
1733 Joh. Mich. Käswurmb.
1739 Fr. A. Piembpacher, mag.
1750 Seb. Enggigler.
1762 Joh. Ant. Frank.
1771 Franz X. Göschl.
1775 Jos. Joh. Mayr.
1782 Joseph Reinisch.

Zugleich Dechante und f. e. Räthe:
1792 Joseph Reinisch.
1792 Ludw. v. Mayregg.
1812 Christoph Vordermaißner.
1832 Simon Bittersam.
1850 Aug. Embacher, Consistor.-Rath, a. 1858 Domcapitular.
1858 Georg Deutinger, Ehrenkanonikus v. Mattsee.

Von Hilfspriestern erscheinen a. 1215 1; a. 1308 „1 Geselle"; a. 1384 2 „Gesellpriester"; a. 1528 1 Cooperator und 1 Kaplan. Pf. Widtmann stiftete a. 1523 einen Meßkaplan, der aber nicht lange bestand. Von der Errichtung des Vicariates Embach-Eschenau an bis a. 1714 war zeitweise gar kein Hilfspriester da; in letzterm Jahr aber wurde eine Cooperatur aufs Neue gestiftet. Coadjutoren wurden im 18. Jahrhundert ohne Dotation, neben dem Cooperator, statusmäßig.

Der Pfarrhof wurde vom Pf. Widtmann aus Eigenem gebaut. Nach dem Hingange Dechants Bittersam und in Folge des Straßenbaues wurden sämmtliche Widthumsgebäude theils restaurirt, theils neu gebaut, mit einem Kosten pr. 4533 fl., wovon das a. h. Aerar 1224 fl., die Erbsmasse Bittersams 660 fl., das Uebrige die Kirchenfonde leisteten. — Die Grundstücke, welche der Pfarrer benützt, sind theils Widthums-, theils Kirchengrunde. Die widthum. Grundstücke um den „Thurnbühel" sollen Geschenk der Herren v. Goldekke sein, woher sich die einstige Verbindlichkeit der Pfarrer schreiben mochte, die Goldecker oder ihre Dienstleute zu bewirthen, wenn sie Amtes halber hieher kamen. Das Pilzlehen ist Dotation der Kaplanstiftung Pf. Widtmanns zum Pfarrhof. Den Wald am embacher Berg gaben Wulfing v. Goldekke und die umliegenden Kreuztrachten a. 1330 zur Kirche. Die Alm wurde a. 1854 durch Tausch arrondirt. Laut Steuerkatasters betragen die Widthumsgrundstücke 52 J. 979 □Kl., die Kirchengründe 133 J. 1103 □Kl., welche der Pfarrer theils unentgeltlich, theils gegen Pachtzins zu genießen hat. — Grundentlastungskapital 4484 fl. — Die Naturaliensammlung wird, wie vor der Grundentlastung, geleistet. — Fassionspflichtiges Einkommen, größtentheils nach Pfründeninventar a. 1862 pr. 727 fl.

3) Kirchen und Gottesdienst. — a) Die Pfarrkirche wurde a. 1411 wieder geweiht; a. 1553 daran viel umgebaut: a. 1622 viel durch den großen Brand zerstört. „Von Außen giebt sie sich als goth. Bau mit ältern roman. Ueberresten zu erkennen. Im Grundriß erscheint sie auffallend kurz und breit mit flach abgeschnittenem Chore, dessen 2 Fenster an der Ostwand auf ursprünglich 2schiffige Anlage hinzubeuten scheinen. Das Hauptportal an der Südwand zeigt gleichfalls spät roman. Form" (A. St.) Im Innern ist Alles modernisirt. Von Einrichtungsstücken ist eine goth. Monstranze von Wulfing v. Goldekke merkwürdig. — Eine Orgel wurde a. 1673 noch vermißt; aber bald hernach hergestellt. Die Glocken wurden a. 1526 von den Rebellen vom Thurme geworfen und a. 1622 durch den Brand geschmolzen. Es finden sich nun 3 Glocken von mäßigem Gewicht von a. 1670, 1808 und 1834. A. 1860 Kapitalienstand 15.415 fl. Im Friedhof und in der Kirche sind zwar einige ältere Grabmäler von Seelsorgern und Beamten; aber keine vorzüglichen. Hingegen in der Todtenkapelle finden sich 2 sehr alte Steine, von dessen einen die Schrift verwetzt; vom andern durch die Betstühle bedeckt ist.

Stiftungen: 1) Für die Kaplanstiftung Pf. Widtmanns war schon a. 1555 nicht nur ein Priester nicht mehr vorhanden; sondern sie auch schon auf 2 Wochenmessen reducirt. A. 1625 wurden 3 Wochenmessen aufgetragen; a. 1850 aber dieselben einstweilig auf 1 herabgesetzt. — 2) Eine Frauenbruderschaft bestand hier schon im 15. Jahrhundert. Dafür wurde auf Anregung christl. Beamten a. 1676 die Rosenkranzbruderschaft eingeführt, die Pf. Eder als Universalerbin einsetzte; a. 1860 Fond 13.981 fl. — 3) Das 40stünd. Gebet zu

Ostern wurde durch wiederholte Decrete von a. 1753 und 55 angeordnet; a. 1860 hatte es doch einen Fond pr. 1066 fl. — 4) Zu Monats-, Quatember-Messen, Rosenkränzen kamen 140 Jahrtäge und Jahrmessen, wovon 6 alt sind: für die Herren v. Goldeke Wulfing, Hans und Haug aus dem 14. Jahrhundert; für die Pfleger Martein v. d. Alm und Albrecht Hunt von a. 1384 und c. 1590; für den Bürger Stephan Schneider a. 1446 und Ulrich v. Penningberg um a. 1540.

b) **Kapellen**: 1) Die **Krypta** unter der Kirche an der Südseite mit Eingang vom Friedhof, ist „eine goth. Gruftkirche mit schönem kräftig gerippten Kerngewölbe. Dasselbe zeigt an den Kreuzungspunkten zahlreiche Gewölbschildchen mit plast. Emblemen, welche unter der Tünche kaum mehr zu erkennen sind; nur ein Christuskopf und die häufig vorkommende segnende Hand ist noch deutlich wahrzunehmen" (A. St.). Sie war einst consecrirt in den Ehren der hh. Erasmus und Briccius (cf. p. 24); erhielt a. 1411 Ablässe und hatte regelmäßigen Gottesdienst; nun dient sie nur mehr als Todtenkapelle. — 2) Die **Frauenkapelle**, ⅛ St. vom Markte, entstand a. 1710 auf Verwendung des Pflegers J. M. v. Cronenkreuz durch Gutthäter; auf dem Altare ein öttinger Muttergottesbild und seit a. 1834 eine h. Kreuzpartikel vom Stifte St. Peter. Sie zog gleich Andächtige an und hatte 1724 schon 10 gestiftete Lobämter. Die Verfügung aber, die Stiftungskapitalien und alles Kapellopfer dem Pfarrkirchenfonde beizulegen, ließ sie nicht weiter gedeihen. Regelmäßig werden nun jene Stiftämter und jährlich ein h. Amt für die Gutthäter hier gehalten.

Die Schule. Um a. 1600 findet man hier nur eine vorübergehende Privatschule; ununterbrochen besteht die Schule dahier erst seit a. 1671; „währte aber damals nur gleich 10—12 Wochen". Von a. 1673 an hielten sie die Meßner; erst a. 1856 beginnt ein ständiger Schulgehilfe. Sie besteht im kirchl. Meßnerhause und zählt, da einige Kinder der hies. Pfarre die Schule St. Georgen besuchen, um 100 Wochen- und 50 Sonntagsschüler. Diensterträgniß für Lehrer und Gehilfen nach staatsbuchhalt. Ausweis von a. 1863 um 465 fl. — Ein Schulfond, a. 1861 pr. 1723 fl., stammt zum Theil von der aufgehobenen Christenlehrbruderschaft her, theils von Legaten z. B. der Protomedicuswittwe Onderka, geb. Palfinger a. 1852.

5. Gemeindebezirk St. Georgen.

a) Der Bezirk. — Der volle Name des Ortes ist gewöhnlich „St. Georgen in Niederheim" (Niderheima a. 928, Niderheim a. 1108, Niederheimen a. 1130); wo aber das entsprechende Oberheim oder Hochheim zu suchen sei, ist nicht zu errathen. — Der Bezirk begreift eine nicht unfreundliche Thalsohle von ohngefähr ⅜ Stunden und erstreckt sich zu beiden Seiten der Salzach hoch die Berge hinan. — Von seinen Bergen blicken „die 3 Brüder" weit im Pinzgau auf und ab. Obwohl ihr Name auf eine Sage zu deuten scheint, verlautet doch keine davon.

Orte ꝛc. 1) Im Dorfe Gries an der Salzach befindet sich eine alte Taferne, zu deren Gunsten man eben a. 1435 die zu Högmoos nicht wollte aufkommen lassen (cf. p. 259). — 2) Das Pfarrdorf St. Georgen ziemlich hoch auf einem schönen Vorsprung des Sonnberges, mit 11 Häusern, 1½ St. von Tarenbach. Vor dem alten Wirthshause daselbst steht eine Linde, welche der a. 1732 nach preuß. Lithauen ausgewanderte Wirth Joh. Empacher pflanzte. — 3) Am Abhange des Sonnberges ist das Gut Heuberg, ehemals berchtesgad. Stiftshof, vielleicht das „Allod Niederheim", das Gräfin Irmengard v. Sulzbach a. 1108 dem neuen Stifte Berchtesgaden widmete. Von nun an breitete sich dieß in der Gegend bedeutend aus, verdrängte nach und nach die alten „Herren v. Niederheim" (cf. p. 43) und stellte hieher einen eigenen Amtmann oder Urbarpropst. A. 1449 „wurden die Fälle bestimmt, in denen derselbe über die hiesigen berchtesg. Urbarleute die niedere Gerichtsbarkeit auszuüben hatte" (Zaun. Chron. II. 83.). Nach der Aufhebung des Stiftes kam die hiesige Herrschaft an K. Ehrenbert Freyh. v. Moll; a. 1816 an einen Bauer. — 4) Bei St. Georgen und davon auf und abwärts fand man beim letzten Straßen- und Wasserbau hie und da Granitblöcke, welche eine gewaltige Elementarrevolte in uralter Zeit — wer weiß, woher? — gebracht hatte.

b) Die Pfarre zum h. Georg. — 1) Entwicklung. Eine Tauschhandlung zwischen EB. Adalbert und Priester Ellinger geschah „ad s. Georgium a. 924" (Juv. A. p. 150). G. Abb. Pichler versteht darunter das pinzg. St. Georgen (Landesg. p. 38). Demnach hätte dahier ein Kirchlein schon damals bestanden; sicher tritt es aber erst als Filiale von Zell in einem Vertragsbriefe auf zwischen „Herrn Hansen Pfarrer ze Cell und den Zechleuten der Chürchen sand Jörgen" a. 1416. Ins 16. Jahrhundert hinein wurde die hiesige Filiale, wie Bruck und Fusch vom „Uebermooser" versehen (dem von Zell aus über das Moos excurrirenden Cooperator) und als in Bruck derselbe Cooperator zu residiren begann, von dort aus. Zum eigenen Vicariate gelangte die Kreuztracht durch einen förmlichen Vertrag mit dem Pfarrvicar Altenperger v. Zell vom 10. Nov. 1558. In Folge h. Ministerialerlasses vom 19. August 1858 wurde das Vicariat zur Pfarre erhoben.

Der Seelsorgsbezirk ist von jeher der oben angegebene und hat 97 Häuser und um 670 Seelen.

2) Die Seelsorger und ihr Unterhalt.

1573 † Rudb. Ulmer oder Ulmayr.
1573 Andrä Falkhenawer.
1577 Euleuth. Schwab.
1586 Christoph Ablperger.
1606 Caspar Obermayr.
1610 Paul Lechner.
1611 Cyriacus Pfaff.
1613 P. Johann Helfawer, Bened.
1615 Georg Eisenhut.
1616 Christoph Heißl.
1618 Leonhard Zieberl.
1619 Eberhard Schwaighart.
1620 Georg Diemer.
1620 Christoph Trieb.
1621 P. Ulrich Sartori.
1621 Georg Frischmuth.
1624 Wilhelm Sutor.
1630 Lorenz Att.
1640 Georg Müller.
1644 Jos. Schmidmüller, mag.
1651 Wilh. Sutor wieder.
1653 Mathias Fur.
1659 Valentin Länderl.
1659 Christoph Miendl.
1682 Georg Leutl.
1685 Lorenz Plaicklechner, mag.
1688 Rup. Wolfg. Mayr.
1695 Georg Sigmund Aichholzer, J. U. Dr.
1698 Sim. Medlhamer, mag.
1705 Joh. M. Freundt.
1712 Joh. M. Straub.
1724 Lambert Grätl.
1728 J. Balth. Perkhamer.
1733 P. J. Jos. Laurer.
1740 Joh. Casp. Mangold.
1750 Joh. Ant. Frankh.
1762 Jos. Gaßmayr.
1767 Sigm. v. Pichl.
1782 J. Vict. v. Eisenhut.
1791 J. G. Hasenehrl.
1797 Jos. Waldmann.
1798 Joh. Keilbacher.
1804 J.-P. Friesacher.
1815 Andrä Unterkircher.
1824 Barth. Hillerbrand.
1826 Anton Gollsperger.
1834 Ant. Seefeldner.
1851 Georg Hasenauer.
1857 Marcus Bernhard.

Der berchtesgad. Urbarpropst Jörg Stöckl baute a. 1518 in der Senkung zwischen dem Heuberg und dem Kirchbühel ein **Priester-haus**, das nachmals dem Vicare eingeräumt, a. 1704 neu gebaut und a. 1774 und 1852 verbessert wurde. Den Garten pr. 340 □fl. gab auch Stöckl dazu. Die bedeutende **Naturaliensammlung** und sämmtliche **Stolgefälle** wurden dem Vicare schon a. 1558 zugewiesen. Das **Priestergeld** von der Gemeinde kommt a. 1613 mit 56 fl. vor und a. 1673 Beiträge aus den Pfleggerichtskassen Tarenbach und Zell pr. 46 fl. 24 kr. Nach Fassion von a. 1858 gesammtes Pfründe-Erträgniß 443 fl. CMze. WW.

3) **Kirchen und Gottesdienst.** — a) Die Pfarrkirche, ein alter goth. Bau, steht hoch auf einem gegen die Salzach vorspringenden Kegel. Der ansehnliche Thurm hat ein Keildach, nachdem vielleicht ein Sturm seine goth. Spitze abgeworfen hatte. Der Seitenaltar rechts von Marmor wurde a. 1510 vom genannten Propst Stöckl erbaut. Bemerkenswerth ist eine „plast. Darstellung des Leidens Christi und der Verherrlichung Mariä" von Marmor, angeblich aus dem 15. Jahrhundert. Orgel mit 7 Registern a. 1854 von Wohlthätern. Glocken 3: 2 pr. 15 und 5 Zentner mit der Schrift: „Geörg Stöckl v. Schwarzegg a. 1534"; die 3. pr. 10 Zt. ohne Schrift. — Im alten **Friedhof** ist an der Kirchenmauer ein großes marm. Wappen Propsts G. Stöckl a. 1518. In der Kirche fand Pfarrer Lengauer (cf. p. 231) noch Grabsteine von Alwerd Lenkhouer a. 1510; Veit Fürstauer a. 1674, Heinrich Pießer v. Hohenberndorf a. 1693 ꝛc.

Schon a. 1416 wurden am Georgentag „Chelber, Lember und ander Ding" geopfert und lange fort große Naturalopfer. Jetzt werden von den „Almleuten" eiserne und hölzerne Thierfiguren gegen Erlag einiger Kreuzer aus einem Korbe an der Sacristei genommen und als Opfer auf den Altar gelegt. — **Stiftungen**: 1) A. 1416 waren h. Messen an jedem 2. Sonntag und mehrern Festen „schon von Alten herkhomen" und wurden da vermehrt; für diese alle nun der pfarrl. Gottesdienst. — 2) Der mehrgenannte G. Stöckl stiftete a. 1518 vielerlei Gottesdienst, wofür nun 7 Jahrämter und Jahrbitte zu verrichten sind. Damit seine Stiftung genau innegehalten werde, errichtete er in der Kirche sozusagen einen marmornen Stiftbrief. — 3) Die Scapulierbruderschaft wurde durch Consf.-Decret v. 5. März 1732, wie an mehreren Orten, einfach angeordnet; hat darum keinen eigenen Fond — 4) Quatembermessen für Adam Stöckl, Pfleger v. Hallein,

Rosenkränze ꝛc. — 5) Unter den 55 Jahrtägen und Messen ist der von a. 1740 für die vorstorbenen Dienstboten der Gemeinde der Pietät halber bemerkenswerth.

b) **Kapellen**: 1) Die beachtungswürdige Krypte an der Südseite mit Eingang vom Friedhofe ist schon lange nicht mehr zur Feier der h. Messe eingerichtet. Zur Zeit der Choleragefahr ꝛc. diente sie als Leichenkammer. — 2) In der Heubergkapelle fanden auf Ersuchen der Urbarpröpste zeitweise Wochenmessen statt. Auch celebrirten hier öfters sich in Geschäften da aufhaltende Stiftspriester v. Berchtesgaden. Nun fehlt selbst das Portatile.

Eine Schule fand sich da schon a. 1613; a. 1622 hielt sie Johann Müller (recte Hofmann) ein Erbenedictiner v. Arnoldstein; a. 1673 Andrä Lackner. Nach längerer Unterbrechung begann sie a. 1730 ein Schranz, „Roßknecht vom Heuberg", wieder, dem bis a. 1827 Schranze folgten. Mit einigen hieher eingeschulten tarend. Kindern betragen die Schülerzahlen um 80 und 30. Von jeher war sie im Meßnerhause. Der Lehrer ꝛc. bezieht vom Kirchengrund, an Naturaliensammlung und Geld fassionsmäßig 260 fl.

6. Gemeindebezirk Embach.

a) Der Bezirk. — Der Name kommt zuerst vor a. 1170 bei Uebergabe eines Gutes „in dem Emenpach" durch Chunrad v. Beilstein, seine Ehefrau Abele und Söhne Friedrich und Sigfried an das Stift Berchtesgaden. Wer an die Deutung Quizmanns von „Ask" auf Eschenau (cf. p. 254) glaubt, dürfte noch lieber eine Beziehung zwischen „Embla" und Embach annehmen. — Das Gebiet ist ein gestrecktes, schiefebenes Mittelgebirge, hoch über dem rechten Salzachufer, von dem aus man eine erheiternde Aussicht auf die gegenüberliegenden Abhänge des Sonnberges und ins Pinzgau hinauf genießt: „nach Westen hin überblickt das Auge fast das ganze Pinzgau bis hinauf zur Platte bei Krimmel und die vielen Kirchen und Schlösser und Häusergruppen in dem weiten, grünen Thal, dessen Sümpfe man hier nicht ahnt, geben ein äußerst reizendes Bild, das man weder von Lend noch Tarenbach hinaufsteigend erwartet" (Ad. Schaubach deutsche Alpen III. 98). — Von seinen Bergen sind die ansehnlichern der Bleikopf, Kapellerbrand, das Anhaupt ꝛc.

Der Bezirk ist auch in geschichtl. Beziehung nicht ohne Denkwürdigkeiten. 1) Das Pfarrdorf Embach, 3205′ über dem Meere, mit 26 etwas zerstreuten Häusern, 1³/₄ St. von Lend, 1³/₄ St. von Tarenbach. Beim Umbau des untern Wirthshauses a. 1742 fand man an einem steinernen Fensterstock die Jahreszahl 1141 und beim Abschälen des Maueranwurfes Gemäldespuren von beladenen Saumpferden — begreiflich, indem über Embach nicht nur der Saumweg nach Rauris, sondern auch nach Tarenbach ging. — Vom großen Bergsturz a. 1794 erzählt Vierthaler: „In der Nacht vor dem Pfingstsonntag stürzte der nördliche Thonschieferfelsen, auf welchem das Dorf ruht, plötzlich ein. Von Lend über Tarenbach hin erbebte die Erde; Brücken, Straßen und Waldung des Thales wurden hinunter in die Salza geworfen und der Fluß selbst, trotz seines reißenden Rinnsales gänzlich gesperrt. Es entstand ein langer See, welcher sich bis zur Färberbrücke unter Tarenbach ausdehnte und endlich, da er eine Höhe von ungefähr 100′ erreicht hatte, sich durch den undurchbringlichen Damm einen Kanal grub und diesen nach und nach immer mehr vertiefte. Am 24. Sept. d. J. sah ich mit einigen Freunden den Ort des Schreckens: hohe, über einandergeworfene Erdhaufen, zersplitterte Bäume und zerschmetterte Felsen lagen chaotisch um uns herum; wir glaubten Wirkungen eines Erdbebens zu sehen; .. der Salzasee hatte noch eine Tiefe von ungefähr 80′ .. Der Berg zitterte und senkte sich noch immer so merklich, daß die Stöcke, welche wir gerade in seine Bauchung steckten, in 1 Minute schon eine schiefe Neigung hatten; .. 3 Jahre dauerte die zitternde Bewegung" (Wandr. II. 223). —
3) Die Sage von den „3 Wallern" bezieht sich zwar vorzüglich auf Gastein; hat aber ihren Ausgang von einem Punkte knapp an der Gränze v. Embach. Anfangs des 17. Jahrhunderts begannen „große Wallfahrten" zu den 3 Wallern auf der Höhe zwischen Gastein und Embach, wo die h. 3 Männer begraben sein sollten. Das f. e. Consistorium hieß a. 1616, 1621, 1686 ꝛc. Untersuchungen der Stelle pflegen; aber nie entdeckte man wirkliche Grabstätten, noch weniger, wer die 3 Männer waren. Die Einen geben sie als Brüder des h. Primus aus; die Andern sonst als Männer, die sich einst um Gastein geistlich verdient gemacht hätten. Wie eine Legende von a. 1853 lautet, waren sie einfach 3 fromme Gasteiner, die nach Jerusalem wallfahrteten und unter den Gefahren des Weges Gott nur um die Gnade baten, ihr heimatliches Thal nochmal zu sehen. Sie kamen heimkehrend auf den besagten Punkt, wo Gastein vor ihnen lag und

„Das sahen nun die Dreie
Und blickten auf zu Gott,
Umarmten sich und sanken
Erbleichend in den Tod.
Am Berge steh'n die Kreuze,
Da grub man sie hinein —
Das waren die 3 Waller,
Die waren von Gastein". J. Gotter (Vksf. II.49).

b) Die **Pfarre** zum h. Laurenz. 1) **Entwicklung.** In Ansehung der alten Samzüge über Embach und der öftern Absperrung der hiesigen Bevölkerung durch die angeschwollene Salzach von ihrer Pfarre Tarenbach ꝛc. nimmt man gerne ein hohes Alter der Kirche an; aber die Zeit ihrer Entstehung oder ihren Stifter auch nur zu vermuthen, fehlt jeder Anhalt. In einer f. e. Urkunde a. 1344 über Versetzung ihres Kirchweihfestes tritt sie als Filiale von Tarenbach zum 1. Mal ans Licht. Zu einer besondern Curatie scheint der „oberst Perkh- und Waldmeister Chr. Schlütpacher" der Kreuztracht verhilflich gewesen zu sein: in seinem Brief „ausgangen an Chr. Empacher" a. 1558 gab er ihr die Gesinnung des Fürsterzbischofes kund, dahier ein Vicariat zu errichten, das auch schon in demselben Jahr begann. Ohngefähr mit dem Vicariate fing auch die Wallfahrt nach Maria-Elend an und wurde den hiesigen Kirchenfonden bald sehr zuträglich. Wie andere salzb. Vicariate, besonders in Lungau, wurde auch Embach a. 1813 nach dem Willen der k. bayr. Regierung zur Pfarre erhoben.

Den anfänglichen Seelsorgsbezirk machten die 2 Kreuztrachten Embach und Eschenau, aber als 2 gleichgestellte Gemeinden aus, wozu noch eine Parcelle von Lend gehörte. Nachdem letztere a. 1712 und Eschenau a. 1744 weggefallen sind, zählt nun der Pfarrbezirk 95 Häuser und um 570 Seelen.

2) Die **Seelsorger** und ihr Unterhalt.

1558 Ulrich Haunperger.
1613 Johann Kriechpamer.
1614 Georg Diezer.
1615 Johann Kronast.
1621 Peter Diepolt.
1623 Nik. Rormoser.
1624 Nik. Obermayr.
1624 Barth. Hörmann.
1640 Johann Haimb.
1645 Michael Wall.
1650 Paul Plenkh.
1656 Abraham Welser.
1657 Paul Zimmerl.
1658 Thomas Eder.

1668 Ludwig Rirstätter, mag.
1677 Franz Herzogstätter.
1680 Georg Schnell.
1681 Ferd. Kheser.
1688 Joh. Steinmetz.
1696 Simon Medlhamer.
1698 G. Sigm. Aichholzer.
1701 Caspar Wachter.
1711 Joseph Eder.
1713 Koloman Auer.
1722 Oswald Nesing.
1730 Andrä Eberhartinger.
1739 Simon Kößler.
1747 Johann Schmid.
1754 Rupert Mayr.
1762 Fr. Felix Wenzl.
1782 Chr. Sigm. v. Pichl.
1784 Wolfg. J. Waldner.
1787 Caspar Nikolaus Kurz v. Goldenstein.
1802 Joh. Mußbacher.

Pfarrer:

1813 Steph. Ulrich Weich.
1817 Mathias Walter.
1820 David Zimmermann.
1821 Martin Reischl.
1824 Georg Fr. Gerbig.
1824 Michael Tiefenthaler.
1847 Jos. Döttl, Adm.
1853 Bert. Schiffer, Adm.
1864 Bertulph Schiffer, Pfarrer.

Hilfspriester erscheinen erst seit dem „luth. Auszug": je nach Frequenz der Wallfahrter und Zahl der vorhandenen jungen Priester, 1, 2, auch 3. Seit a. 1813 ist nur mehr 1 Coadjutor ordnungsmäßig. Bis a. 1817 hatte der Cooperator v. Tarenbach jährlich 13 Male in Embach auszuhelfen.

Bis a. 1716 bewohnten der Vicar und Meßner ein gemeinsames Haus; da aber wurde für den Vicar ein altes Haus auf der Stelle des jetzigen Pfarrhauses gekauft und mit Kirchenmitteln pr. 1179 fl. zur Priesterwohnung adaptirt. — Schon a. 1558 hatte die Kirche „ein Gütel am Stain mit 6 Khuefuren" gekauft, welches theils dem Vicar, theils dem Meßner zur Nutzung überlassen wurde. Ebenfalls a. 1716 wurde das „March- oder Elendgütel" eingetauscht, welches der Vicar theils unentgeltlich, theils gegen Pachtzins zu nutzen hat. Diese Grundstücke betragen 4 Joch 329 Ofl. — Gemäß ursprüngl. Bestimmung sollen dem Seelsorger „alle Geuäll, es sei Pyfall, Samung, Opfer, Peichtgelt, Leibpfenning nichts ausgenommen on alles Mittel eruolgen". — An firen Geldbezügen hatte der Vicar a. 1613 von der Hofkamer 20 fl., a. 1645 aber 80 fl.; von der Knappenbruderlade a. 1613 auch 14 fl. 2c. Fassionsmäßiges Einkommen a. 1864 in Folge der neuen Feststellung 630 fl.

3) **Kirchen und Gottesdienst.** a) Die Pfarrkirche wurde a. 1508 aufs Neue geweiht; die gegenwärtige freundliche ansehnliche

Kirche a. 1783—85 gebaut. Nach des Mauthners J. Th. Feileis v. Lend, letztlich Bauinspectors, Rechnung, wären die Kosten jedenfalls auf 10.367 fl. und hievon 7.438 fl. von der abgebrochenen Elendkirche gekommen. Vom Gnadenbild (schmerzhafte Gottesmutter mit dem göttl. Heiland im Schooß und Nebenfiguren), „zeugt die Composition von tiefer Empfindung und sowohl Zeichnung als Farbengebung sind über der Mittelmäßigkeit". Orgel mit 6 Registern. Von den 3 Glocken ist die größte pr. 2161 ℔ von a. 1744; auch die 2 andern pr. 8 und 3 Zt. sind nicht alt. — A. 1860 Kapitalien 11.591 fl. — Im alten Friedhof sind keine vorzüglichen Grabmäler. In der Kirche aber fand sich vor dem Umbau noch ein Denkmal, das Hans Loidner seinem Eheweib, 5 Kindern und 1 Dienstknecht setzte, „welche zwischen 8 und 9 Uhr abends den 17. Aug. 1598 in der großen Güß und Blaichen mitsammt dem Haus geschoben und erbärmlich ertruckht worden".

Die Stiftungen der Pfarrkirche wurden theils ursprünglich zu dieser gemacht, theils von der abgebrochenen Elendkirche hieher übertragen. — Stiftungen zur Pfarrkirche: 1) Hans v. Goldeke stiftete a. 1400 eine Samstagsmesse, welche das Schicksal der Pfingsttagsmesse von Eschenau hatte (cf. p. 256). — 2) Zur Stiftung der h. Kreuzbruderschaft a. 1754 gab Kath. Ponemayerin 110 fl.; a. 1860 Fond 1922 fl. — 3) Die goldenen Samstäge wurden schon vor 1755 in Mariä-Elend gefeiert; a. 1797 vom Vicar Kurz hieher gestiftet. — 4) Von den 53 Jahrtägen sind nur 2 aus dem 17. Jahrhundert. — Stiftungen von Mariä-Elend: 1) Die Scapulierbruderschaft ist wieder nur eine Anordnung EBs. Firmian von a. 1732 und ohne Fond. — 2) Ursula Penningerin stiftete a. 1552 eine Wochenmesse und 1 Jahrtag, wovon schon a. 1732 nur mehr letzterer gehalten wurde. — 3) 2 Jahrmessen für EB. Sigmund, 7 für Vicar Neyreiter v. Zederhaus und Quatembermessen für Vicar Wenzl.

b) Die Wallfahrtskirche Mariä-Elend, ½ St. von der Pfarrkirche, wurde von der erwähnten Frau Ursula, „des Ulreichen Penyngers gelaßnen Wittib" nach a. 1550 erbaut. Sie hatte das Gelübde gethan, da wo sich ihr 12jähriges, sinnarmes, vom Hause verirrtes Töchterlein gesund finden würde, eine Kapelle zu bauen. Das Mädchen traf man auf der Stelle des nachmaligen Kirchleins gesund an, worauf sofort zum Bau geschritten wurde. (Eine so entstandene Kapelle zog natürlich bald Wallfahrter an; allmählig so zahlreiche, daß das Kirchlein a. 1707 und 57 erweitert werden mußte; noch a. 1782 wurden 3086 fl. zu einem weitern Bau bewilligt. Auch der Gottesdienst vermehrte sich fortwährend: außer den Stiftungen wurden mit der Zeit die mehrern Currentmessen hier gelesen und selbst der pfarrl. Gottesdienst wechselte zwischen der Seelsorgs- und Wallfahrtskirche.

Aber auf ein Mal a. 1783 traf diese, wie ein Blitz aus heiterm Himmel, das Vernichtungsdecret. Der Dechant v. Saalfelden und Pfleger v. Tarenbach erlaubten sich dagegen zwar sehr freimüthige Vorstellungen; aber umsonst. Als der Vicariatskirchenbau vollendet war, wurde am Mariageburtsfeste a. 1785 das Gnadenbild in feierlicher Procession unter ungemeinem Volkszulauf auf den Hochaltar der Vicariatskirche übertragen und darauf die Wallfahrtskirche abgebrochen. Wieder Erwarten ging Alles ohne Tumult vor sich.

War so die Elendkirche zerstört, so blieb die Erinnerung daran und der Wunsch einer neuen Kirche doch unzerstörbar. Als diesbezüglich die Gesinnung der h. Behörden eine andere geworden war, baten die Nachbarschaften a. 1840 um Erlaubniß, ein neues Kirchlein herzustellen, wozu ihnen sogar 879 fl. von embacher Kirchenmitteln bewilligt wurden. Es besteht nun eine Rundelle mit einem achteckigen Anbau und enthält auf dem Hochaltar ein gut gemeißeltes Nachbild des Gnadenbildes und einen Denkstein der Urs. Penningerinn. Ein Conf.-Decret vom 10. August 1842 erlaubt: „während der günstigen Jahreszeit, besonders an Frauenvorabenden, da öfters eine h. Messe zu lesen".

A. 1673 trifft man hier eine Schule von 10 Kindern; hernach aber geschieht davon keine Erwähnung mehr bis a. 1734, von wo an sie wohl in damals gewöhnlicher Gestalt bis zur allgemeinen Schulreform fortbestand. Sie ist im Meßnerhaus, das a. 1773 mit einem Kosten pr. 762 fl. von hiesigen Kirchenfonden neu gebaut wurde. Da einige Kinder die Schule Lend besuchen, zählt sie nur um 40 Wochen- und 20 Sonntagsschüler. Dem Lehrer kommen nebst einer Naturaliensammlung 2 J. 712 □kl. Kirchengründe zu Nutzen. Fassionsmäßiges Einkommen 160 fl. — A. 1858 betrug der Schulfond 115 fl. CMze. WW.

7. Das Thal Rauris.

Der Name (Rurese a. 1135, Raures a. 1273 etc.) stammt „vielleicht von ruri, ein Thal, das die Römer beim Bergbau zur Land- und Alpenwirthschaft benützten" (Salzb. und Berchtesg. II. 378). — Das ansehnliche, merkwürdige Thal erstreckt sich vom „Landsteg" bis zu den hintersten Menschenwohnungen des Hütt- und Seidelwinkels, in die es sich südlich theilt, ohngefähr 6 Stunden und ist besonders rückwärts von mächtigen Bergen überragt: in der vordern Rauris der Bärenkogel per 7354′; im Seidelwinkel der Schwarzkopf per 8748′, „dessen Panorama das mit Recht berühmte des gastein. Gamskahrkogels fast noch übertrifft" (A. Schaubach), Brennkogel 9540′, beide auch der Fusch angehörig; im Hüttwinkel der hohe Narr (h. Aar?) 10.310′, Schaffahrkogel 8620′, Sonnblick, Herzog Ernst 9350′, Schareck 10.080′ ꝛc.

Den Bergbau s. S. 14 u. 15; das Lutherthum S. 118. Uebrigens erzählt die Juvavia: Das Thal „möchte vor Zeiten zur Grafschaft Tarenbach gehört haben. Allein wenn auch dem also ist, so wurde doch das Landgericht in der Rauris schon zeitlich (a. 1377) von jenem zu Tarenbach herabgebrochen." — Die Landgerichtsgemeinde hatte lange eine eigenthümliche, den Bannmärkten ähnliche Freiheit und berief sich deshalb auf ihr altes Landrechtsbüchel, worin es heißt: „erstlich öffnen und melden gemeine Gerichtsleut: nachdem hier im Thal ein freies Landgericht ist, solte allba ein jeder, der hier angesessen ist, es sei in Wirthschaft, Krämmerei, Handwerk ꝛc., unter dem Landgericht geschermt werden" ꝛc. Hieraus entstand die Gewohnheit, daß jener, welcher am Neujahrstag 14 Pfge. zum Landgericht erlegte, selbiges Jahr eine Handtirung seinem Belieben nach treiben konnte (p. 439 u. 451). Als diese Freiheiten schon lange sehr beschränkt waren, wurde das Landgericht Rauris a. 1802 mit Tarenbach vereinigt.

Bemerkenswerth ist der Streich Georg Erzknapps im Kriege EB.s Bernhard mit Kaiser Friedrich (aa. 1478—81). Erzknapp war f. e. Pfleger v. Stall in Kärnthen; wurde aber an seinem Herrn zum Verräther und zog mit 700 kais. Volkes nach Rauris plündernd und mordend. Allein die pinzg. Bauern überwältigten ihn bald und jagten ihn nach Gastein, wo sein zuchtloses Volk theils niedergemacht, theils zerstreut wurde (Zaun. Chron. II. 174).

Reihe der **Land- und Bergrichter, Verwalter** ꝛc., von denen die ältesten zugleich Gewerken waren. — Lange waren das Berg- und Landgericht vereinigt; a. 1463 wurden sie getrennt und erst wieder vereinigt, als der Bergbau im 16. Jahrh. gesunken war.

1355 Hans Bächlmann.	1645 Joh. Prochenberger.
1359 Martin Auffner, Bürger v. Salzburg.	1648 Joh. Dietrich Rößl.
	1650 Adam v. Grimming.
1377 Hans Goldlein.	1651 Franz Karl v. Grimming.
1404 Hans Kaltenprunn.	1657 Wilh. Fachner.
1411 Paul Krenn.	1661 Rudolph Engelmohr.
1434 Georg Lachner.	1668 Heinrich v. Pißwang.
1452 Wilhelm Posendorfer.	1670 J. Konrad Reiter.
1494 Wolfg. Waldner.	1671 Johann Engelhart.
1521 Sigm. Kapeller.	1682 Marr Kirchleitner.
1535 Leonhard Schnitzer.	1684 Johann Jäger.
1536 Christoph Regauer.	1688 Franz Kolperger.
1538 Urban Gugg.	1700 J. J. Weirlpamer.
1540 Wolfgang Schmit.	1703 Joh. Thomas Lürzer v. Ze-
1543 Steph. Steckenhauser.	hendthal.
1548 Christoph Schlögl.	1704 Caspar Fischer.
1550 Christian Lautaler.	1705 Chr. Leonh. Schaumberger.
1551 Wolfg. Kopeindl.	1708 J. J. Friesacher.
1559 Blasius Torer.	1730 Wilh. v. Watenhofer.
1563 Christoph Schlögl.	1735 Benedict Haßler.
1572 Sylvester Hölzl.	1744 Cajet. Pambüchler.
1588 Rupr. Hunzdorfer.	1757 Franz Rup. Lechner.
1590 Leonh. Brunnmeister.	1770 J. M. Pachmayr.
1595 Christoff v. Hirschau..	1778 J. Andrä v. Laßer.
1596 Caspar Vogl.	1784 Fr. Sebald v. Liebenheim.
1599 Johann Pichler.	1787 Fr. Ant. Pichler.
1601 Joh. Malcher.	1790 Joh. Bayer.
1623 Joh. Voglmeyr.	1792 Jos. Karl Geißler.
1630 Jakob Vogl.	

a) Gemeinde-Bezirk Rauris.

a) Der Bezirk — umfaßt vom beschriebenen Thal den ungespaltenen Haupttheil und den Seidelwinkel. — 1) Am Ausgange

des Thales befindet sich der schon erwähnte „**Landsteg**" (cf. p. 218).
— 2) Das **Pfarrdorf** Rauris oder Gaißbach, 2552' über dem Meere, 1½ St. von Embach, 2 St. von Tarenbach mit etwa 90 Häusern. Auch ihm verlieh EB. Johann III. (aa. 1482—89) Jahrmarktsbefugnisse. Als **Markt** erscheint Gaißbach noch a. 1551; nicht mehr später. Es soll seine Marktprivilegien an Wagrain verkauft haben; konnte aber laut S. 273 dem Thale gegenüber außer Jahrmärkten keine Privilegien haben. An Fenstereinfassungen, Thürpfosten von Serpentinstein und Gestalt einzelner Häuser des Ortes hat man noch Erinnerungszeichen an ehemalige Gewerken- und Beamtenwohnungen. Der Bräuer dahier besitzt einige beachtenswerthe Alterthümer: schön gestickte Pantoffeln, ein Pulverhörnl mit Mosaik, besond. eine große Schüssel von Majolika und 2 kleinere. „Die auf den Schüsseln befindlichen Malereien sind sowohl in Ansehung der Zeichnung als Farbenpracht Rafaels würdig, dem sie zugeschrieben werden" (A. Schaubach); die große Schüssel trägt aber die Jahreszahl 1542 und Rafael † 1520. Vom **Bruderhause** wird a. 1555 gesagt „es werde vom Gotsberat erhalten und von dem Zechschrein gedeckt." Pf. Sternhuber v. Bergheim stiftete a. 1743 dahin 3 Pfründen mit 1200 fl. und Landrichter Lechner schenkte ihm 700 fl. — Am Ende des Ortes stand noch a. 1796 ein **Paßhaus**. — Verwüstende **Brände** des Dorfes um a. 1630 und a. 1706. — A. 1798 starb hier der Stainerwirth Jak. Mayer, geb. vom Thummersbach bei Zell, ein kunstreicher Mechaniker. — 3) Auf der Matte des Grubecks ist eine warme **Mineralquelle** von 14—16° Reum. — 4) Bei **Veldern** wären nach einer handschriftl. Chronik von Gastein die um a. 1480 erschlagenen Leute des Parteigängers Erzknapp begraben worden. — 5) Vom Seidelwinkel führt der alte **Samweg** über den Heiligbluttauern, der sich auf der Höhe mit dem von Fusch vereinigt. Das hiesige **Tauernhaus** liegt auf grüner Matte 3 St. von Wörth 4449' über dem Meere und bezieht auch eine Provision. — 6) „Am St. Jakobstage a. 1564 nachts um 9 Uhr fiel auf den Breunkogel ein Wolkenbruch nieder, wodurch der unten vorbeifließende Gießbach dergestalt anschwoll, daß er große Felsenstücke mit sich fortriß, im Dorfe Luckau über 100 Menschen ersäufte und 30 Häuser zerstörte" (Zaun. Chron. III. 382).

b) Die **Pfarre** zum h. Ap. Jakob und h. Martin. 1) **Entwicklung**. Nach alter Ueberlieferung hätte Chrysanth v. Einöd a. 1203 das St. Michaelskirchlein gebaut und EB. Eberhard II. a. 1208 dazu eine Pfarre dotirt; aber die erste Urkunde, welche a. 1330 von der hiesigen Kirche meldet, führt sie als Filiale von Tarenbach auf. In der Blüthezeit des Bergbaues erhob sie sich weit über die gewöhnlichen Filialen; allein zur besondern Curatie wuchs sie doch erst gen das 16. Jahrhundert ohne förmliche Stiftung heran. A. 1858 wurde das Vicariat unter Ergänzung der pfarrl. Congrua aus dem Religionsfonde zur Pfarre erhoben.

Der Seelsorgsbezirk umfaßte, abgesehen vom vorübergehenden Vicariate Wörth, das ganze Thal bis zur Stiftung des Vicariates Bucheben a. 1785, wodurch er mehr an Ausdehnung, als Seelenzahl verlor. Man zählt nun 270 Häuser und 1530 Seelen.

2) Die Seelsorger und ihr Unterhalt.

1505 † Hans Leutner.
1508 Paul Stettner.
1528 Erhard Hackher.
1536 Lukas Hilger.
1539 Christoph.
1550 Matthäus Püchler.
1580 Hans Wülpinger.
1583 Georg Faber mag.
1586 Simon Faber.
1587 Leonh. Gagermayr.
1591 Casp. Püchlperger.
1593 Johann Scherer.
1595 Lukas Putzenpacher.
1613 Wolfg. Putzenpacher.
1614 Christoph Riemayr.
1616 Joh. Kriechpämer.
1617 Christoph Heusler.
1619 Peter Obinger.
1628 Johann Gelter.
1634 Christoph Vasching.
1643 Johann Haimb.
1645 Jakob Velkl.
1646 Peter Perwein.
1650 Michael Lanmayr mag.
1678 Chr. Scherzhauser.
1683 Franz Herzogstätter.
1694 Peter Ainkhaß v. Ainkhaßhofen und Petershausen.
1698 Chr. Hintergrießer.
1701 Simon Medlhamer.
1711 Joh. Georg Grätl.
1713 Steph. Sternhuber.
1726 Fr. A. Piembpacher.
1739 Andrä Eberhartinger.
1741 Fr. J. Daubrawa.
1747 Georg Haigerer mag.
1752 J. Phil. Rottner.
1780 Joh. Felix Weiß.
1783 Vital Kaltprunner.
1785 J. M. Reisinger.
1789 J. Ant. Wenger.
1803 Ant. Med. Müller.
1814 Georg Schömig.
1819 Joseph Mayr.
1819 J. Georg Dandl.
1832 Michael Witzany.
1852 Franz Mitterecker.
1857 Sigm. Hauthaler.
1858 Johann Poschacher.

Hilfspriester. Die Gen. Visitation a. 1528 berichtet:

„vor Zeiten haben sich 8 und 10 Priester allda erhalten (?); gegenwärtiglich hat der Vicar allein nit zu arbeiten." In damals üblicher Weise stiftete „die Versamblung der gemainen Landschaft und des Perkwerchs" a. 1517 einen Frühmesser, der sich ohne Zweifel aushilfsweise auch in der Seelsorge verwenden mußte; aber nur bis a. 1570 bestand. Nach seinem Verschwinden findet sich kein 2. Priester mehr hier bis a. 1694, wo ein Coabjutor erscheint, der aber erst seit a. 1860 dotirt ist.

Nachdem das alte kleine Priesterhäusel a. 1706 durch den Brand zerstört worden, wurde das gegenwärtige Pfarrhaus mit 988 fl. von Kirchenmitteln hergestellt. Außer einem Garten pr. 180 Ofl. gehört kein Grundstück zur Pfründe. Die Naturaliensammlung (Hafer und Käse) und die völligen Stolgefälle wurden dem Vicar gleich anfangs zugewiesen. Laut Fassion a. 1858 reines Pfründeerträgniß 600 fl.

3) Kirchen- und Gottesdienst. — a) Die St. Jakobskirche soll erst unter EB. Ortolph (aa. 1343—65) als Pfarrkirche statt der St. Michaelskapelle erbaut worden sein und ist durch ihre Geräumigkeit ein sprechendes Denkmal einer blühendern Vorzeit des Thales. A. 1510 wurde ein neuer Chor angebaut; nach dem Brande a. 1706 die ganze Kirche restaurirt mit einem Kosten von 8217 fl., welche mit eignen Mitteln, Vorschüssen, „Refusionsgeldern", Sammlung im Erzstift und Naturalleistungen der Gemeinde gedeckt wurden. A. 1744 beantragten der Pfarrer von Tarenbach und Landrichter von hier einen Umbau und ließen ihn, da ein definitiver Bauplan nie zu Stande kam, endlich durch den Maurermeister Thomas Mayr von Lienz eigenmächtig ausführen. Die Kosten pr. 6268 fl. wurden von den hiesigen Fonden, durch Rückforderung von Vorschüssen, Anlehen und von der Gemeinde aufgebracht. — Es sind hier 5 Altäre und auf denselben 2 gute Bilder vom salzb. Maler Nik. Streicher. — Taufstein von Serpentin a. 1497. — Die Orgel a. 1679 von Wohlthätern aufgestellt. — Die 5 Glocken pr. 34, 15 rc. 3t. wurden nach dem Brande a. 1706 neugegossen. — Ueber die „Schneestangen" cf. Bucheben. — Im sehr alten Friedhof steht eine Serpentinsäule, die einst eine Laterne getragen zu haben scheint. Erwähnenswerthe Denkmäler sind nur in der Kirche: Vicars Leutner a. 1505; dann der Gewerken Mart. Waldner a. 1520, Alban Huntsdorffer a. 1529, Wendel Sebolt und seiner Hausfrau M. Huntsdorfferin a. 1533, Hans Zott a. 1540.

Am Fenster hinterm Hochaltar ist das Wappen der Zotten und Krotenmoser mit den Namen: Christoph Zott und Erentraud seine Hausfrau.

Stiftungen bestehen hier 1) noch namhaft alte: ewiges Licht von Wulfing und Chunrad v. Goldaffe a. 1354; Jahrtäge für Heinrich Eykkel und Partel v. Arling a. 1423, Lorenz Hilt zu Krotenmors a. 1483, Hansen Penhart a. 1501, Anna Freybergerinn a. 1508, Jakob v. Huntsdorf a. 1519, Cristan v. Alinaten a. 1530 ꝛc. Zu einer längst außer Acht gekommenen Wochenandacht G. Wielandts verlieh EB. Leonhard a. 1497 einen Ablaß. — 2) Die h. Frohnleichnamsbruderschaft wurde a. 1679 vom Vicar und Landrichter eingeführt; erhielt dann 5 Stiftmessen und hatte a. 1860 einen Fond pr. 3775 fl. — 3) Das 40stünd. Gebet zu Pfingsten begann zufolge des bekannten Generale von a. 1753 ohne Dotation; durch Geschenke und Legate aber z. B. vom Landrichter Lechner 100 fl. hatte es a. 1860 doch einen Fond pr. 1046 fl. — 4) Zu 4 Quatember-Meßstiftungen kommen 105 Jahrtäge und Messen vom 17., 18. und 19. Jahrhundert.

b) Kapellen: 1) Die St. Michaels- und Annakapelle im Friedhof, angeblich die ursprüngliche Pfarrkirche, hat ihre alte goth. Form noch ziemlich bewahrt. Regelmäßig werden in selber am St. Michaelstag ein Frühamt mit Sermon und 3 Jahrtäge gehalten: für Hofkammerrath Joh. Mayr von a. 1633 und 2 für den Landrichter Jak. Vogl und seine Ehefrau Sara geb. Atzwangerinn von a. 1638. Sie hat kein eignes Vermögen. — 2) Die Hoheinödkapelle wurde auf Verwendung des Oberschreibers J. J. Riß um a. 1730 erbaut; a. 1801 von den „Oberländern" erweitert; erhielt aber die Meßlicenz erst a. 1857.

---

1. Die Pfarrschule. Auch hier findet man im 16. Jahrh. eine Latein- und Chorschule, welche eine Zeit der Frühmesser hielt; a. 1613 aber war Cantor und deutscher Schulmeister Fablan Thumer, der im Winter 25 Schüler hatte. Nach längerer Unterbrechung begann die hiesige Schule Chr. Hernbl von Gastein a. 1631 wieder, worauf sie fortbestand. Ein entsprechendes Schul- und Meßnerhaus wurde a. 1692 hergestellt und dasselbe nach dem Brande a. 1706 mit 684 fl. restaurirt. Nun zählt die Pfarrschule um 70 Wochenschüler

und fast eben so viele Sonntagsschüler, indem die hiesige Feiertagsschule auch von den Kindern der Nebenschule zu besuchen ist. Der Lehrer ꝛc. genießt keinen Kirchengrund, doch eine Naturaliensammlung; im Ganzen laut Fassion von a. 1861 ein Diensteinkommen pr. 300 fl.

2) Die Nebenschule Wörth, 1 St. von Gaißbach. Schon während des Vicariats Wörth mag dahier eine Schule gewesen sein; nachher aber nicht mehr bis a. 1756, wo sie der Wirth und Krämmer Matth. Brugger, im Karthäuserhause begann. Nach Beginn des Vicariats Bucheben a. 1785 hörte sie auf; wurde aber a. 1849 wieder errichtet. Das gegenwärtige Schulhaus baute a. 1856 die Concurrenz ohngefähr mit einem Kosten von 4800 fl. Die Zahl der Wochenschüler beträgt auch um 70. — A. 1861 Fassion des Lehrers ꝛc. 150 fl. — Der Schulfond, wohl beiden Schulen gehörig, betrug a. 1861 etwas über 330 fl.

b) Gemeinde-Bezirk Bucheben.

a) Der Bezirk. Wahrscheinlich richtiger hieße er „Pocheben", da an der heutigen Kirchstätte noch deutliche Spuren ehmaliger Pochwerke sind und das Volk statt „pochen" durchaus „puchen" spricht. Er liegt im hintersten östlichen Winkel des Thales, dem Hüttwinkel, abgeschieden und rauh; aber merkwürdig in der Geschichte des Bergbaues (cf. p. 14, 15). — 1) Im Kirchort Bucheben, 2 St. von Gaißbach, stehen nur ein Paar Häuser. — 2) Am Fuße des Goldberges, 3½ Stunden hinter der Kirche, liegt der Ort Kolm, wo die Poch- und Waschwerke stehen. — 3) Von hier führt ein steiler Weg von 3 St. zu den Berggebäuden, in der Gletscherregion; höchster Stollen (Goldzeche) 7981' über dem Meere. — 4) Sage. In ungenannter Zeit fiel im Sommer binnen 48 St. auf dem Goldberg so tiefer Schnee, daß die Knappen in der Bergstube an der Möglichkeit fortzukommen verzweifelten. Bald vom Hunger gequält, beschlossen sie, den Bergschmid als den beleibtesten zu schlachten und sein Fleisch zu verzehren. Dieser merkte ihren Anschlag; stieg durch den Kamin empor und war so glücklich, sich durch den Schnee ans Tageslicht zu arbeiten. Alle folgten ihm nach und gelangten unter unsäglichen Mühen ins Thal. Denkmal daran sind die 40' hohen „Schneestangen" in der Pfarrkirche Rauris, auf denen zu gewissen Zeiten Lichter brennen (salzb. Int. Bl. a. 1802 p. 609).

b) Der erste ohne Vernehmen der Ortsbehörden gemachte und darum gänzlich mißlungene Versuch einer 2. Seelsorgsstation im Thale Rauris war das Vicariat Wörth. Am 11. Jän. 1675 eröffnet das f. e. Consistorium dem Vicar und Landrichter von Rauris: Se. hochf. Gnaden seien entschlossen, in Wörth ein Vicariat zu errichten. Als sofort eine hölzerne Kapelle hergestellt und die Subsistenz des Vicars (180 fl. aus der Landgerichtskasse und 80 fl. vom f. e. Priesterhause) ausgemittelt war ꝛc., wurde schon im April d. J. Georg Vormacher als 1. Vicar aufgestellt, dem aber nur noch Adam Trumblschlager folgte. Am 12. Mai 1679 erhielt dieser das Consf. Decret: „Nachdem Se. hochf. Gnaden das neuerigirte Vicariat aus erheblichen Ursachen aufgehebt, sollt Ihr solches der Gemeinde auf der Kanzel mit dem, daß sie fürderhin den Gottesdienst wieder in Rauris besuche ꝛc., alsbalten vortragen." Unt. 9. Aug. d. J. erfolgte der Befehl, die Kapelle abzubrechen.

Das Vicariat Bucheben zu den hh. Hieronymus und Leonhard. — 1) Entwicklung. Das Vicariat Wörth hatte den Wunsch eines Vicariates in Hinterrauris stehend gemacht. Es erfolgte daher von a. 1684—1776 eine Reihe von Bittschriften; aber heftige Partheiungen der Interessenten ließen nichts zu Stande kommen. Endlich im Verzeichnisse von Vicariaten a. 1783, die EB. Hieronymus zu errichten beschloß, fand sich auch eine 2. Seelsorge für Rauris. Sogleich aber regte sich der Partheienkampf in früherer Weise wieder, besond. über die Wahl der neuen Kirchstätte, bis solche eine f. e. Commission vom 26. Sept. 1783 auf dem „Buchebnerbühel" ausmittelte. Im Juli 1784 begann der Bau und wurde im folgenden Jahr in der Hauptsache vollendet, auch ein Vicar aufgestellt. Die Kosten der von Grund auf neuen Stiftung aufzubringen, wovon der Kirchen- und Vicariatshausbau über die Leistungen der Gemeinde auf 18.000 fl. gekommen sein soll, mußte man auf die Kirchenfonde weit herumgreifen. EB. Hieronymus gab aus seiner eignen Chatouille 4000 fl. ohne Gegenforderung, „nur in der Zuversicht, die Gemeinde werde bereinst an seinem Sterbtag mit einem kurzen, andächtigen Gebet seiner gedenk sein".

Den Seelsorgsbezirk bildet der mehrgenannte Hüttwinkel, vom Zaunlehen bis auf den Goldberg sich mehr als 6 St. erstreckend. Er zählt gegenwärtig 39 Häuser, wovon 2 Drittel Zuhäuser sind, und abgesehen von den Knappen und Almleuten, um 160 Seelen.

2) Die Vicare und ihr Unterhalt.

1785 Mar Piberger.	1824 Sim. Palfinger, Prov.
1786 Jos. Ant. Sapper.	1825 Georg Lechner.
1788 Sebastian Neer.	1829 Michael Thalhamer.
1791 Jakob Dengg.	1836 Johann Rainer.
1799 Ferdinand Pohl.	1851 Johann Weyrer, Prov.
1811 Joseph Schweizer.	1853 Franz Ortner, Prov.
1815 Barth. Hillerbrand.	1854 J. Tob. Gschleyer.

Der Vicar und Meßner bewohnen 1 Haus, dessen Bau auf 3941 fl. angeschlagen wurde. Grundstücke fehlen außer einem Garten. Die Brunnleitung übernahm a. 1825 die Gemeinde. Das Brennholz (28 Kl. in Scheitern) ist von 28 Besitzern zu liefern. Mathias Kräckl v. Mitterbucheben verpflichtete sich und seine Nachfolger auf dem Gute zur Abgabe der nöthigen Milch und Butter an den Vicar um „billigen Preis". An firem Gelde wurden dem Vicare gleich anfangs 250 fl. R.W. aus der seekirchn. Filiale Zell angewiesen. Laut Ausweises a. 1854 Gesammtertrágniß 301 fl.

3) Kirche und Gottesdienst.
Die Kirche ist nach dem Plane des Hofmaurermeisters Jak. Pogensperger „hell und nieblich" erbaut. Die Kosten waren auf 7600 fl. angeschlagen; überstiegen aber, wie die des Vicarshauses, weit den Anschlag. Die Einrichtungsstücke kamen großentheils von der Elendkirche, darunter die Orgel. Die 2 Glocken tragen die Jahreszahlen a. 1543 und 1664. — Der Friedhof wurde mit dem Vicariate ohne Anstand bewilligt.

Stiftungen: neben Quatembermessen für M. Kräckl und einem feierlichen Amte für Vicar Rainer in der h. Nacht bestehen 28 Jahrtäge und Messen. Keine Bruderschaft.

Im „Gewerkenhause" am Kolm ist eine gut erhaltene gothische Kapelle mit nicht unwerthen Schnitzwerken, in der einst ohne Zweifel die h. Messe gefeiert wurde; nun gar lange nicht mehr.

Die Schule begann mit dem Vicariate, befindet sich im Erdstock des Vicarshauses und zählt um 15 Wochen- und 6 Feiertagschüler. Nach Ausweis von a. 1862 sicheres Einkommen des Lehrers 2c. 140 fl. GMje. WW.

IV. Amtsbezirk Zell am See.

Sein Name kommt, wie gewöhnlich, von seinem Hauptorte Zell (loco Cella in Pisontia a. 926; Czell a. 1450) und der Name des Ortes sicherlich von Mönchszellen her, die da standen. „Zell am See" wurde erst in der bayr. Zeit üblich. — In der ganzen erzstiftl. Zeit aber hatte das Pfleggericht seinen Namen von Kaprun, dem alten Sitze der Pfleger, obgleich diese schon in den ersten Jahren der Regierungsperiode EBs. Wolf Dietrich nach Zell übersiedelt zu sein scheinen, dieser wenigstens von einem Herrn v. Hirschau ein Haus im Markte kaufte und zum Amtshause einrichtete.

Der Bezirk umfaßt den obersten Theil des Saalethales mit dem Glemmerthal, den breitesten, stattlichsten Theil des Salzachthales und die 2 Gletscherthäler Kaprun und Fusch. Die Gemeindebezirke Bruck und Fusch, früher zur Hälfte dem Amtsbezirke Tarenbach angehörig, wurden erst bei der neuen Gränzregulirung a. 1850 gänzlich hieher zugetheilt; wogegen Zell die Ortschaft Jesdorf in Niedernsill verlor. Er gränzt nun östlich an Tarenbach; südlich an Kärnthen und Mittersill, westlich an dieß und Tirol, nördlich an dieß und Saalfelden.

In diesem Umfang liegen die Seelsorgsbezirke Zell, Viehhofen, Saalbach, Piesendorf, Bruck und Fusch. — In anderer Beziehung unterschied er sich in alter Zeit in die Ministerialengebiete von Kaprun und Walchen; in das Gebiet der Chorherren v. Zell, und der Herren v. Bruck oder Vischaren und von Fusch ec. (cf. p. 43, 52 ec.); später in die Pfleggerichte Kaprun und Walchen, das Landgericht Zell, die chiemf. Hofmark Vischorn und Urbarpropstei Fusch ec.

Dermalige Ortsgemeinden:

1) Maishofen
mit 735 Seelen und 3 Steuergem.

Mitterhofen pr.	. . .	1632 J.
Maishofen „	. . .	1806 „
Atzing „	. . .	1647 „
		5085 J.

2) Viehhofen
mit 285 Bew. und 6714 Jochen.

3) Saalbach
mit 910 Bewohnern und 2 Steuergemeinden:

Saalbach pr.	. . .	9997 J.
Hinterglemm pr.	. .	11823 „
		21.820 J.

4) Zell
mit 625 Bew. und 1836 Jochen.

5) **Thummerspach**
mit 373 Bew. und 2 Steuergem.
Thummerspach pr. . . . 3858 J.
Erlberg   „ . . 982 „
_____
4840 J.

6) **Bruck- oder Beilberg**
mit 257 Bew. und 2 Steuergem.
Schmidten pr. . . . 2108 J.
Bruckberg ꝛc. pr. . . 834 „
_____
2942 J.

7) **Piesendorf**
mit 1146 Seelen und 4 Steuerg.
Aufhausen pr. . . . 1957 J.

Uebertrag 1957 J.
Piesendorf   „ . . . 1918 „
Walchen   „ . . . 2650 „
Hummersdorf pr. . . 2323 „
_____
8848 J.

8) **Kaprun**
mit 415 Bew. und 17448 Jochen.

9) **Bruck**
mit 415 Bew. und 2 Steuergem.
Bruck pr. . . . . . 1506 J.
Hundsdorf pr. . . . 1287 „
_____
2793 J.

10) **Fusch**
mit 396 Bew. und 27.443 J.

'Also zusammen 5826 Einw. und 99.789 Joche oder 9.9789 QM.

Reihe der Pfleger v. Kaprun, Landrichter v. Zell und Urbarpröpste in der Fusch. Ueber letztere f. S. 52. — Wie an andern
Orten, wo die Burg des Pflegers nicht im Hauptorte des Amtsbezirkes war, hatte er an diesem einen Stellvertreter, Landrichter,
welcher nach Umständen und Persönlichkeit mehr oder weniger Macht
in einem bestimmten Bezirk übte.

1428 Hans Lintacher, „Unterrichter ze Cell".
1482 Peter Rem, „Lantrichter zu
Czell".
1490 Wilhelm v. Ramseyden,
Pfleger zu Kaprun.
1500 Ernst Ramseyder, Pfleger
zu Kaprun und sanctpetr. Verwalter des „Amts Pinzgew."
1510 Hans Penz, Pfleger ꝛc.
1520 Hans Diether v. Schedling,
dem a. 31 die Pflege für ein
Darlehen von 500 fl. vom
EB. verschrieben wurde.
1537 Martin Liebl, Landrichter zu
Zell.

1563 Caspar Diether v. Sch.,
Pfleger in Kaprun, hochf. Rath.
1565 Caspar Pänichner ꝛc., Landrichter in Zell und Urbarpropst
in der Fusch.
1586 † Balth. Diether v. Sch.,
Pfleger in Kaprun.
1589 Phil. Widtmann v. Mie-
ringen, Pfleger v. Kaprun,
Landrichter in Zell und Propst
in der Fusch, wie die Folgenden.
1599 Joseph Hunt, hochf. Rath.
1605 Caspar Vogl (cf. p. 69).
1606 Caspar Grybl, Pfleger. In
Kaprun ein „Hauspfleger".
1607 Casp. Portner, hochf. Rath.

1610 R. Knoblach, Amtsverw.
1611 Ludw. Grimming v. Niederrain, Pfleger.
1612 Karl Khuen v. Belasy.
1619 Karl Freih. v. Khuenburg, und Neukirchen ꝛc.
1630 Mathias Neußl, Amtsverweser.
1634 Blas. Schättner v. Schättenberg, Pfleger und Rath.
1645 Seb. Mistruzzi.
1650 Johann Prochenberger.
1660 Mich. Burglechner v. Zierburg und Ballentsegg.
1666 G. Dietrich Khuen Freih. v. Lichtenberg und Neuenlampach.
1685 G. Ainkhaß v. Ainkhaßhofen und Petershausen, Amtsverweser.
1690 Martin Löcher v. Cronenkreuz, Pfleger.
1695 J. Fr. Khobolt v. Dampach.
1701 Joh. Ernest Diepolt v. Damberg, f. e. Rath.
1710 Jof. Poch v. Arnholz.
1719 Ab. Fr. Paumann v. Palmberg, f. e. Rath.
1724 Fr. Ant. v. Helmreich.
1739 Joh. Raym. v. Rehlingen.
1750 Alexander v. Braune.
1770 Joh. Gualb. Magauer.
1795 Franz Dickacher.
1813 Leonhard Dollacker.
1816 Joseph Prinzinger.
1825 Daniel Regulati, J. Dr.
1837 Johann Klaunzner, Landesgerichtsrath.
1862 Moriz Schleifer.

J. Gemeindebezirk Zell.

a) Der **Bezirk** — wird gebildet vom volkreichen, gesegneten „Zellerboden" zu beiden Seiten der Saale nach ihrem Austritt aus dem Glemmerthale; von den 2 östlich und westlich sich erstreckenden Thälchen Thummerspach und Schmidten und von einem Theile des Salzachthales auf der Süd- und Westseite des See's. — Die Berge des Bezirkes sind nur untergeordneter Bedeutung: die Schmidtenhöhe pr. 6210′ ein freundlicher Weiderücken, westlich und ihr gegenüber das Salasköpfel, das eine vorzügliche Aussicht gewährt; östlich der Hönigkogel pr. 5867′. — Die Bauernkriege, in deren letztern sich die Zeller das Ehrenprädicat der „getreuen Knechte St. Ruprechts" erwarben, f. S. 68; das Lutherthum S. 118. Der ärgste Lutheraner von hier war ein gewisser Müllinger, der proselytenmachend von Haus zu Haus herumschlich.

Orte ꝛc. 1) Oberhausen, nahe an der faalf. Filiale Gerling, einst ein kleiner Herrensitz: a. 1160 Friedrich, a. 1170 Chunrad v. Oberhausen. — 2) Auf den Moorfeldern bei Kirchham ist das

Gesundbad „Neunbrunnen", das aber wenig mehr besucht wird. — 3) Kammer, 1 St. von Zell an er Ostseite, einst Edelsitz angeblich der Wispeckhen, wurde um a. 1610 von Dietrich Khuen v. Belasy erneuert; a. 1722 von J. M. Treisgott Grafen v. Khuen an den Bischof v. Chiemsee; von der k. bayr. Regierung an einen Bauer verkauft. — 4) A. 1561 erlaubte die f. e. Regierung der Nachbarschaft Maishofen, die dortige l. f. Freie gegen eine jährl. Stift von 2 Schillingen ab 1 Viertelleben einzufassen. — 5) Vom Schloß Saalhof vor der Oeffnung des Glemmerthales sagt das Intelligenzblatt a. 1810 (p. 511): „die Saalburg, nun Saalhof, war im 11. Jahrhundert nebst Lichtenberg die Wohnung der Grafen (v. Unterpinzgau), die nachher nach dem Namen dieses Ortes die Saalburg in Oestreich erbaut haben" (cf. p. 39). Seine dermalige Gestalt erhielt das Schloß von Chr. Aman v. Judendorf und Saal, Pfleger zu Tarenbach und Richter in Bischorn. Nach ihm besaßen es Fr. J. Khobolt v. Dampach; die Freifrau v. Hackledt zu Deichstätt; dann ihr Gemahl Pfleger Rochus v. Braun, dessen Erben es an einen Bauer verkauften. — 6) Das Schloß Prielau am zeller See baute um a. 1560 Chr. Perner (cf. 226). Bald nach ihm kam es in den Besitz Christophs v. Hirschau und von seiner Wittwe, geb. Pänichnerinn an Caspar Pänichner; a. 1590 an Dietrich Khuen v. Belasy; a. 1722 auch an den Bischof v. Chiemsee; endlich in der bayr. Regierungsperiode ebenfalls an einen Bauer. — 7) An der Straße, ½ St. vom Markt ist das „Badhaus" mit Wirthsgerechtsame. Die hiesige Gesundquelle wurde a. 1761 vom Landschaftsmedicus Franz Niederl untersucht und empfohlen. — 8) Etliche Schritte gen den Markt ist die alte Richtstätte, auf der die letzte Justification a. 1790 an einem alten Weibe als Kirchenräuberin vor sich ging. Sie hatte aus der Vicariatskirche Saalbach die Monstranze entwendet. — 9) Zwischen dem Calvarikirchlein und dem Markt, ½ Viertelstunde vom letztern, steht eine weiß übertünchte Säule von Serpertin, sicherlich die Säule, von den Gerichtsacten, welche Hauptmann Riedl unter ausgemusterten Papieren fand, Folgendes melden. A. 1565 kamen die 2 jungen Weitmoser Hans und Christoph, Söhne des berühmten Gewerken Christoph Weitmoser, beide noch unter Gerhabschaft, mit ihrem Stiefvater G. Khlaindienst und Freund Säntel nach Zell. Gleich nach ihrer Ankunft gingen sie nach dem See abwärts und fanden an der bezeichneten Stelle eine hölzerne Säule mit einem Crucifixbilde, an welcher die muthwillige Gesellschaft ihre Gewehre probirte, mehrere

Hiebe in die Säule führend. EB. Johann Jakob erfuhr sogleich den bösen Streich und forderte die Schuldigen nach Salzburg. Nach gehöriger Erhebung der That erfolgte das Urtheil: Säntel sei als unschuldig zu entlassen; die 3 Andern aber haben für die geschändete Säule eine marmorne, ohne ein weitmoser'sches Abzeichen herzustellen oder jeder dazu 25 fl. zu geben; überdieß zusammen 3000 Stück Ducaten zur Strafe zu erlegen. Alle Ausflüchte und Gesuche um Milderung der Strafe halfen nichts (salzb. Muf.=Ber. a. 1864). —
10) Der Markt Zell 2381' über dem Meere, 3 St. von Saalfelden, hart am See, mit 94 Häusern. Gewiß ist er einer der ältesten Märkte des Gaues: in dem sehr werthen „Bürgerbuche" des Marktes mit vielen alten Stücken findet sich auch eine Urkunde EBs. Ortolph a. 1357, wodurch dem „Markte Zell" neue Jahrmarktsbefugnisse ertheilt wurden; er konnte also schon damals lange bestanden haben. Wappen des Marktes: der h. Hippolytus im blauen Felde. — In der 2. Hälfte des 16. Jahrhunderts stiftete eine fromme Frau aus Kärnthen eine Wallfahrterherberge außer dem Markte, aus der nachmals das Leprosenhaus wurde. Der wohlthätige Riemermeister Jak. Mayr von Salzburg legirte ihm 1100 fl. — Das Bruderhaus stiftete a. 1605 Maria Widtmannin v. Tgrberg geb. Gold v. Lampoting mit 4 Pfründen. Beide Anstalten haben nun ein nicht unbedeutendes Vermögen. — Auch besteht hier ein Bürgeralmosenfond c. pr. 2000 fl. — A. 1606 war im Markte noch ein „gemain Padt" in lebhaftem Betrieb. — Geschichtlich merkwürdige Gebäude: Der „Vogtthurm", ein hoher fester Thurm auf dem Hauptplatze, von dessen ursprünglicher Bestimmung sich keine annehmbare Tradition erhalten hat. Vielleicht war er der „Perchfried" des Schlosses der ältesten Herren v. Zell. Die Perchfriede kommen bei größern ältern Burgen gewöhnlich vor; waren feste, überragende Thürme am selben und sollten eine Ausschau auf die Umgegend und im Falle eines Angriffes auf die Burg den letzten Hort gewähren. Zur Zeit der ungar. Einfälle sollen sich in selbem die EBe. Dietmar I. und Pilgrim I. aufgehalten haben (?). — Das „Bergschlößl.", so genannt vom vieljährigen Aufenthalt in selbem der Berg= und Forstbeamten, bauten die Gewerken Rosenberger im 16. Jahrhundert. — Das Haus des angesehenen Gewerken Casp. Pänichners (cf. p. 18) ist nun das erwähnte Bruderhaus und das „Reschwirthshaus" gehörte dem Gewerken Thomas Pruckpech. — In Zell wurde der salzb. Botaniker Franz Ant. v. Braune am 16. März 1766 geboren. — 11) Der

See, nach Leop. v. Buch 600′ tief, bedürfte zu seiner Entstehung zwar gar keines wunderbaren Ereignisses; hat aber doch seine Sage. Zwei Schwestern, die eine gut, die andere bös, hatten mitten auf der Ebene zwischen Schmidten und Thummersbach eine Kirche und ein Schloß. Die Gute wurde in einem Traumgesicht nachts ermahnt, die Böse zu verlassen; brachte es aber nicht über sich. In der nächsten Nacht kam ein schauerliches Ungewitter;

"Da sank mit einem Male
Nun Kirch' und Schloß hinab
Und Schwesterhaß und Liebe
Sank vereint ins Grab.
Seit jener Nacht bei Strafe,
Giebt uns die Sage kund,
Deckt dort der See weithin
Des Thales tiefem Grund". A. Abfalter. A. 1438

kaufte EB. Johann II. von den kuchler'schen Erben den halben Zellersee im Pinzgau (Zaun. Chron. II. 61); den übrigen Theil, soweit er nicht zur Herrschaft Bischorn gehörte, hatte er wahrscheinlich schon früher. Der Fischfang auf dem See wurde nun in mehrere "Fischen" getheilt, wovon jedes seinen eigenen Namen hatte: "das Himmelfischen, Köberl= und Frechifche Bischen" 2c. und solche Fischrechte, meistens mit Häusern oder Grundstücken verbunden, wurden dann zu Lehen verliehen und mußten oft theuer erworben werden. Um a. 1600 kaufte Cristoff Seeleithner vom "Zechner zu Pürtendorf" das Himmelfischen und soll es mit 1000 fl. veranlaitet haben. Die Inhaber der Fischrechte mußten von der Ausbeute gewisse Deputate gegen einige Vergütung nach Hofe senden. Der Pfleger Casp. Vogl z. B. hatte von einem "ganzen Bischen" abzugeben: zu Ostern 50 st Hechten; zu Weihnachten 4 St. Hechten "so groß er sie bekommen mag"; in Summe 1400 Krebsen, wofür ihm von 100 Krebsen und 1 Pfund Hechten je 3 kr. vergütet wurden. In der 2. Hälfte des 17. Jahrh. erscheinen die Rechte eingelöst: a. 1674 kommen f. e. Hoffischmaister, Bischhüter, Bischknechte, Krebser und Krebsenträger vor. — 12) Das Gut Schütt scheint lange freigelegen gewesen zu sein: es heißt gewöhnlich "Hof" und seine Besitzer kommen in Acten und Urkunden öfter als Zeugen oder Sigler vor, z. B. Ebran v. Schütt a. 1365, Florian v. Schütt a. 1597 2c. — 13) Das Kupferbergwerk am "Lien= und Limberg" beschäftigte zu Anfange des laufenden Jahrhunderts noch um 60 Arbeiter (cf. p. 16). — 14) Der Beilberg, auch Limberg, nun gewöhnlich Bruckberg, deffen höchftes Haus noch „Beil" heißt, wäre nach Koch-Sternfeld (Tauern p. 115) durch seinen Namen eine Erinnerung an den taurisk. Götzen Bellenus (bell, beil = hell, glänzend, Sonnengott), daß also auf diesem Berge eine vorzügliche Stätte seines h. Dienstes gewesen sein müßte. — 15) A. 1570 wurde der Bürgerschaft v. Zell die Einfahung der „Wildau mit dem daranstehenden Moos zusammen pr. 80 Tagwerk", nun „Burgermoos", erlaubt, worüber die Bauern, welche die Fläche sonst mitbenützten, sehr unzufrieden waren. — 16) Auf dem Wege über die Hochstraße gen Bruck sieht man am letzten Stadel rechts eine Gedenktafel an die Ermordung eines Knechtes, vulgo Forsthofers, durch einen Räuber a. 1818. Dieser hieß Lichtmannegger und war der letzte von 3 gefürchteten Räubern im untern Pinzgau (nebst ihm „Hörnerwachser und Fuchsschrifter", der statt der Hand eine eiserne Kappe mit Spitz am einen Arm hatte), von welchen man Geschichten in kleinerm Maßstab erzählt, wie vom bayr. Schinderhansen. — 17) Vom Erlberg fließt der schon in Urkunden des 9. und 10. Jahrhunderts öfter erwähnte Erlbach, „Erilipah in Pisontia", in den See (Juv. A. p. 112, 197, 201, 204). — 18) Thummerspach (Tamerepach a. 1140, Tamerspach a. 1406) ein freundliches Thälchen mit ansehnlichen Bauerngütern (Lonnighof) und einst mit Bergbau (cf. p. 16); über seinen Almen der Hundstein (cf. p. 257).

b) Die **Pfarre** zum h. **Hippolytus.** 1) **Entwicklung.** Eine Kirche dahier wird zuerst bei einer Tauschhandlung a. 926 angedeutet, welche im Orte Zell (loco Cella in Pisoncia. Juv. A. p. 135) vor sich ging; der Ort kann nämlich seinen Namen nur von Priesterzellen haben, die nicht ohne Kirche waren. Ob diese Zellen etwa eine Zeit neben denen von Piesendorf bestanden, oder die Priester von dort hieher übersiedelten, ist nicht zu entscheiden. Hernach geschieht von dieser Priestergenossenschaft keine Meldung mehr bis ins 12 Jahrh., wo sie EB. Konrad I. (aa. 1106—47) restaurirt zu haben scheint; von nun kennt man wenigstens eine Reihe von Pröpsten durch ungefähr 100 Jahre, daß also damals ein förmliches Stift von Chorherren unfehlbar bestand, durch welche auch die Pfarre versehen wurde. Aber a. 1215 wurde das ganze Stift der blfch. chiemf. Tafel einverleibt und es folgte hier ein Pfarrvicariat. Von a. 1722—26 wurde auch da über Einführung eines Capucinerhospizes verhandelt, wozu ein „Liebhaber des Ordens" 15.000 fl. und der Wirth Ant. Jud v. Piesendorf, zugleich Bürger v. Zell, Grund und Boden für Kloster

Gb. Zell.

und Kirche versprachen. Dem Vorhaben scheint vorzüglich der Bischof v. Chiemsee widerstrebt zu haben. Durch Aufhebung genannten Bisthums wurde die Pfarre erst a. 1807 wieder selbstständig.

Der ausgedehnte alte Pfarrbezirk erlitt schon im 16. Jahrh. 4 Erscindlrungen: a. 1528 hatten Bruck und Glemm schon ihren Expositus: a. 1558 erhielt St. Georgen einen Vicar; a. 1567 Fusch, nachdem es, wie St. Georgen, schon länger meistens von Bruck aus war versehen worden; a. 1800 entstand das Vicariat Viehhofen. Der jetzige Pfarrbezirk hat 300 Häuser und um 2320 Seelen.

2) Die Seelsorger und ihr Unterhalt. Die anfänglichen Seelsorger waren die Pröpste mit ihren Chorherren; dann folgten Pfarrvicare, endlich Pfarrer.

Pröpste.

? „Ulrich Propst in Celle".
1129 Heribert.
1150 Friedrich.
? Grimmo.
1190 Wolffer oder Folker, nachmals Patriarch v. Aquileja?
1191 Perthold Reutzel.
1198 Ortolph.
1812 Rudiger v. Rabekke, a. 1215 Bischof v. Chiemsee, a. 1233 v. Passau, a. 1249 vom Papst abgesetzt.

Pfarrvicare.

1268 Konrad.
1272 Heinrich.
1280 Ruger, öffentl. Notar.
1330 Heinrich Eppinger oder Höppinger.
1346 Friedrich, zugleich Urbarpropst v. Fusch, a. 1367 Bischof v. Chiemsee.
1364 Chunrat.
1379 Thomas Werther.
1399 Chunrat Pfarrkircher.
1404 Hans v. Rabstadt.
1427 Heinrich v. Blauen.
1436 Jakob Ebser.
1445 Michael Mangmaister.
1463 Georg Hofkircher.
1476 Stephan Schröttl.
1477 Georg Earl, theol. Dr.
1505 Peter Hofmaister.
1513 Christoph Grym.
1542 Christoph Trichl, Propst v. Polan und hier Kirchherr. Vicare Paul Ferg a. 1542, Chr. Parer a. 1544, Georg Steinhauser a. 1560, Balth. Hasenpüchler a. 1565.
1570 Seb. Altenperger.
1583 Hans Eysl.
1605 G. Sanctjohanser.
1614 Balth. Trinkhl.
1640 Nik. Stabler.
1642 Sebastian Veichtl.
1646 Martin Burger.
1648 Leonhard Stierle.
1651 Balth. Gapp.
1652 Andrä Sedlmayr.
1654 Ad. Erlacher.

AB. Zell am See:

1673 Matth. Sappenmaißner.	1783 Joh. Seb. Schmid.
1679 J. Hefter v. Hohenberg.	1794 Franz X. Haas.
1684 Michael Reiter.	
1711 J. G. Toparischa.	**Pfarrer.**
1719 Jos. Götzinger.	1808 Georg Dießenbacher.
1720 Joseph Ober.	1835 Anton Hutter.
1724 Jak. S. Clausner, theol. Dr.	1842 Math. Englmayr.
1752 Jos. A. Riester.	1850 Johann Goldberger.
1772 Fr. Erasm. Aufschnaiter.	1852 Joseph Güntherr.

Hilfspriester. Dem Bischof v. Chiemsee wurde a. 1215 aufgetragen, da 5 Priester zu halten, wohl in Hinsicht auf schon bestehende Filialen; a. 1492 und 1505 wurden Meßkapläne gestiftet; a. 1528, wo Bruck und Glemm schon ihre eigenen Priester hatten, findet man an der Pfarrkirche noch einen Cooperator neben jenen Kaplänen und 1 Votivisten. Nachdem alle 4 alten Filialen sich mit Seelsorgern versehen hatten, auch Priestermangel eingetreten war, fehlten hier die Hilfspriester gänzlich. A. 1624 endlich wird dem Pfarrer ernstlich aufgetragen, einen Cooperator anzustellen, ihm a. 1632 auch ein Sustentationsbeitrag pr. 30 fl. von Kirchenmitteln bewilligt, worauf der Cooperator fortbestand, bis er a. 1800 auf Anlaß der Abtrennung Viehhofens in einen Coadjutor verwandelt wurde. — Coadjutoren neben dem Cooperator trifft man erst seit der Emigration ständig; seit a. 1800 sind ohne Cooperator deren 2 ordnungsmäßig.

Die Pfarrpfründe trägt noch deutliche Spuren der Schmälerung durch die Incorporation. — Der jetzige **Pfarrhof** wurde a. 1683 gegen das alte Gebäude an der Ostseite des Friedhofs eingetauscht und a. 1850 ꝛc. von Kirchenmitteln pr. 5602 fl. reparirt und um 1 Stock erhöht. — Zur Pfründe gehören **Grundstücke** pr. 5 J. 317 Oll., wozu der Pfarrer noch 5 J. 104 Oll. Kirchengründe zu nutzen hat. — Resultat der **Grundentlastung** 3190 fl. — Bezüglich der **Naturaliensammlung** wurde a. 1430 eine neue Ordnung getroffen und selbe damals ungewöhnlicher Weise nicht dem Gesellpriester, sondern Pfarrer zuerkannt. — Fassionsmäßiges Pfründeerträgniß 960 fl. CMze. WW.

3) **Kirchen und Gottesdienst.** — a) die **Pfarrkirche** wurde a. 1559 und 1770 durch Brand zerstört. Nach letzterm Brand war ein Neubau beantragt; es geschah aber nur eine Restauration pr. 6000 fl. auf Kosten der Kirchenfonde des Decanates Saalfelden.

Wieder wurde ein Neubau a. 1793 angeregt, wozu die Gemeinde 18.600 fl. an Schichten und Victualien für die Arbeiter anbot; abermal a. 1804, aber beide Male vergebens. Die Kirche ist somit noch „ein ehrwürdiger Bau, der in Grundform und Bestandtheilen noch bedeutsame roman. und goth. Elemente unter den Verunstaltungen der neuern Zeit an sich trägt. Die Anlage der Kirche ist sichtbar romanisch, welcher Zeit auch ein großer Theil des Hauptgemäuers angehören dürfte, mit hohem Mittelschiffe, niederen Abseiten, nach Osten ehemals durch 3 halbrunde Absiden geschlossen, von welchen sich jene des nördl. Seitenschiffs noch in der ursprüngl. Gestalt erhalten hat . . Gothisch sind die Gewölbe der Seitenschiffe, der Chor und die Empore . . Letztere ist eine Zierde der Kirche. Sie ruht auf Achteckspfeilern von Marmor, in spät goth. Manier theils rautenförmig, theils gewunden kamelirt, darüber ein Netzgewölbe, welches gegen das Langhaus in 3 Arkaden sich öffnet, in geschweiften Spitzbogen mit Knorren und Kreuzblumen geziert" ꝛc. (A. St.). — Das miraculose Muttergottesbild auf dem Frauenaltar stammt aus der alten Waldkapelle (s. unt.), an dessen Postamente Pfarrer Lengauer die Jahreszahl 1148 zu sehen glaubte. — Die Orgel war schon a. 1615 reparaturbedürftig. — 4 Glocken mußten a. 1770 neugegossen werden. Die „Große" angeblich pr. 40 Zt. hat unter Anderm die Schrift:

„So laßt den ganzen Pfarrbezirk,
O heilige Patronen,
So allhier um Zell zerliegt
In eurem Schutze wohnen!". b) Die „Amts=
glocke" pr. 24 Zt. auch mit einem klassischen Reim:
„Die Todten ruf ich zum Grab;
Die Lebendigen zum Beten
Und was ich noch besonders hab:
Ich kann vom Donner erretten" (sic!). c) „Meß=
glocke" pr. 8 Zt. a. 1840 umgegossen. d) Zügenglocke pr. 4 Zt. —
A. 1860 Kapitalienstand 31.113 fl. — Der Friedhof um die Kirche enthält noch alte Grabmäler: von Barbara Snawaßin a. 1437, Anna v. Judendorf, Pflegerin zu Wischorn a. 1505, Gewerken Thomas Pruckpech a. 1571. In der Kirche sind Grabsteine der Pfarrer Werther, Carl, Grym und von Pflegern v. Kaprun und Pröpsten in der Fusch: Casp. Pänichners a. 1585, Gg. Casp. Portners a. 1610 ꝛc.

Die goldenen Samstäge, mit Amt und Predigt werden durch Sammlung bestritten. — Die Stiftungen sind zahlreich und zum

Theil sehr alt. Unmittelbar zur Pfarrkirche kamen 1) die größern alten Stiftungen: ewiges Licht vom EB. Friedrich a. 1335, Mittwochsmesse vom Pf. Werther a. 1383, Wochenmesse vom Bürger Hausen Zehentner a. 1427, tägliche Messe mit eigenem Kaplan von Pfarrer Sarl a. 1505, Freitagsamt von Pfarrer Grym, 4 alte „Besingnussen: Amt und Vesper im Totenkährl" ꝛc., nun freilich alle reducirt. — 2) Tägl. Frühmesse vom Pfarrer Aufschnaiter a. 1782, mit gesondertem Fond a. 1860 pr. 1319 fl. — 3) Die Mariäempfängnißbruderschaft wurde a. 1742 mit mehrern b. Messen ꝛc. vom Gerichtsschreiber Paul Starzer dotirt; a. 1860 Fond 2829 fl. — 4) Das 40stündige Gebet zu Weihnachten wurde a. 1753 zufolge des bekannten Generale begonnen; a. 1860 hatte es doch einen eigenen Fond von 3808 fl. — 5) Verschiedene Stiftungen: Angst- und Schiedungsläuten mit 2 und 4 Glocken von a. 1648 und 1724; Rosenkränze und Litaneien; mehrere Quat.-Meßstiftungen, worunter 1 vom Pfarrer Dießenbacher für das vermachte „Weinmesserfeld". — 6) Endlich um 190 Jahrtäge und Messen, darunter alte: für Blaybold v. Lopedh a. 1350, Pfarrer H. v. Blauen a. 1420, Chorherrn J. Perger v. Friesach ꝛc. — Dazu wurden bedeutende Stiftungen vom aufgehobenen Waldkirchlein (s. unt.) in die Pfarrkirche übertragen, daß nun daselbst bei 690 Stiftmessen zu halten sind.

b) Nebenkirchen. — 1) Die Kirche „Mariä im Wald", nach dem Glauben der alten Bürger von Zell „das erste Gotshaws in Pünzgau", wurde einst von zahlreichen Wallfahrtern besucht. Durch den Brand a. 1770 zerstört, wurde es a. 1773 gänzlich abgebrochen und erstand später nur mehr als Friedhofkapelle ohne Meßlicenz wieder. Frühe erhielt sie namhafte Stiftungen: Wochenmessen vom Pf. Eppinger und Friedrich Vötter Propst in der Fusch a. 1345; solche vom Bisch. Friedrich v. Chiemsee a. 1378; solche von Martein Palfner s. e. „Kamerer in Glemb" a. 1414 ꝛc., wozu neuere 10 Jahrmessen kamen. Natürlich bestehen die ältesten dieser Stiftungen nur mit Reduction. Das Vermögen des Kirchleins war schon a. 1613 mit dem Pfarrfonde vereinigt. — Die bedeutendste seiner Stiftungen war die Frauenbruderschaft, auch Knappenbruderschaft genannt, welche a. 1492 schon so bemittelt war, daß sie sich einen eignen Frühmesser stiften konnte, welche Stiftung Pf. Sarl und Jost Fuscher vermehrten. Für diese mit der Zeit ganz verfallene Bruderschaft wurde a. 1683 im Waldkirchlein die Rosenbruderschaft eingeführt, wozu nach und nach 18 Jahrmessen kamen. A. 1860 Kapitalien 5187 fl. — Mit dieser Bruderschaft steht das „Seelenstöckel" in Verbindung, ein Fond, der aus Opfern entstand und zur Bestreitung von h. Messen für die abgeschiedenen Bruderschaftsmitglieder dient; a. 1860 Kapitalienstand 4984 fl. — 2) Die Bergcalvarikapelle, nur benedicirt, ¼ St. von der Pfarrkirche an der Straße abwärts, entstand statt bloßen Kreuzwegstationen a. 1775 von bei diesen eingegangenen Opfern, mit Hilfe der Nachbarschaften und Pfarrkirche, weßhalb diese das Opfer in Empfang nimmt. Die Meßlicenz erfolgte a. 1779 und werden nun in der Regel von Ostern bis zum Allerheiligenfeste Freitagsmessen gehalten. Am Gründonnerstag und Charfreitag wird die Kapelle von Nähe und Ferne zahlreich besucht. Als Kapellewächter war da einst ein Eremit. — 3) Eine Sigmundskapelle in Thummerspach bestand schon längst: die Nachbarschaft sagt nämlich in ihrem Gesuche um eine neue Kapelle an EB. Wolf Dietrich (aa. 1587—1612): ihre frühere Kapelle habe ein „einsmals eingefallener Wolkenbruch längst ganz verschwembt". Mit h. Bewilligung entstand sofort eine neue Kapelle; aber a. 1684 schon wieder eine neue von Grund auf. A. 1784 baten die Thummerspacher und Erlberger um pfarrl. Gottesdienst in ihrer Kapelle; a. 1804 geradezu um ein Vicariat in Prielau; erreichten aber nichts. — Am Sigmundsfeste (1. Mai) und Sonntage nach dem 2. gold. Samstag werden hier Amt und Predigt gehalten; übrigens in der Regel nur noch jährlich 2 Wettermessen. — A. 1860 Kapitalien 2495 fl.

c) Beneficium und Kirchen Kammer und Prielau. — †) Das Beneficium stiftete a. 1616 Dietrich Khuen v. Belasy, Herr v. Kammer und Prielau und Pfleger zu Golbegg ꝛc., dasselbe mit Grundholden in der Herrschaft Itter von einem jährl. Stiftenbetrage pr. 67 fl. 18 kr. nebst Anlaiten und einem Landschaftskapitale pr. 1000 fl. à 5 % dotirend. Seine Wohnung hatte der Beneficiat anfangs im „Priesterstöckel" neben dem herrschaftl. Hause zu Kammer; aber schon a. 1626 kaufte der Stifter zum Beneficium das „Lauffer- ober Schönhouergütl" in Maishofen, wohin dann der Beneficiat übersiedelte. Flächenmaß der Grundstücke 3 J. 501 □Kl. Pfründeerträgniß a. 1856 laut Fassion 225 fl. EMze. WW. — 2) Das Kirchlein zu Kammer befand sich im obern Stock des herrschaftl. Hauses, war rückwärts von dessen profanen Räumen nur durch ein

Eisengitter abgeschlossen und wurde von Wallfahrtern viel besucht. Als in neuester Zeit im Hause wiederholt gerügte Ungebührlichkeiten vorfielen, wurde es im h. Auftrage vom Pfarrer von Zell am 7. März 1860 exsecrirt. — Sofort begannen die Nachbarschaften den Bau einer neuen Kirche in den Ehren U. L. Frau zu **Maishofen**, 60′ lang und 21′ breit, welche a. 1864 schon der Hauptsache nach vollendet wurde. In die neue Kirche wurden nicht nur das Gnadenbild Mariä, sondern auch die andern Einrichtungsstücke von Kammer übertragen. Ebenso werden die früher dort üblichen Gottesdienste hier gehalten: 3 Wochenmessen für den Stifter, Monatmessen für dessen Ehefrau, 16 andre Stiftmessen, sonntägl. Frühlehren und die meisten Currentmessen, auch Samstagslitaneien. — 3) Das gegenwärtige Kirchlein in **Prielau** zu Ehren der a. h. Dreifaltigkeit, fast ¹/₂ St. vom Beneficiumssitze, wurde statt einer verfallnen Kapelle im hiesigen Schlosse a. 1730 mit Hilfe der Nachbarschaften von Kirchenmitteln pr. 3326 fl. erbaut. Bis a. 1754 war es von der Pfarre aus zu versehen; dann erst mit allen ihren Stiftungen vom Beneficiaten. Außer 31 Stiftmessen sind hier Amt und Predigt am h. Dreifaltigkeitssonntag und Kirchweihfeste; auch einzelne Currentmessen. Die Kapelle wird noch von Wallfahrtern besucht; selbst von Kreuzfahnen ohne Priester: von Maishofen, Aufhausen, Leogang. — 4) Die gesammte Stiftung (das Beneficium und die 2 Kirchen) hat nun einen vereinigten Fond, a. 1860 pr. 8834 fl. Nur ein Baufond für die Pfründegebäude, a. 1860 pr. 1386 fl., ist davon gesondert. — Mehrmals drohten ihr fast vernichtende Umgestaltungen: Pf. Clausner wollte a. 1728 ꝛc. das Beneficium gegen Haltung eines 2. Hilfspriesters mit der Pfarrpfründe vereinigen; a. 1735 und 1784 wurde von den hobner Rotten ein eignes Vicariat angestrebt; a. 1804 von ihnen und den Thummerspachern ein Vicariat zu Prielau; doch jedes Mal umsonst.

Schulen bestehen hier drei. — 1) Die **Pfarrschule**. Zwar schon a. 1505 und 1555 geschieht einer Schule dahier Erwähnung; aber gar nicht früher als anderwärts gestaltete sie sich zur Volksschule. Noch a. 1590 sagt G. Viellechner „Burger und Procurator" dahier: „schon 21 Jar habe er die Khinder lateinisch und beutsch gelernt, soviel er selber khunt"; wogegen aber die Gemeinde klagte: „unter seinen 30 Khindern habe er khaum 1 Khnaben, der cheusch schreiben und lesen khunt, noch weniger seinen Namen becliniren und die Plüe

der Jugent müsse grob verdorren." Das veranlaßte den Gerichts=
schreiber Felix Pflanzman, eine „teutsche Schuel" zu beginnen, die aber
auch lange nicht zur Bedeutung kam; denn a. 1673 bemerkt die Gen.
Visitation noch vom Schulmeister, Meßner und Organisten: er habe
im Winter 24, im Sommer 12 Schüler. Von der weitern Entwick=
lung sind keine Besonderheiten bekannt. Sie findet sich von jeher im
kirchl. Meßnerhause und zählt um 70 Wochen= und 30 Sonntags=
schüler. Der Lehrer ꝛc. genießt kleine Kirchengründe, eine Naturalien=
sammlung, im Ganzen ein fassionsmäßiges Einkommen von 450 fl.

2) Die Nebenschule M a i s h o f e n, 1 St. vom Markte. A. 1629
wurde ein Gesuch Blaf. Neuhansers „um das Schulhalten auf dem
Gew" vom f. e. Consistorium dem Pfarrer und Pfleger mit dem zu=
gesandt: man „wolle dasselbige in Gnaden verwilligt haben, falls
kein Bedenkhen gegen ihme obwalte". Die Schule scheint hierauf bald
dort, bald da auf dem „Boden", aber nur in sehr mangelhafter Weise
gehalten worden zu sein; denn a. 1728 bitten Thomas Rieder und
Consorten um eine förmliche Schul nnd bemerken in ihrem Gesuche:
„Die Nachparen im heruntern zeller Boden.. haben her und her bei
Mansgedenkhen einen Schulhalter in ihren Dörfern (also einen am=
bulanten) zu Winterszeiten gehabt." Hierauf wurde der Meßner Balth.
Perger von Prielau förmlich befugt, daselbst Schule zu halten. Am
Ende des vorigen Jahrh.s wanderte sie nach Maishofen und wurde
erstlich vom Beneficiaten Pacher in seinem Hause, dann von weltlichen
Lehrern im Mayrhause des Saalhofes gehalten, bis die Gemeinde
a. 1838 das gegenwärtige Schulhaus herstellte. Sie zählt um 80
Wochen= und 30 Sonntagsschüler. Einkommen des Lehrers 180 fl.

3) Die Nebenschule T h u m m e r s p a ch, jenseits des See's ½ St.
vom Markt, begann um a. 1812 vorzüglich durch Zuthun des dama=
ligen Coadjutors J. Unger. Da einige Häuser des Erlberges die
Schule Bruck beschicken; zählt sie um 40 Wochen= und 18 Sonntags=
schüler. Sie war in Miethe im Schmidhause, Oberendfelden, stabler
Zuhause und ist nun im „Lonningholz". Einkommen des Lehrers 164 fl.
— Die Sonntagsschule für die Kinder von Maishofen und Thum=
merspach wird zusammen in Zell gehalten.

Der S ch u l f o n d, a. 1861 pr. 415 fl., sicherlich den 3 Schu=
len gemein, stammt mit 300 fl. vom Domcap. J. Unger; das Uebrige
soll Geschenk des Stadtarztes Dr. Hanselmann von Salzburg, Baders=
sohnes von hier, sein.

2. Das Glemmerthal.

Sein Name „das Glemme" a. 1272 und 1410, dann „Clemb, Glemb, Glemm" ist offenbar verwandt mit dem gar nicht seltenen „Klamm", womit man vorzügliche Thalengen bezeichnet. — Das Thal ist ohngefähr 5 St. lang, nirgends breit, aber streckenweise doch nicht unfreundlich, indem es großentheils bewachsene Berge einschließen und deren Gelände sich hie und da ziemlich schief auseinander neigen. Es zeigt mit dem pinzg. Salzachthale, mit dem es fast parallel läuft, die beachtenswerthe Aehnlichkeit, daß es auch mehrere südliche Seitenthäler, freilich zum Theil nur Gräben, hat; es folgen sich thaleinwärts Schranbach, Salasbach, Kreuzerlechgraben, Loidersbach (Lenersbach, Leonsbach), Schwarzbach, Vogelalm.

Außer dem schon erwähnten Spielberghorn (cf. p. 234) und dem Gaißstein, der aber mehr Mittersill angehört, sind von den Bergen zu erwähnen die „Sausteigen" pr. 6040' nördlich von Viehhofen; der „Reichtenblkopf" pr. 6136' östlich von Saalbach; der Wildfahrkogel pr. 6035' nordwestlich von Saalbach; die Henlab (Höhenlab?) pr. 6685' zwischen Hinterglemm und Aurach. — Das so gestaltete Thal ist begreiflich Ueberschwemmungen unterworfen: a. 1759 erfolgte ein ämtlich erhobener Wasserschaden von 18.047 fl.; ein kaum geringerer a. 1786 ꝛc.

Koch-Sternfeld: „in der Mähre von der glemmer Braune, einer ungeheuern Stute, die sich im Thale nicht umwenden konnte, lebt noch das trojanische Roß fort. — Die Bewohner des Glemmerthales sind die Abderiten von Pinzgau" (Tauern p. 117), d. h. gewesen; denn die Geschichten, vielmehr Fictionen, die man von ihnen erzählt, sind nun schon alle veraltet.

Von den „Wacht- oder Wartthürmen" des Thales enthält ein Artikel der salzb. Landeszeitung vom 21. Nov. 1853 ohngefähr Nachstehendes. Es waren deren 4: in Lengau auf der Ebene, 2 St. von Saalbach, zu Mitteregg ziemlich hoch am Bergabhang ³/₄ St. davon; im Orte Saalbach selbst und bei Viehhofen auf einem Bergvorsprung. Man sah von einem Thurm auf den andern, vom äußersten auf das Schloß Kammer, daß von einem zum andern Signale möglich waren. Sie sollten während der Blüthe des hiesigen Bergbaues zum Schutze des Transportes der Bergausbeute gedient haben; wahrscheinlicher aber waren sie überhaupt Schutzwehren gegen den Hin- und Widerzug bösen Gesindels ꝛc. A. 1633 und noch a. 1764 wurden an ihnen Reparaturen und neue Befestigungen vorgenommen; im letztern Jahr waren sie mit 7 Invaliden besetzt. Die Ueberschwemmung a. 1786 zerstörte sie zum Theil und eine Wiederherstellung fand man nicht mehr für nothwendig. Der Thurm von Lengau ist verschwunden; die Thürme von Mitteregg und Viehhofen sind in Häuser umgewandelt, wovon das zu Viehhofen „Burgstain" heißt; der zu Saalbach steht noch und wurden a. 1848 in ihm unterm Schutt 5 alte Hellebarden aufgefunden (cf. p. 239).

Bergbau soll einst betrieben worden sein am nördlichen Bergabhang über der Mauthmühle in der Thalenge vor Viehhofen, welches Mühlhaus zum Theil aus Mauern einer ehemaligen Schmelzhütte bestehen soll; dann unter Henlab und in allen südlichen Gräben; aber offenbare Spuren findet man nirgends mehr.

a) Gemeindebezirk Saalbach.

a) Der **Bezirk** — begreift den viel größern hintern, aber auch gefälligern Theil von Glemm mit einer Länge von nahe 4 Stunden. — 1) Der Name „Saalbach" ist zwar dem obersten Theil des Saalethales ganz zukömmlich; aber doch erst seit dem 16. Jahrhundert üblich. — 2) Das Kirchdorf Saalbach 2 Stunden von Viehhofen mit 18 Häusern liegt vor dem Uebergange nach Tirol über den Spielberg. Vom EB. Johann III. erhielt der Ort a. 1489 die Erlaubniß, „alle Monat, so der Mon nach dem Schein neu wiredet des nechsten Montags darnach ainen offen Markht, auch darzue alle Jar am St. Ottenstag ainen freyen Jarmarkht" zu halten, mit ausdrücklicher Hindeutung auf die Bergknappen, welchen durch die Märkte die nöthigen Victualien sollten zugeführt werden. EB. Leonhard fügte a. 1513 noch 2 Jahrmärkte hinzu: am Bartholomä- und Nikolaitage und die folgenden Erzbischöfe bis Guidobald bestätigten diese Befugnisse. — 3) Die auffallenden Namen der Bauerngüter „Augspurg, Regenspurg und Nürnberg schreiben sich von der Emigrationszeit her, wo für die Ausgewanderten von hier Katholiken von der Gegend um Augspurg ꝛc. gekommen waren und zur Erinnerung an ihre alte Heimat den da erworbenen Gütern jene Namen beigelegt haben. Das Haus „Regenspurg" ist verschwunden; „Augspurg und Nürnberg" bestehen als kleine Güter noch fort, nun zwar unter anderen

Namen; jene alten sind aber noch wohl bekannt. — 4) In Hinterglemm ist die „Pfonteben", ein über die Thalsohle hoch liegender Boden mit einem steinernen Sitz und vor diesem eine Steinplatte, wo einst das junge Volk zu Belustigungen zusammenkam. Einmal erschien dabei ein Fremder mit einer Schwegel und spielte zum Tanze; machte aber nach Weise der Landmusicanten zu seiner Schwegelei stampfend, bald eine Vertiefung in jener Steinplatte, daß man im ungerufenen Spielmann den schwarzen Schelm erkennen mußte. Setzt man sich auf jenen Sitz, wird Einem noch ganz wunderlich lustig. Ein Theil der Pfonteben, eben der mit jenem Sitze, heißt, näher bezeichnet, die „Schlaberstatt", wie man überhaupt Stätten nennen mochte, wo die Jugend zu Kurzweil und Spiel zusammenkam. Einige schreiben statt Pfonteben lieber „Fonteben" (Quelleben) in Hinsicht auf den nicht fernen Ursprung der Saale.

b) Das **Vicariat** zu den hh. Bartholomä und Nikola. — 1) Entwicklung. Die Kirche des ansehnlichen Thales, durch eine Verkehrslinie zwischen Pinzgau und Tirol, einst auch durch Bergbau belebt, ist gewiß auch eine sehr alte Tochter der Mutterkirche Zell. Daher, wie sie a. 1410 als solche urkundlich erscheint, hatte sie schon an den 2. Sonntägen regelmäßigen Gottesdienst und erhielt ihn damals für alle Sonntäge. Von einem Stiftungsact des Vicariats weiß man gänzlich nichts; es entstand, wie Vicariate auch anderwärts, sicherlich nach und nach. A. Winklhofer sagt: „In der Glemm geht noch die Sage, daß in gar alter Zeit mehrere größere Bauern daselbst sich einen eigenen Geistlichen gehalten haben, der bei ihnen Kost und Verpflegung hatte" (hierarch. Verf. p. 31); die Gen.-Visitation a. 1528 aber findet dahier einen Priester, der seinen Unterhalt vom Pfarrer bezog. Der Fortschritt zur völlig selbstständigen Curatie geschah auf dem gewöhnlichen Wege.

Der Seelsorgsbezirk erstreckte sich bis zur Errichtung des Vicariats Viehhofen thalauswärts bis zum Kreuzerlechgraben. Nachdem er dadurch um 184 Seelen verloren hatte, zählt er nun 156 Häuser und um 840 Seelen.

2) Die Seelsorger und ihr Unterhalt.

1528 Wolfg. Rotmayr.	1605 Hans Pachmayr.
1555 Christoph Altperger.	1613 Wolfgang Morte.
1604 Hans Wättinger.	1617 Johann Prantel.

Gb. Saalbach.

1620 Joh. Khueffer.	1733 Joh. Andr. Rhein.
1622 Peter Sartory.	1740 G. Helgerer, mag.
1624 Jak. Schubhart.	1747 Simon Kößler.
1626 Johann Gerold.	1768 Joseph Reinisch.
1639 Vital Christmann.	1782 Joh. Schäffler.
1653 Ulrich Faber.	1788 Sim. Thadd. Mayr.
1675 Barth. Rauchenpichler.	1798 J. M. Hofer.
1679 Franz Vormacher.	1804 Andrä Mayr.
1683 Christoph Wielandt.	1118 Franz Hendler.
1686 Jakob Lauch.	1824 J. Gebhard Mathis.
1688 Johann Haan.	1828 Math. Stieglberger.
1690 Oswald Trärl.	1832 Konrad Aschenbrenner.
1700 Franz Khäsnik.	1844 Jos. Entleitner.
1714 Joh. Jak. Gißi.	1865 Peter Gruber, Vicar in Böck-
1728 Jakob Thaler.	stein, Vic.-Provisor dahier.

Hilfspriester findet man zuerst a. 1725; in der 2. Hälfte des vorigen Jahrhunderts gewöhnlich 2; seit Beginn des Vicariates Viehhofen ist wieder nur 1 ordnungsmäßig; aber nicht gehörig dotirt.

Das Vicarshaus wurde a. 1593 neu gebaut; a. 1759 mit einem Kosten pr. 1437 fl. um „2 Gaben" erhöht. Garten pr. 72 Dkl. Die bedeutende Naturaliensammlung wurde vor a. 1653 gegen Persolvirung gewisser h. Messen mit der „Herrenbesserung" vermehrt. Unter den firen Geldbezügen: 66 fl. RW. aus der Staatskasse, „Priestergeld" pr. 27 fl. 85 kr. von der Gemeinde 2c. — kommt auch das „Harrgelt" mit 1 fl. 31 kr. (cf. p. 131) vor. — Laut Fassion a. 1861 Pfr.-Erträgniß 372 fl. (!)

3) Kirchen und Gottesdienst. — a) Die Seelsorgskirche wurde aa. 1717—18 außer dem Thurm von den Kirchenfonden des Decanates pr. 6520 fl. und mit Gemeindehilfe größtentheils neu hergestellt und a. 1856 von Wohlthätern, darunter Peter Bauer von Reith mit 400 fl., durchaus renovirt. Ein altes Weib raubte a. 1790 die Monstranze (cf. p. 285), die ihr aber ganz zerknickt wieder abgenommen und von Wohlthätern neu machen gelassen wurde. Eine Orgel a. 1797 von Wohlthätern; a. 1854 eine neue mit 10 Registern. Glocken 4: a) pr. 1400 ☓ a. 1860 mit: „Kommt besteiget den Berg des Herrn!

Gelobt sei Jesus Christus! — ruft einem Schall;

Ewig — tönt der Wiederhall". b) pr. 800 ☓ a. 1786.

c) pr. 416 𝔤 a. 1779. d) pr. 180 𝔤 a. 1860. — A. 1860 Kapitalienstand 10.615 fl. — Der Friedhof ist alt. An der Südseite der Kirche sind viele Gedächtnißtäfelchen der aa. 1848, 49 und 59 in Italien und Ungarn im Kriegsdienste gefallenen Gemeindesöhne — nicht nur Denkmäler der Familien, sondern auch der Zeit!

Laut Sage hatte in alter Zeit ein gewisses Bäuerlein vom hintersten Glemm in der h. Nacht einen Käs ("Suttenkäs") in den Pfarrhof nach Zell zu bringen und durfte die h. Weihnachtsmette vor seinem Erscheinen nicht angefangen werden. — Stiftungen: 1) Die Stiftungen von a. 1410 ꝛc. bestehen nun im pfarrl. Gottesdienst fort. Ulrich v. Velben stiftete in selbem Jahr: „daz hinfür all Suntag in dem Gotshaws sand Nikola sein und seiner Nachchommen und by da tot send ein ewig Gedechtniß geschech". 2) Die a. h. Dreifaltigkeitsbruderschaft, a. 1726 gestiftet, hat 11 Jahrmeßstiftungen; a. 1860 Fond 2748 fl. — Sie hat auch ein „Seelenstöckl", wie in Zell; a. 1860 pr. 4495 fl. — 3) Das 40stünd. Gebet zu Pfingsten stifteten a. 1805 Wohlthäter mit 2000 fl. RW., welche dem Kirchenfond einverleibt wurden. — 4) Für die Gemeinde sind angeblich ob der „Herrenbesserung" 48 Wochenmessen und 4 Quat.-Aemter zu halten. — 5) Kreuzgang ohne Priester nach Gerling von a. 1764. — 6) Jahrtäge und Jahrmessen 115; die ältesten von a. 1715.

b) Die h. Kreuzkapelle, einige 100 Schritte von der Seelsorgskirche entfernt, wurde statt einer kleinen Rotunde a. 1756 von den Nachbarschaften mit einem Kosten per 1269 fl. erbaut und von G. Hutter v. Walleg a. 1763 verlängert. Vom h. Crucifixe daselbst, schon der alten Rotunde angehörig, berichtet Dechant Egger a. 1754: „vor beiläufig 50 Jahren solle es zu einem vorbeigehenden etwas bezöchten Spötter vom Kreuz herabgestiegen und ihme nach seiner spöttischen Aufforderung ein Orth Wegs nachgefolgt sein". Die Kapelle hat eine Orgel, ein Glöcklein von a. 1747 und viele Votivtafeln. Gottesdienst: Amt am Schmerzenfreitag, von da an bis zum Allerheiligentage alle Samstäge auf Bestellung eine h. Messe und 1 Jahrmesse für Jak. Aberger v. Leogang. Im Sommer kommt die Gemeinde jeden Sonntag nach dem Frühamte mit der Kreuzfahne hieher. Sie ist ohne Fond und von der Gemeinde innezuhalten.

1) Die Vicariatsschule. Um a. 1673 hielt Vicar Faber eine Winterschule, die aber später aufhörte. Der Meßner Seb. Schwoicher

begann sie a. 1712 wieder und zählte um 30 Schüler. Sie war erstlich im Vicarshause, dann im Krämmerhause, bis sich S. Schwolcher mit einer Kirchenhilfe pr. 283 fl. ein eigenes Haus baute, das später die Kirche an sich kaufte; a. 1800 wurde es um 1 Stock erhöht. — Wochenschüler um 45. Die Feiertagsschule für beide Schulbezirke, somit von ohngefähr 40 Schülern, wird nur im Kirchdorfe gehalten. Der Lehrer ꝛc. hat 2 Gärtchen zu genießen und statt der Naturaliensammlung ein „Meßnergeld" von der Gemeinde. Faßionsmäßiges Einkommen 174 fl.

2) Die Nebenschule Gunggau, 1 St. von der Kirche — wurde auf anerkennenswerthes Betreiben der Bauern a. 1764 vom Eremiten Fr. Ant. Reinfranck im Zuhause von Reichkendel begonnen; dann von Andern im Jäger-, Steinach- und Gunggauhäusel fortsetzte. Nun ist sie im Hause Wiesern, dessen oberer Stock Eigenthum der Schulgemeinde ist. — Zahl der Wochenschüler um 30. Der Unterhalt des Lehrers, a. 1861 mit 103 fl. beziffert, ist noch immer nicht völlig sichergestellt.

Ein eigentlicher Schulfond besteht in Saalbach nicht; aber Peter Bauer (cf. p. 299) vermachte den Schulkindern 400 fl. RW. mit dem, daß ihnen von den Zinsen „erbauliche Meßbüchlein" gekauft werden.

b) Gemeindebezirk Viehhofen.

a) Der **Bezirk** — liegt zwar im vordern, aber darum nicht bessern Theil des Glemmerthales, indem hier die Berge nahe aneinander und gäh sich erheben. Auffallend läuft die Seelsorgsgränze zwischen hier und Piesendorf nicht, wie gewöhnlich, über den Bergrücken; sondern die dießseitigen Almreviere Hohlenthal, Ketting ꝛc. gehören nach Piesendorf. — Die Kirchstätte, 2 St. von Zell, hat außer dem alten Wirthshause nur noch 3 neue Häuser.

b) Das **Vicariat** zum h. Joseph. 1) Entwicklung. A. 1692 berichtete die hiesige Nachbarschaft ans hochf. Consistorium: sie habe für ihre feiertägl. Nachmittagsandachten gar nichts, „als eine vom Holz zusammengesetzte, inwendig mit Briefsbildern gezierte Hütten" und bat um Erlaubniß zum Baue einer Kapelle, in der auch die h. Messe stattfinden könnte; aber umsonst. Erst nach langer Zeit wiederhohlten die Bitte die Wirthsleute Augustin Gruber und Anna Neumayerinn, denen a. 1767 der Bau einer Ecce-homo-Kapelle erlaubt wurde; die Meßlicenz erfolgte aber erst a. 1774 auf Gesuch des kurbayr. Salzmayrs Freih. v. Hofmühlen zu Reichenhall und nur für die Dauer der „Verlackungscommission". Kaum hatte die Nachbarschaft a. 1783 die a. h. Geneigtheit zu Errichtung neuer Seelsorgsstationen wahrgenommen, als sie kurzweg auch um ein Vicariat bat; erlangte aber bis a. 1792 vorläufig nur die Zusicherung einer „Excurrendocuratie", behufs welcher erst a. 1797 eine Kirche zu Stande kam, da die Eccehomo-Kapelle durch die Ueberschwemmung a. 1786 war zerstört worden. Nachdem solche Curatie durch 2 Jahre vom zeller Cooperator war versehen worden, wurde mit Decret vom 16. April 1800 „die Filialkirche zu einer eigenen Curatie erhoben."

Der Seelsorgsbezirk begreift eine Strecke thalauswärts pr. ³/₄ St. vom zeller Pfarrbezirk anfänglich mit 29 Häusern; einwärts eine Strecke pr. ¼ St. vom saalbach. Bezirk, anfangs mit 9 Häusern. Jetzt zählt er 51 Häuser und um 310 Seelen.

2) Die Vicare und ihr Unterhalt.

1800 Johann Kufler.	1831 Leonhard Schoner.
1802 Karl Leonh. Hofer.	1852 Simon Edenstraßer.
1821 Jos. Waldmann.	1857 Joseph Schober.
1824 Math. Stieglberger.	1863 Simon Palfinger.
1829 Anton Hutter.	

Den Grund für Vicarhaus, Kirche und Friedhof gab der Wirth Barth. Huber. Die Kosten des Hausbaues schlug der Maurermeister Mich. Graspeuntner v. Zell auf 6268 fl. an; die Gemeinde aber erbot sich, ihn mit einer Hilfe von 2200 fl. aus Kirchenfonden selbst zu bewerkstelligen. Schon a. 1793 hatte die Nachbarschaft 300 fl. zum Ankauf einer Feldwirthschaft für den künftigen Vikar erlegt; aber erst a. 1816 wurde aus der Gantmasse von Höllern ein walzendes Grundstück um 510 fl. gekauft und diese Kaufssumme mit jenem Kapital, dessen Zinsen und einem Vorschuß der Gemeinde gedeckt. Zur Herstellung des Oekonomiegebäudes gab Casp. Hutter v. Streitberg 402 fl., die aber sammt obigem Vorschuß von den Vicaren in jährlichen Raten pr. 10 fl. erstattet werden mußten. Flächenmaß des Grundstückes 4 J. 831 Qfl. — Gemäß gerichtl. Erklärung vom 10. Nov. 1799 leistet die Gemeinde dem Vicar jährlich 12 Kl. weiches und 2 Kl. hartes Brennholz in Scheitern. Die Naturaliensammlung

Ob. Viehhofen.

vom Viehh. Bezirk bezieht der Pfarrer v. Zell. An firem Gelde wurden dem Vicar Anfangs 250 fl. RW. von verschiedenen Kirchenfonden angewiesen. Dermaliges faffionsmäßiges Einkommen 315 fl.

3) **Kirche und Gottesdienst.** Die äußerst einfache Kirche baute Thomas Huber v. Kitzbühel und hatte hernach wegen Baumängeln viel Verdruß. Die Kosten pr. 4000 fl. wurden wieder von Kirchenmitteln bestritten, darunter 2300 fl. von einer verschmolzenen silbernen St. Josephsstatue des Domes. Die für die Vicariatsstiftung durchaus opferwillige Gemeinde gab über Bauholzlieferung 800 fl. in Barem zur Kircheneinrichtung. Diese stammt großentheils von a. 1785 gesperrten Kirchen. Die Orgel wurde a. 1848 von Wohlthätern bestritten. Von den 3 Glocken wurden 2 a. 1797 von der Filiale Thunberg um 115 fl. gekauft; die kleinste opferten a. 1826 Johann und Ursula Wieser v. Lonninghof. Die alte Moserbäuerinn von Piesendorf schuf a. 1860 ein „schönes h. Grab". — A. 1860 Kapitalienstand 3058 fl. — Der Friedhof wurde a. 1802 geweiht.

Während der Excurrendocuratie bestanden 12 Pfarrtäge, die aber gleich hernach gänzlich abkamen. — An Stiftungen finden sich 37 Jahrmessen.

Die Schule begann a. 1798 der Meßner Hans Irlinger oder Erlinger; aber a. 1801 übernahm sie Vicar Kufler und seine Nachfolger hielten sie bis a. 1840, wo sie wieder dem Meßner anvertraut wurde. Das Schullocale war anfangs im Bayr- und Erlingerhäusel, dann im Vicarshause, bis die Gemeinde a. 1838 mit Hilfe der Wohlthäter Seb. und Andrä Altacher ein eigenes Schulhaus baute. Der Lehrer &c. hat am Hause einen Garten von 36 Qkl., sonst weder Grundstück noch Sammlung. — Faffion a. 1861 des sichern Einkommens 76 fl.! — Der Schulfond, nun nahe 300 fl., stammt von 2 Inwohnerinnen: Maria Aßlacherinn von Obererenbach a. 1837 und Maria Duminn von Unterernbach a. 1842.

3. Gemeindebezirk Piesendorf.

a) Der **Bezirk** — hat wie gewöhnlich den Namen von seinem Hauptorte. Von diesem kommt zuerst ein latein., dann ein deutscher Name vor. 1) Der Name „Bisonzio" wurde einst, wie vom ganzen Gau (cf. p. 2), so auch von einem einzelnen Orte desselben gebraucht („loco bisonzio" a. 788. Juv. A. p. 24). Unter diesem Orte verstehen nun die vorzüglichsten salzb. Geschichtschreiber unser Piesendorf: Kleimayern (Juv. 349), Zauner (Chron. I. 31), öfters auch Koch-Sternfeld (Beitr. I. 327) 2c., was eben vorzüglich zur Annahme von S. 6 stimmt. — 2) Im 12. Jahrhundert erscheint dann ein deutscher Name: „Puosindorf c. a. 1150, Pvsendorf a. 1165, Puesendorf a. 1292, Püesendorf a. 1338, Püzendorf" a. 1397; ohngefähr seit a. 1620 erst „Piesendorf". Dieser Name schreibt sich sehr wahrscheinlich vom Priester Boso oder Buso her, welcher einst hier Besitzungen hatte (Juv. A. p. 23, 39) und von dem Koch-Sternfeld sagt: er und sein Bruder Johannes, „freye Bojoarier", seien im Pinzgau, Isen- und Salzburggau reich begütert und die Stifter der Zelle „ze Garoz" (Gars) gewesen (Beitr. II. 15).

Der Bezirk dehnt sich zwischen den Pfarrgebieten von Zell, Kaprun und Niedernsill ohngefähr 1¾. St. durchs pinzg. Hauptthal. Schreitet die Entsumpfung des ebenen Bodens desselben noch mehrere Jahre in dem Maße, wie seit einigen Jahren, fort, so wird er unstreitig eine der vorzüglichsten Gegenden des Gaues. Die Berge treten hier auseinander, wie nur am westlichsten Ende des zeller Pfarrbezirkes; vor den Gräben des Sonnberges dehnen sich freundliche Schiefebenen fächerartig aus, eine sogar auf der Schattseite; die Abhänge des Sonnberges sind hoch hinauf bewohnt 2c. — Von den Bergen sind die beträchtlichsten die Höhe hinter dem Diecferspach auf der Schattseite und der „Gütschen" auf der Sonnseite pr. 4392′, der durch seinen fremden Namen auffällt.

Vom altgeschichtl. Gebiet sind natürlich mancherlei Denkwürdigkeiten zu verzeichnen. — 1) Neben dem „Maßhause", an der Gränze gen Zell, erhebt sich ein Hügel, der wie eine alte Burgstätte aussieht; auch hieß das Gütchen noch um a. 1550 das „Pürgellehen". — 2) Aufhausen, ein Dörfchen mit 6 Häusern, fast 1 St. vom Pfarrdorfe. Im Mußbachhause daselbst ging einst der „Mußbachgeist", in Gestalt eines schwarzen Bockes um und drang nachts besonders in die Dienstbotenkammern ein. Man wollte sich dagegen durch Verbinden der Thürschnalle mit einem geweihten Rosenkranz sichern; wenn aber der Geist die Schnalle drückte, klapperten die Korallen des Rosenkranzes auf den Boden und doch sah man am Morgen den Verband unverletzt. — 3) Zwischen Aufhausen und Fürth steigt der Dürrenberg steil hinan, einst meistens von Grundholden des salzb. Stiftes St. Peter bewohnt und für selbes besonders durch häufige Anlaitgefälle einträglich, da sich an dem dürren Berg die Besitzer selben lange auf ihrem Gute erhielten. — 4) **Fürth** (noch im 16. Jahrh. „Viecht") ein Dörfchen an der Straße mit 10 Häusern, ½ St. von Piesendorf. Hier mag zur Erinnerung an die ehemaligen Grundholden=Verhältnisse ꝛc. Folgendes bemerkt werden. Fürth mit dem Wengerberge war auch meistens dem Stifte St. Peter grundherrlich unterworfen. Das Stiftsurbar a. 1523 sagt nun: „Die v. Viecht haben All Freyftift (cf. p. 64), weßhalben sy ir Güter in der Stift, so man den Schlaftrunkh tun will, in des Herrn Handt aufgeben sollen; alsdann verleicht inen ein Herr dieselben wieder, wie sich gebürdet. Hat aber Ainer was versprochen und sich nit wie ein Unterthan verhalten, mag ime der Herr sein Gut verhalten .. Item bemelt Holden geben auch khain sundere Erung, da sie dem Herrn und den Stiftern zu dem Schlaftrunkh Wein schenken". Früher hatten sie 2 Zt. Oel zu dienen; „aber auf ir groß Ansinnen ist solches gewendt worden auf Schotten und Gelt also, daß Jeglicher järlich dienen soll 1 Zt. guts Schotten und denselbigen auf sein Costen herantworten in das Closter". Das Urbarbuch a. 1424 meldet auch noch von dahier vorgenommenen Stiftstaidingen (cf. p. 56). — An der **Fürtherbrücke** über die Salzach ist ein alter, auch jetzt zuweilen besuchter „Röttel= und Hosenreckplatz". — 5) Zwischen Fürth und Piesendorf lehnt sich der „**Wengerberg**" an die nördliche Gebirgsreihe, der seinen Namen von den Wangionen haben soll (cf. p. 34). — 6) Auf derselben Strecke sieht man zur Erinnerung an die spätere Blüthezeit des hiesigen Gebiets den Burghügel der „**Herren v. Pinzgowe**" (cf. p. 38) mit den Häusern Hoch=, Mitter= und Hinterbürgel. Das „adeliche Gut Bürgel" verkauften die Herren v. Kuchel a. 1347 ans Stift St. Peter. — 7) Ein Paar 100 Schritte vor dem Pfarrdorfe steht an der Straße das „**Siechenhäusel**", das einst die Pfarrkirche besaß; aber a. 1670 sammt Gärtchen an einen Privaten gegen Anlait und jährl. Stift pr. 2 Schill. verkaufte. — 8) Das **Pfarrdorf Piesendorf**, 2 St. von Zell, 2397′ über dem Meere, mit 45 Häusern. Wie andere Dörfer am Sonnberg ist es durch einen manchmal sehr bösen Bach, in 2 Hälften getheilt. Der „Püesenbach" war besonders a. 1678 verheerend, in Folge dessen zur Abwendung solcher Verheerungen Samstagslitaneien verlobt wurden. Hier wurde dem Herrn von Koch=Sternfeld noch der „Wisinthof" (nun Mitterwirthshaus?), vielleicht Mayerei der Herren v. Pinzgowe, gezeigt. Urkundlich erscheinen a. 1358 ein „Eberl der Wisinton Wirt ze Puesendorf" und noch a. 1418 ein „Hans Wysend v. Puesendorf". — Von Piesendorf aus zogen die pinzg. Rebellen im 2. Bauernkrieg a. 1526 nach Ostern dem von Saalfelden heranrückenden salzb. Marschall Bigul. v. Thurn entgegen und warfen ihn nach Saalfelden zurück und hier schlug nach Bewältigung derselben der schwäb. Bundeshauptmann Burkhard v. Embs sein Lager auf und berief von hier aus Ende Junis die Bauern zur neuen Huldigung nach Tarenbach zusammen (Zaun, Chron. III. 39, 81). — In der piesendorf. Au, unweit der jetzigen Brechelstube war a. 1636 zum letzten Mal ein Pestfriedhof. — 9) Vom Pichlgute über dem Dorfe mußte a. 1732 der Besitzer Hans Voglreiter als Lutheraner auswandern. Er mag auf Rückkehr gehofft haben; denn vor mehreren Jahren soll man unter einer Haselstaude unfern vom Hause einen Krug voll Silber gefunden haben. — 10) Von den Bergwerken am Klucken s. S. 15 und 16. — 11) In der Nähe der Windbachkapelle, ¼ St. vom Pfarrdorfe an der Straße gesellte sich einst öfters ein sonderbares Männchen zu den des Weges Ziehenden; vermochte aber nie vor der Kapelle, sondern immer im Umwege hinter selber vorüberzukommen, woraus man schloß, daß es der Laidige sein müsse. — 12) Das Dörfchen Friedenspach, ¼ St. von Piesendorf in freundlicher Lage, scheint auch einst ein Herrensitz gewesen zu sein (cf. p. 45). Am Gewölbe des Vorhauses vom Wastlbauer sah man wenigstens noch vor kurzen Jahren 2 Fußspuren gemalt zum Denkzeichen an ein Probestück des renomirten „Berchtentrösterers Wastlsimer", Sohnes vom Hause. Derselbe war sonst ein tiefgemüthlicher, stiller Mensch und machte außer Hüpfen und Springen, worin es ihm Niemand nachthat, mit der jungen Burschenschaft nichts mit. † um a. 1858. — 13) Von Guthunten am Angerberge mag jener Stephan Guethund gewesen sein, der a. 1606 in Folge des Bauernaufstandes d. J. mit dem Pfleger Vogl und dem Bauer Hans Kheill in Salzburg enthauptet wurde (Zaun. Chron. IV. 97). — 14) Das Dorf Walchen, einst auch Walling, ½ Stunde vom Pfarrdorfe, ist außer diesem weit der ansehnlichste Ort des Bezirkes, mit 44 Häusern. Hier die bedeutendste röm. Niederlassung (cf. p. 33). — 15) Den Nachbarn von Walchen wurde a. 1560 ein großer Theil der „Walcheraineten", bis dahin l. f. Freye verliehen: den Besitzern von Viertellehen je 1 Jauch, von Halbviertellehen ½ Jauch, gegen eine Stift von 2 Schill. ab 1 Jauch. — 16) Auf einem ziemlich hohen Bübel im Walchergraben, kaum ¼ St. vom Dorfe sieht man noch deutliche Spuren der alten

Walcherburg, der Geburtsstätte des großen EBs. Friedrich II (aa. 1270—84). Die Herren v. Walchen s. S. 44 und 53. Nach ihrem Abgange folgten auch hier l. f. Beamte, von denen nur bekannt sind Hans Plumawer, Pfleger c. a. 1390; Heinreich der Plumawer, Purgkraf a. 1410; Peter der Schreiber v. Waßerburg, Pfleger ze Walichen a. 1430. Die Burg wurde a. 1526 von den rebell. Bauern zerstört, angeblich mit lerchenen Kanonen vom „Kramsinger" aus, Abrain des Rohrerberges, und nicht wieder hergestellt. — 17) Von Gasteg kommt im 12. Jahrhundert ein „Heinrich v. Gastege" als plain. Ministeriale vor. Noch im 15. Jahrhundert scheinen die Gasteger eine distinguirte Familie gewesen zu sein: Bischof Sylvester v. Chiemsee verließ a. 1438 „dem Ortlen v. Gasteg, Kathrein seiner Hawsfraw, Jörgen iren Sun und Elspet irer Tochter auf irer 4 Leibe Lebtag und nit verrer" Zehente am Bruckberg und in der Fusch. Der jetzige Besitzer des Gasteggutes Simon Koller baute nahe an seinem Hause eine geschmackvoller als gewöhnlich gezierte Feldkapelle, darin das merkwürdige Crucifix aufzustellen, das bei der Renovation der Pfarrkirche a. 1854 aus selber weichen mußte. Das kolossale Bild soll ein autobidakter Bildhauer, ein Hirte, während des Sommers auf der Alm geschnitzt haben und die Jesuitenmissionäre a. 1728 (cf. p. 121) ließen es mitten am Kirchengewölbe aufhängen; es ist also dasselbe ein werthes Erinnerungszeichen an eine ewig denkwürdige Zeit. — Der Nachbar v. Gasteg Johann Brandner am Scheergut † um a. 1850 war der letzte „Vorheber der Kirchensinger" in Piesendorf; dichtete selbst Kirchenlieder. Die meisten ehemaligen Kirchensingerbanden machten sich selbst Lieder; seitdem sie aber durch die Orgeln verdrängt sind, liegt solche Dichtung darnieder. — 18) Das hübsche vom „Gütschen" gegen die Salzach vorspringende „Nagelköpfel" mit schöner Aussicht giebt die Sage abermal als ehemalige Burgstätte aus. Wirklich kennt man „Herren v. Nagel": Waltman c. a. 1170, Perchtold a. 1180, Hartwich a. 1200, Heinrich a. 1310 und Nagel war von jeher ein freieigenes Gütchen. — 19) An der Hummersdorf. Brücke über die Salzach, welche vor mehreren Jahren eine Waffergröße im Winter zerstört hatte, fand man bei der Wiederherstellung in der Anfahrt eine große Menge Steinschwalben im Winterschlaf und vor wenigen Jahren stießen die „Grampler" mitten im Achenfurth auf eine Kelchpatene, die wahrscheinlich die Fluth von a. 1798 aus der Kirche Niedernsill hieher gebracht hatte. — 20) Hummersdorf (Humpreitisdorf a. 1130, Humerstorf a. 1434, Humblstorff a. 1530) war auch dem Stifte St. Peter grunbunterthänig und da wie in Fürth Schlaftrunk und Taiding. Von hier und den andern sanctpetr. Orten im Pinzgau kamen jährlich die „Rabelbauern" mit ihrer Dienstschuldigkeit nach Salzburg und übten da gelegenheitlich zur Belustigung der Stadt allerlei Schwänke und Streiche. — 21) Vom krinnerer Rain soll die Sage vom „Achenliechtl" ausgehen, die übrigens leichtlich durch die Irrwische der nahen sumpfigen Gegend veranlaßt wurde. Ein Vater hätte sein neugebornes uneheliches Kind in eine Grube gelegt und mit Steinen bedeckt und wäre ohne seine Verbrechen gesühnt zu haben, gestorben,

„Seitdem fährt, wenn die Nacht einbricht,
Ein gespenstrig geartet Licht
Am Achenfurth bald heller, bald trüber,
Bald auf, bald ab, bald hin- bald herüber;
Fährt auch dem nächtlichen Wanderer nach,
Bis er sich birgt unter seinem Dach".

b) Die **Pfarre** zum h. Laurenz. 1) Entwicklung. Mit gutem Grund hält man die Kirche von Piesendorf für die Urkirche Pinzgaus (cf. p. 92, 93), wie Bischofshofen und Mariapfarr als solche von ihren Gauen gelten. Auf das Kirchlein der Mönche v. Piesendorf mag schon im 8. Jahrhundert das des h. Michael gefolgt sein, wahrscheinlich erbaut von den „Herren v. Pinzgowe" (cf. p. 38). Wann und durch wen die größere Laurenzikirche entstand und die Pfarre völlig ausgestattet wurde, läßt sich nicht erheben; wahrscheinlich thaten es nach und nach verschiedene fromme Herren: die Pinzgower, die slav. Bergherren (cf. p. 48), die Walcher ꝛc. — Unter allen pinzg. Kirchen blieb Piesendorf allein vom Mißgeschick der Incorporation verschont; 2 Male aber war sie davon bedroht: a. 1695 sollte sie dem Stifte St. Zeno einverleibt werden (cf. p. 210) und a. 1750 dem salzb. Priesterseminare zur Dotation der Weltpriestermissionsanstalt (cf. p. 125); aber beides Mal entkam sie und gedieh so zu einer der wohlbestelltesten Pfarren des Gaues.

Vom anfänglichen Kirchenbezirk sagt Koch-Sternfeld: „im 8. und 9. Jahrhundert wurden die obern Gemeinden Pinzgau's von der Pfarre zu Bisonzio, Piesendorf, versehen" (Präb. Pr. p. 168), was man freilich nicht zu wörtlich nehmen darf. In geschichtl. Zeit umfaßte er außer dem engern piesenb. Bezirk nur die Filialbezirke Kaprun und Niedernsill auf der rechten Seite der Salzach. Aufhausen kaum um a. 1560 von Zell hieher. Abtrennungen erlitt er später als die andern pinzg. Pfarren: a. 1624 wurde Kaprun bleibend getrennt; Niedernsill erst a. 1784. Seitdem hat er 180 Häuser und um 1310 Seelen.

2) Die Seelsorger und ihr Unterhalt.

1230 Alban, Vicar.
1292 Friedrich, Kirchherr.
1338 Engelhart, Pfarrherr; Ulrich Vicar a. 1364.
1378 Andrä, Pfarrherr; Chuno Vicar a. 1389.
1397 Peter, Pfarrer und f. e. Kaplan.
1446 Biguläus Fröschl, Kirchherr, a. 1500 Bischof v. Paßau.
1511 Ulrich Wager, Kirchherr, Erasmus Vicar a. 1513.
1520 Wolfart v. Ramseyden, Kirchherr, Cristan Awer Vicar a. 1528.
1538 Sigmund Jordan.
1545 Christoph Parer.
1547 ein Pflegerssohn v. Vischorn.
1555 Mercur Rettinger, Kirchh., Seb. Vilser, Vicar.
1564 Seb. Vilser, Pfarrer wie die Folgenden.
1601 Mathias Gobel.
1609 Hans Waßermann.
1615 Mathias Webel.
1616 Hans Mayr.

1618 Christian Gruber.
1639 Johann Sedelmayr.
1651 Leonhard Stierle.
1665 Christoph Khräner, mag.
1679 Tobias Puchner.
1694 Ferdinand Kheser.
1702 Sigm. Aichholzer.
1714 Clement Ränzer.
1715 Michael Staiger.
1718 Ludw. Pauernfeindt v. Eyß.
1727 Steph. Sternhuber, mag.
1733 Fr. A. Khaltprunner.
1750 Math. Lohartinger.
1755 Thomas Swoboda.
1761 Fr. Vital Baumgartner.

Zugleich Dechante u. f. e. Räthe:

1764 Fr. V. Baumgartner.
1767 Johann Altenberger.
1787 Rupert Frauenschuh.
1796 Mich. Ant. Kaserer.
1803 Joh. Casp. Proßinger.
1838 Barth. Hutter.
1842 Anton Hutter, a. 1850 Domcapitular.

1850 Joseph Klingler.

Von Hilfspriestern findet man a. 1323 „Niclas und Cunradt die Caplän"; a. 1446 „Ph. Weydacher Gesel und Chunrat Dachs Caplan"; a. 1528 nur 1 „Cooperator". A. 1556 wurde ein 2. Cooperator gestiftet; aber bald nicht mehr gehalten; nach der Abtrennung Kapruns war nur 1 Cooperator ordnungsmäßig. Die Cooperatoren wohnten über a. 1700 hinaus in Friedenspach; nach Errichtung des Vicariats Niedernsill wurden sie in Coadjutoren verwandelt. — Coadjutoren neben den Cooperatoren begannen unter

Pf. Khaltpruner; von a. 1784 an bis zur Aufhebung des Decanates waren deren meistens 2 hier; seitdem sind zwar 2 statusmäßig, aber meistens nur 1 vorhanden.

Längstens bis a. 1583 war das Pfarrwidthum in Friedenspach: das „Joblhaus" des Bauernbauers Pfarrhof und sein „Herrenlehen" pr. 22 J. 264 Kfl. die widthum. Feldwirthschaft. Dazu gehörte im 16. Jahrhundert das „Weißmayrgut" in Niedernsill. Der Pfarrhof wurde a. 1602 von der Verlassenschaft Pfarrers Vilser wesentlich umgebaut; so derselbe mit den Oekonomiegebäuden nach dem Hingange Dechants Proßinger von Kirchenmitteln pr. 3756 fl. Die Grundstücke betragen nun 19 J. 1277 Kfl. Grundentlastungskapitalien 8940 fl. CMze. WW. Zur Vergütung der Beeinträchtigung durch die Grundentlastung wurden die Absenzen der Pfarrpfründe an die Seelsorger v. Kaprun und Niedersill c. pr. 200 fl. RW. den Kirchenfonden überbürdet. Pf. Sedelmayr verzeichnet a. 1645 noch einen Viehzehent: das 10. Lamm; von jeder trächtigen Kuh 1 Pfg., von jeder Stute 6 Pfge. ic. — A. 1856 Fassion des Pfründeeinkommens 750 fl.

3) Kirche und Gottesdienst. a) Die Pfarrkirche, ein modernisirter goth. Bau, erhielt zu Anfange des 16. Jahrhunderts rückwärts eine Verlängerung ohngefähr um die Hälfte. Aa. 1850 bis 54 wurde sie von eigenen Mitteln c. pr. 25.000 fl. von Innen und Außen durchaus renovirt. Eben damals bekam sie 3 neue marmorne Altäre, die mit dem marm. Speisgitter und einigem Pflaster c. 13.000 fl. kosteten. Die Altarbilder sind vom salzb. Maler Seb. Stief. Die große Monstranze schuf der Bäcker Altenberger, das Ciborium Dechant Altenberger; das Monstränzchen mit der h. Kreuzpartikel Bergrath Caj. v. Gschwendtner a. 1752. Eine „claine Orgel" ließ zuerst Pf. Khräner a. 1692 aufstellen; die gegenwärtige entstand durch mehrmalige Vergrößerungen und Umgestaltungen. Bis a. 1636 bestanden nur 3 Glocken, zusammen pr. 7½ Zt.; da aber wurden in Piesendorf selbst 4 neue gegossen zu 16, 12 ic. Zt., die mit 951 fl. 3 ß. 8 dl. von der Kirche und mit 606 fl. von Wohlthätern bestritten wurden; die 5. kleinste kam a. 1649 hinzu. — A. 1860 Kapitalienstand 41.720 fl. — Der Friedhof hat an der Kirchmauer einige Grabsteine neuerer Pfarrer, darunter den Dechants Barth. Hutter mit den gemüthlichen Versen:
„Wenn ich gethan, was ich gelehrt,
So ist der Himmel mein;

Wenn ihr gethan, was ihr gehört,
So kommt ihr auch hinein.
Welche Wonne, welche Freud
Wird dann sein in Ewigkeit,
Wenn Hirt und Heerd beisammen
Auf Gottes Waide. Amen!" An der nun vermauerten Kirchthüre auf der Südseite stand ein Weihbrunnstein mit dem Wappen Bisch.s Big. Fröschl v. Paßau. In der Kirche ist seit der Renovation kein einziges altes Denkmal. Bei der Grundgrabung für den neuen Hochaltar stieß man auf eine Grube mit halb vermoderten Gebeinen, vielleicht Ueberresten von den Pinzgowern, Walchern, Chaprunern 2c.

Mit Stiftungen ist die Pfarre immerhin würdig ausgestattet, obgleich offenbar die ältesten jener Herren verloren gegangen sind. 1) Pf. Gruber berichtet a. 1623 von einer uralten Stiftung einer tägl. h. Messe, die da auf 3 Wochenmessen reducirt, hernach aber nicht mehr erwähnt wird. — 2) Bisch. Big. Fröschl stiftete laut Urkunde von a. 1511 eine Freitagsmesse, Quatemberrequiem, sonntägliches Gebenken 2c. mit Giltstücken zum Pfarrhof. Seit a. 1751 werden dafür Quatembermessen gehalten. — 3) Eine „Liebfrauenbruderschaft" findet man da schon im 16. Jahrhundert. Nachdem selbe gänzlich eingegangen war, stifteten Pf. Khräner und die „Nachbarschaft Piesendorf" a. 1674 die „Karmeliterbruderschaft", wozu nach und nach 12 Jahrmessen kamen. A. 1860 Fond 10.822 fl. — Das 40stündige Gebet an den Faschingstägen wurde a. 1799 vorzüglich auf Betreiben Simon Buchners v. Erlach von Wohlthätern gestiftet: vom Hause Erlach mit 400 fl., Limberg 150 fl., Vögerl, Altjuden, Neuschmid, Weißgärber in Mitterfill je 100 fl., im Ganzen mit 1600 fl. RW.; a. 1860 hatte es an Kapitalien 2549 fl. — 5) Von hiesigen Pfarrern und größern Bauernhäusern stammen 17 Quat.-Meßstiftungen her. — 6) Von den noch bestehenden 150 Jahrtägen und Jahrmessen sind nur 8 bedeutend alt, die älteste vom „Gesellpriester Andrä zu Friedenspach" von a. 1421.

b) Nebenkirchen. An der Südseite der Pfarrkirche stoßen an erstlich die Antonikapelle, die der Wirth und Urbarverwalter Wolfg. Jub a. 1684 baute. Sogar die von ihm in die Kapelle gestiftete Jahrmesse wird nun in der Pfarrkirche gehalten. — Dann die St. Michaelskapelle, vielleicht die anfängliche Pfarrkirche (cf. p. 308) Der gegenwärtige Bau ist freilich so alt nicht; aber doch älter als die nunmehrige Laurenzikirche; denn beim Abschälen des Anwurfes der inneren Mauerseite letzterer bei der erwähnten Renovation sah man deutlich, daß die Laurenzikirche an die Michaelskirche angebaut wurde und nicht umgekehrt. Auch berichtet Pf. Wassermann: Die Kapelle „solle älter geweßt sein als die Pfarrkirchen" und ihr Kirchweihfest werde noch mit einem Pfarrtag gefeiert. Zudem ist die alten Pfarrkirchen nicht leicht fehlende Krypte eben unter der Michaelskirche, keine unter der Pfarrkirche. Bei der Renovation wurde die historische Kapelle rücksichtslos zur Sacristei umgewandelt.

Die Filiale Walchen zu den hh. Ulrich und Elisabeth, ½ St. vom Pfarrsitze stand laut Tradition einst auf dem Anger des heutigen Wirthshauses und wurde durch den wild gewordenen Walcherbach mit allen Häusern zwischen dem „Herrenhaus" zu Friedenspach und der Vögerlmühle vor Jahrh. zu Weihnachten so tief verschüttet, daß man nicht einmal die Glocken mehr fand — vermeintlich mit einem namhaften Kirchenschatz, nach welchem zu graben sich Leichtgläubigkeit erst neuerlichst wieder verleiten ließ. Wenn Koch-Sternfeld (Str.- und Wasserb. p. 30) sagt: a. 1269 ergoßen sich die Gewässer um Weihnachten außerordentlich", nennt er vielleicht das Jahr obiger Verheerung. Wenn die Sage ferner das Walcherkirchlein als einstige Pfarrkirche des piesend. Bezirkes ausgiebt, müßte das eben die verschüttete Kirche und nur einstweilig gewesen sein, etwa zwischen einer Verschüttung des Michaelikirchleins zu Piesendorf und der Entstehung der Laurenzikirche. Wirklich fand man vor etwa 60 Jahren auf dem Wirthsanger Menschengebeine und nennt ein daranstoßendes Fleckchen das „Freithöfel", was Beides auf einen da bestandenen, zu einer Pfarrkirche erforderlichen Friedhof deutet. — Vielleicht erst längere Zeit nach jener Verwüstung entstand auf einer anderen Stelle ein neues Kirchlein; a. 1512 ist es urkundlich und a. 1756 wurde es mit eigenen Mitteln pr. 1446 fl. und Nachbarschaftenhilfe erweitert und reparirt. Die Einrichtung ist durchaus unbedeutend. Nun werden da nur mehr Monatmessen, am Ulrichs- und Heinrichstag Wetterämter mit „Bachsegen" und eine h. Messe am Kindleintag gehalten. — A. 1860 Kapitalien 17.526 fl. Dazu gehören der Kirche das „Herrgottfeldel und Freithöfel" zusammen pr. 371 Qft. und 14 „Heilingkühe".

Die Filiale Aufhausen zum h. Leonhard, fast 1 St. von der Pfarrkirche wurde zu Anfange des 16. Jahrhunderts statt einer hölzernen Feldkapelle erbaut; aber schon a. 1580 durch einen im Mußbachhause ausgebrochenen Brand theilweise zerstört. Bald wieder hergestellt, a. 1716 erweitert raubte ihr a. 1854 gerade vor dem Leonhardsfest abermal ein Brand vom Mußbachhause das Dach und die Glocken ꝛc. Von Einrichtungsstücken sind zu bemerken das Hochaltarblatt und ein hübsches Monstränzchen mit h. Kreuzpartikel, a. 1824 von der Bäuerinn von Limberg geopfert. Es werden hier Wochenmessen, am Leonhardifest Frühmesse, Amt und Predigt, am St. Floriani- und Veitstage Frühmesse und Amt gehalten, die Frühmessen jederzeit vom kapruner Pfarrer. Die Wallfahrt zum h. Leonhard war einst bedeutend und verschaffte der Kirche, ohngeachtet großer und fortwährender Beanspruchungen bedeutendes Vermögen: a. 1860 Kapitalien pr. 37.301 fl. und c. 14 „Heilingkühe".

Auffallend in Hinsicht auf die alte Pfarre findet man von einer Schule vor 1617 keine Spur und auch von da an bestand sie nicht ununterbrochen. Dagegen begann hier früher als an manchem andern Orte, durch den vielj. hiesigen Schulmaister Mich. Ernst a. 1784 die „Normalschule" (cf. p. 179). Zuerst fand die Schule im alten Meßnerhause, nun „Zwicknagel" statt; a. 1788 aber wurde von der Kirche mit 2767 fl. auf der Stelle der alten „Tanzlaube" (cf. p. 159) das nunmehrige Schul- und Meßnerhaus gebaut. Der Schulbezirk, gleich dem Pfarrbezirke, giebt um 100 Wochen und 40 Sonntagsschüler, weßhalb dahier auch ein Schulgehilfe ordnungsmäßig ist. Der Lehrer ꝛc. hat einen kleinen „Infang aus der l. f. Freie", eine Naturaliensammlung und ermäßigte Ablösung von 72 ℔ Schmalz von den Pfarrkirchenkühen zu genießen. Laut staatsbuchhalt. Ausweises a. 1863 gesichertes Diensteinkommen 423 fl. — Dechant Barth. Hutter vermachte a. 1842 einen Schulfond pr. 800 fl. RW. Ueberdieß hat die hiesige Schule, wie die von Kaprun und Niedernsill, Ansprüche an die Localarmenfonde.

Abgesehen vom seltsamen Sebastianifonde von Stuhlfelden, hat diese Pfarre allein noch kirchliche Armenfonde (von den Dechanten Altenberger, Frauenschuh und Kaserer) zusammen c. pr. 10.900 fl., über die also dem Pfarrer vorzüglich das Verwaltungs- und Verwendungsrecht zusteht; die aber der Pfarre auch schon zum Theil abalienirt waren; doch vom Dechant A. Hutter glücklich reclamirt wurden.

4. Gemeindebezirk Kaprun.

a) Der **Bezirk.** Seinen Namen „Chataprunniu a. 931, Chatprunnen a. 1150, Chaprunnen a. 1170, Chaprun a. 1200" leitet Koch-Sternfeld von den kelt. Wörtern Chat (Krieg) und Brynn (Hügel) ab, welchem nach der Name einen Waffenplatz andeutete (Salzburg und Berchtesg. II. 350), somit anfänglich dem Schloße zugekommen, dann auf den Bezirk übergegangen wäre. — Dieser begreift vom pinzg. Hauptthale eine Strecke fast von 1 St. auf der rechten Seite der Salzach und das Kaprunerthal beinahe 5 St. lang und in 4 Stufen abgetheilt: das vordere und hintere Thal, Wasserfall und Mosen. Das Gebiet ist größtentheils von hohen zum Theil vielgenannten Bergen eingeschlossen: östlich, gegen Fusch sind das Jenbachhorn (a. 1606 Rünbachhorn) pr. 7812', Hochtenn 10.032', Fochezkopf 9756', Wiesbachhorn, wovon mehr bei Fusch, Bratschenkopf 10,552', hohe Dock 10.226'; rückwärts die 3 Bärenköpfe über 10.000' Glocknerinn 10.903', Thorkopf 8464', hohe Riffel 10.400'; westlich Hocheiser 9352', Grieskogel 9800', Geralscharte, endlich das weithin in die Augen fallende Kitzsteinhorn 10.107'. Wohl vorzüglich in Hinsicht auf diese Berge sagt Dr. A. v. Ruthner: Kaprun „streite mit Gastein, Fusch und Stubach um den Ruhm des prächtigsten aus den zahlreichen Thälern der Tauern" (Gletsch.-Reis. a. 1864, p. 119).

Thaleinwärts folgen sich 1) Das Mayreinödhaus an der Gränze gen Bruck, das Geburtshaus des „Mayrpeterls", des größten Springers und Läufers, den die dießbezügliche Ueberlieferung nennt. Man erzählt von ihm: im Wettlauf mit einem großen Hunde über Zäune und Gräben habe er den Sieg davon getragen und solche Stücke mehr. Im Alter hatte er so steife Füße, daß er kaum über eine Stiege mehr kam und unterhielt sich mit allerhand Lectüre, namentlich von mathemat. und astronom. Büchern. † c. 1800. — 2) Das Schloß Kaprun. Die Ministerialen und Pfleger s. S. 44, 53 u. 283. Wie die anderen Burgen des Gaues wurde auch sie a. 1526 zerstört; mußte aber von den Bauern wieder hergestellt werden, völlig laut Jahreszahl über dem Burgthor vielleicht erst bis a. 1574. Daselbst sind 5 Kugeln in Form des Würfelfünf eingemauert. Im Innern findet sich der Feuer- und Neckthurm. Lange war dahier eine nicht unbedeutende Rüstkammer und in Zeiten, wie des Schwedenkrieges 2c., fanden am Schloß häufige Schützenübungen statt, wie auch an den anderen Burgen. Von der k. bayr. Regierung wurde das Schloß mit einigen dazu gehörigen Grundstücken an Bauern verkauft. — Noch a. 1844 gruben 2 mit einem Baue in der Nähe beschäftigte Maurer aus Tirol, mit Wünschelruthe ꝛc. versehen, nach ihrer harten Tagesarbeit halbe Nächte, auch mit bedeutendem Geldaufwand nach dem im Schlosse verborgenen Schatz.

> „Mächtig einst, weithin im Strahle,
> Stand die Burg vor unsern Ahnen da;
> Sah gebieterisch herum im Thale
> Auf die Eigenleute fern und nah.
> Ernst, bedeutsam nun vom Bergesrande
> Mahnt uns die Reliquie der Zeit
> In des grauen Alterthums Gewande
> An die Dinge der Vergangenheit".

— 3) Unfern vom Schloß liegt das „Dorf", dessen Häuser sich gegen die Kirche hin zerstreuen. Den Neumayrbauer des Dorfes neckte einst sehr ein böser Almgeist, bis ihn endlich ein frommer Mönch bannte. — Der Besitzer vom Häuslgut gewann a. 1856 bei der pariser Viehausstellung für einen Zuchtstier den 1. Preis pr. eine goldene Medaille und 900 Fr. (Landw.-Wochenbl. p. 90). — Der Wirth Christoph Bisch=eisen von hier war ein schlimmer Häresiarch; beschwor aber a. 1616 aufs Neue das kath. Glaubensbekenntniß; unter seinen Anhängern that sich besonders Hans Heußl hervor. — 4) Zu Winkel, einem Hause ½ St. von der Kirche, war der „Winkelhans" geboren, von Geburt an blind, ein seltener Mann. Nicht nur versah er die Mühle des Hauses; sondern brachte auch kleinere Reparaturen derselben allein zu Stande. Außerordentlich war sein Gedächtniß: hatte er im Winter die zahlreichen Schafe seines Bauers zu füttern, merkte er sich auf einmalige Angabe und genaues Befühlen die Farbe aller einzelnen. Er war auch Vorsinger in der Kirche und wußte die Lieder des ziemlich dicken Gesangsbuches auswendig. † um a. 1845. — 5) Am Eingang ins hintere Thal auf der linken Seite des Kaprunerbaches steht das „Krapfhaus" einst Strub, wie mehrere Punkte an Engen, und unter demselben fällt der Bach tief in eine sehenswerthe Schlucht, „Krapfkessel". Ein solcher Kessel ist auch ungefähr 1 St. von hier bei den Käskellern im Ebenwald. — 6) Dem Krapfhaus fast gegenüber, auf der rechten Seite des Baches legt sich ein kleiner Rücken quer über das Thal, anscheinend einst der Damm eines dahinter gelegenen See's. Vom Rücken erhebt sich ein Höcker, die „Bürg", welcher nicht nur dem Namen, sondern auch der Tradition nach eine Burg trug. — 4) Von der Burg gen Osten ist ziemlich hoch die Alm „Falkenbach", die ihren Namen von einst da befindlichen Falken haben mag: als EB. Ortolph um a. 1350 den Brüdern Chunrad und Hansen v. Velben den „Thurn Chaprun" ꝛc. verlieh, behielt er sich „Jaid und Vederspiel an den Valkhen" bevor. Zum Beweise, daß es hier einst verschiedenes Wild gab, wird bemerkt, daß a. 1613 „ein Bub" da einen Luchs schoß. — 8) Am Fastmarktfreitag a. 1817 nach 5 Uhr abends zerstörte dem Jezbacher v. Fürth in seinem Zulehen Au eine Lavine den Stall und erdrückte 23 Stück des schönsten Zügelviehes. Der Bauer, ein im ganzen Gau bekannter Ehrenmann, sagte darüber: als ich den Greuel der Verwüstung zuerst sah, „hat's mich ang'sucht; da hab ich aber 3 Vaterunser bet' und das mit Bedacht und weck ist das Leid g'wesen". — 9) Im Ebenwald, 1½ St. von der Kirche, steigt man links vom Kaprunerbach auf die „Grubalm" auf, von der die Sage von den Melcherlöchern, obgleich auch von andern Almen erzählt, ihren Ursprung haben soll. Hier lautet die Sage, wie folgt. Ein übermüthiger Melcher saß nach seiner Gewohnheit wieder ein Mal im Milchbade auf einem Polster von Butter. Da' erscheint ein riesengroßer Teufel und trägt ihm das Ringen an. Der Melcher springt beherzt aus der Wanne und wirft den Teufel an die Wand. Darauf kommt ein kleinerer Teufel, den der Melcher in den „Schargkast" taucht, daß er ganz grün von Kuhmist herauskommt. Sogleich ist ein winziges Teufelchen da, das den Melcher sammt der Wanne nimmt und mit ihm durch die Wände fährt:

„Noch schaut zur Stunde
In Pinzgaus Runde
Der Wanderer neun Löcher als Spur,
Durch die der Satan mit dem Melcher fuhr". Als solche Melcherlöcher gelten die Löcher an der Wetterwand, am Birnhorn, im Hollersp. Thal ꝛc. — 9) Bei der Stegenfeldbrücke, 2 St. von der Kirche sprudelt zur Verwunderung mitten aus steilem, grünem Bergabhang nicht eine Quelle, sondern ein völliger Bach milchweiß heraus. — 11) Ueber der Alm Zefreth unter dem Kitzsteinhorn ist die „Hochkammer", einst der Haupttummelplatz der Heren, wo sie nicht nur ihre Tänze hielten, sondern wovon sie auch wettermachend durch die Lüfte fuhren. — 12) Auf einem Samweg im Zickzack den „Schranbach" hinauf kommt man nach ungefähr 1 St. von der Stegenfeldbrücke in das Thal „Wasserfall", 4092' über dem Meere, eine

kleine Ferleiten, abgeschlossener als diese, von eben so mächtigen Bergen umgeben. — 13) Der hinterste, höher gelegene Theil des Wasserfallthales hinter der „Hohenburg" 6040' heißt „Mosen", 5389' ü. d. Meere. „Der Anblick, der sich hier darbietet, überragt an Großartigkeit das Bild vom Wasserfallthal noch bei Weitem: die Natur hat hier aus den 2 Bestandtheilen Felsen und Eis ein Meisterstück geschaffen" (Ruthn. Gl.-R. p. 125). Von Mosen aus gibt es 2 für Gletscherfahrer würdige Wege: über das Riffelthor 9700' nach der Pasterzen ꝛc. und über das Kaprunerthörl, 8800' in die Stubach. Den ersten hat bisher, soviel bekannt ist, nur Dr. Ruthner a. 1855 gemacht; den zweiten a. 1859 der rühmlich bekannte Geoplastiker Fr. Keil. — Von Mosen kamen einst die „Keeßschieber" nach Abzug der Hüter von den Wasserfallalmen mit beschneitem Gewand und klockgefrornen Schuhen in die Hütten, sich zu wärmen ꝛc. Es waren das verwunschene Bauern, die in Mosen einen argen Gränzstreit hatten, worauf das Keeß den strittigen Boden überzog, das sie dann vergeblich zurückzuschieben sich bemühten.

b) Die **Pfarre** zur h. Margareth, einst „Margreth auf dem Stain". 1) **Entwicklung.** Fast ist nicht zu zweifeln, daß die Herren v. Chaprun des 12. Jahrh.s ein Kirchlein hier bauten, ob es gleich erst ein Ablaßbrief von a. 1409 als Filiale von Piesendorf vorführt. Ins 16. Jahrh. hinein konnte die Kreuztracht außer den Localfesten keinen feiertägl. Gottesdienst von der Pfarrpriesterschaft zu Piesendorf ansprechen; hatte aber, wie Pf. Vilser a. 1552 berichtet, im piesendorf. Pfarrhof „vor Zeitten da die Briester leichtlich zu überkhumen sein gewest, umb ir aigen Besoldung ainen Caplan gehabt, welichen der Pfarrer den Tisch darumen geben, daß der Altar gut und viel Meßlesens und Singens gewest ist." A. 1556 und 1564 taidingten die Kreuztrachten von Kaprun und Niedernsill mit dem Pfarrer dahin, daß er künftig einen 2. Cooperator halte, damit beide Kreuztrachten außer den Pfarrtägen feiertägl. Gottesdienst bekommen. Die Kreuztracht Kaprun aber hegte damals vielleicht schon den Wunsch einer eigenen Curatie; den sofort erweiterte sie mit Kirchenmitteln („ordentlichem Brauch nach") das Meßnerhaus, daß auch der Priester darin Raum habe und lud a. 1560 ihren Cooperator ein, in Kaprun zu wohnen. Mancher ihrer Cooperatoren wohnte nun daselbst; mancher kehrte in den Pfarrhof zurück. Endlich gab ein Vertrag zwischen der Kreuztracht und dem Pfarrer Gruber vom 17. Juli 1624, vom f. e. Consistorium am 17. Dec. 1825 bestätigt, dem Vicariate förmlichen Bestand. A. 1862 wurde es zur Pfarre erhoben und die pfarrl. Congrua aus den Localkirchenfonden ergänzt.

Der Pfarrbezirk erfuhr nie eine Aenderung und zählt 70 Häuser und um 510 Seelen.

2) Die Seelsorger und ihr Unterhalt.

In Kaprun wohnten
1560 Seb. Altenberger.
1561 Hr. Valentin.
1564 Hr. Hans.
1566 Wolfg. Frankh.
1580 Wolfg. Wagner.
In Piesendorf mit „Herberig und Liegerstatt" waren die Cooperatoren von aa. 1585—1604.
In Kaprun 1604 Mart. Wildt.
1619 G. Wall.
In Piesend. 1621 G. Landvogt.
In Kaprun 1623 Chr. Stoß.
1623 Barth. Angerpeuntner.

Vicare in Kaprun:
1624 Konrad Haindel.
1626 J. Wölflinger mag.
1625 G. Zeitelmayr.
1627 Abrahamb Aher.
1629 Cyriak Pfaff.
1631 J. Nutzinger theol. bacc.
1638 Barth. Aicher.
1639 Elias Melzer.
1645 J. Mich. Pochh.

1650 Peter Fenninger.
1657 Tob. Prunner.
1665 Ludw. Huber mag.
1668 Joh. Gruber mag.
1675 Wolfg. Bischof.
1684 Phil. Stainperger.
1715 Adam Hohenwarter.
1729 Jos. E. v. Füllerstein.
1733 Joh. Wilhelmseder.
1738 J. J. Freynenter.
1745 Wolfg. Ferd. Stazer.
1748 J. Mich. Stainer.
1753 Matthäus Mayr.
1760 Peter Dann.
1761 Johann Freisl.
1771 Wolfg. Waldherr.
1784 Seb. Abligstätter.
1796 Cajet. Hauler.
1797 Cajet. Schmid.
1812 Barth. Hutter.
1830 Anton Hutter.
1833 Beneb. Greßirer.
1836 Jos. Neumayr.
1842 Georg Wieland.

A. 1653 bewohnte der Vicar mit dem Meßner noch das Haus von S. 317; a. 1683 aber war er bereits im nunmehrigen Pfarrhaus, einem ehemaligen Weberhause. A. 1580 wurde für den Priester auf der „Stegerau" von der l. f. Freie ein Grundstückchen eingefangen, „daß er sich Kraut und Ruben selber zügeln muge"; nun beträgt sein Grundstück 2 J. 16 Ofl. Von der bedeutenden Naturaliensammlung wurden bei der Grundentlastung die Käse abgelöst und das Getraidedeputat vom piesend. Pfarrhof wird seitdem, wie schon bemerkt, auch in Geld geleistet. Von Holz liefert die Gemeinde 72 Fuder in Stämmen. Am Seelrecht hat noch der Pfarrer von Piesendorf Antheil. A. 1862 faſſionsmäßiges Pfründeerträgniß 437 fl.

3) Kirchen und Gottesdienst. — a) Die Pfarrkirche steht ziemlich hoch auf dem Ausläufer des Schaufelberges, gefälliger für den Anblick von Ferne, als bequem für die Pfarrkinder, und ist ein alter umgemodelter Bau. Die Einrichtung hat keine Merkwürdigkeiten. Eine Orgel wurde erst a. 1841 von Wohlthätern aufgestellt. Glocken 3, deren 2 Bischof Berthold v. Chiemsee a. 1516 weihte. — Vom Friedhof wird a. 1555 bemerkt: „durch jetzigen Herrn v. Khümbsee ist Denen zu Caprun ir aygen Sepultur geweiht worden". Er hat so wenig, als die Kirche, merkwürdige Grabmäler.

Stiftungen: 1) Die Josephibruderschaft wurde a. 1735 errichtet und erhielt nach und nach 12 Jahrmeßſtiftungen; a. 1860 Kapitalien 3496 fl.; — 2) Außer den Samstagslitaneien mit Segen von Hansen Märkhl a. 1719 sind hier 53 Jahrtäge und Meſſen, darunter keine alten.

b) Die St. Jakobskapelle am Schloß Kaprun, faſt ⅛ St. von der Pfarrkirche, erscheint zuerſt a. 1556 und dürfte von den Pflegern Diether stammen, da sie zu ihrer Zeit auftritt und 2 derselben: Caspar († a. 1562) und Balthasar († a. 1586) — hier Grabmäler haben. Bezüglich des Gottesdienstes wird a. 1606 bemerkt: „in der clain Capellen neben dem Schloß würdtet alzeit am anderten Sonntag und sonst an etlich fürnemen Feiertägen im Jar Gotsdienst gehalten". Jetzt sind da nur mehr 4 Quat.-Meſſen für die Wohlthäter der Kapelle; dann Aemter am Jakobi- und Kirchweihfeſte; auch manchmalige Kreuzgänge hieher. A. 1860 Kapitalien 18.953 fl. — Die 2 Glöckleins der Kapelle, wie die von Walchen, auch Piesendorf galten einſt als vorzügliche Wetterglocken:

„Wenn der Laurenziſtier brüllt
Und d' walcher Katzl rer'n
Und d' Jakobshündl bell'n,
Mögen d' Heren nit obwer'n".

Die Schule scheint der Meßner Georg Fürſtaller a. 1738 begonnen zu haben; sein Sohn Joseph, der Geograph (s. Bramberg) hielt sie mehrere Jahre. Lange fand sie hier wenig Theilnahme. Sie war im alten Meßnerhause, bis a. 1857 von Kirchenmitteln ein hübsches gemauertes Meßner- und Schulhaus gebaut wurde. Wochenschüler um 45, Sonntagsschüler um 20. Dem Lehrer ꝛc. kommt ein Kirchengrund pr. 1 J. 1422 Ofl. und eine Naturaliensammlung zu Nutzen. Nach staatsbuchh. Ausweis a. 1863 fassionsmäßiges Einkommen 200 fl. Ein Schulfond fehlt.

5. Gemeindebezirk Bruck.

a) Der Bezirk. — Der Name kömmt unfraglich von der alten Brücke über die Salzach, welche am Zusammenlaufspunkte der Verkehrslinien aus dem untern und obern Salzachthale, Saalethale und der Fusch in frühester Zeit Bedürfniß war. — Der Bezirk, zu beiden Seiten der Salzach, umfaßt eine bedeutende Ebene, theils Acker theils Wiese mit Moorgrund (cf. p. 14); hat wenig Häuser an Bergen und gehört allenthalben zu den anziehendern Parthien des Gaues.

Orte ꝛc. 1) An der Gränze gen St. Georgen liegt das Dörfchen Hundsdorf, ⅓ St. von jenem und Bruck, mit 18 Häusern, in angenehmer Gegend. Sein Name, richtiger „Huntsdorf", wie der anderer gleichnamiger Orte in Gastein, Rauris, Eschenau, Kärnthen, kommt von Hutnik, Hüttenmeister (Taur. p. 301); deutet also auf einem ehemaligen Bergbau daselbst. A. 1297 tauschte das Stift Michaelbeuern vom chiemf. Bischof Grundholden von hier gegen solche bei Bischorn ein und erhielt vom EB. a. 1435 die „Vogtey zu Huntzdorf". — 2) Das Pfarrdorf Bruck, 2 St. von Tarenbach, 1 St. von Zell mit 27 Häusern, hatte durch die erwähnten, besonders von der Fusch her, lebhaft benützten Wege schon in ältester Zeit eine vorzügliche Bedeutung. Darauf deuten seine 3 alten Tafernen hin, wovon der nunmehrige Piffwirth noch einen großen gewölbten Samerstall hat. — 3) Das Deschhaus in der Hofmark ist die Geburtsstätte des noch lebenden Malers Joh. Rattensperger. — Hier lebte auch der blinde „Geigerhans", von dessen nicht unwerthen Liedern „das sunnberger Bäuerl" noch am Oeftesten wiederholt wird:

„Ich bin ein schlechts sunnberger Bäuerl
Und hab ein kleins Häusl dazu;
Mein Feld ist ein' Oez und ein Weierl;
Mein Vieh ist ein' Gaiß und ein' Kuh.
Mein Weibl hat aber drei Anten,
Fünf Henner und gar ein' schön' Hahn;

Davon mög'n wir uns allbeide g'wanden,

Bleibt noch etwas über davon" ꝛc. — 3) Die Burg Vischorn, Vischarn a. 1230, Vischaren a. 1250, ehemals wahrscheinlich Prukke, nun Fischhorn. Ihre alten Herren s. S. 43 u. 52. Wie es scheint um a. 1300 erwarb sie mit Zugehörung der Bischof v. Chiemsee vom Wulfing v. Goldekke; gab sie erstlich zu Lehen und stellte später da Urbarpröpste auf, welche nach der Aufhebung der chiemf. Propstei Weyer alle chiemf. Urbargefälle ꝛc. im Pinzgau zu verwalten hatten. A. 1674 wurde Vischorn „als eine förmlich beschlossene Hofmark erklärt und den chiemf. Beamten daselbst der Titel eines Pflegers beigelegt" (Juv. p. 445). Uebungsmäßig aber hießen dieselben schon lange vorher Burggrafen und Pfleger: Ulrich Fülznicht Burggraf v. Vischorn a. 1370, N. Graßwein Pfleger a. 1438, Wilh. Stockstainer Pfleger a. 1467, Sigm. Aman v. Judendorf Pfleger a. 1572 ꝛc. Auch dieß Schloß wurde a. 1526 von den Bauern zerstört. Bischof Aegydius Rem v. Chiemsee empfing für allen daselbst erlittenen Schaden von der Nachbarschaft eine Entschädigungssumme von 1000 fl.; „baute aber das zerstörte Schloß nicht wieder auf, sondern ließ es im Schutte liegen" (Zaun. III. 99). Erst Bischof Johann Franz, Graf v. Preyfing scheint es a. 1675 wieder bewohnbar, aber auch nicht vollständig hergestellt zu haben. Hübner fand a. 1796 noch „einige Stücke von gemalten Fensterscheiben, worauf die Plünderung des Schlosses und die Hinrichtung des Rädelführers der rebellischen Bauern (Augustin Kolmpichler v. Kleinlehen) .. mit der Jahreszahl a. 1528 vorgestellt sind" (p. 557). Bei der Aufhebung des Bisthums Chiemsee a. 1807 wurde die Hofmark inkamerirt und in allerneuester Zeit, was von Grundstücken noch dazu gehörte, an Private verkauft. Das Schloß kam a. 1862 in den Besitz der durchl. Frau Sophia Fürstin v. Löwenstein, geb. Fürstin v. Lichtenstein, und wird nun zur Zierde Mittelpinzgaus großartig theils restaurirt, theils neugebaut. — 4) Unweit der Ortschaft Bühel bricht man Serpentinstein, der aber wenig gesucht wird.

b) Die **Pfarre** zu U. L. Frau, einst h. Katharina. 1) Entwicklung. Die erste Kirche dahier, glaubt Pillwein (p. 536), war „vermuthlich ein Werk der Herren v. Bruck", welchem nach sie schon im 11., 12. Jahrhundert bestanden haben kann, obgleich gar erst in einem Ablaßbrief von a. 1468 ein Kirchlein allhier als Filiale von Zell ans Licht tritt. Die Seelsorge nicht nur der Kreuztracht Bruck, sondern auch der andern zeller Filialen im Salzachgebiete versah lange der „Uebermooser" (cf. p. 265) und hielt den Gottesdienst in denselben in regelmäßigem Wechsel. A. 1508 stellte sich Bruck einen „Nachbarschaftskaplan" an, worüber zwischen der Kreuztracht und dem Pfarrer v. Zell lange Irrungen entstanden, in denen man sich sogar nach Rom wendete; die aber 1522 mit dem beigelegt wurden, daß die Kreuztracht ihren Priester als Meßkaplan behalten; die eigentliche Seelsorge aber, wie bisher, der Uebermooser pflegen sollte. Doch schon a. 1528 findet man einen hier wohnhaften Seelsorger, welcher laut Gen.-Vis.-Berichts noch a. 1555 „die Zuekhürchl zw Prug, Uebermoß, (sic!) sant Jörgen und sant Wolfgang" zu versehen hatte. Nach solchem gemeinsamen Vicariat der genannten Kreuztrachten wurde a. 1572 für Bruck ein eigenes Vicariat förmlich gestiftet und vom Landrichter Casp. Pänichner die Stiftungsurkunde verfaßt. Mehr und weniger von Einfluß auf die Curatie war die Wallfahrt zu „U. L. Frau auf dem Eis", die schon im 15. Jahrhundert in Uebung gewesen sein mag, da in der erwähnten Urkunde a. 1468 nicht mehr St. Katharina, sondern U. L. Frau als Hauptkirchenpatronin erscheint. — Auf Grund eines h. Ministerialerlasses a. 1858 wurde das Vicariat zur Pfarre erhoben mit Ergänzung der pfarrl. Congrua aus dem Religionsfonde.

Der Pfarrbezirk ist gleich dem alten Filialbezirke und hat 95 Häuser und um 830 Seelen.

2) Die Seelsorger und ihr Unterhalt.

1528 Hans Kröpfl.
1555 Hans Vaschenger.
1562 Valentin.
1580 Matthäus Pichler.
1582 Hans Eysl.
1595 Christ. Haslinger.
1619 Martin Wildt.
1621 Johann Prantel.
1629 Johann Steybl.
1637 Leonh. Nerlinger.
1638 Johann Pünz.
1638 Paul Dörndl.
1638 Lorenz Att.
1639 Phil. Lueger.
1641 Aler. Schwäblin.
1642 Johann Posch.
1648 Joh. Danner mag.
1653 Sim. Herderer.
1657 Wilhelm Eutor.
1662 Joh. Gruber mag.
1669 Melch. Pruggmüller mag.
1670 Joh. Strobl.
1675 Lorenz Plaichlechner.
1684 Franz Käschnik.
1686 Casp. Waltinger.
1688 Joh. Bukawiz.
1697 Georg Leutl.
1701 Joh. Mayrhofer.

1704 Adam Pichler.	1823 Martin Reischl.
1709 Veit M. Reitmayr.	1827 Joseph Waldmann.
1729 Joh. Andrä Rhein.	1831 Casp. Ruttinger.
1733 J. J. C. v. Füllerstein.	1831 Joh. Seefeldner.
1738 Fr. J. Karl Egger.	1834 Alois Susan.
1746 Fr. J. Oswald Gartner.	1836 Beneb. Greßirer.
1759 Georg Schützinger.	1847 Franz Kräh.
1766 Franz J. Oswald.	1861 Barth. Hutter theol. Dr.
1805 Corb. Notl.	

Hilfspriester erscheinen zuerst a. 1735; später waren deren fangefort 2, natürlich der Wallfahrt halber. Als a. 1858 der Hilfspriester durch einen Sustentationsbeitrag aus dem Religionsfonde gesichert wurde, verstand sich die Gemeinde zu einer jährl. Entschädigung pr. 60 fl. an die Kirche für Wachs- und Opferwein ꝛc.

Das gegenwärtige Pfarrhaus, größtentheils v. Holz, wurde a. 1658 von der Gemeinde mit einiger Kirchenhilfe erbaut; a. 1744 um „1 Contignation" erhöht; a. 1861 sammt den Nebengebäuden mit 1380 fl. restaurirt. Seit a. 1742 hat es die Kirche innegehalten; die Gemeinde aber das Coadjutorzimmer einzurichten. Dem Pfarrer kommt der Nutzgenuß von Kirchengründen pr. 4 J. 236 Ofl. und von Weiderechten auf dem Moos und Freiberg zu. Die Naturaliensammlung, Brennholzlieferung und sämmtliche Stolgefälle wurden dem Seelsorger schon bei Stiftung der Curatie zugesichert. Unter den Geldbezügen (von der Staatskasse, Gemeinde, Kirche) erscheint wieder das „Harrgeld". A. 1861 Gesammteinkommen 634 fl.

3) Kirche und Gottesdienst. — Die Pfarrkirche wurde mehrmals umgestaltet: um a. 1510, 1770, 1861. „Ihr ältester Bestandtheil ist der Thurm; der Styl des Schiffes weist auf das 15. Jahrhundert zurück". — Das Gnadenbild Mariä, von Lerchenholz, ist altdeutsch. In der Sacristei sind 2 dergleichen „werthvolle" Bilder: Haupt des h. Johannes B. und der h. Katharina. — Die Aufstellung einer Orgel geschah a. 1739. — Glocken 3: a) pr. 12 Zt., mit: „Der Herr ist gerecht; ich aber und mein Volk sind gotlos, aber bittend den Herrn, daß es genug sei des Dunders Gottes und des Hagels. 1543" ꝛc. b) pr. 6 Zt., mit: „zu Gotts Ehr und Dienst geher ich; Heinrich Reinhart zu Insbrugg gus mich 1609". c) pr. 2½ Zt. mit: „Nobis ausiliatrix s. Dei genitrix sis. 1407". —
A. 1860 Kapitalienstand 9528 fl. Ueberdieß gehören der Kirche Grund-

ſtücke pr. 8 J. 1095 Ofl., welche a. 1508 von ihren Mitteln angekauft; ſpäter von der Gemeinde uſurpirt; a. 1741 aber der Kirche wieder zuerkannt wurden. — Der Friedhof entſtand a. 1563 in Folge der damaligen „laidigen Pestis" und wurde a. 1565 mit dem auf Immer genehmigt, daß dem Pfarrer v. Zell „Pifäll und Seelgrät", wie bisher, entrichtet werden. Grabſteine: von Eliſ. Pietpergerinn des peyriſchen (michaelbeuer.) Amans zu Hundsdorf Ehefrau a. 1569; Sigm. Aman zu Jubendorf und Saal Pfleger zu Biſchorn a. 1588; Chriſt. Aman (cf. p. 285); Jaf. Rüebl, Umgelter des Pfleggerichts Tarenbach und Gaſtgeb ze Bruck a. 1624 ꝛc. In der Kirche ſind nur Trümmer von Grabſteinen mit ritterlichen Abzeichen.

Die goldenen Samstäge beſtehen in der Frauenkirche ſchon lange. Stiftungen: 1) Die Armenſeelenbruderſchaft wurde a. 1705 großentheils vom Pfleger Joh. Andrä Meilbech zu Biſchorn geſtiftet; hat keinen geſonderten Fond. — 2) Quat.-Requiem für die Wohlthäter der Kirche ob Beſoldungsbeitrags an den Vicar von a. 1674. — 3) Jahrtäge und Meſſen 124, der älteſte für den Pfleger Jaf. Rüebl v. Biſchorn und ſeine Ehefrau Kath. Geiſlerin a. 1649.

Nebenkirche beſteht nun keine mehr; in der Burg Biſchorn aber war eine Kapelle zu Ehren des h. Jakob, die, laut Urbariums von a. 1490, eine geſtiftete Wochenmeſſe hatte. Für das erneuerte Schloß ſteht wieder eine Kapelle in Ausſicht. — In Hundsdorf, ohngefähr auf der Stelle der Holzhütte im Franciscanergarten erbaute Mar. Veronica Traunerinn, Oberjägers- und Unterwaldmeistersgattinn, a. 1680 eine h. Dreifaltigkeitskapelle und erhielt a. 1684 dazu die Meßlicenz; bei Errichtung der Miſſionsanſtalt wurde aber die Kapelle abgebrochen.

Eine Schule erſcheint zuerſt a. 1673; dann aber nicht mehr bis a. 1735, von wo an ſie wohl fortbeſtand. Ihr Locale hätte ſie immer im kirchl. Meßner- und Krämmerhauſe. Da ſie von einigen Kindern der Fuſch und von Zell beſucht wird, zählt ſie um 70 Wochen- und 30 Sonntagsſchüler. Der Lehrer hat Kirchengründe pr. 2 Joch 879 Ofl. zu nutzen und eine Naturalienſammlung. A. 1862 faſſionsmäßiges Einkommen 227 fl.

Im Pfarrbezirk Bruck liegt das **Franciscanerhospiz Hundsdorf**. Die Entstehung des Instituts, ſeine urſprüngliche Beſtimmung und vieljährige Verwendung, endlich seine Umgestaltung s. S. 126. — Nachdem das Hospiz die franz. Kriege glücklich überstanden hatte, wurde es sammt dem Kloster Salzburg von der schwäb. Franciscanerprovinz förmlich getrennt, a. 1818 mit der Provinz Nordtirol vereinigt und seitdem in der Regel mit 3 Ordenspriestern, die dem Gaue eifrige Seelsorgsdienste leisten, und 1 Laienbruder besetzt.

Die Kirche und das Klostergebäude auf einem der angenehmsten Punkte Pinzgaus sind eben so zweckmäßig, als freundlich; von künstlerischen oder histor. Merkwürdigkeiten aber hat man nichts sehr Erhebliches zu verzeichnen.

Reihe der **Superioren** des Missionshauses und Hospizes:

1736	P. Benedict Bauer.	1824	P. Albert Schwarz.
1738	„ Amand Berger.	1828	„ Mart. Huber.
1739	„ Jak. Lotter.	1830	„ Marcell Settele.
1741	„ Castul. Baumann.	1834	„ Mathias Sales.
1744	„ Virtuos Hillepolt.	1836	„ Basil Lintner.
1750	„ Marent. Stäger.	1839	„ Bruno Schwaninger.
1754	„ Anastas Lenhart.	1842	„ Franz Sol. Mitterstainer.
1757	„ Claud. Fischer.	1845	„ Cölestin Raffler.
1765	„ Oliver Aigner.	1848	„ Paulin Millmann.
1775	„ Simon Wagner.	1851	„ Seb. Scheyring.
1786	„ Proceß Graf.	1855	„ Peter B. Weiß.
1795	„ Seren Nietl.	1858	„ Johann Scheyring.
1798	„ Proceß Graf.	1861	„ Seb. Scheyring.
1808	„ Hermolaus Moser.	1864	„ Peter Reg. Riglutsch.
1821	„ Joh. Gualb. Spornberger.		

6. Gemeindebezirk Fusch.

a) Der Bezirk. — Der Name (a. 963 Uusca, a. 1135 Fusca) stammt wahrscheinlich vom slav. „Vosca", Enge, her. — Das Thal, unter den südlichen Seitenthälern Pinzgaus außer Rauris das genannteste, dehnt sich von der Pfarrgränze gen Bruck bei 6 St. an die Gletscher hin und ist durch eine ziemlich aufsteigende Enge getheilt in die vordere Fusch und die Ferleiten.

aa) Die **vordere Fusch** begreift das Hauptthal, bei 2 St. lang, und die zum Theil hochgelegenen Seitenthäler Sulzbach, Weichsel=

bach und Hirzbach ꝛc. — 1) Gleich nach Ueberschreitung der Pfarr-
gränze von Bruck her steht über der Straße das Haus „Walchern",
vielleicht einst Sitz eines Römlings (cf. p. 33). — 2) Unweit der
Kirche ist das Haus Schnabel, erinnernd an den alten Propst von
Fusch Heinrich den Snabelher (cf. p. 52). — 3) Das Pfarrdorf
Fusch, 1½ St. von Bruck mit c. 10 Häusern. In der Nähe ist der
Wasserfall des Hirzbaches beachtenswerth. — 4) Den Bergbau am
Hirzbach und überhaupt in der Fusch s. S. 14 und 15. — 5) Auf
der rechten Seite des Fuscherbaches öffnet sich etwas auswärts von
der Kirche das Seitenthal Sulzbach mit 10 Almhüten. Die Almen
waren lange zur Hofkamer gehörig; erst die k. bayr. Regierung verkaufte sie an Private. — 6) Im Weichselbach liegt das „Fuscherbad", 1¼ St. über dem Kirchdorfe. Die erste sichere Meldung soll
eine Urkunde a. 1422 des Bauers v. Embach davon thun, welcher
gemäß seine Vorfahrer im Besitze des Gutes dem Propste v. Baum-
burg Pferde und Anderes zu Diensten stellen mußten, wenn er zum
Babbesuche ꝛc. kam. Vierthaler sagt: das Bad „war schon vor mehreren Jahrhunderten berühmt und man hat von der Entdeckung ähnliche
Sagen wie von Gastein: auch im Weichselbach lehrte ein verwun-
deter Hirsch die Menschen den Gebrauch des Wassers" (Wandr. II.
227). Das Bad wird von Nahe und Ferne, auch von vornehmen
Gästen besucht. „Es ist nach Gastein das berühmteste Gesundbad im
Herzogthume Salzburg. Man zählte daselbst seit c. 1792 (bis a.
1816) mehr als 7000 Gäste; in einem einzigen Jahre steigt ihre Zahl
gemeiniglich auf 3—400" (Wandr. II. 225). A. 1852 führte der
Badwirth neben dem alten ein neues Haus für Badegäste auf. Mehrmals wurden dem Orte Lavinen verberblich: a. 1686 bedeckte eine
solche „das Meßnerhaus, das Badhaus und die Sagmühl", wobei
3 Menschen ums Leben kamen; a. 1702 wurde durch eine Wind-
lavine „die halbe Kirchmauer sammt dem darangebauten Einsiedler-
stöckel" zerstört; am 28. Febr. 1844 wurde nicht nur die Kirche abermal grob beschädigt; sondern auch das neue hübsche Haus des Car-
dinals Fürsten v. Schwarzenberg von seiner Stelle gestoßen und in
den Graben geworfen. — 7) Pillwein: „Auf dem herrlichen Weideplatz Schönanger findet man Spuren eines zerfallenen Schlosses.
Hier wohnten vermuthlich die Pröpste oder Urbarrichter in der Fusch"
(p. 550). „Schönanger" heißt man bisweilen das Plateau über dem
Babhause; aber Spuren eines Schlosses sind dort nicht mehr zu
finden. Die Pröpste, Urbarverwalter nicht nur fürs Thal Fusch,

Gb. Fusch.

sondern für den ganzen alten Landgerichtsbezirk Zell, s. S. 52. Unter den verschiedenen Stiftdiensten verzeichnet das Stocfurbar a. 1606 auch die „Palgstuck, so von den verlassenen Reißgejaiden an den Börsten in Zell zur Propstei Fusch gedient werden .. in Summe an Gelt 6 ß., 1 Maderpalg, 1 Arhan, 3 Schilthänn, 16 Haselhenner, 9 Fuchs= pälg; 1 Grauhasen und überdieß 3 Mader und 6 Aichkätzel".

bb) Die Ferleiten (a. 1272 Verlatten), der hinterste Theil der Fusch, beginnt ohngefähr 1½ St. von der Pfarrkirche, zieht sich dann beinahe 3 St. zurück ins „Käferthal" und ist fast unstreitig das merkwürdigste Hochthal Pinzgaus sowohl nach Großartigkeit seiner Gestaltung, als Almwirthschaft. Von der Gestalt des Thales sagt Dr. Ruthner im Allgemeinen, selbes vom „Kühmaiß" aus ansehend: „In den Azur des wolkenlosen Firmamentes ragten alle jene Gletscher= spitzen empor, welche vom Brennkogel bis zum hohen Tenn im Halb= runde den grünen Teppich des mit Wasserfällen und Eisabstürzen verherrlichten Thales in so prächtigen Gestalten umstehen, daß sie (nicht als die fabriksmäßige Phrase des Reisebeschreibers; sondern als der Ausdruck der innigen Ueberzeugung sei es gesagt) in ihrem Verein ein Bild von solchem Reize geben, daß nur wenige ähnliche im weiten Umkreise der Alpen gefunden werden können" (Gletsch.=Reis. a. 1864 p. 5). — So großartig ist auch die Almwirthschaft. Die ganze Westseite des Thales, deren nutzbare Gelände sich eine Stunde und darüber in die Höhe erstrecken, haben seit alter Zeit die bekannten großen Bauern inne: der Walcher in der Fusch, Vögerl von Walchen und Altjub von Piesendorf. Der hinterste Theil der Ostseite gehörte zum nun zerrissenen großen Traunerwesen; jetzt besitzt ihn der Lukashansel zu Bruck; der vordere Theil ist zwischen mehreren kleinern Besitzern getheilt. Von den 3 größten Almen nährt wohl jede, abgesehen vom übrigen Vieh, mehr als 200 St. Rinder und auf ihnen kann man Heerden, Käskessel, Rührkübel, überhaupt einen Reichthum an „Zue= maß" und Viehsegen sehen, daß es für jeden Theilnehmenden eine Lust ist. — Bergbau geschah in der Pokeney (cf. p. 15) und am Kloben pr. 9365'. Von letzterm kamen die Ueberreste erst a. 1852 zu Tage und Dr. Ruthner erzählt von ihnen: „ich sah die etwa 2' hohen Ruinen einer (hölzernen) Knappenstube; .. nebenan die Latten zur Bedachung, dann Lodenfetzen und größere Gebeine; einige Klafter tiefer unten einen mächtigen Hügel aus dem Berg herausgeförderten Erzes; endlich die Mundlöcher 2 Stollen" — 9237' über dem Meere.

Mündliche Ueberlieferung davon habe man keine; aber in alten Bergschriften geschehe dessen Erwähnung; von der ältesten Zeit seien die Ueberreste nicht (Gletsch.-Reif. p. 176).

Von der Fusch her 1) kommt man auf den „Eisbühel", von dem die Sage ging: Vor Zeiten haben der Vögerl und Altjud ihre früher gemeinsame Alm getheilt und geriethen dabei über jene Parcelle, eine „Schneeflucht", in heftigen Streit, den sie sogar vor das Reichsgericht zu Wetzlar brachten. Nach ihrem Hinscheiden sah man sie mit den Urkunden in der Hand am Eisbühel wandeln und hörte sie streiten; der Eine behauptete in der Urkunde stehe: „der Eisbühel mit"; der Andere: „der Eisbühel nit". — 2) Nach einer kurzen Strecke gelangt man zu den Ferleithäusern, 3488' ü. d. M., nun beide Wirthshäuser", wie ehemals beide Tauernhäuser, was jetzt nur mehr das dem Vöglbauer G. Enzinger gehörige ist (cf. p. 25). Im Hofurbar a. 1606 sind die beiden Güter als 2 Viertellehen verzeichnet und als deren Besitzer G. Sulzbacher und Anna Verleitnerinn und die Brüder Martin und Christian Verleitner, zugleich Besitzer des Schnabelgutes. Bezüglich der „Provision" heißt es dort: „Wirdtet den Besitzern jährlich ab bem hochf. Casten in Zell wegen Unterhaltung des Wegs auf dem Taurn bis zum Mitterthörl, bei 1½ Meil, auch herauswärts gegen Wöstern, ½ Meil; auch daß sie Sommerszeiten denen, so hin und wieder übern Tauern ziehen und oftmals nit Zerung haben, ohne Bezallung mit Herberg, Narung und in ander Weg Hilf erzaigen, Provision geben: Roggen Castenmaß 8, Habern 20" (Metz.). Von hier kommt man ungefähr in 6 St. über den Tauern (höchster Punkt des Samschlages 8058') nach h. Blut. Uebrigens f. die Tauern und Tauernhäuser S. 24. — 3) Am 14. März 1817, in welchem Jahr der furchtbar lange Winter und tiefe Schnee war, wurde das Zuhaus „Oberstatt" mit Stallung von einer Lavine verschüttet. Von 24 Ochsen, 1 Kuh und 30 Böcken blieben nur 5 junge Ochsen am Leben (salzb. Int.-Bl. d. J. N. 57. — cf. oben p. 316).

Die prächtigsten Berge der Ferleiten ragen auf der Süd- und Westseite empor. Südlich der Brennkogel pr. 9540, der auch der Rauris angehört, der Spielmann pr. 9437', Bärenkogel 9017', das Sinnwellegg 10217', der Fuscherkahrkopf 10.501', Breitkopf 9788'. Vom „Spielmann" meldet die Sage:

„In Pinzgau ist ein Spielmann g'west
Ein Lump von erster Klaß;
Er hat sich nur aufs Geig'n verlegt,

Aufs Saufen, Schnar und Spaß;
Beim Tag ist er im Bett ingleg'n,
Wie's Auwal in sein' Nest;
Er hat nie was ausg'richt sunst,
Weil er stets blaw ist g'west.
Auf'n Abend ist er munter wor'n
Mit ein' großen Duscht;
Ast ist er aus'n Bett heraus
Und ins Wirthshaus fuscht". Nachdem er solches Wesen eine Zeit getrieben hatte und manchen Burschen und Dirnen zum Verderben geworden war, verschwand er auf ein Mal. Bald aber hörte man die Weisen und Stückchen seiner Geige von der Spitze jenes Berges her; man wußte nun, wo er sei und gab dem Berge von ihm den Namen.

Die Berge auf der Westseite sind bei Kaprun verzeichnet (cf. p. 314); nur das **Wiesbachhorn**, breiter hieher als dorthin abdachend, soll hier vorgeführt werden. Es ragt 11.318′ über die Meeresfläche empor; ist somit der höchste unter allen ganz auf salzb. Boden stehenden Bergen und reizt eben dadurch zur Eroberung seiner Spitze. Bisher sind 4 Besteigungen bekannt: um a. 1820 wurde die 1. von 2 Fuscherbauern, Zanker und Zorner, gewagt und glücklich ausgeführt. A. 1841 thaten den gefährlichen Gang EB. Friedrich Fürst v. Schwarzenberg, sein Hofkaplan A. Embacher ꝛc. unter Führung der bekannten N. Röderer, Badhansen und der Hüter Schreder und Voithofer. Von der Judenalm aus erreichten sie die Spitze in 9 St.; konnten es aber da vor Kälte nur ¼ St. aushalten. Am 14. August 1854 wiederholten das Unternehmen Dr. A. v. Ruthner und Graf Andrassy in Begleitung Röderers, des Badwirthes Gregor Mayr und Binders Erlinger. Sie gingen auch von der Judenalm aus, kamen in 7½ St. auf die Spitze und verweilten dort, bei + 10° R., 1¼ St. und kamen in weniger als 4 St. zum Tauernhaus zurück. Dr. Ruthner beschreibt die Besteigung, den Gletscher und die Aussicht von selbem vortrefflich (Gletsch.-Reis. p. 62). Im August 1861 war Dr. Peiritsch auf der Spitze. — Vom Wiesbachhorn verlauteten einst auch die Sagen von der „Teufelsmühle", von der „heidnischen Kirche, einer ungeheueren Felsenhöhle hoch über der Linie des ewigen Schnee's, unterhalb des kleinen Horns", vom Verbannten in der Eiskammer, der sich durch Spalten des Eises daraus befreien will.

„Wenn purporroth voll Majestät
Das Wiesbachhorn im Frühroth steht,

Sein Eismeer donnernd kracht;
Auf hoher Alm der Hirt sagt leis':
Heut spaltet Vögerl wieder Eis,
  Und fromm das Kreuz er macht". Jul. Schilling.

b) Die **Pfarre** zu den hh. Aegydius und Martin. 1) Entwicklung. In Hinsicht auf den uralten Bergbau (cf. p. 14), den einst lebhaften Verkehr über den Fuschertauern her und hin (cf. p. 24) müssen auch die Kirchen St. Gilgen und Wolfgang sehr alt sein. Urkunden von a. 1414, 1417 und 1445 zeigen schon eine bedeutende Entwicklung dieser Filialen v. Zell und aus der von a. 1445 entnimmt man, daß damals der Gemeindegottesdienst in der Regel schon in der St. Gilgenkirche war. Von a. 1528 an waren sie vorzüglich vom bruder Priester zu versehen (cf. p. 322), bis sich die Kreuztracht a. 1567 ein Vicariat nach damaliger Art erwarb. In Folge von Irrungen zwischen ihr und dem zeller Pfarrer mußte der Landrichter Casp. Pänichner a. 1584 „baide Tail mit einander vergleichen, auch dieselb Vergleichung in Schrift verfaßen", wodurch das Vicariat neu geregelt und sein Fortbestand gesichert wurde. Zufolge h. Ministerialerlasses a. 1862 wurde es zur Pfarre erhoben mit Ergänzung der pfarrl. Congrua von Localmitteln.

Die Gränzen des Seelsorgsbezirkes sind von der Natur so fest festgestellt, daß sie sich nur an der Nordseite verrücken ließen; aber nie verändert wurden. Er zählt 78 Häuser und um 450 Seelen.

2) Die Seelsorger und ihr Unterhalt.

1567 Jakob Gall.
1585 Wilh. Prugmoser.
1610 Christoph Puentler.
1612 Georg Diemer.
1616 Hans Präntel.
1617 Wolfg. Morte.
1621 Phil. Stabler.
1625 Karl Hätt.
1636 Barth. Aicher.
1637 Leonh. Nerlinger.
1638 Georg Gumpinger.
1642 Tobias Prunner.
1648 Georg Wegwarth.

1649 Wilhelm Schuster.
1653 Georg — Stall? Mall?
1657 Franz Häberl.
1668 Lorenz Plaickhlechner.
1670 Valentin Länderl.
1674 Johann Strobl.
1676 Fr. Herzogstötter.
1679 Georg Leutl.
1682 Mathias Fuchs.
1688 Georg Trübenpacher.
1689 Peter Ainkhaß v. Ainkhaßhofen und Petershausen.
1692 Johann Treiber.

1693 Peter Stegmayr.	1771 Jos. Sartori.
1695 Michael Nähr.	1777 Leop. Chr. Wagner.
1698 J. Mayrhofer mag.	1787 Math. Wallner.
1701 Clem. Ränzer.	1794 J. G. v. Waltenhofen.
1711 Jakob Thaler.	1804 Johann Hintner.
1713 J. G. Nußdorfer.	1808 Adam Jesacher.
1723 Math. Prezner.	1825 Alois Eber.
1725 L. B. Seblmayr theol. Dr.	1834 Jos. Kolberer.
1728 Wolfg. Ferd. Starzer.	1838 Jak. Feichtner.
1745 J. Phil. Rottner.	1846 Franz Haid.
1752 Matthäus Mayr.	1858 Mich. Klaushofer.
1752 Franz Göschl.	1861 Joseph Nill.

Anfangs wohnte der Vicar im ehem. Meßnerhäusel; a. 1683 wurde das gegenwärtige Pfarrhaus mit einem Kosten pr. 743 fl. gebaut, wozu die Gemeinde Materialien und 128 fl. in Geld leistete. Wie an mehreren andern Orten schuf einst auch hier die Gemeinde die Hauseinrichtung. Bis a. 1713 hatte der Vicar einen Kirchengrund von 2 Tagwerken und „1 Khüe und 1 Schweindl von der Kirchen zu gepraucheu"; nach Verkauf dessen wurde ihm von selber ein Geldbetrag angewiesen. Naturaliensammlung, Brennholz, sämmtliche Stolgefälle kommen dem Vicar seit a. 1584 zu. Unter den Geldbezügen ist wieder ein „Harrgelt" pr. 1 fl. 4 ß. 8 dl. Laut Fassion a. 1862 Pfründeerträgniß 447 fl.

3) Kirchen und Gottesdienst. a) Die Pfarrkirche, auch mit einem Keilthurm, wurde a. 1713 erweitert, wovon die Kosten pr. 818 fl., über Baumaterialien von der Gemeinde, aus Localfonden und mit einem Vorschuß des Siechenhauses zu Zell gedeckt wurden. Die Orgel pr. 3 Register, von der St. Josephskapelle bei Salzburg, spendete a. 1816 G. Dießbacher, Montforterhofmayr. Glocken nur 2 a) pr. 11 3t. von a. 1718. b) pr. 3 3t. mit: „O rex glorie" 2c., ohne Jahreszahl. — A. 1860 Kapitalien 5602 fl. Auch gehören der Kirche a) Das Meßnerpeuntel pr. 1160 Ofl., das ihr der Propst Jobst der Fuschär a. 1442 schenkte. b) Das „Weinpeuntel" pr. 592 Ofl., das a. 1549 zur Kirche gekauft worden zu sein scheint und dem Wirth überlassen ist „gegen die im Haupturbar eingetragene Verpflichtung, für 1 Priester den Meßwein zu liefern". — Der Friedhof scheint älter als das Vicariat zu sein. Hier ist

das Denkmal des am 11. Aug. 1819 auf der Gemsburg verunglückten Botanikers Szwikowsky aus Warschau.

Alt ist der Kreuzgang nach Heiligenblut am Tage vor dem Peterstag von der Ferleitkapelle aus, zu dem Theilnehmer aus entfernten Gemeinden Pinzgaus kommen. — Von den Stiftungen sind 1) die ältesten jene von a. 1417 und 1445, welche nun im pfarrl. Gottesdienst ꝛc. fortbestehen. Gemäß letzterer Stiftung waren Gemeindegottesdienste „am andern Sonntag, an den Zwölfpotentägen" und 10 anderen Feiertägen, auch Montagsmessen. Ueberhaupt hatte laut Acten schon der „Uebermooser" die Kreuztracht zu versehen „mit Singen, Lösen, Peichthören, Sacramentraichen" ꝛc. — 2) Die Bruderschaft zu den 7 Zufluchten (a. h. Dreifaltigkeit, der Gekreuzigte, das h. Altarssakrament, U. L. Frau, die h. Engel, die Heiligen im Himmel und armen Seelen im Fegfeuer) wurde a. 1747 eingeführt. A. 1860, mit Dotation von 3 Jahrmessen, Kapitalien 1763 fl. Auch sie hat ein „Seelenstöckel", a. 1860 pr. 297 fl. — 3) Für einen Sustentationsbeitrag von der Pfarrkirche Zell von a. 1674 hat der Pfarrer Quat.-Messen für die Wohlthäter derselben zu lesen. — 4) Jahrtäge und Jahrmessen 46, die älteste von a. 1698.

b) Nebenkirchen mit Meßlicenz bestehen zwei. — 1) Die St. Wolfgangskapelle im Weichselbach, 1¼ St. von der Pfarrkirche. Vierthaler sagt: „im 15. Jahrh. und wahrscheinlich ungleich früher stand daselbst eine ansehnliche Kirche mit 2 Thürmen" (Wandr. II. 227); a. 1417 ist sie urkundlich. Wie diese Kirche so alt sein kann, als die St. Gilgenkirche, so stand sie dieser einst auch übrigens gleich. — Man findet sie zuerst auf dem freien Hügel über dem Badhause; aber durch die Lavinen a. 1686 grob beschädigt, a. 1702 halb niedergestoßen, wurde sie im letzten Jahr mit einer Geldausgabe pr. 1412 fl., größern Theils von Zell. Kirchenfonden, an ihrer nunmehrigen Stelle erbaut. Nach ihrem Unglücke a. 1844 restaurirten sie Wohlthäter, mit Hilfe eines Vorschusses von der Pfarrkirche Zell, um einen Kosten pr. 1002 fl. Die Einrichtung für die erneuerte Kirche schuf größtentheils der Handelsmann Bischetsrieder von Saalfelden. — Gemäß Feststellung a. 1842 sind nun im Sommer 22 Wochenmessen, am Pfingstdienstag, Magdalena- und Wolfsgangstage h. Aemter und überdieß 3 Jahrmessen zu halten. — A. 1860 Kapitalien 2594 fl. — 2) Die Katharinakapelle in der Ferleiten, 2 St. von der Pfarrkirche, baute die Nachbarschaft um 1660 und Jos. Ant. Jud von Piesendorf, Besitzer des

Tauernhauses und Placidus Trauner v. Hundsdorf erwarben ihr a. 1735 die Meßlicenz. Jetzt ist in der Regel eine h. Messe nur vor dem Abgang der Kreuzfahrer nach Heiligenblut. — A. 1860 Kapitalienstand 1337 fl.

Laut Decanatsberichts hielt der Meßner Simon Pichler bereits a. 1719 im Winter Schule, hatte aber a. 1735 noch nur 7 Schüler; nach ihm hielt sie der Zimmerer Aeg. Pichler von St. Katharina bis Ostern; dann der Krämmer und Meßner G. Kapruner. Ihren Aufschwung verdankt sie erst von a. 1783 an dem Meßner Michael Kreuzberger der 30—40 Schüler anzuziehen wußte und von der Gen.-Visitation a. 1799 als „geschickt im Jugendunterricht" notirt wurde. Statt des alten Meßnerhauses, in dem die Schule begann, baute die Gemeinde a. 1841 ein neues Haus. Der Schulbezirk ist, abgesehen von 1, 2 Häusern, welche die Schule Bruck beschicken, gleich dem Pfarrbezirk und zählt um 35 Wochen-, und 15 Sonntagsschüler. Der Lehrer hat das erwähnte Peuntel zu nutzen. A. 1862 Fassion 210 fl. — Der Schulfond, a. 1862 pr. 135 fl., stammt mit 75 fl. RW. aus dem Hause Embach, mit 25 fl. vom Pf. Jesacher.

V. Amtsbezirk Mittersill.

Der Name des Bezirkes und seines Hauptortes lautet zuerst Mittersele z. B. a. 1160; um a. 1300 schon öfters Mittersil, Mittersill. Das Grundwort „Sel, Sil", in Ortsnamen nicht selten vorkommend, ist sicherlich verwandt mit „Sedel, Sidel", wovon ersteres in Pinzgau 2c. vom Platze gebraucht wird, wo sich das Almvieh; besonders zur Nachtszeit im Freien lagert und letzteres auch in der Schriftsprache mit Zusammensetzungen häufig erscheint, und ist nach Koch-Sternfeld nicht das verdeutschte Sedes; sondern das aleman. Sedal oder das goth. Setl, Sitz (Salzb. u. Berchtesg. p. 382). Das Bestimmungswort „Mitter" bezeichnet unsern Ort als einen in der Mitte gelegenen, wohl der Grafschaft Oberpinzgau, da eben am untersten Ende desselben Niebernsill liegt. Von einem entsprechenden Obersill hat man keine Spur.

AB. Mitterfill:

Den Bezirk bilden das obere Hauptthal der Salzach in einer Länge von c. 9 St. und eine Reihe von südlichen größern und kleinern Seitenthälern: Mühlbachel, Rabenspach, Stubach, Felberthal, Hollerspach, Habach, die 2 Sulzbachthäler und das hochgelegene krimmler Achenthal. Nördlich ist der an der Sonnseite sich hinziehende Bergrücken, wie im unteren Salzachthale, zwar hie und da durch große „Gräben" gefurcht, die aber außer Ronach keine Thäler vorstellen können. Außer der Zutheilung der Ortschaft Jesdorf a. 1850, erfuhr er gar lange keine Gränzveränderung mehr. Er gränzt östlich an Zell, südlich an Kärnthen, westlich und nördlich an Tirol, nördlich auch an Zell. — Ist das Gebiet auch nicht das schönste und gesegnetste von Pinzgau, so ist es doch das größte und hat viele geschichtliche und chorograph. Eigenheiten. — Es war von jeher der Ueberschwemmung sehr unterworfen: von a. 1761—1807 betrugen die Wasserschäden 393.121 fl., a. 1761 allein 126.443 fl. — A. 1512 wurden Steinböcke ins „Kelleramt Mitterfill" aus Zillerthal verpflanzt. — Die Velber Chunrat und Jans erhielten a. 1347 „das Bischrecht in der Salzach und den Bächen, die darein rinnen, von der Spreng in Chrümmel unz Hiltungwag im tarenp. Gericht" (Juv. 609); a. 1606 hatten das Recht die Pfleger v. Kaprun. — Den Bergbau s. S. 15 und 17.

Von Seelsorgsbezirken umfaßt das Amtsgebiet Niedernsill, Uttendorf, Stuhlfelden, Mitterfill, Hollerspach, Bramberg, Neukirchen, Wald und Krimmel. — In polit. Beziehung, obgleich einst eine eigene Grafschaft bildend, unterschied es sich ebenfalls in viele Gebiete: in das der Grafen v. Mitterfill, der Herren v. Velben, Hollerspach, Thurn, Wenns, Weyer, Neukirchen, Sulzau ꝛc.; nachmals ist fast eben so viele Pfleggerichte, die anfangs des 16. Jahrh. auf Eines vereint wurden. Auffallend kennt man vom untern mitterf. Bezirk die alten herrschaftlichen Gebiete viel weniger.

Dermalige Ortsgemeinden:

1) Niedernsill
mit 858 Bew. und 3 Steuergem.

Jesdorf	pr.	4144 J.
Niedernsill	„	2649 „
Lengdorf	„	2901 „
		9694 J.

2) Uttendorf
mit 1170 Bew. und 4 Steuergem.

Toberspach	pr.	2586 J.
Uttendorf	„	2608 „
Schwarzenbach	„	2575 „
Stubach	„	21421 „
		29190 J.

AB. Mitterfill.

3) Stuhlfelden
mit 653 Bew. und 2 Steuerg.
Dürrenberg pr. . . 3112 J.
Stuhlfelden „ . . 2042 „
                        5154 J.

4) Markt Mitterfill
mit 250 Bew. und 247 Jochen.

5) Mitterfill Land
mit 1426 Bew. und 6 Steuerg.
Schloß pr. . . 1800 J.
Spielbühel „ . . 932 „
Thurn „ . . 2706 „
Felben „ . . 970 „
Felberthal „ . . 13986 „
Schattberg „ . . 2450 „
                        22844 J.

6) Hollerspach
mit 337 Bewohnern und 2 Steuerg.
Hollerspach pr. . . . 12069 J.
Jochberg „ . . . 1146 „
                        13215 J.

7) Bramberg
mit 1585 Bew. und 4 Steuerg.
Mühlbach pr. . . . 1988 J.
Mühlberg „ . . . 6506 „
Bramberg „ . . . 1880 „
Habach „ . . . 9982 „
                        20356 J.

8) Neukirchen
mit 880 Bew. und 3 Steuergem.
Neukirchen pr. . . 2458 J.
Rosenthal „ . . 3209 „
Sulzau „ . . 23425 „
                        29092 J.

9) Wald
mit 504 Bew. und 2 Steuergem.
Wald pr. . . . . 4668 J.
Hinterwaldberg pr. . . 7367 „
                        12035 J.

10) Krimmel
mit 329 Bew. und 29.559 J.

Also zusammen 8275 Bew. und 171.656 Joche oder 17.1656 □M.

Reihe der Pfleger, Landrichter v. Mitterfill und Kellner zu Stuhlfelden. Die „Kellner" waren Urbarpröpste, wie in der Fusch; hatten ihren Amtsnamen wahrscheinlich von der Aufsicht über eine f. e. Niederlage von Weinen, welche über die Tauern ꝛc. hieher kamen. Lange wurde das Kelleramt von eigenen Beamten versehen; a. 1597 aber definitiv mit der Pflege Mitterfill vereinigt.

1323 Friedrich v. Laybenz Pflg. und Otto der Chellner.
1364 Vincenz Velchinger „Hauspfleger v. M."
1373 Cristan v. Wenns Pflg.
1375 Heinrich v. Sulzau Pflg.
1382 Gebhart v. Hüppach „Cellner und Richter ze M."
1403 Chunrad v. Neukirchen Pfl.
1428 Wilhelm v. Wenns Pfl.
1429 Martein Gschürr, „Kellner zu Mitterfill".

1435 Sigm. Stuelvelder „Kellner zu Stulvelben".
1441 Jakob Ebser Pfl.
1444 Balthasar v. Neukirchen.
1463 Hans Harenacker Pfleger.
1486 Wolf Hunt Pfl.
1514 Peter Hunt zu Ainödberg „Landpfleger".
1520 Georg v. Neukirchen Pfl.
1525 erhielt Peter Hunt die Pflege M. abermal für ein Darlehen pr. 7000 fl.; a. 1530 wurde er vom Kaiser Karl zum Ritter geschlagen.
1528 Haimeram Oberndorffer Kellner zu Stuhlfelden.
1532 Eustach Gold v. Lampoting Pfleger.
1548 scheint H. Oberndorffer Pfl. geworden zu sein.
1565 Jak. Ritter v. Khuen-Belasy Pfl., der sich Paul Götzer als Amtsverweser hielt.
1572 Melchior Welser Pfl.
1594 Ladisl. v. Törring Pfl.
1598 Jak. Friedr. Ritz Pfl.
1601 Ferd. v. Welsperg.
1603 Abraham Ueberacher Pfl.
1608 Joh. Gutrater Pfl.
1612 Ludw. Grimming v. Niederrain Pfleger.
1619 Karl Khuen v. Belasy, Landmann, Rath und Kämerer.
1641 Wolf Casp. Ueberacher, Truchseß, Land- und Hauptm.
1651 Hans Jak. Rost Pfl.
1654 Thomas Perger v. Emslieb Rath und Landmann.
1682 Joh. Chr. Osterberger.
1689 Virg. Rud. Emeran Gold Freiherr v. Lampoting Kämerer, Hofrath ꝛc.
1711 Franz Jos. Kleimayer.
1712 Friedrich Ignaz Lürzer v. Zehenthal Rath.
1725 G. Ludw. v. Waltenhofen zu Engelsheim, Grub und Ramseiden, Rath und krol. Landm.
1746 † Karl Ainkhaß v. Ainkhaßhofen und Petershausen, Land- und Bergrichter und Umgelter.
1750 Jos. Jak. v. Mayrau, Rath.
1762 Joh. Chr. Trauner.
1786 Joh. Jos. Koch v. Sternfeld, Rath. Vater des verdienstvollen salzb. Geschichtsforschers Jos. Ernest K. v. St.
1813 Franz Ant. Reisigl, Regierungsrath und Truchseß.
1814 Daniel Regulati Dr. Jur.
1826 Albert Hofmann.
1732 Anton Moser und Martin Zehrer nacheinander Amtsverw.
1835 Ignaz Ritter v. Kürsinger.
1842 Johann Blachfelner.

1. Gemeindebezirk Riedernsill.

a) Der Bezirk. Ueber den Namen, a. 1170 Nidrinsele, a. 1500 Nidernsil, a. 1555 Nidersil ꝛc. s. S. 333. — Der nun-

mehrige niebernſ. Bezirk umfaßt vom Salzachthale eine Strecke ohn=
gefähr von ³/₄ St. und die kleinen Almthäler Mühlbachl und Rabens=
pach. — Von seinen Bergen sind am Bekannteſten auf der Süd=
ſeite der Archenkopf pr. 7754', so genannt von einer ihm nahe an der
Spitze anklebenden, archenförmigen Felſenmaſſe. Auf der Nordſeite
der Zirmkogel und der Pölſenkopf, beide um 7000'. — Nach ſehr
glaublicher Tradition floß einſt die Salzach zwiſchen dem Pfarrdorfe
und dem Schattberg ab. Der „grob Muelpach", der durchs Dorf
lief, wurde a. 1590 öſtlich von dieſem abgeleitet.

Orte ꝛc. — 1) Das Gut Einöben am Nagelköpfel erinnert
durch seinen Namen an die einſtige Gränzlinie zwiſchen der obern
und untern Graffſchaft Pinzgau (cf. p. 3) und ſoll die Heimath der
Herren v. Ainöbberg bei Hollerſpach geweſen ſein (Präb. Pr. 195).
— 2) Ueber dem Hauſe Emathen am Sonnberg entdeckte ſich vor
wenigen Jahren ein Streifen gerade ſolchen Kieſelgrieſes, wie man es
an der Salzach ſieht, als wäre einſt das Ufer des Fluſſes dort oben
geweſen. A. 1412 giebt Chunrat v. Neukhirchen „ſeiner lieben Tochter
Criſtein Cloſterfraw ꝛc ſand Peter" 3½ Pf. Pfge. jährlicher Stiften
auf dem Gut Ebmat. — 3) Am Steindorfbrückel an der Landſtraße
ſoll einſt ein Peſtfriedhof geweſen ſein. Mit dieſer Ueberlieferung
erzählt man hier auch eine andere. Die Peſt, welche den Friedhof
veranlaßte, habe ganze Reviere faſt entvölkert und die einzelnen Uebrig=
gebliebenen haben ſich einander durch große Feuer im Freien angezeigt.
Das gilt hier, gewiß irrig, als der Urſprung der „Sonnwend=
feuer". Das Johannsfeuer ſtammt nach der gewöhnlichen Annahme
von den Opferfeuern der alten Deutſchen her (Juv. 65). — 4) Von
Lengdorf, a. 963 Lengindorf, erſcheinen im 12. und 13. Jahrh.
mehrere Herren: Hazaga a. 1130, Gebolf, Ruodeger a. 1150,
Ekkehart und Arbeo a. 1160, Chunrad und Heinrih a. 1255. —
Da ſtand noch a. 1802 „die größte Eiche in ganz Pinzgau pr. 20'
im Umfang". — 5) Das Pfarrdorf Niedernſill auf der rechten Seite
der Salzach, 1 St. von Pieſendorf, mit 19 Häuſern. — Um a. 1170
opferte Graf Chunrad v. Beilſtein ſeinen Hof zu Niedrinſele auf den Altar
des h. Petrus mit dem, daß ihn Graf Herman v. Pinzgiuoe auf die Dauer
seines Lebens nutzen ſolle. — Am Joſephifeſt a. 1832 wurden hier
ohngefähr 10 Militärflüchtige gefangen. Während des Hauptgottes=
dienſtes poſtirten ſich bei 20 bewaffnete Gerichtsperſonen ꝛc. von Zell
und Mitterſill mit Fanghunden vor die Ausgänge der Kirche. Als am
Ende des Gottesdienſtes die erſten Burſchen ausgingen und die Anſtalt

sahen, rief das Einer laut in die Kirche hinein. Die Schuldigen blieben
somit in der Kirche und retirirten sich auf die Empore. Nachdem sich
die Kirche geleert hatte, drangen die Gerichtspersonen in selbe ein, über-
mannten die Flüchtlinge nicht ohne ernsten Kampf und führten sie gefangen
ab. — 6) Das große Ereigniß des Ortes ist die „Schlammfluth"
von a. 1798. Vierthaler (Wandr. II. 215) erzählt davon: Am
Portiunculasonntag (5 Aug.), an dem eben viele Leute von hier beim
Ablaßfeste in Hundsdorf waren, nahm man um 4 Uhr früh im hintersten Mühlbachthal ein Gewitter wahr, befürchtete aber nichts davon.
„Auf ein Mal erscholl vom Sonnberg hierüber der Ruf: Flieht, flieht,
der Bach kommt! Auf diesen Ruf, den sogleich hundert Stimmen von
Berge zu Berge wiederholten, stürzte Alles aus den Häusern und ein
Zettergeschrei erfüllte die Luft. Unter wildem Rauschen und Rasseln
wälzte sich das Ungeheuer von einem Bach, nicht Wasser, sondern ein
beweglicher Berg von Schlamm, Schutt, Steinmassen, Bäumen, Brücken und zertrümmerten Gebäuden durch das Mühlbachthal heran und
riß alles, was ihm im Wege stand, mit sich fort; in wenigen Augen-
blicken war das ganze Dorf Mühlbach verschwunden. In der Nähe
v. Niedernsill, wo das Thal sich sanft zu einer Fläche ausdehnt, zerborst
der Schlammberg und ein Theil desselben warf sich gegen Niedernsill
und der andere gegen Jesdorf hin. Ställe, Scheuern und Häuser
krachen, wanken und stürzen ein und werden von den Schlammfluthen
in die Salzach fortgeschwemmt. In den wenigen Häusern, die noch
widerstehen, bringen Letten, Schutt und Steine zu den Thüren und
Fenstern ein. Die Einwohner, welche sich noch über die Brücke auf
die linke Seite der Salzach retten konnten, sahen händeringend ihre
Häuser, Güter, vielleicht auch ihre Eltern und Kinder vor ihren Augen
untergehen. Es war ungefähr 6 Uhr; die Schlamm- und Wasser-
fluthen waren plötzlich gesunken und die kühnsten Männer fingen an,
auf Rettung zu denken; denn auf den Dächern noch stehender Häuser,
an den Fenstern der Kirche und auf wankenden Bäumen sah man
Menschen mit zum Himmel gehobenen Händen um Hilfe schreien. Auf
ein Mal aber erschallt ein neues Angstgeschrei, ein zweiter Schlammberg bringt brausend, wie vom Sturmwind getrieben, aus dem Mühlbachthal und stürzt sich auf Jesdorf und Niedernsill. Alles, was der
erste noch verschont hatte, hebt er aus dem Grunde und wirft es mit
sich in die Salzach . . Ein dritter Schlammberg vollendete den
Gräuel; er rückte, da er nirgends auf Widerstand traf, schneller aus
dem Thal hervor, aber minder groß und stark zerplatzte er sogleich beim

Austritt; die Fluthen schlugen an der Kirche bis zum Dach hinauf. Die Schutt- und Schlammasse mochte 3.000.000 Cubikklafter betragen (?). Das ganze schauerliche Unglück hatte sich innerhalb 2 St. ereignet". So gar Alles hatte die Fluth doch nicht weggerafft; die festesten Häuser bestanden und wurden nur tief verschüttet, das nun Keller ist, was ehemals Küche war. 6 Menschen verloren ihr Leben. Durch Muth und Besonnenheit während des Ereignisses zeichnete sich der Bauer Joseph Brucker v. Mayrleiten aus: er rettete den P. Willibald aus der Kirche, dann Weiber und Kinder. Ueber die Entstehung der Schlammberge hörte Vierthaler von dortmaligen Almleuten des Mühlbachels: in Folge schauerlichen Regens sei eine unermeßliche Erdlahne auf den Bach niedergefahren und als dieser dahinter ohngefähr eine Tiefe von 100' erreicht hatte, habe er die Erdmasse überwältigt und auf 3 Male in die Ebene hinausgeschoben. A. 1833 grub man aus einem Keller 30 ℔ damals verschütteten Schmalzes aus, das noch völlig brauchbar war. — Bei der Grundgrabung für den Kirchenbau a. 1865 glaubte man Spuren einer früheren ähnlichen Ueberschüttung zu finden. —
7) Ueber Aisdorf ist eine Ebene, die als Stätte eines ehemaligen großen Gebäudes aussieht und „Burgboden" heißt; der einzige Grund zur Vermuthung, daß einst doch auch Niedernsill nicht ohne Herrensitz war.

b) Die **Pfarre** zur h. Luzia. — 1) **Entwicklung.** Ueber die Entstehung der ersten Kirche läßt sich kaum eine Vermuthung aussprechen. Ob sie gleich wahrscheinlich nicht zu den ältesten pinzg. Nebenkirchen gehörte, ist sie doch so frühe, als die mehreren derselben durch einen Ablaßbrief a. 1409 als Filiale v. Piesendorf urkundlich. A. 1548 bestätigte der EB. einen Vertrag der Kreuztracht mit dem piesend. Pfarrer bezüglich allfeiertägl. Gottesdienstes außer den Pfarrtägen, welcher Vertrag a. 1556 und 1564 erneuert wurde. Die Errichtung einer eigenen Curatie regten die Weltpriestermissionäre a. 1735 und 1769 vergeblich an; erst mit den vielen andern Filialkreuztrachten, denen EB. Hieronymus einen eigenen Seelsorger zudachte, erhielt auch Niedernsill a. 1784 ein Vicariat, das a. 1857 zur Pfarre erhoben wurde.

Den ehemaligen piesend. Filialbezirk dahier machte nur das niebernf. Gebiet auf der rechten Seite der Salzach aus von Hummersdorf bis zum Rabenspach; erst bei Errichtung des Vicariats kamen dazu die ehemals stuhlf., dann uttend. Ortschaften Lengdorf, Steindorf, Gaißbühel und Emathen. Somit zählt er nun 130 Häus. und 920 S.

2) **Die Seelsorger und ihr Unterhalt.**

1784 Rupert Frauenschuh.	1810 Andrä Hofer.
1788 Leonh. Hochwimmer.	1828 Balth. Raneburger.
1794 Johann Meilinger.	1845 Jakob Rainer.
1795 Mathias Wallner.	1864 Franz Huber.
1801 Joh. Ant. Bock.	

Die **Hilfspriester** begannen hier bald, theils wegen Kränklichkeit der Vicare, theils auf Verlangen der Gemeinde; aber erst mit h. Regierungsdekret a. 1848 wurde ein beständiger Sustentationsbeitrag pr. 190 fl. WW. aus verschiedenen Kirchenfonden bewilligt, wozu die Gemeinde noch 9 fl. 59 kr. giebt.

Den Grund zu **Pfarrhaus** und Garten gaben der Samer- und Steffelbauer; zum Hausbau, den der Maurermeister Andrä Huber v. Kitzbübel ausführte, schaffte die Gemeinde nicht nur die Materialien her; sondern gab auch 1200 fl. in Geld. Die tiefe Lage des Hauses, zu dem man früher über Stufen aufwärts einging, wie nun abwärts, ist wieder Denkmal der Schlammfluth von a. 1798. Seit a. 1788 ist es von Kirchenmitteln innezuhalten. — Die **Naturaliensammlung** vom alten piesend. Bezirk wurde dem Vicar a. 1784, vom stuhlf. Bezirk a. 1791 zugewiesen. Die **Stolgefälle** gebühren dem Seelsorger nach Maß „der von Zeit zu Zeit üblichen Stolordnung"; vom Seelrecht aber $^1/_3$ dem Pfarrer v. Piesendorf. An firem Geld bezog der Vicar anfangs 50 fl. von verschiedenen Kirchenfonden und 104 fl. von der Pfarrpfründe Piesendorf; letztere nun auch von Kirchenfonden. A. 1864 Fassion des Pfr.-Einkommens 621 fl.

3) **Kirche und Gottesdienst.** — Das alte Gotteshaus wurde durch die Schlammfluth laut Decanatsberichts „4' hoch mit Schlamm angefüllt, daß es mehr einem verwüsteten Stall, als einer Kirche gleich sieht"; das Wasser soll an die Mitte des Hochaltares gereicht haben; die Reparaturkosten betrugen 2947 fl. Unförmlich, auch zu enge, forderte es schon lange eine Umgestaltung, für die man von aa. 1835—57 verschiedene Pläne und Kostenanschläge von 1570 bis 7716 fl. machte. Endlich a. 1865 wurde außer dem Thurm und einem Seitenmauerstücke ein Neubau in byzant. Styl begonnen, wovon die Kosten die Kirchenfonde v. Piesendorf und Kaprun rund mit 11000 fl. und die Gemeinde durch Schichten pr. . . . . 5000 „

decken sollen, zusammen mit . . . . 16000 fl.

— Eine Orgel bestand nicht vor dem Vicariate. Glocken 3: die größte goß Sebalt Hirber Deß v. Salzburg Pixenmeister a. 1511; die 2 anderen schuf die Gemeinde a. 1597. — A. 1860 Kapitalien 9193 fl. — Vom Friedhof sagt Gen.-Visitator Trautmansdorf a. 1555: „Nidersil habe von Alter das Sacrament und aigne Sepultur". Erwähnenswerthe Denkmäler fehlen.

Stiftungen: 1) Die Schutzengelbruderschaft wurde a. 1740 eingeführt; hat nun 5 Jahrmeßstiftungen; a. 1860 Kapitalien 3457 fl. — 2) Zu 2 Quat.-Meßstiftungen hat man 79 Jahrtäge und Messen, deren älteste von a. 1673.

Von einer Schule findet man vor dem Vicariate keine Spur; seit Beginn dieses wurde sie nicht mehr unterbrochen und gelangte früher als manche Pfarrschule durch schuleifrige Vicare zu einem vorzüglichen Ruf. Unter Vicar Raneburger führte die Gemeinde für die Schule einen Anbau ans Meßnerhaus aus. Der Schulbezirk, gleich dem Pfarrbezirk, giebt um 80 Wochen- und 40 Sonntagsschüler. Der Lehrer 2c. hat einen kleinen Kirchengrund und eine Naturaliensammlung und laut staatsbuchh. Ausweises a. 1863 ein faßionsmäßiges Einkommen von 253 fl. — Einen Schulfond pr. 168 fl. stifteten a. 1857 Pf. Rainer und ein Ungenannter.

2. Gemeindebezirk Uttendorf.

Der Name, a. 1190 Otendorf, Vtendorf, dann Vetendorf, Uttendorf, wäre nach Koch-Sternfeld abzuleiten von „od", gut, oder „Out", Wächter (Salzb. und Berchtesg. p. 385). Andere leiten ihn vom bayr. Herzog Odilo (aa. 735—45) ab; die Kühnsten gar vom deutschen Götterfürsten Odin, Uotan, Wodan. — Der Bezirk umfaßt vom pinzg. Hauptthale eine Strecke von ohngefähr 1¾ St. und das Stubachthal. — Von Bergen auf der Sonnseite ist der Bärensteig pr. 6986' zu erwähnen. Die ansehnlichsten s. in Stubach.

Im Hauptthale kommt man von Niedernsill her 1) an die „Wasau" über die vor a. 1768 noch die Landstraße zog und die nun im Wasserbau begriffen ist. — 2) Gleich darnach begegnet man zur Seltenheit 2 undeutschen, nach Koch-Sternfeld slavischen topographischen Namen: „Manlitz" (Bächchen und Haus) und Ortschaft

„Uggel" (Ugehel Waldumfang). — 3) Das Pfarrdorf mit c. 50 Häusern, 1 St. von Niedernsill, der Oeffnung des Stubachthales gegenüber. A. 1800 zündete es ein wahnsinniges Weib an 3 Orten an. — Von Herren des Ortes sind bekannt a. 1190 ein Poppo v. Otendorf, 1212 Bernhard v. Ut. — Der „Tischlerhans" von hier dichtete manche nicht ungemüthliche Lieder z. B. Wildschützenlieder. — 4) Lützeldorf (lützel, klein) war einst auch ein Herrensitz: Lanfried v. Luccelendorf a. 1140, Gerung a. 1180, Rudolph a. 1300. — 5) Auf der rechten Seite der Salzach liegt Schwarzenbach, wovon a. 1160 ein Wigand, a. 1320 ein Chun v. Swarzenpach vorkommen. Das Gaßnerhaus daselbst hieß einst der „Zehenthof v. Schwarzenbach". Da ist auch ein Heilbad, welches der salzb. f. e. Leibarzt Anton Buchmann a. 1774 bestens empfahl.

„Die Stubach", bis zum Fuße des Tauern 4 St. lang, im Hintergrunde in 2 Aeste getheilt: Dorfnerainöde und Tauernthal mit dem Ebenwinkel, ist „eines der schönsten Thäler in ganz Oberpinzgau" und auch sonst nicht ohne Merkwürdigkeiten. — 1) ist eine Reihe stattlicher Berge zu verzeichnen: östlich die Lerchwand pr. 7552', der Königsstuhl und Jakeser. Im Hintergrunde der Kaisertauern 8000', wovon sich östlich der Großglockner 11.991' hoch erhebt, nach den Gebrüdern Schlagintweit gar 12.158 par. Fuß. In der Mitte des Thales die Teufelsmühl 7900'. Westlich der Hohenbeil, Schrottkopf und die Scheibelberghöhe 7731'. — 2) Man glaubt im Thale Spuren großer Umgestaltungen durch Elementarereignisse wahrzunehmen: hoch an den Felsenwänden sieht man deutliche Spuren von Ausspühlungen durch Fluthen und schließt daraus, das Thal habe einst ein See bedeckt, dessen Wand gegen das Salzachthal etwa ein Erdbeben niedergestürzt habe, was aber schon vor dem Erdbeben von a. 786 (cf. p. 48) geschehen sein müßte. In neuerer Zeit lösten sich von der Eslachwand ungeheuere Felsenmassen los und stürzten unter erschütterndem Donner ins Thal. Wolkenbrüche wie a. 1798, die Stubache und der Sturmbach von der Scheibelberghöhe richteten auch oft schon große Verwüstungen an. — 3) Herren v. Stupach kennt man schon aus sehr früher Zeit: Ortolph a. 1130, Uodalrich a. 1140, Poppo a. 1160, Gotschalch a. 1170; noch im 14. und 15. Jahrhundert erscheinen die „Stupekhen" als angesehene Leute. — 4) Koch-Sternfeld: im 12. Jahrh. führte ein „viel betretener Samweg durch das Stubachthal über den Tauern nach Kals im Pusterthal und nach

Innichen, dem alten Agunt. Oeffentliche Herbergen und Tauernhäuser bestanden daher bis in unsere Tage. Vielleicht hatte der (von jener Zeit bekannte) Drechsler Reginhard v. Veldern die Bestimmung als „Wegweiser der Wanderer zu dienen" (Präb. Pr. 106). Von Uttendorf gelangt ein guter Fußgänger ohngefähr in 12 St. nach Kals; also ziemlich in derselben Zeit, wie von Mittersill nach Matrei und von Bruck durch die Fusch, von Tarenbach durch die Rauris nach Heiligenblut. — 5) Ueber dem Gute Wibrechtshausen zeigt man ein unzugängliches Felsenloch, in dem einst 2 Wilde, Mann und Weib, hausten und in der Nähe den Stein, auf dem die Frau spann und einen andern mit der Spur ihres linken Fußes. Die Sage spricht sonst nur von wilden Frauen, wovon Dr. Zillner sagt: Die alten myth. Frauen der Deutschen „arteten in Vergröberung des Begriffs zu einer Art von Höhlenbewohnerinnen ic. aus. In weiterer Entwicklung zum Gewöhnlichen herab wurden die Wildfrauen zu friedlichen Menschen, die den Feldarbeitern bei den Geschäften helfen oder in Haus und Hof dienen; aber verschwinden, sobald man sie um Namen, Herkunft ic. fragt" (Landesk. a. 1860 p. 1071). Ein alter Wibrechtshauser stand laut Sage mit der wilden Frau jenes Felsenloches in Verbindung und wurde durch sie reich. — 6) Im Thale ist die Hauptbrennerei von Enzianbrandwein, des „Stubachers". Nicht nur sollen hier die Wurzeln reichlich, sondern auch in vorzüglicher Güte vorkommen. — 7) Als ehrwürdige Exemplare alter pinzg. Bauernhäuser verdienen eine Erwähnung die großen Häuser Enzing am Ausgang des Thales, Wibrechtshausen und Fellern in demselben. In Hausordnung, Hauseinrichtung („Schönkammer" mit Zirmholz ausgetäfelt und Schnitzwerk von gleichem Holz ic) und in persönlicher Erscheinung bewahrten die Familien länger als die meisten andern die Sitte ihrer Väter. — 8) Am 9. Dec. 1799 wurde der Bauer v. Fellern von seinem eigenen Hunde gebissen und starb am 1. Hornung 1800 an der Wasserscheue. Sein braves Eheweib pflegte seiner unter großer Gefahr bis zum letzten Augenblick.

b) Die **Pfarre** zum h. Rupert. 1) Entwicklung. Kann man im h. Kirchenpatron nicht eine Andeutung auf Herkunft der Kirche von einem salzb. Erzbischof finden, ist eine Vermuthung über ihren Gründer nicht leicht auszusprechen. Jedenfalls ist sie auch sehr alt; a. 1320 bereits als Filiale von Stuhlfelden urkundlich. Einen Seelsorger im Orte hatte die Kreuztracht schon a. 1614; er fehlte aber später zeitweise, bis a. 1665 das Vicariat sicher gestellt wurde. A. 1858 gelangte es, wie damals viele andere Vicariate, zum Range einer Pfarre.

Der alte Seelsorgsbezirk wurde a. 1784 durch Ueberweisung der 4 Ortschaften Lengdorf, Steindorf, Gaißbühel und Emathen ans neue Vicariat Niebernsill geschmälert. Dennoch zählt er noch 173 Häuser und 1290 Seelen.

2) Die Seelsorger und ihr Unterhalt.

1614 Franz Humbl.	1737 Jos. Päbinger.
1623 N. Maul.	1752 J. Franz Ottinger.
1665 Georg Leutl.	1765 Christoph Hanolb.
1672 Ludwig Huber.	1780 Leonhard Pichler.
1685 Georg Kuchlperger.	1791 J. Vital Pfeifinger.
1701 Valentin Sartory.	1804 J. Simon Brugger.
1706 Leopold Haizander.	1811 Ferdinand Pohl,
1709 Matthäus Hengge.	1827 Cajetan Stainböck.
1713 Lorenz Pürkmann.	1839 Matth. Wenkler.
1727 Martin Weißbacher.	1845 Franz Riedelsperger.
1734 Jos. Ant. Math.	1856 Mathias Panzl.

Hilfspriester findet man seit der Emigration fortwährend, periodenweise deren auch 2; systemisirt und theilweise dotirt ist aber immer nur 1.

Das Pfarrhaus wurde unter Vicar Weißbacher mit Kirchenmitteln pr. 420 fl. erweitert. Bis a. 1690 hatte der Vicar Feld und Wiese; seitdem dafür ein Gelddeputat von der Kirche und 2 Gärten, zusammen pr. 400 Ofl. Die Naturaliensammlung und Stolgefälle, doch vom Seelrecht nur die Hälfte, wurden dem Vicar gleich anfangs zugewiesen. Das Brennholz liefert die Gemeinde in Stämmen. A. 1863 Pfründefassion 640 fl.

3) Kirchen und Gottesdienst. a) Die Seelsorgskirche stand, wie es scheint, noch a. 1404 an der Straße, rechts vom Dorfbache, am damaligen Bauershause „Kirchhof"; wahrscheinlich in Folge einer Zerstörung durch den Bach wurde sie bald darauf auf ihrer nunmehrigen Stelle in goth. Style erbaut. Das Hochaltarblatt (a. h. Dreifaltigkeit und St. Rupert) ist vom Maler Joh. Rattensperger, die Statuette des h. Johann B. auf dem Taufstein vom tirol. Bildhauer Jos. Haib. Eine Orgel scheint a. 1750 aufgestellt worden zu sein.

Glocken 4 a) pr. 30 Zt. von Wohlthätern, besonders Joh. Loitfelder bestritten a. 1836. b) von a. 1837. Das Metall dieser beiden Glocken soll von erbeuteten türkischen Kanonen sein. c) von a. 1777. d) von a. 1537. — A. 1860 Kapitalienstand 16.936 fl. — Ohngeachtet der Nähe der Mutterkirche Stuhlfelden ist hier ein **Friedhof** durch ein sanctpetr. Urbarbuch schon a. 1404 angedeutet.

Stiftungen: 1) kennt man noch 3 alte, die aber in den Wirren der Zeit schon längst untergegangen sind: a. 1320 wurde von „Alheit Wusin" 1 Jahrmesse auf den ersten Pfinztag in der Vasten gestiftet; a. 1360 von „Hansen dem Stubechen" und andern Stubachern eine Wochenmesse; a. 1398 eine solche von der Gmain durch „Dyetreichen Unterwaßerer b. Z. Zechmaister des Gotßhaws". — 2) Die h. Dreifaltigkeitsbruderschaft wurde auf Bitten der Kirchpröpste a. 1726 eingeführt; zu ihr gehören 10 Jahrmessen; a. 1860 Kapitalien 4911 fl. — 3) Das 40stünd. Gebet zu Ostern begann a. 1847 wird von Wohlthätern, darunter wieder Joh. Loitfelder, allmälig botirt und hat bereits ein Kapital pr. 2428 fl. — 4) Quatembermessen, Jahrtäge und Messen 125, wovon die älteste JM. von a. 1665.

b) **Nebenkirchen** mit Meßlicenz bestehen hier zwei. — 1) Das Kirchlein zu Schwarzenbach zur h. Margreth, ½ St. von der Pfarrkirche, stammt wahrscheinlich von den gleichnamigen Herren (cf. p. 342). Es hat 3 Altäre, beachtenswerthe Kreuzwegtafeln, eine kleine Orgel und 2 Glöcklein, das eine von a. 1836, das andere alt. A. 1860 Kapitalien 6028 fl. A. 1613 waren da noch Wochenmessen üblich; nun ist nur mehr jährlich 3maliger pfarrl. Gottesdienst. — 2) Beim Hause **Fellern** (Veldern a. 1180) baute der Besitzer Joh. Gruber a. 1774 eine Kapelle, versah sie mit aller Nothwendigkeit zur h. Messe und gab 25 fl. mit dem zur Pfarrkirche, daß diese die Kapelle für den Fall restaurire, wenn sie von seinen Nachfolgern auf dem Gute vernachläßigt würde. Eine h. Messe findet aber hier nur in außerordentlichen Fällen statt.

Eine **Schule** erscheint hier a. 1687; aber erst von a. 1740 an läßt sich ihr fortwährender Bestand nachweisen. A. 1843 wurde mit einem Kosten von 6000 fl. ein neues Schul- und Meßnerhaus gebaut, welche Kosten die Gemeinde mit 2400 fl. in Hand- und Fuhrschichten, übrigens die uttend. Kirchenfonde deckten; es ist Eigenthum der Kirche.

Man zählt um 120 Wochen- und 50 Sonntagsschüler, daß ein Schulgehilfe erforderlich ist. Faßionsmäßiges Dienstererträgniß 420 fl. — Schulfond a. 1862 pr. 466 fl.

3. Gemeindebezirk Stuhlfelden.

a) Der **Bezirk** mag den Namen, — a. 963 Stuolveldun, a. 1140 Stuolvelden, a. 1215 Stuelvelden, — von seiner Gestalt haben, wie mehrere Berge „Königsstühle". Er erstreckt sich kaum eine volle Stunde durchs Salzachthal und umfaßt kein Seitenthal.

Auf der linken Seite der Salzach ist 1) Pürtendorf (von „Pürten, Burdina, Boerdeu fruchtbare Ebene, von der einst die Flüsse zurückgetreten"). Die Bischöfe v. Chiemsee „hatten den großen Zehenthof Pürtendorf und die Zehentner zu Afterholden für beträchtliche Getraide- und Geltgülten" (Koch-Sternf. Beitr. I. 318; II. 293). — 2) Das Pfarrdorf Stuhlfelden, 1 fl. St. von Uttendorf, mit 40 Häusern. Da bestehen noch der „Kellhof", einst Sitz der f. e. Kellner, nun ein vernachläßigtes Gebäude, und der ehemals chiemf. Getraidekasten, zum Theil zu Wohnungen bereitet. Das Schloß „Lichtenau" wurde von den Gewerken Rosenberg, angeblich a. 1506, erbaut; kam später an die Freiherren v. Törring; erhielt a. 1624 durch Chr. Khuen v. Belasy eine neue Gestalt und wurde a. 1676 von Georg Perger v. Emslieb für 3000 fl. an den Erzbischof verkauft. Hat schön geschnitzte Tafelwerke. — 3) Vom Bergbau in der Stümmel, nun „Kasten", am Dürrenberg, erst im laufenden Jahrh. aufgelaßen, nimmt man noch mehrere sehr alte Stollen wahr (cf. p. 15). — 4) Das Kaif. Franzens-Monument auf dem Kreuzbühel, zur Erinnerung an die Verheißung Sr. Majestät v. 12. Jul. 1832 auf der Reise durch Pinzgau: „Meine Kinder, da muß euch geholfen werden!" (bezüglich der Versumpfung), welche Verheißung sich nun vor unseren Augen so erfreulich erfüllt (cf. p. 22) — wurde am 27. Aug. 1847 feierlich enthüllt. Das Denkmal besteht in einer Serpentinsäule aus Stubach, den Doppeladler über sich, in einem Eisengitter, auf hohem Gestell. Um selbes herum sind Bäume gepflanzt, deren Namensanfangsbuchstaben „Franz" geben. — 5) Burgwies ein Wirthshaus, in dessen Nähe 2 Heilquellen fließen, Fieber- und Schwefelbrun, 80 Schritte auseinander. Schon a. 1723 wurden die Quellen vom Stadtarzt Dr. W. A. Eckel v. Kitzbühel vorzüglich gewürdigt; werden immerfort noch besucht. — Auf der rechten Seite der Salzach sind 6) nur zu bemerken **Wilhelmsdorf**, das a. 1215 zum ersten Mal genannt und zur bisch. chiemf. Tafel gewidmet wurde; dann das Schloß **Lapach** oder **Lopach**, neuer Lambach. Den Namen soll es haben von „Lab, coagulum, oder von Lam, wo Quellen zusammenrinnen" (Beitr. I. 314). Im 15. Jahrhundert findet man hier die „Lopechen"; im 16. und 17. Jahrhundert die Rosenberger, Welser und die Wittwe Maria Grimmiginn, geb. Ritzin; im 18. Jahrhundert Löckher v. Cronenkreuz; nun hat es ein Bauer. Hier wurde a. 1582 der für Missionszwecke besonders eifrige und begabte Jesuit P. Emeram Welser geboren; † in München a. 1618.

b) Die **Pfarre** zu U. L. Frau Himmelfahrt. 1) Entwicklung. Sicherlich ist Stuhlfelden die älteste Kirche Oberpinzgaus; übrigens aber liegt ihre Entstehung gänzlich im Dunkel. Der älteste Pfarrer v. Pinzgau, den man mit Namen kennt, ist ein Pfarrer (plebanus) v. Stuhlfelden a. 1140. Wie andere pinzg. Pfarren (cf. p. 104) wurde auch diese a. 1215 der bisch. chiemf. Tafel einverleibt und blieb es bis a. 1807. Seitdem ist sie zwar wieder eine freie Pfarre; die Spuren der Incorporation trägt sie aber noch augenfällig an sich. A. 1820 kam der Decanalsitz hieher.

Der Pfarrbezirk erstreckte sich einst vom Nagelköpfel und dem Rabenspach bei Niedernsill bis in die Krimmel; aber schon im 13. Jahrhundert entstand die Pfarre Bramberg und zog ohngefähr die Hälfte des alten stuhlf. Gebietes an sich; a. 1564 wurde **Mittersill**, a. 1665 Uttendorf zu einer gesonderten Curatie. Der Pfarre Stuhlfelden verblieben nur mehr 95 Häuser und um 670 Seelen. Keine der pinzg. Altpfarren wurde so durch Erscindirungen geschmälert.

2) Die **Seelsorger** und ihr Unterhalt.

1140 Heinrich, Pfarrer.
1180 Albert, Pfarrer.
1200 c. Einwich. Priester.
1211 Rubiger (cf. p. 289).
1312 Heinrich, Pfarrvicar, wie die Folgenden.
1344 Hartneyd.
1350 Chunradt Haas.
1393 Jakob der Anich.

1400 c. Konrad Poycenfurt.
1412 Hans Wegschaider.
1413 Jörg Greymolzhawser Kirchherr; Vicare: Christoph Fränkh, Hans Pernborffer.
1465 Sigm. Schröttel Kirchherr; Vicare: Aegyd Wünder, Erasm. Lauentaler.
1470 Wilh. Wißendorfer Kirch-

herr; Vicar Matth. Winkhl-
mayr.
1500 Georg Uebelaller.
1506 Christoph Poltz.
1512 Georg Lirthaler.
1518 Hans Vigaun.
1525 Wilhelm Stainer.
1532 Hans Neuhauser.
1540 Georg Albkhendler.
1542 Lucas Rehm.
1543 Michael Meytinger Kirchh.;
Vicare: Virgil Wider, Hans
Winkhler, Hippolyt. Neff.
1571 Hippolyt Neff Pfarrer.
1597 Gallus Rues.
1629 Elias Metzer.
1638 Tobias Prunner.
1640 Leonh. Nerlinger mag.
1650 Joh. Mich. Pockh.
1661 Georg Mayr.
1685 Ludw. Huber mag.
1702 Benedict Schley.
1720 J. Ferd. Rosmann.
1738 Fr. Ant. Lengauer.
1745 Joh. Schwarzenböck.
1757 Georg Voglsanger.
1766 Mathias Poiger.
1777 Joh. Seb. Schmid.
1783 Jak. Köllinger.
1800 Jak. Anbrä Jub.
1810 Georg Pichler.

Zugleich Dechante und f. e. g. Räthe.
1820 Georg Pichler.
1839 Johann Fleischl.
1847 Jos. Wernspacher.
1865 Blasius Holaus.

Hilfspriester. EB. Eberhard II. trug dem Bischof v. Chiemsee a. 1215 auf, in Stuhlfelden 5 Priester zu halten, welche mit wenigstens eben so viel in Oberpinzgau bestehenden Kirchen Beschäftigung genug hatten. Vom ersten Erscheinen der Pfarre Bramberg bis a. 1564 findet man dahier, 2, 3, 4 Hilfspriester. Als in jenem Jahr das Vicariat Mittersill gestiftet wurde, sollten in Stuhlfelden noch 2 Cooperatoren fortbestehen. Nach Errichtung des Vicariates Uttendorf verschwindet der Cooperator v. Stuhlfelden gänzlich und erst im 18. Jahrh. erscheint dafür ein Coadjutor. Pf. Rosman und seine nächsten Nachfolger hielten sich deren 2; jetzt aber ist 1 ordnungsmäßig.

Vom Pfarrwidthum wurden während der Incorporation manche Stücke, namentlich der Zehent, mit den chiemf. Tafelgütern vermengt und a. 1807 inkamerirt. — Der Pfarrhof erlitt a. 1598 und 1661 Verwüstungen durch den Bach; wurde a. 1840 ohngefähr mit 1800 fl. aus Localfonden umgestaltet. — Die widthum. Grundstücke pr. 35 J. 1441 Okl. am Sonnberg, ¼ St. vom Pfarrhof stammen größtentheils von gottesd. Stiftungen her; das „Gut Khürchperg" von den Velbern a. 1312 und 1329. — Von Dominicalien wurden der Pfarrpfründe nur die belassen, welche von speciellen Stif-

Gb. Stuhlfelden.

tungen herrührten; Grundentlastungskapitalien derselben 4000 fl., mit bedeutenden Abrundungszugaben vom Dechant Wernspacher. — Zur Naturaliensammlung hatte der Pfarrer ein Getraidedeputat, das nun nach dem Marktpreise in Geld reluirt wird. A. 1863 faßionsmäßiges Pfründeerträgniß 580 fl.

3) Kirchen und Gottesdienst. — a) Die Pfarrkirche ist ein goth. Gebäude mit roman. Portal (A. St.). Seit der Restauration von a. 1848 ꝛc. nach Maßgabe des ursprünglichen Styls „wird sie allgemein als das schönste und erbaulichste Gotteshaus Oberpinzgaus von Sachverständigen und Andächtigen gerühmt". Der Hochaltar v. Marmor wurde a. 1785 großentheils von Wohlthätern gebaut. Die Gemälde und Statuen sind gut. Eine Orgel war schon a. 1579 vorhanden. Die 5 Glocken sind alt und haben gewöhnliche Inschriften. a) pr. 28 Zt. von a. 1541. b) pr. 12 Zt. von a. 1561. c) von a. 1562. d) vom Pf. Neff a. 1571. — A. 1860 Kapitalien 22.088 fl. — Der Friedhof ist nicht ohne Merkwürdigkeiten. In einer Nische unter Dach an der Ostseite der Kirche sind lebensgroße, kunstvolle Statuen vom leidenden Heiland (mit a. 1510), v. d. schmerzhaften Gottesmutter und d. Jünger Johannes. Ein Edelmann oder Gewerke soll sie aus Rom oder doch Italien gebracht haben. Dann der gemeinsame Grabstein des Heim. Oberndorffers (cf. p. 336) und seiner Gemahlinnen Eva Fuchsin und Barb. Gutraterinn, † a. 1552, 69, 71. In der Kirche sind die Grabmäler Pfarrers Bigaun, der Anna, Gemahlin Georgs v. Ainödberg a. 1452 und der Janette Pänichnerinn, Hansen Golds v. Lampoting Hausfrau a. 1532. In der Antonikapelle ein prächtiger Stein Melchior Welsers a. 1587.

Die goldenen Samstäge sind alt und werden so zahlreich besucht, daß sie einen Aushilfspriester erfordern. — Stiftungen sind 1) noch viele alte bekannt: 3 Wochenmessen von Gebhard, Otto und Andrä v. Velben a. 1329; 1 Wochenmesse vom Pf. Haas a. 1368; Bitte von der Kanzel am Antlos- und Charfreitag für Christian v. Wenns a. 1393. Dann 18 Jahrtäge mit Zugaben v. Ekkard v. Velben a. 1312; Albrecht v. Raittaw a. 1399, Hansen Zehendtner a. 1418, Oswald Senkhouer, Pfleger auf dem Thurn am Jochperg a. 1437; Georg v. Ainödberg a. 1465 und mehreren Pfarrern ꝛc. Jetzt sind für alle diese Stiftungen 11 Jahrtäge zu halten. — 2) Die Sebastianibruderschaft. Im 16. Jahrhundert kommt bald eine Frauen-, bald eine Sebastianibruderschaft, bald eine Frauen- und Sebastianibruderschaft mit bedeutenden Geldmitteln vor. Als ihre Uebungen schon völlig abgekommen waren, wurde sie auf Verwendung Pfs. Schwarzenböck a. 1756 als Sebastianibruderschaft erneuert. A. 1860 Kapitalien 8729 fl. Das damit verbundene Bruderhaus s. bei Burck. — 3) Die Rosenkranzbruderschaft begann a. 1642; hat 4 Jahrmeßstiftungen; a. 1860 Kapitalien pr. 13.875 fl. — 4) Das 40stünd. Gebet in den Weihnachtsfeiertägen kam auf Anregung des Handelsmanns Johann Hacksteiner durch Wohlthäter zu Stande, welche der Kirche ein Kapital von 2750 fl. CMze. ausdrücklich immer zu 4% übergaben. Die Stiftung wurde vom f. e. Consistorium unterm 13. Juli 1849 ratificirt. 5) Wochenmessen von Johanna Gruberinn, Pflegerinn v. Hopfgarten, geb. Welserinn von a. 1729. — 6) Endlich 140 neuere Jahrtäge und Messen.

 b) Nebenkirchen 4 mit Meßlicenz. — 1) Weit die merkwürdigste war einst die St. Michaelskapelle an der Südwestseite der Pfarrkirche. Chunrat, Heinreich und Ulreich v. Velben stifteten da a. 1390 Quatembermessen; die Nachbarschaft a. 1490 eine Kaplanei, welche beide Stiftungen längst eingegangen sind. EB. Johann II. dotirte a. 1438 eine Wochenmesse, die nun in der Pfarrkirche stattfindet. — 2) Die Todtenkapelle hat ihren goth. Styl bewahrt; ist aber etwas vernachlässigt. — 3) Die St. Antonikapelle an der Nordseite der Pfarrkirche wurde statt einer hölzernen Kapelle a. 1682 von der Nachbarschaft gebaut. — 4) Die a. h. Dreifaltigkeitskapelle in Labach erscheint zuerst 1622 und hatte periodenweise Erlaubniß zu h. Messen; a. 1731 aber wurde das Portatile weggenommen. Diese hat nur 361 fl.; die andern haben kein Kapital.

 Nur eine Feldkapelle ohne Meßlicenz, aber viel besucht ist die Frauenkapelle am Kirchberg, welche die Bauerstochter Maria Denig v. Unterhaslach a. 1833 erbaute statt einer alten Frauensäule, die angeblich vor 200 Jahren eine kranke Bauerstochter vom Stichlgute ihrem Gelübde gemäß aufgerichtet hatte.

 Eine Schule war a. 1579 bereits im Gang; aber noch a. 1640 sagt der Schulmaister G. Westermayr: das Schulgeld sei „schier nit zu raitten, inmaßen er im Winter aufs Meiste 7 Khinder, im Sommer gar khaines in der Schul hab". Bis a. 1821 war nicht der Meßner, sondern der Organist Schulmaister; in selbem Jahr erst wurden die Dienste geeinigt. A. 1670 wurde um 682 fl. ein neues Meßnerhaus gebaut und die Hälfte davon dem Organisten-Schulmaister eingeräumt. Der Schulbezirk, gleich dem Pfarrbezirk, giebt um 60 Wochen- und 25 Sonntagsschüler. Der Lehrer ɾc. genießt zwar eine Naturaliensammlung, aber keinen Kirchengrund außer einem Garten. A. 1861 Faffion des Dienstertragnisses 380 fl. — Von einem Schulfond ist nicht mehr als ein Anfang pr. 43 fl. 75 kr. vorhanden.

4. Gemeindebezirk Mittersill.

a) Der **Bezirk** — dehnt sich nach der Salzach zwar nicht länger als 1¼ St.; hat aber übrigens einen größern Umfang als fast alle pinzg. Pfarrgebiete, besonders einen ausgedehnten vielgestaltigen Sonnberg. — Unter seinen Bergen sind der Gaißstein pr. 7470' auf der Nordseite, auf dessen Gipfel die Amtsbezirke Mittersill, Zell und Kitzbühel zusammenstoßen. Auf der Südseite über dem Markte der Pinhapper pr. 7945', weit im Thale auf- und absehend. Das „Pin" in seinem Namen erinnert wieder an den taurisk. Donnergott und nach Gestalt und Lage eignete sich der Berg ganz vorzüglich zur Opferstätte. Im hintern Felberthal sind die Tauernwand und der Tauernkogel pr. 9428'. Der „Mitterberg" scheidet das Felberthal rückwärts in 2 Almthäler; seine 2 vordern höchsten Punkte heißen die „Arche und Fürleg". Die Berge an der Ost- und Westseite des Felberthales s. bei Stubach und Hollersbach. — Für die weitere Beschreibung theilt sich der mitters. Bezirk in 3 Parthien; in die Sonnseite, Schattseite und das Felberthal.

Auf der Sonnseite links von der Salzach ist 1) **Burk**, ¼ St. vom Markte, mit dem Bruderhause. Dieß stiftete a. 1572 die Sebastianibruderschaft v. Stuhlfelden und stattete es auch mit Grundstücken aus. In Folge gar verschiedener Irrungen, Zwischenfälle und Modificationen hat es nun zum Hause nur einen Fond pr. 12.000 fl., welchen die f. e. Kirchenverwaltung von Stuhlfelden verwaltet und dessen Renten die Gemeinden des k. k. Amtsbezirkes Mittersill nach Maß ihrer Seelenzahlen zu genießen haben. — 2) Das **Schloß Mittersill**, ¼ St. über der Thalsohle, einen großen Theil des Salzachthales überschauend, war einst der Sitz der Grafen v. Mittersill (cf. p. 41), der f. e. Ministerialen (cf. p. 53), endlich der Pfleger. Im Bauern-

kriege a. 1526 unter Anführung des berüchtigten M. Stöckls auch
zerstört, wurde es bis a. 1537 von den Gemeinden wieder hergestellt.
Es ist noch der Sitz des k. k. Bezirksamtes; übrigens aber nur mehr
als Antiquität von Bedeutung — mit seinen schauerlichen Attributen:
dem „Hungerleider" einem gewölbten Doppelgefängniß, dem „Faul-
thurm", wohin Priester Matthäus verurtheilt wurde (Zaun. Chr. II.
380), dem „Todtenbrunn" ꝛc. Näheres davon s. in „Oberpinzgau"
p. 58. — 3) Das Bauerngut Harlanden (von „Har", Gemein=
schaft, Zusammengang, wo sich Volk ꝛc. sammelt. Beitr. I. 312) war
ein kleiner Herrensitz: Herman, Aschrich, Altman v. Hartlanten a.1060,
Ekkart a. 1225. — 4) Dietstein, ein Bauernhaus der Ortschaft Thurn,
ist von unten bis oben durch eine hölzerne Wand getheilt. Laut Ueber=
lieferung war es einst von 2 Familien bewohnt, wovon die eine kathol.,
die andere luthr. war, welche sich deßhalb so abzuschließen befanden.
Da hier einst das Lutherthum der „Dietsteinglauben" hieß, mag jenes
vorzüglich von diesem Hause aus sich verbreitet haben. — 5) Das
Haus „auf dem Thurn" (a. 1292 Turentauern) erscheint erstlich
als Sitz von Edelleuten, dann v. Pflegern (cf. p. 44 und 53).
Letztere hatten wahrscheinlich die „Burghut" über sich, wie die Pfleger
an andern Pässen; keine weitere Jurisdiction. — 6) In der Nähe
wurde schon unter der f. e. Regierung eine Torfstecherei versucht,
welche das Hüttenwerk Mühlbach mit Brennmateriale versehen sollte;
aber bald wenig mehr betrieben wurde. — 7) Im Rettenbach=
graben eröffneten die Herren v. Raittau ein Bergwerk, das Johann
Reisigl, f. e. Kammerdiener und hallein. Holzlieferant a. 1760 erneuerte,
aber mit wenig Segen. — 8) Das wahrhaft kaiserliche Werk der
neuen Straße s. S. 27.

Auf der Schattseite rechts von der Salzach 1) liegt das Dörfchen
Felm, (a. 1190 Veluwin, dann stets Velben), ¼ St. vom Markte,
einst Sitz der Herren v. Velben (cf. p. 44 und 53). Der noch be=
stehende Thurm, nun Kasten genannt, sieht zwar nicht wie eine ehe=
malige herrschaftliche Wohnung aus; aber eine solche war hier einst
sicher: a. 1332 übergiebt Ekk v. Velben dem EB. seinen „halben
Turn ze Velben sampt Hawsstatt und Grunt, alsver ihn die Mawer
umvangt". Es könnte also der Thurm auch ein „Perchfried" eines
daran gebauten Schlosses gewesen sein (cf. p. 286). Georg Fröschl,
Rat und Subherr v. Reichenhall erhielt a. 1454 vom EB. den Turn
mit Zugehörung gegen eine Stift von 24 Pf. Pfgn. zu Leibgeding.
Am Thurm der Kirche waren ein röm. Leichenstein und ein anderer

Römerstein, die sich nun im städt. Museum zu Salzburg befinden. — 2) Der **Markt Mittersill**, 2471' über dem Meere, 1 Stunde von Stuhlfelden, mit 62 Häusern, wovon etliche auf der linken Seite der Salzach. Wappen des Marktes: ein Schild halb silbern, halb roth, mit einer springenden Gemse. A. 1357 erhielt er, wie Zell, Vermehrung seiner Marktfreiheiten; einst soll ihm sogar eine gewisse Gerichtsbarkeit zugekommen sein. Unstreitig hatte er ehemals durch lebhaften Verkehr über den Felber- und Turntauern, von Ober- und Unterpinzgau her und durch das herrschaftliche Leben auf dem Schloß eine blühende Vorzeit. — Am 15. Mai 1746 brannte er großentheils nieder; am 16. Oct. 1819 um Mittagszeit erfolgte ein heftiges Erdbeben, wovon der gespaltene Stein im Hofraume des Schlosses Mittersill noch ein Denkmal ist. — 3) Aufwärts beinahe ³/₄ St. vom Markt an der Salzach sieht man die Ruine des herrschaftl. Hauses **Raittau**. Laut Sage wäre es ein Römerschloß gewesen; vom 14. Jahrhundert kennt man Herren v. Raittau (cf. p. 54). Sie sollen während der ersteren luth. Regungen im Gau als Lutheraner ausgewandert sein. Laut des hofurbar. Notelbuches gehörten bis c. a. 1660 noch Grundstücke ꝛc. zum Schlosse; wurden aber damals an Private verkauft. Die Herren v. Raittau waren also zu selber Zeit vielleicht schon längst abgezogen. — 4) Das Haus „**Burgstall**" über Hollersbach s. dort.

Das **Felberthal**, bis zum hintern Tauernhause sich 2 St. erstreckend, theilt sich rückwärts in die Thälchen Spital und Amerthal, dessen hinterster Theil die Oed heißt. „Amerthal" ist nach Koch-Sternfeld eine kelt. Reminiscenz, da „Am" kelt. Wasser heiße (Salzb. und Berchtesg. p. 346). In der Oed ist auch eine Enzian-Brennerei. — 1) Zwischen den beiden Thälchen am Ausläufer des Mitterberges soll die anfängliche Burg der **Velber** gewesen sein, ehe sie ins Salzachthal übersiedelten. — 2) Vom **Hause Wasserfall** schickte man einst zur Mette in der h. Nacht nur den Haushund, wofür die „Thalraitt", ein hier einheimischer rächender Geist, einen zerstörenden Sturm über das Haus brachte. — 3) Der „**Hintersee**" unter dem Tauernübergange entstand nach Muchar (Gastun. p. 81) durch ein Erdbeben, a. 1495, das die ganze Tauernkette im obern Pinzgau erschütterte. — 4) Das Leben des Thales war einst die Tauernpassage. Der Tauern, 7000' hoch (?), wird vom dieß- bis zum jenseitigen Tauernhause in 6 St. überschritten. Tauernhäuser sind im Felberthale sogar 2, etwa ¼ St. auseinander, Schößwendt und Spital, welche beide noch Provisionen beziehen (cf. Oberpinzgau p. 39). Wenn man in Begleitung eines

Tauernknechts das Gebirge übersetzt, wird man, besonders in der höheren Region, auf viele Stellen aufmerksam gemacht, wo Verirrte oder Ermattete ihre Seele aushauchten. Besonders ist im Andenken ein alter Spielmann, der, sich mit seiner Harfe ein Paar Kreuzer zu verdienen, über den Tauern zog. Ermüdet setzt er sich auf einen Stein

„Und spielt sich manches Liedchen
In alt und neuer Weis';
Und mit den Harfentönen
Paart sich der Schlummer leis';
Noch greift er in die Saiten,
Doch stiller wird der Ton
Und mit dem letzten Zittern
Ist Harfners Geist entfloh'n. P. Aemilian Köck.

h) Die **Pfarre** zum h. Leonhard. 1) **Entwicklung.** In Hinsicht auf die frühe Bedeutsamkeit des Ortes mag die hiesige Kirche älter sein als die meisten einstigen pinzg. Filialen; wird auch früher als andere erwähnt. Koch-Sternfeld sagt: „am 9. Dec. 1256 verkündete Bischof Heinrich v. Chiemsee die Absetzungsbulle gegen EB. Philipp in der St. Leonhardskirche des Burgfleckens Mittersill" (Rückbl. auf Oestr. p. 31). Schon a. 1465 stiftete sich die ansehnliche Filialkreuztracht einen eigenen Kaplan, der aber nur theilweise zur Seelsorge befugt wurde. A. 1552 begannen die Bewerbungen um ein völliges Vicariat; kamen aber erst a. 1564 unter Vermittlung des Pflegers Haim. Oberdorffer zum Ziele. Zur Pfarre wurde das Vicariat von der k. bayr. Regierung a. 1813 erhoben, worauf bis a. 1820 auch der Decanalsitz in Mittersill war.

Der Pfarrumfang ist gleich dem des ehemaligen Filialbezirkes und zählt 287 Häuser und um 2000 Seelen.

2) Die **Seelsorger** und ihre Substistenz.

Vicare.

1564 Hans Wepper.
1565 Seb. Pruckpeckh.
1580 Christoph Häusler.
1590 Gallus Rues.
1600 Franz Helmer.
1616 Hans Gerstmayr.
1617 Hans Frölich.
1620 Christoph Stos.
1628 Jakob Prestlin.
1630 Johann Papst.
1635 Seb. Gerhauser.
1639 Tob. Prunner.
1644 Johann Gerold.
1647 Jakob Poltz.
1649 Georg Molitor.

1653 Paul Zimmerl.
1656 Georg Mayr.
1657 Thomas M. Huber.
1663 Ludwig Nirstätter.
1668 J. M. Pünz mag.
1672 J. Ad. Roggensteiner.
1674 Ambros Grünwald.
1675 Melch. Truggmüller mag.
1683 Jakob Lauch.
1686 Chr. Scherzhauser.
1687 Ferd. Kheser.
1688 G. Trübenpacher.
1702 Michael Nehr.
1709 J. M. Freund.
1711 Clemens Ränzer.
1714 Franz Andr. Dar.

1722 J. J. Drattner.
1731 Math. Lohartinger.
1750 J. Casp. Mangold.
1752 Cajetan Göschl.
1758 Fr. Sal. Hofer.
1764 Fr. J. Fieberer.
1794 Andrä M. Schramm.
1802 Ignaz Weirlbaumer.

Pfarrer.

1812 Johann Aingler, Dechant.
1820 Joh. Rumberger.
1827 Joh. Ant. Susan.
1827 Gottlieb Fenninger.
1850 Franz Taferner.
1857 Augustin Haßauer.

Ohngeachtet der großen Seelenzahl und Zerstreutheit der Häuser findet man vor a. 1724 hier keinen ständigen Hilfspriester; hernach aber 2, auch 3. Nun sind 2 systemisirt, wovon der eine von jeher aus dem Pfründeeinkommen; der andere gemäß h. Regierungsdecrete v. 8. Aug. 1856 bis zum Ankauf des unten besagten Grundstückes a. 1859 von verschiedenen Beiträgen zu erhalten war.

Der gegenwärtige Pfarrhof wurde nach dem Brande von a. 1746 auf neuer Stelle erbaut und ist sammt Nebengebäuden von der Gemeinde innezuhalten. Die widthum. Grundstücke pr. 5 J. 963 Qkl. stammen größtentheils von der Kaplanstiftung a. 1465 her; nur das wohlgelegene Feld hinter dem Pfarrhause pr. 1 J. 1460 Qkl. kam erst a. 1859 zum Theil als Dotation des 2. Hilfspriesters hiezu. Zur Kaplanei wurde auch ein Zehent in der Ortschaft Thalbach gewidmet, wofür bei der Grundentlastung ein Entschädigungskapital von 560 fl. ausfiel. Die Naturaliensammlung und Stolgefälle wurden dem Vicar schon a. 1564 zuerkannt; doch das Seelrecht bem Pfarrer v. Stuhlfelden vorbehalten, welcher seit a. 1814 dafür ein jährl. Bauschale pr. 40 fl. empfängt. Die Lieferung der „Nothdurft Kuchl- und Ofenholz" durch die Gemeinde stammt ebenfalls von a. 1564 her. A. 1857 Fassion des Gesammteinkommens 750 fl. CMze. WW.

3) Kirchen und Gottesdienst. a) Die Seelsorgskirche, ehemals auf der Stelle des jetzigen Annakirchleins gestanden, wurde

wegen oftmaliger Ueberschwemmung, wobei das Wasser bisweilen über die Altarstufen stieg, nach dem erwähnten Brande auf der „Locherpeunt" erbaut, von welcher man für Kirche, Friedhof und Pfarrhaus 1 Jauch um 575 fl. kaufte. Den Bau, auf c. 19.640 fl. berechnet, führte der Hofbauverwalter Joh. Kleber aus, wofür er zur Bestreitung der Handwerkerkosten ꝛc. 8300 fl. aus verschiedenen Kirchenfonden erhielt; das Uebrige meistens die Gemeinde durch Naturalleistungen entrichtete. Ist er auch kein kunstvoller Bau, so ist er doch sehr zweckmäßig. Zur inneren Ausstattung thaten viel Wohlthäter; Mar. Emerenz v. Waltenhofen opferte 1 Kelch. Von der 1. Aufstellung einer Orgel ist nichts bekannt. Glocken 5: a) die Große pr. 29 Zt. schufen a. 1773 mehrere Wohlthäter mit 2547 fl., darunter Kaufmann März mit 1800 fl., auch Beamte; sie ist bei ihren Jahrtägen zu läuten. b) Aveglocke pr. 2070 ℔ mit „Laudo Deum verum, voco plebem, congrego clerum; fulgura frango, funera plango, Sabatha pango", a. 1748. c) Meßglocke mit: „Nos cum prole pia benedic Josephe, Maria" a. 1772, d) Speisglocke von a. 1758. e) Zügenglocke a. 1764. — A. 1860 Kapitalien 15.835 fl. — Einen Friedhof hatte die Kirche schon a. 1465. Viertbaler meint: „Eine Menge Denkmäler, darunter gewiß viele von den alten Grafen v. Mitterfill, Saal und Plain, gingen mit der alten Kirche zu Grunde" (Wandr. II. 212); aber solche Herren wählten ihre Grabstätte meistens bei der Pfarrkirche und die Grafen v. Saal f. S. 39.

Stiftungen. 1) von alten kennt man nur eine Wochenmesse von Heimreich Rewßel a. 1382, die schon längst aufgehört hat und die Kaplanstiftung von a. 1465, welche im Vicariat aufging. — 2) Die St. Josephibruderschaft wurde a. 1721 mit einer Dotation pr. 300 fl. eingeführt; erhielt 9 Jahrmeßstiftungen; a. 1860 Kapitalien 6806 fl. — 3) Das 40stünd. Gebet zu Pfingsten wurde durch wiederholte Conf.-Decrete, letzlich vom 10. April 1756 angeordnet. Da den hiesigen Kirchenfonden die Kostendeckung zu empfindlich wurde, erklärten a. 1854 die Land- und Marktgemeinden, so lange die jährlichen Kosten c. pr. 200 tragen zu wollen, bis durch Wohlthäter ꝛc. ein Fond pr. 4000 fl. beisammen sei. — 4) Zu verschiedener Zeit erfolgten Stiftungen von Litaneien, Rosenkränzen, Wandlungskerzen, Oelbergsandachten ꝛc.; a. 1838 ein Jahramt für den Pfleger Ignaz v. Kürsinger von den 147 Militärdeserteuren, welchen er Strafnachsicht erwirkt hatte. — 5) 140 Jahrtäge und Messen, wovon nur 4 aus dem 17. Jahrhundert sind. — 6) Am Mariäheimsuchungstage hat ein

Priester v. Mittersill in der Jochbergerwaldkapelle Messe und Predigt zu halten, welche Johann Hechenberger v. Dennergut zu Jochberg a. 1776 zur hiesigen Pfarrkirche dotirte.

b) **Nebenkirchen** mit Meßlicenz bestehen noch 2. — 1) Eine **Annakapelle** stand schon an der alten Vicariatskirche; nach dem Brande wurde sie a. 1751 auf der Stelle dieser neu aufgeführt. Hat eine kleine Orgel und 2 Glöcklein. Ihr Gottesdienst besteht in 7 Stiftmessen, etlichen Votivmessen und Rosenkränzen in der Annaoctave. A. 1860 Kapitalien 3049 fl. Hier ist das Grabmal des im Rufe der Heiligkeit gestorbenen petr. Missionärs Georg Stabler. — 2) Merkwürdiger ist die goth. Kirche **Felm**, ¼ St. vom Markte, wahrscheinlich von den gleichnamigen Herren stammend. Der Bau ist gefällig; die Einrichtung aber außer den Statuen der 14 Nothhelfer auf dem Hochaltar ohne Bedeutung. Orgel und 2 Glöcklein von a. 1609 und 1708 fehlen nicht. — A. 1860 Fond pr. 3913 fl. Es sind hier 4 Stiftämter zu halten, 1 davon für den Pfleger K. Fr. Ainkhaß 2c., der hier begraben liegt, dann etliche Votivmessen.

Im mitters. Schloß ist eine Kapelle, in der einst oft celebrirt wurde; mit Regierungsdecrete aber a. 1845 wurde die gänzliche Auflassung derselben verfügt; später die vorhandene Einrichtung der Pfarrkirche mit dem übergeben, daß sie zu einer etwaigen künftigen Messe dortselbst die Requisiten zu bieten habe. — Die Frauenkapelle am **Paß Thurn** baute der Bräuer Thom. Altherr a. 1730 und erwarb für sie die Meßlicenz; die aber a. 1790 zurückgenommen wurde. Die k. bayr. Regierung nahm auch das Portatile weg, nachdem die ihr mißliebigen Priester Mahler, Hans Hagleitner und sogar der „Insurgentenhauptmann" P. Haspinger dort die h. Messe gelesen hatten.

Früher als irgendwo sonst im Pinzgau ist hier eine **Schule** angedeutet: a. 1454 wird unter den Urbarsleuten des „Thurms zu Velm" ein Sigel Schulmaister zu Velm aufgeführt. Dann trifft man a. 1561 und 1579 2c. Schulmaister im Markte an, die natürlich der Art waren, wie damals überhaupt (cf. p. 144). Endlich vom Meßner Seb. Egartner (a. 1636—76) wird berichtet: „er lehre die Kinder den Katechismus und unterrichte im Winter um 50 Schueler, im Sommer wenige". Die weitere Entwicklung nahm den gewöhnlichen Lauf. Nach dem Brande von a. 1746 war die Schule hie und da in der Miethe, bis a. 1828 von der Concurrenz das gegenwärtige Schul- und Meßnerhaus hergestellt wurde. Man zählt um 160 Wochen- und 70 Feiertagschüler, bei denen ein Schulgehilfe unentbehrlich ist. Zum Dienste gehören Kirchengründe pr. 982 Oll. und eine beträchtliche Naturaliensammlung; die Fassion von a. 1856 weist aber doch nur ein Gesammteinkommen pr. 380 fl. aus. — Der Schulfond betrug a. 1861 in OeW. 478 fl.

5. Gemeindebezirk Hollerspach.

a) Der **Bezirk** — umfaßt vom Salzachthale eine Strecke von etwa ½ St. mit einem bedeutenden Berggelände gegen den Paß Thurn hinan; dann das Hollerspacher Thal. Seine ansehnlichsten Berge befinden sich natürlich in diesem Thale; auf der Westseite desselben: der Mahbleidkopf, Kahrkopf, Graukogel, das Pfarrerköpfel, der Lienzinger mit seinem ausgedehnten Gletscher „Waizfeld", Pleßach und Königsschwartkopf. Im Süden der Krazerberg, Abröderkopf, die Drescherköpfe und der Dichtenkopf. Die Berge an der Ostseite sind weniger von Bedeutung.

Im Salzachthale 1) ist das **Kirchdorf** Hollerspach, 1 St. von Mitterfill, mit 28 Häusern, sehr den Verwüstungen des Hollerspaches ausgesetzt. — Am Scharerhause des Dorfes wurden vor mehreren Jahren die letzten Reste des Thurmes der Herren v. Hollerspach (cf. p. 44, 53) niedergebrochen. Auch auf der Höhe links vom Eingang ins Thal Hollerspach neben dem Bauernhause „Burgstall" sind noch deutliche Spuren eines ehemaligen Schlosses, das vielleicht mit dem Thurm im Dorfe in Verbindung stand. — Am 21. Oct. 1802 rettete der Bauer Seb. **Vorderegger** v. Kollergut beim Brand seines Hauses mit Lebensgefahr und Hindansetzung seiner Habe dem Hausmann G. Pirchner das Leben, wofür er ein Brandsammlungspatent auf 4 Monate und eine Ehrenmedaille erhielt. — In demselben Jahr am 4. Juli stürzte der verehlichte Bauer Jos. Ottacher beim Hosenrecken mit dem Burschen Franz Scharler im Wirthshause, nachdem er gesiegt hatte, plötzlich todt zu Boden. — 2) Auf der linken Seite der Salzach liegt auf einer Anhöhe das **Schloß „Ainödberg"**. Um a. 1460 waren da noch gleichnamige Herren; bald darauf bekamen es die Hunte v. Dorfheim; um a. 1627 die Welser, dann Waltenhofen; nun hat es mit Zugehörung ein Bauer. Sehenswerth sind

noch die mit Zirbelholz getäfelten Schönkammern mit alten Bildnissen.
— 3) Am Sonnberg, unweit vom Hause Grubing zeigt man einen
Stein mit der Fußspur einer wilden Frau (cf. p. 343), womit sich
die Sage verbindet: sobald diese Spur verwischt sein werde, breche der
Plattensee über Krimmel aus und verheere das Salzachthal. — 4) Im
Hollersp. Gebiet lebte ein riesiger Mann, † um a. 1820, vulgo Kram-
minger. Seine überragende Statur und überwiegenden Leibeskräfte
machten ihn zum unantastbaren „Hagmayr" nicht nur in Pinzgau,
sondern weit herum; dabei aber war er eine Lammseele, die nur
Andern zu Gefallen zum Recken und Ringen kam, nicht mit Einem,
sondern zugleich mit Zweien und Dreien und kaum durch alle ersinnlichen Mitteln dahin gebracht wurde, Einen im Ernste seine Ueberlegen-
heit fühlen zu lassen.

Das Thal Hollerspach zieht sich ohne beträchtliche Breite
auf die hintersten Almen ohngefähr 6 St. südwärts. In der Tiefe
des Thales sind vorzügliche Grund- und Voralmen, die nicht nur gute
Waideplätze, sondern auch Heuböden enthalten; selbst Getraidebau
zuließen, wenn nicht öftere Schneefälle die Ernte gefährdeten. Ueber
denselben findet man ausgedehnte Hochalmen, darunter besonders das
„Weißenegg" im Hintergrunde des Thales. Noch höher liegen mehrere
Schafgebirge. Wenn die „Schafler" Ende Augusts in Gestalt eines
Waldbruders mit Bart und Haaren, wie sie ihnen den Sommer hindurch wuchsen, mit ihren Heerden heimkehren, wird die „Schafelschör"
hier, wie allerdings auch anderwärts, zu einem wahren Volksfest, das
tief in der Nacht mit Spiel und Tanz endet. — Der Hollerspach
legt von seinem Ursprunge bis zur Salzach ziemlich stürzend einen
Weg von 6 St. zurück. Daraus und aus den hohen Gebirgen des
Thales erklärt sich seine Wuth bei starken Regengüssen oder Schnee-
schmelzen. — Uebrigens sind zu bemerken: 1) Der „Predigstuhl"
vor dem Thaleingange an der Schattseite. Er besteht in 2 Felsenstücken
auf einem Rasenplatze, rings von Wald umfangen, welche Felsenstücke
vor der Emigration den luth. Versammlungen in diesem verborgenen
Ort als Kanzel gedient haben sollen. — Um a. 1830 lief am Ausgange des Thales ein wüthender Fuchs einem Manne nach und
biß ihn, daß der Mann bald an der Wasserscheue starb. — 3) Fast
im Hintergrunde des Thales auf der Ostseite ist hoch an einer Felsenwand das Melcherloch oder Kuhfenster; ein anderes auf der Westseite, wovon die Sage S. 316 erzählt wurde. — 4) Ueber das
Weißenegg und durch die Scharte am Dichtenkopf führt ein beschwer-

licher **Fußsteig** nach Windischmatrey, der ehemals häufiger als jetzt benützt wurde. — 5) Den **Bergbau** f. S. 17.

b) Das **Vicariat** zum h. Vitus. 1) **Entwicklung.** Die Kirche mag von den „Holerpechen" des 12. oder 13. Jahrhunderts stammen; angedeutet ist sie a. 1348, urkundlich als Filiale von Bramberg a. 1359. A. 1470 stiftete sich die Kreuztracht auch einen Meßkaplan; zum Vicariate aber gelangte sie durch einen Doppelvertrag des Pfarrers v. Bramberg mit ihr und der Kreuztracht v. Neukirchen ic. a. 1555. Dieser Vertrag wurde zwar ausdrücklich auf Kündung von der einen oder anderen Seite geschlossen; das Vicariat aber hat seitdem seinen fortwährenden Bestand.

Der anfängliche Seelsorgsbezirk soll mehrere heute bramberg. und mitters. Häuser begriffen; sie aber in Folge hier graßirender Pest verloren haben. Er zählt nun 55 Häuser und um 370 Seelen.

2) Die Seelsorger und ihr Unterhalt.

1528 Caspar Schwendtler, Meßkaplan.
1599 P. Joh. Faber.
1607 Wilh. Schloßperger.
1613 Hans Gerstmayr.
1615 Hans Ostermayr.
1617 Georg Eisenhut.
1618 Jak. Schubhart.
1619 Leonh. Sondrer mag.
1620 Hans Dünnhart.
1623 Karl Hätt.
1625 Melchior Schopper.
1626 Balth. Drächsel.
1627 Jobof Hunithl.
1628 Casp. Stabler.
1635 Karl Hätt wieder.
1638 Adam Morell.
1647 Thom. Pollenhamer.
1652 Thom. Kolmbauer.
1654 Wolfg. Pidinger.
1655 Christoph Lygger.
1656 Georg Molitor.

1657 Paul Zimmerl.
1657 Balth. Piscator.
1658 Franz Häberle.
1661 Valent. Länderl.
1673 Melch. Pruggmüller mag.
1675 Joh. Gugg mag.
1678 Clem. Lampertinger.
1679 Tobias Winkhler.
1680 Chr. Scherzhauser.
1686 Fr. Chr. Friesacher.
1686 Hans Kaindel.
1690 Paul Holzner.
1693 G. Sigm. Aichholzer.
1694 Adamb Pichler.
1700 Peter Stegmayr.
1708 Fr. Andr. Dar.
1411 Steph. Sternhuber.
1714 J. J. Gruber.
1715 Abrahamb Poch.
1718 Simon Gugg.
1719 Franz Gißi.
1723 J. G. Arzet.

1726 Joh. Jof. Schäbl.
1729 Johann Gläsl.
1736 Fr. S. Enggigler.
1750 Joh. Ottensteiner.
1753 J. Mart. Kainz.
1764 Virgil Eder.
1769 Franz Huber.
1771 Fr. Leonh. Abele.
1774 Fr. Vital Zellner.
1781 Thom. Dav. Mayr.
1786 Joh. Pfeisinger.

1791 J. Casp. Proßinger.
1799 Georg Lang.
1801 Andrä Hofer.
1810 Martin Reischl.
1819 Rochus Frank.
1828 Georg Lechner.
1829 Thomas Kirchdorfer.
1833 Christoph Maller.
1851 Jak. Aschenbrenner.
1858 Franz Frauenschuh.

Die Pfründe besteht aus der Dotation des Kaplans von a. 1470 und spätern Zugaben. Statt der Behausung des Kaplans wurde a. 1599 das „Prantelhäusel" um 200 fl. gekauft; dasselbe aber a. 1744 dem Meßner überlassen und auf der Stelle des alten Meßnerhauses ein neues Vicarhaus gebaut. Dasselbe mit dem Oekonomiegebäude haben die Bauern des Hollersp. Sonnberges innezuhalten; doch die Handwerkerkosten die Kirche zu bezahlen. Schon a. 1470 erhielt der Priester „etliche Gründel zu 2 Rindlen", wozu a. 1621 Gemeinde und Kirche ein weiteres Grundstück kauften; beide Gründe zusammen machen 3 J. 857 Okl. — Die Käs- und Fellsammlung erhielt der Vicar schon a. 1555, später auch die Habersammlung. Von der Sammlung im obersten mitters. Bezirk war auch schon a. 1556 die Rede. — Vom Seelrecht gehören 2 Drittel dem Pfarrer v. Bramberg. — Fire Geldbeiträge erfolgten nach und nach aus der Pflegamtskasse und Kirchenfonden. Laut Fassion a. 1863 sicheres Pfründeerträgniß 337 fl.

3) Kirche und Gottesdienst. Die gar alte Kirche hat nördlich einen Anbau; seit a. 1700 wurden mehrmals Umbauten vergeblich beantragt. Eine Orgel wurde a. 1836 von Kirchenmitteln pr. 270 fl. hergestellt. Von den 3 Glocken sind die größte pr. 10 Zt. von a. 1707; die 2 andern von a. 1571 und 1575. Am Eingang der Kirche ist ein achtkantiger Weihbrunnstein, der für einen römischen Säulenaufsatz ausgegeben wird. Auch ist die goth. geschnitzte Kirchthüre zu beachten. — A. 1860 Kapitalien 5574 fl. — Der Friedhof scheint schon a. 1348 bestanden zu haben. Vorzügliche Denkmäler fehlen.

Stiftungen: 1) man kennt noch 2 alte: a. 1359 stifteten Niclas der Holerpech, Jak. Oeder und ihre Hausfrauen „albechen am

Mäntach eine h. Meß", von der außer dem Stiftbrief nichts mehr übrig ist. Die Kaplanei a. 1470 ging in der Vicariatsstiftung auf. — 2) Die Monicabruderschaft oder Erzbruderschaft vom schwarzen Gürtel wurde a. 1733 errichtet, erhielt a. 1744 eine Wochenmeß= stiftung; a. 1860 Fond 1049 fl. — 3) Zu 2 Quatembermeßstiftungen, Rosenkränzen 2c. kamen allmälig 78 Jahrtäge und Messen, die älteste von a. 1673.

Die Schule wurde a. 1683 von Sylv. Forsthofer begonnen und wird dann fortwährend erwähnt: a. 1698, 1714, 1732 2c. Ihr Locale hatte sie immer im Meßnerhause, das die Dorfnachbarschaft so, wie die sonnberg. Nachbarschaft das Vicarshaus, innehält. Zum hiesigen Schulbezirk gehören 49 mitterf. Häuser; somit zählt er um 70 Wochen- und 30 Sonntagsschüler. Der Lehrer 2c. genießt 2 Bergmähder von der Kirche und eine Naturaliensammlung. Laut Fassion a. 1863 sicheres Einkommen 194 fl.

6. Gemeindebezirk Bramberg.

a) Der Bezirk. — Seinen Namen wollen Einige ableiten von „Bram", wie man hier die Einfassung von Kleidern 2c. mit Pelz= werk nennt und welchen Bram um die Ortschaft einst etwa ein Wald bildete. Dem aber ist entgegen, daß selbe a. 1160 Prenten= perige, c. a. 1160 Prentenperch, a. 1244 Prennberch, a. 1302 Praenberch und erst a. 1314 Praemberch genannt wird; später wieder manchmal Praenberch, bis endlich vom 15. Jahrhundert an Pramperg, Prambperg, Bramberg stehend wurde.

Der Bezirk begreift vom Salzachthale eine Strecke von c. 1¼ St., einen noch hoch hinauf bewohnten Sonnberg, das Habachthal und ein Paar kleinere Thäler. — Unter seinen Bergen sind zu verzeichnen auf der Nordseite der Röthelstein pr. 7478, mehr auf tirol. Boden, der Sonnwendkopf, Frühmesser, Wildkogel pr. 6730'. Die Berge der Ostseite des Habachthales sind außer dem Breitkopf pr. 7648' S. 358 genannt; im Hintergrunde des Thales erhebt sich das prächtige Habach= keeß; auf der Westseite findet sich der Gamskahrkogel 2c.

Auf der linken Seite der Salzach 1) öffnet sich gegen Nordwesten das Thälchen Mühlbach, in dem sich noch Spuren von Berg=

Gb. Bramberg. 363

werfen finden. Das Strätzchen über „die Stang" (cf. p. 26) ist seit der Lostrennung Brixenthals von Salzburg sehr verfallen. — 2) Das Dorf Mühlbach, nun mit c. 30 Häusern, tritt zuerst als Herrensitz auf (cf. p. 45 und 54). Später hatte es mit Brennthal nur durch Berg- und Hüttenwerke Bedeutung (cf. oben p. 17 und „Oberpinzg." p. 83). — Hier wurde Joh. Panzl geboren, der pinzg. Schützenhauptmann von a. 1809 und gewandte Ranggler und Hosenrecker, allenthalben ein Mann von seltenen Willens- und Leibeskräften. Für seine Dienste a. 1809 ꝛc. erhielt er erstlich von der k. k. österr. Regierung Remunerationen, dann Verdienstmedaillen von Oesterreich, Rußland, Preußen und Sachsen. Er verfertigte auch künstliche Steinarbeiten, reiste mit einer solchen a. 1852 nach St. Petersburg und wurde dafür vom russischen Kaiser reichlich belohnt (Peternab. Landesvertheid. p. 70 ꝛc.). — 3) Das Pfarrdorf Bramberg, 1 St. von Hollersbach, mit 32 Häusern. — Hier wurde a. 1764 Anton Scharler vulgo Sagschneider geboren, der in Folge einer Verkrüppelung beim Heuziehen sich zu einem geschickten Mechaniker, vorzüglich Uhrmacher, bildete. — Da lebte auch der Schulmaister Joseph Fürstaller, von seinen geographischen Arbeiten der „salzb. P. Anich" genannt. Von seinen Leistungen sind bekannt a) ein salzb. Atlas in 24 Blättern, wofür er vom EB. Sigmund 420 fl. erhielt. Der EB. schenkte den Atlas seinem Baucommissär v. Geyer, von dem er an den Hofrath Schiedenhofen kam. b) ein Globus, nun in der Studienbibliothek, wofür er nur 80 fl. erhielt. c) eine Generalkarte des Erzstifts. d) mehrere Handzeichnungen pinzg. Almreviere, wovon sich ein Paar im salzb. Museum befinden. d) eine Mappe v. Pinzgau. Der Meßnersohn v. Gerling kam im 18. Lebensjahr als Tischlerlehrling nach Walchen; im 21. Jahr aufs Gymnasium zu Salzburg; zog von da mit einem Reisenden nach Italien; kam von dort nach 3 Jahren zurück und wurde a. 1760 Schullehrer in Kaprun; a. 1770 in Bramberg, wo er in Dürftigkeit am Charfreitag a. 1775 in guten Jahren starb. Noch dürftiger als er lebte nach seinem Tode seine Wittwe Gertraud Häuslin mit 7 Kindern vom Schul- und Meßnerdienst, wofür sie einen Provisor halten mußte. Als sie endlich a. 1802 ein Gnadengeld von 60 fl. erlangt hatte, starb sie nach wenigen Wochen (Künstler-Ler. v. B. Pillwein p. 54. Int.-Bl. a. 1800 p. 791; a. 1802 p. 673 ꝛc.). — Ein seltener Sohn v. Bramberg war auch der reiche Senningerbräuer Joh. Schmerold, in seinen späteren Jahren vulgo „Plimplamp". Gleich nach seinem Antritt des großen An-

wesens ging die Wirthschaft durch seine Lebenslust und Kammerab=
schaftlichkeit rasch rückwärts. Auf den Rath seiner Freunde zog er
mit einem Vermögen von noch 40.000 fl. von der Heimath ab auf
einen Mayrhof bei Salzburg. Mit Schwärmen von Stadtjungen pflegte
er hier die alte Lebensweise; kehrte aber bald mit einem Vermögensrest
von 12.000 fl. ins Pinzgau, nach Piesendorf, zurück; besaß da erstlich
die Neuwirthssache, dann eine Herberge, endlich nichts mehr. Da starb
er um a. 1832 in einer „Hennstube"; sein ganzes Habe, das ihm von
seinem Reichthum geblieben war, füllte halb ein Rückkörbchen und
bestand meistens in „Federweißstücken", womit er letzlich handelte. Das
Wunder am Mann war sein unverwüstlicher Humor, der ihm unter
allen Verkümmerungen auch in alten Tagen nie fehlte; dessentwegen
er überall gut aufgenommen und in der größten Noth nie verlassen
wurde. — Der alte Tanzlechner verfaßte viele beliebte Kirchen=
lieder, besonders Frauenlieder. — 4) Auf dem Thurm Weyer,
½ St. von Bramberg, saßen einst eigene Herren (cf. p. 44). Aber
schon a. 1270 erscheint da ein Gerhoh v. Wiare als bisch. chiemf.
Vasall; um a. 1290 Walther v. Neukirchen ꝛc. Florian Stuhlfelder
seine Hausfrau und 2 Söhne erhielten a. 1454 den Thurm mit Zuge=
hörung zu Leibgeding mit dem: „ob der gnädige Herr zw Zeiten,
ainsten oder zwier im Jar, gen Wayern chomen, so sullen die obbe=
nannten 4 Leib ime 2 oder 3 Täg Hey, Strey, Milch, Chraut, Salz
und Prennholz nit verwaigern; aber andere Zerung sullen des Bischofs
Lewt selbs haben" (chiemf. Urk. p. 317, 319, 321). Später wurde
das Mayrgut Weyerhof zu Erbrecht mit dem verlaßen, daß die Be=
sitzer den Thurm innehalten und den Bischof und seine Anwälte wäh=
rend ihres Hierseins mit gewissen Bedürfnissen versehen sollen. In
dieser Weise besaß den Mayrhof a. 1609 Michael Stock. Kürsinger
verzeichnet a. 1841 als noch vorhandene Alterthümer: Tafel= und
Schnitzwerke von Zirmholz und 3 bemalte Fenstertafeln von a. 1546,
vermuthlich von den brennthal. Gewerken Jörg Regel, Melch. Ilsung
und Velrich Dießstäter dem Bischof v. Chiemsee präsentirt. Kürsinger
schickte die Glastafeln dem salzb. Museum (Oberpinzg. p. 96). In
den Ruinen der Weyerburg gewahrte man lange das Gespenst einer
weißen Frau, welche einen Schatz hüten sollte. Um a. 1780 wühlten
Schatzgräber im Boden des Schlosses und fanden tief in selbem einen Sack
voll Bohnen, den ohne Zweifel Schalkhaftigkeit für sie vergraben hatte.
— 5) Die Güter „Schoppen= und Hedelgrub" in der Ortschaft Mühl=
berg, ehemals zusammengehörig, waren angeblich einst Anwesen des

aus den Bauernkriegen bekannten Michael Gruber. Der tüchtige Mann führte a. 1525 allerdings die Rebellen und brachte dem steyr. Landeshauptmann Sigm. v. Dietrichstein bei Schladming am 5. Juli eine gänzliche Niederlage bei, wofür er statt Casp. Praßlers v. Gastein zum obersten Feldhauptmann der Bauern erwählt wurde. Aber a. 1526 hielt er ehrenhaft den Treueschwur, den er bei der Huldigung des v. J. abgelegt hatte, und führte sogar eine Truppe gegen die Rebellen. — 6) Minder an Talent und Charakter war Mathias Stöckl vom Gute „Hohenbramberg". Er zeichnete sich a. 1525 durch Anmaßungen gegen die Erzbischöflichen besonders aus und stand ohngeachtet seines Schwures auch a. 1526 wieder an der Spitze der Rebellen und zerstörte mit Pinzgauern und Zillerthalern die Burg Mittersill. Er war freilich Bruder jenes Stöckls, der wegen vorzüglicher Betheiligung an der Befreiung des keß. Priesters Matthäus war hingerichtet worden. — 7) „Auf der berüchtigten Schlaberstätte (cf. p. 298), einer Bergfläche zwischen Oberpinzgau, Brirenthal und Jochberg übten die Slaven mit den Eingebornen auf Schimpf und Ernst, wohl auch auf redliche Weise ihre Kräfte im Recken und Ringen. Die Volkssage vom eisernen Buben, der da öfter inzwischen kam und selbst durch schwarze Künste nicht zu bezwingen war, hat ihren Ursprung offenbar in den slav. Sagen" (Koch-Sternf. Beitr. I. 195). — 8) Auf der rechten Seite der Salzach am Schattberge liegt das Dörfchen Wenns, nun still und einsam; einst nicht ohne reges Leben. Da hausten nämlich die Ritter v. Wenns (cf. p. 44 und 54), welche im 15. Jahrhundert ausstarben. Die Kuchler mögen sie beerbt haben; wenigstens kam ihr Besitz von denselben a. 1445 an den Fürsterzbischof. Im 15. und 16. Jahrhundert stand da auch eine „Sieb- und Schmelzhütte" der brennthal. Gewerken, die a. 1525 der Bach zerstörte. — 9) Im Habachthal (vom goth. Hawi Heu. Koch-Sternf.), einem langen schmalen Almthal, wurde noch im 16. Jahrh. Bergbau betrieben (cf. p. 17). Vor wenigen Jahren kaufte der Juwelier Goldschmit von Wien im Thale eine Fläche, um da auf Smaragde zu graben. In neuester Zeit begann eine Gewerkschaft v. Pinzgauern, hier in alten Stollen zu arbeiten. — Die mit Recht angefochtenen „Schenken v. Habach" s. S. 45. — Ueber den Gämskogel führt ein Fußsteig nach Virgen und über das Habacherkees gingen einst die pusterthaler Weber her und hin. — 10) Vorzüglich in Bramberg und Neukirchen trieben sich vor etwa 60 Jahren die Fürstenließ und ihr Sohn, der Buchhalter oder Scheffauer herum. Die „Fischtenlies oder Fischtinn", ein armes, altes Hausweib war im Rufe einer großen Prophetin; somit gleichsam eine späte Erscheinung der altdeutschen Alrunnen. Sie erhielt Eingebungen von 2 Geistern, einem wahrhaften und einem lügenhaften und bewahrte sich durch dieß kluge Vorgeben immerhin viel Vertrauen, wenn auch ihre Prophezeiungen oft fehlschlugen. Kam auch der lügnerische Geist etwa öfter mit Eingebungen als der wahrhafte, konnte ja doch eine und die andere auch von diesem stammen und sich erfüllen. Noch jetzt wird erzählt: sie habe vorausgesagt, bei ihrem Begräbnisse werde man keine Glocken läuten; sie wurde am Charfreitag beerdigt, wo die Glocken bekanntlich Stillschweigen halten. — „Der Buchhalter oder Scheffauer" ging in Pinzgau auf und ab dem „Kleinbrod" nach und dichtete Lieder, meistens komische, die er den Nachtherberggebern zum Danke vorsang. Von seinen Dichtungen ist unter Andern noch bekannt „die krimmler Holzhütten". — 11) Im bramberger Bezirk war vor Jahrzehenten auch noch das „Speisen der Elemente" am Bacheltag Brauch. Der Bauer schöpfte vor Beginn des Essens vom „Bachelkoch" 4 Portionen auf einen hölzernen Teller heraus, trug diesen auf das Hausdach und ließ ihn so lange dort, als sich etwas auf dem Teller fand.

b). Die **Pfarre** zum h. Laurenz. 1) Entwicklung. Die erste Kirche dahier dürfte von einem slav. Bergherren stammen (cf. p. 48). Um a. 1150 erscheint ein „Priester v. Prentenperige", den man sich aber in Hinsicht auf die chiems. Stiftungsurkunde a. 1215 nicht als selbstständig, sondern als von Stuhlfelden abhängig denken darf. Doch schon in einer neukirchner Urkunde von a. 1243, ist Bramberg als Pfarre angedeutet. Wie sie ins hellere Licht tritt, ist sie auch der bisch. Tafel von Chiemsee einverleibt; wurde ihr ohne Zweifel als Filiale von Stuhlfelden mit diesem incorporirt und blieb in der Incorporation bis zur Aufhebung des Bisthums a. 1807.

Der Pfarrbezirk begriff einst das oberste Pinzgau von Hollersbach an; aber a. 1555 wurden dieß und Neukirchen mit Wald und Krimmel getrennt und die Pfarre war auf ein Mal auf ihren dermaligen Umfang beschränkt, in dem sie 236 Häuser und um 1450 Seelen zählt.

2) Die Seelsorger und ihr Unterhalt.

Pfarrvicare. 1350 Ulrich Pf. v. Pränberch;
1302 Hainrich Pf. ze Pränberch. Gottfried Vicar.
1314 Peter Pf. ze Prämberch. 1420 Casp. Seeratter.

Gb. Bramberg.

1435 Michael, „chiemf. Caplan".
1470 Koloman Strauß Pf.; N.
      Kalbár Vicar.
1487 Jörg v. Erlpach theol. Dr.
1495 Christoph Hofer.
1496 Georg Uebelauer.
1498 Wolf Lueger Pf.; Vicare:
      Gregor Grüner, G. Lawentaller,
      Ludwig Lebenawer.
1528 Sebastian Blabhamer Pf.;
      Ludw. Lebenawer Vicar.
1530 Ludw. Lebenawer Pf.
1549 Barth. Glöggl.
1554 Hans Muelperger mag.
1555 Ruprecht Ramsauer.
1579 Balth. Lindtmayr.
1592 Jak. Mich. Mayr.
1594 Hans Ránhartinger.
1602 Hans Höcht.
1603 Veit Konradt.
1615 Christian Gruber.
1618 Erasm. Hörzinger.
1628 Philipp Stabler.
1647 J. Ludw. Cham.
1680 Ludw. Kirstätter mag.
1686 Jobok Blömeken.
1692 Fr. Willibald Polz.
1714 Sigm. Jak. Hartmann.
1720 Anton Tárárá.
1737 Joh. Schwarzenböckh.
1745 Ant. Wintersteller.
1783 Jak. Andrä Jud.
1800 Jos. Staubacher v. Wispach.
1806 Casp. Scheusler.

Pfarrer.

1814 Seb. Fr. Kämmerling.
1817 Caspar Egger.
1827 Johann Kusler.
1832 Simon Bauernfeind.
1834 Thom. Hellminger.
1858 Jak. Aschenbrenner.
1864 Anton Seger.

Ein **Hilfspriester** ist schon von a. 1302 bekannt: „Engelspalch Gesel ze Pränperch". Hernach bis zur Errichtung der Vicariate Neukirchen und Hollerspach a. 1555 findet man bald 1, bald 2 Gesellen; dann aber keinen ständigen mehr, bis um die Mitte des 18. Jahrh. 1 Coadjutor auftritt, der noch ordnungsmäßig ist.

Das **Pfarrwidthum** war wohl nie sehr bedeutend, da Bramberg als incorporirte Filiale zur Pfarre erhoben wurde. — Der gegenwärtige **Pfarrhof** wurde a. 1798 von Andrä Huber v. Kitzbühel erbaut, wozu nach langen Verhandlungen die Verlassenschaftsmasse Pfs. Wintersteller und die chiemf. Bischöfe Breuner und Zeil zusammen 1233 fl. reelle Beiträge und verschiedene Kirchenfonde 3159 fl. Vorschuß leisten mußten, welchen Vorschuß aber die Pfarrer in Jahresraten zu ersetzen hatten. Bezüglich der **Grundstücke** wird a. 1579 bemerkt: „mag ein Pfarrer über 2 Metzen Traidt nit erpauen un ainiges Rind nit furen; was aber die Wiesen anbelangt, so der Jargang gut ist, mag Ainer 4 Gäul erhalten". Nach manchen Hinzuthaten und Wegnahmen betragen die Gründe nun 2 J. 259 Okl. Activ-

Kapitalien hat die Pfründe von verkauften Grundstücken, früher abgelösten Zehenten und der Grundentlastung zusammen 3712 fl. — Zur Naturaliensammlung kommt hier der „**Stockerdienst**" für die neukirch. Messen (s. Neukirch.) — Von den ehemaligen **Filialen** gehören dem Pfarrer gewisse Funeralien. — Sicheres Gesammtpfründeerträgniß 554 fl.

3) **Kirchen und Gottesdienst.** — a) „Zu merklichen Nothdurfft des fürgenommenen Gebey an der Laurenzikhürchen" wurde a. 1505 das Kirchengut Stockach verkauft. Für Ausstattung der Kirche haben in neuester Zeit Wohlthäter viel gethan: J. Huber v. Haslach kaufte a. 1857 eine Monstranze pr. 500 fl., die einberg. Familie ein schönes Meßkleid, die Jünglinge und Jungfrauen Fahnen ꝛc. Von der Orgel wird a. 1683 bemerkt: sie werde noch vermißt; die Knappenbruderschaft aber würde zur Anschaffung einer solchen etwas beitragen, worauf sie bald zu Stande kam. — Glocken sind 5: a) pr. 27 Zt., a. 1771 von der Pfarrgemeinde bestritten. b) pr. 15 Zt. von a. 1706. c) pr. 9 Zt. auch von a. 1706 mit den Namen Andrä Waldmann und A. M. Rotmayerinn. d) pr. 3 Zt. von a. 1524. e) ebenfalls pr. 3 Zt., scheint sehr alt zu sein. — A. 1860 Kapitalien 12.576 fl. — Der **Friedhof** ist ohne merkwürdige Grabsteine; in der Kirche aber sind Denkmäler alter Pfarrer: von Strauß a. 1487, Grüner a. 1498, Lindtmayr a. 1592 ꝛc.

Von **Stiftungen** von Wennsern, Neukirchern, Sulzauern kennt man keine Spur, noch weniger von einem Bergherrn; wohl aber werden 1 Jahrtag für Pf. G. Erlpach, eine Knappenbruderschaft und eine Seelenbruderschaft erwähnt, welche Stiftungen während der luth. Wirren eingingen. Noch bestehen 1) die Fünfwundenbruderschaft, die unter P. Innocenz XI. (aa. 1644—55) begonnen haben soll. Ohngeachtet ihrer 11 Jahrmeßstiftungen hatte sie a. 1860 doch nur einen Fond pr. 876 fl. — 2) Die Scapulirbruderschaft wurde wie anderwärts a. 1732 angeordnet; hat 6 Jahrmessen und a. 1860 an Kapitalien 4374 fl. — 3) Das 40stündige Gebet in den Faschingstägen wird erst etliche Jahre gehalten, zu dessen Stiftung a. 1863 bereits 2759 fl. vorhanden waren. — 4) Jahrtäge und Jahrmessen der Pfarrkirche nur 86; die älteste von a. 1685.

b) **Nebenkirchen.** — 1) besteht hier eine bessere **Todtenkapelle** als gewöhnlich, für die der Bräuer Math. Schmerold

a. 1736 eine Jahrmesse stiftete. — 2) Die Kapelle zu Dorf zum h. Gregor und Florian, ¾ St. von der Pfarrkirche, baute der dortige Wirth Gregor Perger a. 1696, gab auch für ihre Unterhaltung 100 fl. zur Pfarrkirche, die alles Opfer von hier empfängt; die Meßlicenz erhielt sie erst a. 1739. Nun werden da nur am Floriani- und Einweihungstage (20. Juli) h. Aemter gehalten. — 3) Das Kirchlein Weyer zu den hh. Chunialb, Gislar und Sebastian, kaum ½ St. von Bramberg, scheint zu Anfange des 16. Jahrhunderts als Votivkirche in Folge vorausgegangener Pestjahre (aa. 1482, 1495) entstanden zu sein. Sie hat 3 Altäre, wovon der Hochaltar a. 1666 von Maria Grätlin, erstlich Ambros Liebenpergers, dann Severin Schmerolds Hausfrau; der eine Seitenaltar a. 1713 von Andrä Walbmann und seiner Hausfrau A.M. Rotmayerinn gebaut wurden. Von den 2 Glöcklein ist das größere pr. 3½ Zt. von a. 1538; das kleinere ohne Jahreszahl, vielleicht aus einer ehemaligen Burgkapelle dahier. — A. 1860 Kapitalien 2912 fl. — Jetzt sind hier Amt und Predigt am Sebastiani- und Kirchweihfeste; Wochenmessen und Jahrtag mit Beimesse für A. M. Rotmayerinn und 1 Jahrtag für Magd. Hoferinn.

Von der Schule hat man erst von a. 1673 Nachricht: „der Meßner Seb. Farthofer (Forsthofer) macht auch den Schulmaister; hat aber sehr wenig Kinder; denn hierorts schätzt man die Schulkenntnisse nicht". Sie begann im Meßnerhaus, zu dessen Neubau a. 1579 die Gemeinde der Kirche 109 fl. lieh; a. 1857 wurde von der Concurrenz ein neues Schulhaus gebaut. Der Pfarr- und Schulbezirk hat um 130 Wochen- und 60 Sonntagsschüler, die von einem Lehrer und Gehilfen unterrichtet werden. Der Lehrer rc. genießt nebst einer Naturaliensammlung Kirchengründe pr. 2 J. 112 Okl. Laut Fassion a. 1856 sicheres Diensterträgniß 388 fl. — Ein Schulfond fehlt.

7. Gemeindebezirk Neukirchen.

a) Der Bezirk. — Der Name wurde ihm wahrscheinlich mit der Entstehung der Kirche geschöpft und anfangs verschieden geschrieben: a. 1130 Niunchirchin, a. 1135 Niwinkirchen, a. 1150 Neunkirchen, a. 1190 Niwnkirchen rc.

Das Gebiet umfaßt vom Salzachthale fast soviel Strecke, wie Bramberg, aber einen kleinern, minder bevölkerten Sonnberg; gleicht selbem auch so ziemlich an Gestalt außer dem, daß es 2 südliche Nebenthäler hat. — Zu seinen vorzüglichern Bergen, alle in den Sulzbachthälern, gehören der Finackel (in „Fin" erkennt Koch-Sternfeld wieder den taurisk. Götzen Pin), Gamsmutter, Fürlegg, der Kesselkopf und vor Allen der Großvenediger (ehemals „Keeskogel", nämlich 1. Ranges, erst am Ende des 18. Jahrh.s Venediger, angeblich von der Aussicht auf die Dogenstadt) pr. 11.622', also zwar der höchste unter allen Bergen des Gaues, aber nicht mehr ganz auf pinzg. Boden stehend. Von seinen so zusagen 2 feierlichen Besteigungen sollen gedrängte Nachrichten nicht fehlen. a) Am 9. Aug. 1828 stieg Erzh. Johann von der Hoferhütte im obern Sulzbachthale den Gletscher an — unter Führung des Revierförsters Paul Rohregger v. Bramberg und mit einer gewählten Truppe: Pfleger Griesenauer v. Gastein, Oberförster v. Lürzer, Wirth A. Oppacher v. Jochberg, Holzmaister und Bauer J. Schernthanner v. Gries ꝛc. Wegen Regens im Thale und Schneiens auf der Höhe am frühesten Morgen verließen sie die Hütte erst um 6 Uhr Morgens und waren bis 2 Uhr mitunter in ausgehauenen Fußstapfen über jäh abdachende Eisflächen dem Gipfel auf 60—70 Klafter nahegekommen, als Rohregger erklärte: er getraue sich wegen augenscheinlicher Lavinengefahr nicht mehr vorwärts. Nachdem bereits die Rückkehr angetreten war, brach wirklich vom Gipfel eine Lavine los, erfaßte den Führer und führte ihn pfeilschnell bis zu einer fast angefüllten Keeskluft hinab. Da die eine Hand Rohreggers glücklicher Weise über den Schnee emporstand, konnte man ihn schnell ausgraben und fand ihn noch lebend. Mit der größten Anstrengung gelangte er sogar noch selbst mit den Andern in der Nacht in die Hoferhütte zurück. Das Nähere s. in „Oberpinzgau" p. 118. — b) A. 1841 beschlossen Jos. Ritter v. Lasser, Dr. Ruthner und Otto Ritter v. Gravenegg in Wien wieder eine Besteigung. Sie ersuchten den Pfleger Kürsinger v. Mittersill, die Anstalten zu treffen, der es sofort in seiner rauschenden Weise that. Am 3. Sept. d. J. trat eine Gesellschaft von 39 Gliedern, nachdem sie auf den Knien ein lautes Vaterunser gebetet, unter Anführung des Hüters „Hausstattersepp" (Jos. Schwab) um 1½ Uhr nachts von den höchsten Hütten des oberen Sulzbachthales den Weg an und um 10 Uhr hatten die ersten — der Führer, Dr. Ruthner und Peter Meilinger v. Weyerhof, den Gipfel unter ihren Füßen und nach und nach gelangten dahin angeblich

24 Theilnehmer der Expedition, darunter der nun 70jährige Paul Rohregger. Um 5½ Uhr kam die Gesellschaft glücklich wieder bei den Hütten an. Ritter v. Lasser gab hievon in der wiener Theaterzeitung eine „vortreffliche Schilderung"; Kürsinger und Dr. Spitaler machten darüber sogar ein Buch. — Aber schon im folgenden Jahre geschahen wieder Besteigungen und bald fand man von der pusterthaler Seite her einen „vollkommen gefahrlosen Weg" und alljährlich erfolgten dann längere Zeit hindurch mehrere Besteigungen, auch von einer Wienerin. Ausführlich berichtet darüber auch Dr. Ruthner (Gletsch.-Reis. p. 289).

Auf der Sonnseite links von der Salzach 1) liegt das Pfarrdorf Neukirchen, 2555' über dem Meere, 1 St. von Bramberg, mit 44 Häusern. Zwischen der Kirche und Straße steht ein Brunnen mit marmornem Wasserbehälter, solcher Säule ꝛc., errichtet vom Hansen v. Khuenburg und Vicar Stabler. — Laut einer alten Gedenktafel ist a. 1534 „am Mittichen vor Trinitatis der Wispach gewaltiglich heraus und von Grunt 12 Klafter hoch neben dem Schloß aufgangen, hat 2 Person und das Geställ bei dem Schloß verschüttet und etlich Häuser, Gställ und Grynd im obern Dorf gar wectragen und verderbt". — Zwar nicht vom Dorfe, aber aus der Gemeinde Neukirchen (von der Waldermühle) stammte Joseph Mayr, der ohne gehörige Schule gefällige Bilder malte: Landschaften Porträte ꝛc. Nachdem er sich in Saalfelden häuslich niedergelassen, starb er daselbst bald a. 1864. — 2) Das Schloß Hochneukirchen über dem Pfarrdorfe, der Sitz der lange blühenden Herren v. Neukirchen (cf. p. 44, 54), welche zum Schlosse einen großen Besitz an Mayrschaften, Almen, Wäldern, Wirthsgerechtsamen, Jagdbarkeiten, letztlich auch eine Brauerei besaßen. Die Erben des letzten Neukirchers verkauften a. 1558 die Herrschaft an Erasmus und Christoph v. Khuenburg und Khuenegg, Pfleger zu Werfen und Moosheim, deren Nachkommen sie ohne Hofmarksrechte bis in die neueste Zeit behaupteten. Von ihnen kaufte sie um a. 1850 ein Lindon, wie er sich nannte, angeblich ein Engländer, ein Schwindler ärgster Art, der nach kurzer unsinniger Wirthschaft und mancherlei sehr empfindlichen Prellereien der Nachbaren den Besitz seinem Gläubiger Duregger v. Salzburg überlassen mußte, von welchem das Schloß mit noch nicht unbedeutenden Zugehörungen Trauner und Saullich überkamen. — 3) Eine kurze Strecke vom Dorfe westlich kommt der Dürrenbach aus einer tiefen langen Schlucht von der Nordseite herab, welcher den Anwohnern und selbst dem Dorfe schon viel Schre-

cken und Schaden verursachte z. B. a. 1572, 1834. Eine bedeutende Fläche zu seinen beiden Seiten in der Thalsohle ist tief überschüttet, mit Erlen und Fichten bewachsen und heißt die Dürrenbachau. —
4) In dieser Au haust der **Dürrenpachpuß**. Er läßt sich bald als 3 Spannen langes Ritterchen, bald als herumhüpfende Flamme, auch in Thiergestalten sehen oder durch Gewimmer und Klagetöne hören. Am Fußsteige durch die Au ist in der Zwiefel einer Fichte ein Crucifix, das sich der Sage nach allmälig wendet; so bald selbes gerade auf die Kirche sehen werde, sei die Stunde der Erlösung für den Puß gekommen. Es ist dieser die Spukgestalt eines alten geizigen Ritters Hugo v. Neukirchen, der als Kreuzfahrer ins h. Land ziehend, hier seine Schätze vergrub; von dort aber nicht mehr zurückkam. —
5) Die Ruinen v. **Hieburg** (a. 1400 „castrum Heuberg") noch bestehend in einem viereckigen festen Thurm aus behauenen Granitsteinen, von dicken Umfangsmauern, einst auch von einem Wassergraben umgeben. Die Schlösser Hieburg und Burgfried oder Friedburg in der Sulzau gehörten ursprünglich zusammen; Hieburg war die Mayerei der Herrschaft Friedburg, weßhalb sie öfters Mayrhofen hieß (Präd.-Pr. p. 163); aber schon frühe geschah die Trennung. Herren, die sich von Hieburg nannten, kennt man nicht urkundlich, sondern nur aus Sagen. — „Die Veste gedieh wahrscheinlich noch während der Grafen (v. Sulzau) an die Ministerialen v. Neukirchen; dann a. 1292 an die Velber; allein a. 1378 verträgt sich Ulrich v. Velben mit dem EB. wegen den Vesten Kaprun und Hieburg; a. 1409 verkauft Ulrich Hieburg an den Erbtruchseß Wolfart von der Alm zu Trübenbach und Laufen; a. 1543 wird es vom Blitz ausgebrannt. Kaum wieder hergestellt kam es durch Heirath a. 1561 an die Freiherren v. Törring-Seefeld; a. 1599 durch Kauf an die Freiherren v. Khuenburg zu Neukirchen" (Präd.-Pr. p. 165). Oefters war die Burg inzwischen durch Aussterben der Familie ihrer Besitzer ꝛc. an die EBe. gekommen, weßhalb man dahier auch Pfleger findet: Ulrich Schnitzer a. 1393, Hansen v. Dorf a. 1398, Barth. Mülpacher a. 1403, Hansen Lampart a. 1428, Barth. Senkhofer a. 1488 und mehrere Ainöder. Mitunter waren diese Pfleger vielleicht nur Beamte oben genannter Herren. Von einem leichtfertigen Ritter Albrecht v. Hieburg, seiner engelreinen Gemahlin Iba und einem frommen Einsidler Hellfried in der Dürrenbachau enthalten die „Volkssagen v. Salzburg" (I. 1) auch „Oberpinzgau" (p. 125) eine gut geschriebene Sage. Nun ist die Mayerei schon lange in den Händen eines Bauers, der sich von der Burg

"Hieburger" nennt; der jetzige Bauer ist wenigstens schon der 4. Besitzer derselben. — 6) Das Rosenthal an der Kreuzung der Linien von Hieburg nach Friedburg und von Neukirchen nach Wald ist ein freundliches Oertchen, mit der Aussicht von der Krausenkapelle auf den Großvenediger. Von der alten Tafern daselbst sagt Koch-Sternfeld: „Drei sehr lebhaft besuchte Saumpfade für Menschen und Lastthiere, auch sonder Zweifel von den Römern, Germanen und Slaven vor- und rückwärts verfolgt, vereinigten sich auf dem sulzauer Gebiet von den Höhen der Breones, Ambisontes, Ambicilli und Prixinentes an der Straßentafern im Rosenthal, nämlich aus Tirol, dem Arn- und Pusterthal über den Krimmlertauern, aus Zillerthal über Ronach und aus Bayern und Brichsenthal durch den Trattenbach" (Beitr. III. 110. — 7) Vom „Teufelsstein" daselbst erzählen die „Volkssagen v. Salzburg" (III. 83): Diether v. Friedburg hatte tödtlichen Haß gegen Othmar v. Hieburg und rief, da er ihm nichts anhaben konnte, den Satan zu Hilfe. Dieser versprach sie ihm um den Preis seiner Seele nach dem Tode und fuhr in der nächsten Nacht durch die Luft gegen Hieburg mit einem mächtigen Felsenstück, welches er auf die Burg fallen lassen wollte. Als er sich ihr schon auf Pfeilschußweite genähert hatte, ertönte das Aveglöcklein der Burg und dem erschreckten Teufel entfiel der Stein zu frühe.

„Herr Diether sah's von Ferne
Und dankte himmelan.
Seitdem hat er zur Sühne
Viel harte Buße gethan:
Ein Fellkleid ließ er gärben,
Zog Gold und Seide aus;
Am Felsblock unter Tannen
Da stand des Siblers Haus.
Die Burgen sind zerfallen,
Die Klause stürzte ein;
Noch liegt der Stein im Thale
Und heißt der Teufelsstein". „Der Geologe erkennt diesen Block als einen sogenannten Findling, der allerdings aus dem obern Gebiet des Sulzbachthales hieher versetzt wurde, aber nicht durch Gewalt des Teufels" (A. Schaubach). Der Schmied v. Rosenthal hat sich darauf ein Gärtchen angelegt, wozu man auf einer Leiter aufsteigt. — 8) Hieburg gegenüber auf der rechten Seite der Salzach finden sich hoch am Abhange des „Rabenkopfes" noch Spuren von Ruinen

der Burg Friedburg oder Burgfried oder Sulzau. Koch-Sternfeld: „Die Burg Sulzau, nur auf einer Seite, von Westen her, zugänglich und übrigens über Wald und rückwärts aus dem Obersulzbach durch den Seebach mit den Herbergen auf dem Krimmlertauern in Verbindung, schaute weit über die umliegenden Vesten und ins Pinzgau hinab. Sie war augenfällig mit dem Beginn der germanischen Herrschaft gewählt worden, ihr unbezwingbarster und letzter Hort in diesen Thälern zu sein" (Präb.-Pr. p. 163). Sie war bekanntlich die Burg der mächtigen Herren und Grafen v. Sulzau (cf. p. 41, 44, 54). Nach dem Abgange derselben kam die Burg mit Zugehörung als erzstiftl. Lehen an verschiedene salzb. Geschlechter; anfangs des 15. Jahrhunderts findet man auch hier l. f. Pfleger: a. 1403 Hans Oeder, 1431 Chunrat Chlasner. A. 1551 wurde die Burg durch Brand zerstört und liegt wahrscheinlich seitdem in Ruinen. Drei Kisten voll mit räuberisch erworbenen Schätzen, vom Schutt der zerfallenen Burg bedeckt, wurden einst jährlich in der Johannisnacht sichtbar; aber „Um jener Schätze Blüthen

Schlich eine Hundeschaar,

Mit Flammenglut im Auge

Und schwarzem Zottenhaar;

Und Jungfrauen und Mädchen . .

Harr'n der Erlösungsstund'

Und wirr sind ihre Haare

Und zitternd bebt ihr Mund!" (Volksf. von Salzburg III. 87). — 9) Auf dem Mitterkopf oder „Ochsenriedel" zwischen den beiden Sulzachthälern stand laut Sage eine Burg Sulzbach, welche Berengar von Sulzbach (cf. p. 41) um a. 1090 erbaut habe. — 10) Der untere Sulzbach stürzt in einem prächtigen Wasserfalle aus seinem engen Thale ins Salzachthal heraus. „Schon manchen Wanderer hat er durch das Großartige seiner schauerlich gähen Umgebung und seine einfache Zeichnung entzückt . . An Schönheit ist er dem soweit bekannten Krimmlerfalle, dem er nur an Reichhaltigkeit des Wassers nachstehen dürfte, mindestens gleich zu schätzen" (Oberpinzg. p. 117, 118). — 11) Die beiden Sulzbachthäler sind Almthäler, ohngefähr wie Habach und Hillerspach; aber wüster und wilder, zum Theil mit abgerissenen Felsentrümmern bedeckt. Das Obersulzbachthörl, 8900', führt auf einen langen Gletscherweg nach Jenseits, der erst in neuerer Zeit von Gletscherfahrern wieder gewagt wird. Durch die 2 Untersulzbachthörl kommt man rechts und

Gb. Neukirchen.

weiter einwärts zwischen den ober- und untersulzb. Gletschern hindurch; links weiter vorne auf den habach. Gletscher und zum matreyer Tauernhaus. — In Untersulzbach ist ein **Gesundbrunnen**, aber wenig benützt. — Der **Bergbau** in Untersulzbach (cf. p. 17) dauerte in die neueste Zeit; war aber nie von vorzüglicher Bedeutung.

b) Die Pfarre zum h. Johann B. — 1) **Entwicklung** „Neukirchen entstand im 12. Jahrhundert" — sagt Koch-Sternfeld (Gesch. d. Longobard. p. 106), was doch vorzüglich von der Kirche gesagt sein will und in Hinsicht auf die alten Herren dahier (cf. p. 44) sehr annehmbar ist; früher als andere einstige Nebenkirchen ist sie ja a. 1243 schon als Filiale v. Bramberg urkundlich. Eine Curatie zu Neukirchen wurde durch den erwähnten Doppelvertrag (cf. p. 360) a. 1555 errichtet, welcher auch die Kreuztrachten Wald und Krimmel, aber nicht so fast als Filialen, sondern vielmehr als Neukirchen coordinirte Gemeinden zugetheilt wurden. Pf. Hörzinger rieth a. 1621, den Vicariatssitz nach Wald zu versetzen, wovon aber die Kreuztrachten die Kosten scheuten. A. 1859 wurde das Vicariat zur Pfarre erhoben.

Der Seelsorgsbezirk erstreckte sich anfangs vom Hause „Beham", ½ St. unter dem Kirchdorfe Neukirchen bis in die Krimmel, eine Strecke von 2½ St. im Salzachthale. Seit der Abtrennung Wald's mit Krimmel a. 1675 zählt er 112 Häuser und um 960 Seelen.

2) Die **Seelsorger** und ihr Unterhalt.

1555 Haimeram Toter.
1604 P. Hans Groll.
1613 P. Hieron. Rechthaler.
1615 P. Wilhalmb Grien.
1616 Wilhalmb Haimb.
1617 Sigm. Wagner.
1618 Hans Präntel.
1620 Leonh. Sondrer mag.
1623 Georg Ostermayr.
1623 Jak. Caspar Faber.
1625 Elias Welzer.
1628 Seb. Raderer.
1630 Stephan Aicher.
1634 J. Ludw. Cham.
1651 Christoph Lygger.

1655 Wolfg. Pidinger.
1656 Melch. Prugmüller mag.
1665 Ludwig Huber.
1672 Georg Leutl.
1673 Jakob Strauß.
1679 Johann Gugg mag.
1685 Wolfg. Bischof.
1698 Joh. Mich. Nehr.
1702 J. P. Reinhartinger.
1707 Mathias Ramponi.
1709 A. Benno Khemetinger.
1728 Anton Schiemer.
1736 Georg Haigerer mag.
1740 Georg Langwieder.
1748 Simon Schüßling.

1775 Jof. Neyreither. 1819 Johann Kufler.
1777 Jof. Ferd. Stabler. 1827 Jof. Schweinacher.

Einen **Hilfspriester** findet man zuerst a. 1749, der zwar noch besteht, aber nicht dotirt ist.

Bis a. 1619 bewohnte der Vicar mit dem Meßner ein gemeinsames **Haus**, in welchem Jahr der Letztere auszog. Der gegenwärtige Pfarrhof wurde a. 1734 gebaut, wozu die Gemeinde Materialien, Hand- und Spannschichten und 52 fl. in Geld leistete. Die Gewerkschaft im untern Sulzbach hatte zufolge Gelöbnisses der Kirche 614 fl. übergeben, welche auch zum Hausbau verwendet wurden; übrigens mußten Kirchenfonde zur Deckung der Gesammtkosten pr. 920 fl. noch Vorschüsse leisten. — Gleich anfangs verschafften dem Vicar die 3 Kreuztrachten ein **Grundstück** zu „1 Khuefuer"; nun hat der Seelsorger 4 J. 909 Dkl. Kirchengrund zu nutzen. Wie jenem in Hollerspach wurde auch dem hiesigen Vicar a. 1555 die **Käse- und Fellsammlung** zugetheilt, welche die Kreuztrachten a. 1617 in Geld fixiren wollten; was aber das hochf. Consistorium nicht zugab. Vom **Seelrecht** sind auch hier 2 Drittel an den bramb. Pfarrer abzureichen. Nach Faffion von a. 1859 reines Pfründeerträgniß 432 fl. CMze. WW.

3) **Kirche und Gottesdienst.** — Die Pfarrkirche ist ein alter goth. Bau, der durch mancherlei Umwandlungen, besonders a. 1782, seine dermalige Gestalt erhielt. Der noch ältere Thurm ist unverhältnißmäßig groß und soll durch einen unterirdischen Gang mit dem Schloß zusammen gehangen haben. Eine Orgel brachte Vicar Stabler zu Stande. — Glocken 4: a) pr. 2207′ℊ, a. 1841 von der Gemeinde angeschafft. b) pr. 1200 ℊ von a. 1601. c) und d) pr. 623 und 368 ℊ von a. 1781. — A. 1860 Kapitalien 5248 fl. — Der **Friedhof** ist wieder sehr alt. An der Außenseite der Kirchmauer sind Denkmäler 2 Reisigl, Vaters und Sohnes, wovon ersterer Khuenburg. Verwalter dahier war. Letzterer, Franz Ant. Reisigl, der ehemals hochangesehene Regierungsrath, Truchseß und Landrichter v. Mitterfill starb a. 1817 in größter Armuth. In seiner „Beschreibung des Oberpinzgaus" Salzburg 1786 behandelte er die „Schwarzröcke" mehrmals bedeutend unglimpflich; in seiner Noth aber faßte er doch wieder Vertrauen zu ihnen. Den Pfarrer Pichler v. Stuhlfelden bat er geradezu um eine Aushilfe pr. 50 fl., die ihm Pichler, obwohl kurz nach dem Pfarrantritt selbst geldarm, sofort übermachte. — Dann ein Grabstein

des edelmüthigen Vicars J. F. Stabler, den ihm die Gemeinde erst
a. 1839 setzte. — In der Kirche hat Georg v. Neukirchen, der letzte
des Geschlechtes ein stattliches Denkmal a. 1547; ein anderes seine
Hausfrau Anna Hauspeckhinn.

Am Octavtage von Erscheinung des Herrn ist „Berg- und
Ebenweih" mit h. Amt; am Sebastianitag Amt um Abwendung von
Pestgefahren; am Tage von Johannes v. Nep. Amt und Rosenkranz
um Abwendung von Wasserschäden; am Pfingstdienstag der „Dürrenbachsegen" mit den 4 Evangelien. — S t i f t u n g e n: 1) die „Erchtagmesse", a. 1243 gestiftet von Walter und Jakob v. Neukirchen, ist
die älteste Stiftung von ganz Pinzgau und läßt vermuthen, daß um
diese Zeit gar manche pinzg. Herren Stiftungen machten, welche die
Unbild der Zeiten nicht überstanden. Ihre Dotation (das „Viertailoder Stockergut") wurde zum Pfarrhof in Bramberg gegeben, weßhalb
für Persolvirung der Messen dahier noch der dortige Pfarrer zu sorgen
hat. — 2) Die Rosenkranzbruderschaft wurde a. 1716 von Maria
Vorbereggerinn vom Stockergut „wegen erlangter großer Hilff" mit
100 fl. dotirt. Betreffend diese Hilfe berichtet Pfleger Lürzer ans f. e.
Consistorium: M. V. sei „vorhin vom bösen Geist durch 15 Jahre
laiber besessen gewesen; nun nach verlobter Bruderschaft aber von
deme wirklich befreyt worden". Es erfolgten dazu 17 Jahrmeßstiftungen ıc.;
a. 1860 Kapitalien 1260 fl. — 3) Auch hier Quat.-Messen für den
wohlthätigen Riemermeister Jak. Mayr von Salzburg (cf. p. 255 ıc.);
dann Rosenkränze in der Fastenzeit und golb. Samstäge von a. 1788.
— 4) Von den 62 Jahrtägen und Messen ist die älteste von a. 1699.

Die S c h u l e wurde a. 1720 vom Meßnerprovisor Ant. Jos.
Lutz begonnen und dann in jeweiliger Weise der Zeit fortgesetzt.
A. 1798 baute man ans Meßnerhaus ein entsprechendes Schulzimmer.
Vom Pfarrbezirk besuchen einige Kinder die Schule Wald, daß hier
die Zahl der Wochenschüler um 70, die der Feiertagschüler um 40
läuft. Der Lehrer ıc. genießt Kirchengründe pr. 5 J. 774 Ofl. und
eine Garben- und Broblaibsammlung. Laut Fassion a. 1863 sicheres
Diensteinkommen 310 fl. — Vicar Stabler stiftete einen bedeutenden
S c h u l f o n d: a. 1818 das „Weberfeld", gegen dessen Nutzgenuß
der Lehrer arme Kinder unentgeltlich unterrichten solle. Ueberdieß gab
er 800 fl. zur Kirche mit dem, daß von den Zinsen jährlich 10 fl.
für Kleidung und Mittagssuppen armer Kinder verwendet werden.

8. Gemeindebezirk Wald.

a) Der **Bezirk** — begreift vom Salzachthale eine Strecke von ³/₄ St., einen noch ziemlich bewohnten Sonnberg und das aufsteigende Ronachthal. „Die Gegend hat hier einen Charakter von Rauhheit und starrem Ernst, wovon wohl die wolkennahen Gebirge mit ihren scharfen Kanten und schroffen Abhängen das Meiste beitragen; daher der alte Spruch: Z' Wald ists gar kalt" (Oberpinzg. p. 132). — Seltener Weise sind seine merkwürdigeren **Berge** auf der Nordseite: Krönlberg pr. 7708', Gernkogel 7155', der **Salzakopf** 7893', wovon die Salzach ihren halben Namen hat. Bezüglich dieses Namens sagt Koch-Sternfeld: „Salza kommt in den norischen Alpen mehrfältig vor und bezeichnet stets einen hohen Ort oder einen davon herabströmenden Bach" (Salzb. und Berchtesg. p. 380). Vom „Perig, der genannt ist Hafnår" (cf. p. 3) oder „monte, qui dicitur Hauenare, ubi oritur fluvius Salza" (Juv. p. 365), will hier Niemand etwas wissen; sein Name hatte sich wohl urlängst in den des Salza- oder Geyerkopfes umgewandelt.

Der unansehnliche Bezirk ist nicht ohne Bemerkenswürdigkeiten. 1) Das **Kirchdorf Wald**, 2660' über dem Meere, 1 Stunde von Neukirchen, mit 27 Häusern. Hier wurde am 10. März 1731 Jos. Ant. Lutz, Sohn des hiesigen Schulmaisters, geboren. Er war ein achtungswürdiger Priester und machte sich als Magister der Principienschule zu St. Peter in Salzburg und als Verfasser einer in den Schulen lange gebrauchten latein. Grammatik einen Namen. † am 15. Dec. 1799. — 2) Von der **Straße** über Ronach nach Gerlos berichtet der Gerichtsschreiber v. Mittersill Mart. Harlandter zu Harlandt: „A. 1630 hat man die neue Straßen ins Zillerstall machen mießen, welche man zu Waldt hat angefangen und hat's mießen machen hinein piß auf den Lahnpach, welcher Weg das Cricht Mittersill pey 2000 fl. gestanden hat. Es hat auch der Lanzfirbt 1000 fl. daran zalbt, daß der Weg allein auf unßer Seiten 3000 fl gestandten. Aber die Zillerstaller, wie ich vernummen hab, ist er vill mehr gestandten" (Mitth. d. Gesellsch. b. salzb. Landesk. II. 184). — 3) Rechts vom Wege, hoch am walder Sonnberg liegen die 3 Bauernhäuser **Lahn, Reitl** und **Berg**, angeblich gut gemauert, somit gegen die anderen hölzernen Häuser abstechend. Ueber ihre Entstehung theilt S. v. Koslern

(Volksſ. v. Salzb. III. 1) mit: Der Bauer von Lahn war durch
außerordentliche Unglücksfälle gänzlich verarmt und härmte ſich darüber
ſehr. Da träumte ihm: er ſoll an die Zillerbrücke gehen; dort werde
er Hilfe finden. Am andern Tage ſtand er ſchon zeitlich auf der
Brücke; harrte aber lange vergebens. Gegen Abend kam ein armer
Greis nnd fragte ihn um die Urſache ſeines ſichtbaren Kummers. Auf
die Erzählung des Bauers von ſeiner Lage und dem Traum ſagte der
Alte: „Ach Träume ſind Träume! träumte mir doch auch, zu Lahn
am Waldberge liegt unter der Herdplatte ein Schatz verborgen". Das
war nun dem Bauer genug; er eilte nach Hauſe und öffnete den Heerd
„Und glücklich fand er in der Eſſe
Feſt eingeklammert einen Topf
Und im roſtigen Gefäße
So manchen goldenen Kaiſerkopf.
Befreit von Noth und Sorgen
Fühlt er nun wieder Lebensluſt
Und dankt mit Inbrunſt jeden Morgen
Dem guten Gott aus voller Bruſt.
Drei ſchöne Häuſer ließ er bauen
Zunächſt an dieſem Glücksplatz;
Noch kann ſie dort der Wanderer ſchauen
Als Denkmal vom gefundenen Schatz". — 4) Am
Wege nach Gerlos 2 St. von Wald liegt das Wirthshaus Ronach,
richtiger vielleicht Ranach (abgehölzte Fläche), nach A. Schaubach
4199' ü. d. M., ein Tauernhaus mit Proviſion der Art, wie die
Tauernhäuſer im Felberthal ꝛc. (cf. p. 24). — 5) Urſprung der
Salzach. Seltſamer Weiſe machte man dieſen zum Gegenſtand einer
Controverſe, indem die Einen den Urſprung der Salzach im krimmler
Achenthale; die Andern am Salzakopf annehmen (cf. Oberpinzg. p.
159). Die Sache iſt aber doch einfach: Der Fluß entſteht aus 2
Bächen, Ache und Salza, hat ſomit 2 Quellen; daher auch ſein zu-
ſammengeſetzter Name — „Salzach, Salzaha" neben Igonta ſchon
a. 788 (Juv. A. p. 19). Die Quelle der Ache iſt zuhinderſt im
krimmler Hochthale, die der Salza am Salza- oder Geierkopf; als die
Hauptquelle muß aber inſoferne die Salza gelten, als von ihr Stadt
und Land Salzburg den Namen haben. Vierthaler forſchte der Salza-
quelle (des „Vaters Jvarus") angelegentlichſt nach, fand ſie in einem
kleinen See 7800', unter dem Salza- oder Geyerkopf an der Gränze
von Brirenthal und freute ſich herzlich. „Inniger konnten ſich Peter

Päz und Bruce an den Quellen des Nils nicht gefreut haben. Ich schöpfte mit der Hand Wasser aus dem See und trank auf das Wohl derjenigen, die meinem Herzen theuer sind". Der Melcher von der Salzaalm, welcher Hrn. Vierthaler bei Erforschung der Quelle begleitete, „versicherte ihn mit ernster Simplicität, daß seit St. Ruprechts Zeiten nie ein Herr (Städter) bis hieher gerathen sei; nur dieser Heilige hatte sich soweit gewagt, um den Namen des Flusses an der Quelle selbst zu erfahren und der Stadt, die er baute, den Namen zu schöpfen. Er erfuhr ihn und der Fluß heißt Salza (in Vierthalers Munde) und die Stadt St. Ruprechts Salzburg auf den heutigen Tag" (Wandr. II. 200, 205 ꝛc.).

b) Das **Vicariat** zum h. Nikolaus. 1) **Entwicklung**. In Hinsicht auf die uralte Burg Sulzau (cf. p. 44 nnd 373) möchte man die jedenfalls sehr alte Kirche von den Herren jener; in Hinsicht aber auf ihren h. Patron von slav. Bergherren abstammen lassen. Die älteste Urkunde, die von ihr meldet und sie als Filiale von Bramberg aufführt, ist erst von a. 1469. Bei Errichtung des Vicariates Neukirchen a. 1555 wurden Wald und Krimmel, wie gesagt, der neuen Curatie als 2 der von Neukirchen fast gleichstehende Kreuztrachten einverleibt. Schon a. 1621 war beantragt, in Wald ein besonderes Vicariat zu errichten oder doch den Priestersitz nach Wald zu verlegen; aber ohne Erfolg. Endlich a. 1673 wurde die Errichtung einer Curatie bei einer der 2 obersten pinzg. Kirchen wieder angeregt und bis a. 1675 in Wald zu Stande gebracht. Die Stiftungsurkunde wurde an demselben Tag (1. Nov. 1679) für Wald, Golling, Muhr und Zederhaus vom EB. und Domcapitel fast gleichlautend ausgestellt.

Bei der Vicariatsstiftung wurde die alte Kreuztracht Wald zerrissen und der Theil unter dem Trattenbach Neukirchen zugetheilt, daß dem neuen Vicariate nur 15 „Höfe" vom walder und 7½ vom krimmler Gebiete zugewiesen wurden. Seit der Abtrennung Krimmels a. 1784 zählt der Bezirk 78 Häuser und um 500 Seelen.

2) Die **Seelsorger** und ihr Unterhalt.

1675 Jakob Lauch.	1698 Johann Bukaviz.
1679 Georg Kuchlperger.	1701 Seb. Schalhamer.
1685 Georg Zeller.	1705 Franz Kherndl.
1688 Franz Käschnik.	1712 Matth. Haimb.
1694 J. J. Stainperger.	1727 Jof. Päbinger.

1737 Jak. Ign. Seitlinger.
1740 Thom. Proßer.
1743 J. Sim. Magnus.
1753 Fr. Fel. Wenzel.
1762 Joh. G. Perger.
1767 Math. Lederer.
1769 W. J. Waldherr.
1771 Vital Kaltenprunner.
1784 Jak. Ant. Wenger.
1789 J. Fel. Kenblbacher.
1792 Franz Liebl.
1801 Ignaz Dießenbacher.
1814 David B. Zimmermann.
1819 Jos. Tarner.
1830 Johann Pierz.
1837 Jos. Wasenegger.
1865 Stephan Rehrl.

Von a. 1739 an wurden bis zur Abtrennung Krimmels Coadjutoren gehalten; seitdem aber nicht mehr.

Das **Vicarshaus** wurde auf der Stelle des alten Meßnerhauses erbaut, zu dem ein Garten pr. 103 Oll. ohne weitere Grundstücke gehört. Bezüglich der Sammlung, Stolgefälle ꝛc. verhält sichs hier ungefähr so, wie in Neukirchen. Die Gemeinde liefert das Brennholz und gegen Vergütung auch Lacticinien. Das meiste Einkommen besteht in fixem Gelde z. B. von der Staatskasse 50 fl. Laut Fassion a. 1859 gesichertes Einkommen 302 fl. EMze. WW.

3) **Kirchen und Gottesdienst.** a) Die **Seelsorgskirche** ist eines der ältesten Kirchengebäude des Gaues, angeblich altbyzant. Styls, nun aber sehr umgewandelt. Das alte Steingewölbe wurde 1751 in Folge eines Blitzstrahles auf die Kirche in ein Schalgewölbe verwandelt. Als vorzügliche Merkwürdigkeit wird der **Thurm** mit seinem Sattelbache angesehen und zuversichtlich für einen Bestandtheil einer uralten Burg gehalten. Von h. Bildern sind einzelne nicht ohne Werth. Vicar Schalhamer opferte einen Kelch und Vicar Dießenbacher 2 schöne Meßkleider. Ein Weihbrunnstein der Kirche soll gar aus der vorrömischen Zeit stammen. Eine Orgel wurde erst a. 1837 aufgestellt. Glocken 3: a) pr. 10 Zt. von a. 1554. b) pr. 5 Zt., die „Hexenglocke", ist durch Alter (angeblich von a. 1300) und Inschrift merkwürdig. Die 8 größtentheils nicht zu entziffernden Wörter dieser machen wohl keinen Satz; sondern sind Kernwörter aus einem alten Wettersegen: IHS (Jesus), AGLA (strahlender Gott) ꝛc. c) pr. 1 Zt. von a. 1775. A. 1860 Kapitalien 14.861 fl. — Der **Friedhof** ist abermal sehr alt; hat aber so wenig merkwürdige Denkmäler als die Kirche.

Durch den Vicariatsstiftbrief wurden, wie bei den 3 anderen erwähnten Curatien 1) auch hier 2 Wochenmessen für den EB. und "umb Aufnamb des Erzstifts" aufgetragen, auch tägliche Allerheiligen-litanei in der Kirche. Die Wochenmesse für den EB. wird seit a. 1802 periodenweise nachgesehen; die Litanei zu Hause zu beten erlaubt. Uebrigens bestehen von Stiftungen keine alten. 2) Die a. h. Dreifaltigkeitsbruderschaft wurde a. 1722 eingeführt; hat 7 Jahrmeß-stiftungen; a. 1860 Kapitalien 1076 fl. — 3) J. Gaßner v. Hoch-hub und seine Geschwisterte stifteten a. 1849 Stundgebete für das Patroziniums- und Bruderschaftsfest mit 1300 fl. CMze. WB. — 4) Seit a. 1712 erfolgten 45 Jahrtags- und Meßstiftungen.

b) Die Sirtuskapelle, unfern der Straße nach Ronach, ⅛ St. von der Vicariatskirche. Koch-Sternfeld: „am Waldberge zu St. Sirt haben sich Sage und Denkmal erhalten, daß einst ein hoher Priester aus Wälschland hier Zuflucht gefunden habe" (Präb.-Pr. p. 169). Das Denkmal wird das unten erwähnte Bildniß sein sollen. Von der Entstehung der Kapelle meldet eine Tafel in selber: in alter Zeit habe der Moserbauer am Waldberg für eine aufgefundene hölzerne bemalte Statue, die nachmals als Sirtusbild erklärt wurde, eine höl-zerne; a. 1579 aber Hanns Staiger v. Suljau eine gemauerte Ka-pelle aufgeführt. Ein Glöcklein trug a. 1600 Mich. Wolfartstätter „ohne empfundene Schwere auf einer Khraren von Schwaz hieher". — Gottesdienst war hier nie viel; nun finden nur mehr ein h. Amt am St. Sirtustage, manchmalige „Almmessen" und Kreuzgänge hieher statt. — Einst aber besuchten die Kapelle zahlreiche Wallfahrter, welche ihr allmälig einen Fond verschafften, der a. 1728 bereits 1573 fl. betrug, doch eben damals der Vicariatskirche übergeben werden mußte. Neben der Kapelle fanden sich 2 Felsenstücke, durch eine Eisenstang miteinander verbunden, „zwischen welchen die Leute durchschlofen für den Ruckweh". Allein die Hieronymusregierung trat auch dieser Wallfahrt entgegen. Während die Kreuztracht Wald eines Kreuzganges halber in Bramberg war, wurden die 2 Felsenstücke in Gegenwart des Pflegers mit Pulver zersprengt; damit aber freilich die Wallfahrter nicht sogleich völlig verscheucht.

Die Schule begann hier a. 1702 der Meßner Peter Gepauer; als er sich aber in einem Zwist mit der Gemeinde die Aeußerung erlaubte: „er frage nichts um das Schmeißdienstl", wollten ihm wenige Eltern die Kinder mehr zusenden. Ihm folgte Jos. Anton Luz als

Meßner und Schulmaister und dann ein Lehrer dem andern. Aber a. 1784 beklagt sich der Vicar, daß die Schule von Krimmel schon 4 Jahre, die von Wald 1 Jahr gar nicht mehr beschickt werde, vermuthlich aus Widerwillen gegen die damaligen Schulreformen. — Als a. 1675 das Meßnerhaus dem Vicar überlassen worden war, wurde das „Wachterhäusel" zur Meßnerwohnung adaptirt und da später die Schule begonnen. Obgleich einige Kinder des neukirchn. Pfarrbezirks die hiesige Schule besuchen, zählt man doch nur um 50 Wochen= und 24 Sonntagsschüler. Der Lehrer 2c. genießt einen Kirchengrund und eine Naturaliensammlung. A. 1863 Fassion des sicheren Einkommens 176 fl.

9. Gemeindebezirk Krimmel.

a) Der Bezirk. — Der Name (a. 1244 Khrumbe, a. 1347 Chrümmel, dann Krümbel, Krümmel; in älterer Zeit nicht Krimmel) — wäre nach Koch=Sternfeld abzuleiten von „krumm" (die Straße krümmt sich hinter Wald südwärts nach Krimmel) oder von „krumeln" hervorquillen (Salzb. und Berchtesg. p. 352). Andern stammt er vom slav. Chrumbas, Herberge, her, nämlich Herberge für die ehemals zahlreichen Züge über den Tauern. — Das kleine geschlossene Gebiet der Krimmel im engeren Sinn ist für das Auge wirklich eine der gefälligsten Parthien des Gaues; aber oftmaliger, manchmal auch heftiger Wind thut der Wohnlichkeit vielen Eintrag. — Von Bergen sind zu nennen der Plattenkogel pr. 6421', über der Platten; dann um das Achenthal herum das Steinkahr, der Roßkopf, Schlächter 8675', Pyrlucke (von Pyr, hohes Gebirg und Lucke oder Scharte S. und B. p. 376), die Dreiherrenspitze (Dreithälerer), die Raben=köpfe 2c. 2c.

Naturschönheiten und Sagen sind die Merkwürdigkeiten des Gebietes. — 1) Den Kirchort Krimmel, 3271' ü. d. M., 1 St. von Wald machen fast nur die für einen solchen Ort obligaten Gebäude aus; in Nähe um ihn herum liegen die anderen Häuser des Vicariates. — 2) An der „Hinterlehn" in Krimmel wurde a. 1768 Anton Wallner geboren, erstlich Besitzer dieses Gutes, später Aichberger=wirth in Windischmatrei, a. 1809 Commandant der pinzg. Schützen,

„Der — die Nachwelt wird es lesen,
An der Spitze seiner Schaar

Salzburgs Hofer ist gewesen,
　Wie der für Tirol es war (hm!).
In dem Kleeblatt jener Helden,
　Das sich Lorbeerkränze wand,
Wird, will man die Wahrheit lesen,
　Auch sein Name stets genannt". Elise Wallner. Diese seine Tochter gab über ihn ein Buch heraus: „Leben und Thaten des in das Grab der Vergessenheit gesunkenen Anton Wallner" ıc. Wien 1843. — 3) Westlich vom Orte ist die „Platten" (vom slav. Blatto, Sumpf) eine Hochebene mit „7 Mösern" oder Lacken, um welche herum hie und da „Schwimmwäsen" bemerkbar sind. Daher die Sage von einem darunter befindlichen See, aus dem das Bächchen kommen soll, welches aus einem Felsenloch am Wege von Wald nach Ronach heraussprudelt (cf. p. 359). Auch der „Lindwurm" fehlt dem See nicht. — Auf der Platten übernachtete einst der alte Jost v. Krimmel und „sah des Berges Geister
　Bei ihren Schätzen ruh'n
　Mit hochgespitzten Hüten
　Und krummen Schnabelschuh'n;
　Und Gold und Edelsteine
　Rings glänzten an der Wand
　Daß ihm vor lauter Schauen
　Schier die Besinnung schwand". Er war hernach nicht mehr zu sehen; aber nach Jahresfrist brachte ein Jäger die Kunde, „daß er am Reichenspitze
　In Eis verwandelt fand
　Den alten Jost v. Krimmel,
　Der aus dem Thale verschwand". — 4) Der größte Ruhm des Thales sind die 3 Wasserfälle der Ache auf der Südostseite: der 1. eine Viertelstunde vom Kirchorte in die Thalsohle herab; der 2. eine halbe Stunde höher und der 3. an der Oeffnung des Achenthales. Vierthaler unterscheidet 5 Fälle und die Höhe, die sich die Ache von der Oeffnung des gleichnamigen Thales bis zum Grund von Krimmel herabstürzt, beträgt ihm mehr als 2000' (Wandr. II. 208). Uebrigens muß man ein solches Schaustück nicht beschreiben, sondern sehen; es gilt als das prächtigste der Art im ganzen öftr. Kaiserreiche. — 5) Am mittern Wasserfall, wo die Ache zwischen 2 emporstehenden Felsenkegeln hinabstürzt ist der „Jägersprung". Nach der einen Tradition sprang ein Jäger von einem Wildschützen, auf

den er geschossen hatte, verfolgt von einem jener Kegel auf den andern; nach der anderen ein von einem Jäger verfolgter Wildschütze, sogar mit dem Gemsbock auf dem Rücken. — 6) Das merkwürdige Achenthal öffnet sich 1 St. hoch über Krimmel und zieht sich ohngefähr 5 St. bis zum Gletscher zurück, unter dem die Ache entspringt. Ohngefähr 2 St. in südlicher Richtung fortlaufend ist es zwar beiderseits durch hohe, kahle Felsenwände begrenzt, aber dennoch guter Almboden; dann aber wendet es sich südöstlich, steigt 3 St. mehr und mehr auf und wird immer öder, bis es endlich der Gletscher schließt. — 7) Der altgeschichtliche Tauernweg erhebt sich neben den Wasserfällen ins Achenthal, läuft in diesem 2 St. bequem fort, wendet sich dann etwas westlich ins „Windbachthal" und führt ohngefähr in 3 St. zum „Thörl", dem Höhepunkt zwischen Pinzgau und Tirol, nach Weidmann pr. 8689', gewöhnlicher um 8000'. Tauernhäuser waren im Achenthale sogar 2, wovon aber jetzt nur mehr das hintere, nahe an der Einmündung des Windbaches in die Ache, 2 St. von der Oeffnung des Thales die gewöhnliche Provision bezieht. — Den Bergbau des Thales s. S. 17. — 8) Laut Sage zog H. Rudolph v. Oestreich a. 1359 über den Krimmlertauern, von Tirol die Huldigung zu empfangen. Nach seiner Ankunft dortselbst

„Erscholl es von Alpe zu Alpe wohl:
Ein neuer Lenz erscheint in Tirol,
Den hat Herr Rudolf im Winter bei Nacht
Vom Krimmlertauern ins Land gebracht!"
(Volksl. v. Salzb. III. 90).

b) Das Vicariat zum h. Ap. Jakob dem Größern. — 1) Entwicklung. Eine Kirche „in der Khrumbe" ist schon in einer Schankungsurkunde fürs Kloster Raitenhaslach a. 1244 (M. B. III. 141) erwähnt, wahrscheinlich entstanden zufolge der frühe zahlreichen Samzüge über den Tauern. Wie nach langer Zeit Nachrichten von ihr wiederkehren, findet man sie als Filiale von Bramberg. Nach der Errichtung der Seelsorge Neukirchen a. 1555 wurde, wie gesagt, die hiesige Kreuztracht dem neuen Vicariat als dritte, Neukirchen und Wald coordinirte Gemeinde untergestellt und so a. 1675 als zweite Gemeinde dem neuen Seelsorger v. Wald. Zu einer eigenen Curatie wäre die hiesige Gemeinde ohne besondere Gunst des hochf. Consistoriums und außerordentlicher Wohlthäter wohl nie gelangt. Sie selbst

brachte zur Vicariatsstiftung nur . . . . 2000 fl.
zusammen; aber der Curatkaplan Franz Lerch auf der
Festung Hohensalzburg, Wirthssohn von hier, gab . . . 4000 „
Dechant Senninger v. Kestendorf . . . . 1000 „
das f. e. Consistorium wendete der Stiftung zu: von der
Dechant Mayr'schen Hinterlassenschaft zu Teisendorf . . . 1000 „
von einem Legate des Wirthes Fr. Lehrl zu Henndorf . . 3600 „
von verschiedenen Kirchenfonden . . . . 1600 „

zusammen 13200 fl.

Was hievon nicht auf den Bau des Vicariatshauses aufging, wurde der Kirche als Stiftungsfond übergeben. Am 2. April 1784 begann die neue Seelsorge ohne förmliche Stiftungsurkunde.

Der Seelsorgsbezirk, von der Natur selbst bestimmt, ist derselbe der alten Filialkreuztracht und zählt 48 Häuser und um 330 Seelen.

2) Die Vicare und ihr Unterhalt.

1784 J. G. Hasenehrl.	1830 Jos. Kolberer.
1790 Math. Schaidinger.	1834 Franz Rieblsperger.
1797 Barth. Weber.	1845 Joh. Poschacher.
1798 Fr. Bened. Raggel.	1853 Barth. Wolfsegger.
1814 Jos. Waldmann.	1856 Joh. Angerer.
1821 Alois Eder.	1860 Michael Egger.
1826 J. Ant. Susan.	1861 Valentin Heisinger.
1828 David Meingast.	

Das Vicarshaus baute Andrä Huber von Kitzbühel auf einer Parcelle des großen Friedhofs für 1350 fl., wohl über Schichtenleistung der Gemeinde ꝛc. Außer dem Garten hat die Pfründe kein Grundstück. Bezüglich der Sammlung, des Brennholzes, der Lacticinien und Stolgefälle wurde so, wie bei anderen damals errichteten Vicariaten, Bestimmung getroffen. An firem Gelde hatte der Vicar 250 fl. aus dem Vicariatsstiftungsfonde; erst a. 1848 erhielt er zur Congruaergänzung 50 fl. aus dem Religionsfonde. Nach normaler Fassion a. 1860 Gesammtertragniß 344 fl.

3) Kirche und Gottesdienst. — An dem alten goth. Bau der Kirche wurde in unbekannter Zeit ein rundbogiges Presbyterium angebaut. A. 1806 hob ein gewaltiger „Tauernwind" das hohe Kirchendach ab und warf es vor das Vicariatshaus, wofür das gegen=

wärtige, niedere entstand. Um a. 1840 geschahen Reparaturen und Renovationen mit einem Kosten pr. 4674 fl., theils vom Kirchenfonde, theils von Wohlthätern, worunter besonders Vicar Riedelsperger. Am Plafond sind Gemälde von J. Rattensperger. Bemerkenswerth ist ein alter Kelch von eigenthümlicher Form. Die Orgel scheint erst bei der letzten Renovation aufgestellt worden zu sein. Der „Weihbrunnkübel" entstand aus der „Lärmkanone" (Kürs. p. 144). Von den 3 Glocken sind die größte pr. 5 Zt. von a. 1537; die 2 andern von a. 1564 und 1615. — A. 1860 Kapitalien 10.016 fl. — Der ehemals große Friedhof ist wieder sehr alt; aber, wie die Kirche, ohne vorzügliches Denkmal.

Einst waren hieher 2 große Kreuzfahrten üblich: am Samstage nach Christihimmelfahrt von den Pfarren Zell, Piesendorf, Stuhlfelden und ihren Vicariaten; am Vorabende von St. Jakob von der Pfarre Stuhlfelden; Bramberg scheint sich beides Mal angeschlossen zu haben. Sie sollen zufolge eines Gelöbnisses wegen Getraidemißwachses begonnen haben, weßhalb da Korn, ohngefähr pr. 15 Metzen, geopfert wurde. Da aber an so weiten Gängen großentheils nur junges Volk theilnehmen konnte, wurden sie laut pfleggerichtl. Berichts zu „völligen Rauppenkreuzgängen" und deßhalb um Mitte des vorigen Jahrhunderts verboten; aber nur allmälig hörten sie auf. — Am Sylvestertage ist nachmittags Betstunde mit Te Deum zum christlichen Schluß des Jahres. — Stiftungen: 1) Für die Wohlthäter zur Vicariatsstiftung Kaplan Lerch, Wirth Lehrl und Dechant Senninger sind zusammen 36 h. Stiftmessen zu lesen. — 2) Die Bruderschaft vom „guten Tod" oder von der „Todesangst" oder von der „Angst Christi". bewilligte der EB. auf Bitte der Kreuztracht bei seiner Anwesenheit in Krimml am 30. Juni 1797 persönlich bereitwilligst, da „die rechtschaffene Gemeinde sonst gar keine andere Bitte vorbrachte". A. 1860 Kapitalien 152 fl. — 3) Jahrtäge und Jahrmessen bestehen nur 22; die älteste von a. 1730.

Die Schule begann hier lange vor dem Vicariat: a. 1763 kommt der Meßner und Schulhalter Math. Kriegegger von hier nach Uttendorf; ihm folgten in beiden Diensten Georg Plähütter und a. 1766 Franz Lutz. Aber, wie gesagt, mit Beginn der allgemeinen Schulreform zogen die Eltern ihre Kinder gänzlich von der Schule zurück; mit dem Vicariate begann sie aber doch wohl wieder. Dechant und Pfleger betrieben a. 1770 den Bau eines neuen Meßner- und Schulhauses; aber erst a. 1786 kam es zu Stande mit einem Kosten pr. 926 fl., den mit 900 fl. Kirchenfonde deckten. Man zählt um 34 Wochen- und 15 Sonntagsschüler. Dem Lehrer 2c. kommt ein Kirchengrund und eine Garben- und Heusammlung zu Gutem. A. 1863 fassionsmäßiges Diensteinkommen 182 fl.

Chronologische Tabelle.

Sie hat eine dreifache Absicht: erstlich will sie die chronol. Ordnung der geschichtl. Daten herstellen, von welcher zufolge der Zusammenstellung dieser im vorliegenden Buche nach ihrer Gleichartigkeit in gesonderte Paragraphe zum Theil mußte abgegangen werden. Dann soll sie die Uebersicht der geschichtl. Gesammtentwicklung des Gaues erleichtern, wie jene Zusammenstellung vorzüglich zur Uebersicht des Fortschrittes in den einzelnen Beziehungen dient. Endlich ersetzt sie gewisser Maßen ein Nachschlageregister der Einzelnheiten, weßhalb Artikeln, von denen im Buche auch nur etwas mehr vorkommt, die Seitenzahl dieses, mit p. als solche bezeichnet, beigefügt ist. Wer nämlich von der Gaugeschichte nur einige Kenntniß genommen hat, wird einen fraglichen Artikel in der Tabelle gleich finden und mittelst derselben auch im Buche.

Zur Erklärung ihrer Einrichtung scheint jedes weitere Wort überflüssig zu sein. — Was außer den Daten des Buches noch in der Tabelle vorkommt, hat die Berechtigung der Aufnahme doch wohl an sich.

Die Urzeit bis a. 11 vor Christus.

(Profangesch.)

Die ältesten Bewohner des Gaues, „Ambisontier, Ambisunter", gehörten zur großen Völkerschaft der Taurisker und waren sehr wahrscheinlich Deutsche p. 30. Trieben Jagd, Viehzucht ꝛc.; aber auch Bergbau p. 14 und Handel p. 24.

(Religionsgesch.)

An die deutschen Götzen erinnern uns noch unsere Namen der Wochentage. Ihren Dienst pflogen die Ambisunter nicht in Tempeln; sondern in Hainen, Wäldern und auf Bergen p. 90.

Das angeblich taurisk. Heidenthum

(Profangesch.) (Religionsgesch.)

Wenigstens am Ende der Zeit hatten sie bereits auch einige gesellsch. Entwicklung; Königreich Noricum p. 31.	mit seinem Belenus (bell, hell, strahlend) Sonnengott, Pin Donnergott ꝛc. ist etwa eine Abart des deutschen p. 90.

Wir mögen uns also die Urbewohner vorstellen als ein kräftiges, freies Völkchen, zwar keineswegs völlig wild; aber doch ziemlich roh und ungesittet, das sich selbst beim h. Dienste vor seinen Götzen benahm, wie nun vor ehrsamen Menschen kaum zulässig wäre.

Die röm. Herrschaft von a. 11 vor bis 400 nach Chr.

11 vor Chr. erobern die Römer Noricum; darauf allmälig röm. Ansidler ins Gau p. 33.	Kommt zum deutschen nun auch röm. Heidenthum, ein Gemisch von Götzen und heidnischen Gebräuchen aller Nationen p. 90.
Mit ihnen neue Ideen, Sitten und Einrichtungen p. 33.	
Bergbau der Römer p. 14.	
150 c. nach Chr. neue deutsche Ankömmlinge p. 34.	Angebliche Spur davon zu Gumping bei Lofer p. 209.

Die 400 Jahre der röm. Herrschaft sind für die einheimische Bevölkerung eine Zeit eigentlicher Lehre und Zucht, in welcher langen Zeit an ihrem inneren Gehalt und äußerer Erscheinung, im häuslichen und öffentl. Leben durch Verkehr und Vermischung mit den Römern Vieles wesentlich anders werden; mit der alten Rohheit sich aber leider auch mancher schöne Zug des deutschen Wesens verlieren muß.

Die Umwälzungsperiode von a. 400—538.

Mit Beginn des 5. Jahrh.s fängt die Völkerwanderung zwar nicht im Gau, aber vor dem Gebirge zu wogen an und hat viele Umwälzungen zur Folge p. 34.	Anfangs lange nur deutsches und röm. Heidenthum, eines vom anderen unangefochten, nebeneinander.
Durch sie Hemmung alles auswärtigen Verkehres und Veröbung der Tauernsammwege p. 24.	In den ersteren Jahren des 5. Jahrh. angeblich der h. Valentin durch Pinzgau p. 91.
450 Heuschreckenverheerung.	452 der h. Severin im Noricum und findet zu Kuchl und Ju-

(Profangesch.)

475 Herulerherrschaft für die römische p. 34.

493 ostgoth. Herrschaft. — Das norische Rind bereits im Ruf p. 11.

520 c. longobard. Herrschaft p. 34.

(Religionsgesch.)

ravia christl. Kirchen und Gemeinden p. 91.

In Hinsicht darauf und manche andere thatsächliche Umstände muß man annehmen, daß im Gau das Christenthum nicht mehr ganz unbekannt war.

Die bayr. Herrschaft a. 538—1228.

538 kommen unsere und nächsten Gegenden ans große Frankenreich und bilden das fränkische Herzogthum Bayern p. 35.

Rasch kommt ein leidiges Herren- und Knechtwesen in Schwung p. 35.

In Folge der Wirren und Stürme der vorigen Zeit macht das Christenthum anfangs nicht nur keinen Fortschritt; sondern wird zurückgedrängt.

St. Rupert a. 582—623, Gründer des Bisthums Salzburg.

A. 600.

26—30 bayr. Gesetzbuch p. 35. Einführung des Feudalsystems und der Gauverfassung. Pinzgau 1 Grafschaft p. 38.

Mehr und mehr bayr. Geschlechter wandern ein. „Wisinte v. Pinzgowe" p. 38. Auch die Perner (Ursi) sollen sich schon hervorthun p. 238.

St. Petersschule in Salzb. p. 96.

St. Vital a. 23—46.

Anpflanzung des Christenthums im Gau p. 92.

In Piesendorf Kirchlein u. Mönche; hier also die Urkirche des Gaues p. 93, 308.

46—703 die Aebte v. St. Peter oberste salzb. Kirchenvorsteher.

Das 5. und 6. Jahrh. mit den ersten Jahrzehenten des 7. sind die trübseligste Periode der ganzen Gaugeschichte: erstlich Unsicherheit, dann Umsturz der öff. Verhältnisse; nach Wiederkehr der Ruhe die meiste Bevölkerung in Leibeigenschaft; dazu die Finsterniß des Heidenthums. Endlich ist durch die Botschaft des h. Evangeliums im Gaue der Same einer besseren Zukunft ausgestreut, die sich aber selbst in kirchlicher Beziehung nur langsam, noch langsamer in politischer entwickelt.

A. 700.

(Profangesch.)

Einwanderung der Slaven ins Gau p. 47; ihr Bergbau p. 15. Straße über Lofer nach Pinzgau p. 25.

84 „im März große Kälten, dann schwere brennhaiße Tröpflein vom Himmel".

86 großes Erdbeben in den norischen Gebirgen p. 48.

88 im Indiculus Arnonis erste topogr. pinzg. Namen: Pinzgaoc ꝛc. p. 2; Igonta, Ivarus, Salzaha, und Sala (Salzach und Saale); Bisonzio und Salafelda (Piesendorf und Saalfelden).

Die salzb. Bischöfe haben bereits Besitzungen im Gau und erhalten nach und nach mehr p. 45.

(Kirchengesch.)

Slavisches Heidenthum p. 90.

Flobrigis a. 3—39.

15 Capitulare P. Gregors II. mit merkwürdigen Bestimmungen p. 96 ꝛc.

Johann I. a. 39—45.

40 Verbot des Pferdefleischgenusses. An den Christen noch gar viel Heidenthum p. 101.

St. Virgil a. 45—84.

Domschule zu Salzburg p. 96.

Arno a. 85—821.

98 Salzburg Erzbisthum.
99 erstes salzb. Prov.=Concil. Neben den Mönchen nun sicherlich auch Weltpriester im Gau p. 95.

A. 800.

1 „Erdbiben und Pestilenz".

15 „Kornregen".

45 Albrecht Graf v. Mittersill p. 41. Die Grafschaft Pinzgau somit getheilt p. 39.

56 „groß Erdbiben, daß viel Perg und Schlösser zerfallen" (?).

88 Frau Miltrud in Ramseiden p. 42.

90 urk. Rivulus Tuontina und Erilipah (Dienten= und Erlbach?).

1 Capitulare v. Achen mit kirchl. Vorschriften. Schon Glocken, althochdeutsch diu Chlocha von chlochen, klopfen, schlagen; lat. campana, nola; altkirchlich signum p. 98.

13 Religionsschulen in Klöstern u. Pfarren p. 144. — Deutsches „Gebet des Herrn" p. 97.

Adalram a. 21—36.

Lupram a. 36—59.

Adalbin a. 59—73.

Adalbert I. a. 74.

Dietmar I. 74—907.

(Profangesch.) **A. 900.** (Kirchengesch.)

Pongau noch zu Pinzg. gehörig p. 3.

Noch u. viel später zahlreiche röm. Nachkömmlinge im Gau wahrnehmbar p. 33.

Wiedereröffnung der Samwege über die Tauern p. 24.

Der „Vogtthurm" in Zell p. 286.

7 „feurige Fackeln u. durcheinanderlaufende Stern am Himmel".

Viel Einfluß der Dienstleute des Erzstifts p. 65.

30 urk. Rivulus Liuganga (Leogang) und Chataprunnin (Kaprun).

63 urk. Tassinpah, Uusca (Fusch), Stuolveldun ꝛc.

Dietmar Graf v. Saalfelden p. 40.

Pilgrim I. a. 7—23.

14 der h. Briccius auf dem Fuschertauern p. 24.

Adalbert II. a. 23—35, 26 in Zell Mönche und Kirche p. 93, 288.

27 in St. Georgen Kirche angedeutet p. 264.

Egilolf a. 35—39.

Herold a. 39—58.

Friedrich I. a. 58—91.

Hartwik a. 91—1023.

Die Kirche Saalfelden an den EB. p. 93, 227.

Andere bereits bestehende Kirchen in der Regel noch Eigenthum ihrer Gründer p. 100.

A. 1000.

Erscheinen allmälig Herren v. Dorfheim, Piperg, Eschenowe, Prukke, Chataprunnin, Sulzowe p. 43.

25 urk. Percheim in Pisoncia (Bergham bei Saalf.) p. 227.

88 Friedrich 1. v. Beilstein p. 39.

91 „fliegende Würmlein so hoch über den Boden, daß man sie fast mit der Hand erreichte, 2, 3 Meilen ausgebreitet und so dick, daß die Sonn nit wohl leuchten mocht; darauf Pestilenz".

Die kirchl. Entwicklung liegt gänzlich im Dunkeln; im ganzen Jahrhundert geschieht kaum 1 Kirche Erwähnung, obgleich die nun auftauchenden Herren sicher eine und die andere schufen.

Gunthar a. 23—25.

Dietmar II. a. 25—41.

Balduin a. 41—60.

Gebhard a. 60—88.

Thiemo a. 90—1101.

(Profangesch.) **A. 1060.** (Kirchengesch.)

In Unken (Unchine) Salzpfannen p. 202.

Gegen beide letzte Berthold v. Moßburg Gegenerzbischof.

A. 1100.

17 „das Erdreich bewegt und so erbibmet, dergleichen nie ein Mensch gehört".
20 Weriganb 1. v. Plain p. 39.
34 Wisint v. Pinzgowe, f. e. Dienstmann p. 39.
45 Hungersnoth.
50 f. e. Urbaramt im Gau p. 46. Samzüge über den stubach-falser Tauern p. 342.
Nach und nach neue Geschlechter: v. Lover, Salekke, Saalfelden, Hunte, v. Alben, Taßinpach, Walchen, Velben, Holerpach, Wenns, Neukirchen ıc. p. 42.
Neue Ortsnamen: Wizzbach (Weißbach), Emenpach, Rurese (Nauris), Tamherespach, Viechten (Fürth), Fridenspach, Nibrinsele, Otendorf, Stupach, Wiare (Weyer) ıc.
60 in Saalfelden und Mittersill Grafen v. Plain p. 40; sie zerstören die Stadt Salzburg ıc. p. 48.
80 Chunrad Graf v. Sulzowe p. 41.
90 Liutolt letzter v. Pinzgowe p. 39.
95 Heuschrecken und Seuchen.
98 fällt Ober-, bald auch Unterpinzgau dem bayr. Herzog heim p. 41.

Konrad I. a. 6—47.

29 in Zell Chorherrenstift p. 288.
39 Archidiakonat angeordnet.
40 Stuhlfelden urk. Pfarre p. 347. Pfarrzehent allgemein p. 100.

Eberhard I. a. 47—64.

48 in Zell das Waldkirchlein angedeutet p. 291.
50 in Prentinperige (Bramberg) ein Priester p. 93. — Octaven B.M.V.

Konrad II. a. 64—68.

Abalbert III. a. 68—77.

77 „ein sant Vitalis, Virgilius und Hartowicus mit viel Wunderzeichen erschienen".

Konrad III. a. 77—83.

Abalbert III. wieder a. 83—1200.

90 Pfarre Lofer (St. Martin) urk. p. 210.
98 Interdict auf dem Erzstift wegen Gefangennehmung des EBs. durch seine eigenen Dienstleute.
Das leidige Commenbewesen schon im Gau p. 105.
Durch die Unruhen unter Abalbert das Kirchenwesen wieder sehr in Unordnung.

A. 1200.

(Profangesch.)   (Kirchengesch.)

In Rauris ein Chrysanth v. Einöd; sonst keine Herren vom Thale bekannt.	Eberhard II. a. 0—28. Rauris angeblich Pfarre p. 275.
8 Friedrich letzter v. Beilstein p. 39.	8 Tarenbach urk. Pfarre p. 260.
15 Wilhelmsdorf bei Stuhlfelden urk. p. 347.	15 Incorporation der Pf. Tarenbach, Zell und Stuhlfelden zur chiemf. Bischofstafel p. 104. — Seelsorgshilfspriester angedeutet p. 106. — Osterbeicht und Communion p. 112.
19 das Gut Limberg ans Stift Hegelwerd p. 46.	
28 das ganze Pinzgau mit bestimmten Gränzen unter f. e. Landesherrlichkeit p. 49.	
	16 schon Besteuerung der Pfarrpfründen und dann öfter p. 114.

Die gesellschaftl. Verhältnisse haben am Ende der bayr. Periode wesentlich noch die traurige Gestalt, die sie anfangs angenommen: es giebt noch nur Herren und Knechte ꝛc. p. 46. — In kirchl. Beziehung aber geschah ein erfreulicher Fortschritt; das ganze Gau ist nun nicht bloß christlich, sondern auch kirchlich gestaltet: es bestehen darin wenigstens 18 Kirchen p. 94 und 24 Priester p. 95 ꝛc.

F. e. Landesherrlichkeit über Pinzgau a. 1228—1803.

Eberhard II. v. Truchsen (v. Altregensperg?) a. 28—46.

Die bayr. Dienstleute werden nun f. e. Ministerialen p. 51.	Bramberg Pfarre p. 366.
43 Lichtenberg von den pinzg. Schenken v. Habach eingelöst (?). p. 45, 225.	43 in Neukirchen Stiftung der Eritagmesse p. 377.
	44 in Krimmel (Khrumbe) Kirche p. 385.

Burchard I. v. Ziegenhagen a. 47.

Philipp, Herzog v. Kärnthen a. 47—56.

Gutrater haben die Cometie in Oberpinzgau p. 50.	51 für Rauris ein Ablaßbrief, dann solche häufig p. 113.

(Profangesch.) **A. 1200.** (Kirchengesch.)

Unruhen im Erzstift, an denen auch pinzg. Ritter theilnehmen; Gebhard v. Velben.

56 Leonhardskirche in Mitterfill erwähnt p. 354.

Ulrich v. Kyrberg a. 56—65.

Wieder Stürme durch den abgesetzten EB. Philipp.
60 † Konrad und Otto letzte v. Plain p. 39.

64 Einführung des h. Frohnleichnamsfestes in der Diöcese p. 108.

Auch kirchl. Wirren.

Ladislaus, Herzog v. Schlesien a. 65—70.

69 um Weihnachten Ueberschwemmung p. 312.

70 † der resignirte EB. Ulrich.

Friedrich II. v. Walchen a. 70—84.

70 „Haißen und Hungersnot".

71 Rudolph letzter v. Mitterfele p. 53. — Weyer sch<n chiemsee'sch p. 54.

72 Glemm (daß Glemme) und Ferleiten (Verlatten) erwähnt.

74 Feier der Tage „unsrer h. Väter" Ruprecht, Virgil und Augustin p. 108.

82 ein stummes Mädchen v. Zell, im Dom durch Fürbitt der h. Rupert und Virgil redend geworden.

Rudolph v. Hoheneck a. 84—90.

85 zum 1. Mal allgem. Steuern p. 67.

86 über den Hirschbühel Straße p. 26.

88 in Salzburg Kirchenversammlung unter außerordentlichem Zulauf v. Pilgrimen, Büßern ic.

Konrad IV. v. Praitenfurt a. 91—312.

96 Tauernmauthen p. 24.

99 bereits Stiftstädinge p. 57. Von dieser Zeit soll vorhanden sein „Landöffenzettel des gemainen Landschaft Salvelden".

91 von der Kirchenversammlung Bestimmung, die Ehe nicht vor weniger als 6 Zeugen zu schließen ic. p. 117.

99 die Pf. Saalfelden zur bisch. chiemf. Tafel p. 104.

(Profangesch.) **A. 1300.** (Kirchengesch.)

Beginn der Versumpfung Pinzgaus p. 7.
Die Goldecker in Tarenbach und Wischorn, leztres bald an den chiemf. Bischof p. 321.
10 heftige Pest.

3 die Pfarre Lofer schon dem Stifte St. Zeno gehörig p. 210.
10 wieder Besteuerung der Pfarrpfründen p. 115. — Neben dem Archidiakonat ein s. e. „Officialat".

Weichard v. Polheim a. 12—15.

Allmälig Bewegung in der polit. Gestaltung.

12 älteste Jahrtagsstiftung, der Velber in Stuhlfelden p. 349.

Friedrich III. v. Leibnitz a. 15—38.

22 bei der Schlacht v. Ampfing viele pinzg. Ritter.

24 allgemeine „Schatzsteuer".

28 allgemeine Landesordnung.

Bereits Leheneinlösungen; dann auf den Burgen l. f. Pfleger statt der Ministerialen p. 51.

20 in Uttendorf Kirche urk. p. 343.
23 in Leogang ebenfalls p. 235.
30 Rauris urk. Filiale v. Tarenbach p. 276.
35 in Zell 1. Stiftung eines ewigen Lichtes p. 292.
37 die „friesacher Statuten" mit vielen eigenthümlichen Bestimmungen p. 109 ic.

Heinrich v. Piernbrunn a. 38—43.

Friedrich Vötter 1. Propst von Fusch p. 52.
40 Heuschreckenverheerung.
42 beginnt eine Reihe von Bergwerksordnungen p. 15.

40 die Waldkapelle in Zell urk., sicherlich auch schon Wallfahrtskirchlein p. 292.

Wochenmeßstiftungen p. 111.

Ortolph v. Weißeneck a. 43—65.

43 Ulrich letzter v. Mülpach.
49 verheerende Pest.
57 Zell u. Mittersill urk. Märkte p. 62.
60 sieben Stuhlfelder Leibeigene ihrer Pfarrkirche p. 55.

44 Kirche Embach urk. p. 269.
48 in Hollerspach eine Kirche angedeutet p. 360.
55 in Rauris angeblich Entstehung der St. Jakobskirche p. 277.

(Profangesch.) **A. 1300.** (Kirchengesch.)

Pilgrim II. v. Puchheim a. 65—96.

Herren v. Thor (bei Saalfelden?) p. 54.

75 † Heinrich letzter v. Sulzau, kaum verwandt mit den alten Sulzauern.

77 in Rauris Land- und Berggericht p. 273.

80 Chunrad letzter v. Holerpach.

92 Hans Hunt Sieger beim Turnier in Hall p. 222.

93 sehr böse Pest.

Die Leheneinlösungen gehen fort p. 52.

Kreuzfahrten der Pfarren zur Domkirche urk. p. 110.

An Filialen Stiftung pfarrl. Gottesdienste p. 111.

83 Kirche Unken urk. p. 204.

90 Michaelskapelle in Stuhlfelden p. 350.

94 Kirche Eschenau urk. p. 255.

95 Avegeläut und Gebet bereits in Uebung p. 113.

Gregor Schenk v. Osterwitz a. 96—403.

Albrecht v. Raittaw bei Mittersill.

Sonntägl. Gedenken üblich p. 109.

A. 1400.

Eberhard III. v. Neuhaus a. 3—27.

Ein Komet mit „langem Straimen", dann Theuerung und Sterben.

3 im Igelbund auch pinzg. Ritter,

4 die v. Alm Erbtruchseßen p. 238.

10 c. Jans letzter von Walchen und Ulrich letzter v. Velben p. 53.

12 Taiding über die pinzg. Saalforsten p. 12.

14 „große Theurung": das Schaffl Khorn 5 ₰ 60 dl.

18 in Piesendorf noch ein „Hans Wysend", vielleicht Nachkomme der Pinzgower p. 305.

24 Georg letzter v. Wenns.

7 In Bruck durch Thurmglocke eine Kirche angedeutet p. 323.

9 urk. Kirchen in Kaprun p. 317 und Niedernsill p. 339.

10 Kirchen urk. in Dienten p. 252 und Glemm p. 298.

14 in Fusch Kirche urk. p. 330.

16 in St. Georgen pfarrl. Gottesdienst p. 265.

17 Kirche St. Wolfgang im Weichselbach urk. p. 332.

18 Marktkirche Lofer urk. p. 212.

— Einführung des freitäglichen Schiedungsgeläutes p. 113.

19 Bund des EBs. mit den

(Profangesch.) **A. 1400.** (Kirchengesch.)

Das Fuscherbad angeblich schon besucht p. 326.

Wieder Leheneinlösungen p. 51.

Suffraganen zum Schutz der Immunitäten p. 107.
20 bevorstehende Ehlichungen in der Kirche zu verkünden.

Eberhard IV. v. Starhemberg a. 27—29.

Johann II. v. Reisberg a. 29—41.

34 Gewerken in Leogang und Thumersbach p. 16.
38 der halbe Zellersee an den EB. p. 287.
40 Auftrag der Landtädinge p. 57.

30 Kirche Alm durch einen Ablaßbrief erst urk. p. 239.

Die Absenzen der Pfarrpfründen bereits allgemein p. 114.

Friedrich IV., Truchseß v. Emerberg a. 41—52.

44 harter Winter, Dürre und Theuerung.
46 wieder allgemeine Steuern p. 65.
In Hirzbach lebhafter Bergbau p. 16.

Sicherlich schon einzelne Bruderschaften vorhanden, die aber nachmals eingingen p. 111.
Auch schon „Kirchenkühe" p. 114.

Sigmund I. v. Volkersdorf a. 52—61.

Die „Schreibnamen" im Gau bereits üblich.
53 die Türken in Constantinopel und dann mehr als 200jähr. Türkenschrecken p. 48, 70 ec.
54 wieder ausgebreitete Pest.
58 Viehsteuer und darüber „Rottirungen im Gebirg" p. 117.

Die Pfarre Tarenbach der Domcustodie incorporirt, bald aber selbstständig p. 260.
54 in Velm ein Schulmaister p. 357.
56 Wunsch der Abstellung einiger Feiertäge p. 108.
An Fasttägen Milchspeisen erlaubt p. 108.

Burchard II. v. Weißpriach a. 61—66.

62 Aufstand im Gau p. 117.
63 Bergrichter für ganz Pinzgau aufgestellt.
65 wieder Pest

63 Heiligsprechung des Pinzgauerapostels p. 92.
65 in Mittersill 1. Kaplanstiftung durch die Kreuztracht p. 354.

(Profangesch.)　　A. 1400.　　(Kirchengesch.)

Bernhard v. Rohr a. 66—82.

Georg letzter v. Ainödberg.
73 erster förmlicher Landtag p. 65, woran sicherlich die nunmehrigen pinzg. Märkte schon als solche theilnahmen p. 62.
74 abermal Heuschreckenplage.
75 Brand des Marktes Lofer.
80 Kaprun als das letzte große Lehen eingelöst p. 53.
Abenteurer Erzknapp in Rauris p. 273.
Im Gau 13 l. f. Pfleg- und Landgerichte p. 56.

69 die alte Nikolaikirche Wald erst urk. p. 380.
70 in Hollersbach auch ein Meß-kaplan durch die Kreuztracht p. 106, 360.
73 in Saalfelden auch ein solcher durch die Herren v. Ramseiden; bald darauf noch 2 durch die Sebastianibruderschaft und die Herren v. Hunt p. 229.
Neue Seelsorge kam aber noch keine einzige zu Stande.

Zunächst in Folge der Leheneinlösungen hat nun endlich das Gau auch in gesellschaftl. Beziehung eine ganz andere, würdigere Gestalt: an die Stelle der alten Gebietsherren und Leibeigenschaften sind nun l. f. Beamte und Gemeinden getreten ꝛc. p. 56. — In kirchl. Hinsicht haben sich nicht nur die Kirchen und Priester vermehrt; sondern es ward auch durch Stiftungen und mancherlei Einrichtungen, wenn auch nicht ausreichend, doch viel besser für die religiösen Bedürfnisse des Volkes gesorgt.

Johann III. Peckenschlager a. 82—89.

Das Grundherren- und Holden-verhältniß nun allgemein p. 63.
Mehreren Orten Jahrmärkte ver-liehen.
89 zum 1. Mal ein Umgeld p. 67.

84 dem EB. die „ersten Jahres-früchte" von Pfarrpfründen vom Papst bewilligt p. 115.
85 abermal Pfründensteuer unter Androhung des Bannes.

Friedrich V., Graf v. Schaumberg a. 89—94.

Außerordentliche Naturereignisse: Hagelwetter, Heuschrecken, Theu-rung, Pest ꝛc.

Die Hunte auf Ainödberg.

90 in Zell und Stuhlfelden Ka-planeistiftungen. — Normirung der Kirchenverwaltung p. 115.
Kein Priester darf ohne besondere Vollmacht predigen p. 109.

(Profangesch.) **A. 1400.** (Kirchengesch.)

Sigmund II. v. Holneck a. 94—95.

Leonhard v. Keutschach a. 95—519.

95 großes Erdbeben im Gebirg p. 353. — Wieder sehr böse Pest.

Rauris 1. pinzg. Vicariat p. 276.

97 1. gebrucktes Agendenbüchlein.

A. 1500.

Höchste Blüthe des Bergbaues a. 1460—1560.
Die kleineren Pfleggerichtsbezirke mit größeren vereinigt p. 60.
In Folge der Aenderung des Handelsweges, später auch der Abnahme des Bergbaues wenigere Tauernsamzüge.
1 große Ueberschwemmung.
5 furchtbarer Komet.
Bau der Bergschlösser in Zell und Stuhlfelden p. 286, 346.
10 in Brennthal-Mühlbach pinzg. und tirol. Gewerken p. 17. — Im Hirzbach 30 Gewerken p. 16.
12 Steinböcke aus Zillerthal ins Oberpinzgau verpflanzt.
Straßenbau v. Hirschfurth nach Tarenbach und Rauris p. 26.

Predigten nach Homilar p. 109.
Kirchlein Weyer p. 369.
5 in Zell Meßkaplan und Schulmaister p. 145, 290.
8 in Bruck „Nachbarschaftskaplan" p. 322.
10 Pfarrhofkapelle in Lofer p. 213.
12 Kirche Walchen urk. p. 312.
14 in Dienten Meßkaplan p. 252.
17 in Rauris auch ein solcher p. 277.
18 Stiftung des Angst- u. Schiebungsläutens, in St. Georgen.
Sicherlich vorhanden, zum Theil viel älter, die Kirchen Gerling, Aufhausen, Schwarzenbach, Velm.

Matthäus Lang v. Wellenburg a. 19—40.

Beispiel eines Stifttages p. 305.
20 Rechnung des Kaprunerbaches (gerad. Furth) p. 18.
25 erster Bauernkrieg p. 68. — Receß über die Saalforsten. — In Mühlbach augspurg. Gewerken.

23 in Tarenbach letzte Meßkaplanei p. 261.
27 Stolcommission im Gau p. 153.
28 die Gen.-Visitation findet schon viel unkath. Gesinnung p. 118.
— Bruck und Glemm factisch

26

(Profangesch.) **A. 1500.** (Kirchengesch.)

26 zweiter Bauernkrieg p. 69. — Landtag mit allgemeiner Vertretung. — In Loser Tuchfabrik.
29 die Türken vor Wien.
33 Gränzregulirung zwischen Mitterfill und Kitzbühel.
34 in Neukirchen Verheerung des Wiesbaches p. 371.
Bergbau auch in Stubach, Hollersbach, Trattenbach und krimmler Achenthal p. 17.

Vicariate p. 322. 298. Priester Scherer p. 225.
36 Dienten Vicariat p. 252.
37 Belehrung über das Fastengebot aufgetragen.
39 Alm Vicariat p. 239.
Bereits Bitt- und Dankandachten um „die lieben Feldfrüchte".
Von allen Pfarrpfründen noch Absenzen p. 153.

Ernest, Prinz v. Bayern a. 40—54.

41 in Saalfelden „Pfründthaus".
46 Ueberwerfung der Salzach zwischen Kaprun und Bruck p. 18.
47 † Georg letzter v. Neukirchen p. 377.
51 Gaißbach in Rauris noch Markt p. 275.
53 wiederum Pest. Beginn des Ortes Lend p. 249.
Die Steuern werden nun bald alljährlich p. 67.

43 † in Saalfelden der hochverdiente Bischof Berthold Pürstinger v. Chiemsee.
45 Gasteggkapelle bei Alm urk. p. 242.
48 in Niedernsill pfarrl. Gottesdienst p. 339.
50 Leogang Vicariat p. 235. — Elendkapelle bei Embach p. 271.
53 die feierliche Taufe noch öfters versäumt p. 142.

Michael v. Khuenburg a. 54—60.

55 wieder ein Receß über die pinzg. Saalforsten.
58 † Christ. Weitmoser der verdienstvolle Gewerke v. Gastein und Rauris. — Die Herrschaft Neukirchen kommt durch Kauf an die Khuenburge p. 371.
59 in Zell Brand. — In Leogang Gesundbrunnen p. 234.
60 Vertheilung der „Walcher-

Die Hilfspriester noch nicht gehörig dotirt p. 132.
55 die Gen.=Visitation findet Lutherthum p. 118. — Vicariate in Hollersbach p. 360 und Neukirchen p. 375. — Schulen in Saalfelden, Rauris, Zell p. 145. — Aufhausen noch zu Zell gehörig p. 308.
56 Unken Vicariat p. 204. — Jakobskapelle in Kaprun p. 319.

(Profangesch.) **A. 1500.** (Kirchengesch.)

ainöten* an die Nachbarschaft p. 306.
In Zell Leprosenhaus p. 286.

57 wieder ein Agendenbüchlein.
58 Vicariate in Embach p. 269 und St. Georgen p. 265.

Johann Jakob v. Khuen-Belasy a. 60—86.

Entstehung der Edelsitze Rötten-werth p. 226 u. Prielau p. 280.
Der verdienstvolle Landrichter ꝛc. Casp. Pänichner v. Zell p. 18 ꝛc.
61 † Eustach letzter v. Alm.
64 Ueberschwemmung in Rauris p. 275. — Die Maishoferau vertheilt p. 285.
65 Landtag mit allgemeiner Vertretung. — Die Propstei Fusch zum Landgericht Zell p. 52. — Muthwille der Weitmoser in Zell p. 285.
66 Ueberwerfung der Salzach zwischen Lieglern und Kaprun p. 18.
70 den zeller Bürgern die „Wildau" ꝛc. vertheilt p 288. — Getraideregen.
71 wieder Pest. — In Burk ein Bruderhaus p. 351.
74 Wasserbau der Gem. Stuhlfelden und Mittersill p. 19.
79 † Wilhelm letzter v. Ramseiden.
82 Damm- und Hochstraßenbau zwischen Bruck und dem Beilberg p. 19. Straßenbau in den Hohlwegen p. 28.
83 Wasserbau der Gemeinde Bramberg p. 19.

60 Kaprun Vicariat, bleibend a. 1624 p. 317.
61 in Mittersill ein Schulmaister p. 357.
63 Verbot des Auslaufens in luth. Gegenden p. 119.
64 Mittersill Vicariat p. 354. — Ende des Commendewesens in Pinzgau p. 130.
65—71 Communion unter beiden Gestalten p. 142. — Verbot deutscher Schulen auf dem Gäu p. 145.
67 Fusch Vicariat p. 330.
69 das merkwürdigste salzb. Prov.-Concil mit vielen Kanonen. — In Folge desselben Anfang eines Priesterseminars und eine neue Diöc.-Stelle („Consistorium") ꝛc.
74 von Bramberg eine Pfarrerköchin als Here verbrannt.
75 ein neues Agendenbuch. „Offne Beicht, gemain Gepet" ꝛc. beim pfarrl. Gottesdienst p. 138.
79 in Stuhlfelden Schule und Orgel. — Sirtuskapelle bei Wald p. 382.
83 aus Saalfelden einzelne luth. Auswanderer p. 120.

Georg v. Khuenburg a. 86—87.

26*

(Profangesch.) **A. 1500.** (Kirchengesch.)

Wolf Dietrich v. Raitenau a. 87—612.

Der Pflegamtssitz kommt von Kaprun nach Zell p. 282.
91 abermal Pest.
94 vergeblicher Versuch die Landschaft zu constituiren p. 66. — Erhöhung der Steuern p. 67.
97 in Mittersill das Kelleramt mit der Pflege vereint p. 335.
98 große Ueberschwemmung. In Embach „Blaichen" p. 271.
99 Hieburg an die Khuenburge p. 372.
Wasserbaucommission, wie nachmals wiederholt p. 19.

89 Einführung des Eilfuhrläutens p. 143.
90 in Thummerspach Kapelle p. 293.
91 Priesterseminar im Kay.
94 merkwürdige 1. Volksschulordnung p. 145.
97 die weltl. Obrigkeiten bei den jährl. Kirchenraittungen p. 155.
In diesem Jahrhundert 13 neue Curatien p. 128.

A. 1600.

Verfall der Gewerkschaften p. 15.
5 in Zell Bruderhaus p. 286.
6 Aufstand im Gau p. 69. — Einschärfung der Landtädinge p. 58. — „Wildpat" bei Oberrain" p. 203.
12 Theuerung: das Schaff Korn 14 fl.

In Tarenbach dürftige Schule p. 263.
3 noch ein „salzb. Missale" gedruckt; schon a. 5 dafür ein röm. p. 136.
10 in Hinterurslau Kapelle p. 244.
Die Vicäre noch wesentlich nur erpenirte Cooperatoren p. 131.

Marx Sittich v. Hohenembs a. 12—19.

12—17 Gefangenschaft EBs. Wolf Dietrich.
13 in Kaprun ein Luchs geschossen.
14 Straßenerweiterung bei Unken p. 303.
15 Verordnung gegen den „Fürkauf" im Viehhandel.
Einlösung mehrerer Bergwerksantheile in Rauris 2c. p. 15.

13 strenge Gen.-Visitation: Lutherthum p. 118; Mängel der Priesterschaft p. 134; die h. Oelung sehr versäumt 2c. — Heubergkapelle und Schule in St. Georgen p. 267.

14 Agendenbuch nach röm. Ritus.
Palfenkapelle bei Saalfelden p. 232.

(Profangesch.) **A. 1600.** (Kirchengesch.)

18 Erneuerung des Schlosses Saalhof p. 285. — Scharfes Verbot des „übermäßigen Bankettirens und Prassens" ꝛc. — „Ein Kometstern mit langem Besen; nachdem hebt sich der große Krieg im Peheimerland (der 30jähr. Krieg) an".

— Christenlehren p. 137. — Beichtzettel p. 120.
17 Gymnasium in Salzburg. — Beneficium Kammer p. 293. — Schulen in Lofer und Piesendorf.
18 das Decanat p. 159. — Heimliche Eheverlobnisse p. 158. Armenseelenglöcklein beim abendlichen Avegeläut p. 143.

Paris, Graf v. Lodron a. 19—53.

20 Wiederherstellung der Landschaft p. 66. Abermal Erhöhung der Steuern p. 67. Landtagsbeschluß der Decimation nicht nur des Ritterstandes, sondern auch der Kirchen und Pfarrpfründen ꝛc. 68.
Stirbt Joseph der letzte der pinzg. Hunte.
Ende der Verpachtung der pinzg. Pflegen p. 59.
21—32 Unwesen der „Kipper und Wipper", Schächerer mit schlechten Münzen: „Gulbinen, blechernen Pfenningen" ꝛc.
In Folge des 30jähr. Krieges Restaurirung oder Neuherstellung der Pässe Steinpach, Kniepaß, Strub, Luftenstein, Grießen ꝛc..
22 in Tarenbach Marktbrand p. 259.
24—32 ziemlich schwere Viehsteuer.
25 ausgebreitete Pest.
26 ꝛc. „in den pinzg. Krichtern Fendl à 300 Mann aufgestellt

20 jährl. Beichtregister; PP. Franciscaner zur Osterbeicht; pfarrl. Vidi aller Bücher in der Gemeinde p. 120.
21 Lend Kaplanei p. 249.
22 Lapachkapelle bei Stuhlfelden p. 350.
23 Beginn der salzb. Universität. — Geläute in der Johannisnacht p. 144.
24 Priesterseminar in der Gstätten.
29 ambulante Schule auf dem zeller Boden p. 295.
31 Decanalsynoden p. 160.
36 in Saalfelden Rosenkranzbruderschaft, dann allmälige Vermehrung der Bruderschaften p. 140.
41 der Rosenkranz als „vornehmes Zeichen eines Christenmenschen" erklärt p. 138.
42 päpstl. Feiertagsbulle p. 135. — Ausführliche Stolordnung. — Pf. Saalfelden von der bisch. chiemf. Tafel ans f. e. Priesterhaus. — St. Ruperts

(Profangesch.) **A. 1600.** (Kirchengesch.)

(Profangesch.)	(Kirchengesch.)
und durch 1 Leibtnandt, 1 Feldwebl und 2 Korporalen abricht".	Uebertragung Diöcesanpatrociniumsfest. Weihnachtskrippen hie und da. — Himmelbrot am Christihimmelfahrtstag p. 138.
30 zu Gaißbach in Rauris Brand. — Straße von Wald ins Zillerthal p. 378.	50 und wiederholt Verbot unziemlicher Kleidung.
32 das Bergwerk Mühlbach vom EB. eingelöst p. 17.	Antonikapelle in Au bei Lofer p. 213.
36 Pest besonders in Pinzgau.	Jährliche Vorlage der Kirchenrechnungen beim Consist. p. 155.
47 große Theuerung.	Die Seelsorgspriesterschaft nun wissenschaftlich und sittlich sehr gehoben p. 135.
50 schon wieder Pest.	

Guidobald, Graf v. Thun a. 54—68.

54 das Bergwerk Dienten eingelöst p. 16.	58 wieder neue Stolordnung.
55 † das Geschlecht der Perner.	60 Kapellen in Weißbach p. 219 und Ferleiten p. 332.
57—61 Verbot des Tabakrauchens.	65 Uttendorf Vicariat p. 343.
61 große Ueberschwemmung.	
66 in Unken wieder Salzquellen p. 202.	68 Schloßkapelle in Dorfheim p. 232.

Max Gandolph, Graf v. Khuenburg a. 68—87.

70 ausgebreitetes Erdbeben.	68 Einführung des Schutzengelfestes.
71 wieder Pest.	
72 zu den 2 ordentl. Steuerterminen Georgi und Martini 2 außerordentl. halbe: Lichtmessen und Bartholomä.	70 in Kirchenthal Kapelle p. 213. — Heinrichskapelle in Reut. — Schulen in St. Martin und Dienten.
73 in Rauris ein Bruderhaus.	
74 Vischorn förmliche chiemf. Hofmark p. 321.	73 die Gen.-Visitation findet weniger Lutherthum p. 118; die h. Oelung wieder in Uebung.
77 Verpönung der häufigen Abwesenheit der Pfleger von ihren Amtssitzen.	— Lenzingkapelle auf dem Gerstboden p. 232. — Schulen in

(Profangesch.) **A. 1600.** (Kirchengesch.)

79 Obsicht auf die Mühler in der Stadt und auf dem Gäu.	Alm, Embach, Bruck, Glemm und Bramberg.
83 die Türken abermal vor Wien und Schrecken und ungeheuere Kriegskosten.	75 Vicariate in Wald p. 380 und Wörth, dieß nur bis a. 79 p. 280.
	77 in Lofer Frühmesser p. 212.
86 zerstörende Lavine übers Fuscherbad p. 326.	78 in Salzburg 114 Zauberleut verbrannt p. 157.
	80 in Hundsdorf Kapelle p. 324.
Die Burgen des Gaues, die noch bestanden und nothwendig erschienen, statt von der hochf. Kammer nun von der Landschaft innezuhalten.	82 Jubelfeier des Erzstiftes. — In Stuhlfelden Antonikapelle p. 350.
	83 in Hollersbach Schule p. 362.
	84 in Piesendorf Antonikapelle p. 311.
	86 in Uttendorf Schule p. 345.

Johann Ernest, Graf v. Thun a. 87—709.

88 im Barthlmäsee 20 Personen v. Ursslau ertrunken p. 242.	87 Glaubenseid der im Lande Ansitzenden.
91 Bergwerk Leogang mehreren Bürgern von Salzburg und Saalfelden verliehen p. 16.	89 Anfang der Kirchenthalerwallfahrt p. 213.
93 wieder Heuschreckenplage.	90 Gesammtvermögen der pinzg. Kirchen 103.611 fl. p. 152.
94 das Bräuhaus in Lofer vom EB. angekauft p. 208.	92 in Piesendorf erst kleine Orgel.
96 Verordnung gegen Prassereien, namentlich bei Todtenzehrungen p. 158.	93 in Kirchenthal Beginn des Gotteshausbaues p. 214.
97 Prinzen Eugens 1. Sieg über die Türken; Abnahme des Türkenschreckens.	96 Gregorikapelle zu Dorf bei Bramberg p. 369.
98 Kreuzer statt der Schillinge p. 198.	99 das neue Priesterhaus in Salzburg von den Alumnen bezogen.
Strenge Jagdordnungen.	

(Profangesch.) **A. 1700.** (Kirchengesch.)

1 für Tarenbach eine Poststation im Antrage.
2 im Weichselbach wieder Lavine p. 326.
4 „Rauchfangsteuer".
6 zu Gaißbach in Rauris Brand.
Noch L. f. „Perjäger" im Gau.

Die Seelengottesdienste noch an 3 verschiedenen Tagen p. 139.
2 in Wald Schule p. 382.
3 Verbot aller Kreuzgänge über den Großpfarrbezirk hinaus, außer dem zur Domkirche.

Franz Anton, Graf v. Harrach a. 9—27.

10 nochmal Pestschrecken.
11 Verbot an die Bauern, ihr Leder selbst zu gärben.
18 „Bergwerksdeputation", oberste Montanbehörde.
23 die Herrschaften Kammer und Prielau an den Bischof v. Chiemsee p. 285.
Das Bad Burgwies bei Stuhlfelden bereits besucht. p. 346.

10 Frauenkapelle bei Tarenbach p. 263.
Noch wenig Currentmessen p. 140.
14 in Lend Schule p. 251.
19 Kapelle in Almdorf. — In Fusch Schule p. 333.
20 in Neukirchen Schule p. 377.
Hie und da Coadjutoren p. 132.
Das Lutherthum im Geheim sehr regsam p. 120.

Leopold Anton Freiherr v. Firmian a. 27—44.

Unruhen, besonders im untern Pinzgau.
31 Marktbrand in Lofer.
34 Marktbrand v. Saalfelden.
Der preuß. Legationsrath Erich Chr. v. Plotho hier zur Bereinigung der Vermögensangelegenheiten der Emigranten nach Preußen.
Der Verlust an Menschen und Geld in Folge der Emigration anfangs zwar empfindlich; derselbe aber durch Einwanderer aus Tirol, Schwaben ꝛc. bald ersetzt p. 124.

Das Lutherthum bald sehr erregt p. 120, wogegen die ernstesten Maßregeln p. 121: a. 27—47 „geheime Deputation"; a. 28 Jesuitenmission; a. 30 Petrinermission; a. 31 Hofcommission; 31. Oct. b. J. Emigrationsedict, gleich darauf Abzug der Besitzlosen; a. 32 der Besitzer; Nachkuren p. 124.

28 das Rosenkranzgebet Nachmittagsgottesdienst. — In Prielau Schule p. 295.

„Kreuzwegtafeln" in den Kirchen.

(Profangesch.) **A. 1700.** (Kirchengesch.)

36 große Ueberschwemmung, verheerend besonders in Rabstadt, Hallein, Salzburg ꝛc.

Die Zulehen beanständet.

39 bedeutende Theuerung: das Schaff Waizen 16, Korn 10 fl.; bald darauf Hornviehseuche.

Die Gemeinden haben bei Wanderungen der Pfleger noch Robothen oder Geldbeiträge zu leisten p. 60.

Der bayr.-östr. Erbfolgekrieg und die Bewegungen Friedrichs II. v. Preußen sind dem Erzstift sehr empfindlich; verschiedene außerordentliche Steuern: Herd-, Fenstersteuer, Umgeld.

30 Kapellen in Prielau p. 294 und auf dem Thurn p. 357.
31 Kundgebung der noch bestehenden Stolordnung p. 154.
32 Weltpriestermissionsanstalt p. 125. — Entstehen viele Bruderschaften. — Zunahme der Currentmessen p. 140.
33 „Schutz- und Schirmgebet" bei der h. Messe.
34 „Uebung der göttl. Tugenden" beim Pfarrgottesdienst p. 138. — In Unken Schule p. 206.
36 in Hundsdorf Missionshaus p. 126, 324.
38 in Kaprun Schule p. 319.
41 in Leogang Schule p. 237.
44 in Eschenau Vicariat, sicherlich mit Schule p. 255. — Kirchenbau in Gaißbach p. 277.

Die Fortschritte der polit. und kirchl. Entwicklung im 14. und 15. Jahrhundert stellten eine schöne Zukunft in nächste Aussicht. Aber kaum waren vom 16. Jahrhundert 2 Decennien zurückgelegt, als erstlich die Bauernkriege p. 68, dann die anhaltenden luth. Regungen p. 118 ꝛc. das 16. und 17. Jahrhundert und die 3 ersten Jahrzehnte des 18. Jahrhunderts zu einer unruhigen, zum Theil stürmischen und peinlichen Periode machten. Aber während der widerwärtigen Erregungen, mitunter gerade in Folge derselben, geschah doch viel Gutes: in polit. Hinsicht bessere Einrichtung der f. e. Aemter und Gemeinden, Constituirung der Landschaft, Wasser- und Straßenbau ꝛc. In kirchl. Beziehung treten vor mannigfaltigen heilsamen Verordnungen die Stiftung vieler neuer Curatien p. 127 und die Gründung neuer Bildungsanstalten, besonders für Priester p. 133 hervor, durch welche beide die seelsorgliche Pflege des Volkes erst vervollständigt wurde. Auch die früher ganz fehlenden Volksschulen wuchsen nach und nach zu einer ziem-

(Profangesch.) **A. 1700.** (Kirchengesch.)

lichen Zahl heran p. 145. Die Förderungen des öffentl. Wesens dieser Zeit übertrafen am Ende doch namhaft die Hemmungen.

Jakob Ernst, Graf v. Lichtenstein a. 45—47.

Von nun bis Beginn der franz. Kriege goldenes Zeitalter der pinzg. Bauern p. 70.
46 Brand des Marktes Mittersill.

45 in Leogang Kirchenbau in Folge augenfälliger Baufälligkeit p. 236.
In Weißbach Schule p. 220.

Andreas Jakob, Graf v. Dietrichstein a. 47—53

„Die Schrefbäder u. Läßelnächte" noch sehr in Schwung.
49 nochmal Heuschreckenplage.

In Mittersill Kirchenbau p. 356.
50 1. Stiftung „golb. Samstäge" p. 216; Uebung schon früher.

Sigmund III., Graf v. Schrattenbach a. 53—71.

60 das Bergwerk Leogang vom EB. eingelöst p. 16.
61 große Ueberschwemmung.
Das „Badhaus" bei Zell bereits besucht p. 285.
64 in Bramberg geb. der Mechaniker Scharler p. 363.
65 in Saalfelden geb. der Maler Jos. Kurz p. 225.
66 in Lofer Käsniederlage p. 209.
— In Zell geb. der Botaniker Braune.
68 Verlegung der Straße in der Wasau bei Uttendorf p. 26.
70 in Zell Marktbrand p. 290.
Project einer Straße über den stubach-falser Tauern p. 27.

53 Anordnung 40stünd. Gebets in den Marktkirchen p. 174.
55 neue Volksschulordnung. Bald den Seelsorgern Schulkatechesen aufgetragen p. 179.
56 in Unken Kirchenbaue p. 206.
— Kreuzkapelle bei Saalbach p. 300.
60 weltl. Kirchenverwalter p. 190.
— Schulen in Gerling p. 233 und Krimml p. 387.
61 Einführung der Christenlehrbruderschaft p. 170.
64 in Piesendorf Decanat p. 161.
— In Gunggau Schule p. 301.
68 in Viehhofen Kapelle p. 301.
— Auftrag der Frühlehren p. 170.
71 Verbot des Wetterschießens.

(Profangesch.) **A. 1700.** (Kirchengesch.)

Hieronymus, Graf v. Colloredo a. 72—803.

72 Verordnung gegen das Wildschießen. — Wieder eine Kopfsteuer.
74 in Schwarzenbach Badeanstalt p. 342.
75 † in Bramberg der Geograph F. Fürstaller p. 363.
78 neues Steuerpatent p. 67. Auf dem Scheiblberg und Thurmbacheck bei Unken noch Blockhäuser p. 204.
81 Hieronimusfond zur Landschaft pr. 400.000 fl.
82 Herrschaft Farmach zerstückelt. — Erste Impfversuche.
85 ein neues Targesetz.
86 Ueberschwemmung, besonders im Saalethal.
87 in Piesendorf Armenfond Dechants Altenperger p. 5484 fl. RW. p. 313.
88 Kälte von 21° Reaum.
90 in Zell Justificirung einer Kirchenräuberin p. 285.
Auf dem Thurn Torfstecherei p. 14.
92 in Gföll marmorne Klause.
94 bei Embach Bergsturz p. 268.
96 in Saalfelden kleiner Auflauf.
97 pingg. Schützen gegen die Franzosen an die Landespässe p. 70. — Beim Friedensschluß von Campo Formio schon Antrag der Säcularisirung des Erzstiftes.
98 in Niedernsill Schlammfluth p. 338.

72 Reduction der Feiertäge; P. Clarentius p. 168.
73 und wiederholt Verbot des Beichthörens im Zimmer p. 177.
74 „Normalschule" und Schulcommission in Salzburg p. 179.
75 Bergcalvarikapelle bei Zell p. 293.
78 Aufhebung der Christenlehrbruderschaft p. 171. Bald vielfältige gottesdienstl. Reformen p. 172.
81 Aufhebung der Weltpriestermissionsanstalt p. 126.
82 Säcularfeier des Erzstiftes; auffallender Hirtenbrief. — In Zell Frühmeßstiftung p. 292.
83 Vicariate in Weißbach p. 219 und Hinterthal, in diesem auch Schule p. 244. — Christenlehrpredigten p. 170.
84 Vicariate in Niedernsill (mit Schule) p. 339 und Krimmel p. 385. — Die „Normalschule" im Gau p. 179.
85 in Bucheben Vicariat und Schule p. 280. — Elendkirche ab p. 272.
86 Decanatskassen p. 163. — Portiunculaablaß in allen Pfarrkirchen p. 173.
90 Schullehrerseminar p. 180. — Auftrag der Hauslehren p. 170.
Die „Aufklärung" im salzb. Priesthause a. 168.

(Profangesch.) **A. 1700.** (Kirchengesch.)

99 der müthige Hund von Fellern p. 343.

Unter Hieronymus auch sehr viele Reformen in polit. Beziehung.

Die Samzüge über die Tauern völlig zu Ende nach Aufhören des Salz-, Wein-, Leder- 2c. Handels.

91 Wanderungskasse für Hilfspriester p. 167.
92 in Tarenbach Decanat p. 162.
97 Viehhofen Excurrendocuratie, bald auch Schule p. 302.
99 in Piesendorf Stundgebetsstiftung p. 311.
Hie und da Feiertagschulen p. 180.
— „Speisen der Elemente" noch üblich p. 366.

A. 1800.

Blattern im Gau: † in Leogang 40, Zell 57, Glemm 47 2c.
Im December 1. Invasion der Franzosen unter Moreau p. 70.
2 Landgericht Rauris an Tarenbach.
3 Säcularisirung des Erzstiftes p. 71.

Die Gemeinde Lichtenberg soll noch 486 fl. aufs Wetterschießen, geweihtes Pulver 2c. ausgegeben haben.

Viehhofen Vicariat p. 302.

Die Privattischtitel der Priester gehen zu Ende p. 154.

In der kurzen Periode von der Emigration bis zur Säcularisirung des Erzstifts macht der Regierungsantritt EBs. Hieronymus Epoche. Vor demselben geht in polit. Hinsicht Alles ziemlich seinen alten Weg; in kirchl. ist Restauration des alten frommen, kirchl. Sinnes das Hauptbestreben und nicht ohne augenfälligen Erfolg. Mit Hieronymus beginnen in beiden Beziehungen vielfältige Reformen; das alterthümliche Salzburg sollte sich modernisiren. Seine polit. Reformen ernten, abgesehen von einzelnen verkürzten Standesklassen, Dank; die kirchlichen aber erzeugen viel mehr Verwirrung und Verstimmung der ehrlich frommen Gemüther, als die angestrebte Aufklärung und reine Christlichkeit. Wären jedoch die französ. Stürme ausgeblieben und hätte der ehrenhafte Fürst seine Tage hier ausgelebt; würde man ohngeachtet jener Rüttlungen vom 1. Jahrzehent des 19. Jahrhunderts dennoch ein recht behäbiges, gemüthliches Salzburgerthum zu berichten haben.

(Profangesch.) **A. 1800.** (Kirchengesch.)

Seit der Säcularisirung des Erzstiftes von a. 3—65.

Kurfürstl. Regierung a. 3—6.

3 Salzburg ꝛc. ein Kurfürstenthum unter Erzherzog Ferdinand p. 72.
In Piesendorf 2 neue Armenfonde p. 313.
4 in Leogang Hagelschaden pr. 64.000 fl.
In Fusch der Bergbau zu Ende.
5 über den Hirschbühel Straße p. 26. — Im October 2. französ. Invasion. Bernadotte, Deroy, Wrede p. 73.

FEB. Hieronymus a. 3—12.

Dem Kurfürsten alle salzb. Klöster zur Verfügung gestellt; von ihm aber belassen.
3 „geistl. Abministrationsrath". — Die Pfarre St. Martin aus der Incorporation.
5 Stundgebetsstiftungen in Alm p. 242 und Glemm p. 300.
Die Vicariate den Pfarren gegenüber völlig selbstständig p. 165.

Kl. östr. Regierung a. 6—9.

6 Salzburg ꝛc. östr. Herzogthum mit eigener Regierung. Ferdinand Graf v. Bißingen-Nippenburg, Landeschef p. 74.

7 Chr. Graf v. Aicholt, Landeschef. — Temperatur + 32° Reaum. — Aufhebung der letzten Reste der Leibeigenschaft in Itter u. Berchtesgaden.
8 Kriegsanstalten in der Hauptstadt und in den Gauen.
9 Kriegserklärung an Napoleon; im April 3. franz. Invasion. Lefebvre, Deroy, Wrede p. 74.

6 alle Kirchen freier bisch. Verleihung unter l. f. Patronat. — Aufhebung des alten Domcapitels.

7 durch Aufhebung des Bisthums Chiemsee die Pfarren Zell, Stuhlfelden und Bramberg aus der Incorporation.

Sigmund Graf v. Zeil, f. e. Coadjutor a. 7—12.

Sonst im Kirchenwesen keine Veränderungen.

Französ. Landesadministration a. 9—10.

Pinzg. Schützen an d. Landespässen. Wallner, Panzl p. 74, 363, 383.

Um die kirchl. Verhältnisse kümmerten sich die Franzosen ganz

(Profangesch.) **A. 1800.** (Kirchengesch.)

Arger franz. Druck p. 75.
Paß Strub niedergebrochen p. 208.

und gar nicht; thaten ihnen nicht einmal etwas zu Leide.

K. bayr. Regierung a. 10—16.

10 (30. Sept.) Salzburg ꝛc. als „Salzachkreis" an Bayern. — Karl Graf v. Preysing, Kreiscommissär p. 76.
11 Aufhebung der Landschaft p. 77. — In Saalfelden großer Brand p. 225.
12—15 „Befreiungskriege" p. 77.
13 durch Convention v. Ried Bayern von Napoleon ab p. 78.
Wasserbauplan für Pinzgau p. 19.
16 Vertrag von München über Abtretung Salzburgs an Oestreich p. 78.

10 Aufhebung der Universität p. 77. — K. Kirchenadministration Tarenbach p. 191.
11 der bayr. Lehrplan in den Volksschulen p. 181.
12 † EB. Hieronymus p. 77. — Mittersill Decanat p. 162. — Unken Pfarre p. 204. — In Thummersbach Schule p. 295.

Sigm. Graf v. Zeil, B.=Administrator a. 12—14.

13 Embach und Mittersill Pfarren.

Seit der Wiedervereinigung mit dem östr. Kaiserthum a. 16 ꝛc.

16 (1. Mai) Salzburg geschmälert wieder östr. Herzogthum, nur mit Kreisamt p. 78.

16—25 Karl Graf v. Welsperg=Raitenau, Kreishauptmann.

17 Theuerung p. 79. — Lavinen in Ferleiten p. 328 und Kaprun p. 316.
Anhaltende Wohlfeilheit p. 80.
19 in Mittersill Erdbeben p. 353.
22 Beginn des Wasserbaues in Unterpinzgau p. 20,
22—27 Verhandlung über Wiederherstellung der Landschaft p. 79.

Leop. Max Graf v. Firmian, B.=Administrator a. 16—24.

18 in Neukirchen Schulfond p. 377.
19 östr. Schulverfassung in Salzburg p. 180. — In Leogang Nebenschule p. 238. — Stundgebetsablässe p. 178.
20 das Decanat von Mittersill nach Stuhlfelden p. 162.
21 Einführung der östr. Kirchenverwaltung, geistl. und weltl. Vogtei p. 191. — In Leogang Stundgebetsstiftung p. 237.
22 der 3. Sonntag Octobers allgemeines Kirchweihfest.

(Profangesch.) **A. 1808.** (Kirchengesch.)

23 in Tarenbach Erdbeben p. 259.

25 Freiherr v. Stiebar, Kreisamtsverweser.

27 in den Hohlwegen ein Bär p. 224.

29—31 Saalforstenliquidation zwischen Oestreich und Bayern.

30 der Grubhof bei Lofer von der k. bayr. Regierung angekauft. — In Hollersbach ein wüthiger Fuchs p. 359.

31—38 Albrecht Graf v. Montecuccoli, Kreishauptmann.

36 Wasserbau auch in Oberpinzgau p. 21.

38 Franz Graf v. Mercandin, Kreisamtsverweser.

38—40 Leopold Graf v. Stolberg, Kreishauptmann.

Der Bergbau am Lim- und Lienberg aufgelassen. — Kobaltgesellschaft in Leogang.

40—48 Gustav Graf v. Chorinsky, Kreishauptmann.

42 in Oberrain Badeanstalt p. 203.

43 Zehentfassionen p. 82.

44 Einführung des neuen Grundsteuerkatasters p. 80. — Urbarialfassionen p. 82. — Im Weichselbach abermal Lavine p. 326.

FEB. Augustin Gruber a. 24—35.

Der Einfluß der Wiederbesetzung des f. e. Stuhles bald sehr bemerkbar.

27 Mißbilligung simultaner Messen.

28 das Vicariat Dienten ans Decanat St. Johann.

30 die Decanatskassen an die bezüglichen Kirchen zurück p. 163.

FEB. Friedrich Fürst v. Schwarzenberg a. 36—50.

38 neue Instruction für die Hauslehren.

Beginn gemeinsamer Priesterexercitien.

40 Wiederherstellung des Elendkirchleins in Embach p. 272.

41 in Piesendorf Schulfond Dechants B. Hutter p. 313.

42 Vorschrift jährlich 6maliger Beicht und Communion der Schuljugend p. 171. — Auftrag eines Operates über die Sicherstellung aller Stiftungen und ihrer Bedeckung.

43 Kinder sind nicht gleich nach der ersten, sondern nach wiederholter Beichte zur h. Communion zuzulassen.

45 Beginn des f. e. Borromäums p. 168.

(Profangesch.) **A. 1800.** (Kirchengesch.)

46 die Straße von Lend bis Thurn als Reichsstraße erklärt p. 27.

48 ꝛc. Stürme in Oestreich, Ungarn und Italien. Große Umgestaltungen im Kaiserreich p. 83, in Salzburg p. 83. besonders Grundentlastung p. 84.

Ignaz Blaschke, Kreishauptmann.

49 Dr. **Alois Fischer,** Statthalter Oberösterreichs und Salzburgs. **Alexander Graf v. Muißech,** Kreisamtsverweser. — Telegraphenlinie durch Pinzgau p. 29.

50 **Friedrich Graf v. Herberstein,** 1. salzb. Statthalter. — Die Gemeindebezirke Bruck und Fusch ganz ans Bezirksamt Zell; Jesdorf an Mittersill. — Straßenbau (a. 50—57) zwischen Lend und Bruck p. 27. — Forstregulirungscommission (a. 50—54).

52—55 **Karl Fürst v. Lobkowitz,** Landespräsident.

54 die Gemeindebezirke Lend und Dienten zum Amtsbezirk Tarenbach. — Wasserbau in Rauris p. 22.

55—60 **Otto Graf v. Fünfkirchen,** Landespräsident.

57 Beginn des Straßenbaues in Mittersill p. 27.

47 Wiederbeginn d. Volksmissionen p. 178.

48 „prov. Kirchenverwaltung" p. 191.

49 in Stuhlfelden Stundgebetsstiftung. In Uttendorf und Bramberg solche im Werden. — In Wörth Schule p. 279. Neueste Bruderschaft p. 174.

50 in Piesendorf das Decanat ab. Daselbst umfassende Kirchenrenovation. — Errichtung einer Landesschulbehörde p. 182.

51 Schullehrerconferenzen p. 182.

FEB. Max Joseph v. Tarnóczy a. 51 ꝛc.

54 Auftrag von Pastoralconferenzen p. 163.

55 das a. h. Concordat.

56 Errichtung des Diöcesanehegerichts u. Metropolitangerichts p. 177.

57 Niedernsill Pfarre. — Meßlicenz für Einödkapelle in Rauris. — Standesbündnisse in Piesendorf ꝛc. p. 178.

58 Leogang, Alm, Rauris, St. Georgen, Bruck und Uttendorf Pfarren. — Restauration der Pfarrkirche Saalfelben p. 230.

(Profangesch.) **A. 1800.** (Kirchengesch.)

58 Forstgrundlastenregulirung.
59 die neue östr. Währung.

60 Ernest Graf Courcy-Droitaumont, Landeshauptmann, a. 61 interim. Landeschef.

61—63 **Franz Freih. v. Spiegelfeld**, Landeschef.
61 erster förmlicher Landtag; Abgeordnete v. Pinzgau: Minister v. Lasser, Salzmann von Zell, Embacher von Tarenbach, Scharler von Hollerspach, Meilinger von Bramberg.

63 Eduard Graf v. Taaffe, Landeschef. — Zweite Landtagssession.
Neue Norm für die Grundlastenregelung und dann erst Gedeihen des Geschäftes.
64 Auflassung der Bergwerke Mühlbach, Dienten ꝛc. p. 17. — Dritte Landtagssession.
65 vierte Landtagssession.

59 Neukirchen Pfarre. — Die Landesschulbehörde mit der h. Regierung vereint, 1 Schulrath für Oberösterreich und Salzburg p. 182.

60 Einführung der f. e. Kirchenverwaltung und Diöcesanbuchhaltung p. 192. — Die Kirche Kammer ersecrirt und dafür eine neue in Maishofen p. 294. — Gesammtvermögen der pinzg. Kirchen 928.750 fl. p. 187.

62 Kaprun und Fusch Pfarren mit Congruaergänzung von Localmitteln.

63 neue Bestimmung über das Schulpatronat: Aufhören einiger Privatpatronate, Ermäßigung der Patr.-Beiträge ꝛc. p. 182.

65 Beginn eines umfassenden Kirchenbaues in Niedernsill p. 340.

Mit der Säcularisirung des Erzstiftes und den ersten Jahren nach derselben erfolgen die gewaltigsten Umwälzungen, wie sie unser Land mit gleichem Sturme seit dem 5. und 6. Jahrh. (cf. p. 34) nicht zu bestehen hatte. Ganz anderer Art sind die Umgestaltungen des Jahres 48 ꝛc. In Folge all dieser stürmischen, daneben auch ruhigen Umkehrungen — wieviel ist in Salzburg, somit auch in Pinzgau, in polit. Hinsicht anders geworden! Statt eines geistlichen, ein weltlicher Landesfürst; statt eines selbstständigen Fürstenthums eine Provinz des großen Kaiserreiches mit den großen Institutionen einer eigenen Landesregierung und Landesvertretung und förmlich constituirter Gemeinden; dazu ein aus dem Netz der widrigen Holdenverhältnisse befreiter Grundbesitz und die Bescherung insbesondere für unser Gau

A. 1800.

eines bereits ausgedehnt entsumpften Bodens und einer Reichsstraße ꝛc. — In der äußern kirchl. Entwicklung kommt zum Guten der früheren Periode manches neue; namentlich haben sich die Schulen zu einflußreichen Unterrichtsanstalten des Volkes entwickelt und hat in neuester Zeit die h. Kirchenvorstehung wieder so freie Hand bekommen, wie sie seit dem Beginn der weltlichen Regierungen nicht hatte. Das innere, christliche Leben des Volkes ist oben S. 195 gezeichnet. — In Hinsicht auf Entwicklung des öff. Lebens darf unser Ländchen, die gesammten Beziehungen mit unbefangenem Auge übersehend, keine der vergangenen Perioden sich für die Gegenwart zurückwünschen, wenn auch an den Neugestaltungen nicht Alles vortheilhaft ist.

Berichtigungen ꝛc., die sich nicht von selbst machen.

S. 10, Z. 7 von oben statt bei Tweng zu lesen: in Rauris.
" 19, " 17 " unten " 1564 " " 1574.
" 25. " 8 " " " gesetzt " " gefolgt.
" 40, " 16 " " " 11. Jahrh. " " 12. Jahrh.
" 74, " 10 " " " v. Metzger " " Jos. Metzger.
" 80, " 8 nach Vermessung zu setzen: und Bewerthung.
" 99, " 4 von oben statt Pichendorf zu lesen: Piesendorf.
" 106, " 18 " unten " 1515 " " 1508.
" 129, " 3 " oben " 1599 " " 1579.
" 134, " 7 " " statt Dieß Pr. zu lesen: Solches Institut.
" 141, " 5 " " " ist nach überging beizusetzen: vielmehr erneuert wurde.
" 212, " 2 von unten nach golb. Samstag zu setzen: nur mit Rosenkränzen.
" 221. Der AB. Saalfelden hieß bekanntlich in der erzstiftl. Zeit „Lichtenberg".
" 231, Z. 3 von oben statt röm. zu lesen: roman.
" 240, Spalte 2 statt Stameseder zu lesen: Stemeseder.
" 249, Der Handelswirth v. Lend, bekannter unter dem Namen „Hof- lehenörg", vor einigen Jahren gestorben, dichtete meh- rere witzige Gelegenheitslieder. Als die gelungensten gelten „der Mauthnerbascht oder Lendnerbalbierer, das Goldeckerlied, die Bergmännl (Knappen) von Dienten".
" 254, Z. 9 von unten: zum Wirthshaus kommt das Wegmacherhaus.
" 259, " 1 " " statt rechts zu lesen: links.
" 264, " 2 " " " 924 " " 927.
" 266, " 19 " " nach Schrift zu setzen: A. 1860 Kapi- talien 5260 fl.
" 269, " 10 " " statt 1744 zu lesen: 1714.
" 274, Spalte 2 statt Watenhofer zu lesen: Waltenhofen.
" 283, " 2 " 415 Seelenzahl v. Bruck 684.
" 288, Z. 17 von oben Erilipah ist manchmal Großarlbach.
" 318, Spalte 2 statt Statzer zu lesen: Starzer.
" 319, Z. 10 von oben nach weichte zu setzen: A. 1860 Kapitalien 11,531 fl.
" 345, " 9 " " statt Wusin zu lesen: Wufin.
" 348, Spalte 1 statt Metzer zu lesen: Melzer.
" 349, Z. 15 von oben nach 1571 einzusch.: e) mit „Laus Deo 1563".

www.ingramcontent.com/pod-product-compliance
Lightning Source LLC
Chambersburg PA
CBHW051732300426
44115CB00007B/521